LES GUERRES DE RELIGION

OUVRAGES DU MÊME AUTEUR

Chez le même éditeur

Poincaré, 1961.
Histoire de la France, 1976.
La Grande Guerre, 1983 (Premier Grand Prix Gobert de l'Académie française, 1984).
La Seconde Guerre mondiale, 1986.
Les Hommes de la Grande Guerre, 1987.
Histoires vraies de la Seconde Guerre mondiale, 1988.
La Grande Guerre au jour le jour, 1988.

Chez d'autres éditeurs

L'Affaire Dreyfus, P.U.F., 1959.
La Paix de Versailles et l'opinion publique en France, thèse d'État, Flammarion, 1972.
Histoire de la Radio et de la Télévision, Perrin, 1984.
La Lionne de Belfort, Belfond, 1987.
La Grande Révolution, Plon, 1988.

Pierre Miquel

LES GUERRES
DE RELIGION

Fayard

INTRODUCTION

Trois siècles de violences

François Ier régnant, un certain Jean Vallière est brûlé place de Grève pour faits de religion. C'est, le 8 août 1523, la première victime de la persécution.

Le 31 mars 1771, jour de Pâques, Louis XV régnant, le pasteur Charmuzy, de Nanteuil, est arrêté en chaire. Il est garrotté, fouetté publiquement. On le jette en prison à Meaux où il meurt au bout de neuf jours, des suites des coups reçus. Il est considéré comme le dernier des pasteurs martyrs.

Il faut attendre 1788 pour que les protestants soient admis comme Français à part presque entière. L' « édit de tolérance », enregistré par le Parlement de Paris, toutes chambres réunies, le 29 janvier, signé du roi Loui XVI et contresigné du garde des Sceaux, leur accordait le droit de vivre en France et d'y travailler sans être inquiétés. Ils pouvaient se marier légalement devant un officier de justice et déclarer la naissance de leurs enfants. Ils avaient le droit d'avoir une sépulture décente.

S'ils avaient désormais une identité dans le royaume, ils n'étaient que « tolérés ». Le roi n'avait pas renoncé à les convertir. Seuls, les catholiques pouvaient exercer publiquement leur culte. Les protestants n'avaient pas le droit de prier et de chanter dans la rue, par exemple pour accompagner le convoi d'un mort de leur religion. Ils ne pouvaient être ni professeurs ni magistrats. Pour qu'ils soient vraiment des Français comme les autres, il faudrait attendre la Révolution de 1789 et la définition civile de l'Etat.

Jusqu'alors, la base de la société d'Ancien Régime, et non seulement du pouvoir royal, est théocratique. « *Omnis potestas a Deo* », dit le vieil adage du droit romain. C'est au nom de Dieu que se rend la justice, celle du roi, mais aussi celle des seigneurs ecclésiastiques ou laïques. En son nom, se font les lois, inspirées par sa justice, et que le roi n'a pas à soumettre, comme son cousin d'Angleterre, à l'approbation de ses sujets ou de ses parlementaires. En son nom, se dressent les bûchers, les gibets, les fourches patibulaires. Le roi, sacré à Reims, est Dieu sur terre, inviolable. On se met en état de péché mortel quand on ne suit pas ses ordonnances. Sa justice, comme celle de Dieu, est terrible, exemplaire. La dernière image qu'emporte le supplicié est celle de la croix.

Dieu donne à la souveraineté du roi son pouvoir sans limites, *sans liens :* absolu. Mais il garantit aussi la division hiérarchisée des ordres, qui fonde l'ordre social. Dieu a voulu que le clergé fût le premier d'entre eux : il a mission d'assurer la cohésion des autres, quitte à en extirper, s'il est nécessaire, les germes corrupteurs. C'est au nom des ordres voulus par Dieu qu'on « branche » les jacques et qu'on tue, à Paris, les marchands en révolte. L'Eglise dénonce et condamne le noble qui « déroge » et le manant qui « déguerpit ». Qui veut changer la société offense Dieu.

Les gens d'Eglise sont eux-mêmes bénéficiaires de ce système privilégial. Leur ordre leur distribue les bénéfices, qui sont des droits sur les terres et les hommes. Il les met à l'abri d'un certain nombre d'obligations sociales que les autres assument : ils ne doivent tirer l'épée ni payer les tailles... En revanche, ils assument des services essentiels, qui leur donnent, *de jure,* le pouvoir de régner sur les consciences : ils soignent et enseignent, ils sont les seuls à témoigner de la vie et de la mort, à reconnaître les identités. Ils peuvent rejeter des cimetières ceux qui ne leur paraissent pas dignes de la terre chrétienne. Ils ont le terrible pouvoir d'envoyer en enfer ceux qu'ils excommunient. Ils peuvent chasser des hôpitaux et de l'Assistance publique — entièrement entre leurs mains — ceux qu'ils estiment indésirables. La formation des consciences est leur affaire : ils ouvrent seuls les écoles, dirigent les collèges et les universités. Ils ont le devoir de dresser la liste des mauvais livres, que le bourreau doit brûler. Ils ont charge d'âmes, et sont comme tels censeurs et inquisiteurs, un pouvoir que même le roi ne songe à leur contester.

Comment le pourrait-il, alors que son propre pouvoir est cautionné, en quelque sorte, par les gens d'Eglise ? Ils sacrent le roi, ils l'enterrent. Devant eux, se prêtent les serments, se signent les traités, se font et défont les unions. On ne peut vivre, se marier ni mourir sans eux. Admettre un autre pouvoir spirituel, c'est diviser non seulement le royaume, mais le principe du pouvoir royal ; c'est, en somme, se contredire.

Pendant trois siècles, l'Etat monarchique refuse obstinément ce germe de division, même si les rois sont parfois enclins à admettre l'existence des sujets qui ne sont pas de leur confession. Les deux actes publics majeurs qui conditionnent la vie des protestants en France s'inspirent de ce souci fondamental, et d'abord l'édit de Nantes.

Si Henri IV, en mai 1598, accorde aux protestants des « places de sûreté » et des lieux de culte, il s'attache à préciser que le catholicisme est la religion de l'Etat, la seule publique, et que tous doivent respecter, parce qu'elle est celle du roi. Même les protestants doivent payer les dîmes, impôts d'Eglise, et « garder et observer » les fêtes de l'Eglise catholique. Le culte protestant est toléré, à condition qu'il ne mette en question ni la nature de l'Etat ni le système privilégial.

Quand Louis XIV, par l'édit de Fontainebleau du 17 octobre 1685, révoque l'édit de Nantes, il fait en sorte que la mesure apparaisse comme la sanction d'une politique voulue par Henri IV et poursuivie par ses successeurs : les considérants de l'édit affirment que l'édit de Nantes a perdu de son utilité parce que « la meilleure et la plus grande partie de ses sujets » ont rejoint la foi catholique. Quant à ceux qui persisteraient dans la religion réformée, « en attendant qu'il plaise à Dieu de les éclairer comme les autres », le roi tolère qu'ils restent en territoire français, à condition « de ne point faire d'exercice ni de s'assembler, sous prétexte de prière ou de culte de ladite religion ». Du point de vue du roi, l'édit de Fontainebleau n'est pas une déclaration de guerre, c'est une liquidation. A quoi bon donner aux protestants un statut particulier dans le royaume, puisqu'il n'y a plus de protestants ? L'Etat n'a jamais cessé d'être catholique. Toute autre interprétation est soufflée par le diable.

Du simple fait qu'ils osent exister, les protestants mettent en question l'autorité du roi et le principe du privilège, puisqu'ils s'attaquent au premier ordre privilégié : l'Eglise de France. Il n'est pas étonnant que le roi et la société privilégiale leur déclarent la guerre. A leur période conquérante, vers 1560, les protestants ne sont pas plus de 2 millions, dans un royaume de 16 millions d'habitants. Ils sont alors persécutés depuis quarante ans.

Les hostilités commencent très tôt, bien avant le début des fameuses « guerres de Religion ». L'appareil répressif de l'Etat se met en place dès les années 1520 et, quand éclate l' « affaire des placards », en 1534, qui marque le début de la persécution organisée, les bûchers ont déjà brûlé nombre d'hérétiques, et les villes-refuges de l'Est ont accueilli des centaines d'exilés.

La violence commence à Meaux, où les évangélistes, doux et humbles de cœur, provoquent les foudres de la Sorbonne et l'hostilité croissante des parlementaires, en expliquant aux paysans qu'ils doivent apprendre à lire, pour lire l'Evangile, et qu'on peut réciter le *Credo* en français. Les évangélistes de Meaux aiment le roi, qui leur rend leur affection. A maintes reprises, il intervient pour les protéger. Cela n'empêche pas le Parlement d'attaquer l'évêque de Meaux, et de faire arrêter tous les membres du groupe qui n'ont pas trouvé refuge à l'étranger.

Les doux évangélistes, il est vrai, sont devenus, avec la persécution, de furieux iconoclastes. Farel, les frères Leclerc, Caroli luttent contre le culte de la Vierge et des saints. Le mouvement de Lefèvre d'Etaples et de Briçonnet est débordé par les violents. Les gens de Meaux passent bientôt pour des luthériens, même s'ils n'ont que peu de contacts avec la Réforme allemande. Sont assimilés aux « Luthériens » tous ceux que l'on soupçonne d'hérésie, car l'hérésie est aux portes du royaume. Elle est peut-être le fait de moines inspirés comme Jean Vitrier, le franciscain des Flandres qui jette le doute dans le cœur des bourgeois de Tournai ou de Saint-Omer dès le début du siècle. La Sorbonne a gravement formulé une condamnation en seize propositions contre le moine qui attaque avec violence les abus du clergé et le culte des saints. N'a-t-il pas dénoncé comme « simoniaque » la vente des indulgences par les agents du pape ? « Ce qui possédait cet homme, disait Erasme, c'était comme une flamme brûlante, vraiment incroyable, pour amener les mortels à l'authentique philosophie du Christ... Il aspirait à la gloire du martyr. » Après Jean Vitrier, les Flandres ne sont pas sûres.

L'Alsace, qui n'appartient pas alors au roi de France, est en révolution. Elle est en contact, par Strasbourg, avec les idées séditieuses de l'augustin Martin Luther, de Wittenberg. Wittenberg est beaucoup moins loin de Strasbourg, ville d'Empire, que de Paris. Dès 1521, Mathieu Zell y répand les idées de Luther, qui a commencé dès la Toussaint de 1517 en affichant ses 95 « thèses », ce que le pape Léon X, idole des humanistes, appelle une « querelle de moines ». Zell explique que, selon Luther, l'homme ne peut compter sur ses œuvres ni sur ses mérites pour obtenir la miséricorde de Dieu. Il ne peut négocier son salut, il ne doit l'attendre que de la foi. La seule autorité vient de Dieu, et non du pape et des conciles. La rupture avec Rome est un fait accompli dès 1519. En 1521, une bulle du pape prononce l'anathème contre Luther. Après la diète de Worms, où il refuse de se rétracter, Luther est « au ban de l'Empire ».

Ceux qui diffusent ses écrits, à Strasbourg, bravent le pape et l'empereur.

Ils n'en ont cure : dès 1523, le magistrat de la ville passe à la Réforme, interdit la messe et ferme les couvents. Une sorte de république réformée se constitue au bord du Rhin, plus sensible aux idées du Suisse Ulrich Zwingli qu'à celles de Luther : ancien curé de Glaris, Zwingli a installé à Zurich un culte qui n'a plus rien à voir avec la messe papale, mais qui refuse, contrairement à Luther, toute participation réelle du Christ dans la Cène, devenue simple commémoration symbolique. Berne, Bâle, Saint-Gall rejoignent Zwingli. Il est tué au combat quand ses amis affrontent en armes les catholiques, mais les villes de Berne, Bâle et Zurich demeurent protestantes, comme Strasbourg. A Bâle, où prêche le pasteur Œcolampade, l'évêque doit quitter la ville.

Si les Français qui trouvent un accueil fraternel dans ces villes échappent à la Sorbonne et aux tribunaux du roi, ils n'échappent pas à la violence. Les réformés se déchirent entre eux. Zwingli ne voulait aucune réconciliation avec Luther, pas plus qu'Œcolampade, et le Strasbourgeois Bucer prêchait en vain la concorde. Ils ne s'entendaient que dans leur haine des anabaptistes, doux illuminés venus de Moravie, qui ne voulaient ni d'Eglise ni d'Etat, qui prêchaient la communauté des biens entre chrétiens. Zwingli les avait fait noyer à Zurich.

Autres ennemis communs, les paysans. Ils avaient suivi, en 1523, le fameux « Homme du Christ », le chevalier de Sickingen, quand il leur avait dit de marcher sur Trèves pour obtenir toutes les libertés. Ils avaient pillé et brûlé les châteaux des seigneurs, ces « loups pervers », comme le disait l'anabaptiste Thomas Munzer, en Alsace, dans toute la vallée du Rhin, en Saxe et jusqu'en Autriche... Ils en avaient appelé à Luther. Mais ce dernier, en 1525, avait écrit « contre les bandes meurtrières et pillardes des paysans », où il appelait la répression : « Chers seigneurs, délivrez-nous, sauvez-nous, secourez-nous, sabrez, frappez tant que vous pourrez. »

Cent mille morts en 1525. Luther approuvait avec force : « Le peuple allemand est si turbulent et si féroce qu'il est bon et juste de le traiter plus rudement qu'un autre... Le pouvoir a le droit d'imposer et d'instituer tous les châtiments qu'il veut. » Vive l'Etat répressif, pourvu qu'il protège la vraie foi !

Voilà le protestantisme, à peine né, engagé dans la voie de la violence. Les princes allemands, désormais, protègent Luther et se rallient à ses doctrines, contre l'empereur Charles Quint. Ils fondent la ligue de Smalkade en 1531. Il y a deux Allemagnes : celle des princes, qui exécute les anabaptistes et prend les terres d'Eglise, et celle de l'empereur, qui ne cherche plus à imposer le culte catholique dans les régions qui l'ont rejeté. Dans les villes allemandes comme dans les villes suisses, les nouveaux Etats garantissent aux réfugiés français une totale sécurité.

C'est ainsi que Jean Calvin, le Picard, peut rencontrer Bucer à Strasbourg, puis Erasme à Fribourg, et les amis de Zwingli à Bâle. Mais c'est à Genève qu'il trouve le meilleur accueil. Son compatriote Guillaume Farel, un ancien du groupe de Meaux, vient de décider la municipalité à « vivre selon l'Evangile ». Il demande à Calvin, réformateur français originaire de Picardie, qui a déjà publié son *Institution de la religion chrétienne,* de construire avec lui une Eglise nouvelle, qui ne soit pas soumise au pouvoir politique, qui ne serve pas, comme en Allemagne, les intérêts des princes, qui ne soit pas, comme en Angleterre ou en Scandinavie, une religion d'Etat, mais qui soit vraiment une société nouvelle, qui n'ait que Dieu pour maître.

Les bourgeois de Genève ont une autre conception des rapports du pouvoir civil et de l'autorité religieuse. Calvin et Farel se heurtent à leur opposition. Ils doivent la briser pour faire de Genève la « nouvelle Rome » où le pouvoir religieux domine au point d'imposer des supplices : Michel Servet est brûlé vif en 1553, l'humaniste Castellion et le pasteur Bolsec sont exilés. Calvin ne badine pas avec l'orthodoxie.

De Genève, à partir de 1540, les idées de Calvin se répandent très vite dans le vieux sillon lotharingien, des Flandres à la Méditerranée. Les hommes sont formés par Théodore de Bèze et son « académie ». La persécution organisée par le roi de France et le roi d'Espagne fait le reste : dans les Flandres, Tournai se dresse dès 1543 avec Pierre Brully. Par sa *Lettre aux Nicomédites,* Calvin encourage les Français et les Flamands à rompre avec Rome. A Lille, en 1556, Guy de Brès fonde la première église calviniste. D'autres églises s'organisent à Anvers et dans les Flandres, et le mouvement gagne la Hollande, puis la Zélande.

La diffusion du livre était, pour Calvin, une alliée inestimable. Ses ouvrages, de Genève, touchaient Lyon, importante place d'imprimerie à cette époque. Lyon devenait la capitale clandestine de la Réforme en France. Colporteurs et prédicateurs gagnaient au nord, par la Bourgogne, la Franche-Comté où la répression du duc d'Albe provoquait, comme aux Pays-Bas, une « révolte des gueux ». Au sud, le foyer lyonnais rayonnait sur les montagnes du Dauphiné et du Vivarais, descendait la vallée du Rhône, retrouvait, à l'est, les feux mal éteints des Vaudois réfugiés en Provence, dans les montagnes du Lubéron, et, à l'ouest, les villages agités des Cévennes, avant de déboucher sur le Languedoc cathare. De là, les calvinistes suivaient à rebours le grand arc-en-ciel cathare qui les conduisait, par les pays de la Garonne, jusqu'en Albret et en Béarn vers le sud, puis, vers le nord, par Agen et Montauban, vers le Périgord et le Poitou-Charentes. Les idées d'indépendance de l'Eglise calviniste correspondaient aussi bien à la mentalité des villes flamandes qu'aux anciennes traditions des municipalités de langue d'oc.

Comme au Pays-Bas le roi d'Espagne, le roi de France veut défendre l'orthodoxie. Après 1540, il devient le complice de la volonté de répression qui s'est affirmée solennellement à Rome. Le cardinal Carafa, conseiller du pape Paul III, a rétabli en 1542 l'Inquisition romaine, confiée aux premiers adversaires de Luther, les dominicains. En 1540, est aussi créé l'ordre des Jésuites, dont le général, Ignace de Loyola, demande à ses recrues un serment spécial d'obéissance au pape. La même année, le roi de France prie le Parlement de créer une chambre particulière pour la répression de l'hérésie. Henri II aggrave les peines qui frappent les protestants, confisque leurs biens, interdit l'émigration et surveille de près l'imprimerie.

La répression n'empêche pas les églises de se multiplier. Dès 1559, il en existe 34 en France, toutes soumises à la foi calviniste. Le premier synode reformé se tient cette année-là en plein Paris, alors que le roi vient de décider de purger les provinces de l'hérésie. De Paris, où les calvinistes clandestins sont nombreux, la foi nouvelle a gagné la Normandie, la vallée de la Loire, le Poitou enfin où elle rejoint le grand mouvement des révoltés de langue d'oc. Le royaume va-t-il suivre l'exemple allemand, et tolérer l'existence, en son sein, d'une minorité non catholique ?

L'Allemagne n'avait pas, à cette époque, d'unité à défendre ; elle était restée à l'état féodal. La France, comme l'Angleterre, s'était constituée, autour du roi, en nation moderne. Elle ne pouvait tolérer la division. D'autant que les grands seigneurs, en assez grand nombre, avaient rejoint les rangs des calvinistes. De 1562 à 1598, pendant trente-six ans, la France subit la guerre civile des partis organisés, sans que le souverain puisse imposer un arbitrage acceptable ni détruire le parti factieux. Pendant trente-six ans, le parti protestant, maître d'une partie des provinces et de nombreuses villes fortes du royaume, tient tête au roi et affronte les ligues catholiques, organisées elles aussi par des grands seigneurs. Aucun des deux partis ne répugne à en appeler à l'étranger : les protestants demandent l'aide des Allemands et des Anglais. Ils proposent spontanément leur appui aux révoltés des Flandres. Quant aux ligueurs catholiques, ils n'hésitent pas à conclure des traités en forme avec le roi d'Espagne.

Le pouvoir monarchique, longtemps entre les mains de la régente Catherine de Médicis, tente de louvoyer entre les deux partis, approuvant ou provoquant les violences, comme la Saint-Barthélemy de 1572. Il finit par être contesté, moins par les protestants qui affectent d'en respecter le principe, que par les catholiques qui veulent à la tête de l'Etat un souverain non suspect de compromission avec l'hérésie. Ce parti va jusqu'à mettre en question le principe monarchique et même, dans les moments extrêmes, à justifier le tyrannicide.

Ainsi, le développement du calvinisme en France réussit à mettre en question l'institution, en développant chez les catholiques une intransigeance sacrilège. Si l'on peut, comme le suggèrent certains, tuer le roi, ne peut-on aussi, comme le pensent les municipalités du Midi, se passer du roi ? Le royaume n'est pas seulement, du fait de la guerre, à l'encan, il se trouve soudain, aux pires moments de la crise, mis en cause dans son fondement. Où trouver un souverain légitime ?

Henri IV tranche par le glaive un problème que, dans leur immense majorité, les Français de l'époque ne voulaient pas se poser : le roi légitime est le roi de Navarre, puisqu'il peut rétablir l'unité du royaume. Est-ce parce qu'il est protestant ? Lui seul pouvait sans doute, au nom d'un intérêt national qui s'affirme déjà avec force, faire admettre à ses amis huguenots qu'il n'était pas question de diviser le trône, ou de l'affaiblir dans son principe. Il avait besoin, pour être sacré, d'un évêque catholique.

Ainsi, l'heureux vainqueur des guerres de Religion put-il renier sa foi et faire taire ses amis pour obtenir le ralliement des catholiques. Le prince protestant gagnait la couronne, et ses amis protestants perdaient leur victoire : ils étaient obligés d'admettre, ces rudes vainqueurs, la légitimité d'un chef apostat. C'est tout juste s'ils obtenaient, pour leur religion, les garanties qu'ils demandaient. On leur marchandait, au plus juste, lieux de culte et villes fortes. Le nouveau pouvoir ne sacrifiait rien au principe : Henri, comme Charlemagne, était roi par la grâce du Dieu du pape.

C'est la fin des troubles, et le début de la chicane. Le pouvoir a admis, au temporel, ce qu'il refuse, au spirituel. Le culte a ses lieux réservés, ses biens réservés, mais comme plus tard les Indiens d'Amérique, à ceci près qu'il dispose également des places fortes, ce que le pouvoir ne peut tolérer longtemps. Il n'est pas un « Etat dans l'Etat » puisqu'il n'a ni autorité ni justice, ni même Etat civil qui ne lui soit concédé par la seule autorité réelle, celle de l'Etat catholique. Il n'y a pas eu partage, comme en Allemagne, mais compromis et concession. Le pouvoir peut reprendre demain ce qu'il a concédé hier ; il n'a rien lâché sur l'essentiel. Il ne connait officiellement qu'une religion, et cette religion reste son fondement.

Henri IV dosait les concessions, et maintenait le compromis par une politique habile. Sous Louis XIII, la guerre reprend. Le protestantisme est contenu en Europe. Il devient une religion de princes. Le roi de France n'admet pas plus que le roi d'Angleterre l'existence d'une minorité religieuse organisée. Richelieu, son ministre, interprète l'édit de Nantes dans un sens de plus en plus restrictif, jusqu'à le vider de sa substance, et, s'il est l'ami des protestants allemands, il devient l'ennemi implacable des protestants français. L'armée royale paraît à maintes reprises en Languedoc, désarmant les places fortes, et va jusqu'à La Rochelle faire le siège de la ville, soutenue par les Anglais. Le cardinal affecte de ne voir dans la résistance des protestants qu'un des aspects de la rébellion des seigneurs contre le pouvoir royal. Extirper les protestants n'est pas œuvre pie, mais calcul politique : tout doit être au roi.

En trente-cinq ans, le parti protestant est méthodiquement démantelé. Les Rohan, les Sully, les Bouillon, les Lesdiguières, les Châtillon se rallient ou disparaissent. Une premiere campagne, en 1620, met le Béarn à genoux. Le catholicisme est rétabli sans difficulté dans la vieille possession des Albret. Soubise résiste dans l'Ouest, et Rohan en Languedoc de 1620 à 1629. Les rares grands seigneurs huguenots, qui continuent le combat, ne peuvent éviter de consentir à la soumission. L'édit « de grâce » d'Alès n'abolit pas l'édit de Nantes, mais prive définitivement les protestants de places fortes et interdit leurs « assemblées ». Le « Parti » est abattu. Force reste à l'Etat.

Paradoxalement, la victoire de Richelieu encourage la résistance des populations : si lasses fussent-elles de suivre les princes dans leurs guerres, elles ne voulaient pas renoncer à leur foi. Aux violences guerrières, succèdent désormais, sous Richelieu, puis sous Mazarin et Louis XIV, les violences policières. Le pouvoir, qui s'appuie sur l'Eglise, tente de liquider le fait protestant, d'abord en empêchant la propagation de la foi, puis en tentant d'obtenir par tous les moyens la conversion des huguenots. Ils sont encore nombreux en France à refuser d'aller à la messe, surtout au sud de la Loire : 90 000 en Poitou, 100 000 dans les Charentes, autant en Guyenne, près de 250 000 en Languedoc et dans les Cévennes, 70 000 en Vivarais. Ils sont tout de même une centaine de mille au nord de la Loire, au total 850 000 (4 % de la population). C'est une rude partie pour les jésuites.

Ils se mettent au travail, avec les moyens dont ils disposent. Jusqu'en 1680, ils ne jouissent pas de toute l'aide qu'ils auraient pu attendre de la monarchie : les protestants sont restés calmes pendant les troubles de la Fronde, et Mazarin n'a pas voulu les provoquer.

Quand la persécution reprend, en 1681, le roi s'engage et mène la danse par l'intermédiaire de son intendant Marillac, l'inventeur des « dragonnades ». Elles se multiplient dans les régions méridionales, et les dragons du roi, évangélistes d'un nouveau genre, envoient aux galères tous ceux qui peuvent ramer. Avant la révocation de l'édit de Nantes, la violence est déjà dans les faits : il faut se convertir ou disparaître.

La révocation n'arrange rien : il y a, certes, des départs nombreux pour l'étranger, mais ceux qui restent ne renoncent pas pour autant à leur foi, qui devient violente, mystique et populaire dans les Cévennes. A partir de 1702, la dernière « guerre » de Religion — qui est en réalité une guérilla — oppose les « camisards » aux troupes réglées. Le parti protestant a changé de nature : ni princes ni assemblées, des chefs inspirés, illuminés, et des troupes prêtes à tous les sacrifices pour tenir.

Tant de haines déployées créent des liens profonds et durables. De génération en génération, les protestants se transmettent les mots d'ordre de résistance. Cela explique le climat de chicanerie administrative, policière, judiciaire qui continue de traquer les huguenots pratiquement jusqu'à la Révolution.

Si, depuis les origines, la doctrine des juristes royaux n'a pas changé au sujet de la religion réformée, si le royaume de France est resté constamment fidèle au principe de l'unité de l'Eglise et de la foi, la politique du roi a connu des fluctuations, qui tiennent à la nature de ses rapports avec le pape, les princes allemands et les grandes nations voisines, l'Angleterre, la Hollande et l'Espagne. Si les rois ont longtemps admis les réformés, s'ils les ont même accueillis dans leurs conseils, c'est pour des raisons de calcul ou de dosage politique, et non de tolérance religieuse. Quand ils ont décidé de lancer des persécutions, c'était pour les mêmes motifs. La « conversion » de Louis XIV n'est pas plus innocente que la décision de

Catherine de Médicis de donner le signal aux massacreurs de la Saint-Barthélemy.

Il est vrai que les protestants du dernier édit de Fontainebleau n'ont pas grand-chose à voir avec les premiers réformés du groupe de Meaux. Des origines de la Réforme à l'édit de tolérance, il y a place pour une dizaine de générations de huguenots. Les mœurs et les mentalités ont changé. Même s'ils gardent la foi des premiers martyrs, les réformés du XVIIIe siècle sont installés dans l'opposition « de société ». Ils subissent les mêmes brimades que les philosophes, les encyclopédistes, les « libertins », les « frimassons » et tous ceux qui, au nom du progrès, veulent en finir avec l'Ancien Régime. Ceux que le pouvoir tenait soigneusement en marge des institutions et des privilèges se retrouvent en communion de pensée avec ses nouveaux ennemis. Le banquier protestant Necker passe pour un libéral et sert le roi de son mieux, en lisant Montesquieu et Rousseau. Si le roi ne peut le nommer officiellement ministre, du fait de sa religion, il ne peut se passer de ses services, parce que la monarchie est malade. Les exclus de 1685 trouvent une amère revanche : ils sont appelés au chevet du régime qui va disparaître, entraînant avec lui le monopole de l'Eglise sur les consciences. Mais qui croyait à l'exercice de ce monopole ? Qui gardait la foi catholique ? « Il serait bon, disait Louis XVI, que l'archevêque de Paris crût en Dieu. »

Au reste, ces grands bourgeois huguenots ont laissé écraser, au début du siècle, les camisards d'un cœur léger. Qu'avaient-ils à voir avec les paysans cévenols, avec les prédicateurs du désert ? Ils étaient des protestants de bon ton comme on l'est à Genève, installés dans la nouvelle société de l'argent. La révolte des pauvres et le refus de la dîme n'étaient pas leur affaire. Ils étaient protestants comme on est banquier, de père en fils. La religion avait fini par faire partie de la raison sociale. Les survivants de l'ancien « parti » protestant, nobles de cour et bourgeois de robe, avaient gardé leurs rites et traditions, et les plus heureux s'étaient convertis dans les affaires où ils avaient constitué, à défaut de parti, une sorte de clan toléré par le pouvoir et même utilisé par lui. Le maintien d'une politique du mariage protestant dans les familles renforçait la cohésion de ce clan. Le calvinisme les avait libérés, s'il en était besoin, de tout scrupule religieux dans le commerce de l'argent. Ils étaient de ceux qui considéraient comme un devoir de l'investir au lieu de l'épargner, de lui permettre de créer de l'activité au lieu de le laisser dormir dans les coffres. Cette conception des affaires les conduisait naturellement au sommet, puisqu'ils étaient poussés par le mouvement de fond du capitalisme marchand et manufacturier.

Ceux là étaient l'heureuse minorité : le plus grand nombre des exclus continuait à vivre en marge et à subir les brimades des prévôts, des baillis, des intendants et des curés de paroisse. Des régions entières, comme le Poitou, le Languedoc, les Cévennes, gardaient leur foi malgré les persécutions successives, même si ce n'était plus tout à fait la foi des origines. Les petites sociétés protestantes se maintenaient, parce qu'elles avaient été organisées sur les principes solides, pratiques, de Jean Calvin. Constituées jadis, au cours des années 1640, dans la clandestinité, elles savaient y revenir quand la situation l'exigeait, et survivre dans l'ombre par la pratique de l'entraide. Elles n'ont jamais été démantelées.

Cette solidité a des causes profondes : même si le protestantisme a pu être entraîné, en France, dans des guerres où dominaient les intérêts de caste des grands seigneurs, il n'était pas, comme en Allemagne, conditionné dans son développement par les conversions ou les abjurations des princes. Le tissu huguenot était plus serré : il tirait sa force de l'adhésion volontaire, passionnée, des adeptes qui entraient en religion sans autre considération que la foi, sans autre modèle que les martyrs. On a cherché bien des causes aux origines de la Réforme. Causes économiques ? Certes, à la fin du XVIe siècle, le pays traverse une crise. Comment en serait-il autrement alors qu'il n'a pratiquement pas connu de période de paix en cent ans, et que l'arrivée massive de l'or et de l'argent du Nouveau Monde augmente sans cesse le prix des denrées de première nécessité ? C'est vrai, la France a connu les difficultés de la croissance : sa population, après la fin de la guerre de Cent Ans, a fait un bond en avant. L'agriculture, au moins jusqu'en 1540, améliore toutes ses productions et fournit à l'industrie textile les produits de base dont elle a besoin. Les bourgeois riches des villes ont acheté les terres, ils s'entendent à les rentabiliser. On voit se constituer dans les campagnes des domaines prospères, aux mains de fermiers entreprenants. Il y a davantage de blé, pour une population en plein essor qui a les moyens monétaires de consommer.

Ils ne sont pas davantage en difficulté les sayeteurs d'Amiens, les soyeux de Lyon, les drapiers de Meaux ou de Sedan. L'industrie textile s'est modernisée, elle tourne à plein rendement, tout comme les forges ou la verrerie, ou l'imprimerie... Les armateurs sont assez riches pour lancer des expéditions vers le Nouveau Monde, et les banquiers pour financer les guerres d'Italie. La Réforme ne trouve pas un terrain favorable dans une crise de l'économie. Tout au plus pourrait-on penser que les conflits sociaux, conséquence de la croissance, ont encouragé le ralliement aux idées séditieuses du *popolo minuto* contre les bourgeois des municipalités : par exemple à Lyon, où les ouvriers imprimeurs déclenchent la première grève de l'histoire en 1539. Mais les compagnons lyonnais avaient rejoint, pour la plupart, le mouvement réformateur bien avant d'apparaître comme des précurseurs de la guerre sociale. Les plus touchés par la crise étaient les paysans, déjà victimes du regroupement des terres par les gros propriétaires des villes. Mais on remarque, précisément, la lenteur de la pénétration de la Réforme dans les campagnes. N'était-elle pas souvent prêchée justement par les bourgeois riches des villes ?

Au reste, qui sont les profiteurs de la crise ? Ceux qui avaient les moyens de capitaliser pour spéculer : les gros fermiers, les bourgeois, les grandes familles de l'aristocratie. Qu'ils fussent catholiques comme les Guise ou protestants comme les Condé et les Sully, ils tenaient leur puissance de leurs terres ; leur entrée en religion n'était rien d'autre qu'un des aspects de la lutte pour le pouvoir. S'il est vrai que les grands seigneurs catholiques ont pu tirer avantage de leur position à la cour pour obtenir pour eux-mêmes et leurs alliés pensions et bénéfices, il est vrai aussi que les protestants riches des villes du Languedoc ont profité de la crise religieuse pour s'emparer des biens du clergé et les exploiter à leur profit. Pourtant, cette exploitation n'était pas dans l'intérêt de la Réforme, elle leur aliénait les campagnes. L'affrontement des intérêts a certes joué un rôle dans les rapports de force qui se sont établis en France entre le pouvoir et les réformés, mais il ne peut fournir une explication d'ensemble au grand mouvement du xvie siècle qui a dressé, dans toutes les provinces, les hommes de la nouvelle religion contre l'institution ecclésiastique et monarchique.

Les rapports sociaux ne peuvent se décrire uniformément, globalement, dans un pays où il n'existe pas plus de « condition ouvrière » que de condition paysanne. Payer la dîme en Languedoc est une dure contrainte, surtout dans les années de disette. Dans les plaines riches de la région parisienne, l'impôt du clergé est beaucoup plus facilement perçu. Les métayers du Sud-Ouest n'ont aucun rapport avec les journaliers des plaines de Brie, ni les jacques du Beauvaisis avec les camisards des Cévennes. Il est probablement excessif d'affirmer que le milieu rural était rebelle à la diffusion des idées réformatrices. Les paysans de Meaux se sont laissé vite gagner par les prédicateurs de Guillaume Farel, et ceux de Strasbourg ont tout de suite rejoint Bucer. Très souvent, d'ailleurs, les paysans étaient en même temps artisans et travaillaient une partie du temps à la ville, comme les cardeurs de laine briards. Si les villes sont plus ouvertes aux idées des réformateurs, c'est peut-être tout simplement parce qu'elles sont les premières touchées par le livre et par le contact des voyageurs. Si les campagnes ont été moins facilement atteintes, c'est pour les mêmes causes physiques : comment se rallier à la religion de l'Evangile quand on vit dans les paroisses isolées, où le curé lui-même sait à peine lire ? Installer des églises réformées dans les villes était dangereux, mais facile. Les habitants d'un même quartier pouvaient se trouver brusquement solidaires du même culte, et déserter massivement l'église, ou la racheter comme on le voit faire dans le quartier du Marché à Meaux, très légalement, devant notaire, pour en faire un temple. Maintenir dans les hameaux et les paroisses des contacts réguliers avec des nouveaux adeptes était un problème que les missionnaires catholiques avaient jadis mesuré dans son ampleur. Il se compliquait du fait que les paysans du XVIe siècle étaient soumis à trop de pressions — du seigneur local, des agents du roi, des agents du clergé — pour qu'ils puissent se sentir en sécurité en dehors du culte officiel de l'Etat.

La propagation des idées de la Réforme est conditionnée par ces réticences, ces résistances, ces brusques embrasements de régions entières. La suivre à la trace conduit à faire un singulier « tour de France » et à découvrir d'une province à l'autre, parfois d'un village à l'autre, des différences parfois inexplicables. Est-ce un hasard si la Réforme a ses premiers foyers dans les villes proches de l'Est du Royaume : Strasbourg, Metz ? Si, à partir de Meaux, elle se diffuse dans les régions périphériques, les plus récemment rattachées à l'Etat central ? Les notables, les citadins des villes de ces provinces ont-ils trouvé, dans la Réforme, l'occasion de reprendre leurs distances avec un pouvoir qui venait de faire, au début du règne de François Ier, de nouveaux progrès dans la centralisation administrative ? Il est vrai que le Languedoc, le Dauphiné, la Provence et la Bourgogne, la Normandie et la Guyenne ont mieux accueilli les amis de Calvin que l'Auvergne ou le Berry. Mais la Bretagne, restée dans sa grande majorité catholique ? Les pays de la Loire, très souvent acquis aux réformés ? Les dates, et les chroniques locales sont ici le seul instrument d'analyse. Elles ont gardé les traces de la violence et permettent de dresser, province par province, la carte de la révolte et de la répression.

Les mentalités du XVIe siècle sont, certes, accoutumées à la violence : elle fait partie de la vie quotidienne. Pas une élection d'évêque dans les grandes villes qui ne s'accompagne de troubles et de rixes à la fin du XVe siècle. On prend des monastères d'assaut, les chanoines font le coup de poing contre les provocateurs payés par les agents du roi. Les supplices pour délits de droit commun donnent lieu à d'étonnants spectacles. Les carnavals tragiques sont nombreux, en Bourgogne comme en Languedoc. Les entrées de troupes réglées dans les villes s'accompagnent toujours de pillages, de viols, d'incendies. On punit une région entière en brûlant ses récoltes sur pied, en empoisonnant les points d'eau, en coupant les arbres fruitiers. Des bandes de brigands circulent sur les routes, et il n'y a pas de police pour les contenir. Vagabonds, errants, « chemineaux » constituent dans les villes une plèbe remuante, mal nourrie, qui vit d'assistance ou de vols. Les municipalités ne peuvent la contrôler qu'en l'enfermant dans les hôpitaux ou en la chassant à l'extérieur des portes. Car les villes ont gardé leurs remparts, et lès églises de village sont comme des châteaux forts.

Certaines régions se souvenaient des persécutions religieuses : le Languedoc, par exemple, qui avait vécu cent ans et plus l'hérésie cathare. Dans les villes, et même dans la capitale, certains groupes étrangers s'étaient accoutumés à l'insécurité, et redoutaient à la fois la cupidité du roi et l'agressivité populaire : les Juifs des ghettos avaient trouvé, dans le Midi, refuge dans les Etats du pape, et les vaudois dans les montagnes de Mérindol. Mais jamais la violence n'avait dressé tant de Français les uns contre les autres ni transformé l'appareil répressif de l'Etat en « chasse aux sorcières » à l'échelle du pays tout entier.

Car la religion nouvelle touchait toutes les classes, toutes les catégories de Français : elle avait ses adeptes chez les clercs, les moines, les curés, et jusqu'à certains dignitaires de l'Eglise ; dans la noblesse, grande et petite, parisienne ou locale ; chez les bourgeois des grandes villes, mais aussi des bourgades, elle atteignait, notamment dans les pays de langue d'oc, le peuple des campagnes, elle entraînait les plèbes urbaines de Lyon et de Nîmes, de Bordeaux et de Metz. Les pasteurs de Calvin pouvaient soutenir à bon droit qu'ils étaient « le peuple de Dieu ». Leur religion pouvait dresser le frère contre le frère et le mari contre sa femme. Chaque Français devenait en puissance gibier de violence, pendu ou pendeur, martyr ou assassin, victime et bourreau.

L'intensité de la foi n'expliquait pas tous les excès, car il y avait de l'esprit de système dans la volonté répressive et des calculs qui n'avaient pas de rapport avec les motivations religieuses. Mais la foi attisait la haine, en exigeant du châtiment qu'il ne fût pas seulement exemplaire mais inhumain, comme si rien ne pouvait sauver ceux qui, provoquant Dieu, avaient perdu figure humaine. L'expérience évangélique de Meaux permet de suivre assez bien le cheminement de l'idéalisme prêcheur à l'iconoclastie militante. La destruction des statues de la Vierge était dans la logique de la prédication. Elle était, en elle-même, un acte de violence qui dressait les « idolâtres », avec force, contre les provocateurs. Les premiers bûchers qui embrasent les places principales de Paris, lors de la grande procession suivie par le roi François Ier et ses trois fils, n'ont pas d'autre cause que la destruction d'une petite statue de la Vierge, révérée par la plèbe.

Rien ne déchaîne la violence comme la peur. Le culte de la Vierge et des saints se pratique dans tout l'Occident à la fin du Moyen Age. Il est rassurant, immédiatement consolateur, et si les saints guérisseurs figurent au panthéon populaire, c'est qu'ils apportent des réponses précises et définitives aux calamités que l'on croit alors voulues par Dieu pour le châtiment des hommes. Briser leurs statues, c'est déchaîner la peur et s'exposer à la répression. Le fanatisme populaire, dans le Paris de la Ligue, n'a pas d'autre cause.

Mais la foi nouvelle se répand aussi dans les milieux populaires, car elle apporte également des réponses à d'autres angoisses ; elle montre que le paradis n'est pas gagné par les indulgences et que les moines prêcheurs ne sont pas les interprètes de Dieu. Il n'a pas besoin d'interprètes. Il a parlé lui-même une fois pour toutes. Il suffit de retrouver sa parole et d'attendre sa grâce. Dieu n'est pas à craindre, mais ses clercs sont dangereux : ils conduisent le « peuple de Dieu » dans le désert glacé où l'on ne peut l'entendre.

La guerre des Religions n'est pas une guerre civile, comme celle des Armagnacs et des Bourguignons. Elle est inexorable, elle dresse l'homme contre l'homme. Elle n'a pas pour but de dominer l'adversaire, mais de le détruire, de le réduire — comme le font les inquisiteurs — en cendres.

La peur et la haine

reformati born out of the intellectual freedom lecture 1500 & 1520

Lucien Fèbvre l'a dit et redit : la Réforme n'est pas de France, d'Alsace, d'Allemagne ou de Suisse, mais de toute l'Europe de l'Ouest. Dans les années 1500 1520, l'exigence de liberté intellectuelle s'exprime dans tous les milieux lettrés, aussi bien italiens ou flamands, et tend à briser les cadres, à défier les censeurs. C'est, dit Fèbvre, un « effort désespéré pour fonder... sur la ruine [des églises] l'infinie variété de libres religions ».

Ce qui choque Luther dans Rome, en 1511, ce n'est pas la conduite de tel ou tel pape, mais bien l'ensemble de la hiérarchie religieuse, dont la majesté institutionnelle cache une mystification. Le pape n'est qu'un pécheur comme les autres : pourquoi ce faste et cette puissance déployée ? Entre Dieu et les fidèles, beaucoup de croyants de ce début du siècle ne supportent plus d'intermédiaires : contre les docteurs en théologie, qui affirment doctement, après saint Thomas, que Dieu est inconnaissable, les mystiques tentent d' « imiter Jésus-Christ ». Après le Maître Eckhart et Jean Tauler, la *devotio moderna* rejette les formes traditionnelles du culte et recherche le salut dans l'effort personnel, la piété individuelle. Les « frères de la Vie commune » recrutent dans les couvents de toute l'Europe, à Deventer où se forme le jeune Erasme comme à Magdebourg où le moine Martin Luther est initié aux humanités. Si l'on peut trouver son salut dans la méditation, en dehors des rites romains, à quoi bon l'Eglise et le pape ?

Mais le peuple ? Encombré de superstitions, anesthésié par les prêtres qui trouvent une réponse souvent sordide (les « indulgences ») à sa crainte de l'au-delà, il n'a que faire des recettes intellectuelles et des recommandations des humanistes, qui cherchent Dieu dans Platon. Pourtant les « humanistes » ont, depuis le siècle précédent, planté le décor d'une vie nouvelle, qui interroge en particulier les habitants des villes riches d'Italie, des Flandres, bientôt d'Espagne et de France : le *David* de Michel Ange est un athlète qui n'a pas peur du diable, et le Dieu de la Sixtine, peint pour le pape Jules II dans les années 1510, ne doit pas être très attentif aux prières des théologiens. Il brasse la création de ses bras de centaure et regarde l'homme dans les yeux. Il est nu comme un lutteur grec, barbu comme un capitaine. Il ne suggère pas, comme jadis les dieux de mosaïque, les « pantocrator » de Byzance, l'ordre immuable, mais la vie, la tempête, l'action et l'émotion. A son image, les papes revêtent, comme Jules II, la cuirasse, et les rois montent à cheval pour rechercher, à coups d'épée, le meilleur moyen de gagner le ciel.

Car le roi humaniste, le protecteur des hellénistes et des hébraïsants, le fondateur du Collège royal et le constructeur de Chambord, François Ier, ne cesse pratiquement pas de faire la guerre. Il a un sérieux adversaire : Charles d'Espagne, héritier à la fois des Rois Catholiques par sa mère et des Habsbourg par son père, élu en 1519 empereur d'Allemagne contre la coquette somme de deux tonnes d'or fin, payée par les banquiers allemands et italiens. Charles Quint est maître de la plus grande partie de l'Europe : le Sud de l'Italie, les « Pays-Bas » et la Franche-Comté... Il hérite de l'immense empire d'Amérique, que vont encore accroître les *conquistadores,* et qui va fournir au marché européen des quantités croissantes d'or et d'argent : ces réserves lui permettent de porter la guerre où il veut.

Les célèbres *tercios* du roi d'Espagne (des unités composées de piquiers, d'arquebusiers et de cavaliers) sont une armée permanente de volontaires soldés, commandée par des capitaines de la classe d'un Gonzalve de Cordoue. 40 000 hommes en moyenne : la force la plus importante en Europe. En face d'elle, l'armée française est la seule qui puisse lui tenir tête, avec son artillerie bien organisée, ses bandes d'infanterie levées dans les provinces (Picardie et Gascogne notamment) ou à l'étranger, ses compagnies de « chevau-légers » (arquebusiers et pistoliers, souvent recrutés en Allemagne). La France attaque d'abord l'immense empire en Italie, selon une tradition bien établie depuis Charles VIII : François Ier part en guerre, bat les Suisses à Marignan, s'empare de Milan et du Piémont.

Charles Quint ne peut évidemment pas souffrir une incursion qui met en danger les communications entre les deux régions de son empire : l'Espagne et l'Allemagne. Une guerre de quarante ans s'engage entre les deux maisons de France et d'Autriche. De 1519 à 1559, les affrontements sont sanglants, coûteux, dévastateurs. Pendant dix ans, François Ier est presque constamment malheureux : il perd Milan et devient prisonnier de l'empereur après la bataille de Pavie (1525). Libéré l'année d'après, il doit payer deux millions d'écus d'or pour racheter ses enfants envoyés comme otages à Madrid. A la paix de Cambrai, en 1529, la France renonçait à revendiquer le Milanais.

Sept ans plus tard, l'armée française envahit les Etats du duc de Savoie. Les troupes de Charles Quint répliquent en ravageant la Provence et la Picardie. Pour la première fois, les « Impériaux » attaquent la frontière du Nord. Le pape, qui a subi en 1527 le siège de Rome par les mercenaires allemands de l'empereur, mécontents de ne pas toucher leur solde, propose une trêve aux belligérants : la guerre reprend de plus belle en 1542. A cette date, des Etats allemands sont devenus luthériens : le Brandebourg, la Saxe. Les Français recherchent, contre Charles Quint, l'alliance de leurs princes protestants et même des Turcs ! L'empereur, après la victoire française de Cérisoles (1544), doit traiter, bien que ses armées aient envahi la Champagne : il est encore assez fort pour obliger François Ier à évacuer la Savoie. Il utilise le répit de cette paix de Crépy pour écraser à Mühlberg, en 1547, l'armée des princes protestants d'Allemagne. Mais l'Electeur de Saxe le trahit, et la guerre reprend en 1552, le nouveau roi de France Henri II ayant occupé les « Trois-Evêchés » de Metz, Toul et Verdun. Avant d'abdiquer, l'empereur dut reconnaître, par la paix d'Augsbourg, la pluralité des religions en Allemagne (1555) et laisser à la France la Savoie et le Piémont. Son successeur, Philippe II, devait prendre la revanche de l'Espagne en remportant la victoire de Saint-Quentin qui obligea le roi Henri II à renoncer définitivement à la politique d'intervention en Italie : il avait fallu quarante ans de guerre pour en arriver là. Mais, désormais, le rêve de monarchie universelle de Charles Quint était bien mort. La France, qui retrouvait ses frontières, n'avait plus à craindre l'étouffement.

Il faut avoir à l'oreille le fracas de ces batailles continuelles quand on songe au développement de la Réforme en Europe. Les charges de la guerre affaiblissaient les Etats — la France, en particulier, qui n'avait pas les immenses ressources de son adversaire. La construction de l'Etat monarchique, entreprise par Louis XI, se poursuivait sans doute, et le roi renforçait son appareil administratif pour accroître son autorité aux dépens des privilégiés. Le concordat de 1516 lui donnait la mainmise sur le clergé, et la lutte de François Ier contre les grands seigneurs (le connétable de Bourbon) indiquait sa volonté de poursuivre l'œuvre de centralisation et de concentration des pouvoirs de la monarchie qui n'admettait pas (on l'avait vu aux états généraux de 1484) le partage. Le Parlement de Paris avait été mis en garde en 1527, quand le roi lui avait défendu « de s'entremettre en quelque façon que ce soit du fait de l'Etat ».

Avec ses gouverneurs, ses lieutenants généraux, prévôts, viguiers, baillis, sénéchaux généraux, receveurs et trésoriers de toutes sortes, le pouvoir royal s'affirmait et se confortait, au besoin en envoyant dans les provinces ces envoyés extraordinaires, pleins de zèle et d'efficacité, les « maîtres des requêtes de l'Hôtel royal », appelés sous Henri II « commissaires départis pour l'exécution des ordres du roi ». Quels que fussent ses embarras extérieurs, la monarchie renforçait ses pouvoirs pendant toute la première moitié du siècle, aux dépens des clercs, des nobles, des villes privilégiées et des Etats provinciaux. La vigilance royale ne pouvait tolérer de relâchement ni accepter, comme en Allemagne, de sécession de villes ou de provinces pour fait de religion. La France n'existait que dans l'unité et la centralisation.

C'est pourquoi la répression de l' « hérésie » fut toujours en France assimilée à une opération de police intérieure. Jusqu'à la paix du Cateau, le point de vue des officiers du roi ne varie pas : les « luthériens » sont des diviseurs. Ils n'ont pas droit à l'existence légale. Mais comment les intellectuels, les clercs, et les officiers royaux eux-mêmes pourraient-ils refuser et repousser le grand mouvement d'idées qui circule en Europe ? Les dates sont éloquentes. La première manifestation de Luther est de 1517 : le jour de la Toussaint, il fait connaître ses 95 thèses. A cette date, les évangélistes de Meaux travaillent ensemble, autour de Lefèvre d'Etaples. Les idées de Luther sont connues dans le royaume dès 1519. L'année suivante, se répandent ses trois grands traités, que le pape condamne. En 1521, il a comparu devant l'empereur à Worms. Il est « mis au ban de l'Empire », anathémisé, excommunié. Il faut quatre ou cinq ans pour que le pouvoir politique endosse sa doctrine. La Saxe électorale, la Hesse, le Brandebourg, certaines villes libres deviennent ainsi « luthériennes ». Luther n'a même pas défini sa confession de foi (il le fait à Augsbourg en 1530) que déjà les princes allemands ont fait sécession. Gustave Vasa, en Suède, les imite : il rompt avec le pape en 1527, adopte le luthéranisme et proclame la rupture avec le Danemark.

En 1530, d'autres réformateurs, unis par leur haine commune du pape, mais en désaccord sur la doctrine, se sont manifestés en Europe : le curé de Glaris, Ulrich Zwingli, nommé prédicateur à Zurich, entraîne les Suisses dans la guerre de Religion. Il gagne à la Réforme Zurich, Berne et Bâle. Le théologien Œcolampade l'a puissamment aidé à convaincre les Bâlois de rompre avec Rome dès 1528. A cette date, la ville impériale de Strasbourg est également convertie, grâce aux efforts d'un prédicateur, Bucer, qui est à mi-chemin entre Luther et Zwingli.

Les efforts de conciliation échouent entre les différentes confessions. Les Français, évangélistes plus que luthériens, sont attirés par les Strasbourgeois qui les accueillent quand les premières persécutions commencent, dans les années 1520, et surtout dans les années 1540. Mais, à cette date, un prédicateur et écrivain de langue française, Jean Calvin, s'est déjà fait connaître par son *Institution de la religion chrétienne* (parue en latin dès 1536, en français en 1541). Alors que le mouvement luthérien est récupéré par les princes et que les Suisses se perdent en querelles, Calvin est appelé par Farel à Genève où il construit son Eglise à partir de 1541. En dix ans, la plupart des provinces françaises sont imprégnées de calvinisme. En 1559, se tient à Paris le premier synode de l'Eglise réformée, l'année même du Cateau-Cambrésis. Le pouvoir royal en France perdait simultanément deux batailles : contre les Impériaux, contre l'hérésie. Un long et patient « tour de France » avait permis aux vagues successives de réformateurs de faire le siège du royaume par l'intérieur.

1.

L'évêque
et les cardeurs de laine

Le 19 mars 1516, la ville de Meaux fut réveillée par une agitation inhabituelle : un nouvel évêque y faisait son entrée.

Une entrée très solennelle : selon Thibaut Le Sueur, licencié ès lois, bailli de la juridiction temporelle de l'évêché, les sergents, officiers et procureurs se rendirent dès sept heures du matin au prieuré de Saint-Père, en dehors du marché de Meaux, hors de l'enceinte de la ville, pour y chercher le révérend, qui y avait passé la nuit, selon l'usage.

Tous les clercs de la ville, tout ce qui portait soutane était présent au rendez-vous, prêt pour la procession : les « vénérables chanoines », et le chapitre en tête, mais aussi leurs adversaires naturels, les moines prêcheurs et quêteurs du couvent des Cordeliers-Saint-François, puis les prêtres et les vicaires des églises de la ville... Tous les « processionnables ».

A la chapelle dudit prieuré, ils ont trouvé, mentionne le procès-verbal, « ledit révérend en état et habit pontifical ». L'évêque prend la tête du cortège et s'arrête d'abord à la sortie, « à l'endroit d'une pierre assez élevée, assez près de la porte et entrée principale ». Il y reçoit l'hommage du lieutenant général, maître Robert Payen, et du procureur du roi, Pierre Bataille. Un sergent lit à haute voix les noms des « grands barons vassaux » qui, selon la tradition, doivent porter le révérend pendant la procession.

Le sergent fait l'appel : Marie de Luxembourg, duchesse douairière de Vendôme, vicomtesse de Meaux. Elle n'est pas présente. En raison de son « état et qualité », on admet qu'elle puisse se faire représenter par son bailli, Jacques de Brislay. On appelle le second porteur, le vidame de Trilbardou. Il est là, ainsi que le sire de Villemareuil, qui fait grise mine. Le sire de Boulares-en-Mulcien n'est pas venu. Il a dépêché à sa place un vieux chanoine fourbu, incapable de marcher. Il faut le remplacer incontinent par un écuyer, le sire de Joux... On tarde à se mettre en route. Massé autour du prieuré, le petit peuple s'impatiente. Huit heures sonnent au clocher de la cathédrale, et l'on n'a même pas pris les rangs. Que peuvent donc se dire les beaux messieurs réunis en costumes d'apparat autour de l'évêque ? Qu'attendent-ils pour le hisser sur sa chaise ?

Ils ont un débat de procédure... Trilbardou et surtout Villemareuil veulent qu'il soit reconnu au procès-verbal que les tentures de taffetas rouge qui ornent le siège de l'évêque sont la propriété des vassaux, la leur en particulier. On décide, après une longue discussion, que le morceau de taffetas « serait commis et baillé en garde », après la cérémonie, entre les mains du procureur du bailliage, jusqu'à ce que justice soit rendue.

L'évêque se demande s'il va pouvoir enfin faire son entrée... Mais déjà les quatre hommes s'emparent du siège. Il est hissé au-dessus de la foule, il franchit les portes de la ville, et pénètre dans l'enceinte du marché de Meaux. On le dépose au pied de la croix. Pour bien montrer qu'il est désormais le maître et le seigneur de Meaux, il s'avance à pied jusqu'à la halle, acclamé par la population. On le hisse de nouveau sur sa chaise jusqu'à l'entrée du pont sur la Marne, qui donne accès à l'autre partie de la ville, où s'élève l'immense cathédrale. Il traverse le pont à pied, puis il est de nouveau porté jusqu'à l'hôtel-Dieu. De là, il prend à pied la tête d'un cortège qui remonte jusqu'à la cathédrale. Il est désormais chez lui, au cœur de la ville haute, mitre en tête et crosse au poing.

Celui qui vient de se prêter à cette cérémonie n'est pas un évêque comme les autres. Il connaît intimement le roi, le pape et les plus grands seigneurs. Il s'appelle Guillaume Briçonnet.

Un authentique fils d'archevêque : son père, qui se prénommait également Guillaume, était devenu l'un des personnages les plus importants du royaume. Homme de finances, il avait été général de Languedoc, puis conseiller de Charles VIII. A la mort de sa femme, il était entré dans les ordres par ambition, pour devenir cardinal. On l'avait d'abord nommé évêque de Saint-Malo, mais il n'avait jamais mis les pieds dans son diocèse. Il avait des tâches plus urgentes : Guillaume Briçonnet intriguait pour le chapeau entre Rome et Paris. Il avait profité de l'entrée dans Rome en 1494 de Charles VIII vainqueur, qui marchait sur Naples, pour demander à son maître d'intervenir. Comment le pape aurait-il pu repousser une requête du roi de France ? Un consistoire, improvisé sur-le-champ, fit de Briçonnet père un cardinal de la sainte Eglise.

Restait à trouver un archevêché pour celui qu'on appelait par plaisanterie « le cardinal de Saint-Malo ». Le siège de Reims était vacant : il appartenait au frère de Guillaume, Robert, grand chancelier de France, qui venait de mourir. Un bien de famille, en quelque sorte. La campagne fut menée rondement, et Briçonnet usa de tous les moyens possibles pour faire pression sur le chapitre. Les chanoines furent accablés d'interventions du roi, des princes, et finalement achetés à leur poids d'or. Tous sauf un votèrent pour Briçonnet, dont le premier agent électoral dans la ville n'était autre que son fils Guillaume, notre évêque de Meaux. Il eut la joie de voir son père procéder dans la célèbre cathédrale au sacre du roi Louis XII, le 27 mai 1498.

Que pouvait-on refuser à tant de puissance ? Les Briçonnet étaient influents et riches. Le grand-père Jean, marchand à Tours, avait fait fortune auprès de Louis XI, comme jadis Jacques Cœur auprès de Charles VII. Il avait marié ses enfants aux fils et filles des plus riches Tourangeaux : aux Beaune, aux Berthelot, aux Ruzé, aux Roberté... Guillaume, le cardinal, qui avait pour oncle le vieux financier Semblançay, était allié des plus riches banquiers et des plus hauts magistrats du royaume. Un de ses frères était général en Dauphiné ; un autre, Nicolas, contrôleur de Bretagne...

Guillaume II, nommé évêque à dix-sept ans, avait suivi son père quand il avait pris la tête, contre Jules II, de la révolte du clergé français. Il s'était enfui de Rome, en 1510, avec quatre autres cardinaux pour lancer un grand mouvement de réforme de l'Eglise et exiger la réunion d'un concile de tous les évêques d'Europe, ayant pour tâche principale de dresser la liste des abus et de proposer au pape des solutions neuves. Guillaume II, évêque de Lodève, était au premier rang de tous ceux qui combattaient le pape. Il avait suivi la querelle de son père, et avait approuvé à Pise les cardinaux qui demandaient la mise en accusation, puis la mise en suspens du pape. L'affaire devait se terminer tragiquement pour le père : en 1512, Jules II lui retirait ses dignités ecclésiastiques. Il n'obtenait son absolution que deux ans plus tard, juste avant de mourir. Il avait perdu l'archevêché de Reims et n'avait pu récupérer, après son pardon, que celui de Narbonne.

L'homme qui venait de faire son entrée dans Meaux connaissait parfaitement les détours et les querelles de la haute Eglise ; il était familier des problèmes ecclésiastiques et confident de François Ier dans sa politique romaine : de fait, quelques mois après son intronisation, il était envoyé à Rome, par le roi pour négocier avec le pape. Il y était au mois d'août. Encore un évêque, se dirent les gens de Meaux, qui ne résidera pas souvent dans notre ville...

Dans le chapitre de la cathédrale, les bons chanoines regrettent déjà leur choix forcé. Qu'avaient-ils à faire d'un favori du prince qui, loin de défendre leurs usages et privilèges, ne lèverait pas la main pour empêcher le roi d'y mettre bon ordre à son profit ? Car le roi nommait les évêques à cette fin. Il les voulait « sûrs et féables ». Il exigeait qu'à leur entrée en charge, ils se présentent en personne devant lui et jurent sur les Evangiles de le défendre « contre toutes sortes de personnes qui pourront vivre et mourir ». Les prélats sont ses gens, il les choisit parmi ses familiers. C'est lui qui a désigné un Amboise à Rouen, un Bourbon à Toulouse, un Saciergue à Montauban et un Seyssel à Marseille. S'ils désobéissent, il les rappelle rudement à l'ordre. Les évêques du Puy et de Montauban se sont rendus complices des intérêts des seigneurs de leurs sièges contre ceux du roi : il les fait arrêter et juger au Parlement. Les évêques sont avertis qu'ils ne doivent pas surestimer leur pouvoir : ils n'ont que l'usufruit de leurs bénéfices. « Après la mort de l'évêque, le roi lui succède », disent invariablement les procureurs.

Le roi dispose d'une arme absolue en cas de résistance de l'évêque : c'est la saisie du temporel. François Ier, en 1516, est justement en train de faire dresser la liste des biens acquis depuis cinquante ans par l'Eglise. A Meaux comme ailleurs, les commissaires du roi font du zèle : ils réclament les arriérés de taxes, mettent en cause les privilèges, lorgnent sur les biens en vacance. Au moindre prétexte, ils s'emparent des bénéfices, dépossédant le chapitre ou les abbayes.

C'est que l'Eglise est le plus grand propriétaire du royaume. « Les trois quarts du temporel », prétend en 1502 le procureur général au Parlement de Paris. Machiavel, à la même époque, estime la fortune de l'Eglise de France aux 2/5 de la fortune publique. Si l'on suit Imbart de La Tour, on peut estimer le revenu ecclésiastique en France à 5 millions de livres, alors que le domaine royal, à la même époque, ne rapporte que 220 000 livres et que la recette des finances royales tout entières ne dépasse pas les 5 millions.

La richesse du clergé se trouve en partie gaspillée parce qu'elle est mal gérée. Les grands bourgeois de finance ou de robe, que le roi nomme évêques, ont pourtant l'habitude des affaires. Mais ils se trouvent aux prises avec les situations acquises, les privilèges concédés, les abus de toutes sortes. La fortune du clergé lui vient essentiellement des donations faites par les particuliers. Quand elle hérite des terres, l'Eglise hérite aussi des droits seigneuriaux et féodaux qui y sont attachés ; elle devient elle-même seigneuriale, lève le cens et le champart, demande des droits pour la pêche, pour les moulins, pour le passage des ponts... Elle doit faire rapporter ses biens, améliorer le rendement des terres. Mais beaucoup d'évêques ou d'abbés répugnent à jouer le rôle d'un seigneur, à lever eux-mêmes les droits et les taxes. Ils en confient le soin à des « rentiers » qui paient au seigneur ecclésiastique une « rente » annuelle, fixe, et se chargent ensuite de gérer pour leur compte les revenus de la seigneurie, s'ils n'ont pas à leur tour « sous-arrenté » la rente acquise. Rentiers et sous-rentiers ne sont pas des ecclésiastiques, mais la plupart du temps des bourgeois, des marchands, des notaires, des procureurs. Ils exploitent les terres et les bénéfices ecclésiastiques avec un zèle qui impatiente la population. On impute naturellement à l'Eglise ces excès de zèle.

Le roi n'a nullement cherché à réduire la seigneurie ecclésiastique. Il a au contraire donné des privilèges aux villes dirigées par un évêque, pour les soustraire à l'autorité des seigneurs laïques, ses plus constants adversaires. Les évêques partagent avec le roi et les corps municipaux la juridiction de nombreuses villes, et en particulier de Meaux. Ils gèrent en commun les revenus des amendes, des taxes, des marchés. A Paris, l'évêque, seigneur de l'île Saint-Louis et du faubourg Saint-Marcel, perçoit des droits sur les blés, sur « les animaux à pied fourchu et à pied rond », sur l'entrée du poisson de mer et sur le poisson pêché dans la Seine. L'abbé de Saint-Germain dispose des droits de justice sur la portion de la « rivière Seine comprise entre la tour de Nesle et le Châtelet ». Entre la municipalité, les représentants du roi et ceux du seigneur-évêque, les conflits sont continuels pour la perception des droits. Une partie de l'administration de l'évêché s'occupe à longueur d'année dans la chicane.

L'évêque a sa justice, l'officialité diocésaine, de plus en plus combattue par les tribunaux du roi. Les parlements désarment la justice spirituelle ; les juges royaux peuvent être saisis à tout moment par un prévenu cité devant le juge ecclésiastique, même s'il est lui-même un homme d'Eglise. On a vu ainsi, en 1501, un bailli, officier royal, soustraire à la justice de l'évêque un prêtre blasphémateur ! A Meaux, les deux justices sont aux prises, notamment dans les procès de mariage et d'adultère, alors fort nombreux. Le Parlement intervient même dans les procès de discipline ecclésiastique et dans les questions de foi. Il donne son avis sur l'authenticité des reliques, sur la validité des livres de messe, sur l'opportunité des processions. Il rend des arrêts sur la forme des habits des évêques voyageant hors de leur diocèse, et se prononce sur le point de savoir s'ils doivent ou non porter une robe à traîne... Le fonctionnement discutable des institutions ecclésiastiques est toujours le prétexte saisi par les officiers royaux pour justifier leurs interventions, souvent abusives. Ils interviennent volontiers dans les juteuses affaires de testaments, pour déposséder le clergé, toujours à l'affût des biens des fidèles qui meurent intestats. Ils peuvent utilement s'opposer aux levées de taxes abusives sur les sacrements, le mariage par exemple, et s'intéresser de près à la levée de l'impôt ecclésiastique, la dîme, difficile à lever dans de nombreuses régions. Ils ont le pouvoir de pénaliser l'évêque qui s'est rendu coupable d'abus. Ils peuvent demander à contrôler le produit des quêtes ou de la vente des indulgences. Un arrêt de 1514 obligeait ainsi le chapitre de la ville de Saintes à publier le résultat des quêtes dans la cathédrale. Les troncs devaient à l'avenir avoir plusieurs clés, dont l'une serait en permanence entre les mains des officiers royaux qui pourraient ainsi prélever directement leur part de recettes...

Si le roi ne conteste pas le régime seigneurial des terres ecclésiastiques, bien qu'il cherche par tous les moyens à les récupérer, il est en querelle constante avec le clergé pour l'exploitation des droits inclus dans les bénéfices ecclésiastiques. On comprend alors pourquoi la lutte pour l'élection d'un évêque (privilège qui demeure acquis aux chanoines du chapitre) prend souvent l'aspect d'une épreuve de force. Les chapitres résistent autant qu'ils peuvent à l'ingérence royale, parce qu'ils protègent ainsi leurs revenus et leurs privilèges. Dans chaque élection, le roi intervient directement et n'hésite pas à provoquer au besoin des troubles dans la ville, cherchant un prétexte pour faire rosser les chanoines. Les interventions de ce genre sont fréquentes dans le Midi, beaucoup plus rares dans le Nord. Il n'y avait pas eu de troubles à Meaux pour l'élection de Guillaume Briçonnet.

Le voilà donc à la tête de son gras évêché, bien pourvu de bénéfices, installé dans un confortable palais à deux pas de la cathédrale. Il n'a pas, pour vivre, que les revenus de l'évêché. Il est également abbé de Saint-Germain-des-Prés. La progression des revenus de cette abbaye était, depuis la fin du xve siècle, spectaculaire : le seul domaine d'Esmans, qui possédait 30 paysans censitaires en 1458, au lendemain de la guerre de Cent Ans, en avait 127 en 1506. Le rapport du cens, cet impôt frappant les terres cultivées, avait plus que quadruplé. Les terres de Grenelle, de Vaugirard, de Thiais, de Dammartin, permettaient à l'abbé Briçonnet de toucher des revenus importants, affermés à des bourgeois. La ferme de Villeneuve-Saint-Georges, au début du siècle, rapportait à elle seule 400 livres par an. Le profit avait doublé en quinze ans. L'évêque de Meaux était très riche. Pourtant, dans son diocèse, les curés étaient misérables et les églises tombaient en ruine.

Chaque cure possédait, à l'image de l'évêché, des biens fonciers qu'elle baillait à ferme ou à rente. Les testaments, au cours des âges, avaient enrichi leurs domaines. Les cures percevaient le montant des quêtes à la messe du dimanche, elles levaient des dîmes sur les produits de la terre. Il y avait en Brie de fortes dîmes sur le blé, et d'autres, moins importantes, sur les légumes et produits d'élevage. Malheureusement, leur produit, comme celui des rentes et des fermes, échappait largement aux curés. Elles étaient accaparées par les grandes abbayes : Saint-Denis, Sainte-Geneviève ou Saint-Germain-des-Prés, qui les avaient reçues des mains des laïques chargés de les lever au cours des siècles précédents. Les abbés nommaient eux-mêmes les curés et percevaient à leur place les bénéfices des cures. Les chanoines de Paris collationnaient les cures dans toute la région et désignaient même les desservants, car les curés avaient pris l'habitude de ne plus résider dans leurs cures.

Cette cure, ils l'avaient reçue d'un évêque, ou d'un abbé, comme une récompense. Ils pouvaient en posséder plusieurs et cumuler les dignités. Ils résidaient à Paris, et la cure n'était pour eux qu'une source de revenus. Les curés titulaires chargeaient les desservants de célébrer à leur place les offices et de distribuer les sacrements. Ils recevaient en échange un traitement spécifié par bail, calculé toujours au plus juste. Les desservants tâchaient de tirer des revenus des messes, de la location de la vaisselle d'église pour les mariages. Comment n'auraient-ils pas été découragés ou révoltés, quand ils devaient obéir aux grands seigneurs de l'Eglise qui se servaient d'eux pour le trafic des biens spirituels, comme les indulgences ? L'indulgence était une remise de peine accordée aux pécheurs : elle pouvait être totale ou partielle, et diminuait, en fonction de l'importance des dons, les années de purgatoire réservées aux âmes coupables. Elle était une traite sur l'éternité. L'angoisse des fidèles était si vive, au début du siècle, que le trafic des indulgences, organisé par le pape, rapportait gros. Des prédicateurs se répandaient dans les villages pour vendre l'indulgence au détail. Ils ne ménageaient pas leur peine pour obtenir les résultats les plus substantiels : l'argent mis dans leurs troncs devait permettre aux âmes de s'envoler du purgatoire vers le paradis. En 1482, la Sorbonne avait condamné un de ces moines prêcheurs qui déclarait à ses fidèles : « Toute âme du purgatoire s'envole immédiatement au ciel, c'est-à-dire est immédiatement libérée de toute peine, dès l'instant qu'un fidèle met une pièce de six blancs, par manière de suffrage ou d'aumône, dans les troncs pour les réparations de l'église Saint-Pierre de Saintes. » Le tarif des indulgences variait selon la condition sociale. On faisait payer plus cher les riches.

Comment s'étonner ? Le clergé, dans son ensemble, était intimement mêlé à la société laïque. Le modeste desservant de la Brie n'était pas plus choqué par le commerce des indulgences que par la levée des tailles royales. L'indulgence était une forme d'impôt payé au pape. Les fidèles, qui donnaient parfois des fortunes pour faire l'acquisition d'un ossement de saint d'une douteuse authenticité, payaient aussi pour leur paradis. Nul n'y voyait malice. La tarification de l'au-delà faisait vivre de prêches des quantités de moines faméliques. Les desservants, souvent artisans ou paysans comme leurs fidèles, regrettaient seulement qu'un trafic aussi rémunérateur leur échappât. Ils s'indignaient bien plus du cynisme des curés non résidents ou des mauvaises dispositions de leurs fidèles, qui trouvaient tous les moyens d'éviter de payer pour les messes et les sacrements.

Ces desservants n'avaient pas plus de vertu que les moines et chanoines. L'évêque les autorisait, dans certains cas, à exercer des métiers : jardiniers, par exemple, ou pépiniéristes. Ils pouvaient être aussi vachers, apothicaires ou pêcheurs à la ligne. Dans certaines villes, on les autorisait à être barbiers ou tailleurs. Mais il leur était interdit d'être marchands, bouchers ou ouvriers. Pas question de soutane ! Elle n'apparaît pas dans le bas clergé, avant le XVIIe siècle. Comment bêcher ou garder les vaches en pareil équipage ? Ils vivaient avec des servantes qui, en principe, devaient avoir l'âge canonique, alors fixé à quarante ans. Mais comment trouver, dans les campagnes sous-alimentées, des servantes encore valides à cet âge ? Une quadragénaire était alors une vieille femme, ridée, voûtée, percluse de rhumatismes, incapable d'un effort soutenu. Les desservants engageaient des servantes beaucoup plus jeunes, avec lesquelles, *instigante diabolo*, ils vivaient parfois maritalement... Les bâtards de prêtres étaient nombreux. Qui leur jetait la pierre ? Les moines donnaient à cet égard le plus mauvais exemple, et les plus hauts dignitaires de l'Eglise avaient parfois des familles nombreuses. Les enfants des membres du clergé étaient reconnus sans scandale. On voyait des bourgeois entrer dans les ordres, une fois veufs, sans être tenus à la chasteté.

Les desservants devaient s'abstenir du jeu, du théâtre et de la « fête des fous ». Ils ne devaient porter sur eux aucune arme et devaient se raser la tonsure au moins sept fois par an. Ils étaient exclus des maisons publiques, en principe. En fait, nombre d'entre eux, dans les villes, fréquentaient les « étuves », ces bordels du Moyen Age. On considérait qu'un prêtre avait davantage de raisons de s'y rendre qu'un homme marié. On voyait les desservants assister, contre les avis des évêques, aux repas de noces, et faire bombance pendant plusieurs jours. Ils se mêlaient à l'occasion aux rixes, fréquentes dans les bourgs. S'ils n'avaient pas droit au couteau, rien ne leur interdisait le bâton.

Tel était le clergé du diocèse de Meaux, dans les villages et dans les paroisses urbaines, quand l'évêque Briçonnet prit la mitre. Il ne faut pas s'étonner de sa surprise quand il fit faire une enquête sur la moralité de ses prêtres. Ils n'étaient pas différents à Meaux de leurs voisins de Beauce ou de Picardie. Ils étaient les enfants perdus d'une Eglise malade.

Ni les marchands de Meaux, les minotiers, les négociants en blé, les notaires et les maîtres des corporations, ni le petit peuple des paysans ou des ouvriers de la basse ville, les cardeurs de laine, les fouleurs, les drapiers ne ressentent clairement ce malaise. Pour les bourgeois, la foi est une sécurité, la pratique religieuse une comptabilité : si l'on peut acheter le paradis, cela veut dire que Dieu tolère et encourage l'enrichissement, qu'il n'est pas hostile au profit. Les gens d'Eglise ne donnent-ils pas l'exemple en prêtant eux-mêmes à de gros intérêts, et même, dans certaines régions, en pratiquant l'excommunication pour dettes contre leurs débiteurs ? Les livres de raison montrent les grands bourgeois soucieux d'être en règle avec l'Eglise, et de conformer leur vie religieuse aux prescriptions qu'ils acceptent pleinement ; pourvu qu'ils soient ensevelis en terre chrétienne, bien pourvus d'absolutions, ils ne craignent plus la mort. Très croyants dans l'au-delà, ils se représentent matériellement la damnation comme une véritable torture à l'image des bûchers qu'ils ont sous les yeux lors des exécutions de condamnés, et ils conçoivent la résurrection comme un phénomène physique, une sorte de printemps des âmes qui fait surgir les corps, comme des primevères, de l'écorce craquelée de la terre. Le retable de Beaune, du maître flamand Van der Weyden, est le reflet exact de l'état des croyances : l'ange blanc y pèse les âmes dans une balance de banquier : elles valent leur poids d'or fin. Seul le décret de l'ange, rendu à la suite de la pesée, leur permet de gagner l'Eternel.

« Raison » veut dire compte. La mort est le moment de rendre les comptes. La terreur panique des chrétiens du XVIe siècle est de mourir sans les derniers sacrements. Les plus riches dressent contrat avec le clergé pour éviter tout accident. Il faut prévoir les cas de peste, de naufrage. Ils donnent à leur confesseur, par privilège spécial, juridiction plénière au seuil de la mort pour leurs péchés. Ils prévoient de solides cercueils de chêne pour éviter les profanations, nuisibles à la survie, et peut-être aussi les errances des fantômes, auxquelles on croit alors très fermement. Pour les morts subites, il faut la permission spéciale du tribunal de l'évêque pour l'enterrement sans absolution en terre chrétienne. Le bourgeois ne prend pas de risques. Il a acheté longtemps à l'avance son emplacement. Il est à l'abri de toute surprise.

Il meurt la plupart du temps en possession d'un respectable portefeuille d'indulgences. Celles-ci ne sont pas toujours à la portée des pauvres, dont l'angoisse n'est pas moins vive. L'Eglise ne les rassure pas ; les prêches, les représentations iconographiques entretiennent plutôt un sentiment de terreur. Les Cordeliers décrivent minutieusement, devant leurs auditoires populaires, l'enfer et le purgatoire, qui sont représentés, avec la résurrection des corps, au fronton des églises et de la cathédrale. Une toute petite élite, capable de lire, échappe à ces représentations naïves. Les bourgeois ont appris de leur précepteur un catéchisme en vers latins qui contient très peu de dogmes et beaucoup de morale. Ils ne connaissent la Bible que très partiellement. Les enfants savent les trois principales prières en latin, les psaumes pour la confession et pour les processions. On leur fait lire des livres imprimés qui sont des traductions « arrangées » de la Bible. On en extrait des histoires édifiantes. Ils lisent aussi la vie de Jésus-Christ et celle des saints. S'ils poursuivent leurs études dans les universités, les fils de bourgeois tombent dans les filets des docteurs en théologie de la Sorbonne, grands pourfendeurs de mots, « ratiocineurs » infatigables. Le christianisme des « sorbonnagres » de Rabelais date de saint Thomas d'Aquin. Il est sourd aux appels des humanistes, il s'embusque dans les chicanes de la scolastique. Les bourgeois de Meaux qui ont suivi cet enseignement en ont tiré une forme d'esprit propre à la discussion juridique ou théologique, mais non l'approfondissement de la foi par la connaissance des textes sacrés.

Quant au petit peuple des foulons et des cardeurs, il est instruit par les prêches à la morale chrétienne, rarement aux questions de foi. Les sermons se font en chaire, parfois en plein air. Les prédicateurs parlent une langue verte, imagée, tempêtent, tonitruent, menacent. Ils lancent, pour distraire la salle, d'énormes plaisanteries. Les cordeliers sont les plus démagogues et excellent à prêcher la morale en faisant des bons mots. Mais, pour avoir de l'influence sur leur public, ils n'hésitent pas à lui donner mauvaise conscience : ils reprochent aux femmes leur coquetterie, blâment vivement l'adultère, condamnent ceux qui se marient sournoisement sans les sacrements et vivent en concubinage avec plusieurs épouses.

Quand ils se sont assez fait craindre, en évoquant les flammes de l'enfer, quand ils ont assez condamné en « aboyant » dans l'église, ces « chiens du Seigneur » daignent parler de Jésus-Christ. Passant au registre larmoyant, ils décrivent la Passion, apitoient, forcent les larmes. Les auditeurs assis par terre, sur la paille, peuvent écouter ces comédiens de la chaire pendant des heures. Ils vibrent aux paroles du prédicateur, l'applaudissent, le contredisent. Il arrive même qu'ils l'insultent. Certains font semblant de ne pas l'entendre, jouent aux cartes ou lutinent les filles pendant le prêche.

Les dogmes et les mystères n'étaient pas le pain quotidien des prédicateurs. Pourtant, le peuple voulait tout savoir sur les saints qu'il connaissait par les statues d'église ou par les représentations du théâtre — et sur la Vierge dont le culte s'était considérablement répandu. La Vierge répondait à tous leurs besoins. Comme dans le *Testament* de Villon, la Notre-Dame pouvait intercéder auprès du Christ et soulager toutes les misères du monde ; la Vierge « miséricordieuse » avait toujours pitié. On la priait dans les époques de famine comme dans toutes les calamités. On se répétait inlassablement les miracles qui lui étaient imputés. Elle sauvait les noyés, elle avait même pitié des assassins. Elle ressuscitait les bébés morts à la naissance, elle était invoquée par les mères en douleurs. On communiait avec ferveur le jour de l'Assomption, on lui dédiait églises et chapelles, on multipliait les processions en son honneur, pour qu'elle protège la ville contre les intempéries, les maladies, les guerres et même les invasions de mulots...

Il y avait des madones à chaque coin de rue, des Vierge de la Halle et des Vierges du Bon Secours. Les marchands, les matelots, les soldats et les voleurs priaient également la Vierge. Elle était le recours de tous ceux qui encouraient des risques. On lui brûlait des milliers de cierges, on lui offrait des ex-voto, on lui dédiait des pèlerinages, attendant d'elle de nouveaux miracles. On lui offrait des poulets et des oies. Elle occupait la place d'honneur dans chaque maison, où ses statues étaient ornées de fleurs. Les icônes la représentaient en visitation, en maternité, en douleurs... Les moines mendiants vendaient des chapelets qui permettaient de réciter cent cinquante *Ave Maria* à la suite. On sonnait l'angélus, à l'église, en l'honneur de Marie. Le pape avait donné une indulgence spéciale à tous ceux qui réciteraient trois *Ave Maria* en entendant l'angélus... On chantait des cantiques à la gloire de Marie ; on l'invoquait en toutes circonstances.

Culte de Marie, culte des saints... Ils avaient chacun leur

spécialité. On adorait Sébastien pendant les périodes de peste, le saint guérisseur était un talisman contre les maladies. On baisait dévotement ses statues ou la châsse contenant soi-disant ses restes. Lazare guérissait les brûlures et Apolline les maux de dents. Antoine était invoqué à tout moment, par exemple si l'on avait perdu ses clés. Saint Corneille protégeait les animaux de basse cour. Quand ils étaient bénis au nom du saint, ils devenaient mascottes, intouchables, porte-bonheur des poulaillers. A cette époque, quand une vache était malade, on n'hésitait pas à lui faire avaler des hosties consacrées. Il fallait bien chasser le démon de son ventre !

La foi est toujours à la limite de la superstition. Si on adore les images et les statues, c'est qu'elles ne sont pas perçues comme la représentation de la Vierge ou des saints, elles sont la Vierge et les saints en personne. Il faut les toucher pour faire son salut. Les pèlerinages et les processions n'ont pas d'autre but : faire voir et toucher le corps des bienheureux. Les reliques de saints importées d'Orient à la suite des croisades apparaissent ainsi comme de véritables talismans. Toutes les paroisses un peu riches ont leurs reliques, à Meaux comme ailleurs. On les entasse, on les enchâsse, on les déplace d'une église à l'autre. Toussaert cite, dans la liste des saints de la collégiale Saint-Donatien à Bruges, « des poils de la barbe de saint Pierre, des cheveux et des gouttes de lait de Marie, une sandale du Christ, un os de l'un des trois enfants dans la fournaise de Nabuchodonosor, une partie de la verge d'Aaron ».

Dieu était oublié dans ce panthéon de saints. Les croyances populaires retrouvaient des cultes anciens, transformés, adaptés aux besoins des bergers, des paysans, des marins, de tous ceux qui redoutaient la grêle, les loups et la peste. La pratique des sacrements comptait moins, pour beaucoup, que l'attachement au merveilleux, au miraculeux, aux croyances inexplicables. On craignait par exemple que le nouveau-né, mort à l'accouchement, n'eût pas sa place au paradis, qu'il passât toute sa vie éternelle dans les limbes. On le baptisait dans le ventre de la mère. Les femmes juraient, si leurs bébés mouraient sans avoir eu le temps d'être baptisés, qu'elles coucheraient sept ans sur la dure et sans chemise pour que Marie les ressuscitât. Les gens étaient esclaves des superstitions, et pourtant ils perdaient l'habitude de se confesser et de communier. Il fallait, pour les y contraindre, les menacer d'excommunication. La crainte d'être privé de sépulture chrétienne les ramenait alors à l'autel. Il y avait parfois une vingtaine d'excommuniés par an et par paroisse... Les amendes punissaient ceux qui n'assistaient pas à la messe, ceux qui empruntaient le dimanche, pour travailler, le cheval du voisin, et ceux qui, au lieu d'aller à la messe, jouaient aux cartes, aux boules, ou buvaient dans les tavernes. L'évêque interdisait l'ouverture des auberges le dimanche matin, ainsi que des étuves ou des salles de jeux. Il fallait brandir des menaces pour obliger les paroissiens à faire leurs pâques, les fiancés à ne pas vivre maritalement avant le mariage, les patrons à respecter la trêve du dimanche. La foi naïve et la crédulité du peuple s'expliquaient largement par la carence du clergé qui ne pouvait, ou ne voulait, l'instruire dans une religion vraie.

Cette carence, Guillaume Briçonnet l'avait constatée dans son diocèse, où il avait multiplié les visites. Dès son retour d'Italie, il réunissait, le 13 octobre 1518, une assemblée de prêtres, pour qu'ils pussent parler librement, s'expliquer devant lui sur la montée de la violence, la persistance insoutenable du paganisme, les incertitudes des fidèles, la perte de la foi. Les prêtres se plaignirent de leurs rivaux, les cordeliers, qui leur disputaient les faveurs des fidèles et répandaient, en chaire, un enseignement chrétien tout en violences verbales, sans rien d'évangélique. Encore ne pouvait-on pas compter sur eux pour assurer la prédication. « Si nous avions des prêches réguliers, dit un curé d'une lointaine paroisse, cela pourrait avoir un certain effet, mais, chez moi, les cordeliers ne viennent qu'une fois par an, pour la Passion. Ils multiplient les reproches, les insultes... Est-ce la faute de mes paroissiens s'ils sont livrés à eux-mêmes, s'ils n'entendent pas plus souvent la parole de Dieu ? Comment pourrais-je moi-même la leur communiquer, alors que je l'ignore, à ma grande honte. — Les curés sont des hypocrites, dit un cordelier. La vérité est qu'ils ne veulent pas nous prêter leurs chaires, même s'ils ne savent pas prêcher. — Ne vous plaignez pas trop, leur répond l'évêque avec ironie. Car, du moins, ne vous empêchent-ils pas de quêter... »

Briçonnet s'indigne de l'indifférence des curés décimateurs. Il se rappelle des paroles du prédicateur Olivier Maillard, qui est alors la coqueluche de Paris : « Vous êtes ici, seigneurs de Brie et de Beauce, et vous avez là-bas vos cures et des mercenaires pour tondre vos brebis, pendant qu'ici vous confessez des bourgeois et vous gorgez de grasses pâtisseries. »

Les riches curés, les bénéficiaires privilégiés sont, certes, blâmables. Mais les malheureux desservants des campagnes ? Il faut les aider, conclut Briçonnet, autrement qu'en favorisant contre eux la cupidité des moines prêcheurs. L'évêque demande à voir sur place l'état des paroisses. Les cordeliers doivent accepter de l'accompagner avec un état-major de prêtres décidés à réformer les mœurs. Le général de l'ordre des Cordeliers se dérange en personne.

Ce qu'ils voient est édifiant : les cures à l'abandon ; les desservants manquent eux-mêmes cruellement d'instruction chrétienne, ils ne possèdent souvent ni missels ni livres de prières. Accablés de soucis matériels, trop peu nombreux pour assurer leur ministère, appelés par les familles des mourants, ils passent leur temps sur les routes, ils vont d'une chapelle à l'autre pour dire la messe. Ils sont parfois obligés, pour vivre, de travailler durement eux-mêmes dans les champs ou l'atelier d'un paroissien. Pauvres vicaires de Brie, dont les revenus de « fabrique » s'amenuisent sans cesse. Les fidèles paient de moins en moins les droits pourtant minimes prévus pour l'exercice du ministère. Ils doivent parfois, pour trouver un maigre complément de ressources, vendre le bois mort de leurs jardins ou l'herbe tendre du cimetière. Quel moyen ont-ils de ne pas tolérer les abus des fidèles, quand ils sont entièrement à leur merci ?

Le prédécesseur de Briçonnet, Louis Pinette, était déjà conscient des misères de son clergé. Il croyait qu'un synode diocésain suffisait pour restaurer la foi. Il avait gravement établi des règlements sur la vie des prêtres, interdit les abus constatés dans la vente des indulgences par les moines. Les abus subsistaient, avec la misère.

Briçonnet trouve de l'argent. Il distribue 900 livres la première année, puis 700 et 600 livres les années suivantes, pour entretenir des prédicateurs. Il considère la Brie comme terre de mission, divise le diocèse en 26 stations de 9 paroisses, et se propose de couvrir les paroisses d'un filet serré d'évangélistes.

Car il entend recruter de nouveaux prédicateurs. Comment faire entendre la parole chrétienne par la voix usée de vieux desservants que les paroissiens peuvent aimer et estimer, mais dont ils n'attendent pas de surprises ? Comment compter sur les Cordeliers, qui ne songent qu'à la rentabilité des prêches. Il les écarte du diocèse, leur interdit les chaires. Il veut surprendre les fidèles, créer le choc psychologique qui favorisera l'éveil des consciences à la vie nouvelle.

L'année suivante, en 1519, Briçonnet visite de nouveau ses 230 paroisses pour constater les effets des nouveaux prêches : il est déçu. Les curés ne sont toujours pas sur place. Ils continuent à résider à Paris. Leurs desservants n'ont pas été vraiment stimulés par les tournées des nouveaux prédicateurs. En revanche, ces derniers se sont attirés la haine indicible des cordeliers. Au temps du carême et de l'avent, les paroissiens n'ont pas reçu la parole de Dieu, faute de prêches assez nombreux. Briçonnet ne rencontre partout « que des traîtres et des fuyards qui désertent la milice chrétienne ». Il rentre à

Meaux indigné, non découragé. Il réunit un synode diocésain, apostrophe rudement son public, blâmant en vrac prédicateurs et desservants. « Ils mentent à leur vocation, dit-il, ils n'ont souci que de leurs commodités et non des intérêts de leurs brebis, ils dorment comme des chiens muets ; cette vigne du seigneur, plantée par lui, ils l'ont laissé ravager par le sanglier lascif et ronger par les rats. Ils sont un sel sans saveur, un fumier, et, pendant qu'ils se livrent à ce stupide sommeil, la barque est submergée par les flots. »

Ce discours s'adresse aux curés non résidents, à ceux qu'Erasme appelle les « pourceaux d'Epicure ». Ceux-là doivent obéir sur-le-champ, menace l'évêque, à l'ordonnance de l'Eglise et s'occuper en personne de leurs fidèles ; car il faut en finir avec les abus.

L'évêque n'est pas davantage écouté. Les curés paroissiens ont des relations. Ils se plaignent aux parlementaires parisiens, ils trouvent toutes les excuses pour ne pas résider. Briçonnet demande aux vicaires des paroisses de lui faire des rapports. Il est décidé à mener la lutte jusqu'au bout, à décourager les brebis galeuses. En 1520, il fait une nouvelle tournée pour dresser la liste des prêtres indignes. Il voit lui-même sur place curés, vicaires, et jusqu'aux plus humbles desservants. Il les interroge longuement pour mesurer leur foi, leur intelligence, leur niveau d'instruction. Il doit pratiquer des coupes sombres : 53 d'entre eux se révèlent totalement incapables d'enseigner la religion chrétienne : 60, dit Briçonnet, « pouvaient se tolérer encore un an ». Il n'en trouve qu'une quinzaine, dans tout le diocèse, qui soient en mesure de remplir leur mission. Avant le terme de la Saint-Martin, les incapables sont expulsés, les autres mis en sursis. Briçonnet doit recruter non seulement des prédicateurs, mais des desservants. Où les prendre ? Une nécessité s'impose : former de nouveaux prêtres.

Que leur enseigner ? J'ai composé l'*Enchiridion*, avait dit Erasme, « pour guérir l'erreur de ceux qui font consister la religion en cérémonies, en observances judaïques et corporelles, et négligent étrangement la véritable piété. L'existence du chrétien ne doit pas être une suite de pratiques vaines, mais une méditation continuelle de l'Ecriture ». Pour enseigner la « véritable piété », encore faut-il avoir des églises, un personnel, des livres et des gens sachant les lire. Rien de tout cela n'existe, constate Briçonnet, dans le diocèse de Meaux. Pour critiquer les cérémonies de l'Eglise, encore faut-il qu'elles soient suivies, qu'on ne soit obligé d'excommunier tous les ans deux douzaines de paroissiens n'ayant pas fait leurs pâques. Il faut faire peur pour enseigner la parole du Christ ! Il faudrait être saint Martin pour venir à bout de cette entreprise misssionnaire.

Briçonnet ne manque pas de courage ni de moyens. Il sait qu'il s'attire, par sa politique de rigueur, la haine des privilégiés. Il sait qu'à Paris il est « injustement calomnié ». Il est décidé à aller jusqu'au bout dans sa volonté de réforme qui heurte de front les habitudes privilégiales. Il ne s'avance pas seul, à l'aveuglette, en terre inconnue. Il sait que la réforme des usages est vaine, si elle ne s'accompagne pas d'une révolution dans les esprits. Il n'a pas appris cette vérité d'Erasme ou de Martin Luther, mais d'un bon voisin picard qu'il connaît de longue date, Lefèvre d'Etaples.

Il venait de Picardie, comme son camarade Charles de Bovelle, né à Soyecourt dans le Santerre, ou Gérard Roussel, né près d'Amiens, ou encore l'hébraïsant François Vatable, né à Gamache dans le Vimeu, comme plus tard Jean Calvin, originaire de Noyon. En 1517, Lefèvre avait cinquante-sept ans. Il avait alors autant d'autorité et de notoriété qu'Erasme. Mais il avait, en plus, une véritable passion pour la vulgarisation. Il voulait, disait-il, mettre à la portée de tous « les précieuses marguerites de l'Ecriture sainte ».

Etrangement, ce viel homme faisait ainsi figure de factieux, d'esprit dangereux. Que les vérités de l'Evangile ou de la Bible poussent comme des fleurs des champs, offertes au moindre, disponibles pour tous, au lieu qu'elles soient distillées, corrigées, étayées par les raisonnements *ad hoc* des théologiens de la Sorbonne, paraissait une impudence. Qu'un aussi grand esprit que Lefèvre, familier des langues latine et grecque, traducteur des textes les plus difficiles, que cet homme « pieux et docte » (Erasme) eût une âme de missionnaire, que la justification de son immense culture lui parût être seulement d'ouvrir les yeux des humbles, et jusqu'à l'âme des faibles d'esprit (*idiota*), aux textes les plus importants de l'histoire de l'humanité, paraissait une imposture. Il fallait surveiller Lefèvre.

Ainsi, la vérité devait s'offrir sans fard, se dévoilant comme quelque déesse grecque... C'était faire bon marché des travaux des Pères de l'Eglise qui avaient multiplié, autour des textes sacrés, les ornements et les parures. C'était faire une étrange confiance au public que de l'imaginer capable de recevoir, sans préparation, les textes nus et crus, restitués dans toute leur force primitive. Ne voulait-il pas, l'insolent, les traduire en français ? Mieux encore : les faire connaître, grâce au livre imprimé, à des milliers d'exemplaires ?

Du petit port d'Etaples, près de Boulogne, jusqu'à l'abbaye de Saint-Germain, où l'avait recueilli Briçonnet, la vie de Jacques Lefèvre était d'études. Cet ancien élève du collège du

Cardinal-Lemoine n'avait jamais été candidat au doctorat de théologie parce qu'il n'aimait pas la scolastique et trouvait vaines les élucubrations des Pères. Plus que les théologiens, lui plaisaient les humanistes d'Italie, ceux dont on parlait à la cour de France, après les premières guerres de Charles VIII et de Louis XII, comme des oiseaux précieux.

On les attirait à Paris où ils faisaient scandale, dans la lumière blême des bibliothèques sorbonnardes. Le Grec George Hermonyme venait de Sparte, et Lefèvre l'aimait tendrement. Il recopiait, pour Guillaume Budé, les manuscrits du Nouveau Testament. Il aimait aussi Paolo Emili, le protégé de Charles de Bourbon, qui lui avait fait connaître Tite-Live, Tacite et Suétone. Il apprenait le grec de Laskaris, qu'il appelle son *praeceptor,* et qui est aussi son ami. Mais, surtout, il avait passé les Alpes à la suite des armées françaises pour aller lui-même à la source de l'humanisme, pour visiter les savants comme les monuments, pour rencontrer le grand Barbaro, Marsile Ficin le platonisant, et l'incroyable Pic de La Mirandole, l'homme le plus savant du monde... Il découvrait chemin faisant Platon, Aristote, Plotin. Il apprenait de la bouche de Pic, ami du moine fou de Florence, Savonarole, que la parole du Christ est *ipsa veritas* et qu'il n'y a pas de plus grande profondeur que celle de l'Evangile.

Si toute la science du monde, rassemblée dans les bibliothèques de Florence ou de Rome, conduit à la méditation des textes sacrés, que faire, quand on vient de Boulogne-sur-Mer, de plus que Ficin le Grec ou Pic le Romain, au demeurant florentins tous les deux ? Entrer au couvent, et passer sa vie à méditer les Ecritures ? C'est d'abord la tentation de Lefèvre. Il veut se faire moine, et contemplatif. Il veut être un ascète du « gai savoir », il veut être parmi les « adorateurs de Dieu ». La lecture des *Contemplations* de Lulle est son chemin de Damas. A l'exemple de tant d'humanistes français, il rêve d'entrer dans un couvent réformé, un de ces établissements où l'on commente les textes saints, au lieu de parler, entre moines, de nourriture ou de boisson. L'ascétisme n'a de sens, pour Lefèvre comme pour ce Jean Raulin, ex-directeur du collège de Navarre qui démissionne en 1497 pour entrer comme novice à Cluny, que s'il s'accompagne d'une activité d'humaniste militant. Lefèvre, à cette époque, doit consulter ses amis frottés de médecine pour retrouver le sommeil qu'il a perdu à force de travail. Il veut décaper les textes sacrés de toutes les scories qui les défigurent, entreprendre un immense travail de restauration. Il croit profondément qu'en changeant les textes, on retrouve l'esprit et la foi des premiers chrétiens.

« Je m'étonne, disait déjà Nicolas de Clémanges en 1425, que les théologiens de notre temps lisent si mal les pages des divins testaments... Ils sont en mal de questions et de querelles de mots, ce qui est le propre de sophistes, non de théologiens. » Ils ne savent ni le grec ni l'hébreu. Les prédicateurs dominicains qui s'inspirent des textes de simplification établis par les théologiens n'hésitent pas « à convertir en vraies farces les paroles de la Bible ». Le plus célèbre mystificateur du temps est le prédicateur franciscain Menot qui n'hésite pas à paraphraser les sermons du Christ ! Prêchant le carême à Paris, il égrène les versets bibliques sur une gamme musicale, en se servant de leur syllabe initiale, *ut, ré, mi, sol...* Le cordelier Maillard, idole des publics parisiens, ne retient des textes que leur puissance métaphorique et berce d'images ses auditoires. Lefèvre s'en indigne et admire fort le prédicateur de Strasbourg, Geiler de Kaysersberg, quand il dit « qu'il n'est pas bon de boire l'eau de la parole divine selon son bon plaisir et sans mesure ». Plus de récits imagés, plus de pieuses légendes, il faut « lire l'Ecriture grâce à l'Ecriture et la comprendre par rapport au Christ ». Voilà la révolution.

Celui qui mène la bataille n'est pas seulement un exégète des textes sacrés. Il est à son époque le premier commentateur d'Aristote sur la place de Paris. Ses cours au collège du Cardinal-Lemoine, probablement suivis par Briçonnet, sont d'une lumineuse clarté. Ce professeur réputé publie des manuels de grammaire, de sciences naturelles, de mathématiques et de musique. Il a pour protecteur et mécène le chancelier de France Jean de Ganay. Il est depuis 1507 l'ami de Briçonnet et il l'accompagne à Rome. Quand Guillaume prend la succession de son père comme abbé de Saint-Germain-des-Prés, il attire Lefèvre dans la célèbre abbaye, qui refusait la Réforme, et bataille avec lui pour faire céder les moines, qui ont fait procès devant le Parlement. Depuis 1505, Lefèvre est sans cesse en contact avec Briçonnet ; il est naturel que l'évêque lui demande de venir à Meaux. Personne, en France, n'a plus de prestige pour conduire une bataille missionnaire que celui qui, depuis vingt ans, mène contre la Sorbonne la bataille humaniste.

« *Idiotae rapiunt caelos* », écrivait à la dernière page d'un livre le bon Lefèvre paraphrasant saint Augustin. C'est vrai, les « idiots » se sont dressés et ils ont pris le ciel. La vérité est à la portée de tous, il ne faut pas se lasser de le répéter, à condition qu'on ouvre les yeux pour la voir, qu'on y consacre toutes ses forces et qu'on déploie tout son talent pour obliger les autres à voir ce que les simples savent : que toute science est vaine si elle éloigne de Dieu. Le savant professeur parisien, l'auteur des *Commentaires sur les Psaumes* et des *Commentaires sur les Epîtres de saint Paul*, accusé d'hérésie par la Sorbonne pour son interprétation des « Trois Marie », est à sa place à Meaux. Le protégé de Marguerite de Navarre était surveillé de près par le censeur de la Sorbonne, Noël Beda. Il était temps qu'il prît le large. Il travaillera plus tranquillement à Meaux, bien protégé dans le fief de l'évêque Guillaume. Mais Lefèvre ne vient pas là pour se cacher. Le vieil homme est nommé vicaire général et administrateur de l'Hôpital. Il ne vit pas au milieu des livres, mais parmi les pauvres et les malades. Il n'est pas en retraite, il est en mission.

Etrange mission : il s'agit de faire la preuve, à Meaux, qu'une réforme est possible, comme l'entendent les évêques, une réforme des mœurs du clergé. A Rome, Briçonnet a beaucoup espéré, comme tant d'autres, du pape Léon X, ami des humanistes, adepte de l'esprit nouveau. Il a été déçu. Le pape n'a pas résisté au climat empoisonné de Rome, aux intrigues des familles, à l'affrontement des grands intérêts. Pourquoi ne pas tenter, à l'échelle d'un évêché, la grande œuvre que la chrétienté attend ? Pourquoi ne pas affronter la nécessaire reconquête des âmes, alors que jour après jour les privilégiés de l'Eglise s'éloignent un peu plus de la masse des fidèles ?

Lefèvre réunit une équipe : ses amis de toujours. Vatable, Picard comme lui, lecteur d'hébreu au collège des lecteurs royaux, est nommé curé de Quincy et chanoine à la cathédrale. Gérard Roussel, futur évêque d'Oléron, est nommé par Briçonnet curé de Saint-Saintain, puis trésorier de la cathédrale. L'évêque confie une autre paroisse proche à Pierre Caroli, originaire de Rozay-en-Brie, et prédicateur célèbre. L'éminent Jean Lecomte de La Croix, est recruté ainsi que le fidèle élève de Lefèvre, Mazurier, pour faire des tournées de prêches dans les campagnes.

Certaines recrues du vieil humaniste sont engagées déjà dans la bataille religieuse et passent pour avoir des opinions proches des réformateurs allemands : Michel d'Arande, par exemple, que Briçonnet avait envoyé comme lecteur biblique à Marguerite d'Alençon et à sa mère, la reine Louise, et qui ne passait pas pour un adepte du culte des saints..., ou Guillaume Farel, collègue de Lefèvre au collège du Cardinal-Lemoine, qui, en raison de ses idées sur le purgatoire, avait la réputation d'être l'esprit le plus dangereux du groupe. Certains jeunes écoutaient volontiers ses propos et approuvaient sa violence : Jacques Pavannes, par exemple, Mathieu Saulnier, prêtre de Meaux, ou le Suisse Henri Lorit.

Ces « bibliens » que leurs adversaires de la Sorbonne qualifiaient de « bélîtriens » (les gueux) formaient un groupe de réflexion que les gens venus de Paris visitaient fréquemment. On a la preuve du séjour à Meaux, en 1521, de Marguerite d'Alençon et de sa mère, la reine Louise de Savoie. Mais les principaux visiteurs reçus en permanence dans l'évêché étaient les étudiants parisiens attirés par Lefèvre et Farel, qui brûlaient de se dévouer pour la réussite de l'expérience. Ils y rencontraient, bizarrement, des gens de Meaux curieux de nouveautés, des bourgeois et marchands intrigués, et aussi des gens du peuple qui étaient de plus en plus attentifs aux prêches de l'évêque et de ses étranges amis. Certains devaient se joindre au groupe et devenir eux-mêmes prédicateurs : Nicolas Le Sueur, par exemple, agent du fisc royal, ou Pierre et Jean Leclerc, cardeurs de laine.

Les idées de Lefèvre se trouvaient amplifiées, et en même temps simplifiées, dans le milieu insolite de l'évêché où la passion apologétique prenait les formes les plus concrètes. « Attachons-nous, disait-il, au seul Christ et à la doctrine apostolique. Le reste est peut-être plus superstitieux que religieux. » Lefèvre se gardait de porter condamnation sur les pratiques du culte, mais ses disciples allaient bon train. Ils dénonçaient allégrement le culte des saints. « Attribuer du mérite aux œuvres, disait Lefèvre, c'est presque avoir l'opinion de ceux qui croient que nous pouvons être justifiés par les œuvres. » Pourtant, il s'occupait avec zèle des pauvres de l'Hôpital. Ses disciples dénonçaient avec violence la pratique des ventes d'indulgences. Lefèvre disait que les aumônes et les pèlerinages n'étaient pas l'essentiel de la foi. Il ne les condamnait pas pour autant. Il osait écrire, sur les « Trois Marie », que sainte Anne n'avait eu ni trois époux successifs ni trois filles, et qu'en réalité il existe trois femmes différentes portant le nom de Marie. Certes, il s'aliénait la Sorbonne, qui pensait le contraire, mais il ne condamnait pas le culte marial. Briçonnet, pour sa part, avait traduit les *Contemplations de Raymond Jourdain en l'honneur de la Vierge.* Il les avait même dédiées, en 1519, à l'abbesse et aux religieuses de Faremoutiers, un monastère de son diocèse. En revanche, il approuvait Clichtove quand celui disait que l'intelligence est amour et que la bêtise engendre la haine. « Ceux qui sont employés à chanter les louanges divines sont tombés dans une telle ineptie qu'il s'en trouve un bien petit nombre à comprendre complètement et exactement ce qu'ils lisent ou ce qu'ils chantent. Loin de développer l'esprit religieux, cette inintelligence dessèche le cœur. »

Cet appel à l'intelligence, à la vérité de la foi, au sentiment sincère, pouvait être entendu de tous, pourvu que l'on parlât un langage simple. Briçonnet avait l'ambition d'être cet évêque

Édouard Boubat

EB 43

Sur le tournage du film *En souriant à l'invisible*, pont d'Arcole, 1998
© 1998 Boubat / Top
Éditions du Désastre, 21, rue Visconti, 75006 Paris
Printed in France

3 700004 310019

populaire, proche du peuple, que devait reconnaître en lui
Marguerite d'Alençon. « Il est, disait-elle, l'évêque de tout le
monde, à l'image du grand évêque et prêtre éternel dont il est le
ministre. » Plus d'évêque-seigneur, ni docteur, ni censeur. Il
devait être l'égal des autres fidèles devant Dieu, s'il voulait que
l'Eglise retrouve sa force évangélique, celle des premiers
temps.

A l'abri de la protection royale et de celle, sans cesse
affirmée, de Marguerite, sœur du roi, le groupe se lance dans
son œuvre missionnaire. Lefèvre se met au travail. Il commente
les quatre Evangiles, traduit tout l'Ancien Testament et les
Psaumes en langue française, surveille l'édition des Homélies,
des Epîtres et des Evangiles dominicaux. La première édition
des *Commentarii initiatorii in quatuor Evangelia* est datée du
mois de juin 1522, à Meaux. De fait, l'évêque avait fait installer
une imprimerie dans la ville, pour éditer les ouvrages religieux.
Les livres de Lefèvre n'étaient plus dédiés à un puissant
protecteur ou mécène, selon l'usage de l'époque, mais aux
« fidèles chrétiens ». Il avait à dessein éliminé les notes
critiques, les remarques philologiques, pour ne pas alourdir le
texte et lui rendre toute son importance. L'édition populaire
devait permettre aux prédicateurs de s'appuyer sur des textes
clairs, mais incontestables, publiés en français, car, disait
Lefèvre, « il convient d'avoir le souci de chacun, qui a
connaissance de la langue gallicane, et non point du latin ».
On explique les Ecritures ainsi traduites d'abord dans des
cercles restreints, fréquentés par des bourgeois, des gens de
lois, des officiers ou des clercs venus de Paris. Puis on publie sur
les presses de l'éditeur-imprimeur parisien Simon de Collines
des tracts, des pamphlets, des prières en langage simple. On les
distribue à la population. Les prêches dans les églises connaissent un succès croissant, au point qu'ils ont bientôt lieu dehors,
sur les parvis. Le ton des prédications surprend : les fidèles ne
sont plus accusés de tous les péchés ni menacés de l'enfer. On
ne sollicite plus leur concours financier pour la restauration
d'une église. Il n'y a plus de quêtes. Les prédicateurs lisent et
commentent les textes établis par Lefèvre. « Le Seigneur,
disait-il, veut qu'on prêche l'Evangile à tout créature. Ceux qui
en interdisent la lecture au simple peuple rendront compte de
leur conduite devant le tribunal de Dieu. »
Qui parle d'interdire ? « Le roi et Madame, écrit à Briçonnet
Marguerite d'Angoulême, ont bien délibéré de donner à
connaître que la vérité de Dieu n'est point hérésie. Plus que
jamais le roi et Madame sont affectionnés à la réformation de

l'Eglise. » Lefèvre écrit à Farel : « Le Nouveau Testament traduit en français a été accueilli avec un empressement extraordinaire par le simple peuple, auquel, dans notre diocèse, on le lit les dimanches et jours de fête. Le roi a écarté les obstacles que quelques personnes voulaient mettre à la diffusion de cette parole... » Et il ajoutait : « Tu ne saurais croire quelle puissance, en quelques endroits, Dieu incline l'esprit des peuples vers sa parole, depuis la publication de nos livres en français. »

Des obstacles ? Ils ne viennent pas du roi ni de la cour, mais de la Sorbonne. Le succès des prédications se confirme dans tout le diocèse. La mission est en passe de réussir. Les écrits de Lefèvre et de l'imprimerie de Meaux gagnent en Picardie proche. On raconte que des ouvriers agricoles venus de Thiérache pour faire les moissons dans la plaine de Gonesse, près de Meaux, sont repartis chez eux avec les principes évangéliques et qu'ils les ont transmis dans les villages de la région de Vervins. Après chaque prêche dominical, Roussel et ses amis réunissent les assistants, des ouvriers, des peigneurs de laine ou des cardeurs. Ils leur distribuent des livres en français sortis des presses de Meaux. Des moines augustins d'un monastère de Livry-en-Aulnois (aujourd'hui Livry-Gargan), et qui sont de l'ordre de Luther, se reconnaissent dans les écrits de Lefèvre et répandent ses idées dans leurs campagnes.

Pourtant Luther n'est pas encore connu en France, même si l'on a appris par les récits des voyageurs (Meaux est sur la route de Strasbourg) les événements d'Allemagne. On sait qu'il a fait connaître en octobre 1517 ses 95 thèses à Wittenberg. On sait qu'il a rompu avec le pape en 1520, puis, l'année d'après, avec l'Eglise et l'empereur. C'est entre 1520 et 1530 que va se constituer la doctrine de Luther : le retour à l'Evangile, la suppression de presque tous les sacrements, la proscription du culte de Marie et des saints, la mise en question des œuvres et des indulgences, l'abolition des vœux monastiques et du célibat des prêtres. Le nom de Luther semble connu à Meaux dès 1518, mais ses écrits ne sont pas lus, sauf par les quelques humanistes qui ont pu se procurer, venant d'Allemagne, ses ouvrages en latin ou en allemand. Zwingli, qui prêche en Suisse une réforme plus dure encore que celle de Luther, puisqu'il nie la présence réelle de Dieu dans le sacrifice de la messe, n'est pas connu au-delà de Strasbourg.

Bien entendu, Lefèvre et Farel sont au courant des progrès de ces deux mouvements de réforme, dès que les nouvelles peuvent permettre d'en juger. Luther connaît Lefèvre. Il le qualifie, en 1521, de « pilier d'érudition et d'intégrité ». Le groupe de Meaux, à cette date, a réussi à se procurer ses livres, probablement par Strasbourg. Il en discute passionnément les thèses. D'ailleurs, les libraires parisiens fréquentent les foires de Francfort. Froben, imprimeur allemand, indique en 1519 qu'il fait imprimer 600 ouvrages pour la France. Bien que Luther soit condamné par la bulle papale du 15 juin 1521, les étudiants parisiens, à cette date, peuvent lire ses livres. La Sorbonne finit par avoir toutes les raisons de s'émouvoir. Les censeurs vont faire l'amalgame, dans leur condamnation des livres sulfureux, entre les écrits des réformateurs allemands et ceux, publiés en français, de Lefèvre d'Etaples. La Faculté de théologie condamne solennellement, en avril 1521, les doctrines luthériennes. Les étudiants protestent, écrivent des libelles et des chansons contre le censeur responsable, le médiocre Noël Beda qui a profité de l'occasion pour faire condamner le livre de Lefèvre sur les « Trois Marie ».

La condamnation de l'Université ouvre en France l'ère de la violence. Désormais, l'école de Meaux devient suspecte. Ses écrits sont passés au crible, ses prêches espionnés. On attend Briçonnet à l'œuvre.

Cet évêque de cour est avant tout le serviteur fidèle du roi. Il ne peut œuvrer qu'avec son appui, et sûr de son approbation. Il sait que des bruits alarmants circulent dans Paris. Libéral, mais libertin, le roi est surpris par le ton de moralité triste, puis d'agressivité à l'allemande, qu'emploient les prédicateurs de Meaux. N'ont-ils pas fait défense aux habitants de danser, de jongler, de jouer aux portes des églises les dimanches et jours de fête ? François Ier ne veut certainement pas d'un Savonarole français, et Farel, avec ses violences verbales, entraîne le groupe sur une mauvaise pente. On rapporte de lui des paroles qui font peur. La tendre Marguerite, sœur du roi, qui écrit en vers français son amour pour les Ecritures n'a certes rien d'une iconoclaste. Briçonnet comprend qu'il doit prendre ses distances par rapport à tous ceux qui, dans son groupe, seraient fascinés par l'exemple allemand. Il doit faire taire les nouveaux « chiens du Seigneur » qui veulent mettre au bûcher tous les anges et les saints du paradis...

La condamnation de Luther par le pape est un fait de première importance que l'évêque ne peut négliger. Certains de ses compagnons proches ne manquent pas de le lui rappeler : il ne doit pas se laisser entraîner sur la pente de l'hérésie. Dès 1520, Clichtove fait défection. Le plus fidèle ami de Lefèvre s'éloigne de lui. Il prépare fébrilement un ouvrage sur le culte des saints ! Il participe sans doute aux réunions des théologiens de la Sorbonne qui dressent la liste des erreurs de l'hérésie. Il multiplie les déclarations de loyauté à l'Eglise et va jusqu'à condamner publiquement l'illusion de Briçonnet et de Farel. On ne peut rêver d'instruire le peuple, dit-il, sur des vérités tellement inaccessibles que les plus doctes, pour les décrire, y perdent leur latin. « L'intelligence des laïques ne pourra jamais comprendre, écrit-il, le sens sublime enfermé dans les livres divins. Si des hommes, versés depuis leur enfance dans l'étude du latin, et aidés par les commentaires des docteurs orthodoxes, peuvent à peine saisir ce sens sublime, comment pourraient y parvenir des esprits vulgaires et inexpérimentés, qui n'ont jamais pratiqué la lecture des textes sacrés et n'en ont jamais reçu l'explication ? » L'Ecriture, comme la philosophie, comme la culture, ne se peut transmettre au vulgaire. Que le peuple, dans les églises, croie comme par le passé à la Sainte Vierge et aux saints. Par quoi remplacer les images ?

Est-ce la fin d'une aventure spirituelle ? Briçonnet ne veut pas y croire. Après le printemps de Meaux, faut-il revenir au règne des censeurs et plier l'échine devant les parlementaires soupçonneux ? Vite, se dit l'évêque, allumons le contre-feu, sauvons ce qui peut l'être encore, condamnons Luther, pour éviter d'être nous-mêmes condamnés.

Le 15 octobre 1523, il publie et fait afficher deux décrets synodaux adressés aux fidèles et au clergé du diocèse. Il est interdit d'acheter, de posséder et de lire « les livres de Martin Luther ou ceux dont il passe pour être l'auteur ». Ce texte est destiné à désarmer la Sorbonne. L'évêque poursuit sa mission, il continue à faire imprimer et à répandre les Ecritures en langue française. En 1523, paraissent, chez Simon de Collines, l'*Evangile,* les *Epîtres,* les *Actes des Apôtres* et, en 1524, les *Psaumes.* En 1525, sortent des presses les manuels de vulgarisation pour les fidèles, les *Epîtres et Evangiles pour les cinquante-deux semaines de l'an.* Pendant tout l'été de 1524, Briçonnet fait donner des lectures publiques de ces textes dans les paroisses de son diocèse. Il les fait distribuer à ses frais. S'il renvoie Farel, qu'il juge compromettant en raison de ses prêches provocateurs, il désigne quatre « lecteurs » chargés de parcourir le diocèse pour veiller à la propagation des nouveaux textes. Partout, les fidèles se réunissent pour lire la Bible, chanter les psaumes, commenter les Evangiles. Les traductions de Lefèvre gagnent les campagnes et de proche en proche, circulent dans les provinces plus éloignées : on en trouve en Champagne, en Normandie, dans la vallée de la Loire, et naturellement dans Paris. Des imprimeurs parisiens sortent ses prières en français. L'acte politique de l'évêque Briçonnet n'a donc nullement interrompu l'œuvre missionnaire.

Il est vrai que Briçonnet est de nouveau débordé par son

groupe : bien loin de dissuader ceux que l'on appelle les
« évangélistes » de Meaux de s'intéresser aux réformateurs
allemands, les mesures prises par l'évêque les en ont rappro-
chés. Une lettre de Roussel à Farel en exil, datée du 6 juillet
1524, en fait foi : « Lefèvre a bien reçu les ouvrages de
Lenicerus et de Zwingli. Plût à Dieu que la France possédât
beaucoup d'hommes pareils à ces deux-là. » Un autre ami de
Lefèvre, Jacques Pauvant, écrit en 1524 à Farel : « Lefèvre
demande si la Bible de Martin Luther est déjà imprimée.
Roussel demande s'il pourrait faire imprimer à Bâle un
Commentaire sur l'Epître aux Romains. » Quant à Lefèvre, il
continue sa besogne d'éditeur. « Maintenant le temps est venu,
dit-il, que Notre-Seigneur Jésus-Christ, seul salut, vérité et vie,
veut que son Evangile soit purement annoncé par tout le
monde, afin qu'on ne se dévoie plus par autres doctrines des
hommes. »

La population du diocèse fait un accueil de plus en plus
favorable aux nouveaux prédicateurs. On peut en tenir pour
preuve les méthodes utilisées par leurs adversaires, ceux dont
ils ont pris la clientèle, les cordeliers. Ils entreprennent une
violente campagne contre l'évêque qui les a chassés des chaires.
Des placards sont affichés sur la cathédrale, en 1524, traitant
Briçonnet de luthérien. On en trouve également sur les murs de
la ville. Il s'agit d'inquiéter la population, de la séparer de son
évêque.

N'est-il pas contraint, par sa fonction, d'afficher lui-même les
textes venus de Rome ? En décembre 1524, il doit faire
connaître les bulles du nouveau pape Clément VII qui a publié
de nouvelles indulgences et ordonné un jeûne de trois jours,
pour son pardon, dans toute la chrétienté. Des indulgences, à
Meaux ? C'est une provocation, dont l'evêque a dû se rendre
complice. Les gens du peuple s'en indignent. De quel côté est
donc Briçonnet ? Il exile Farel, il affiche les bulles du pape. On
les lacère publiquement. On les remplace par des placards où le
pape est injurié, dénoncé comme Antéchrist.

Meaux est entrée dans l'illégalité. Les officiers royaux ont
enfin un prétexte pour justifier la répression. De Paris, on
apprend que les cordeliers ont eu gain de cause : Briçonnet sera
poursuivi devant le Parlement.

En l'absence du roi, prisonnier à Pavie, la première persécution se déchaîne, et fait des coupes sombres dans le groupe de
Meaux. A Paris, on assimile « fabristes et luthériens ». *Le
Religieux de Saint-Victor* écrit en 1525 : « En ce mois ci y eut
émeute à Cardinal-Lemoine à cause d'aucuns luthériens qui y

étaient et pullulait fort la mauvaise doctrine, de laquelle on estimait être fauteur Monsieur de Meaux. » Il écrit encore un peu plus tard : « En ce temps régnait fort cette maudite secte des luthériens et principalement en l'évêché de Meaux. » *Le Bourgeois de Paris* remarque, à la même époque : « La plus grande partie de Meaux était infectée de la fausse doctrine de Luther, et disait-on d'un nommé Fabry, prêtre, étudiant avec autres, était cause desdits embrouillements, et entre autres choses, qu'il ne fallait pas avoir dans les églises aucunes images, ni prendre eau bénite pour effacer ses péchés ni prier pour les trépassés. » Farel a raconté, dans l'*Epître au duc de Lorraine,* les violences extrêmes et les provocations des moines prêcheurs. « Alors moi et tous les autres, lui aurait dit un jacobin nommé de Roma, nous soulèverons le peuple et, si le roi permet la prédication de notre Evangile, nous prêcherons une croisade contre lui et nous le ferons chasser par ses propres sujets de son royaume. » Ce fanatique aurait aussi déclaré, parlant de Marguerite d'Angoulême : « Quant à la sœur du roi, elle a mérité qu'on la jette dans un sac à la rivière. »

A Meaux, Briçonnet tente en vain d'apaiser les esprits. Il a donné l'ordre à ses prêtres de lire de nouveau les prières pour les morts et d'invoquer la Vierge et les saints. Il a ouvert les chaires aux cordeliers, dans un but de réconciliation. Il a interdit les prêches à Michel d'Arande et à Roussel, les plus violents des prédicateurs. Il a pris lui-même sous sa protection les statues et images des saints. Cela indique suffisamment les tendances des évangélistes, déchaînés par la persécution dont l'évêque se rend, en somme, complice.

Les provocations et les agressions se multiplient. Qui sont les responsables des événements de janvier 1525 ? On lacère à coups de couteau et avec la pointe de l'épée des formules de prières à la Vierge placées dans la cathédrale par Briçonnet. Les déprédateurs sont-ils les amis de Jean Leclerc ou les cordeliers ? Le culte de Marie était celui qui donnait le plus prétexte à des manifestations d' « idolâtrie ». Ce que les curés taxaient de foi naïve et sincère apparaissait aux yeux des évangélistes comme le comble de la superstition. Les chapelets, médailles et images vendues par les cordeliers étaient le symbole de ce qu'ils détestaient dans la pratique romaine de la religion. L'effort principal de la prédication évangélique, dans son souci de ramener les âmes au Christ, était de les détourner, au besoin par le terrorisme — pensaient les amis de Farel et de Leclerc —, de ces pratiques pernicieuses. Il fallait en finir avec le bric-à-brac papiste et rendre le peuple adulte.

En 1525, tous les éléments du drame sont en place. Les

cordeliers sont de nouveau présents dans Meaux, où ils réveillent les passions populaires. Les évangélistes ont affirmé leur volonté de poursuivre, en dépit des brimades, leur tâche de prédication. Les plus avancés d'entre eux veulent répondre aux mauvais coups sans faiblir. Désormais, les idées de Lefèvre sont affichées par des militants qui ne demandent qu'à être des martyrs. Quand on fouette publiquement Jean Leclerc, accusé d'avoir affiché ces placards contre le pape, les ouvriers de la laine se sont reconnus dans la victime. Il a été promené trois jours dans la ville et marqué au fer rouge d'une fleur de lis au front. Sa mère, qui assistait au supplice, aurait crié : « Vivent Jésus-Christ et ses enseignes ! »

Crespin rapporte que le succès de la prédication était tel, dans ce diocèse, que les familles les plus humbles étaient touchées. L'évêque avait fait distribuer gratuitement des Evangiles. « Tout le monde, dit-il, s'empressa de le lire et, dès lors, il s'engendra un ardent désir de plusieurs personnes, tant hommes que femmes, de connaître la voie du salut récemment renouvelée tellement que les artisans, comme cardeurs, peigneurs et fouleurs, n'avaient autre exercice en travaillant de leurs mains que conférer la parole de Dieu et se consoler en icelle. » Et de rapporter les paroles recueillies dans les ateliers de Meaux : « A quoi peuvent nous servir les saints et les saintes, qui ont peine à suffir à eux-mêmes ? Notre seul médiateur est Christ ! » Dans les villages, on prétend que les paysans emportaient dans les champs les Evangiles, et que ceux qui savaient lire entretenaient les autres « du royaume de Dieu ». Les témoignages de piété populaire sur cette époque abondent. Mais on signale aussi, en 1526, une certaine méfiance des paysans qui se défont des livres distribués par l'évêque, sans doute par crainte des persécutions. C'est un curé du diocèse, nommé Jean Tullard, qui le dit à Briçonnet : « La misère force un certain nombre de mes paroissiens à vendre leur Nouveau Testament. » La misère, ou la peur des bûchers ?

Autre témoignage, rapporté cette fois, près de cent ans plus tard, par un historien de l'hérésie, Florimond de Rémond : « Les premiers qui entendirent la vérité furent orfèvres, maçons, charpentiers et autres misérables gagne-deniers — voire même ceux qui n'avaient jamais manié que la charrue et bêché la terre — devinrent en un moment d'excellents théologiens. Les uns évangélisent, se forgent eux-mêmes leur foi et font dire à l'Ecriture ce qui leur plaît, s'ingèrent dans le sacré ministère. C'est un cardeur de laine, Jean Leclerc, qui fut le premier martyr de France..., puis vint son frère Pierre Leclerc, grand clerc qui ne savait que la langue de sa nourrice, devenu grand théologien en filant et cardant la laine, appelé au

ministère par les cardeurs, foulons et tisserands, comme si, dans
la maison de Dieu, il appartenait au peuple de créer des
officiers, les intendants et les magistrats ecclésiastiques, voire
même à chacun. » C'est vrai pour Pauvant, pour Leclerc, pour
Farel. Comme le rappelle Mousseaux : « Quiconque prêche
l'Evangile est prêtre au sens évangélique. » Il n'y a plus de
hiérarchie dans le clergé, plus de prêtrise : « Ils donnent la
sainte cène à leurs fidèles, ils sont ministres de la parole de
Dieu. » Les mises en demeure de l'évêque ne sont plus
entendues dans le quartier du Marché, peuplé d'artisans. Avec
le temps des martyrs, vient celui de la révolte : le pas est
franchi, définitivement.

Il n'y a pas, comme on l'a dit, de résignation chez les « doux
évangélistes ». Que fait Leclerc après son premier supplice ? Il
file à Rozay-en-Brie, le pays de Caroli, où il trouve des fidèles
pour le cacher. Puis il gagne Metz où il se signale par des actions
violentes. Il brise des statues de la Vierge. On l'arrête. Il subit
un effroyable supplice. Il est condamné à avoir le poing coupé,
on lui arrache le nez avec les tenailles, puis les bras, les cuisses
et la poitrine. On le brûle enfin à petit feu. Il continue, tant
qu'il en a la force, à réciter des versets des psaumes.
    La persécution s'abat alors sur toute la France. Dès 1523, on
a brûlé à Paris Jean Vallière, venu de Falaise. En l'absence du
roi, la régente, sa mère Louise de Savoie, cède à la pression de
la Sorbonne et du Parlement. A sa demande, une bulle du
pape, de mai 1525, attribuait à trois parlementaires et à un curé
de Paris le soin de rechercher et de faire arrêter les suspects
d'hérésie. Ils devaient les juger sans leur laisser de possibilité
d'appel, même en cour de Rome, « de quelque dignité qu'ils
fussent illustrés, ecclésiastique, épiscopale ou même archiépis-
copale, laïque, même ducale ». Cette bulle mettait à la merci de
la justice aussi bien la duchesse d'Angoulême que l'évêque
Briçonnet. Le groupe de Meaux était prévenu : il n'y aurait plus
de protection officielle, on venait de créer une justice expédi-
tive.
    Elle fit merveille : à Meaux, Jacques Pauvant, arrêté une
première fois, s'était rétracté. « La tête nue, raconte *Le
Bourgeois de Paris,* et tenant la torche de cire ardente, devant la
grande église de Notre-Dame, criant Dieu à merci et à Notre-
Dame, de ce qu'il avait dit en suivant la secte de Luther ; et
furent brûlés devant lui aucuns livres qu'il avait translatés de
latin en français tenant le parti dudit Luther, lesquels il lut de
mot à mot, en déclarant qu'ils étaient faux et damnables ; et de
là il fut mené pour être par long espace de temps prisonnier en

la prison des Célestins au pain et à l'eau. » Libéré après sa rétractation, Pauvant avait un tel regret d'avoir trahi sa foi qu'il reprit de plus belle ses prêches. On l'arrêta de nouveau, et cette fois il fut brûlé en place de Grève. Il harangua les témoins de son supplice avec une telle efficacité qu'un docteur de la Sorbonne, Pierre Cornu, dit qu'il « vaudrait mieux avoir coûté à l'Eglise un million d'or et que l'on n'eût jamais laissé parler Jacques Pauvant. »

Saulnier, arrêté avec Pauvant, échappa au supplice et fut libéré par la suite. Lefèvre, Roussel et Michel d'Arande ne durent leur salut qu'à la fuite. Caroli fut poursuivi, Mazurier fut arrêté. Il put sortir de la Conciergerie après s'être rétracté, mais il fut de nouveau arrêté peu après pour avoir brisé en mille morceaux une statue de saint François stigmatisé, à la porte d'un couvent des Cordeliers. Il était sur le point d'être condamné au bûcher quand il fut sauvé par une intervention de Marguerite d'Angoulême.

Elle avait fait elle-même le voyage de Madrid pour demander à son frère prisonnier d'épargner les évangélistes et d'arrêter les poursuites du Parlement. De fait, François Ier avait écrit une lettre en faveur de Lefèvre, pour dire qu'il « l'avait en telle opinion et estime que nous ne voudrions point en rien qu'il fût calomnié, molesté ou travaillé à tort [torturé] en notre royaume, pays et seigneuries ». Le roi avait demandé qu'on suspendît toute procédure jusqu'à son retour. Le Parlement avait protesté auprès de la reine mère contre cette intervention royale et n'en avait tenu aucun compte. Lefèvre avait dû prendre le chemin de l'exil.

A Meaux, cependant, des disciples obscurs continuaient le combat pour l'Evangile. Le récit des martyrs des évangélistes alimentait désormais les prêches, devenus clandestins. Chacun brûlait de participer à l'action. On voit, en 1528, une foule de gens inconnus s'approcher de la cathédrale de Meaux : ils affichent une bulle en français à la gloire de Luther, prétendument signée du pape Clément VII. L'évêque, scandalisé par cette provocation, en fait rechercher les auteurs. L'enquête de police lui livre huit coupables, hommes et femmes, petites gens de Meaux auxquels il ordonne de faire amende honorable. Tous acceptent, sauf deux récalcitrants. Ceux qui ont accepté sont marqués de la fleur de lis au front et promenés trois jours, comme jadis Jean Leclerc, à travers la ville. Deux inconciliables s'obstinent, l'un surtout, nommé Denys de Rieux, de May-en-Multien. La messe, dit-il à haute voix, « est un vrai renoncement de la mort et Passion de Jésus-Christ ». Il est traîné sur une claie à travers les rues de Meaux avant d'être brûlé vif. Voilà Briçonnet du côté des bourreaux.

La même année, deux autres hérétiques sont brûlés dans Paris. Le premier, Philippe Papillon, était chanoine à la cathédrale de Meaux. Le second, natif de Meaux, était batelier sur la Seine. Il était accusé d'avoir dit publiquement que la Vierge Marie « n'avait non plus de puissance qu'une image d'icelle qu'il tenait et rompit par dérision ». La justice du roi avait décidé d'éliminer les iconoclastes. Que pouvait faire un évêque, quand ses fidèles martelaient, au fronton de sa cathédrale, la tête de la Vierge ?

Briçonnet n'est, du reste, pas en position de pouvoir défendre ses brebis perdues. Il est lui-même, depuis 1525, mis en accusation devant le Parlement de Paris, sur plainte des cordeliers, pour avoir permis à l'hérésie de se progager dans Meaux.

Rien ne lui est épargné. Convoqué en octobre, il demande à être interrogé non par les conseillers réunis en comité restreint, mais par toutes les chambres. Il veut une défense publique ; on le contraint au huis clos, devant des commissaires haineux. Il doit immédiatement déposer 200 livres parisis en provision pour frais, sous peine d'être « contraint par saisissement de son temporel et autres voies dues et raisonnables ».

La Sorbonne fait pression sur les juges pour qu'ils restent sourds aux interventions du roi en faveur de Briçonnet. Elle souhaite un arrêt du Parlement qui mette fin à la diffusion des livres nouveaux, réputés dangereux, surtout ceux de Lefèvre d'Etaples. Le procureur général demande que les livres interdits soient enfermés, à Meaux, dans une chambre forte pourvue de deux clés, dont l'une serait remise à l'évêque et l'autre en permanence entre les mains du Parlement. Faute de mettre Lefèvre à l'index, veut-on mettre ses livres en prison ? Les commissaires suggèrent, dans l'immédiat, que tous ses ouvrages soient envoyés devant la Faculté de théologie pour examen. Lefèvre pourra se défendre : le roi vient de l'autoriser à rentrer en France, ainsi que Roussel. Briçonnet est interrogé personnellement, à plusieurs reprises, sur le *Livre des cinquante-deux dimanches.* On lui demande s'il en a encouragé la diffusion.

Les autres évêques de royaume se gardaient bien de le défendre. Les autorités ecclésiastiques étaient frappées par les progrès de l'hérésie en Allemagne et jugeaient sévèrement l'expérience de Meaux, qu'ils accusaient de faire le lit du luthéranisme en France. Les amis de Lefèvre n'étaient-ils pas allés jusqu'à abolir la hiérarchie, mettre en question des sacrements et finalement briser les statues ? Certes, Briçonnet n'avait pas protégé les extrémistes, mais il leur avait permis de s'exprimer et de s'organiser. Chaque fois que l'on brisait une statue de la Vierge, on en rendait Briçonnet responsable. Les iconoclastes provoquaient la colère populaire, et les évêques hostiles aux réformateurs de Meaux s'appuyaient sur la croyance très largement partagée dans la Vierge et les saints pour condamner les évangélistes, au nom de la paix sociale. Ne fallait-il pas redouter la colère du peuple contre tous ceux qui refusaient de rendre un culte aux « trépassés » ? Non contents de déranger les vivants dans leurs habitudes superstitieuses, les évangélistes allaient-ils troubler le repos des morts ?

L'atteinte à la hiérarchie était, pour les hauts dignitaires, le péché suprême. Si tous les hommes pouvaient distribuer les sacrements, et commenter la parole divine, à quoi bon les ministères ? Plus de hiérarchie, plus de seigneurie, l'Eglise tout entière était mise en question dans son système temporel et privilégial. Les manants risquaient de prendre exemple sur les paysans d'Allemagne, de refuser de payer la dîme et de brûler les terriers. A Meaux, vieille terre de jacquerie, la ville basse, celle du marché, n'allait-elle pas prendre sa revanche contre la ville haute du seigneur-évêque ? On raconte que Briçonnet avait fait construire une porte sur le pont qui séparait les deux villes et que les bourgeois du haut, par dérision, avaient fait sculpter sur cette porte deux images de singes qui montraient leur cul aux gens du marché. On l'appelait la « porte aux Singes ». Moins de vingt ans plus tard , il avait fallu la démolir. Les tanneurs et les cardeurs de laine n'avaient pas trouvé la plaisanterie à leur goût.

Comment Briçonnet, seigneur de la Haute Eglise, héritier de la fortune de son père le cardinal, pouvait-il ainsi trahir sa caste ? Les évêques, réunis en 1528 au concile de Sens, se posaient la question. Ils demandaient des supplices pour les hérétiques, des condamnations spectaculaires. Sans doute avaient-ils fait, à la fin du concile, quelques recommandations dans le goût du temps : quarante articles se proposaient de réformer les abus, d'obliger les curés à résidence, de faire observer les règles dans les monastères. Mais l'essentiel des actes du concile portait fermement condamnation des hérétiques de Meaux, baptisés luthériens. « Ces hommes nauséabonds, avaient écrit les bons pères, vomissent des outrages si répugnants et si fétides qu'ils semblent s'être donné pour but de souiller et contaminer la face de l'Eglise, jusque-là sans tache. » C'était le langage de la violence : on relevait, parmi les erreurs damnables des « fabrisiens », ou « fabristes », la « correction » de l'Ecriture sainte, mais surtout la faculté donnée à tous les chrétiens d'être des pasteurs, et la répudiation du célibat des prêtres. On réaffirmait la valeur absolue de tous les sacrements, du culte de la Vierge et des saints, de la pratique des œuvres.

Les pères réunis au concile ne reculaient pas devant la menace. Ils rappelaient au roi, qui retenait le bras des parlementaires, que ses prédécesseurs chrétiens n'avaient pas craint de tirer le glaive pour détruire les hérésies. Ni Clovis ni Charlemagne n'avaient hésité à exterminer les arianistes ou les Saxons. Ils avaient, pour leurs œuvres, mérité pleinement le paradis. On ne pouvait plus clairement lancer à François Ier un appel à la répression.

Il eut très vite l'occasion de châtier. Le 31 mai 1528, au lendemain de la Pentecôte, « par quelqu'un, pire qu'un chien maudit de Dieu, fut rompue et coupée la tête à une image de la Vierge Marie, tenant l'image de Jésus entre les bras, étant contre une muraille, derrière le petit saint Antoine ». Il a suffi de l'action d'un iconoclaste parisien anonyme pour que des violences inouïes se déchaînent...

Le lendemain, les trompettes du roi assemblent le peuple sur toutes les places. Ils promettent, à la criée, une récompense de 10 000 écus pour qui permettra de retrouver le coupable. Ils annoncent que le roi a fait remplacer la statue détruite par une statue d'argent.

Si l'on ne trouve pas le vrai coupable, on envoie au supplice une victime spectaculaire, l'égal de Lefèvre, l'humaniste Louis Berquin. Il avait été poursuivi, comme Lefèvre et les amis d'Erasme, par le censeur de la Sorbonne. A deux reprises, François Ier lui avait évité une condamnation devant le Parlement. Soupçonné d'indulgence pour Luther, blâmé par le pape, il y avait demandé réparation de ses précédentes mises en accusation et accusait à son tour Noël Beda, le censeur. Il avait été condamné à l'amende honorable et à la prison « entre deux murs de pierre ». Il avait fait appel. En un jour, la cour l'avait envoyé au bûcher.

Le roi n'avait pas eu le temps d'intervenir. Il avait été placé devant le fait accompli. Le supplice de Berquin était une déclaration de guerre. Pour la première fois, on brûlait un homme célèbre, un humaniste connu de toute l'Europe. Il n'y avait plus désormais de recours pour les réformés. Ils ne pouvaient plus compter sur la protection du roi.

Briçonnet meurt en 1534 sans avoir assisté au supplice des derniers membres du cercle de Meaux. Ils étaient nombreux, au moins six cents, ceux qui en 1546 subirent la persécution. Il y avait parmi eux Pierre Leclerc, le frère de Jean, et Etienne Mangin. Quatorze avaient été condamnés au bûcher, pour avoir célébré dans la ville la cène à la manière protestante. A Meaux, la maison de Mangin était abattue, rasée, et l'on avait construit sur son emplacement une chapelle de la Vierge où devait être célébrée une messe tous les jeudis à sept heures.

Seize ans plus tard, en 1562, un édit du roi abandonnait à la religion réformée tout un quartier de la ville basse : il y avait alors douze cents familles, qui voulaient vivre dans la même religion. L'évêque de l'époque, Mgr de Buzé, avait finalement reconnu qu'une église était devenue inutile dans ce quartier.

Ainsi, les censeurs de la Sorbonne avaient raison, en 1525, quand ils cherchaient à obtenir une condamnation de Briçonnet : ni la censure ni les bûchers ne devaient empêcher le « cénacle » de Meaux de s'installer dans la révolte et de déboucher sur la Réforme. Les enfants des cardeurs de laine étaient devenus des « huguenots ». Ils voulaient changer les hommes en éliminant les prêtres. Ils voulaient arracher la religion à l'institution ecclésiastique. Si le roi, par goût des idées neuves, avait un moment encouragé le mouvement, les gardiens de l'ordre, le Parlement, la Sorbonne avaient réagi en temps utile : Lefèvre et Briçonnet n'avaient pu garder l'illusion que l'on pouvait être évangéliste sans mettre en question l'ordre du royaume. Il n'existait pas, dans la France de 1530, de principautés protestantes. L'ordre venait du roi seul, et les réformés, n'ayant pas de protecteurs, apparaissaient nécessairement dans le royaume comme des factieux. Ils devaient émigrer ou se cacher.

Lefèvre, pour sa part, avait trouvé refuge chez Marguerite d'Angoulême, devenue reine de Navarre. Le 29 janvier 1535, on avait allumé des bûchers sur les six places principales de Paris. Des corps de suppliciés y brûlaient à petit feu. Chaque place était une étape dans la grande procession expiatoire décidée par l'Eglise. Elle était conduite par le roi en personne, suivi de ses trois fils.

Lefèvre avait appris l'ampleur de la répression. Il savait que le roi en avait donné le signal. A un repas où assistait Gérard Roussel, la reine lui trouva l'air abattu. « Il est bien naturel, lui répondit le vieux Lefèvre, alors que tant de personnes souffrent la mort pour la confession de l'Evangile que je leur ai enseigné, que je m'afflige de ne pas avoir su mériter le même sort. » A la fin du repas, il se couche et meurt dans son lit, dans les bras de Roussel... Pouvait-il prévoir que la communauté de colombes qu'il avait réunie à Meaux deviendrait, par la force des choses, un élevage de faucons ?

2.
Les jardiniers de Strasbourg

Les exilés et les fugitifs venus de France étaient assurés de trouver refuge en terre d'Empire, dans les villes libres de l'Est. Ils étaient bien accueillis à Bâle et à Strasbourg.

On respirait à Strasbourg un air de liberté. On y voyait, depuis le XIIIe siècle, se constituer des groupes de vaudois réfugiés et de hussites. Toutes les sectes hérétiques, poursuivies en Europe, venaient se reconstituer et se dissoudre spontanément dans cette ville, qui faisait alors figure de capitale du Rhin moyen. Le dominicain Eckhart y avait prêché au XIVe siècle, avec ses disciples Jean Tauler et Suso, qui venaient de Constance. Ils enseignaient le renoncement au monde et la recherche de Dieu dans la solitude mystique. Ils savaient trouver les mots pour convaincre de vastes publics et lancer un mouvement de retour à la foi. Ils avaient persuadé de les suivre dans leur retraite un riche banquier, Rulmann Merswin, qui avait passé sa vie à écrire dans sa maison de l'île Verte des ouvrages mystiques.

Depuis 1478, la chaire de la cathédrale était occupée par un prédicateur de grand prestige, Jean Geiler de Kaysersberg, qui avait enseigné pendant dix-huit ans à Fribourg et à Bâle. Pendant trente ans, il devait remuer les foules, dénonçant avec humour les travers des seigneurs de l'Eglise, effrayant les Strasbourgeois pour leurs péchés, mais les persuadant que le salut était en eux-mêmes. Ses sermons, édités après sa mort par ses disciples, avaient des titres étranges : *Le Lièvre en saumure, Le Mouton errant, La Fileuse ecclésiastique...* Geiler avait le don des formules qui frappent un public populaire. Il avait, comme Lefèvre d'Etaples, la conviction que le devoir des clercs était de montrer au peuple la voie du salut. Il fallait mettre à sa portée, en termes simples et s'il le fallait grossiers, les vérités de la science la plus sophistiquée — et il n'y avait pas de vérité plus haute que celle des Ecritures saintes.

L'humanité est embarquée sur la « nef des fous ». C'est le titre d'un poème écrit en allemand par le syndic et secrétaire d'Etat Sébastien Brant, ami de Geiler et du peintre Holbein, qui se moquait sans ménagement des abus de l'Eglise. Les évêques, costumés en fous, abordaient comme les autres victimes du mal social le pays de « Narragonie » où tout discours devient absurde. Ce que Brant évoquait plaisamment, Jacques Wimpheling, de Sélestat, l'écrivait en faisant grincer sa plume : il fallait en finir avec les pitres, les voleurs, les mystificateurs.

Les Strasbourgeois n'avaient rien à redouter de l'Eglise, s'ils avaient expulsé leur évêque, contraint de résider hors des murs, depuis 1262. Mais ils étaient fort pieux et n'avaient pas envie d'abandonner leur religion. En Alsace plus qu'ailleurs, le culte de la Vierge s'était répandu à la fin du XVe siècle : elle avait partout ses chapelles, ses statues, ses autels ; la Vierge et les saints en avaient plus de quarante dans la cathédrale. Il avait fallu engager des clercs pour dire les innombrables messes commandées par les fidèles en l'honneur de la Vierge. Les pèlerinages avaient la faveur populaire, particulièrement celui de Sainte-Odile : un empereur, au siècle précédent, avait gravi à pied la montagne et s'était fait donner l'avant-bras de la petite sainte, pour transférer la relique à la cathédrale de Prague. Le pèlerinage de Thann n'était pas moins fréquenté, et les Alsaciens étaient nombreux sur les routes de Rome et de Compostelle. La grande tour de la cathédrale de Strasbourg, achevée en 1439 par l'architecte de Cologne Jean Hultz, symbolisait la foi ardente de la fin du Moyen Age et l'exigence mystique de la présence de Dieu.

Nul ne faisait, mieux que les Strasbourgeois, la différence entre les moines inspirés par Dieu et les seigneurs de l'Eglise. S'ils suivaient avec émotion les prêches de Geiler dans la cathédrale, ils s'indignaient du mode de vie des clercs qui défrayaient la chronique. Les évêques n'étaient pas les plus détestés : Guillaume de Honstein, ami de Geiler, qui avait été nommé à Strasbourg, était réputé pour sa piété. Il avait essayé de réformer les mœurs des moines et des prêtres, et lancé des avertissements aux curés qui vivaient avec des concubines. Mais comment condamner tant de clercs ? Il avait dû se résoudre à considérer le concubinage comme un péché véniel, dont les coupables obtenaient le rachat en versant une taxe annuelle dans ses caisses ! Les dominicains avaient imposé l'austérité dans certains couvents, comme Saint-Nicolas-aux-Ondes ou Sainte-Marguerite. Mais ils ne pouvaient empêcher les moines de vivre comme des laïques, ni les nonnes d'avoir des enfants. Franciscains et dominicains ne s'entendaient pas avec les curés et chanoines, ils se disputaient les taxes et le produit des quêtes. Les moines avaient réussi à empêcher le clergé séculier de percevoir le « dernier au revoir », un impôt levé par le curé, proportionnel à la fortune du défunt, exigé avant l'enterrement en terre chrétienne. Les clercs se disputaient furieusement en chaire, devant le public indigné. Chanoines, prêtres et desservants, moines et béguines étaient au moins un millier dans la ville, et leurs querelles ne passaient pas inaperçues. Elles inquiétaient quand elles avaient pour sujets des questions de dogme : les dominicains et les franciscains se lançaient mutuellement des injures à propos du dogme de l'Immaculée Conception...

Les desservants chargés des paroisses étaient aussi ignorants en Alsace qu'en Brie, aussi proches de leurs paroissiens dont ils partageaient les mœurs. Il y avait parmi eux, comme dans toute la population, des dévoyés, des criminels. Pourtant, les évêques défendaient les clercs qui s'étaient rendus coupables de viol (et bien entendu les chanoines) et refusaient de les livrer à la justice du magistrat. Un des chanoines avait enlevé la femme d'un bourgeois et la retenait de force chez lui, sans que la justice civile pût intervenir. Ces faits divers alimentaient douloureusement la chronique, et si la vente des indulgences rapportait encore à Strasbourg, l'estime des habitants de la ville pour le clergé se ressentait naturellement des abus.

Les Strasbourgeois souhaitaient avec force une réforme des mœurs et une nouvelle approche de la foi. La ville libre s'était constituée, en terre d'Empire, comme une sorte de petite république, pratiquement indépendante. Sa prospérité était telle que les gens de métiers et d'affaires avaient inévitablement pris le pas sur les féodaux, propriétaires des terres. La batellerie s'était beaucoup développée depuis le XIIIe siècle. La corporation strasbourgeoise était en mesure de livrer le vin et le blé en Allemagne grâce à une flotte de bateaux capables de charger chacun plus de 50 tonnes. On allait en quatre jours de navigation à Francfort, en sept jours jusqu'à Bâle. La corporation détenait le monopole du trafic avec Francfort et avait une position dominante dans les institutions de la petite république.

L'exportation du vin vers le Nord (100 000 hectolitres par an) fournissait l'essentiel du trafic, mais les bateliers transportaient aussi les céréales et la garance. Aux foires de Strasbourg, venaient les marchands allemands et suisses, qui franchissaient le Rhin sur un pont de mille mètres construit sur piles de bois.

Ils achetaient les produits de l'industrie strasbourgeoise, les draps à bon marché, les voiles de navires, les peaux, les bijoux, les vêtements. Les marchands de Strasbourg étaient des plus prospères et la ville comptait quelques banquiers capables de financer de grosses opérations. Le frère du mystique Merswin avait de telles créances sur l'évêque qu'il l'avait contraint d'engager sa crosse et sa vaisselle d'argent !

Une sorte de patriciat d'affaires s'était ainsi constitué, avec les Zorn, les Ingold, les Schott. Les grands marchands étaient en contact avec la Suisse, l'Italie, et, vers le Nord, avec les pays de la Baltique. Ils dominaient les marchés de Lorraine, où ils mettaient en vente les harengs du Nord. Mais les petits artisans étaient aussi représentés dans les institutions, ils protégeaient efficacement leurs intérêts. Strasbourg avait accueilli, au xve siècle, la nouvelle industrie venue d'Allemagne : dès 1458, Jean Mentelin, de Sélestat, avait fait fonctionner la première presse et imprimé une Bible en 49 lignes. En 1500, six grandes maisons allemandes avaient installé des ateliers dans la ville et les papetiers utilisaient les moulins de l'Ill.

Cette prospérité n'empêchait pas les habitants d'être sensibles aux crises : en 1502, en 1517, la disette avait considérablement fait monter le prix des céréales. En 1516, les vendanges avaient été mauvaises. La pénurie profitait aux riches, accablait les pauvres. Il fallait faire, dans la ville, des distributions de grain gratuites. Les paysans empruntaient à fort intérêt pour assurer la soudure. Ils s'en prenaient aux gens d'Eglise, qui avaient les moyens de constituer des réserves en blé et en vin grâce à la levée des dîmes. Ils craignaient le tribunal de l'évêque, qui n'hésitait pas à excommunier ceux qui ne pouvaient s'acquitter de leurs dettes. Les rues de la ville étaient pleines de mendiants qu'il fallait nourrir ou expulser. La municipalité veillait à ce que les distributions gratuites fussent réservées aux nécessiteux originaires de la ville, réellement sans travail. Les étrangers et les vagabonds ne recevaient rien.

Les magistrats redoutaient particulièrement les révoltes paysannes : la misère, mauvaise conseillère, poussait les vilains endettés à refuser de payer les dîmes. Sporadiquement, les campagnes se révoltaient : en 1443, un grave mouvement de refus de l'impôt ecclésiastique avait affecté le pays de Bâle. Les paysans se reconnaissaient entre eux à leurs chaussures, le soulier à lacets, *Bundschuh*. Cinquante ans plus tard, on retrouvait le même emblème : dans la révolte des vignerons des environs de Sélestat. Ils demandaient la fin des abus dans l'Eglise, la condamnation du cumul des bénéfices, la suppression des couvents, et surtout la limitation des pouvoirs de justice du tribunal de l'évêque, l'*officialité,* qui accablait les débiteurs. Ils ne voulaient plus être victimes des usuriers, surtout s'ils portaient soutane.

La répression avait été terrible : trois chefs avaient été pendus et tous les prisonniers battus ou mutilés. On les avait frappés de lourdes amendes. Depuis lors, les municipalités surveillaient de près les paysans, qui venaient, en 1517, de se révolter à nouveau, sous la conduite d'un Badois nommé Joss Fritz. Certains clercs et même certains bourgeois étaient-ils du complot ? A Strasbourg, les *Bundschuher* avaient des défenseurs, surtout parmi le peuple des journaliers et brassiers qui travaillaient sur les terres d'Eglise, en dehors ou dans l'enceinte de la ville. Les plus ardents ennemis du prince-évêque étaient les jardiniers.

Les jardiniers de Sainte-Aurélie n'étaient pas des mauvais chrétiens. Ils assistaient régulièrement aux offices, faisaient leurs pâques et se mariaient religieusement. Mais ils répugnaient à payer des impôts à l'Eglise pour être enterrés en terre chrétienne, ils n'achetaient pas les indulgences et doutaient de l'efficacité du culte des saints. Ils considéraient le prince-évêque comme un seigneur et voulaient vivre en république. Ils songeaient à choisir eux-mêmes leurs prédicateurs et desservants, et demandaient à les rétribuer.

L'autorité, dans la ville de Strasbourg, n'appartenait pas à l'évêque. Les corporations « d'arts et de métiers » s'étaient peu à peu partagées le pouvoir municipal : elles élisaient pour les deux tiers les membres du conseil électif, qui désignait lui-même les collèges spéciaux de 13, 15 et 21 personnages constituant l'autorité municipale, appelée « Magistrat ». Ces notables étaient pratiquement inamovibles. Ils n'avaient de comptes à rendre qu'à une assemblée de 300 échevins élus par les métiers, qui se réunissait rarement. Le Magistrat ne voulait certes pas mécontenter les jardiniers, nombreux dans le faubourg. Mais il ne pouvait pas davantage braver le chapitre de la cathédrale. La nomination des prêtres et des prédicateurs n'était pas de son ressort.

Il devait tenir compte, cependant, de l'évolution des esprits dans la ville depuis 1517. Dès 1518, l'appel de Luther devait être entendu à Strasbourg et dans sa région : sur les portes du chapitre de la cathédrale et des principaux presbytères, on avait alors affiché les 95 thèses. C'était, pour les jardiniers de la ville comme pour les paysans des campagnes, une manière de protester contre la hausse du prix des grains et les spéculations du clergé, une mise en garde en quelque sorte.

Les prédicateurs, de 1517 à 1520, préparaient la foule à la recherche d'une nouvelle religion : le plus célèbre, fils d'un

vigneron de Kaysersberg, s'appelait Mathieu Zell. Il avait fait
une belle carrière universitaire dans les villes allemandes du
Rhin, il avait été élu recteur de l'université de Fribourg-en-
Brisgau le jour même où Martin Luther faisait connaître à Wittenberg ses 95 thèses. Comme Lefèvre d'Etaples, il avait parcouru
l'Italie, découvert les humanistes et lu avec passion les Ecritures. Comme Lefèvre encore, il faisait à Fribourg un cours sur
Aristote. Mais il aimait Geiler, son compatriote, et partageait
son désir de communiquer à un vaste public sa connaissance des
textes sacrés. Philologue plus que théologien, il voulait répandre la vraie parole de Dieu. Il avait renoncé à son rectorat
paisible de Fribourg pour accepter la charge de prédicateur à la
paroisse de Saint-Laurent, celle de la cathédrale. Il était ainsi
assuré d'une grande audience dans la ville.

Dès 1518, les prêches de « maître Matthis », comme l'appelaient familièrement les jardiniers, étaient très populaires. Il
parlait simplement, efficacement, commentant non sans émotion la parole de Dieu. Il n'accablait pas les paroissiens de
reproches et de sarcasmes. Il ne leur demandait pas de
participer aux œuvres, mais de sauver leurs âmes. Il ne pouvait
ignorer l'existence dans la ville d'un courant réformateur qui
puisait son inspiration outre-Rhin : on voyait dans Strasbourg
circuler des libelles manuscrits ou imprimés contre le clergé de
la ville. A partir de 1519, ces brochures étaient de plus en plus
nombreuses. Les imprimeurs étaient acquis à la Réforme, en
particulier Schott et plus tard Koepfel. Dès 1519, on avait
imprimé à Strasbourg quatre des ouvrages de Luther, quinze
l'année suivante. Même s'ils n'étaient lus que par les clercs ou
les bourgeois instruits, ils influençaient les prédicateurs qui
retrouvaient dans les thèses du moine de Wittenberg leurs
propres préoccupations.

Le desservant de Saint-Pierre-le-Jeune, Pierre de Remire-
mont, le lecteur des carmes Tilman de Lyn étaient ouvertement
acquis aux idées de Luther. Ils avaient été écartés par l'évêque.
On redoutait déjà, dans la ville, la contamination des élites :
c'est un bourgeois, Jean Lambrecht, qui venait de déclarer,
place de la Cathédrale, que même s'il avait « un tas d'argent
gros comme de Strasbourg à Colmar », il n'achèterait jamais
d'indulgences. Le Magistrat avait dû l'emprisonner, sur plainte
de l'évêque.

Le plus dangereux défenseur de Luther était désormais Zell.
Ni l'évêque ni le Magistrat n'osaient l'attaquer de front, en
raison du succès grandissant de ses prêches. Ils décidèrent de
supprimer, en bloc, toutes les chaires de prédicateurs. Zell était
suivi dans la rue, menacé par des moines fanatiques. Ses

partisans gardaient sa maison la nuit, pour repousser les agresseurs. La violence s'était installée dans la ville.

La chronique rapporte que Matthieu Zell ne s'est pas laissé décourager par les interdits de l'évêque. Il a continué ses prêches dans la chapelle Saint-Laurent. Ils étaient suivis désormais non par les seuls jardiniers de Sainte-Aurélie, mais par les pêcheurs et bateliers de Saint-Nicolas et par les artisans de Saint-Pierre-le-Jeune. Les paysans des alentours se déplaçaient pour l'entendre.

La chapelle est trop petite pour les accueillir tous. Les paroissiens demandent que l'on ouvre la chaire de la cathédrale, celle où prêchait jadis Geiler de Kaysersberg. Le grand chapitre refuse énergiquement et fait entourer la chaire d'un solide grillage, pour éviter un coup de force. Rue du Maroquin, tout près de la cathédrale, les menuisiers se mettent au travail : ils construisent une chaire portative en bois qu'ils dressent sur le parvis. Ils promettent de la démonter dès la fin du prêche. Le Magistrat, consulté, doit donner son autorisation pour éviter les troubles. Il précise, dans sa réponse écrite, qu'il accepte la suggestion des paroissiens pour que Zell « puisse être entendu d'un auditoire plus nombreux, tout en ne trônant pas dans la chaire du docteur ».

Ainsi, le Magistrat ne prend pas parti dans la querelle des clercs. Il laisse les prédicateurs prendre la parole dans la rue, puisque les églises leur sont interdites. Ils deviennent de plus en plus violents, car ils n'ont pas tous l'élévation d'esprit de Zell. L'un d'eux déclare en 1522, juché sur le toit d'une échoppe de savetier, que le pape est l'Antéchrist et les évêques des traîtres. Le Magistrat refuse de livrer cet illuminé à l'évêque. Il est exilé, rentre peu après dans Strasbourg où il se fait arrêter pour avoir menacé un prêtre d'un couteau. Il est alors jeté en prison, puis banni.

Le pape en profite pour envoyer au Magistrat un bref où il lui fait reproche de protéger les luthériens.

Les traditions de tolérance du Magistrat de Strasbourg sont telles qu'il se refuse à condamner un prédicateur qui n'a prêché que la parole de Dieu. Il doit, selon lui, « poursuivre son œuvre courageusement et sans crainte ». Le Magistrat n'a aucune raison d'empêcher Zell de parler. Si l'évêque est d'un avis contraire, qu'il le dise.

L'évêque utilise les moyens canoniques et dresse un acte d'accusation pour hérésie contre Zell. Des placards sont affichés à la porte du chapitre de la cathédrale contre ceux qui menacent « maître Matthis ». En mars 1523, il est excommunié et condamné au bucher. Naturellement, cette sanction n'était exécutoire qu'avec l'accord du Magistrat. L'exécuter eût été une folie. Zell reprit ses prêches à la demande des paroissiens, et le Magistrat crut devoir le tolérer « jusqu'à ce qu'il eût été réfuté par la parole de Dieu ». Il est vrai qu'il donnait en même temps des ordres pour fermer les portes de la ville aux clercs étrangers, de plus en plus nombreux, qui risquaient de troubler l'ordre public. A Strasbourg, le pouvoir civil n'avait pas offert son bras à l'évêque. Il lui laissait la responsabilité de sa querelle.

Il était temps de fermer les portes. Les étrangers avaient largement pénétré dans la ville, dont la tolérance était connue : Lefèvre d'Etaples et Guillaume Farel, les réfugiés de Meaux, rejoignaient les théologiens venus d'Allemagne pour renforcer l'action de Zell.

Natif d'Haguenau, Capiton, de son vrai nom Wolfgang Koepfel, avait été prêtre, chanoine et professeur à l'université de Bâle. Il avait été appelé comme chancelier à la cour de l'Electeur de Mayence, Albert de Brandebourg. Son amitié pour Erasme et sa sympathie pour la Réforme avaient indisposé l'archevêque. Il s'était réfugié à Strasbourg, bien décidé à poursuivre ses travaux d'humaniste, au-dessus de la mêlée. Mais Zell l'avait convaincu : le devoir des clercs était de retourner au peuple. Le fils d'artisan de Haguenau montait bientôt dans la chaire de Saint-Thomas pour expliquer aux jardiniers et bateliers, stupéfaits de voir un chanoine monter en chaire, qu'il était du parti des adorateurs de l'Evangile.

Autre réfugié, Gaspard Heyd, dit Hedion, qui venait aussi de Mayence où il était prédicateur à la cour. Capiton l'avait attiré à Strasbourg, en le persuadant qu'un jour ou l'autre, l'archevêque lui ferait reproche de son amitié pour Erasme et de sa sympathie pour Luther. Hedion, qui avait fait ses études à Bâle, était pour Zell une recrue de choix.

Le plus convaincu était Martin Bucer, fils d'un tonnelier de Sélestat, ancien dominicain diplômé de Heidelberg qui, après avoir connu Luther, avait demandé à être relevé de ses vœux. Il s'était marié, bien qu'il fût encore prêtre, et rejoignait Strasbourg où son père s'était établi. Il avait été excomunié par le prince-évêque de Spire. Zell lui avait offert l'hospitalité. Bucer était le plus engagé dans le combat réformateur. Il était le seul à connaître Luther. Il avait assisté à la mémorable séance d'avril 1521 à la diète de Worms, où Luther avait fait sa déclaration devant l'empereur. Dès que sa présence fut connue dans la ville, l'évêque Guillaume de Honstein demanda au Magistrat qu'on lui livrât le fugitif. Avec Bucer, les évangélistes de Strasbourg avaient trouvé un chef.

Le Magistrat l'avait autorisé à prêcher dans la cathédrale, en alternance avec Zell, tout en l'avertissant qu'il serait obligé de le suspendre si l'ordre public était troublé. Les prêches de Bucer déchaînèrent immédiatement la violence. Les amis de l'évêque envoyaient des chiens qui aboyaient pendant qu'il parlait. Le Magistrat dut ordonner qu'on muselât les chiens. Des bourgeois sortaient l'épée au côté pour accompagner le prédicateur jusqu'à la chaire, dont les chanoines prétendaient lui interdire l'accès. Certains curés, entraînés au combat, passaient une cotte de mailles sous leur soutane. Le Magistrat craignait la guerre civile. Déjà, les jardiniers rossaient le curé de Saint-André qui voulait lever ses dîmes.

Les évangélistes multipliaient les provocations dans la cathédrale. Le « prédicant » de Saint-Thomas, Antoine Firm, faisait bénir son union par Zell, dans un grand concours populaire. Nul ne pouvait empêcher la vague des mariages de prêtres : Bucer bénissait celui de Mathieu Zell avec Catherine Schütz, la fille d'un menuisier qui n'avait manqué aucun de ses prêches. Pourquoi empêcher les prêtres de se marier, écrivait Clément Ziegler, un maraîcher devenu pamphlétaire, puisque nous sommes tous des prêtres ?

Le frère franciscain Thomas Murner était, lui aussi, pamphlétaire. Il rendait coup pour coup, attaquant nommément les défroqués et leurs compagnes. Le Magistrat avait dû faire saisir un de ses libelles, intitulé « Le grand fou luthérien ». Il fallait bien prévenir la violence... Murner avait installé une imprimerie dans son logement. Elle fut mise à sac par les jardiniers de Sainte-Aurélie.

Ils exigeaient Bucer comme prédicateur. Le Magistrat pouvait-il les satisfaire contre le gré de l'évêque ? Guillaume de Honstein avait cité devant son tribunal, à Saverne, les sept prêtres, dont Bucer, Firm et Capiton qui avaient violé le vœu de célibat. Les laisser sortir de la ville, c'était les condamner à mort. Le Magistrat ne pouvait prendre cette responsabilité, les prédicateurs étaient trop populaires. D'ailleurs, les nouveaux mariés avaient demandé sa protection.

Ni Jacques Sturm, ni Claude Kniebs, ni Daniel Mueg qui faisaient alors partie du Magistrat de Strasbourg ne voulaient envoyer au bûcher les idoles du petit peuple, dont ils partageaient au demeurant certaines idées. Sturm était de ceux qui attiraient les exilés, protégeaient les réfugiés, maintenaient la tolérance dans la ville. Le Magistrat demanda à l'évêque de renoncer à son procès : en vain. Les sept prêtres furent condamnés par défaut, le 3 avril 1524, et leur excommunication majeure fut affichée à la porte de toutes les églises. Désormais, les catholiques qui entendraient leurs prêches risquaient l'enfer.

Ils se réunirent aussitôt chez Zell et rédigèrent un « Appel des prêtres mariés de Strasbourg au futur concile », qui fut traduit en allemand et imprimé. On le distribuait dans toute la ville. Les religieuses de Sainte-Claire, si l'on en croit le chroniqueur Brant, demandèrent la permission de quitter le cloître et de se marier. Le procureur Sopher, qui avait requis contre Zell au tribunal de l'évêque, s'était lui aussi marié. Le mouvement était irrésistible. Le provincial de l'ordre des Franciscains, Conrad Traeger, avait publié une brochure très agressive contre les hérétiques. Il avait déchaîné l'émeute.

Les deux camps n'attendaient qu'une occasion : déjà, les moines avaient rossé, à l'église des dominicains, deux bourgeois facétieux qui imitaient le chant du rossignol pendant qu'ils chantaient eux-mêmes leurs litanies. Maintenant, les bourgeois partisans de la Réforme rejoignent dans la rue les maraîchers, les artisans, les bateliers du Rhin. Ils s'assemblent devant l'hôtel de ville pour demander au Magistrat l'arrestation du provincial. On essaie en vain de les calmer. Ils se précipitent au couvent, s'emparent de Traeger, l'accompagnent eux-mêmes en prison. D'autres vont chercher le prieur du couvent des dominicains, très hostile aux idées nouvelles, et demandent au Magistrat de l'arrêter. Pour apaiser les esprits, on retient en prison les deux captifs.

La foule a pris goût au pillage des couvents. Une troupe nombreuse sort de la ville pour mettre à sac la chartreuse et Saint-Arbogast. Le Magistrat doit envoyer la force publique pour expulser les émeutiers installés dans les caves... L'occasion lui parut bonne de faire main basse sur les couvents. Le 5 novembre 1524, il nommait des « curateurs » chargés de surveiller les comptes des établissements religieux. Un inventaire complet de leurs biens meubles et immeubles devait être dressé, à toutes fins utiles. Le Magistrat interdisait aux moines « qu'ils portent des frocs gris ou noirs », de fréquenter les couvents de nonnes.

Pour éviter les violences, il s'engageait dans un processus de contrôle de l'Eglise et de la vie religieuse.

Depuis août 1524, c'est lui qui nomme les curés : l'assemblée des échevins en a décidé. La diète de Nuremberg, en 1523, a admis que l'on pouvait prêcher l'Evangile dans l'empire tant qu'un concile n'a pas fait définitivement la lumière sur les vérités de la foi. Le Magistrat a pu résister à l'évêque en se couvrant derrière les décisions de la diète. Il a pu laisser Zell en fonction à la cathédrale. Désormais, il est seul responsable de la nomination des prêtres et des desservants. Ils sont payés par lui. Depuis décembre, ils doivent demander à la ville le droit de bourgeoisie. Ils dépendent entièrement du Magistrat. Avant d'être réformée, l'Eglise de Strasbourg est déjà, par la volonté de ses administrateurs, une Eglise d'Etat.

Il était temps : le plus grand désordre régnait dans la ville. Bucer, avec l'autorisation du Magistrat, continuait ses prêches, dont l'efficacité n'est pas douteuse : les bouchers tuaient les bêtes en plein carême, les fidèles mangeaient de la viande, des œufs et du fromage en période de jeûne. Zell disait la messe en allemand dans la cathédrale et baptisait désormais les enfants en récitant des prières en allemand, à la mode luthérienne. Beaucoup de parents qui regrettaient le latin et le baptistère s'en indignaient et demandaient justice à l'évêque. Ce dernier était sans pouvoir : les prêtres faisaient ce qu'ils voulaient. Il n'avait pas les moyens d'empêcher les adeptes du culte nouveau de baptiser sur l'autel. Mais Zell et Bucer ne pouvaient pas contraindre les curés fidèles au latin et aux vieux usages à adopter les pratiques nouvelles. Autant de paroisses, autant de baptêmes et de communions différents...

Les partisans du maintien des traditions n'osaient pas protester, les catholiques étaient en pleine déroute. Les couvents se vidaient, les moines qui avaient mené le combat de l'orthodoxie avaient quitté la ville. Le terrain était aux évangélistes, largement soutenus par le petit peuple. Mais comment empêcher les violences ? Le mercredi de la semaine de Pâques, à Saint-Pierre-le-Jeune, la foule prend à partie des moines qui vendent des indulgences. L'Eglise est envahie. Des fanatiques abattent le grand crucifix pour le briser à coups de hache et de marteau. Les moines sont expulsés.

Le clergé ne peut plus organiser de processions. Celle de la fête de Saint-Marc était jadis très suivie, car le saint était invoqué contre les morts subites. Hedion monte en chaire et tonne à la cathédrale contre les superstitions. Rares sont ceux qui osent se risquer dans le cortège. Les processions de la semaine sainte ne sont pas plus fréquentées. Les habitants des campagnes ne se sont pas dérangés.

La lutte contre les superstitions s'intensifie et s'accompagne de pillages et de violences. A Sainte-Aurélie et dans la cathédrale, on brise les statues de la Vierge et des saints, on détruit les tableaux, on enlève les bénitiers. Le 25 novembre, les jardiniers n'hésitent pas à ouvrir la tombe de leur sainte patronne, pour en finir avec les « superstitions papistes »... Ils voulaient faire la preuve que ces ossements n'avaient pu appartenir à un seul être humain, et qu'ils n'étaient pas les restes authentiques de la petite Vierge de Cologne. Les villages autour de Strasbourg recevaient fréquemment la visite de bandes armées venues de la ville. Les iconoclastes détruisaient partout statues et peintures. Les prédicateurs appelaient le peuple à participer à cette action de salubrité.

Le Magistrat avait tenté de s'opposer à de telles violences : en ordonnant qu'on emprisonne les iconoclastes ; mais, en septembre, une délégation de toutes les « tribus » d'arts et de métiers avait exigé l'enlèvement des statues de saints et le « nettoyage des murs ». Le Magistrat avait autorisé la grande procession de la Saint-Luc, qui commémorait le terrible tremblement de terre de 1356 ; cependant il avait dû supprimer les cinq messes solennelles ordonnées chaque année par la municipalité, devant l'opposition de la majorité de ses membres. A quoi bon subventionner le culte catholique traditionnel quand la population, dans sa majorité active, exigeait un autre culte ?

Sagement, le Magistrat laisse se modifier les formes du culte : des prêtres en robes de pasteurs disent dans les églises la messe en allemand et font des lectures de la Bible de Luther. Les grandes fêtes chrétiennes disparaissent, avec les processions. Les évangélistes multiplient les initiatives pour expliquer aux fidèles les raisons du changement. Bucer publie une brochure intitulée : *Raisons et motifs des nouveautés introduites à Strasbourg.* Les éditeurs de la ville tirent des plaquettes expliquant la liturgie nouvelle et répandent les formules des sacrements conservés : le baptême, le mariage, la cène. On compose des musiques pour chanter en chœur les cantiques luthériens.

Le Magistrat aide de tout son pouvoir à cette tentative de normalisation. Il ne veut pas heurter de front les convictions de ceux qui croient aux vertus des images et regrettent la disparition du vieux culte. Il accorde la permission d'enlever « avec décence » les tabernacles, les ostensoirs, les « idoles », les images pieuses, les statues. Les enlèvements se font de nuit. Un dimanche matin, à la cathédrale, les Strasbourgeois ne voient plus le grand crucifix d'argent : il a été discrètement démonté. La statue d'une Vierge miraculeuse a également disparu ; des planches cachent la niche avec l'inscription latine : « *Gloria in excelsis Deo.* » Les chapelles des saints sont vidées de toutes images et des lampes perpétuelles. Les églises sont réduites aux autels et aux murs nus. On n'ose pas briser les vitraux, mais des bandes de jeunes gens martèlent, au fronton, les bas-reliefs représentant la vie de la Vierge et des saints.

Il est interdit d'enterrer les morts dans les églises et les couvents. Des cimetières nouveaux, en dehors des murs, sont là pour accueillir tous les Strasbourgeois, quelle que soit leur confession. Les réformés veulent aller plus loin, contraindre le Magistrat à prendre parti pour la foi nouvelle : ils demandent des crédits pour ouvrir dans tous les quartiers des écoles permettant d'apprendre à lire l'Evangile aux adultes comme aux enfants. Redoutant un retour en force de l'Eglise catholique, ils veulent interdire l'entrée de la ville aux prêtres venus de l'extérieur, se barricader dans la réforme. Le Magistrat est neutre. Il faut qu'il s'engage. Pourquoi ne pas interdire le vieux culte ? Pourquoi ne pas supprimer la messe ? La pression est assez forte pour qu'en juin 1525 il déclare que la messe et la langue latine « sont odieuses à Dieu ». Allait-il fermer les églises, expulser les prêtres fidèles à l'ancien culte ? Il ne le souhaitait sans doute pas, et devait tenir compte de l'opinion silencieuse, mais indignée, des vieux catholiques qui n'osaient plus s'exprimer.

Le parti modérateur et tolérant pris par le Magistrat de Strasbourg ne pouvait résister à une nouvelle flambée de violence. Le seul point fort, dans son attitude fluctuante, était son attachement à l'Empire. S'il avait finalement rompu avec Rome, il n'avait jamais voulu rompre avec l'empereur. La version alsacienne de la « guerre des paysans » allait lui donner l'occasion de réaffirmer ces liens.

Des groupuscules s'étaient constitués dans la ville, formés d'anabaptistes, de radicaux admirateurs des réformateurs Karlstadt et Hubmayer. Le plus actif, le plus écouté dans le peuple était Clément Ziegler, le maraîcher. Ces extrémistes attaquaient violemment les pasteurs, qu'ils trouvaient trop modérés dans leur réforme, car ils ne donnaient pas à la ville les moyens de résister à la contre-offensive prévisible de Rome et de l'empereur. Ils laisseraient sans doute étouffer le grand mouvement populaire qui se préparait dans les campagnes : au nom de Dieu et de l'Evangile, les paysans voulaient se libérer des seigneurs.

Ces extrémistes étaient largement responsables des actions iconoclastes qui indignaient de nombreux Strasbourgeois, même acquis à la Réforme. Ils n'hésitaient pas à employer la violence pour lutter contre les formes d'un culte qu'ils considéraient comme socialement oppressives. A quoi servait, disaient-ils, de célébrer le baptême de tout jeunes enfants ? C'est aux adultes responsables qu'il convenait de le distribuer. Le baptême était un engagement individuel, et non le résidu de quelque sorcellerie évocatoire. Il fallait détruire les baptistères, même si le Magistrat s'y opposait.

Rien n'arrêtait les radicaux : ils combattaient aussi bien le pouvoir civil que les nouveaux prédicateurs, multipliant contre eux les libelles et les interventions dans les églises. Déjà, la ville avait dû chasser de ses murs un prédicateur itinérant, Maurer, qui s'attaquait à toutes les formes du pouvoir. Dans les premiers jours de 1525, quand on apprit à Strasbourg le début de la révolte des campagnes, les extrémistes se mobilisèrent pour empêcher le Magistrat de condamner les « rustauds ».

Ils s'étaient mis en route, sous la bannière du Christ, avec leurs souliers comme symbole. Le mouvement venait de Souabe, et l'on ne savait pas encore qu'il n'était pas soutenu par Luther. Le tocsin sonnait dans le plat pays. Le 16 avril, les vignerons d'Obernai, tout près de Strasbourg, donnaient le signal de la révolution en occupant l'abbaye d'Altorf qu'ils mettaient au pillage. Saverne était prise peu après, ainsi que Ribeauvillé. Qu'allait faire Strasbourg ?

Les paysans révoltés n'étaient pas des *jacques* irresponsables. Les maires de village et les curés acquis à la Réforme les encadraient. Ils disposaient d'une dizaine de milliers de combattants armés, entraînés, répartis en unités régulières commandées par un tanneur de Molsheim, Erasme Gerber. Les biens confisqués des abbayes ou des monastères étaient vendus aux enchères et le trésor de guerre ainsi constitué était fort strictement géré. Les rustauds avaient pris à leur compte les revendications des Souabes, les « douze articles » qui demandaient le droit d'élire et de déposer les pasteurs, la suppression des dîmes, des impôts et des corvées, la liberté de chasse, de pêche et d'utilisation des biens communaux. Ces revendications étaient naturellement bien reçues par les extrémistes de Strasbourg. Elles indiquaient suffisamment la volonté des paysans du plat pays, des vignerons d'Obernai, de changer l'ordre social. Comment les maraîchers de Sainte-Aurélie ne leur auraient-ils pas prêté main-forte ?

Le Magistrat vit le danger : s'il fermait ses portes aux rustauds, il donnait aux extrémistes l'occasion de prêcher la révolte dans la ville. Une consultation discrète des « tribus » d'arts et métiers, en mai 1525, put convaincre la municipalité qu'un assez grand nombre de bourgeois — et pas seulement les radicaux — était favorable au mouvement des paysans. Curieusement, les pasteurs et les membres du conseil étaient d'accord pour proposer aux chefs des paysans une conciliation. Les conseillers firent les premiers pas : Sturm, Wurmser, Herlin se rendirent à l'état-major de Gerber.

Devant l'échec de cette tentative, les pasteurs de Strasbourg firent à leur tour le voyage de l'abbaye d'Altorf. Les révoltés exigeaient que le Magistrat expulsât de Strasbourg tous les prêtres restés catholiques. Les pasteurs, qui le souhaitaient eux-mêmes, n'étaient pas en mesure de faire des promesses. Ils prêchaient en vain la soumission au pouvoir politique. Les révoltés ne voulaient rien entendre. Si l'empereur ne venait pas à leur secours contre l'Eglise et les seigneurs, ils combattraient et vaincraient seuls.

Ils furent écrasés, comme leurs camarades allemands. Le duc Antoine de Lorraine, catholique intransigeant, leva une armée de mercenaires et reprit Saverne. 18 000 rustauds furent massacrés. De mai à novembre, la répression s'abattait sur la plaine d'Alsace, avant l'écrasement de la dernière bande devant Belfort.

Les révoltés n'avaient trouvé, chez les Strasbourgeois, ni aide ni refuge. L'écrasement des rustauds signifiait dans la ville l'élimination des extrémistes. Pour ne pas encourager la révolte sociale, les conseillers du Magistrat s'engageaient résolument dans la voie de la Réforme religieuse, aidés par les pasteurs. Ceux-ci s'écartaient de Luther et se rapprochaient du Suisse Zwingli, qui considérait la cène comme une sorte de cérémonie symbolique où seule la spiritualité du Christ pouvait être présente. Cela supposait l'abolition définitive de la messe papiste, véritable provocation, puisqu'elle considérait la présence physique du Christ sur l'autel comme l'élément majeur du sacrement de communion.

En dépit des déclarations publiques du Magistrat, on continuait, en ville, à dire la messe, même dans la cathédrale. Hedion et Capiton en demandaient en chaire tous les jours la suppression. Ils exigeaient aussi que les prêtres épousent leurs concubines, pour moraliser leurs ministères. On ne pouvait marier les gens de force ni supprimer d'un coup l'attachement d'un grand nombre de Strasbourgeois au vieux culte. Les catholiques devaient se cacher pour se rendre à l'oratoire particulier de la Toussaint, pour entendre la messe en latin. Dans la cathédrale, les chanoines du grand chapitre donnaient encore la confession et célébraient des messes basses, les fidèles faisaient brûler des cierges au saint sacrement.

Ce qui était encore toléré en 1526 fut interdit les années suivantes. Le Magistrat dut poursuivre ceux qui promenaient en ville des orphelins. Ils faisaient la quête pour leur entretien et chantaient, pour attirer l'attention des bourgeois, une sorte de cantique devant les maisons : « Que Dieu vous le rende, et la Notre-Dame ! » Le Magistrat dut publier à plusieurs reprises des ordonnances pour empêcher cette pratique que les pasteurs jugeaient intolérable.

Ils voulaient obtenir, une fois pour toutes, l'abolition totale de la messe. Ils firent signer, en mars 1528, une pétition. Les bourgeoises menaçaient de « chasser à coups de fuseau » les curés et chanoines qui disaient encore la messe dans la cathédrale. Déjà, la messe avait été abolie par la ville de Berne. Bucer et Capiton exigèrent que Strasbourg en fît autant.

Le Magistrat hésitait. Il était sensible à la pression exercée par l'empereur, même s'il était désireux de normaliser la pratique religieuse dans la ville, en adoptant un seul culte. A l'épouse d'un chevalier fort respecté en Alsace, qui lui avait demandé l'autorisation de recevoir des mains d'un prêtre catholique le saint sacrement à son domicile, il avait répondu que cette dame pouvait bien « aller communier hors de la ville, comme d'autres le font aussi ». Mais il sentait qu'en interdisant la messe, il entrait dans la voie de l'intolérance.

On mit la question aux voix : les 300 échevins furent convoqués. Ils avaient été dûment chapitrés par les pasteurs. 184 d'entre eux se prononcèrent pour la suppression du sacrement, un seul en demanda le maintien. 94 avaient demandé que l'on attendît, pour se prononcer, l'avis de la diète impériale de 1529. Mais ceux qui avaient voté pour l'abolition avaient curieusement ajouté qu'ils étaient hostiles à toute tentative ultérieure pour le rétablir, « à moins qu'on ne prouve que c'est une œuvre pie aux yeux de l'Eternel ». 21 échevins s'étaient abstenus ou n'avaient pas répondu à leurs noms.

Qu'une question de foi des plus décisives fût ainsi traitée comme une simple mesure d'administration municipale donnait la mesure de l'incertitude des esprits. Mais l'abolition de la messe permettait aux notables d'engager enfin le processus de retour à l'ordre qu'ils souhaitaient depuis longtemps. Ils avaient les moyens de frapper les extrémistes, qui ne pourraient plus les accuser de défendre la Réforme avec mollesse : les cénacles d'anabaptistes et de radicaux furent dissous, leurs membres pourchassés ; les étrangers qui étaient favorables aux sectes furent expulsés. Bucer, devenu l'organisateur de l'Eglise nouvelle, abandonnait la paroisse de Sainte-Aurélie, où il était prisonnier des jardiniers, pour s'installer à Saint-Thomas, tout près du Magistrat.

La répression s'attaque aux mœurs : il faut empêcher le peuple de manifester, de s'exprimer, de s'extérioriser. Des mesures très strictes permettent de punir les blasphémateurs, ceux qui se moquent des Evangiles, les « béguines » qui vont au bal où se laissent approcher par les bateliers. On interdit les danses et les « costumes excentriques ». Les pasteurs lancent une véritable croisade contre l'adultère : les coupables seront exposés dans des cages sur les places publiques. On ordonne la construction de deux nouvelles prisons et l'on interdit de sonner les cloches en dehors des offices, pour qu'on ne puisse appeler le peuple à la révolte. Une grande ordonnance contre la mendicité de mars 1531 permet d'arrêter tous les mendiants valides, âgés de plus de vingt ans : ils sont battus de verge et expulsés ; s'ils récidivent, ils peuvent être fouettés, mis au pilori et même noyés dans l'Ill.

La religion nouvelle vole au secours de l'ordre, et permet l'expulsion des indésirables. Les révoltes facilitent la répression. A Saint-Pierre-le-Vieux, la foule brise les statues et badigeonne à la chaux les fresques des murs. A Saint-Nicolas, le prédicateur prend une masse et brise lui-même une statue de la Vierge que le Magistrat voulait faire enlever « décemment ». Les actions d'iconoclastes sont nombreuses, mais elles sont désormais réprimées. Le Magistrat demande qu'on lui signale partout les abus et annonce son intention de punir. Il n'est pas nécessaire d'envisager des moyens exceptionnels : après la répression du mouvement paysan et la dispersion des groupes extrémistes, les jardiniers et les bateliers restent cois : ils croyaient s'être libérés de l'oppression seigneuriale ; ils assistaient, médusés, à la mise en place d'une république de la vertu, avec hôpitaux et prisons. Le temps des libertés était terminé, il était interdit de danser sur les places.

L'empereur pouvait être rassuré : le Magistrat tenait la situation en main ; il avait éliminé les plus inquiétants des réformés, ceux qui prêchaient une religion informelle sans liens avec l'Etat, sans structures et sans dogmes définis. Beaucoup de ces anabaptistes avaient quitté la ville, comme Melchior Hoffmann qui voyait en Strasbourg la nouvelle Jérusalem, ou Schwenkfeld l'illuminé, ou Michel Servet qui mettait en question le dogme de la Trinité. Ils avaient des sympathies chez les notables : Capiton les protégeait et la femme de Zell les cachait dans sa maison.

Libérée des extrémistes, la ville se cherchait des alliés : ses amis naturels étaient les Suisses, qui avaient conçu la Réforme de la même manière. A Zurich, à Berne, à Bâle, le luthéranisme était écarté, au profit d'une religion d'Etat qui devait sa doctrine à Zwingli. Œcolampade, qui dirigeait la Réforme à Bâle, était l'ami personnel de Bucer. Hedion et Capiton avaient enseigné à Bâle. Zurich et Berne voulaient, avec Strasbourg, constituer une « alliance chrétienne », capable de constituer une puissance politique neutre entre l'empereur et le roi de France. Restait à convaincre Luther.

A Marbourg, en 1529, l'entente ne s'était pas réalisée. Sturm, Bucer et Hedion n'avaient pu concilier le camp luthérien avec les Suisses. « Il est évident, avait dit Luther, que nous n'avons pas le même esprit. Je vous livre au jugement de Dieu. » A sa manière, il excommuniait.

Dangereuse intransigeance ! Luther était à l'abri, bien pro-

tégé par l'Electeur de Saxe et les princes de l'Allemagne du
Nord. Mais les bonnes villes du Rhin, Strasbourg et Bâle,
étaient à découvert, proies offertes aux puissances catholiques.
Charles Quint, de retour en Allemagne, n'était pas d'esprit
conciliant. Il tenait pour négligeable cette « alliance chrétienne
évangélique » signée entre Strasbourg et les villes suisses. Il
prendrait Strasbourg quand il voudrait. D'ailleurs, en 1531,
Zwingli était tombé sous les coups des catholiques. Pour assurer
leur sécurité, les Strasbourgeois avaient bien été contraints de
signer la *Confession d'Augsbourg,* dictée par Mélanchthon, et
d'entrer dans la ligue de Smalkalde, qui protégeait, contre
Charles Quint, tous les protestants d'Allemagne.

Cela permettait de consolider l'organisation des Eglises : à
Strasbourg, le Magistrat ne voulait s'en charger lui-même ; il
déléguait l'autorité, en matière religieuse, à un « convent
ecclésiastique », corps spécial composé des pasteurs et diacres
des sept paroisses, d'un nombre triple de laïques, des notables,
des représentants des professions. Le président de ce convent
était Bucer. Il avait carte libre pour passer au crible des
croyances réformées les habitants de Strasbourg, avec l'approbation et sous le contrôle de « ces messieurs du Magistrat ».

Il n'était plus question, dans les églises, de messe en latin.
Les nonnes courageuses qui étaient restées dans la ville, les
familles encore catholiques entendaient clandestinement l'office célébré dans les maisons privées par des moines ou
chanoines défroqués pour la bonne cause. Pendant un certain
temps, le Magistrat admit les messes célébrées à domicile, mais
sans le reconnaître officiellement. En 1531, cette tolérance fut
abolie et il fut défendu aux catholiques de sortir de la ville pour
entendre la messe.

L'intransigeance à l'égard des fidèles n'empêche pas les chefs
de la Réforme d'entretenir avec l'évêque et son représentant
dans la ville, le docteur Jacques de Gottesheim, les meilleurs
rapports. Celui-ci réside à Strasbourg, comme un ambassadeur
du seigneur-évêque. Il dîne avec Bucer ou Sturm à l'*Ammeister-
stub,* la taverne la plus réputée de la ville. Il les invite à son
hôtel, participe à des discussions théologiques. Le Magistrat
évite soigneusement de froisser les puissances catholiques.
Quand il ordonne de supprimer les armoiries visibles à l'intérieur de la cathédrale, survivance des privilèges seigneuriaux, il
épargne celles des membres fort titrés du grand chapitre.
Quand il fait évacuer les couvents, il fait exception pour les
chevaliers de Saint-Jean et de l'ordre teutonique. A la mort de
l'évêque Guillaume de Honstein, en 1541, le chapitre peut se
réunir, selon la coutume, pour élire son successeur. Le nouvel
évêque, Erasme de Limbourg, est élu et intronisé dans la

cathédrale, selon le cérémonial d'usage, avant de prendre le chemin de son palais de Saverne. Le Magistrat poursuit les papistes et ménage les autorités. Il contrôle l'intolérance.

De tradition libérale avec les étrangers, il poursuit avec la dernière vigueur, après 1530, ceux d'entre eux qui appartiennent aux sectes dangereuses. Ils venaient de Lorraine, d'Allemagne, d'Autriche, des Pays-Bas, de France et d'Alsace. Les transfuges de Meaux y avaient été accueillis à bras ouverts en 1525. Ils prêchaient en français à leurs compatriotes. Les prédicants, pourvu que l'on crût à l'Evangile, acceptaient tous les réfugiés : « Celui qui reconnaît en Jésus le Fils de Dieu, disait Zell, trouvera toujours une place à ma table et un abri sous mon toit, comme aussi je veux avoir part avec lui dans le royaume des cieux. »

Après la répression de 1525, le Magistrat et les pasteurs devinrent moins tolérants. Les réfugiés étaient souvent des illuminés marchant de ville en ville, partout expulsés en raison de leurs prêches, de leurs écrits, des controverses ou des violences qu'ils soulevaient. La plupart partaient d'eux-mêmes, indignés de ne pas trouver dans la ville l'audience qu'ils espéraient. Gaspard de Schwenkfeld, par exemple, qui avait quitté la Silésie brouillé avec Luther, persécuté par les luthériens autant que par les catholiques. Il était resté cinq ans à Strasbourg, grâce à l'amitié de Zell et de Capiton avant de repartir pour une autre ville... André Bodenstein, autre adversaire de Luther, devait passer par Strasbourg avant de se rendre à Bâle, où il mourrait sans avoir trouvé d'écho pour ses idées. Sébastien Franck fut expulsé par le Magistrat pour ses insultes envers l'empereur. Les anabaptistes ne résidaient pas longtemps dans la ville, où les hommes de main du Magistrat leur donnaient la chasse. Louis Hetzer, ami de Capiton, avait dû quitter Strasbourg pour se réfugier à Constance, où il fut condamné à mort. Pilgram Marbeck, qui ne partageait pas les vues de Bucer sur le baptême, avait été expulsé comme « teneur de conciliabules ». On avait aussi chassé des murs Balthasar Hubmayer, un des chefs du mouvement paysan. Il devait mourir sur un bûcher de Vienne en 1528. Un autre agitateur mourut en prison : c'était le plus célèbre des anabaptistes strasbourgeois, un pelletier originaire de Souabe, Melchior Hoffmann. Son éloquence mordante indignait les pasteurs, son art d'enflammer les foules inquiétait le Magistrat. Il fut emprisonné à plusieurs reprises. Même en prison, il rédigeait des pamphlets et prêchait devant les geôliers. On enferma cet irréductible dans un cachot sans fenêtres. Nul ne sait quand il mourut.

A Strasbourg, les prophètes couraient les rues. Rue des

Veaux, une prophétesse haranguait les passants ; la femme de l'économe de l'hôpital prêchait devant les malades... Les plus sincères côtoyaient les aventuriers, les « chemineaux » qui, pour trouver leur pitance, tenaient des discours religieux dans les cabarets. Chacun croyait pouvoir s'exprimer. Il y avait des prédicants improvisés, de leur métier savonniers, imprimeurs, maîtres d'école... Certains allaient très loin dans leur désir de renouveau. Un gainier nommé Thomas Salzmann racontait publiquement que le Christ était un homme comme les autres et que la Trinité n'existait pas. Il ne pouvait y avoir selon lui qu'un seul Dieu. Condamné à mort, il fut seulement décapité parce qu'il avait eu le bon esprit de se rétracter. Un enfant de seize ans fut torturé et exécuté pour avoir dit que le Magistrat voulait faire tuer tous ceux qui n'étaient pas protestants. On noya pour bigamie, au pont du Corbeau, l'anabaptiste Frey. Ses amis durent se réfugier dans les bois qui entouraient la ville pour y pratiquer leur culte. Un édit interdisait aux bourgeois de les héberger.

La plupart du temps, les anabaptistes étaient seulement arrêtés et expulsés, parce qu'ils ne partageaient pas la foi de la cité et qu'ils créaient de l'agitation par leurs prêches. Mais l'intolérance touchait aussi les humanistes qui, par leurs écrits, inquiétaient les pasteurs. Le neveu de Wimpheling, Jean Witz, était venu de Sélestat pour ouvrir en 1525 une école à Strasbourg. Mais, bientôt, on s'inquiétait de la liberté de ses propos. On déchaîna contre lui une véritable campagne, l'accusant de ne pas conduire assez souvent ses élèves à la sainte cène. On allait jusqu'à reprocher à sa femme de « porter des habits indécents » et de faire des dépenses excessives. Jean Witz dut se soumettre, mais beaucoup de ses amis, comme le médecin Brunfels, choisirent de quitter la ville.

Il n'y avait plus de place, à Strasbourg, pour la libre pensée et l'improvisation théologique. Certes les Bucer, les Zell, les Capiton n'avaient pas clairement choisi leur voie, entre Luther qui les rejetait et les amis de Zwingli qui repoussaient toute concession. Mais ils étaient désormais liés au Magistrat et se chargeaient de construire dans la cité un nouvel ordre chrétien, non moins intolérant que le précédent. Ils étaient fiers d'avoir réussi à constituer un Etat protestant, que l'empereur avait fini par admettre. Leurs voisins messins n'avaient pas eu le même bonheur.

Ils étaient nombreux, à Strasbourg, les réfugiés de Metz. La seule ville impériale de langue française avait accueilli les idées de Luther, qui venaient de Strasbourg, aussi bien que les transfuges de Meaux. L'Allemand Henri Cornelis Agrippa de Nettesheim, né à Cologne, ex-secrétaire de l'empereur Maximilien devenu conseiller stipendié de Metz et orateur de la cité, avait acclimaté dans cette ville très catholique les idées évangéliques de Lefèvre d'Etaples, avec qui il était en correspondance régulière. Il était aussi l'ami de Claude Dieudonné, un célestin de Metz qui devait jeter son froc aux orties et devenir pasteur, et de Claude Chansonnette, professeur de droit, admirateur de Luther. Il avait ainsi constitué, à l'image du groupe de Meaux, un petit cénacle avec des curés transfuges comme Jean Rougier, curé de Sainte-Croix, ou Didier Abria, curé de Saint-Gorgon. L'astrologue Nicole de Heu, les médecins Niedbrück et Laurent Frisz, le libraire Jacques se montraient fort actifs dans la propagation des idées nouvelles. Ils n'étaient guère contrariés par l'évêque qui, depuis plus de trente ans, ne résidait pas dans la cité... Tous lisaient et diffusaient les livres de Luther qui venaient de Strasbourg, ainsi que les ouvrages de Lefèvre d'Etaples. Ils étaient un relais efficace entre Strasbourg et Meaux.

De langue française, ils n'étaient pas vraiment d'Empire, mais de ville libre ; de statut impérial, ils échappaient à la mouvance du royaume. Dès 1521, Léon X connaissait l'existence de ce petit groupe réformateur à la frontière française : il avait nommé Théodore de Saint-Chamond, abbé général de l'ordre de Saint-Antoine-de-Viennois, « commissaire du Saint-Siège apostolique dans le duché de Lorraine et lieux circonvoisins pour l'extirpation de l'hérésie ».

Le Magistrat de Metz, comme celui de Strasbourg à la même époque, ne voulait pas que l'ordre de la cité fût troublé. Il interdit d'acheter et de lire la Bible de Luther. Il fit des recommandations aux prédicateurs pour qu'ils ne s'écartent pas de la doctrine romaine et prit quelques mesures d'expulsions contre les bourgeois qui, notoirement, se réunissaient en assemblées. D'Esch fut ainsi l'un des premiers à gagner Strasbourg.

Cependant, les livres de Luther continuaient à circuler, importés dans des tonneaux de harengs par les marchands de Strasbourg. Metz était la première ville, à la frontière française, qui accueillait les réfugiés. Le prédicateur Lambert, venu d'Avignon, avait circulé dans les grandes villes suisses avant de faire, en 1523, la connaissance de Luther à Wittenberg. Il avait épousé la fille d'un boulanger de Hartzberg. Il venait prêcher à Metz, à l'instigation de Luther, parce que c'était la seule ville de langue française en dehors du royaume, où sévissait déjà la persécution. Il ne put y rester plus d'un mois. Les livres de Luther qu'il avait en sa possession furent publiquement brûlés :

lui-même dut s'enfuir à Strasbourg, où l'accueillirent Bucer, Sturm et Capiton.

A Metz, on avait brûlé un augustin, Jean Châtelain, qui, du haut d'une chaire dressée devant l'église du Saint-Esprit, dénonçait dans ses prêches les péchés des riches et les abus du clergé. Il avait le même succès populaire que Farel à Meaux. Théodore de Saint-Chamond et Nicolas Savin, inquisiteur de la foi, l'avaient condamné à mort. En cette journée d'exécution publique du 13 janvier 1525, une émeute se déchaînait en ville. On attaquait les chanoines dans la rue, on pillait les maisons des abbés. Le Magistrat fit noyer dans la Moselle trois meneurs pour l'exemple et bannir « pour fait de luthérerie » les bourgeois les plus compromis. Ils fuyaient tous à Strasbourg.

Les curés, les notaires, les médecins continuaient cependant à acheter les ouvrages de Luther et même ceux qui, par Bâle, venaient de Zurich. Comme à Strasbourg, on s'initiait aux thèses de Zwingli. On comptait en 1525, dans Metz, plus de 500 « luthériens » déclarés. Mais, à cette époque, Strasbourg avait déjà basculé dans la Réforme. Les Messins n'étaient pas, au même titre que les Strasbourgeois, sensibles à la propagande des « rustauds ». La ville n'avait pas de jardiniers et de bateliers en révolte. La guerre des paysans ne s'étendit pas dans les pays de la Moselle. Les « luthériens » de Metz étaient des bourgeois, et surtout des ecclésiastiques qui voulaient la réforme de l'Eglise, non la sécession. A Metz comme à Meaux, les catholiques faisaient l'amalgame et traitaient les évangélistes, en vrac, de « luthériens ». Un chroniqueur très partial, Meurisse, écrivait plus de cent ans plus tard : « Voilà le pitoyable état auquel la ville de Metz était réduite alors et les effets horribles de ce libertinage diabolique, auquel l'enfer avait ouvert la porte par le ministère de cet effronté et impudique hérésiarque, Luther : libertinage qui changeait ainsi les pasteurs en loups ravissants, les prêtres et les moines en ruffians, les religieuses en prostituées, les églises en cabarets, les observances quadragésimales en débauches, et la religion de nos ancêtres en impiété. »

Des religieux, il est vrai, attiraient l'attention des autorités : un chanoine de la cathédrale, Pierre Toussain, avait été accusé d'hérésie et condamné à l'exil ; ses livres étant brûlés sur place publique. Comme Lambert, ce Toussain avait fait le tour des villes suisses avant de rencontrer Luther à Wittenberg. Celui-ci l'avait convaincu de prendre la tête de l'église de Montbéliard. Comme Strasbourg, Metz était une des cellules nerveuses de la Réforme.

Si les Messins s'exilaient, les Briards trouvaient refuge à Metz. C'est d'Esch qui avait accueilli Jean Leclerc et ses amis en 1525. Pierre Toussain, Leclerc, d'Esch et Guillaume Farel s'étaient clandestinement retrouvés dans la ville. A l'*Auberge du Roi Hérode,* Jean Leclerc avait préparé avec ses camarades, l'imprimeur Jacques et le receveur Guerrard, l'opération du cimetière Saint-Louis, où ils avaient « pris un os de mort, rompu le nez et la couronne d'une image de la Vierge et la tête de l'image du petit Jésus, et la tête et les mains de la représentation d'un priant chanoine de la cathédrale nommé Pierre Roussel et les bras d'une vieille image de bois du bienheureux confesseur saint Fiacre », en disant que ces images « n'étaient que des idoles et des ouvrages de la main des hommes ». Jean Leclerc avait été exécuté au Champ-à-Seille, au milieu d'une foule immense contenue par des centaines de soldats. Jacques le libraire avait été cloué au pilori pendant son exécution. On lui avait coupé les oreilles avant de le bannir de la ville. Seul, Guerrard avait réussi à s'échapper.

Le Magistrat n'avait plus aucune indulgence envers les « luthériens ». Il craignait les troubles et l'entraînement populaire. On renouvela l'interdiction des livres de Luther, en offrant une prime à la délation : celui qui dénoncerait un lecteur clandestin toucherait le tiers de l'amende. Les libraires, coupables d'avoir vendu Luther, paieraient la somme énorme de dix livres. « L'exécution si chaude et si exemplaire du cardeur Jean Leclerc, note Meurisse, produisit de très salutaires effets, car elle remit les esprits dans le devoir et dans l'obéissance. » Mais il ajoute : « La santé qui fut ainsi rendue à ce beau corps eût été bien plus ferme et plus constante sans le dangereux vent qui, soufflant principablement du côté de Strasbourg, apportait toujours ici quelque mauvais air. » La « ville sainte de la Réforme française » (Lucien Fèbvre) accueille en transit tous les persécutés de Metz. Lefèvre, Roussel, d'Arande, Farel, Caroli, tous passent par Strasbourg. Farel, qui prêche en 1524 contre un cordelier à Montbéliard, est attiré à Metz par Nicole d'Esch ; il s'évade par ses soins et gagne Strasbourg, d'où il rejoint la Suisse. Il rencontre à Strasbourg beaucoup d'émigrés messins : le « moine luthérien » Moesel, qui devient le secrétaire de Bucer ; le dominicain Pierre Brully. La circulation clandestine des hommes de la Réforme en Europe rhénane est étonnante : ils sont assurés de trouver un bon accueil dans toutes les villes suisses, à Bâle, à Zurich, à Berne et même à Genève. Mais les villes les plus ouvertes sont Strasbourg et Montbéliard. Il est remarquable que la circulation se fait dans tous les sens. Quand les Messins, ou les hommes expulsés de Metz, arrivent jusqu'à Luther à Wittenberg, jusqu'à Zwingli à Zurich, ceux-ci les renvoient aussitôt vers l'ouest, pour qu'ils continuent de prêcher la réforme. Certains font plusieurs séjours à Metz. Mais ils sont toujours obligés d'en partir.

C'est que la ville, dans sa majorité, reste catholique. Les cercles réformateurs sont épiés, surveillés de près. On redoute autant le duc de Lorraine, qui vient d'écraser les rustauds, que l'inquisiteur du pape. Le Magistrat n'ose pas faire de choix politique. A la diète de Spire, en 1529, cinq princes et quatorze villes déclarent rester fidèles à la religion catholique. L'empereur constate avec satisfaction que la ville de Metz, dont il vient d'alléger les impôts, est de celles-là. Metz n'est attirée ni par les luthériens ni par la *Confessio tetrapolitana* que viennent de rédiger, à la hâte, Bucer et Capiton pour la diète d'Augsbourg. Même si le Magistrat, pour des raisons de politique fiscale, songe après 1534 à se détacher de l'Empire, il n'est tenté à aucun moment par l'exemple de Strasbourg. Comme l'écrit Tribout de Morembert, « le clergé est puissant, le maître échevin peu favorable aux idées nouvelles, et le peuple docile ». Il faut remarquer que toutes les vedettes de la Réforme sont passées par Metz. Certaines y ont fait plusieurs séjours. Mais aucun n'a pu s'installer durablement dans la ville.

De ce point de vue, Metz a bien verrouillé la frontière. Les Strasbourgeois n'ont pas fait d'émules dans le royaume. Metz était le relais des exilés, mais non la base des prédicateurs qui regardaient vers l'ouest. Pour atteindre le royaume, les idées des réformés devaient suivre un autre itinéraire : celui du Rhin, qui, par Bâle, descendait sur Montbéliard, à la porte de la Bourgogne. Ville d'Empire fidèle au pape comme à l'empereur, Metz faisait figure de forteresse catholique, en dépit des petits groupes actifs de Messins réformés qui avaient trouvé le salut dans la fuite. De retour en 1542 dans la ville, Guillaume Farel ne parviendrait pas, malgré sa tumultueuse éloquence, à la faire basculer vers la Réforme. Le Magistrat messin tint tête aux envoyés de Strasbourg qui soutenaient Farel. Une fois de plus, il dut quitter Metz sans obtenir la décision. Le roi de France recevait de ses espions, nombreux dans la ville, des rapports favorables : la porte était bien gardée.

3.

Les imprimeurs de Lyon

S'il était facile de fermer la porte de Metz, il était impossible de verrouiller Lyon. La ville, en un demi-siècle, avait plus que triplé. Avec 70 000 habitants, elle était aussi peuplée que Londres ou Florence : après Paris (300 000 habitants environ), elle était la ville la plus riche du royaume, celle dont la croissance avait été la plus rapide.

Elle devait sa fortune, certes, à l'heureuse époque qui avait suivi la guerre de Cent Ans. La paix restaurée avait encouragé la reprise foudroyante de la natalité. Mais Lyon était peuplée d'immigrants venus des montagnes et des pays voisins, de l'Ardèche, du Dauphiné, du Beaujolais, et aussi de Savoie, de Suisse, d'Italie. Les affaires attiraient les hommes, et celles de Lyon étaient prospères.

Quatre foires par an rétablies par privilège royal en 1494 : Charles VIII ouvrait grandes les portes de la ville aux étrangers. Les Italiens pouvaient s'y rendre facilement par les cols des Alpes. La Saône et le Rhône étaient des voies commodes, à une époque où l'essentiel du trafic des marchandises se faisait sur les fleuves. La Loire n'était pas loin. Lyon devenait une place de transit entre le grand commerce italien, venu du lointain Orient, et les pays marchands de la mer du Nord, entre Gênes, Venise et Anvers. Dans les années 1460, les Médicis, les plus grands banquiers de l'époque, s'étaient installés à Lyon, abandonnant Genève. La fin de la guerre de Cent Ans permettait à Lyon de supplanter définitivement sa rivale.

La ville était un chantier perpétuel et les nouveaux quartiers s'alignaient le long des fleuves. Les banquiers italiens avaient suivi les Médicis et les marchands, les rois de la soie et des épices, installaient des palais tout près de leurs comptoirs. Ils rassemblaient entre leurs mains une grande partie de la richesse de la ville. Lucquois et Florentins étaient les plus riches. Mais les Allemands, très spécialisés dans la métallurgie et l'imprimerie, avaient aussi fondé une sorte de colonie. Les marchands n'avaient pas de patrie : ils venaient d'Italie, d'Allemagne, d'Espagne ou de Suisse. On parlait toutes les langues sur les quais du Rhône, même le portugais ou le flamand. Plus de 6 000 marchands fréquentaient les foires, avec 6 000 tonnes de marchandises. En 1534, un marchand italien s'était présenté à la porte du Pont-du-Rhône avec 40 mulets portant 57 balles d'épices, 11 balles de pacotille et 14 caisses lourdement chargées... Des milliers de mulets, de bœufs tirant des chars, de chevaux attelés franchissaient ainsi, tous les jours, les cinq portes de la ville.

Par la porte des Farges, partaient les convois pour le Languedoc, l'Aquitaine et l'Espagne. Au droit de la très active rue des Flandres, la porte de Pierre-Scize donnait accès à la route de Paris, de beaucoup la plus fréquentée. Elle conduisait les marchands à Roanne, d'où ils pouvaient prendre les bateaux rapides à huit rames qui permettaient de gagner Blois en sept jours. De la Loire, par voie de terre, on rejoignait Paris, les Flandres ou l'Angleterre. On pouvait aussi remonter la Saône et gagner la vallée de la Seine par Troyes. Ce « chemin de Bourgogne » était moins fréquenté que le « chemin de Moulins », où circulaient les courriers rapides entre Lyon et Paris. Sur cette distance, on pouvait arriver en deux jours, en crevant les chevaux.

Le « chemin de Bourgogne » permettait aussi, par la haute Saône, de rejoindre la Lorraine et les pays de la Meuse, soit Strasbourg et les pays du Rhin par la Franche-Comté. Une autre route, pour gagner l'Allemagne, partait de la porte Saint-Marcel, qui assurait aussi le trafic avec Genève. Ce « chemin d'Allemagne » passait par Gray. Il était emprunté par les libraires qui se rendaient aux foires de Francfort.

Les caravanes alpines entraient dans la ville par la porte du Pont-du-Rhône, lourdement chargées de produits d'Orient. Mais les routes de montagne étaient concurrencées par le Rhône où naviguait la flottille des barques venues de Marseille. La remontée du Rhône était difficile : il fallait sept jours aux bateaux de blé pour aller de Valence à Lyon. Mais il aurait fallu des milliers de mulets pour livrer par voie de terre aux Lyonnais les 250 000 hectolitres de vin et les 200 000 hectolitres de blé dont ils avaient besoin chaque année pour leur consommation. Les bœufs lents d'Auvergne assuraient le roulage sur le grand chemin du Centre, qui par Feurs et Thiers, gagnait Clermont-Ferrand, Limoges et le Poitou : une route essentielle pour les

cuirs, les toiles, les draps : car Lyon était le premier marché
pour les draps du Poitou.

Tous les jours, arrivaient à Lyon des voyageurs, des marchands, des messagers, des bateliers ou des muletiers venus de
Bourgogne, de Genève, de Strasbourg, de Lorraine, des
Flandres, mais aussi du Languedoc, de Paris ou de Marseille.
Lyon était au centre d'une étoile de routes et de voies fluviales
qui la mettait en contact avec toutes les grandes villes d'Europe
occidentale, avec toutes les régions du royaume. Les grandes
affaires passaient alors forcément par cette place européenne.
La fortune des Lyonnais venait du textile, les précieux draps de
soie en provenance d'Italie dont ils avaient le monopole de la
distribution dans le royaume ; les laines du Languedoc, de
Provence et d'Auvergne, les grosses toiles du Massif Central et
même le chanvre du Beaujolais trouvaient facilement acheteurs
dans les foires. Lyon attirait aussi une part notable du commerce des épices qui venaient d'Italie par les Alpes et de plus en
plus par le port de Marseille. On importait chaque année
500 balles de poivre, de la cannelle, du gingembre. Lyon avait
retiré ce trafic, qui rapportait gros, aux ports languedociens de
Montpellier et d'Aigues-Mortes, grâce aux encouragements
royaux... Les riches marchands qui dominaient le commerce
avaient installé l'industrie : Lyon faisait travailler, dans le
textile ou la pelleterie, toutes les régions qui l'entouraient. La
ville importait aussi des métaux d'Allemagne, le cuivre, le
plomb, le zinc, l'acier de Milan et le fer de haute Bourgogne
pour ses fabriques d'armes et ses nombreuses chaudronneries.
Saint-Etienne, Saint-Chamond fabriquaient des hallebardes et
des arquebuses. A Bourgneuf, à Saint-Georges, sur la rive
droite de la Saône, s'entassaient les compagnons des nouveaux
métiers ainsi que dans la presqu'île, où habitaient les « gagne-
deniers ». Ils commençaient à s'installer sur la colline de la
Croix-Rousse, car le textile avait besoin de plus en plus de bras.
Les plus riches habitaient autour du Pont-de-Saône, dans les
quartiers de la place du Change : à Lyon comme à Florence, la
richesse avait engendré la ségrégation de l'habitat. Les riches ne
se mélangeaient pas aux pauvres, surtout s'ils étaient banquiers,
donc italiens, ou imprimeurs, donc allemands.

Rue Mercière, ils faisaient fortune en imprimant, en 1530,
110 livres dans l'année. Strasbourg en fabriquait à peine une
trentaine, et Paris 297. Lyon produirait au XVIᵉ siècle au moins
15 000 volumes, contre 25 000 à Paris. C'était la seconde ville du
royaume pour le livre.

Sur 49 imprimeurs installés, 22 étaient allemands. Le plus

grand de tous était Trechsel, qui utilisait, pour illustrer ses livres, les dessins de Holbein. Il avait été l'un des premiers à faire tailler des caractères grecs, comme son collègue Gryphe utilisait des caractères hébreux. Né en Souabe, fils d'imprimeur, il avait commencé sa véritable carrière à Lyon comme facteur d'un libraire vénitien. Installé à son compte, il s'était spécialisé dans les lettres latines et fournissait une partie de la France en livres de classe. Mais il imprimait aussi les ouvrages des humanistes, Erasme, Rabelais, les poètes comme Marot et Scève. Il avait reçu à Lyon, lui trouvant un emploi de correcteur, Etienne Dolet.

L'imprimerie demandait alors tous les talents : il ne suffisait pas d'être riche pour fonder une compagnie. Il fallait connaître la technique allemande de l'impression et de la frappe des caractères, il fallait avoir longtemps vécu dans le milieu international des lettrés qui connaissaient les manuscrits, les différentes publications européennes, les marchés possibles. Ainsi se constituaient les dynasties de libraires-imprimeurs, et parfois de véritables familles : la fille de Trechsel avait épousé un Flamand, Joss Bade, un associé de son père. La fille de Joss Bade devait épouser le fils de l'humaniste Henri Estienne, Robert Iᵉʳ Estienne, lui-même beau-fils de Simon de Collines, l'ami de Lefèvre d'Etaples. Joss Bade, comme son ancien patron Trechsel, était lui-même un lettré : à Ferrare, Battista Guarini lui avait appris le grec, et Beroaldo le latin. Le Florentin Giunta avait appris le métier chez son oncle, installé à Venise. Il était le plus grand éditeur lyonnais de droit, de médecine et de théologie. Sa maison d'édition faisait travailler plus de vingt imprimeurs. Il était le plus important des cinq éditeurs italiens de la ville. Comme Trechsel restait, pour ses affaires, en contact permanent avec Bâle et Francfort, ainsi Giunta restait-il en rapport avec les éditeurs de Venise, tout en installant des comptoirs dans les grandes villes universitaires espagnoles : Burgos, Salamanque et Madrid.

Les vingt imprimeurs lyonnais approvisionnaient en livres tout le Midi de la France. Ils avaient des comptoirs à Toulouse où ils vendaient leur propre production, mais aussi celle des presses allemandes et italiennes. La réputation de l'humanisme lyonnais était telle à Toulouse, dès le XVᵉ siècle, que l'imprimeur, Buyer, avait pu y fonder une succursale. Un Savoyard, Jean Claret, y gérait ses affaires. Par Toulouse, les Lyonnais contrôlaient le marché du Sud-Ouest, qu'ils disputaient aux Parisiens. Ils avaient toutes les possibilités de faire vendre aux bourgeois d'Albi, de Montauban et de Carcassonne, la production des presses de Bâle et de Strasbourg.

Les spécialistes de l'exportation en France des ouvrages

bâlois étaient les frères Frellon, qui avaient fondé à Lyon *L'Ecu de Cologne,* sur le modèle de la maison d'édition parisienne *L'Ecu de Bâle,* de Conrad Resch. Jean et François Frellon cachaient à peine leur jeu : ils s'étaient installés à Lyon, venant de Bâle où ils avaient appris le métier, parce que la ville leur offrait, plus que Paris, des conditions de sécurité pour la diffusion des ouvrages publiés par les réformateurs allemands et suisses.

Comment les autorités lyonnaises auraient-elles pu empêcher la circulation de ces livres ? Il aurait fallu fermer d'un coup toutes les librairies. Le roi y avait un moment songé, car cette solution radicale était la seule qui pût interdire efficacement la vente des ouvrages séditieux. Encore aurait-il fallu contrôler aussi la contrebande et le colportage. Comment localiser, identifier les publications hérétiques parmi les centaines de livres publiés en allemand et en latin qui s'offraient aux acheteurs sur les étalages des foires ? Dans les balles déchargées sur le port, dans les tonneaux bourrés d'ouvrages qui venaient du Rhin, il était bien difficile de faire la part du diable. Comment passer au crible les convois muletiers qui entraient dans la ville tous les jours ? Il aurait fallu faire ouvrir les paniers de châtaignes et les barriques de harengs. A cette époque où beaucoup de produits se transportaient encore à dos d'homme, il aurait fallu fouiller tous ceux qui portaient « à col », les colporteurs, sur les routes de montagne. D'ailleurs, ces routes n'étaient pas des voies pavées, balisées, entretenues. On passait les rivières à gué et l'on circulait bien souvent sur des sentiers poussiéreux, où les agents du roi ne se risquaient qu'en troupe.

Les ballots déchargés à quai échappaient encore plus au contrôle : les « affaneurs », ces manœuvres lyonnais des ports, les déchargeaient par milliers ; ils n'avaient pas leur pareil pour faire disparaître, sous le nez des douaniers, les ballots suspects. Ils étaient assurés de recevoir de la part des libraires une honnête commission. La contrebande était une spécialité lyonnaise.

Les libraires étaient naturellement à la merci des contrôles et des perquisitions ; la saisie des livres dangereux pouvait les envoyer en prison. Mais les grands éditeurs lyonnais prenaient ce risque. Un Gryphe accueillait et protégeait Etienne Dolet. Les frères Frellon, qui se disaient catholiques, ne pouvaient pas cacher leurs relations avec leurs amis de Bâle. Robert Estienne recevait constamment des Genevois. Il était inévitable que le milieu des imprimeurs lyonnais fût soupçonné d'hérésie.

Même les ouvriers étaient gagnés : si les maîtres étaient la plupart du temps des « suppôts » de l'Université, les compagnons pouvaient être eux-mêmes fils de bourgeois, de marchands ou d'officiers royaux. Pour composer les textes, ils devaient non seulement savoir lire, mais connaître le latin et le grec. On était bien sûr moins exigeant pour ceux qui maniaient les presses. S'ils étaient illettrés en entrant à l'atelier, ils apprenaient rapidement à lire, pour peu qu'ils eussent de l'ambition. Les compagnons lyonnais faisaient le tour de France des imprimeries, et les contacts professionnels, d'une province à l'autre, étaient constants. Ils allaient ainsi à Grenoble, Uzès, Avignon, Narbonne, Toulouse et Bordeaux, Nantes, Tours et Orléans, Chartres, Rennes et Tréguier, Rouen et Abbeville, Provins, Châlons-sur-Marne et Troyes, Mâcon et Dijon. Mais, pour beaucoup, le « tour de France » avait des étapes étrangères : Dole et Besançon dans la Comté, Bâle et Strasbourg sur le Rhin. Gros mangeurs, grands buveurs de bière et de vin, les compagnons avaient le privilège de porter l'épée et s'en servaient volontiers dans leurs querelles. Pour lutter contre le travail écrasant (un compagnon lyonnais devait « tirer » plus de 3 000 feuilles par jour), ils se groupaient en confrérie, et menaçaient les maîtres de faire la grève. En ce temps où le droit d'auteur n'était pas protégé, ils pouvaient tirer en cachette des feuilles reliées à la hâte, qu'ils vendaient pour leur compte. Les femmes de compagnons assuraient à Lyon ce trafic clandestin, notamment pour les livres interdits.

La ville était assez riche pour constituer un marché alléchant : l'édition avait deux mamelles, l'humanisme et la Réforme. Les cent presses lyonnaises fonctionnaient en permanence. Le livre se portait bien ; il avait pour clientèle des ecclésiastiques, hauts dignitaires de l'Eglise, étudiants et professeurs de l'Université, des juristes et des officiers royaux, des marchands et des riches bourgeois. A Lyon, même les pâtissiers et les cordonniers achetaient des livres. Naturellement, les tirages somptueux des presses de Gryphe n'intéressaient que les lettrés, ceux qui recherchaient les éditions savantes et bien illustrées. Mais le succès des éditions de *Gargantua* et de *Pantagruel* (il en a été plus vendu par les imprimeurs en deux mois qu'il ne sera acheté de Bibles en neuf ans, disait Rabelais) montre que la clientèle populaire ne se portait pas seulement vers les almanachs et les livres de piété.

Seuls, les clercs ayant suivi les cours de l'Université au plus haut niveau pouvaient s'intéresser aux publications des humanistes, qui étaient eux-mêmes, la plupart du temps, des clercs. Depuis le xive siècle, un effort d'alphabétisation consenti par l'Eglise avait porté, si l'on en croit Chaunu, à 10 % la masse de la population sachant lire et écrire. Rabelais avait-il à Lyon

8 000 lecteurs ? Entre 1521 et 1527, la totalité des étudiants fréquentant les universités d'Allemagne ne dépassait pas 2 000. Même s'ils étaient, en France, plus nombreux, on peut penser que les publications des humanistes intéressaient une faible clientèle. Erasme n'était pas un *best-seller.*

Mais le milieu littéraire lyonnais, même réduit à un tout petit nombre de clercs, de riches marchands, d'étudiants et d'officiers royaux, était naturellement ouvert à toutes les publications : les livres savants venus d'Italie et les ouvrages de théologie importés d'Allemagne. Ce milieu était assez développé pour que la cour y trouvât ses délices. L'axe Lyon-Paris, au temps des guerres d'Italie, était essentiel pour le pouvoir. Lyon était la place d'armes des rois partant pour l'Italie. Ils y trouvaient tout ce qui leur était nécessaire : l'argent, les équipements, les armes, les munitions et les objets de luxe dont la cour raffolait. François Ier s'y était installé en 1524. Il avait exigé de la ville des soldats et des subsides. Il avait fait venir la reine et sa sœur Marguerite d'Angoulême. Logé au cloître de Saint-Just, il était surpris de l'accueil raffiné que les grands marchands italiens lui avaient réservé. Louise Labbé et Clémence de Bourges avaient illustré les cercles littéraires de la ville, si délicatement chantée par Maurice Scève. L'hôtel de Jeanne Stuart, à l'angle de la place du Change et de la rue Saint-Jean, fréquenté par Louise, « la Belle Cordière », et par Claudine Scève, réunissait une société de femmes de lettres très exceptionnelle pour l'époque. Bientôt, Marguerite ne voulait plus quitter Lyon. Elle laissa le roi partir pour l'Italie, nouant aussitôt de solides amitiés. Elle écrivit à Lyon ses plus beaux poèmes, qu'elle lisait à son aumônier Michel d'Arande.

Michel d'Arande, Marguerite d'Angoulême... Les anciens protecteurs du groupe de Meaux n'étaient pas sur les bords du Rhône pour trousser des sonnets. La sœur du roi était trop engagée dans l'évangélisme pour ne pas avoir des arrière-pensées. « Mme d'Alençon est à Lyon. Loué soit Dieu », écrivait à Farel le chevalier de Coct, un Lyonnais dévoué à la cause. En effet, la duchesse ne tardait pas à s'informer : pourquoi n'y avait-il pas de prêches à Lyon ?

Lyon n'était pas, comme Meaux, un gros bourg rural sur la route d'Allemagne. Qui tenait Lyon prenait la France ; la ville pouvait être le centre français de la Réforme, une nouvelle Rome. Quand son frère songeait à prendre l'Italie, Marguerite, surprise par les ressources immenses des Lyonnais, ne rêvait que d'investir le royaume. Lyon avait des presses, de l'argent, le contact facile avec l'Allemagne. Des milliers de Lyonnais pouvaient devenir des lecteurs de l'Evangile. Les imprimeurs pouvaient réaliser sur une grande échelle ce que Simon de

Collines avait fait pour Briçonnet à Meaux, en guise d'expérience. Combien de Bibles de Lefèvre d'Etaples, ces affaneurs de la Saône pourraient-ils charger dans les barques ? Les éditeurs avaient des liens d'amitié avec tous ceux qui, à Paris déjà, bravaient les foudres de la Sorbonne pour diffuser les « bons livres ». Mais ceux de Lyon n'avaient à redouter ni l'Université ni le Parlement. Il n'était sans doute pas difficile de gagner aux idées nouvelles ceux qui pouvaient en servir la diffusion. La bourgeoisie lyonnaise était peut-être déjà conquise. Mais il fallait engager un mouvement de prédication populaire, pour que ces masses d'ouvriers misérables, de manœuvres payés à la journée, de vagabonds sans logis, abandonnent, comme à Meaux, les prêches des cordeliers et pèsent de tout leur poids sur le consulat pour qu'il bascule, comme à Bâle ou Strasbourg, du côté de la Réforme.

La duchesse avait-elle prémédité ce genre d'action à Lyon ? Elle y vint accompagnée de Michel d'Arande et d'Antoine Papillon. D'Arande était un professionnel de la prédication. Ancien du groupe de Meaux, il avait prêché dans le duché de sa protectrice, et plus récemment l'*Avent* dans la cathédrale de Bourges. Quant à Papillon, ce premier maître des requêtes était à Lyon comme membre du Grand Conseil royal, mais il ne cachait pas ses sympathies pour la Réforme : il avait traduit en français le *De Votis monasticis* de Luther, qu'il avait dédié à la duchesse. Il était entré aussitôt en relation avec les notables lyonnais qui partageaient ses idées. « L'évêque de Séez, écrivait-il à Zwingli, Dampierre, Sevin, Matthieu, le bailli d'Orléans, Pierre Ami, homme de grand savoir et de grande foi t'embrassent. Ton compagnon d'esclavage dans le Seigneur, le serviteur inutile de Jésus-Christ, Papillon. »

Serviteur inutile ? Papillon, comme la duchesse d'Angoulême devaient être prudents. Le roi était dans la ville et ne voulait pas entendre parler d'hérésie. Il y avait eu déjà des prêches à Lyon. Ils s'étaient mal terminés.

Le terrain de l'évangélisme était préparé de longue date par le souvenir des lointains vaudois. De Lyon, était parti, vers 1160, le marchand Pierre Valdo, pour réformer l'Eglise et prêcher l'Evangile. Il avait été persécuté, lui et ses disciples qui parcouraient les routes deux par deux, sous le nom de « pauvres de Lyon ».

Disparus, les vaudois ? Ils formaient encore en Dauphiné des communautés clandestines. Ils s'étaient accrochés aux flancs du mont Pelvoux. Dans le diocèse de Valence, les « chagnards » du Vercors étaient un autre point de résistance. Nombreux dans le Sud des Alpes, ils étaient absents des grandes villes où l'Inquisition les traquait. En 1488, une croisade tardive avait été jugée nécessaire par le pape Innocent VIII pour les exterminer. De Montbéliard, Farel avait pris contact avec leurs communautés. Leurs chefs, les « barbes », avaient accepté de réunir tous les vaudois du Piémont et du Dauphiné pour confronter leur foi avec le nouvel Evangile.

Les idées nouvelles ne pouvaient être véhiculées par les derniers survivants de l'hérésie vaudoise, trop occupés à se cacher dans les montagnes. Elles s'acclimataient dans les monastères lyonnais, peut-être en raison de l'influence de Gerson, qui avait fait retraite, à la fin de sa vie, au couvent des célestins. Pourtant, il n'avait pas vu l'intérêt de traduire en français les Ecritures saintes. Il faudra attendre cinquante ans après sa mort (1428) pour que deux augustins impriment d'anciennes traductions françaises des Evangiles. Il faut croire que l'évangélisme était alors suffisamment répandu dans les couvents et chez les imprimeurs pour que, dès 1520, le dominicain Valentin Levin reçût du roi des lettres patentes, au titre d' « inquisiteur de la foi » pour « rechercher et brûler les mauvais livres et les mal pensants », et procéder « à l'inquisition des marraus et hérétiques ». Sans doute la municipalité fut-elle assez habile pour prêter à l'inquisiteur un appui nuancé : de 1520 à 1524, aucune trace d'arrestation ni de persécution ne figure dans la chronique. Il est vrai que les archives de la ville comportent à cette époque des lacunes étranges.

Les magistrats ne voulaient pas, en tolérant l'hérésie qui avait manifestement des adeptes chez les libraires et imprimeurs, mais peut-être aussi chez les marchands, prendre le risque de déplaire au roi qui venait de conclure avec le pape le concordat de 1516. Mais ils ne voulaient pas davantage décourager les marchands allemands et suisses, déjà acquis à la Réforme, très bien implantés dans les foires. Quand François I\ier leur avait demandé d'arrêter « pour les rançonner et les butiner » tous les Allemands et les Espagnols présents sur la place, ils avaient présenté au roi de sages remontrances et imploré la tolérance. « Qu'il plaise au roi, disaient-ils, donner relâche auxdits marchands, mêmement à ceux qui seraient chargés du soupçon d'hérésie. » Le roi avait cédé, les marchands étrangers avaient été relâchés.

Un arrêt royal condamnait cependant, en 1529, les « luthériens » qui refusaient, à Lyon, de payer les dîmes au clergé. Exagérait-il l'influence et l'activité des suspects ? « Depuis cinq ans, disait l'arrêt dans ses attendus, (c'est-à-dire depuis 1524), la secte luthérienne pullule dans la ville de Lyon et pays et diocèse de Lyon, et plusieurs fausses doctrines ont été semées et divulguées, tant par de pernicieuses prédications mal sentant de la foi catholique que par certains livres réprouvés, compillés, par ceux de ladite secte. Un grand nombre de peuple a été séduit et dérouté de la vraie et saine doctrine. Des gens dévoyés à l'obédience de la sainte Eglise ont fait des assemblées illicites à sonneries de tocsin, ils ont conspiré et machiné de ne payer plus aucune dîme sinon à leur volonté, qui est de ne rien payer. » Les magistrats du roi demandaient que ces « luthériens » se présentent dans les trois jours devant le sénéchal, avec leur bourse bien garnie, faute de quoi ils subiraient les peines de bannissement et de confiscation de leurs biens. Le refus de la dîme était-il lié à la diffusion des idées évangéliques ? Nous n'en savons rien. Tout au plus connaît-on les noms de deux marchands qui importaient de Bâle, en 1523, des ouvrages condamnés : Pierre Verrier et Jean Vaugris. Ils avaient demandé à Farel qu'il leur procurât les traductions françaises de l'Evangile. « Ce serait un grand bien pour le pays de France, et Bourgogne, et Savoie », lui écrivaient-ils.

Pour empêcher la circulation des livres interdits, François Ier avait chargé le puissant seigneur de Tournon, nommé gouverneur, de pouvoirs étendus de police et justice. Il devait organiser dans Lyon la surveillance et la censure des livres. Mais comment empêcher les prédicateurs et les marchands de prendre la route ? Un certain Antoine Du Blet prit, cette année-là, le chemin de Bâle pour y rencontrer Farel, qui s'intéressait de près à la situation lyonnaise. Ils avaient fait ensemble le voyage de Wittenberg pour voir Luther. Du Blet aurait été l'un des premiers prédicateurs lyonnais.

Rien n'est resté de ses prêches. La chronique, en revanche, est prolixe sur le prédicateur franciscain Pierre de Sibiville, originaire, comme Farel, de Gap. Il s'était fait remarquer à Sisteron, où sa parole émouvait la foule des paroissiens, par des gens de Grenoble. Les consuls de cette ville avaient réussi à s'attacher ses services. On se disputait de ville en ville, à l'époque, les bons prédicateurs.

Les consuls grenoblois ne pouvaient savoir que le franciscain, originaire comme Lefèvre d'Etaples de Picardie, était un évangéliste convaincu. Renonçant à toute prudence, il avait prêché le carême de 1523 en reprenant certains termes de Luther. Pour attaquer Rome et le pape, il parlait de la « captivité de Babylone ». Contre les superstitions imposées ou véhiculées par l'Eglise, il évoquait « la liberté du chrétien ». Ses propos touchaient les uns, scandalisaient les autres. N'avait-il pas recommandé, en plein carême, de ne pas respecter le jeûne ? N'avait-il pas fait, devant des religieuses, l'apologie du mariage des clercs ? Emprisonné, il avait été libéré par la municipalité, qui craignait des troubles, le franciscain ayant, dans la ville, un public de fanatiques. Les consuls de Grenoble avaient dû cependant le bannir, car il devenait de plus en plus le porte-parole de Farel et de Luther.

Il s'était réfugié à Lyon où l'on demandait des prédicateurs pour prêcher le carême, en 1524. Mais il avait dans la place un rival de choix, le dominicain Amédée Maigret.

A Sainte-Croix de Lyon, Maigret avait suffisamment intéressé et intrigué son public pour que le chapitre lui versât un cachet de quarante livres, très supérieur à celui de son prédécesseur — mais aussi pour que le vicaire général Rolin de Semur lui demandât des précisions sur sa doctrine. Qui avait demandé au dominicain de prêcher ? Le banquier Antoine Du Blet ? Ses liens avec de Coct, le correspondant de Farel, étaient assez connus pour qu'on s'en inquiétât. Celui qui avait sollicité Maigret savait, à l'évidence, que son prêche risquait d'inquiéter les catholiques orthodoxes. Avant même que Marguerite d'Angoulême arrivât à Lyon, il se trouvait dans le chapitre de la ville des clercs pour donner la parole à un prédicateur favorable à la Réforme.

L'interrogatoire ne permettait pas de le condamner. Certes, il avait affirmé qu'il refusait d'admettre l'autorité suprême de l'Eglise et que le pape ni le concile ne pouvaient être considérés comme infaillibles. Mais il respectait les œuvres et les sacrements. Il était infiniment plus prudent que Sibiville. Maigret repartit librement pour Grenoble, où les consuls l'avaient sollicité. Il prononça en avril un sermon dans la cathédrale, qui devint si célèbre qu'il fut imprimé à Lyon en novembre. « Bien qu'ayant parlé *leniter et dilute,* dit Hours, cet unique sermon avait paru mettre le feu à tout le Dauphiné. » De nouveau, il avait mis en cause l'autorité de l'Eglise, et particulièrement celle de l'évêque de Grenoble. Le seul article de la foi était la croyance en Jésus-Christ : « La foi de Jésus-Christ est de croire que rien n'aurons jamais en paradis que par la vertu de la foi ou confiance (c'est tout un) que nous avons en lui. » La foi est espérance parce qu'elle est confiance, elle est la certitude du pardon. Cette foi intérieure n'a que faire des cérémonies de l'Eglise ni de la vie monacale. « Je ne dis pas que ce soit péché, grinçait Maigret, porter une robe blanche, et, pour parfaire la livrée, une chape noire dessus, un scapulaire pendant dessous, ne manger point de chair, ne boire qu'à deux mains et innombrables autres cérémonies extérieures. Mais je dis que celui qu'à cela t'oblige, usant de puissance coercitive, te commandant telles choses observer sous peine d'éternelle damnation, ou comme vous dites sur peine due à péché mortel..., il te met sous le pédagogue. » Maigret n'est pas contre les pratiques de l'Eglise ni de la vie monastique. Elles peuvent être « très belles choses ». Mais il n'admet pas qu'on oblige les chrétiens à les observer, qu'on impose un rituel, comme s'il était la seule condition du salut : « Qui les commande sous peine d'éternelle damnation nous ôte la liberté que Jésus-Christ nous a donnée et nous met en intolérante servitude. »

Ainsi les moines, pas plus que les chrétiens, n'ont besoin d'autre guide que le Christ. On n'est pas sauvé par les œuvres, par le mérite personnel, mais par la grâce de Dieu, promise à tous. Le rituel de l'Eglise ne suffit pas à gagner le paradis ; au contraire, il en éloigne, et les règles prescrites peuvent être inspirées par le diable, comme le carême et ses jeûnes, ou le célibat des prêtres, puisqu'elles sont autant d'occasions de péchés. Seule la soumission, par le cœur de l'homme à Jésus-Christ, peut assurer son salut.

Mettre les mérites de l'homme avant la grâce, c'est, dit Maigret, « mettre la charrue avant les bœufs ». Son discours n'est pas d'un hérétique, mais d'un chrétien indigné. Imposer les règles du rituel papiste, c'est revenir à l'état de l'Eglise antérieur à la venue du Christ, quand les fidèles étaient sous l'autorité des lois de Moïse, soumis comme l'enfant au « pédagogue ». Il ne peut y avoir de « pédagogue », fût-il évêque ou pape. La seule autorité est celle du Christ.

Ainsi, Maigret osait mettre en question les vœux monastiques et la discipline dans l'Eglise. Manifestement, un certain public grenoblois lui faisait bon accueil, comme il avait bien accueilli les prêches de Sibiville. Il fallait réagir. Un moine dominicain s'en chargea : il s'appelait Claude Rollin.

Tel était le déchaînement des passions religieuses dans la bonne ville de Grenoble que le prêche de Rollin, dans l'église de son couvent, attira non seulement la foule des clercs sensibilisés à la polémique, mais les bourgeois de la ville. Il n'y avait plus une place de libre dans l'église. Maigret lui-même s'était dérangé pour entendre les arguments de l'adversaire. Il assistait au prêche, assis sur un banc près du maître-autel. Les clercs se poussaient du coude pour le désigner. Il était devenu la vedette de Grenoble, tous voulaient voir ce « *quidam famosus frater Amedeus Meygreti* ».

Rollin fut précis, implacable, intolérant. On n'avait pas le droit, disait-il, de mettre en doute la parole du Christ : « Si tu veux être parfait, va, vends tous tes biens et suis-moi », qui était la base de la vie monastique. L'Eglise avait besoin de ces dévouements, et le *De votis monasticis* de Luther était un livre condamnable. Il fallait aussi respecter le culte de Marie et reconnaître le mystère de la visitation. N'avait-elle pas dit à l'ange : « Je ne connais point d'homme » ? Toute atteinte au dogme de la virginité mariale était une intolérable impudence. Beaucoup, dans l'assistance, n'avaient jamais entendu parler de Luther. Ils s'étonnaient de la véhémence de frère Rollin. Maigret, pour sa part, était indigné qu'on le confondît avec le moine allemand condamné par Rome. Il voulait qu'on l'entendît, il brûlait de justifier ses thèses. Les juges de Lyon ne l'avaient-ils pas absous ?

Le lendemain, le lundi de la Saint-Marc, il monte à son tour en chaire, dans la cathédrale. L'assistance est encore plus nombreuse. Cette fois, le prêche de frère Rollin a mobilisé tous ceux qui s'intéressent à cette joute sur la foi. On remarque, dans le public, les femmes en très grand nombre. Le sermon est prévu tout de suite après la procession, avant la grand-messe. Les magistrats, les conseillers du Dauphiné sont présents au grand complet pour cette cérémonie officielle. Pierre de Sibiville est revenu, il ne veut pas manquer le prêche. Il se demande jusqu'où son confrère osera s'aventurer. Il est impatient, il trépigne...

Enfin, Maigret monte en chaire. Ses adversaires sont là, ils attendent. Il les prend directement à partie. Il dira tout ce qu'il pense, sans respect pour les « scolastiques théologiens » et les « docteurs académiques ». Tant pis si cette église doit lui être interdite. Il saisit son scapulaire et son froc dans un grand mouvement d'indignation... Il fait mine de s'en défaire, s'il le faut, pour garder la liberté de penser et de parler selon l'Evangile.

Les dominicains, scandalisés, protestent, lancent des insultes pour le faire taire. Sibiville dit à frère Audry, son voisin : « Vous verrez qu'il dira merveille et soutiendra bien les opinions de Luther. » Mais le prédicateur n'a que faire de la thèse allemande. Il dit ce qu'il pense, jusqu'au bout, sans se soucier des interruptions et du tapage. Quand il accuse le diable d'avoir inspiré les règles religieuses, les cris couvrent sa voix, on ne l'entend plus.

A la sortie de la messe, les partisans de Maigret se regroupent pour empêcher les catholiques de le mettre à mal. Depuis Sibiville, on n'a rien entendu de plus scandaleux. Dans les boutiques, dans les familles, les opinions s'affrontent. Les clients du barbier, devant la cathédrale, perdent leur calme et menacent d'en venir aux mains. Des prédicateurs improvisés poursuivent l'action de Maigret et haranguent la foule sur les places, l'Evangile à la main. Il faut en finir, disent-ils, avec les moines menteurs et l'évêque voleur. Même si la municipalité de Grenoble était tentée par la Réforme, elle devait rétablir l'ordre. On ne vit plus Maigret dans la ville.

Après la capture du roi à Pavie, Marguerite ne pouvait plus protéger les prédicateurs. La reine Louise, régente, laissait faire à Paris la Sorbonne et le Parlement. A Lyon, les prisons étaient remplies par les inquisiteurs de la foi. Sibiville fut arrêté, condamné, brûlé vif à Grenoble en février 1525. Du Blet dut s'enfuir, ainsi que d'Arande qui prêchait à Mâcon. Maigret fut arrêté, de nouveau jugé à Lyon, puis transféré à Paris. Il passa deux ans en prison, et il aurait certainement connu le sort de Sibiville s'il n'avait été sauvé par son frère Jean Maigret, président à mortier au Parlement de Paris. La répression avait décapité le mouvement évangéliste à Lyon, comme à Meaux. Condamné au bannissement, Maigret passait, par Strasbourg, en Allemagne et terminait sa vie en Suisse.

La répression avait-elle extirpé l'évangélisme ? Une lettre de Sibiville écrite à Coct avant son arrestation peut permettre d'en douter. « Satan a éteint, disait-il, le fruit de l'Evangile en France pullulant, et même à Grenoble, ceux desquels plus tu espérais sont vacillants, et à moi a été imposé silence de prêcher sous peine de mort. Pour confabuler secrètement ensemble de l'Evangile, nul ne dit rien, mais d'en parler publiquement, il n'y pend que le feu. » Il était en effet impossible d'empêcher les adeptes de la réforme de se réunir pour prier à leur domicile. Les consuls de Lyon, pas plus que ceux de Grenoble, ne se seraient livrés à une persécution véritablement domiciliaire. Les Lyonnais devaient ménager les marchands et artisans étrangers. S'ils étaient arrêtés, ils se plaçaient sous la protection de leurs représentants. On peut penser que la persécution empêcha le développement de la réforme, au demeurant limitée, semble-t-il, au petit groupe de prédicateurs encouragés par Marguerite de Navarre, mais qu'elle n'avait pas la possibilité de traquer et de punir ceux qui, désormais, vivaient dans la clandestinité.

En revanche, l'Eglise se sentait assez menacée pour recourir aux moyens spectaculaires, dans le dessein de reprendre son audience sur les foules. Les prédicateurs avaient fait douter du purgatoire ? On mit en scène une cérémonie d'exorcisme pour en offrir publiquement le démenti. Une religieuse venait d'être enterrée en dehors du cimetière, parce qu'elle était morte en état de péché mortel. Mais son amie, une jeune fille nommée Antoinette de Grolée, avait été hantée pendant son sommeil par son âme en peine. La supérieure du couvent en avait averti l'archevêque. Des dignitaires ecclésiastiques s'étaient rendus au couvent, dont Adrian de Montalembert, l'aumônier du roi. Antoinette, disait-il, était possédée. Il fallait interroger l'esprit démoniaque qui la hantait. On avait fait dire à l'esprit que l'âme de la défunte était au purgatoire. Adrian de Montalembert avait publié, en 1528, la relation du « miraculeux événement » en la dédiant au roi. La jeune fille avait été libérée du démon, « à la confusion et extermination de la damnable secte des faux hérétiques luthériens et de leurs sectateurs », qui disaient et enseignaient que le purgatoire n'existait pas...

Le concile provincial réuni en 1528 confirme les inquiétudes de l'Eglise lyonnaise. Présidé, en l'absence du cardinal, par l'évêque de Mâcon, il retient six décrets, dont quatre contiennent la condamnation des doctrines de Luther. Deux seulement étaient consacrés à la réforme des mœurs. Il faut croire que les « frères » de Lyon, impressionnés par les dispositions de l'Eglise et de la cour, furent assez prudents pour échapper aux persécutions qui avaient frappé seulement les deux prédicateurs les plus en vue. Il est vrai que le consulat ne souhaitait nullement offrir à l'Inquisition le moindre prétexte à s'installer dans la ville. Il ne voulait pas de « chasse aux sorcières ».

L'influence des idées évangéliques continuait sans doute à s'affirmer dans les milieux proches de l'imprimerie lyonnaise. Il est douteux que les prêches aient obtenu une large audience populaire. Les lettres patentes signées par François Ier signalent seulement le refus de payer la dîme. Quant à la « grande rebeine » de 1529, elle fut une révolte frumentaire sans implications religieuses.

Le 25 avril, des placards révolutionnaires, signés « Le Povre », couvrirent les murs de Lyon. On sonna le tocsin. Une foule de mille personnes se souleva contre une taxe établie sur les vins, ameutée par les taverniers. Elle protestait aussi contre la cherté du prix du blé et les « accapareurs ». On pilla quelques maisons de riches, et surtout un couvent dont le grenier était réputé. Un médecin originaire de Lorraine prétendit que l'on avait brisé sur la façade de sa maison trois statues du Christ, de saint Pierre et de saint Paul. Ce Champier donne à penser, dans sa relation des événements, que les meneurs de l'émeute étaient des « vaudois » et des « hérétiques », la plupart du temps étrangers à la ville. Il est le seul à avoir proposé cette interprétation, qui faisait des émeutiers de Lyon les frères des paysans souabes et alsaciens. Il est vrai que les consuls, qui étaient marchands et non pas, comme Champier, médecins, furent assez satisfaits de la répression qui envoya les meneurs à la potence. Il fallait bien protéger l'ordre, et le consulat s'en voulait de s'être laissé surprendre. Mais il n'avait pas envie de loger en ville une compagnie de lansquenets, il n'avait pas intérêt à laisser dire que les émeutes étaient le résultat d'une sorte de complot luthérien. Il ne voulait pas de provocation.

En toutes circonstances, le consulat cherchait à protéger le privilège des foires, à assurer la sécurité des étrangers. En 1534, un bourgeois de Berne, Baudichon de La Maisonneuve, avait trop parlé à l'*Hôtellerie de la Coupe*... Il disait, devant témoins, qu'il était inutile d'aller à confesse, que la messe n'avait pas de sens. Il fut dénoncé par un indicateur. Le tribunal de l'évêque, l'officialité, le fit arrêter et emprisonner. Il fut libéré sur les instances du consulat.

Les marchands étrangers pouvaient compter sur la protection du consulat et les réformateurs le savaient en Suisse et en Allemagne. Ils les utilisaient comme courriers. Quand il fut arrêté, le marchand de Berne était porteur d'une lettre de Farel pour un marchand venu de Paris, Etienne de La Forge. A l'hôtel, son comportement n'était pas celui d'un homme ivre qui ne tient plus sa langue, mais d'un fanatique toujours prêt à faire des recrues pour la foi. Avec son ami Le Colonier, il ne manquait aucune occasion de semer le doute dans l'esprit des Lyonnais de rencontre. « La paroisse de Saint-Didier est si grande, dit l'un d'eux à la table d'hôte, qu'il faut au moins 20 000 hosties pour faire communier les paroissiens. — Comment est-il possible, reprend Le Colonier, que Notre-Seigneur se puisse mettre en 20 000 parties ? » Les deux amis laissaient traîner sur les tables des Evangiles en français, et, quand un voyageur s'en étonnait, ils en profitaient pour amorcer une discussion, commenter un texte. Ils ne se gênaient pas pour proposer aux Lyonnais de leur donner l'absolution, car, disaient-ils, « Dieu nous avait tous faits prêtres... Ils pouvaient aussi bien dire les paroles sacramentelles que nul autre ». Etranges marchands, toujours prêts à répandre les livres et idées séditieuses, protégés par leur statut d'étrangers. Etrange faiblesse du consulat lyonnais... Comment interdire, dans ces conditions, l'exportation des livres ? Comment interrompre le réseau secret des amitiés, qui mettait les Lyonnais, adeptes clandestins du nouveau culte, en constante relation avec Farel, qui, depuis 1532, prêchait à Genève et surveillait de près l'activité des « frères » de Lyon ?

C'est un Lyonnais, Antoine Marcourt, un « mal sentant », qui rédigea à Neuchâtel, où il était pasteur, le texte célèbre des « placards », sur les presses de Pierre de Vingle, dit « Pirot ». Il était connu pour son intransigeance et sa violence. En 1532, il avait voulu prêcher de force dans l'église de la comtesse de Valangin, bousculant serviteurs et desservants. Antoine Marcourt avait publié deux ouvrages violemment critiques, l'un contre le censeur de la Sorbonne : *Les Confessions de maître Noël Beda ;* l'autre : *Le Livre des marchands, fort utile à toutes gens,* contre le pape, les évêques et les curés, assimilés aux marchands du Temple, et fort insolent à l'égard du « grand chapelier de Rome ». Il avait écrit deux livres contre la messe et ses « insupportables abus ». Avec les placards de Marcourt, la Réforme entrait dans une phase violente. Farel lui-même était dépassé : le petit groupe de Neuchâtel venait de braver le roi de France.

Des milliers d'exemplaires de cette petite affiche de 37 sur 25 centimètres avaient pris, de Lyon, le chemin de Moulins, d'où ils avaient gagné la capitale. Des centaines avaient été transportés par petits paquets sur les bords de la Loire, à Orléans, Blois, Tours. Le roi devait en trouver « jusque sur son drageoir », en son château d'Amboise. On les distribuait à Paris sous forme de tracts. Ils étaient collés sur les portes cochères. Nul ne pouvait manquer de les lire.

Ils étaient d'une incroyable violence et s'attaquaient uniquement à la messe. « J'invoque le ciel et la terre, pouvait-on lire, en témoignage de vérité contre cette pompeuse et orgueilleuse messe papale, par laquelle le monde (si Dieu bientôt n'y remédie) est et sera totalement désolé, perdu, ruiné et abîmé. » Par la messe, le Christ était « blasphémé » et le peuple « séduit et aveuglé ». Le Christ avait une fois pour toutes fait son sacrifice pour sauver les hommes. Il était impie et blasphématoire de réitérer ce sacrifice. « Le pape, et toute sa vermine de cardinaux, d'évêques et de prêtres », était un menteur. « Il ne se peut faire qu'un homme de vingt ou trente ans soit caché en un morceau de pâte. » La messe ne peut avoir qu'un sens commémoratif : elle oblige à se souvenir du sacrifice du Christ. Tout le reste est tromperie : « Le temps en est occupé en sonneries, hurlements, chanteries, vaines cérémonies, luminaires, encensements, déguisements et telles manières de sorcellerie. »

Attaquer la messe ? C'était aller bien au-delà des propos tenus à Lyon et à Grenoble contre les moines et leurs règles. C'était s'en prendre au cœur de la religion catholique. Ceux qui disent la messe, avait écrit Marcourt, étaient des « caphards » : « diseurs de messe » devenait une insulte. Etait-ce tolérable ? La société seigneuriale dans beaucoup de provinces françaises ne pouvait que s'en indigner. La messe était, disait Lucien Fèbvre, « la revue générale des membres de la paroisse ». Chaque dimanche, dans chaque village de France, « le curé, revêtu de ses ornements sacerdotaux, attendait patiemment, à la porte de son église, en domestique résigné, la venue du seigneur qui chaque jour l'employait à de menus travaux de jardinage ou de culture : le seigneur, non pas le divin Maître, mais le hobereau du village qui paraissait enfin à son heure, escorté de ses chiens aboyants et bondissants, suivi de mademoiselle sa femme dans ses beaux atours, et de messieurs ses enfants précédant les valets et les servantes du château : tout ce monde gagnait tumultueusement sa place au premier rang ; le curé l'encensait ». Détruire la messe ? Fallait-il aussi raser les châteaux ?

Il y avait plus : en anéantissant l'eucharistie, Marcourt annonçait sa volonté d'extirper de la religion son mystère cardinal, de la rendre accessible à tous, mais surtout claire pour tous. La présence de Dieu n'était plus à la merci d'un rituel obscur, dénoncé comme superstitieux, mais de la volonté personnelle de chaque croyant. De ce point de vue, les placards étaient une révolution. « Par cette messe, disait Marcourt à la fin de son texte, ils ont tout empoigné, tout détruit, tout englouti... Ils n'ont plus que la force. Vérité leur faut, vérité les menace, vérité les suit et les pourchasse, vérité les épouvante. Par laquelle brièvement seront détruits. *Fiat, fiat, amen !* »

L'audace de ce texte appelait à la répression : elle fut immédiate et féroce. On arrêta des quantités de suspects. On brûla, au hasard, ceux qui étaient déjà en prison. A Paris, le cordonnier Milon, le maçon Poille, le marchand Du Bourg furent les premières victimes. On brûla une maîtresse d'école sous prétexte qu'elle avait interdit à ses élèves de réciter les *Ave Maria*. « Dans Paris, dit la chronique, on ne voit que potences dressées en divers lieux. » Il y a plus de 300 arrestations, 35 bûchers. On arrête même des familiers du roi, comme le poète Clément Marot et son ami Jamet. Les libraires, les imprimeurs sont les premiers visés.

Une gigantesque procession est organisée en janvier 1535 pour montrer à la capitale toute la puissance du clergé, qui défile en bon ordre derrière le roi avec les châsses et les reliquaires de toutes les églises : Saint-Landri, Saint-Marc, Saint-Honoré, Sainte-Geneviève. On sort, d'un coup, toutes les reliques : les fragments de la croix, de la couronne d'épines, l'éponge, le « saint sang », le fer de la lance rapporté des croisades, la robe du Christ et même la verge de Moïse. L'évêque de Paris, sous un dais tenu par le dauphin, le duc de Vendôme, et les deux autres enfants royaux, porte le saint sacrement. Le roi, « seul, tenant une torche de cire vierge dans sa main, tête nue, en grande révérence », précède le peuple de Paris, et d'abord, en grand apparat, ses marchands. C'est une mobilisation générale. Des étapes ont été prévues sur les places et les ponts, où l'on invoque la Vierge et les saints. Des écriteaux donnent le texte des prières. « Avocate du genre humain, lit-on sur le pont Notre-Dame, Mère de Dieu, Vierge Marie, donne-nous secours, force et vertu contre les adversaires de l'eucharistie. » Et l'on demandait le secours des saints pour vaincre les hérétiques.

Après un long repas chez l'évêque, le roi, qui voulait ainsi marquer solennellement qu'il accordait sans équivoque sa pleine protection à l'Eglise catholique, avait reçu les notables de la capitale. Il leur avait dit sa volonté d'abattre définitivement les hérétiques. « Si son bras était infecté de telle pourriture, il le voudrait séparer de son corps... » Et d'ajouter : « Si ses propres enfants étaient si malheureux que de tomber en de telles exécrables et maudites opinions, il les voudrait tailler pour faire sacrifice à Dieu. »

Comment empêcher la propagation de la nouvelle religion, si les bûchers n'y suffisaient pas ? En interdisant totalement de fabriquer des livres. Aberrant édit du 13 janvier, défendant « d'imprimer aucune chose sous peine de la hart », qui devait rester lettre morte puisque les parlementaires eux-mêmes refusaient de l'enregistrer. La nervosité du roi et de ses conseillers montrait l'ampleur du désarroi : les placards de 1534 avaient ouvert une nouvelle période dans l'escalade de la violence. Ils avaient contraint le roi à engager l'appareil de l'Etat dans la défense de l'Eglise catholique.

L'année des placards, en 1534, un certain Jean Calvin venait de s'enfuir à Bâle. Quand le roi de France, abandonnant sa politique de tolérance, s'était engagé dans la persécution, les réformés de langue française ne savaient pas encore qu'ils venaient de trouver un chef.

Jean Calvin avait alors vingt-cinq ans. Il en avait quatorze quand Farel et Lefèvre d'Etaples quittaient Meaux à l'heure des premiers bûchers. Il était depuis 1523 dans les collèges parisiens et n'avait pas pu ne pas être témoin de certains événements. Après un séjour dans les universités d'Orléans et de Bourges, il était revenu à Paris, en 1530, pour parfaire son éducation d'humaniste. On destinait le jeune clerc à de hautes fonctions ecclésiastiques. Mais il était déjà sensible aux idées nouvelles : il avait écrit le discours qu'avait prononcé, pour la rentrée des facultés parisiennes, le recteur Cop en novembre 1533. Le ton en était fort calme, mais le fond très favorable aux idées des évangélistes. Il avait été jugé assez séditieux par les parlemen-

taires pour que le recteur, inquiété, fût obligé de s'enfuir à
Bâle, et Calvin de se cacher en Saintonge.

Calvin avait rejoint Cop en Suisse, à la fin de 1534. Il y avait
écrit la préface de l'*Institution de la religion chrétienne,* le
premier livre de doctrine de langue française, dédiée à François Ier. Il voulait, disait-il, lui « faire connaître quelle est la
doctrine contre laquelle d'une telle rage furieusement se sont
enflammés ceux qui, par feu et par glaive, troublent aujour-
d'hui le royaume ». Le moment était bien choisi : 1er août 1535.
François Ier venait de rendre public, le 16 juillet, un édit
d'amnistie mettant un terme provisoire à la persécution. Le roi
feignait de croire qu'il n'y avait plus d'hérétiques en France. Le
pape Paul III ne venait-il pas d'annoncer son intention de
négocier avec les luthériens allemands ?

Dans sa préface, Calvin ne plaidait pas, il affirmait les
principes d'une foi nouvelle. Il savait fort bien que les théologiens de la Sorbonne n'avaient pas désarmé : « *Non esse
disputandum cum haereticis* », disaient-ils ! Mais le jeune clerc
insurgé de Bâle n'en avait que faire : déjà, Farel l'appelait à
Genève.

Puisque le royaume n'était pas sûr, autant rechercher un
terrain favorable à ses portes. La République genevoise était
mûre pour la Réforme. Ses bourgeois, ses habitants n'étaient
pas, comme à Strasbourg, de langue germanique. Il fallait des
prédicateurs français.

Depuis longtemps, les Genevois souhaitaient se détourner de
la Savoie pour s'intégrer à la Ligue suisse. Les Italiens avaient,
contre Genève, choisi Lyon. Il n'y avait rien à espérer des
Piémontais. En revanche, les marchands de Fribourg étaient
des partenaires commerciaux respectables ; les liens avec les
villes suisses, qui étaient alors une puissance militaire en
Europe, devaient tout naturellement se renforcer. En 1535, les
Genevois avaient constitué, depuis dix ans déjà, une « com-
bourgeoisie » avec Berne et Fribourg. Ils avaient chassé les
Savoyards, réduit au silence le prince-évêque, constitué un
Conseil des Deux-Cents pour s'administrer en république.

En 1528, Berne était devenue protestante. Il était inévitable
que les Genevois fussent attirés par la religion de leur puissante
alliée. Genève réformée ? Farel, protégé par les Bernois, y
avait commencé ses prêches. Un bonnetier, venu de France,
avait fondé en 1532 une communauté évangélique, avec un
maître d'école et l'imprimeur Pierre de Vingle, qui venait de
Neuchâtel. Bientôt, les prêches prirent une allure de guerre
civile : en 1534, Farel, affrontant un dominicain, avait déclen-
ché une petite émeute et s'était vu insulter par le parti savoyard,
comme « ami des Suisses ». Son premier sermon public, en

mars 1534, avait eu lieu dans l'aile occupée d'un couvent, sous la protection armée du parti bernois.

Les magistrats, cependant, gardaient la neutralité religieuse. L'évêque n'était-il pas soutenu désormais par Fribourg, demeurée catholique ? Comme à Strasbourg, les bourgeois de la municipalité ne voulaient pas de guerre civile. Ils punissaient ceux qui brisaient les statues et blâmaient Farel pour ses violences verbales.

Calvin arriva dans une ville en pleine révolution. Farel et ses amis avaient obstinément semé le désordre, malgré les interdits. La situation devint si menaçante que les magistrats avaient dû se résoudre, en 1535, à « suspendre » provisoirement la messe. Beaucoup de moines s'étaient enfuis à Annecy. Pendant l'hiver, les bourgeois avaient dû repousser l'entreprise d'un groupe d'agents français qui voulaient livrer la ville à François Ier, puis subir l'occupation de 6 000 soldats de Berne qui avaient chassé l'évêque. Le 25 mai 1536, le Conseil décida d'adopter « la sainte loi évangélique » et de créer une église. Trois mois plus tard, Calvin fit son entrée.

« Quand je vins premièrement en cette église, dit-il, il n'y avait quasi comme rien. On prêchait, et puis c'est tout. On cherchait bien les idoles et les brûlait-on. Mais il n'y avait aucune réformation. » La ville était ruinée. Le désordre régnait dans l'administration. Les paysans ne payaient plus les dîmes, et les biens ecclésiastiques étaient vacants. Il fallait reprendre en main le clergé des campagnes, installer la religion sur le terrain. La tâche était immense, et l'autorité de Farel contestée. Ses amis, appelés les « farets » (les « cierges consumés »), s'opposaient aux « artichauts », les partisans de Jean Philippe, qui commandait la milice. Ceux-ci ne voulaient pas d'une ingérence des pasteurs dans les affaires politiques. En 1538, le Conseil avait renvoyé Farel et Calvin. Ils furent rappelés deux ans plus tard. Seul Calvin, qui avait trouvé refuge à Strasbourg, se laissa convaincre de revenir. Farel avait rejoint Neuchâtel, où il devait finir ses jours.

Le véritable triomphe de Calvin dans Genève date de 1555. Quinze ans de luttes avaient été nécessaires pour qu'il pût l'emporter contre ses adversaires, qui protestaient contre l'influence du nouveau consistoire, créé par Calvin et dominé par ses pasteurs, sur les affaires de la cité. Si les Genevois se sont finalement ralliés à cette République de la Vertu, où l'on ne subissait que le « joug du Christ », qui interdisait de danser et de chanter même le jour des noces (un bon bourgeois, Amblard Corne, fut censuré pour ce motif et dut faire pénitence), c'est parce que Calvin proposait des choix clairs, originaux, rigoureux, une réforme qui ne devait rien à l'extérieur et qui avait pour corollaire la réorganisation de l'Etat. Si Genève devenait la « nouvelle Rome » des protestants français, c'est que Luther en avait été exclu par le Picard Jean Calvin, vers qui se tournaient désormais, en l'absence de Farel, tout particulièrement les Lyonnais. Genève trouvait ainsi sa revanche sur la ville aux quatre foires.

La répression, reprise dès 1538 dans le royaume, facilitait puissamment la propagande réformée. Désormais, les libraires lyonnais avaient à disposition, grâce aux colporteurs ou aux livraisons clandestines des marchands genevois, non plus les traductions besogneuses des ouvrages de Luther, accessibles seulement aux clercs, mais les livres alertes, faciles, sobrement écrits, de Jean Calvin. Il avait publié à Genève, dès 1537, un catéchisme commode, résumant parfaitement ses idées : L'*Instruction et confession de foi dont on use en l'Eglise de Genève,* qui faisait suite à la *Confession et la foi,* publié l'année précédente. Jean Gérard, venu de Suse, avait installé dès 1536 une imprimerie dans la ville, qui publiait aussitôt le *Nouveau Testament* en français, les *Psaumes de David,* l'*Instruction des enfants* et de nombreux ouvrages de propagande. Il était, naturellement, l'éditeur attitré de Calvin. D'autres imprimeries, publiant des ouvrages religieux, devaient s'ouvrir les années suivantes : celle de Jean Michel, qui travaillait sur un matériel importé de Neuchâtel ; celle de Michel Du Bois, venu de Paris, puis de Jean Crespin, de Conrad Bade, de Robert Estienne. De 1550 à 1560, plus de 130 ateliers seront en activité... De 1533 à 1540, on avait publié à Genève 42 ouvrages : 193 sortiront des presses de 1540 à 1550, et 527 de 1550 à 1564. L'*Institution de la religion chrétienne* devait à elle seule fournir 25 rééditions, dont 16 en français. *Le Catéchisme par demandes et réponses,* publié en 1541, connut aussi un immense succès. Naturellement, le plus large débouché pour les imprimeurs genevois était, par Lyon, le royaume de France.

La persécution n'empêchait nullement le développement des publications en langue française : en 1542, la Sorbonne avait rédigé une liste des ouvrages défendus, parmi lesquels ceux de Calvin, de Marot et de Dolet.

Le Parlement avait rendu publique une ordonnance très rigoureuse qui visait les libraires : ceux-ci devaient, « avant d'ouvrir leurs balles de livres nouveaux, en appeler à quatre libraires jurés pour assister à ladite ouverture ». Les colporteurs de livres et les libraires étaient passibles du bûcher.

La justice avait désormais les moyens politiques de sévir. Le roi s'était engagé définitivement dans la répression par l'ordonnance de 1540 qui donnait à tous les agents de justice le droit « d'inquisition à l'égard de toutes les personnes, même ecclésiastiques ». Les prévenus, aussitôt arrêtés, étaient jugés par les chambres criminelles des parlements, « toute affaire cessante ». On ordonnait aux sujets du roi de « révéler les coupables à justice et de tout leur pouvoir aider à les extirper, comme un chacun doit courir à éteindre le feu public ». La Faculté de théologie de Paris avait formulé, en vingt-cinq articles, le dogme de la foi catholique, et le roi en avait ordonné la publication dans tout le royaume : c'était, déjà, l'annonce de la croisade.

Les magistrats avaient fait du zèle, à Lyon comme ailleurs. Les intentions répressives du roi étaient si manifestes que la municipalité de Lyon avait dû s'y résoudre. En 1546, à Meaux, où l'on croyait avoir « extirpé l'hérésie », on avait surpris une assemblée de 61 réformés, groupés autour d'Etienne Mangin. 14 hommes avaient été torturés et brûlés vifs, un quinzième avait été pendu par les aisselles, pour qu'il pût assister au supplice de ses camarades, avant d'être fustigé et emprisonné à vie.

La terreur empêchait les Lyonnais de manifester leur foi, mais renforçait leurs convictions. Le supplice à Paris, place Maubert, du jacobin lyonnais Alexandre Canus en 1534 et du laboureur Jean Cormon à Mâcon n'avait pas, semble-t-il, « extirpé » l'hérésie puisque la chronique parle d'une petite « assemblée d'orfèvres et de bourgeois » qui se réunissait encore, après la mort de Canus, dans une maison de la rue Mercière. Le libraire Frellon, dans la même rue, avait accueilli en juillet 1535 Jean Calvin qui se rendait à Genève. La répression, organisée avec une vigilance particulière par le cardinal de Tournon, « superintendant et lieutenant général en Lyonnais, Forez, Auvergne, Dauphiné et pays de Piémont », décourageait toute manifestation publique du culte. Les dénonciations interdisaient tout prosélytisme. Les réformés connus dans la ville étaient une poignée.

Ils devinrent plus nombreux après les édits et ordonnances de 1540 qui permirent à Tournon de nouveaux excès : cette année-là, il fit brûler vif un marchand venu d'Annonay, parce qu'il avait refusé de s'agenouiller devant une statue au bord de la route. Le cardinal était suffisamment inquiet, en 1546, pour qu'il demandât l'envoi à Lyon de cinquante « chevaux » : on craignait des troubles à l'occasion du grand pardon et du jubilé de la Saint-Jean. A cette occasion, le clergé devait vendre des indulgences dans une atmosphère de kermesse. La présence de la troupe empêcha toute manifestation. Le vin put couler à flots dans les fontaines de la place Saint-Jean ; les moines purent confesser les fidèles dans toutes les églises et même, dit-on, dans les rues, « sous les tentes et feuillées ».

Le nouveau prédicateur qui réunissait à cette époque les persévérants de la Réforme s'appelait Pierre Fournelet. Il rassemblait ses ouailles par groupes de quatorze ou quinze pour prier dans les maisons particulières. C'étaient, dit Théodore de Bèze, « de bons marchands et hommes d'apparence ». Il dut quitter Lyon ainsi que ses successeurs Jean Fabri et Claude Baduel, qui travaillait chez l'imprimeur Gryphe. Ce dernier venait de Nîmes.

Quand il arriva à Lyon, en octobre 1550, il trouva la ville en pleine effervescence, et se plaignit des excès commis par les compagnons imprimeurs. Ceux-ci, écrivait-il alors, compromettent les chances de la Réforme et multiplient les provocations. « Avant mon arrivée à Lyon, dit-il, l'habitude s'était introduite de chanter des psaumes, le soir, après le souper, en parcourant les rues dans les divers quartiers de la ville. Quand j'ai pris la charge de l'Eglise, j'ai toléré sans le goûter beaucoup un usage qui n'avait rien de contraire à la bienséance, un petit nombre de personnes prenant part à ces chants et se comportant avec une suffisante gravité. Mais, avec le temps, le nombre et l'entrain des chanteurs se sont tellement accrus qu'on a vu un groupe de plus de cent personnes partir de l'Athénée au confluent du Rhône et de la Saône, et se diriger vers l'intérieur de la ville, en chantant à tue-tête. Tout cela m'a paru dangereux, propre à susciter contre nous la malveillance et à déceler nos réunions secrètes. »

Qui sont les braillards ? Des ouvriers de l'imprimerie. Les typographes sont, dit-il, « dissolus, audacieux, prompts au mal et perdus de mœurs ». Ils savent qu'un édit royal a interdit de chanter les psaumes dans la rue. Ils bravent la justice du roi. « La nuit même qui a suivi la défense, ils se sont rassemblés en grand nombre en parcourant la ville jusqu'au quai de la Saône, ont jeté vers l'autre bord de la rivière force insultes et sottises à l'adresse des chanoines et des comtes de Saint-Jean. La nuit suivante, ils sont revenus en armes à leurs chants, et le guet en a pris deux ou trois après les avoir grièvement blessés. Le dimanche, après cette prise, ils étaient plus animés que jamais et le soir, à neuf heures, une multitude d'hommes et de femmes a fait retentir la ville de ses chants. » Le pasteur a raison de s'inquiéter : de telles manifestations permettent de justifier la répression : en juillet 1551, Claude Monier, qui venait d'Issoire, est arrêté et brûlé vif, quelques semaines plus tard, sur la place des Terreaux.

Issoire, Clermont-Ferrand, c'est la route des marchands de draps du Poitou. De Lyon, les idées et les hommes ont gagné la province, et la répression du cardinal de Tournon n'a pu s'opposer à cette diffusion le long des « chemins ». Par la route de Clermont, vient à Issoire, vers 1540, un « jacobin d'Allemagne ». Il est pauvre, exténué, il a ses vêtements déchirés. Sa tonsure est à peine marquée. Il demande aux consuls d'Issoire la « passade », l'aumône pour un voyageur. Il est questionné, harcelé. Les consuls veulent tout savoir sur les événements d'Allemagne, de Genève, de Lyon. Il dit qu'il ne peut parler qu'en « un lieu solitaire et écarté ». Ils l'invitent à dîner. Il est si convaincu de sa foi que les consuls se laissent gagner. Ils le retiennent pour prêcher le prochain carême.

Voilà le dialogue engagé. Le moine, très adroitement, s'avance à pas comptés. Il commence par persuader les fidèles d'effacer les croix sur les pierres tombales de l'église d'Issoire « pour ne pas les profaner en marchant dessus ». Il explique ensuite que les messes privées dites par les moines mendiants sont « une insulte à la divinité ». Il les persuade de renoncer au culte des saints. Il s'attaque au culte de la Vierge, leur montrant qu'elle n'a pas plus de pouvoir qu'une autre femme. Enfin, il détruit la doctrine catholique de l'eucharistie. « Prenez une feuille de papier, leur dit-il, écrivez dessus tout ce qu'il vous plaira ; cela fait, pliez le papier et mettez l'écriture en dedans. Vous êtes assurés que l'écriture est réellement dans le papier, sans que vous la voyiez ; le papier, pourtant, n'est point l'écriture ni l'écriture le papier. Il en est ainsi du corps de Notre-Seigneur qui est enclos dans le pain, le pain demeurant toujours pain, sans changer de matière. » Ainsi, point de miracle, point de superstition. C'est un moine qui l'explique. Pourquoi ne pas le croire ?

Certains consuls, cependant, ont des doutes. Ils font venir un cordelier de Clermont, qui traite le moine d'hérétique. Voilà Issoire divisée. « Retirez-vous, disent au cordelier de Clermont les consuls favorables au jacobin : vous êtes un cafard. La place est prise par un plus homme de bien que vous. » Le cordelier pénètre néanmoins dans l'église, et tous se battent à coups de bâton. Le jacobin doit quitter la ville, mais, selon la chronique, deux cents personnes sont acquises aux idées nouvelles. Il ne part pas seul : un moine d'Issoire le suit, sur la route de Genève, entraînant avec lui sa compagne, une fille « d'une rare beauté ».

La répression suit de très près ces événements. Le bailli de Montferrand fait arrêter quelques « religionnaires » qui promettent de revenir à la foi catholique, sous la menace de la question. Le bailli apprend qu'ils ont menti et qu'ils entretiennent une correspondance avec le moine, réfugié à Genève. Il revient à Issoire et arrête un certain Jean Brugière, receveur du cens. Il l'envoie à Paris, pour être jugé devant le Parlement. Le prévenu proclame son attachement à la religion réformée. Il est brûlé à Issoire, pour l'exemple. L'arrêt du Parlement précise : « Que la damnable secte luthérienne a pullulé en Auvergne et au bailliage de Mont-Ferrand. Qu'il sera publié dans les principales villes d'Auvergne ès desquelles il y a siège royal, à son de trompe et cris publics par tous les carrefours, que la cour, sous peine de feu, défend tous propos et blasphèmes contre Dieu et la Vierge et les saints. Défend, sous peine de feu, de lire ou faire lire aucuns livres en français et en latin, contenant des doctrines erronées et hérétiques, imprimés à Genève ou autres villes suspectes. » La cour ordonnait aussi aux curés des paroisses de dresser la liste de tous ceux qui étaient en âge de recevoir le sacrement le jour de Pâques et de « coter en marge ceux qui n'y seront pas venus audit jour ». Il fallait également « dénoncer les hérétiques, sous peine de feu »...

Comme à Meaux ou à Lyon, la répression ne décourage pas les progrès de l'hérésie à Issoire. Le martyre de Brugière impressionne la foule et suscite des conversions. Deux sont publiques. Les coupables sont arrêtés par le bailli et brûlés à Montferrand. Cela n'empêche pas d'autres « religionnaires » de multiplier les provocations ; on vole les hosties consacrés, et des moines correspondent avec les Genevois. Par Issoire, l'Auvergne est en contact avec les villes libres de l'Est. Les muletiers apportent les lettres et les livres.

On les retrouve à Clermont, à Limoges et sur tout le « Grand Chemin ». Mais aussi dans le Nord, sur le « chemin de Bourgogne ». Mâcon, Beaune, Dijon sont des carrefours, des rendez-vous de marchands. Dijon est à deux pas de Dole où arrivent les routes de Suisse : celle de Neuchâtel, par le Jura et Pontarlier ; celle de Genève, par Poligny. Au nord, on peut rejoindre Bâle par Montbéliard.

Dans chacune de ces villes, les prédicateurs ont fait leur œuvre. Michel d'Arande était à Dijon, quand Marguerite d'Angoulême résidait à Lyon. En 1530, un pasteur y était brûlé vif. Ce Pierre Masson, dit Latomus, n'était pas un Bourguignon. Il avait été arrêté sur dénonciation alors qu'il voyageait en compagnie d'un ami vaudois, Georges Maurel. Ils revenaient de Strasbourg. Seul, Maurel avait pu prendre la fuite, rejoignant ses coreligionnaires dans les montagnes du Dauphiné.

Les grandes Halles de Dijon étaient le rendez-vous des marchands venant de Suisse, et les agents du roi les avaient à l'œil. Ils n'avaient pas, comme les consuls de Lyon, de franchises à respecter. Ils assuraient avec zèle leur mission de surveillance et de répression. Jean Prallin, marchand de Genève, fut arrêté en novembre 1534 sur ordre du Parlement, « pour cause d'hérésie ». Ordre fut donné au maire de Beaune d'être vigilant. Les « luthériens » couraient la campagne.

A Beaune, à Dijon, les arrestations se multipliaient. Comme à Lyon, les réformés n'avaient pas de culte public, leur activité était clandestine, et la répression ne les décourageait pas : on arrêta en 1535 Jean de Vaulx, parce qu'il avait acheté les œuvres d'Erasme. Nul ne pouvait empêcher les bourgeois, les marchands de Beaune, les artisans de Dijon de se procurer les Bibles ou les Évangiles en français, les œuvres traduites de Luther, celles de Calvin ou d'Erasme, qui parvenaient sous le manteau de Lyon ou dans les ballots de marchandises transportées par les muletiers à travers le Jura. On arrêtait pourtant les voyageurs : Jean Philippin, Antoine Gillebert à Dijon en 1536 ; ils s'étaient fait remarquer par leurs discours à l'*Hôtel du Paon*. On arrêtait même les Suisses et les Genevois. On rappelait « aux hôteliers, cabaretiers et autres logeant gens, de rapporter incontinent et prestement à Monsieur le Vicomte mayeur toutes personnes étrangères qui viendraient loger dans leurs maisons, sous peine d'être frustrés de tenir hôtellerie, cabaret ni loger gens ». En 1539, une douzaine de familles durent quitter Dijon pour échapper à la persécution. Il faut croire que toute la région était, dix ans plus tard, « infestée » de luthériens puisque la persécution était devenue féroce : on brûle à Dijon un jeune homme de dix-neuf ans, Hubert Barré. On bat de verges « jusqu'à effusion de sang » Jean Haynon, qui possède des livres interdits. On arrête aussi les femmes : Guillemette Texier, de Dijon, surprise à Arnay-le-Duc. On dresse des bûchers à Dijon, à Beaune, à Autun. La plupart des victimes sont des voyageurs, des prédicateurs ou marchands de livres venus de l'Est, ou des réfugiés qui cherchent à gagner Bâle, Genève, Strasbourg. La police des routes est active en Bourgogne.

Il faut croire que certains habitants de Beaune, de Dijon, de Mâcon sont organisés pour recevoir et cacher les voyageurs, pour recueillir et diffuser les livres interdits. Un grand nombre d'ouvrages édités à cette époque se trouvent aujourd'hui dans les bibliothèques de ces villes. Très surveillées par les agents du roi, elles ne pouvaient offrir aux étrangers des gîtes de tout repos. Encore moins pouvaient-elles développer dans leur enceinte de cultes séditieux. Comme Lyon, les villes de Bourgogne couvaient clandestinement la Réforme, et les convertis voyaient, la rage au cœur, s'allumer les bûchers sans pouvoir rien tenter pour sauver les victimes.

De l'autre côté de la Saône, en terre d'Empire, la Franche-Comté n'était pas moins protégée : moines et inquisiteurs se chargeaient de défendre la foi romaine ; à Besançon, d'abord, mais aussi sur le parcours du « chemin d'Allemagne » qui passait notamment par Gray. Bâle et Montbéliard n'étaient pas loin, Farel et ses amis très actifs. Dès 1528, on avait interdit de parler de Luther et de diffuser ses livres. En 1535, la cour de Dole avait pris la tête de la répression, recherchant particulièrement les lecteurs et diffuseurs de livres. Il était interdit de les posséder dans les écoles, et les maîtres furent l'objet d'une surveillance particulière, ainsi que les médecins et gens de lois. A Besançon, on envoyait au bûcher un secrétaire d'État, Lambelin. Dans la capitale de la Comté, résidaient, outre les Italiens, de nombreux Allemands et Suisses qui y faisaient étape avant de se rendre aux foires de Lyon. Les gens de Neuchâtel ou de Genève y fréquentaient aussi les auberges. La ville était pleine de voyageurs de passage, ouvriers sans travail et paysans sans terre qui avaient, comme disaient les chanoines, « le désir d'entrer en pensements de choses nouvelles ». Enfin, les Bisontins de bonne famille avaient fait leurs études dans les universités d'Italie, de France ou d'Allemagne : ils connaissaient les idées nouvelles.

Lambelin avait eu le tort d'écrire un rapport à l'empereur, daté de 1534, où il attirait son attention sur les mœurs fâcheuses du clergé et les exactions de l'évêque, « gens dissolus, vivant en toute lubricité », pullulant dans la ville, dont le quart des habitants portait tonsure ! Tout le monde — même Calvin qui avait envoyé à Besançon le pasteur Jean de Tournay pour tâcher d'exploiter la situation à son profit —, tout le monde savait qu'il y avait entre les Bisontins et leur archevêque Antoine de Vergy une grave incompatibilité d'humeur. N'avait-il pas excommunié, en bloc, tous les habitants de la ville avant de la quitter ?

Comment Charles d'Autriche aurait-il toléré l'existence à Besançon d'une commune libre, regardant vers la Suisse ? Les Comtois ne voulaient pas d'une capitale acquise à la Réforme. Ils savaient que les Suisses en profiteraient pour étendre leur influence sur le pays. Le Parlement de Charles Quint fit entendre raison aux Bisontins. Comme à Genève ou à Lyon, la Réforme en Comté dépendait strictement des affaires politiques.

La répression de 1549-1550 fut féroce. Il s'agissait de barrer à Calvin et aux Genevois la route de la province et de répandre la terreur sur les chemins de Suisse et d'Allemagne. On brûle à

Gray un Français sacrilège, un libraire et mercier d'étain à
Dole, des prêtres à Saint-Martin-du-Mont en Bresse, un
domestique venu de Savoie à Lons-le-Saulnier. Le parlement
de Dole, qui veut reprendre Besançon sous sa coupe, est
particulièrement vigilant pour le trafic des livres : il organise
des missions d'enquêtes et multiplie les édits pour interdire les
traductions en français des livres saints. Les ballots venus de
Lyon sont fouillés ; ceux qui proviennent de Genève, et qui
contiennent des livres, sont brûlés en place publique. La route
de Lyon est surveillée de près : les poursuites sont actives à
Orgelet, à Gray, à Lons-le-Saulnier, à Saint-Julien. La terreur
décrite par Lucien Fèbvre gagne toute la province. « Crise
terrible, dit-il, qui épouvantait les suspects, repliés sur eux-
mêmes, cachant livres et papiers, vivant d'une pauvre vie
chétive d'escargots apeurés. Alors, il fallait soigneusement
renoncer à toute étude, à tout travail intellectuel, à tout
enseignement libre ; alors, il fallait se cacher pour écrire une
lettre en Suisse ou en Allemagne ; il fallait en retrancher toute
allusion à des événements contemporains, vivre dans l'ombre,
dans le silence, dans la crainte, s'interdire toute parole un peu
haute, tout geste un peu large, toute pensée un peu indépendante. »

Ce climat de suspicion, dans toutes les villes du chemin
d'Allemagne et de la route de Bourgogne, ne décourage certes
pas les partisans de la Réforme qui continuent à cacher les livres
et à protéger les voyageurs. Les émissaires de Farel et plus tard
de Calvin circulent constamment, trouvent vivre et couvert,
retrouvent les partisans connus et font des nouveaux adeptes.
Lyon et ses traboules jouent dans cette activité clandestine des
réformateurs un rôle central : c'est à Lyon qu'ils se cachent
pour gagner les routes du Sud, celles qui descendent le Rhône
sur la rive occidentale, vers les Cévennes et le Languedoc, mais
aussi celles qui rejoignent, par le Dauphiné, les centres vaudois
des Alpes, jusque dans la vallée de la Durance. Le réveil des
vaudois, au contact des Allemands et des Suisses, n'est pas la
moindre énigme de la guerre des Religions : comment ont-ils
réussi à protéger pendant quatre siècles leurs croyances particulières ? Comment ont-ils pu, malgré la persécution et la
dernière croisade, poursuivre leur résistance à toutes les formes
d'oppression ? Nous avons rencontré, sur les chemins de Lyon
vers Strasbourg, Bâle ou Genève, un certain nombre de ces
vaudois. La route de Grenoble menait tout droit à leurs réduits.
Ces indésirables du Dauphiné et de Provence, pour braver le
roi de France, allaient-ils se jeter dans les bras des réformés ?

4.

Le massacre de Mérindol

Ils vivaient en paix dans les vallées abritées du Luberon ; ils en avaient drainé les marécages, installé sur les pentes caillouteuses des cultures en terrasses. Ils cultivaient les terres qui étaient la propriété d'un seigneur de Piémont. Ils venaient d'Italie, d'où ils avaient été envoyés comme colons sur ces terres : pas plus d'une centaine de familles, à l'origine. Ils habitaient de charmants villages : Gordes, Cabrières, La Coste, Buous, Goult et Mérindol. Ils avaient planté la vigne et l'olivier, recueilli le miel des abeilles, semé le blé et nourri les brebis. Leurs seigneurs étaient contents d'eux : ils avaient rempli leur contrat.

La population de la plaine les redoutait un peu, car ils avaient une réputation de sorciers. Ils vivaient entre eux, n'avaient pas d'églises. Ils étaient différents. Leurs prêtres ? Ils les appelaient les « oncles » (*barbas,* dans leur langage). Ces *barbes* n'avaient pas de formation ni de mode de vie particuliers : ils étaient sages et « vénérables », des ancêtres des pasteurs. On leur prêtait un pouvoir mystérieux. Ils avaient, sur le peuple vaudois, une autorité singulière. Les gens d'Aix ou d'Avignon n'aimaient pas ces étrangers qu'ils redoutaient secrètement.

Les vaudois vivaient et se mariaient entre eux. Ils avaient des contacts avec leurs frères du Dauphiné et du Piémont. Ils savaient qu'ils avaient des frères dans l'Italie du Sud et même en Bohême. S'ils étaient venus en Provence, c'est sur les terres de seigneurs italiens. Ils se méfiaient de la population locale, ils se sentaient menacés.

Leurs frères du Dauphiné avaient subi la persécution : la croisade prêchée par Innocent VIII sur les instances de l'archevêque de Vienne avait échoué. Les paysans vaudois de la Vallouise et de l'Argentière n'avaient pas cédé, en dépit des violences déployées par le lieutenant du gouverneur du Dauphiné, Hugues de la Palu. L'Inquisition, au début du xvie siècle, avait dû renoncer aux poursuites. Beaucoup de « frères » du Dauphiné avaient cependant rejoint, avec leurs familles, ceux du Luberon.

L'archevêque d'Aix était inquiet. Certes, la Réforme avait à l'évidence des sympathies dans le milieu universitaire, comme à Grenoble ou à Valence. Mais les clercs ne se manifestaient pas : à la grande colère de Farel, ils restaient prudents, ils hésitaient à faire publiquement état de leurs convictions, ils n'avaient pas encore la mentalité missionnaire. Le seul danger qui menaçât la Provence était la concentration d'hérétiques dans les vallées du Luberon. Si les vaudois passaient à la Réforme, ils pouvaient constituer un formidable réduit pour des prédicateurs venus du Nord.

On signale, autour de 1530, la présence dans la région du célèbre jacobin Jean de Roma, qui avait déjà sévi à Meaux. C'est, semble-t-il, revêtu de la charge d'inquisiteur de la foi qu'il « instrumenta » contre les vaudois... Peut-être avait-il été appelé en Provence par son parent, le co-seigneur d'Agoult. En tout cas, la chronique a conservé la trace de ses cruautés : il remplissait de graisse bouillante des bottes de cuir qu'il obligeait les vaudois à chausser, et leur demandait alors s'ils se sentaient à l'aise pour entreprendre leurs voyages.

On accusait, en effet, les vaudois de se déplacer sans cesse dans la montagne pour entretenir des rapports séditieux avec leurs frères dispersés. De Roma se faisait remettre les richesses des villages, l'or, l'argent, les bijoux. Il dut enfin s'enfuir à Avignon, car le roi avait saisi contre lui le parlement d'Aix. Il avait multiplié les victimes dans les villages d'Oppède, de Cabrières, de Mérindol.

A la suite de ces premières violences, deux *barbes* s'étaient mis en route pour chercher du secours et s'informer de la situation de leurs frères du Dauphiné. Ils avaient appris par Farel l'existence de Luther, de Bucer, d'Œcolampade à Bâle. Ces deux voyageurs avaient réussi à passer la frontière du royaume pour gagner la Suisse et l'Alsace. Ils avaient conféré avec les principaux chefs de la Réforme et confronté leurs points de vue. Ils avaient été reçus partout comme des frères par ces nouveaux chrétiens qui se cherchaient des ancêtres.

Ces *barbes* s'étaient déclarés « surpris », à Bâle, par la doctrine luthérienne de la prédestination. « Si toutes choses arrivent nécessairement, disaient-ils à Œcolampade, de telle sorte que celui qui est prédestiné à la vie ne puisse pas devenir réprouvé ni ceux destinés à la damnation parvenir au salut, à quoi servent les prédications et les exhortations ? » Œcolampade à Bâle, Bucer à Strasbourg les avaient persuadés qu'ils devaient réformer leurs croyances et se dégager définitivement des superstitions papistes. Ils leur avaient remis deux lettres qu'ils devaient produire, à leur retour, devant leurs frères de Mérindol. Un seul d'entre eux arrivait à bon port : il s'appelait Maurel. Son camarade Masson avait été brûlé à Dijon.

Maurel avait réuni tous ses frères dans la « ville sainte », Mérindol. Il avait exposé longuement les doctrines des Suisses et des Strasbourgeois. Il avait montré toute l'aide qu'on pouvait espérer de ces frères d'un nouveau genre. L'assemblée avait aussitôt décidé d'envoyer en Italie et en Dauphiné des messagers et de faire venir des « gens doctes pour aviser à une sainte réformation » : le dialogue était engagé.

La confrontation décisive se fit en Piémont, à l'abri des agents du roi de France et de l'archevêque d'Aix. L'assemblée de tous les *barbes*, à Angrogne, en 1532, permettait de fixer la doctrine. Farel, de sa voix tonnante et passionnée, avait réussi à les persuader qu'il ne fallait conserver que deux sacrements : le baptême et l'eucharistie, sans donner à celle-ci le sens mystique des catholiques romains. Les *barbes* avaient décidé de publier une Bible en français : elle serait réalisée par le cousin de Calvin, Olivétan, pour quinze cents écus d'or.

En six jours, les vaudois avaient été convaincus. L'éloquence de Farel avait fait merveille. Bronzé, débraillé, hirsute, il s'adressait à la foule en plein air, monté sur un cheval blanc. Gens d'ordre, les vaudois voulurent rédiger un texte, une sorte de confession où ils renonçaient par écrit à défendre le libre arbitre. « Quiconque établit le libre arbitre, disait l'article 19, nie complètement la prédestination de Dieu. » Ainsi écrivaient gravement les *barbes*, devant les sommets neigeux du pra du Tour. Ils étaient salués aussitôt avec enthousiasme, par Farel et ses amis, du titre de « fils aînés de la Réforme ».

Désormais, les vaudois ne se sentaient plus isolés ; ils étaient intégrés au puissant mouvement européen qui avait fait reculer l'empereur. Devenus — ou redevenus — missionnaires, ils accueillaient tous ceux qui trouvaient refuge dans leurs montagnes, en particulier les prêtres apostats, précieux éléments pour la propagande, car ils savaient lire. Le curé de Murs les avait rejoints, celui de Mérindol, à leur instigation, avait renoncé à la messe. Le pape, qui possédait le comtat Venaissin, était le voisin de ces communautés d'hérétiques déclarés. Il prit peur et promit une indulgence plénière à tous les vaudois qui abjureraient dans les deux mois.

En même temps, ses soldats saisissaient les femmes et les

enfants pour les convertir de force. Ils avaient enlevé, en 1532, les filles d'un village vaudois, Cabrières-du-Comtat. Leurs pères, pour les délivrer, avaient pris les armes. Les soldats avaient arrêté sans difficulté ces paysans munis de fourches et de bâtons. Mais la nouvelle fit le tour des villages. Une bande se constitua spontanément, dirigée par un certain Eustache Marron, pour attaquer les gens du pape. Le sieur d'Agoult fut tué, ainsi qu'un juge d'Apt, parce qu'ils voulaient arrêter des vaudois à Roussillon.

Le pape Clément VII écrivit au roi de France pour lui signaler la montée de la violence aux portes de ses Etats. Le roi donna des instructions au parlement d'Aix, qui ne demandait qu'à sévir : en 1532, sept vaudois furent condamnés au bûcher, avec le *barbe* Serre. Une nouvelle forme de croisade était engagée : le parlement demandait « aux vassaux et gens du roi de prêter main-forte aux juges d'Eglise contre les vaudois, et aux seigneurs hauts justiciers de les chasser de leurs terres, à peine de confiscation de leurs fiefs ».

L'engagement du roi eut pour effet de pousser les communautés à la révolte : les seigneurs n'avaient aucun intérêt à expulser des colons qui leur rapportaient de solides droits féodaux et seigneuriaux. Ils ne purent les empêcher de prendre les armes, de s'emparer de Cabrières dans le Comtat, de La Coste en Provence, et d'en chasser les prêtres. Naturellement, les frères ne payaient plus de dîmes au clergé.

Les évêques de Sisteron, d'Apt et de Cavaillon réagirent : le mouvement de refus des dîmes pouvait gagner toute la Provence, si grand que fût l'attachement des populations rurales à l'Eglise catholique. Ils firent emprisonner les plus agités des vaudois, et certains furent condamnés au bûcher, comme Antoine Pasquet qui avait une réputation de sainteté. « Les vaudois sont maltraités ici, écrivait Jean Montaigne, professeur de droit à Avignon. Plusieurs ont été brûlés vifs, et chaque jour on en arrête d'autres. Plus de 6 000 hommes appartiennent, dit-on, à cette secte. On les poursuit parce qu'ils ne croient pas qu'il y ait un purgatoire, ne prient pas les saints, disent même qu'il ne faut pas les prier, estiment qu'on ne doit pas payer les dîmes aux prêtres. » Les vaudois, rendus furieux par l'attitude des tribunaux ecclésiastiques, prirent les armes, donnèrent l'assaut aux prisons d'Apt, de Cavaillon, de Roussillon, pour délivrer leurs frères. Le roi de France, informé, reçut presque en même temps la démarche des princes protestants d'Allemagne, qui lui demandaient grâce pour les vaudois. Il se décida pour la clémence, offrant aux hérétiques un pardon général à condition qu'ils abjurent dans les six mois. Tous les prisonniers qui n'avaient pas été libérés par leurs frères furent relâchés sur ordre du roi.

Pas un seul vaudois n'ayant accepté sa proposition, le roi demanda au Parlement, en 1538, de « punir à toute rigueur lesdits hérétiques » en les arrêtant et en confisquant leurs biens. Le gouverneur de Provence, comte de Tende, était chargé de l'application de l'arrêt. Le Parlement, qui avait longuement hésité, avait reçu du roi le pouvoir de juger en matière d'hérésie. Il avait longuement interrogé un prêtre apostat, Antoine Garbille, qui lui avait révélé les intentions des vaudois. Ils préparaient, dit-il, de la poudre et des armes pour soutenir un siège éventuel dans leurs villages transformés en places fortes. Les vaudois avaient dans toute la province au moins 10 000 partisans. Le Parlement prit peur. Il ordonna la « prise de corps » de 154 vaudois, dont 14 seulement étaient de Mérindol. Les dires de Garbille avaient été confirmés par un ex-prédicateur, Jean Serre, qui avait aussi fourni aux parlementaires une liste de suspects. Parmi les personnes arrêtées, certaines étaient illustres, respectées de tous, les frères Meynard par exemple, ou les Pellenc, ou encore le prédicateur Barbaroux, de Tourves.

Dans le climat de terreur qui régnait à Paris, on pouvait craindre le pire pour les vaudois. « Nous ne pourrons secourir nos malheureux frères que par des prières et des exhortations », écrivait, en mars 1540, Calvin à Viret. Un juge d'Apt mit le feu aux poudres en faisant arrêter et brûler le meunier Pellenc, du plan d'Apt. Il convoitait son moulin, qu'il confisqua après l'exécution. Les habitants de Mérindol prirent les armes et mirent le feu au moulin. Ils pillèrent aussi des fermes et s'emparèrent des troupeaux des nourriguiers catholiques.

Saisir des troupeaux ? Le délit était d'importance, à cette époque où le mouton faisait la richesse des bourgeois d'Aix. Les parlementaires, saisis par les gens d'Apt, revinrent précipitamment de vacances pour ordonner l'arrestation immédiate de 19 habitants de Mérindol, dont 7 avec leur famille entière ! La liste établie dans la hâte, sur dénonciations, était absurde. Les habitants de Mérindol en firent la remarque écrite : on voulait arrêter un enfant de trois ans, plusieurs femmes enceintes et même les enfants d'un homme qui n'en avait jamais eu ! Ils demandaient aux parlementaires de venir voir sur place avant de publier leurs arrêts.

Les parlementaires comprirent qu'ils avaient été joués : un climat de panique régnait dans la ville d'Aix. On racontait que les vaudois « construisaient des forts dans les bois », qu'ils disposaient à Mérindol de 600 arquebusiers en armes, que des soldats déguisés en moissonneurs grossissaient leurs rangs tous les jours, enfin qu'ils étaient 8 000, armés jusqu'aux dents, attendant l'heure de l'assaut, cachés dans les grottes du Luberon.

En réalité, les Mérindoliens s'étaient enfuis dans leurs montagnes pour éviter l'arrestation. Ils furent stupéfaits de lire l'arrêt dit « de Mérindol », rendu par contumace le 18 novembre 1540, qui condamnait 19 d'entre eux à être brûlés vifs, en trois lieux différents : deux à Tourves, un à Apt et les autres à Aix. « Toutes les maisons et bastides de Mérindol seront abattues, disait l'édit, démolies, rasées, et le lieu rendu inhabitable, sans que personne n'y puisse réédifier ni bâtir si ce n'est par le vouloir et permission du roi. » Le château et les bois environnants devaient être rasés, les biens des vaudois saisis. A Mérindol, les parlementaires d'Aix voulaient faire le vide. Définitivement. Pour la première fois dans l'histoire de la guerre des Religions, on entreprenait l' « extirpation » de l'hérésie dans le sens le plus fort : l'élémination de tous les hérétiques.

Les archevêques d'Aix et d'Arles tiennent leur croisade. Au premier président Chassannée, un modéré qui n'est pas d'avis d'appliquer immédiatement l'arrêt, sous prétexte qu'il n'a pas les moyens nécessaires, ils offrent immédiatement des fonds importants. Le gouverneur est tout aussi hésitant. Il écrit au roi qu'il ne peut exécuter un tel arrêt, à moins qu'on ne lui envoie 2 000 soldats.

En Provence, l'émotion était à son comble. Le pays vaudois se terrait, comme si toutes les villes voisines dussent envoyer des contingents pour les exterminer : déjà, disait-on, les soldats sont levés au son du tambourin ; Farel, prévenu par courrier, intercédait auprès des villes suisses et allemandes pour qu'une action diplomatique fût aussitôt entreprise. Le roi en tint compte et chargea le gouverneur en Piémont, Guillaume du Bellay, de faire une enquête sur les vaudois. Il lui remit un rapport très favorable, insistant sur leur docilité à l'égard du pouvoir civil. L'évêque humaniste de Carpentras, Sadolet, intervenait en même temps auprès des *barbes* pour les supplier de modérer leurs attaques à l'égard de l'Eglise. François Ier ordonna de suspendre l'exécution de l'arrêt, mais exigea des vaudois qu'ils envoient leurs vieillards abjurer avant trois mois devant le Parlement. Le roi, qui venait de relancer la persécution dans tout le royaume, ne pouvait pas ménager les vaudois.

Le 6 avril 1541, les gens de Mérindol envoyèrent au parlement d'Aix non pas les vieillards pour abjurer, mais les *barbes* pour s'expliquer. André Meynard, en leur nom, lisait à la barre leur requête, « humble et chrétienne » : elle affirmait leur foi dans Jésus-Christ et dans les Ecritures, leur esprit d'obéissance « touchant les magistrats comme les princes et seigneurs et tous gens de justice ». « Nous les tenons, disaient-ils, ordonnés de Dieu. » Ils acceptaient toutes les lois « qui concernent les biens et corps ». Mais ils demandaient qu'on leur laisse leur foi, et qu'on ne les contraigne pas aux « coutumes superstitieuses, comme adoration d'images, pèlerinages et telles choses semblables ». Ils prétendaient honorer les sacrements, mais n'en citaient que deux, le baptême et la cène. Ils affirmaient qu'ils n'étaient ni luthériens ni vaudois, « car nous ne savons rien de Valdo et de Luther ni de la doctrine qui procède d'eux, nous contentant de celle seule de Jésus-Christ Notre-Seigneur ». Ils demandaient dans leur supplique qu'on leur réservât au moins le sort des Turcs à Venise ou des Juifs à Avignon...

« Un chacun est bien venu qui parle contre nous, disaient-ils, quelque méchant qu'il soit. » Les Juifs ou les Turcs peuvent se défendre, « mais à nous, tout est fermé ». On les condamne sans les entendre. Ils veulent se justifier. Que leur reproche-t-on ? De s'être enfuis ? « Nous voyons qu'il n'y a si petite bête qui ne cherche lieu pour se sauver de celui qui veut lui faire du mal. » Que le roi leur donne audience, il sera convaincu de leur esprit d'obéissance. Ils sont des « pauvres oiselets qui fuient devant l'épervier », et non des gens armés et rebelles. Leur seul désir est de « labourer et cultiver la terre » comme ils l'ont fait par le passé. Qu'on leur rende leurs champs !

Les parlementaires intransigeants se réjouissent de cette « supplique », dont ils dénoncent l'audace. Au lieu d'abjurer, les vaudois, scandaleusement, réaffirment les articles de leur foi. Qu'on les menace, qu'on les somme ! Le 11 avril, les gens de Mérindol doivent se résoudre à envoyer à Aix dix vieillards choisis dans les familles des notables. Leur mission est de supplier les parlementaires de leur faire grâce et de ne pas les contraindre d'abjurer.

De nouveau, le roi leur accorde trois mois de délai. Le Parlement envoie à Mérindol l'évêque de Cavaillon, un dominicain et un conseiller pour recevoir l'abjuration sur place. Ils y sont le 4 avril 1542. Ils font sonner les cloches, pour convoquer les villageois à la messe. Quatorze s'y rendent, avec cinq femmes. Le dominicain monte en chaire, lit le pardon du roi, demande l'abjuration.

Dans le silence absolu, un seul homme prend la parole. Il s'appelle Louis Pascal. Il explique posément, sans se troubler, qu'avant d'obéir à l'ordre du roi, il devait en discuter, lui et les siens, et que leur conseil en déciderait. Allait-on exécuter le terrible édit de Mérindol ?

Un fois de plus, les vaudois obtinrent des délais. Leur ennemi le plus acharné n'était pas le roi de France ni son parlement d'Aix, mais le vice-légat du pape, à Avignon, et l'évêque de Cavaillon. Celui-ci lançait de véritables expéditions punitives contre les vaudois, raflant avec ses gens armés le bétail et les économies des villageois. Les bandes d'Eustache Marron leur répondaient, rendant coup pour coup, intervenant de nuit sur les Etats du pape. Pierre Johannis, le lieutenant du juge d'Aix, le poursuivait en vain. Il arrêta pourtant Chausses-de-Cuir, un lieutenant de Marron, qui était occupé à jeter dans l'eau, pour les cacher, des livres de Luther. Marron libéra aussitôt le prisonnier, et Johannis dut rentrer dans Aix bredouille, demandant, dans un procès-verbal, l'arrestation des vaudois qui l'avaient défié. Le vice-légat d'Avignon écrivit au roi pour demander main-forte. Le roi, en mars 1543, sembla se résoudre à ordonner l'application de l'édit de Mérindol, puisque les vaudois, qui n'avaient pas abjuré, multipliaient les provocations.

Mais, de nouveau, les protestants d'Allemagne intervenaient auprès de lui, poussés par Farel et Calvin. La Suisse était alors une puissance militaire, et François Ier devait en tenir compte. Les vaudois eux-mêmes, en avril 1544, présentèrent au roi une supplique pour qu'on leur fît enfin justice. Ils n'étaient pas des hérétiques, on leur reprochait leurs idées religieuses dans le seul but de s'emparer de leurs biens. Les juges des évêques et même les parlementaires s'enrichissaient des biens confisqués. L'action conduite contre eux « ne procédait que d'avarice et cupidité, et non du zèle de les réduire à la voie des vrais chrétiens ».

Le roi connaissait l'avidité des évêques et du légat. Il savait aussi que les parlementaires d'Aix n'étaient pas à l'abri de tout reproche. Il fallait, pour réduire les vaudois, envoyer dans la lointaine province d'importants renforts militaires. Pourquoi ne pas rechercher un accord ? Le roi décida d'envoyer sur place trois membres de son Conseil et un théologien, pour voir si les vaudois étaient ou non des « luthériens ». Le parlement d'Aix fut dessaisi de la cause, confiée au parlement de Grenoble. Les vaudois auraient deux mois de délai pour abjurer, si la commission royale faisait la preuve qu'ils étaient des hérétiques. Leurs frères emprisonnés furent libérés par lettres patentes.

Les vaudois trouvaient le port. Ils étaient sûrs, maintenant, que le roi n'emploierait jamais contre eux la force, qu'il était leur meilleur défenseur contre la cupidité des princes de l'Eglise. Beaucoup de réfugiés affluèrent de Provence et du Dauphiné dans les vallées vaudoises, qui étaient désormais à l'abri des persécutions. Ceux de Genève pouvaient penser qu'ils avaient fait reculer le pouvoir royal.

Le 20 décembre 1543, Chassanée, mort mystérieusement, était remplacé par Meynier, seigneur d'Oppède, comme premier président du parlement d'Aix. Il avait juré d'obtenir la révocation des lettres de grâce et d'anéantir les vaudois. Le cardinal de Tournon, archevêque d'Aix et ministre du roi, entrait pleinement dans ses vues, il était l'ennemi déclaré de l'hérésie. Le légat du pape ne cessait de faire intervenir, à Paris, le nonce apostolique. Le gouverneur, de Grignan, confirmait le rapport d'Oppède, qui signalait que les vaudois représentaient une force armée de 10 000 hommes au moins et qu'ils étaient prêts à marcher sur Marseille.

Il est vrai que les vaudois, peu confiants dans les seigneurs d'Aix et d'Avignon, et craignant les intrigues de l'Eglise, avaient fortifié leurs villages, et notamment Cabrières. Ils allumaient la nuit de grands feux dans la montagne pour convoquer les hommes à des réunions de guerre. Ces préparatifs ne passaient pas inaperçus, et l'action des chefs de bande, comme Chausses-de-Cuir ou Marron, était considérablement amplifiée à Paris. Le roi crut-il que les vaudois agissaient sur instructions venues de Suisse et d'Allemagne ? On avait, il est vrai, saisi des courriers sur les chemins de Bourgogne. Mais la liaison avec les Suisses n'était-elle pas, pour les vaudois, la seule sauvegarde ?

En 1545, la persécution, en France, a repris de plus belle. Les bûchers s'allument à Toulouse, à Bordeaux, à Grenoble, à Rouen. Dolet et les derniers survivants du groupe de Meaux mourront l'année d'après. A la paix de Crépy, l'empereur et le roi de France se sont promis, entre autres, d'exterminer les réformés sur leurs terres. Déjà, Charles Quint a engagé la répression en Belgique. Le moment est bien choisi pour demander au roi une intervention contre les vaudois.

Le 1ᵉʳ janvier 1545, il signe, sans les lire, les lettres de révocation de la grâce qu'il avait accordée. « Le roi, après avoir vu les arrêts du parlement de Provence ci-attachés sous le contreseing, mande à la cour d'exécuter lesdits arrêts sans aucun déport ni retardement. » Qui avait présenté et préparé ce texte pour le Conseil royal ? Le procureur du roi auprès du Conseil privé ne l'avait pas vu. Le texte avait été rédigé par son substitut, Guillaume Potel, à la demande de Courtin, huissier du parlement de Provence, mais il n'avait pas voulu le signer ; il estimait, dit-il, le dossier incomplet. C'est le cardinal de Tournon qui avait introduit en Conseil le texte préparé par le président d'Oppède. Le chancelier l'avait fait signer au roi sans l'avoir lui-même contresigné. Il portait la signature de L'Aubespine, un ministre, mais la pièce n'avait pas été « dressée » dans ses bureaux. Cet imbroglio administratif apparut plus tard, quand le roi demanda une enquête sur les vaudois. Avait-on voulu lui forcer la main ?

Un courrier spécial porta le texte signé dans ces conditions mystérieuses, inusitées, au président d'Oppède. Il les reçut le 13 février, six semaines après la signature. Le comte de Grignan n'étant pas dans Aix, tous les pouvoirs étaient rassemblés entre les mains du premier président. Comme lieutenant du roi, d'Oppède avait les pouvoirs militaires.

Pendant un mois entier, il n'en usa pas, tenant secret le texte royal au point de ne pas en informer ses collègues parlementaires. Il attendait l'arrivée en Provence d'un capitaine venu d'Italie, que le roi venait de nommer baron, Paulin de La Garde. Il était à la tête d'une bande de routiers mercenaires redoutables qui avaient combattu sous François Iᵉʳ. Paulin avait annoncé son arrivée à Marseille pour le 6 avril. D'Oppède fit le voyage d'Avignon pour se concerter avec le légat du pape, puis se rendit à Arles pour lever la noblesse de Provence. Le 12 avril, un dimanche, il convoquait le parlement d'Aix pour l'informer de la décision royale et lui communiquer le texte venu de Paris. La cour ordonna aux troupes de se concentrer à Pertuis pour entreprendre l'action ordonnée par le roi. Des soldats et des vivres furent levés dans les campagnes provençales. Le Parlement donnait à une commission désignée en son sein le pouvoir de « procéder à la totale extirpation de tous ceux qui seraient trouvés tenir sectes hérétiques et réprouvées, en employant la force du gouverneur et lieutenant du roi ». Le légat du pape, Antonio Trivulcio, alignait de son côté 1 000 hommes et 3 canons, pour venir à bout des vaudois.

Sur le pied de guerre, d'Oppède et les commissaires quittent Aix pour se rendre à Pertuis. Le juge d'Aix, monté sur une mule noire, l'accompagne. C'est Jehan Mairan, capitaine « des enfants de la ville ». Le 15 avril, la troupe aixoise passe la Durance à Cadenet pour rejoindre les six régiments d'infanterie et la cavalerie du baron de La Garde, qui vient de Marseille. On apprend que 600 vaudois viennent de s'enfermer dans le village fortifié de Cabrières-d'Aygues. On marche sur le village. Tous les vaudois s'enfuient. Le capitaine Paulin de La Garde s'étonne : pourquoi employer son armée contre cette volée de moineaux ?

Peut-être faut-il essayer encore de convaincre. La dame du

seigneur de Lourmarin s'y emploie. Elle se rend chez les vaudois, qui la connaissent et la laissent parler. Elle leur demande d'abjurer. Ils disent qu'ils préfèrent partir, ou mourir.

A Cadenet, les chefs de l'armée et du parlement d'Aix sont rassemblés : « Là fut arrêté et conclu que, voyant la pertinence desdits hérétiques l'on les prendrait au corps, et, à faute de ce, l'on brûlerait les maisons pour mettre les autres en crainte. » Les soudards de Paulin ne sont pas venus pour rien. Ils vont pouvoir piller et tuer.

Etrange armée : les seuls professionnels de la guerre sont les routiers du baron de La Garde. La colonne dirigée par d'Oppède rassemble les troupes de la province. Une troisième bande, conduite par Vaujuine et Redortier, vient d'être levée parmi des volontaires : il est toujours facile d'en trouver, parmi les errants des villes et des campagnes, quand le pillage est assuré.

Les routiers commencent à brûler quatre villages dont les habitants se sont enfuis à leur approche. Ces villages appartiennent à la famille de Bouliers. La vieille baronne, Françoise de Boulier, se porte au-devant du capitaine et menace de porter plainte. Rien n'y fait : on incendie sa belle ferme, ses fours et ses moulins. Paulin donne la chasse aux laboureurs. Ceux qu'il trouve sont saisis, enchaînés, promis aux galères. Les soudards violent les femmes et leur coupent les seins.

La colonne d'Oppède brûle le 18 avril Lourmarin, Villelaure et Très-Emines pendant que La Roque accomplit la même besogne dans les villages de la rive gauche de la Durance, aidé par des volontaires levés à Arles. Il y a peu de victimes : tous les habitants se sont enfuis. A Lauris, d'Oppède rejoint La Garde, après avoir brûlé tout le plat pays. Ils se dirigent ensemble sur Mérindol, avec la colonne Vaujuine et Redortier devant eux.

Les troupes entrent sans difficulté dans le village désert. Le premier président ordonne de mettre le feu à l'église et aux fermes. Il s'installe sur la place du village, à l'ombre d'un ormeau, et on lui sert un repas. Un soldat conduit devant lui le seul prisonnier de Mérindol, un jeune homme de dix-sept ans. Il s'appelle Maurice Blanc. Valet de ferme. Le soldat veut le vendre pour les galères. Le président le lui achète, contre trois écus. C'est cher pour un hérétique. On lui demande de réciter un *Pater* et un *Ave*. Il ignore, dit-il, ces prières, mais peut parler de sa foi.

Le président veut le faire conduire à Aix pour qu'il y soit jugé. « *Crucifige eum !* » hurle l'avocat général Guérin, qui arrive à cheval. On l'attache à un tronc d'olivier. Il est criblé de coups d'arquebuses.

Les deux cents fermes de Mérindol brûlent maintenant dans la nuit. Où sont les habitants ? Ils se sont enfuis, a dit Blanc avant de mourir. C'est vrai, ils ont tous gagné la montagne, les femmes, les enfants, les troupeaux, comme au temps des grandes migrations. Ils sont partis la veille dans la forêt du Luberon. On leur a dit, de source sûre, que l'évêque de Cavaillon avait donné des ordres pour qu'ils fussent tous exterminés. Le 18, ils se sont cachés dans un ravin, une gorge encaissée. Ils ont appris que l'armée occupait leur village. Dans la nuit, ils voient brûler Mérindol. Ils laissent dans le ravin les femmes et les enfants, poursuivent leur route vers le sommet et gagnent, pour combattre avec leurs frères, les villages de La Coste et de Cabrières-du-Comtat.

Dans ce village fortifié, on décide de résister. Déjà, les colonnes sont entrées en terre papale, tuant tout sur leur passage, amis et ennemis. Les pillards maintenant suivent l'armée, dévastent même les églises. Ils volent les calices, les ostensoirs en or, les cloches en bronze... Les paysans participent au partage du butin, traînant chez eux des charretées d'objets volés. Les magistrats d'Aix voient vendre sous leurs yeux les hommes valides aux recruteurs des galères.

Les colonnes campent à Cavaillon avant de faire leur jonction avec les troupes du légat Trivulcio. Cabrières est en vue, où se sont retranchés avec les habitants du village près de trois cents combattants vaudois. Les murailles ont été relevées, les rues barricadées. Les femmes et les enfants se sont réfugiés dans l'église. Ceux qui ne peuvent pas combattre se sont cachés dans les caves du château. L'armée encercle minutieusement le village, barrant toute issue. « " Rendez-vous ! " crie Paulin de La Garde... A quoi ils ne voulurent obéir, dit la chronique, ainsi pour réponse lui baillèrent tout plein de paroles injurieuses, nommant les assiégeants cafards, idolâtres, adorateurs de pierres et de bois, pantoufles du pape. »

Les trois canons du pape sont mis en batterie : l'assaut commence ainsi, le dimanche 21 avril, par un bombardement. Les vaudois, dirigés par Marron, répondent de leur mieux. Les femmes passent aux hommes les munitions. D'Oppède doit faire venir des balles et des barils de poudre de Cavaillon. Des deux côtés, les morts et les blessés sont nombreux.

On parlemente. Les vaudois proposent d'ouvrir les portes si on les laisse partir pour l'Allemagne ou si on leur promet un jugement régulier. On promet. L'évêque de Cavaillon s'engage. Ils auront la vie sauve.

Marron et ses partisans sortent les premiers, avec les femmes combattantes. Se sont-ils rendus « à discrétion », sans promesse préalable, pour tenter de désarmer moralement les parlementaires ? Ils sont aussitôt saisis, entraînés dans un pré et arquebusés. On n'épargne que le chef, Marron, et le pasteur Guillaume Serre. Le légat du pape les prend en charge. Ils sont conduits à Avignon pour y être jugés et brûlés vifs.

Les femmes combattantes sont enfermées dans un grenier à foin. Des soldats y mettent le feu. Elles périssent brûlées. Celles qui tentent de s'enfuir sont massacrées. On porte leurs têtes en triomphe au bout des pertuisanes. « Le commissaire de notre saint-père le pape, dit le chroniqueur Allagonia, dit et remontra que la sentence donnée contre eux portait qu'ils seraient tous mis à mort, leur mémoire abolie, et le lieu rasé. »

On cherche les survivants. Les soudards forcent le portail de l'église, violent tout ce qu'ils peuvent. Les corps des femmes égorgées ou éventrées tombent du haut du clocher. L'avocat général Guérin dira plus tard dans sa déposition : « Je pense avoir vu occire, dans cette église, quatre ou cinq cents pauvres âmes de femmes et d'enfants. » Il y a seulement quelques survivants : des femmes et des enfants que l'on vend comme esclaves à L'Isle-sur-la-Sorgue.

Les hommes, enfermés dans les caves du château, tentent de s'enfuir. Les soldats du pape les exterminent. Seuls, les hommes les plus robustes sont épargnés pour être vendus aux capitaines des galères. Le village de Corbières est entièrement rasé, avec ses murailles et son château. On élève une colonne sur la place centrale au nom de Jean Meynier, seigneur d'Oppède, premier président du parlement de Provence.

A-t-il été dépassé par la rage des exécuteurs ? La volonté d'exterminer les vaudois est affirmée par des textes officiels publiés par le parlement d'Aix et par le légat du pape. Allait-elle jusqu'au génocide ? Les soldats avaient-ils ordre de passer au fil de l'épée tous les hérétiques ? N'ont-ils épargné que ceux qui pouvaient présenter une valeur marchande ? La rage de tuer s'accompagnait manifestement d'un profit. On confisquait les terres, on saisissait le butin. Les archives des Bouches-du-Rhône contiennent le procès-verbal de la tournée effectuée par le bailli de Lambesc dans les villages de Roques, Mallemort, Mérindol, La Roque-d'Antheron, Saint-Estève-de-Janson, Alleins et autres lieux, afin de procéder à l'inventaire des biens et meubles « provenant des luthériens et des vaudois ». Les troupes chargées de garder le butin étaient commandées par un juge royal du comté de Martigues, Antoine Bot, et non par un aventurier. On vendait jusqu'aux récoltes, pour faire rentrer l'argent nécessaire au remboursement des frais de l'expédition. On les bradait ! Le conseiller Lafond avait vendu pour 13 000 écus des récoltes qui en valaient 100 000. Les biens meubles avaient été vendus à l'encan. Le bétail était laissé aux gens de guerre, qui le liquidaient eux-mêmes. Les terres des vaudois étaient saisies et bradées. On expropriait ainsi des régions entières.

Les seigneurs protestaient en vain. On ruinait leurs fiefs sous leurs yeux. On tuait leurs laboureurs, on brûlait les fermes, les granges, les réserves de paille et de foin. Les moulins et les fours n'étaient pas épargnés. On voyait des bandes de voleurs enlever jusqu'aux tuiles des maisons. Certains seigneurs participaient eux-mêmes au pillage, comme ceux d'Ansouis et de Cucuron. Les parlementaires de la commission auraient bien voulu légaliser le pillage. Ils étaient dépassés par leurs troupes et par une partie de la population. Le pape et le roi de France n'avaient-ils pas permis que l'on coure sus aux vaudois ?

L'appel au meurtre est irrésistible. A La Coste, un bourg dépendant des seigneurs de Simiane, des vaudois se sont réfugiés. Ils ont dressé des fortifications sommaires. Le seigneur supplie les parlementaires d'Aix d'épargner ses biens. Il prend l'engagement de désarmer lui-même ces maudits vaudois et de remettre au parlement tous les présumés coupables, tous ceux qu'on voudra bien lui désigner. Il rasera lui-même les fortifications. Le seigneur de Simiane n'est pas suspect d'hérésie. Il offre de désigner des victimes expiatoires, choisies au hasard, que l'on tuera pour l'exemple. Il va faire ouvrir quatre belles brèches dans les murailles, pour que La Coste soit ouverte.

Les soldats se lancent à l'assaut, sans attendre, semble-t-il, les avis ou les ordres du premier président. On brûle toutes les maisons, après les avoir soigneusement pillées. Les hommes sont exterminés à l'arme blanche. Les femmes sont rassemblées à l'écart, dans un verger proche du château. « Les mères tenaient leurs filles étroitement serrées dans leur bras, raconte le père Papon, un oratorien. Elles les disputaient aux soldats... et, lorsqu'elles furent forcées de les abandonner, elles leur jetaient un couteau et les exhortaient à se percer le sein, plutôt que de subir le déshonneur qui les attendait... On assure même qu'il y eut deux femmes qui se pendirent de désespoir, parce qu'on fit violence à leurs filles sous leurs yeux. » On viola une fille blessée à mort qui s'était jetée du haut des remparts.

Les capitaines Beaudoin et Labbé, responsables de la troupe, furent mis en état d'arrestation par le président d'Oppède. Mais, semble-t-il, ils ne furent pas châtiés. Les vaudois tenaient encore la montagne. On avait besoin des soldats. D'ailleurs, le légat donnait l'exemple des atrocités. Un espion avait dénoncé la population de Murs, qui s'était réfugiée dans les cavernes. Le légat donna des ordres. On tenta de faire sortir les « hérétiques » de leur trou en les arquebusant. Mais à quoi bon gaspiller des munitions ? N'était-il pas plus simple de les enfumer ? Aucun ne survécut.

D'Oppède, cependant, poursuivait les vaudois dans la montagne. Rentrant lui-même à Aix, le 3 mai, il chargea Redortier et Joseph d'Agoult de cette tâche. Au lieu de parcourir les bois, les soudards continuèrent à commettre les pires excès autour du Luberon. En un mois, on avait brûlé plus de 900 maisons, détruit 24 villages, massacré plus de 3 000 personnes et envoyé 670 hommes aux galères. On allait, en plus, faire mourir de faim les malheureux errants du Luberon. L'arrêt du parlement, le 24 avril, interdisait de leur porter assistance, sous peine « de confiscation de corps et de biens ». On ramassait dans les champs les cadavres de vagabonds morts de faim. On dit que certains mangeaient de l'herbe pour survivre.

D'Agoult s'était installé, pour traquer les fugitifs, à la Tour-d'Aigues. Sa cavalerie rayonnait dans tous les villages voisins, multipliant les atrocités. Les paysans devaient faire le voyage d'Arles ou de Marseille pour retrouver leurs enfants et tenter de les racheter. Un certain Jacques Allard avait ainsi payé neuf écus pour reprendre sa fille, vendue par d'Agoult... Le président d'Oppède avait dû écrire à Redortier et à Vaujuine, le 18 mai, « que la cour et lui étaient avertis qu'ils ne font autre chose que piller et ravager les sujets du roi, bons et fidèles, n'ayant égard à personne, forçant et violant les femmes, qui sont choses scandaleuses ». Le parlement avait envoyé deux de ses conseillers pour enquêter. Ils étaient revenus épouvantés : les paysans, autour du Luberon, ne pouvaient plus travailler. Quand ils se mettaient aux labours, des soldats venaient s'emparer de leurs bœufs. Les femmes dans les champs étaient détroussées, on les laissait en chemise. On saisissait le bétail dans les étables. On voyait sur les chemins « une grande troupe d'hommes, de femmes, filles et enfants, courant et vaguant par le terroir de Rossillon ». Il était urgent, dirent les parlementaires, « qu'on les mette à couvert et qu'on leur donne à manger ». Sur leur rapport, le parlement rendit un nouvel arrêt autorisant les autorités et la population à secourir les vaudois : c'était, enfin, l'apaisement. Redortier était désavoué.

Mais le coupable de la tuerie, le responsable, le premier président ? Prenant les devants (car il n'ignorait pas que la répression avait causé de graves préjudices aux seigneurs du lieu), il dépêcha à Paris son gendre, Pourrières, qui avait lui-même participé aux opérations. Il remit au roi un rapport qui était déjà un plaidoyer. Celui-ci fit la sourde oreille. Il ne pouvait manquer d'être attentif aux plaintes de la dame de Cental, baronne de Boulier, qui possédait des biens immenses dans le marquisat de Saluces, si utile au roi quand il faisait la guerre en Italie. La dame a perdu douze mille florins de rente et ne prend pas l'affaire à la légère. Elle a saisi le Parlement de Paris.

Le roi ordonne une enquête. Le parlement d'Aix doit rédiger un procès-verbal de l'expédition. Le cardinal de Tournon soutient à fond la cause d'Oppède. Par lettres patentes du 8 août 1545, François Ier approuve « tout ce qui avait été fait contre les vaudois » et demande que l'on mette tout en œuvre pour « exterminer cette maudite secte ».

Calvin et Farel sont atterrés. Ils font le tour des villes suisses et vont jusqu'à Strasbourg pour réunir des secours en faveur des vaudois. Les Strasbourgeois acceptent d'écrire à François Ier. « Chers et particulièrement bons amis, leur répond-il, nous vous avons fait savoir que jamais nous ne nous sommes occupés, en quoi que ce soit, des coutumes et manières de voir de vos sujets... Nous sommes donc bien étonnés de voir que vous voulez intervenir dans les disputes de nos sujets et vous en mêler, ainsi que des punitions et instructions que nous donnons contre eux ! » Il explique aux Suisses que les vaudois sont de mauvais sujets, et qu'ils ont été châtiés parce qu'ils ont refusé de payer les dîmes. Ni Calvin ni Farel n'obtiennent de secours des villes suisses... « Bénissons le Seigneur, dit Calvin à Bèze. Chacun de nous, qui sommes les confesseurs de la vérité, lui vaudra mille prosélytes, et chacun de ces martyrs dix mille. »

A la mort de François Ier, le vent tourne. D'Oppède, qui poursuit la persécution, a fait arrêter deux gentilshommes provençaux soupçonnés d'hérésie, François d'Albenas et Roland de Murs, qui ne manquent pas d'amis au Parlement. Le cardinal de Tournon, défenseur d'Oppède, est en disgrâce auprès du nouveau roi Henri II, qui désigne en 1550 une commission, la Chambre de la reine, pour juger d'Oppède, l'avocat général Guérin, ainsi que La Garde et le légat d'Avignon. Va-t-on punir tous les responsables du massacre ?

Le réquisitoire d'Aubery, procureur général, est féroce à l'égard des parlementaires d'Aix, et particulièrement d'Oppède et de Guérin, accusé de malversation et de faux monnayage. Le roi, dit-il, a été mal informé : on l'a prévenu contre les hérétiques, qui voulaient négocier et seraient venus à composition. C'est d'Oppède qui a déformé la vérité. Il a retenu en Provence des troupes qui auraient été plus utiles au roi à

Boulogne. Il a pris, sans ordres, la responsabilité des massacres. Il n'a pu empêcher celui de La Coste, le plus atroce. Enfin, en refusant les secours aux errants du Luberon, il les a condamnés à mourir de faim.

D'Oppède se défendit lui-même, et son éloquence lui permit de sauver sa tête : il n'avait agi qu'en prenant conseil de son parlement et n'avait attiré les soldats qu'après en avoir référé au roi. Il ne pouvait être tenu pour responsable de massacres qui avaient eu lieu dans les Etats du pape. A La Coste, il n'était pas présent, et les capitaines avaient été dépassés par leurs troupes. Il n'avait, dit-il, aucun remords à avoir exterminé les vaudois. Il n'avait fait que se conformer aux désirs exprimés plusieurs fois, et publiquement, par les arrêts royaux.

D'Oppède était libéré, confirmé dans ses fonctions. Tous les prévenus étaient acquittés, sauf Guérin, qui fut condamné à mort pour d'autres motifs. Il fut pendu à Paris et sa tête fut envoyée à Aix pour y être exposée publiquement. Meynier d'Oppède devait être nommé par le pape chevalier de Saint-Jean-de-Latran et comte palatin.

Et les vaudois ? Un certain nombre d'entre eux purent gagner Genève, où ils furent bien reçus. Leur pasteur, Jean Perrier, avait raconté comment ils avaient dû se sauver en chemise, lui et ses amis. On leur donna des secours. On les fit travailler aux fortifications de la ville. Ils étaient logés à l'hôpital. On leur distribua, par la suite, des terres incultes à Jussy et Peney.

D'autres vaudois furent assez heureux pour gagner les communautés du Dauphiné, et, du Vercors, passèrent en Piémont où ils reçurent également l'assistance de leurs « frères ». Un certain nombre d'entre eux réussit à passer le Rhône à Avignon, à Pont-Saint-Esprit, pour s'installer clandestinement dans le royaume. Ils bénédiciaient, dans les villages de la rive droite, de certaines complicités.

Ainsi, les vaudois devenaient-ils les plus précieux auxiliaires du calvinisme militant : ils aidaient puissamment l'homme de Genève à prendre pied dans les Cévennes et le Languedoc.

5.
Huguenots de langue d'oc

Des deux côtés du pont Saint-Esprit, ou du pont d'Avignon, on parle la même langue. Les vaudois n'ont pas tous gagné Genève ; quelques-uns ont passé clandestinement le Rhône pour se retrouver en pays de langue d'oc.

De chaque côté du fleuve, les vallées se correspondent. De la Durance, on suit le Gard, puis le Gardon, jusqu'à la Cévenne. De l'Aygue, on rejoint la Tave ou la Cèze, ces charmants petits rapides où les truites se sentent à l'aise. Par Pont-Saint-Esprit, on débouche sur la vallée de l'Ardèche qui conduit à Aubenas.

Ces vallées ne sont pas perdues : les voyageurs de Lyon, d'Avignon, de Beaucaire, les remontent. Ils traversent aussi la montagne, de Lyon à Nîmes, par Bagnols-sur Cèze, de Lyon à Montpellier, par Le Puy et Alès en Ardèche. Ceux qui travaillent la laine ou les peaux ont toujours les yeux fixés sur les grandes foires de Lyon. En s'installant dans les Cévennes, les vaudois, certes, ont cherché un refuge. Mais ils ont aussi voulu rester, par Lyon, en contact avec Genève où sont maintenant leurs frères.

Aux paysans, aux artisans qui les recueillent, ils évoquent les atrocités, ils donnent tous les détails possibles sur le génocide. Cela ne surprend pas en Languedoc. La tradition rapporte que, quatre siècles plus tôt, les seigneurs du Nord ont exterminé les habitants de Béziers. Le pape et les évêques donnaient alors la chasse aux cathares. Les cathares ont disparu, avec le temps. Mais non le souvenir de leur agonie.

Les réfugiés vaudois racontent aussi que les évêques et leurs soudards ont systématiquement pillé leurs terres. S'ils sont aujourd'hui « en chemise », c'est qu'on leur a tout pris : le bétail, les instruments de culture. On a même vendu, à l'encan, leurs récoltes sur pied.

Ces récits inspirent une émotion puissante aux habitants des Cévennes. Depuis vingt ans, les villageois ont reçu des moines étranges, des prédicateurs venus du Nord qui dénonçaient les vices du clergé, la non-résidence des évêques, et demandaient le retour à la pureté. Mais le vieux pays cathare ne s'était pas aussi facilement réveillé aux accents germaniques d'une « Réforme » qui n'intéressait, à vrai dire, que les clercs des universités de Toulouse et de Montpellier. Il y avait beau temps que les descendants des cathares, les survivants des bûchers du XIIIᵉ siècle, tapis dans les montagnes, s'étaient fait oublier. On ne trouvait plus, dans les villages, de candidats à la « perfection ». Les moines prêchaient des convaincus. Ils savaient bien, les paysans des Cévennes, que les évêques étaient cupides et les curés ignorants. A quoi bon le leur répéter ?

Les vaudois, en revanche, rappelaient une menace précise : celle de la persécution. Ainsi, l'Inquisition, de sinistre souvenir, était encore capable de tuer... La bête romaine n'était pas morte ; elle pouvait de nouveau, comme les loups géants du Gévaudan, répandre la terreur.

Les paysans de Cabrières ou de Mérindol ne parlaient pas le français et n'avaient pas lu, comme les clercs de Montpellier, les livres de Luther. Peu d'entre eux connaissaient vraiment l'écriture. Mais ils savaient trouver les mots vrais pour évoquer la persécution. Ils racontaient l'impuissance de leurs seigneurs : la dame du Luberon qui n'avait pas su trouver grâce auprès du roi et le mauvais sire de La Coste qui voulait dresser lui-même la liste des victimes expiatoires. Pour garder leurs revenus, les seigneurs étaient prêts à livrer leurs hommes. Cela faisait réfléchir.

Le roi ? Tous les arrêts rendus en son nom, qu'ils fussent indulgents ou impitoyables, exigeaient la conversion. Le roi n'avait jamais admis leur foi. Il avait seulement changé de politique, levant finalement la main pour les livrer aux parlementaires d'Aix, quand l'intrigue nouée par le cardinal de Tournon, tête agissante de la répression, l'avait emporté dans son esprit sur les velléités de conciliation qui lui étaient inspirées par le souci de sa politique étrangère. Ni les Suisses ni les Allemands n'avaient pu les sauver.

C'était folie de penser que le pouvoir monarchique, engagé depuis 1540 dans une politique de persécution renforcée, pouvait être sensible à la tolérance. Le procès ouvert contre le premier président d'Oppède n'était pas destiné à réhabiliter les martyrs, mais à satisfaire les seigneurs plaignants. Il s'était terminé sans dommage : les parlementaires d'Aix et les incendiaires du Luberon étaient absous.

L'expédition avait donné toute satisfaction, comme une

croisade. L'herbe ne repousserait plus à Mérindol. Les victimes n'avaient pas eu la moindre chance de survie. Les vaudois n'avaient pas, pour se défendre, une armée de seigneurs bardés de fer, comme jadis les cathares. Ils avaient résisté avec leurs pauvres moyens, mettant leurs villages en position d'auto-défense. On ne leur avait rien épargné : l'encerclement de la montagne, la levée de « volontaires » dans le pays, l'engagement de professionnels de la guerre.

Ils oubliaient, dans leurs récits, les « bons » évêques, comme Sadolet de Carpentras qui voulait éviter le massacre. Ils parlaient de l'évêque-soldat de Cavaillon qui tuait sans merci, ou d'Antonio Trivulcio, le vice-légat. De village en village, ils soulevaient l'indignation et la crainte : était-on revenu au temps des grandes terreurs ? On les recueillait comme des frères, on les cachait, on les hébergeait, en dépit des arrêts du parlement de Toulouse qui ordonnait de les dénoncer. Calvin avait raison : les martyrs sont les meilleurs propagandistes. Les Mérindoliens parlaient la langue de leurs bienfaiteurs. Ce qu'ils disaient touchait infiniment plus que les discours contre les idoles tenus par des moines étrangers.

Ils racontaient, en langue d'oc, comment ils avaient pu échapper à l'encerclement. Les plus faibles n'avaient pu soute-nir l'épreuve. Des enfants, des vieillards étaient morts de faim. Les gens des Cévennes, en période de famine, avaient vu ce spectacle vingt fois. Mais ils frémissaient d'indignation en pensant que des chrétiens, et non les intempéries, avaient cette fois forcé d'autres chrétiens à manger de l'herbe pour survivre.

Qu'on ne s'étonne pas si la « Réforme » a aussi trouvé une audience profonde dans le tissu rural du Languedoc. Les rescapés de Mérindol ont fait le nécessaire.

Ils tombaient sur un terrain préparé : les temps étaient trop durs pour que les paysans ne songent pas à remettre en question leurs rapports avec les seigneurs-évêques et les seigneurs-abbés. La dîme, en période de disette, est le plus intolérable des impôts, quand il est dû à des gens qui ne résident même pas. Les villages entiers qui passent à la Réforme dans les plaines du bas Rhône n'ont pas attendu Mérindol pour entrer en dissi-dence ; ils avaient parfois à leur tête leurs curés et leurs syndics. A partir de 1530, les pierres de taille des constructions sont curieusement marquées au burin par les maçons : on y voit des moines à têtes d'âne...

1530, précisément, est une année de peste et de famine. Les cordeliers multiplient les prêches contre les abbés trop riches et les évêques scandaleux. On pend et on brûle certains de ces prédicateurs, à la demande du roi et du parlement de Toulouse. La Réforme est-elle liée à la crise ?

On a parlé, dans ces régions, d'une « tragédie du blé ». Depuis 1526, les récoltes sont constamment mauvaises. La période de malheur dure jusqu'en 1534. Près de dix ans ! Les responsables font ce qu'ils peuvent. Ils achètent et distribuent du blé d'importation qu'ils se procurent à Marseille. Ils ouvrent des centres d'accueil dans les villes, ils envoient des secours aux villages. Mais les affamés sont trop nombreux. Les familles s'endettent pour acheter la semence à des taux usuraires. Le prix du blé augmente, entraînant la hausse générale. Les paysans endettés sont chassés de leurs terres et viennent grossir l'immense troupeau de vagabonds que l'on signale, en 1532, aux portes des villes. En 1533, note Le Roy Ladurie, « le pays nîmois est infesté de mendiants, suite de l'extrême misère qui règne ici depuis quelque temps ».

Jusqu'en 1560, la masse des pauvres s'accroît, même si la peste les abat plus vite que les autres. La crise marque la fin d'une période, celle où les campagnes pouvaient nourrir sans difficulté les couches nombreuses, issues de la reprise démographique de la fin du XVe siècle. Désormais, les usuriers ne font pas de quartiers. Ils ont souvent pris en ferme, pour les seigneurs-abbés, la levée des dîmes. Ils s'exécutent avec détermination, accaparant les ressources disponibles, recherchant les sacs de blé dissimulés dans les greniers. Qui est responsable de ces excès ? Les maîtres, évêques ou abbés, qui les laissent faire. Pourront-ils encore, demain, lever la dîme ?

Ces impôts, payés le plus souvent en nature, sont ceux qui rapportent le plus dans la pénurie. Qu'importe si leur levée condamne à mort des populations au bord de la famine. Il faut s'enrichir. Les chanoines du chapitre de Béziers n'ont jamais été plus gras. Ils héritent sans cesse de nouvelles terres. Pour accroître encore leurs revenus, ils rognent sur les salaires de leurs ouvriers agricoles dont ils diminuent les rations de vivres. La piquette, le pain de seigle et les jarres d'huile d'olive n'ont jamais été distribués avec plus de parcimonie. Les chanoines de Narbonne réduisent, en 1550, le nombre de porcs consacrés à la nourriture de leurs manœuvres. Le mécontentement des salariés du monde des cultures va croissant. La révolte gronde contre les maîtres, surtout s'ils portent soutane.

Le refus de payer la dîme, constaté chez les vaudois de Provence et dans le pays lyonnais, se généralise dans la vallée du Rhône pendant les années de disette. En 1540, il affecte le pays nîmois. A partir de 1550, il se répand dans les Cévennes. Dix ans plus tard, il aura franchi le seuil de Naurouze, jusqu'en Agenais.

Les « huguenots de dîme » n'obéissent certes pas aux mots d'ordre des pasteurs. Jamais les calvinistes n'ont prêché ce genre de révolte. Du moins, ceux de Genève. Mais les agents des évêques ont tôt fait d'assimiler les réfractaires aux « luthériens » et de les traiter en hérétiques. Ils sont poursuivis comme tels. Quoi d'étonnant si leur révolte spontanée, qui mettait en question un aspect de l'ordre seigneurial, les rend disponibles pour une autre révolte, de nature religieuse, qui leur est d'autant plus accessible qu'elle est prêchée en leur langue par les artisans des villages cévenols ?

Ces mangeurs de châtaignes, de plus en plus nombreux sur leurs terres, sont en même temps paysans et artisans. Ils ont cherché d'autres sources de revenus que la terre. Certains se sont faits orpailleurs, cherchant l'or dans le lit des torrents. D'autres ont exploité le « charbon de terre », dont les gîtes étaient nombreux autour d'Alès. Ils travaillent dans les « moulins à battre le fer », dans les moulins à huile, dans les moulins à fouler le drap. Les villages très peuplés des Cévennes — certains ont doublé en un demi-siècle — comptent de nombreux artisans-paysans qui sont tisserands, tonneliers, cardeurs de laine. Autour d'Anduze, s'est installée depuis le XIIIe siècle la « soie de montagne » qui se vend à Avignon. On plante de nouveaux mûriers dans la région, surtout à partir de 1540.

La soie, le cuir : le marché lyonnais en réclame. Les tanneurs, corroyeurs, savetiers prolifèrent. Les muletiers et marchands « de grands chemins » viennent acheter leurs produits. Ils apprennent à compter, à signer, bientôt à lire. La langue du Nord a gagné déjà dans les villes de la plaine. Utilisée à Montpellier depuis la fin du XVe siècle, elle a forcé les portes d'Uzès, d'Alès, de Romans. Les écoles s'ouvrent, même au village. On a soif de s'instruire, et pas seulement pour le commerce : on veut savoir lire les catéchismes et les petits recueils de psaumes, dorés sur tranche, que les vaudois ont rapportés de la Durance. La langue française n'est pas seulement celle des juristes et des marchands, elle est aussi celle de Farel et de Calvin. Il faut l'apprendre. De Montpellier, de Nîmes, des petits « régents » grimpent dans les villages des gardons d'Alès et d'Anduze, dans les vallées du Vidourle et du haut Hérault. Les moins pauvres des paysans envoient leurs enfants dans ces écoles, ouvertes par les syndics, quand ils n'y vont pas eux-mêmes, le soir, pour apprendre à lire.

Pourquoi les artisans du textile, à Anduze comme à Lyon ou à Meaux, sont-ils avides d'idées nouvelles ? Par haine du clergé ? C'est vrai, on les voit se moquer de « Jean Blanc », le prêtre qui porte l'hostie consacrée. Comme les maçons du Rhône, ils ne veulent plus acheter d'indulgences aux moines ni obéir aux prêtres. Des témoignages montrent les cardeurs de laine ou les tisserands chanter au cabaret, en buvant, les psaumes de Marot. Pour le moment, chanter les psaumes, c'est demander la liberté. Le « correcteur » Calvin n'est pas encore passé par là. La Réforme est seulement l'expression joyeuse d'une révolte, une sorte de provocation. C'est l'ordre social qu'ils bafouent, avec l'Eglise.

Mais, à ce compte, tous les paysans opprimés, tous les salariés agricoles des chanoines seraient devenus très vite des huguenots... On ne le voit nulle part. Ceux qui se convertissent durablement le font à l'exemple des maîtres et, dans les « vallées des pasteurs », à l'instigation des plus instruits parmi les artisans de village, ceux qui peuvent lire et commenter les Ecritures. Les « huguenots de cuir », ces fougueux propagandistes, ne sont pas des « huguenots de cabaret ». Ils prêchent dans leur boutique, en tirant l'alêne, et recrutent des adeptes dans leur clientèle. Ceux-là ne découvrent pas la religion des vaudois. Ils ont déjà entendu parler de Luther et de Calvin, par les marchands des grands chemins. Ils sont l'élite intransigeante du mouvement religionnaire, ils enseignent à leurs adeptes comment vivre selon l'Evangile. Leurs femmes sont particulièrement exigeantes sur les questions de morale. Pour ces nouveaux chrétiens, il ne suffit pas d'abattre les croix ni de briser des statues, ils veulent redécouvrir la vertu et l'imposer à leurs proches.

Les cardeurs et les tisserands, les cordonniers et les savetiers de village, les maîtres tanneurs, ces aristocrates des métiers du cuir, respectent et répandent la morale prêchée par Genève. Dans les campagnes, les conversions se font à l'instigation des chefs de famille, fort respectés dans les Cévennes. Il suffit que les patriarches décident d'obéir aux pasteurs, pour que les bancs se vident à l'église : les familles et la domesticité changent aussitôt de religion. Olivier de Serres, maître d'un grand domaine du Vivarais et agronome huguenot, a, plus tard, décrit dans son *Théâtre d'agriculture et mesnage des champs* ces nouvelles contraintes imposées au milieu rural. Avant d'être éducatrice, la Réforme devenait moralisatrice. Les valets de ferme étaient, dira Serres, d'une « humeur perverse ». Il fallait combattre « le mal causé par leur mauvais naturel », car ils étaient « putains et larrons ». L'agriculture était « commandée par la bouche de Dieu », elle était « l'occupation la plus sainte ». Comment tolérer qu'elle soit pratiquée par des valets paillards ? Il faut combattre la licence et même les excès de table. Les pauvres brassiers huguenots auront encore moins de

piquette que les laboureurs des chanoines de Narbonne.
« Etant votre maison reconnue comme celle de Dieu, dit
Serres, Dieu y habitera, y mettant sa crainte. » Craignez,
manants ! Bientôt seront dénoncés les putains de hameaux et les
adultères de vendanges. Le peuple des Cévennes a rejeté la
contrainte des prêtres. Il apprendra à connaître celle des
pasteurs. Paiera-t-il moins de dîme ? Il n'est pas question qu'il
échappe à cet impôt sacré. Le nouveau maître ne tarde pas à lui
recommander la ponctualité et l'obéissance. Ce Jean de Lan-
cyre, décrit par Le Roy Ladurie, est chef d'exploitation dans les
Cévennes et maître absolu d'une nombreuse parenté qui cultive
avec valets et domestiques plus de trois cents hectares. Jean est
un notable fraîchement converti. Il refuse, au nom de sa
« tribu », de payer la dîme due au prieur. Mais il paiera, dit-il,
« aux gens du saint Evangile ». La morale est sauve, la société
aussi.

Le modèle cévenol, où les artisans des bourgs et les maîtres
de cultures assuraient la conversion et l'encadrement de la
masse paysanne, se retrouvait plus au nord, dans les vallées du
Vivarais, autour d'Aubenas et, plus au nord encore, autour
d'Annonay. Les Lyonnais étaient directement responsables de
la conversion des artisans du papier. Annonay avait accueilli
des prédicateurs dès 1528. Elle avait été très vite touchée par la
persécution. Un cardinal originaire de la ville y avait envoyé les
reliques de sainte des Vertus, vierge et martyre, fille de sainte
Félicité. Elles étaient enfermées dans une châsse d'argent et
donnaient lieu à une procession, le jour de l'Ascension, où se
multipliaient les manifestations de foi naïve. Chacun, ce jour-
là, voulait toucher la châsse. Un fidèle trop entreprenant avait
voulu regarder à l'intérieur. Il était devenu aveugle... Un
moine, Machopolis, avait prêché violemment contre ces pratiques. On l'avait chassé. Un autre moine, Renier, avait été
arrêté et brûlé vif. Il faut croire que les convertis étaient
cependant nombreux à Annonay puisqu'un « régent », Jonas,
était venu de Montpellier pour répandre la bonne parole en
apprenant à lire et à écrire. Il avait été arrêté, avec vingt-cinq
habitants. Un marchand riche, venu d'Annonay, avait été brûlé
à Lyon pour avoir refusé de s'agenouiller devant une statue de
la Vierge, lors d'une procession. Sa mort, aussitôt connue, fit
sensation. Elle avait valeur d'exemple. Plusieurs années plus
tard, en 1546, le parlement de Toulouse décidait d'allumer un
bûcher sur les lieux mêmes de l'hérésie, dont les progrès étaient
spectaculaires. Un certain François d'Augy y périt. Il n'était pas
du pays. On lui fit avouer qu'il venait de Genève. « Courage,

mes amis, dit-il en mourant, je vois les cieux ouverts et le Fils de Dieu qui s'apprête à me recevoir. » Quelle force pour la cause, que des martyrs de cette qualité !

La répression des parlementaires toulousains frappait à tort et à travers dans un pays sauvage, ignoré. Les victimes étaient dénoncées, arrêtées, aussitôt condamnées. On fit périr un pauvre marguillier, accusé d'avoir dérobé une hostie consacrée. Vers 1560, les autorités songeaient à envoyer la troupe à Annonay, tant la mission des parlementaires avait été inefficace. Comment interrompre, sur le chemin de Lyon, la circulation des hommes et des idées ?

De Lyon, venaient aussi, en Velay, les premiers prédicateurs qui furent brûlés au Puy. Marcellin, supplicié en 1531 place du Martouret ; Antoine d'Archis, d'origine picarde, arrêté en 1538 par l'official et conduit à Toulouse, où il devait mourir en prison. De Lyon ou d'Auvergne, l'Inquisition était particulièrement vigilante au Puy, où elle pouvait saisir les voyageurs, aisément repérables, dans les auberges de la ville. Les prédicateurs de Genève et les colporteurs de bibles y faisaient halte volontiers. En 1552, on coupe la langue à deux pasteurs pour les empêcher de chanter pendant leur supplice, place du Martouret. 12 000 personnes, si l'on en croit la chronique, y assistent en 1555 au supplice de Pierre Barbat, un Auvergnat de Bort, et de Jehan Fieure, un Auvergnat de Besse, tous deux porteurs de livres « luthériens ». Un colporteur, coupable d'avoir vendu des catéchismes de Calvin, est arrêté, condamné à l'amende honorable, en chemise et le fagot sur le cou, puis brûlé. Le parlement de Toulouse condamne aux galères un colporteur venu de Sembadel, en Auvergne. Les gens du Puy le réclament. Il subit le supplice dans la ville, pour l'exemple.

Lyon et Genève d'un côté, les Cévennes et le Languedoc de l'autre, les hautes vallées sont ouvertes aux missionnaires et aux marchands de livres. Ceux-ci ne touchent pas les paysans. Les Boutières ou le haut Vivarais n'offrent que des sentiers pour cavaliers endurcis. On y récolte les châtaignes, le blé dans les creux, le chanvre pour les habits. Il n'y a pas, comme en Cévennes, de tissu serré d'artisans de village. Mais, dans les villes, les liens avec Genève sont évidents. Les consuls, les syndics, les notables sont tout de suite sensibles à la propagande, à Aubenas comme à Privas. Jacques Valléry, qui prêcha le premier dans l'église de Privas en 1534, fut immédiatement suivi : ses adeptes mangèrent ostensiblement de la viande en carême. Valléry, vicaire de l'église paroissiale, n'était pas un étranger... Quand il dut s'enfuir, parce que ses prêches agitaient les paroissiens, il gagna Genève. Après son départ, la répression fut immédiate : deux prêtres furent massacrés, plusieurs notables arrêtés, torturés et brûlés. Maître de Suchèle, notaire dans la ville, fut banni. Comme tous ceux qui purent s'échapper, il trouva refuge à Genève.

L'action des prédicateurs est aussi efficace dans les villes de moindre importance, comme Villeneuve-de-Berg, Vals ou Vallon. Elles sont touchées plus tardivement. On y constate des troubles, un début de répression. Des notables sont arrêtés, d'autres s'enfuient. A l'évidence, les hommes de Genève ont établi des contacts réguliers et disposent d'un appareil clandestin, que la répression n'a pu éliminer.

Le parlement de Toulouse, responsable de l'application des édits royaux dans toute la région, n'a pu empêcher les infiltrations spectaculaires du Vivarais et du Velay ni le ralliement des « vallées des pasteurs ». L'action secrète des vaudois n'est sans doute pas étrangère à la conversion des villages. Mais il faut aussi envisager la proximité des villes de la plaine, qui ont opposé aux mesures répressives une résistance sournoise, conforme à l'attitude traditionnelle des municipalités de Languedoc, toujours hostiles à l'ingérence du pouvoir royal dans leurs affaires.

Nîmes, Béziers, ne sont pas de grandes villes marchandes à l'italienne. Leur population ne dépasse pas 10 000 habitants. Elles sont en décadence depuis la fin du XVe siècle, car le trafic avec l'Orient se fait désormais par Marseille. Leur richesse vient de plus en plus de la terre. Avec ses 15 000 habitants, Montpellier fait figure de capitale. Enrichis par le grand commerce aux siècles précédents, les marchands y sont encore nombreux. Les bourgeois de robe et les professeurs d'université constituent un milieu cultivé, francisé, qui achète les livres de Genève et de Lyon, car il n'y a guère d'imprimerie dans la ville. Les « dynasties d'arrivistes, d'humanistes, et de gangsters », dont parle Le Roy Ladurie, dominent la municipalité et fournissent un modèle de promotion sociale, auquel les artisans sont sensibles. Les maîtres cardeurs, les tisserands, les drapiers veulent aussi envoyer leurs enfants à l'université. Les drapiers achètent l'alun du pape pour teindre eux-mêmes leurs étoffes, et leurs femmes fabriquent le « verdet », une teinture issue du vert-de-gris. Les artisans parlent le français et ont des liens étroits avec leurs collègues des Cévennes qui leur confient souvent leurs fils en apprentissage.

La promotion, pour tous les notables, c'est d'abord l'achat des terres, qui permet, plus tard, l'anoblissement et qui, dans l'immédiat, constitue le seul placement sûr. Ils ont d'abord racheté les parcelles des petits paysans que la crise mettait en difficulté. Ils ont engagé les paysans ruinés comme ouvriers agricoles, pratiquant le « faire-valoir direct » : 20 % de la population de Montpellier se composait de paysans sans biens, qui partaient le matin dans les campagnes proches pour travailler la terre des bourgeois. Les nouveaux propriétaires sont des maîtres très durs. Ils paient encore plus mal que les chanoines. Pour accroître les profits, ils abaissent les salaires sans vergogne. Pourquoi se gêner ? La main-d'œuvre est nombreuse. Olivier de Serres, en Vivarais, l'expliquera clairement. « Quant au salaire du mercenaire, écrit-il, il faut qu'il soit le plus petit possible. » Plutôt que de rechercher une amélioration des rendements (ils sont faibles, dans la région, de 6 à 8 quintaux de blé à l'hectare), les bourgeois engagent des ouvriers supplémentaires sur les terres nouvellement acquises. La main-d'œuvre est le fond qui manque et qui coûte le moins.

Le clergé reste le plus grand propriétaire de la région. Depuis le temps béni où il a confisqué, avec les seigneurs du Nord, les terres « en proie » des nobles cathares, il n'a cessé d'arrondir son avoir. On ne peut plus guère s'étendre en Languedoc qu'à ses dépens. Mais l'Eglise ne veut rien vendre. Elle profite comme les bourgeois de la crise agricole, elle continue d'engranger les dîmes en nature. A Nîmes, à Narbonne, chanoines et abbés surveillent eux-mêmes les cultures. Les bourgeois enragent de ne pouvoir racheter leurs terres. Un magistrat de Montpellier, Jacques de Sarret, s'est constitué un grand domaine de 360 hectares. Puisque les chanoines, ses voisins, ne veulent rien lui vendre, il loue leurs terres et les exploite à son profit. Avec ses 25 paires de bœufs et sa main-d'œuvre infatigable, il a tous les moyens de s'enrichir. Il ne serait pas fâché que, pour des raisons politiques, le clergé fût contraint de vendre.

Avec les terres, les charges et les offices étaient un autre moyen de grimper dans l'échelle sociale : les artisans riches envoyaient leurs enfants à l'Université, comme les grands bourgeois, parce que les grades donnaient accès aux fonctions. Il fallait être docteur pour être magistrat ou officier du roi. Le tiers des bénéfices ecclésiastiques, qui rapportaient gros, était réservé aux gradués d'université. Les fils de marchands et d'artisans rêvaient d'être avocats, procureurs ou chanoines, sans s'estimer astreints aux devoirs religieux. Ils porteraient la barbe et négligeraient la tonsure, attentifs seulement au rapport de leurs charges. C'est pourtant parmi ces jeunes gens cupides et cyniques que se répandirent rapidement les idées évangéliques.

Il faut dire que l'université de Montpellier ne ressemblait à aucune autre. Elle était la seule en Languedoc qui ne dût rien au pape, peu au roi de France, et qui eût une tradition de totale liberté. Celle de Toulouse, sa rivale, avait été jadis créée par le roi, au lendemain de la croisade des albigeois, pour « franciser » le Midi et fournir aux évêques et abbés des théologiens d'une orthodoxie à toute épreuve — au besoin, des inquisiteurs. Les maîtres de Montpellier ne devaient rien à l'évêque de Maguelone, leur tuteur théorique. Ils recevaient quelques bienfaits du roi, qui avait créé un « Collège royal » de quatre régents pour la médecine. On savait dans toute l'Europe que les maîtres de Montpellier avaient hérité du savoir des Arabes et de celui des Juifs. L'université laïcisée accueillait des étudiants flamands, allemands, suisses, tous grands lecteurs de Luther et de Mélanchton. Ils vivaient en « nations », élisaient entre eux chaque année un « abbé de jeunesse » et donnaient dans la ville, à l'occasion du carnaval, des spectacles peu édifiants. Les juristes, qui apprenaient le droit canon, étaient plus calmes, mais les jeunes gens de la faculté des arts, qui recrutait beaucoup dans les Cévennes, en Provence, dans le Gévaudan, étaient fort agités. Nombre de prédicateurs et de régents des « vallées des pasteurs » furent formés à l'école mage de cette faculté où les professeurs, venus de Lyon, d'Orléans ou de l'étranger, encourageaient la lecture des humanistes et des évangélistes.

Les manifestations d'étudiants amusaient les bourgeois, mais inquiétaient les responsables. Certaines furent réprimées : elles menaçaient l'ordre monarchique. A la fête des Rois, en 1527, les étudiants en médecine avaient monté une « moralité » (un spectacle sur tréteaux racontant, avec des personnages de théâtre, une histoire soi-disant moralisante). Un de leurs personnages s'appelait « l'Etat d'Eglise », un autre « le Pouvoir royal répresseur », un troisième « Folle Putrescence ». On imagine la moralité... Quelques mois plus tard, toutes les fêtes étaient supprimées, même celle du roi de carnaval. Les étudiants protestataires étaient arrêtés, traduits en justice. Etienne Florimond, Guillaume Carvel et Etienne du Temple étaient excommuniés par l'Inquisition, emprisonnés à Toulouse. Ils ne furent sauvés que par l'intervention du Conseil d'Etat qui retira leur affaire à l'inquisiteur de Toulouse.

Ainsi, la Réforme avait pénétré largement le milieu étudiant. Tous n'étaient pas d'accord : les juristes restaient orthodoxes. Deux partis s'affrontaient. Mais les réformés étaient les plus remuants, les plus décidés. Un certain Le Comte, prénommé Apollon, révolutionnait la faculté de droit. Le directeur de l'école mage, en 1535, n'était autre que ce Jonas qui s'était distingué à Annonay. Le régent Poujol, de Jonquières, et Pierre Chamier, d'Uzès, étaient de rudes agitateurs. Un autre régent, Guillaume Lévêque, baptisé « Episcopus », devait devenir par la suite pasteur de Calvin. Le recteur Bonnail, neveu d'évêque et éminent juriste, devait passer à la Réforme avec toute sa famille. Il avait autour de lui un parti de professeurs (comme Nicolas Sanravy) et d'étudiants acquis à ses idées. On vit même le doyen de la faculté de théologie, Jean Caperon, passer à l'ennemi... Avec de tels maîtres, les étudiants de Montpellier seraient plus tard des juges, des officiers et des consuls bien suspects. Et, s'ils étaient chanoines..., l'évêque devrait regarder de près leur état civil, pour s'assurer qu'ils n'avaient pas contracté un mariage clandestin...

L'agitation universitaire, désordonnée, restait en vase clos. Pour qu'elle aboutît à un vaste mouvement évangélique, dans une région si prédisposée, il lui fallait une tête, un Farel, un Bucer, et des martyrs. Calvin crut reconnaître un fondateur d'Eglise en la personne du directeur du collège de Nîmes, Claude Baduel.

Les Nîmois avaient financé la création d'une école préparatoire d'arts libéraux, pour ne plus entretenir leurs enfants à l'université de Montpellier. Les consuls avaient décidé d'en nommer eux-mêmes les régents, sans rien demander à l'évêque. Le parlement de Toulouse n'avait fait que des objections de principe.

Baduel, fils d'un cardeur nîmois, était un protégé de Marguerite d'Angoulême, qui l'avait chaudement recommandé aux consuls. Homme d'Eglise (Baduel avait été prieur), le nouveau directeur du collège s'était marié peu après sa nomination, manifestant ainsi clairement sa volonté de mettre sa vie privée en accord avec ses convictions. Encore un directeur que nous ne pourrons garder ! se dirent les Nîmois.

Ils avaient eu beaucoup d'ennuis avec les précédents. L'école mage sentait le soufre. Le premier directeur, Ymbert Pécolet, ancien étudiant en médecine de l'université de Montpellier, avait été déclaré par l'official « suspect de foi ». Il était soupçonné de lire tous les dimanches l'Evangile à ses écoliers et d'organiser des prêches à son domicile. Il avait été arrêté par l'évêque. Son remplaçant était un éminent latiniste, Gaspard Cavartz. Il n'avait pas été accepté. Les consuls avaient dû beaucoup s'avancer pour imposer Baduel, dont la foi était jugée « chancelante ». C'était le moins qu'on pût en dire.

Pour le neutraliser, l'Eglise lui dépêcha un concurrent, Bigot, qui était régent à Montpellier où il jouissait d'un immense prestige. Le débat théologique engagé par Bigot, redoutable polémiste, tourna à la confusion de Baduel, qui repartit pour

Montpellier. Le combat était gagné, sans victime... Baduel n'avait pas réussi à s'affirmer.

La religion réformée n'en continuait pas moins ses progrès, mais chez les notables et les étudiants. S'ils s'inscrivaient à Montpellier, connaissant la réputation de l'université, c'est, à vrai dire, qu'ils s'attendaient à trouver des maîtres qui partagent leurs opinions : Christophe Fourre, alias Fabri, alias Libertet, venait de Lyon, Beat Comte du Dauphiné, Pons Codur de Provence, et François La Roche des Cévennes. Ces étudiants étaient en réalité des agents clandestins du calvinisme : aussitôt formés, ils deviendront missionnaires. On trouve beaucoup de noms de prédicateurs et de pasteurs dans la liste des matricules d'étudiants de cette époque. Quant aux professeurs, ils fourniront au calvinisme ses cadres : Nicolas de La Marlière, par exemple, ou Christophe Simon. Pour recruter ses pasteurs, Calvin n'aurait, à Montpellier, que l'embarras du choix.

Les anciens étudiants de l'université faisaient des recrues chez les notables et dans certaines familles nobles ; les jeunes seigneurs fréquentaient aussi les écoles et poussaient leur entourage à se convertir. Plus d'un devait être poursuivi pour hérésie, comme ce Dominique de Narbonne, seigneur de Poussan, qui avait fait chasser de la paroisse, par son « beyle », un prédicateur de l'ordre de la Merci, provoquant ainsi un beau « tumulte » ; ou encore Bernard de Mandagout, seigneur de Fons, qui avait fait venir de Montpellier le régent « Episcopus », lui donnant la charge de pasteur. Dans la région de Fons ou de Gallargues, les maîtres des terres étaient les magistrats de Montpellier, ceux de la cour des aides notamment : ils encourageaient chez eux la diffusion du calvinisme. Le parlement de Toulouse notait, en 1557, que la région montagneuse au nord de Nîmes et de Montpellier, mais aussi la plaine du littoral languedocien « étaient envahies par aucuns prêcheurs, séminateurs d'erreurs et fausse doctrine ». Bien que Montpellier n'eût pas alors d'imprimerie, les livres circulaient librement dans le sac des colporteurs ou des fils de marchands. Le plus important libraire de la ville, Jean Le Coing, était en relation avec les Genevois, par Lyon. Les frères Bernard, de Lyon, tenaient boutique à Montpellier, à Nîmes, à Uzès. Ils diffusaient même des libelles où l'on expliquait que la religion nouvelle avait supprimé non seulement le culte des saints et les jours chômés, mais aussi les dîmes et les redevances au clergé. Le parlement de Toulouse, saisi, dut ordonner à l'auto-da-fé.

Qui lisait ces livres ? Les notables, les artisans peut-être, et surtout le clergé. Les gens d'Eglise étaient contaminés par l'hérésie. L'évêque ne montrait pas une vigilance à toute épreuve. Il avait désigné en 1539, comme prédicateur du carême, le dominicain Badet, prieur de Limoux. Ce Badet était l'intime de Jean de Caturce, qui venait d'être brûlé vif à Toulouse. Il se flattait de prêcher « Luther tout cru » et bravait ainsi l'Inquisition, à une époque où la répression faisait rage dans toute la France.

Il est vrai que les clercs, comme les bourgeois, donnaient toutes les apparences de la soumission, même s'ils partageaient les idées à la mode. On ne pouvait les prendre en défaut de messe. S'ils ne respectaient pas le carême, ils s'en faisaient dispenser pour raisons de santé. L'évêque Pellicier, un lettré qui protégeait les régents compromis, se réservait l'octroi de ces dispenses. Il voulait à tout prix éviter le scandale et la persécution.

Le peuple ne suivait pas l'élite dans sa griserie pour les idées nouvelles. Ceux que les prédicateurs avaient convaincus de l'inutilité des sacrements et de l'indignité des clercs attaquaient bruyamment les églises, brisaient les statues, profanaient les osties. En 1548, à Montpellier, la procession était compromise par des manifestants qui rossaient les chanoines. On signalait, dans de nombreux villages, des refus de dîmes et des manifestations violentes.

Mais, bien souvent, les villageois s'affrontaient entre eux. Beaucoup voulaient garder leurs saints de pierre et de bois, leurs châsses de martyrs, sources de miracles. Dans leur majorité, ceux de la plaine de Languedoc étaient hostiles à la Réforme. Même les jardiniers de Montpellier, qui couchaient en ville et travaillaient le jour les champs des bourgeois, refusaient de suivre leurs maîtres dans l'aventure évangélique. Faut-il s'en étonner ? S'ils jetaient des pierres sur les prédicateurs, c'est qu'ils n'avaient pas, comme les jardiniers de Strasbourg, de Bucer à admirer. Ils connaissaient déjà le maître laïque, plus dur que les chanoines, avide à prendre les terres et à ruiner le pauvre diable. Ils ne voulaient pas partager avec lui l'amour du Christ. Ils n'avaient plus, comme les paysans cévenols, de « patriarches » à respecter. Ils avaient appris, dans les fossés de Montpellier, à haïr les riches.

Le samedi 5 janvier 1554, les étudiants de Montpellier se réveillent de bonne heure. On ne manque pas, à l'époque, une exécution capitale. Le bûcher a été dressé à la « portalière des Masques ». Un masque, dans le langage de l'époque, c'est un sorcier. La « portalière » est l'endroit où l'on brûle les sorciers.

Un grand gaillard porte le condamné sur ses épaules, pour que tout le monde puisse le voir. Il s'appelle Dalençon et il est inconnu dans la ville. Ce n'est pas un sorcier. C'est un huguenot.

Deux autres condamnés suivent Dalençon : un homme de bonne mise, qui peut être un bourgeois ou un noble, et un tondeur de drap en chemise. Tous les deux portent une botte de paille sur le dos.

Devant le bûcher, la foule contenue par les gardes est immense. Dalençon s'assied sur les marches. Il pose sa chemise, la plie soigneusement ainsi que ses autres vêtements. Il s'adresse à ses deux compagnons, condamnés à assister à son supplice. Il veut leur faire chanter des psaumes. Il leur parle longuement, avec chaleur. Les chanoines, montés sur des mules, s'approchent : « Il faut en finir ! »

Dalençon s'assied au sommet du bûcher, tout contre le poteau. Le bourreau lui passe la corde au cou, avec un nœud coulant qui doit l'étrangler et abréger ses souffrances. Il lui attache les mains et place autour de lui les livres saisis, tous en provenance de Genève. Dalençon reste calme, il lève les yeux au ciel. Quand les flammes lèchent les livres, le bourreau tire sur la corde. La tête tombe. Bientôt, le corps disparaît dans les cendres.

Ce récit d'exécution est dû à un étudiant montpelliérain du nom de Platter. Il décrit aussi l'amende honorable des compagnons de Dalençon. On a dressé une estrade devant l'église de Notre-Dame-des-Tables, surmontée par une statue de la Vierge. Le tondeur, ému par le supplice de son compagnon, est revenu sur son abjuration. La foule l'attend en vain. On le garde pour un autre supplice. Enfin, l'homme bien mis, le noble s'agenouille au pied de l'estrade, un cierge à la main. Il récite à voix forte les formules que lui dicte un notaire. Il a la vie sauve : on l'envoie aux galères.

Le mardi suivant, on exécute le tondeur de drap. Un spectacle manqué. La pluie inonde le bûcher, et le malheureux, étranglé à demi, doit attendre que le bourreau enflamme des bottes de paille avec de la térébenthine. Platter n'est guère ému par ces atrocités : après le supplice, il va danser et tirer les Rois avec ses collègues.

Les condamnés sont les premières victimes montpelliéraines du parlement de Toulouse. Les temps sont changés et l'indulgence n'est plus de mise. L'évêque de la ville, Guillaume Pellicier, est en prison. C'est un humaniste, un lettré, partisan de la réforme douce. Il avait été nommé à vingt-huit ans grâce à Marguerite d'Angoulême et à Michel d'Arande. Un évêque de cour, au brillant passé de diplomate, qui avait réussi à éliminer Baduel de Nîmes.

Il avait des évangélistes dans sa propre famille ; sa nièce avait épousé Gassin, de Salon-de-Provence, un farouche disciple de Calvin. Baduel et Gassin avaient dû s'enfuir à Genève, en 1551, malgré la protection du premier président du parlement de Toulouse, Jean de Mansencal, qui était gagné à leurs idées. Quant à l'évêque, il avait été arrêté par un inquisiteur de la foi et incarcéré à Beaucaire, où il devait rester sept ans !

Les bûchers n'étaient pas dus à la volonté répressive des parlementaires de Toulouse, qui avaient toujours suivi l'évêque dans sa modération. Des suspects avaient été arrêtés, dont Pierre Sanravy, général à la cour des aides, le chanoine Philippi, un greffier, Pierre Dumas, quelques artisans, armuriers ou serruriers, et des clercs. La plupart avaient été relâchés. Mais le sénéchal présidial de Montpellier avait fait du zèle, avec un magistrat d'humble origine, Pierre de la Coste, juge mage de la ville. Ils avaient envoyé Dalençon, puis le tondeur de drap, au bûcher, malgré les conseils de modération des juges de Toulouse. C'est tout juste si le premier président avait pu arracher au supplice un autre détenu, Pierre Borgas, ami de Mansencal. Le prêtre montalbanais Dalençon, accusé d'avoir diffusé des livres de Calvin, devait servir d'exemple.

Incroyable injustice, qui entraînait les parlementaires toulousains dans la voie de la répression : seraient-ils débordés ?

Ils envoient deux commissaires sur place, qui font rire. Ces derniers parcourent les villages de Languedoc et demandent, à son de trompe, aux paysans de dénoncer les hérétiques. Les incidents se multiplient sur leur passage. Ils condamnent les suspects à des peines légères, pour ne pas semer le trouble. Le seigneur de Narbonne doit payer 600 livres d'amende. Ils donnent à Montpellier un spectacle burlesque. On brûle en effigie René Gassin et sa femme Marguerite Pellicier. Les mannequins, selon l'usage, sont traînés en ville sur des claies. Les trompettes appellent la foule au lieu d'exécution, place des Cévenols. Le feu gonfle le chaperon de Marguerite, qui s'élève dans les airs comme un ballon...

Les notables soupçonnés n'ont pas attendu la visite des parlementaires pour prendre le large. Beaucoup se cachent, attendant des jours meilleurs ; d'autres préparent l'avenir, à Genève. La répression est-elle plus dure à Nîmes ou à Beaucaire ? Les procès des « prévenus de la foi » au présidial de Nîmes, de 1548 à 1559, font apparaître une modération manifeste. On n'arrête que de pauvres bougres qui ont fait des déclarations imprudentes sur dénonciations de commères. Des tanneurs convaincus de luthéranisme, en 1550, sont condamnés à de simples peines d'amendes. Ils ne sont pas torturés. Ils ne subissent ni le « rossignol » ni les « mordasses ». On ne cherche pas à leur arracher des aveux. Une peine légère frappe le curatier Jean Vallat, qui avait fait moissonner le jour de la Saint-Jean. Le chapitre d'Uzès, réputé pour ses idées hérétiques, n'est pas inculpé. A Bagnols-sur-Cèze où les calvinistes sont nombreux, une action est intentée, mais on ne peut saisir les prévenus : ils se sont enfuis dans la montagne. Les peines les plus sévères sont la fustigation « jusqu'à effusion de sang » et l'amende honorable. Les « mariés de Nîmes », Rabuteau et Valère, y sont condamnés ainsi qu'un certain Antoine Laroche. Celui-ci écope de cinq ans de galères.

Aucun des prévenus n'est connu dans la ville. Les bourgeois, qui constituent la majorité des calvinistes, échappent à la répression. Quand ils sont pris, c'est presque de plein gré : un certain Jean Fraissinet, de Saint-Jean-de-Gardonnenque, « baille » de son état, vient faire une protestation de foi luthérienne à la cathédrale, en pleine assemblée du clergé. Le procès, qu'il faut bien engager, établit que, dans la paroisse du prévenu, l'église est abandonnée, dépourvue de tout objet de culte. Le maître d'école apprend le « catéquisme » (*sic*) aux enfants et aux parents. Il fait des prêches au cimetière du village les dimanches et jours de fête, l'école étant trop petite. Le baille est destitué, condamné à l'amende honorable et à payer 100 francs au roi, 100 francs à la justice.

En 1551, date de ce dernier procès, les consuls de Nîmes ferment les yeux sur l'activité des calvinistes. Quand on les interroge, ils répondent « qu'à part quelques étrangers, il n'y a pas de luthériens à Nîmes ». Les magistrats partagent cette prudence. En 1553, ils sont devant un vrai cas d'hérésie : Etienne Geynet, de Beaucaire, a déclaré à l'instruction qu'il ne croyait ni au purgatoire ni au saint sacrement. Va-t-il mourir ?

Le lieutenant criminel, rapporteur, propose effectivement d'étrangler le prévenu et de brûler son corps pour jeter ses cendres dans le Rhône. Mais les magistrats ont été sensibles à l'opinion de l'official, Jean Duport, qui s'est prononcé contre « la peine de sang ». Le prévenu est seulement condamné à l'amende honorable, au fouet et au bannissement, avec confiscation de ses biens. Il sauve sa tête.

Si les justices locales donnent parfois l'exemple de la mansuétude, comment le parlement de Toulouse, qui compte en son sein de nombreux sympathisants, ferait-il aux calvinistes une chasse inexpiable ? La foule des greffiers, des procureurs, des avocats, qui se presse au vieux château narbonnais — ex-résidence des comtes de Toulouse devenue le siège du parlement — a connaissance de toutes les causes importantes de la région du Quercy à la Gascogne et du Rouergue au Languedoc.

Les juges sont-ils encore conscients qu'ils doivent être les agents du roi dans les pays du Languedoc, et soutenir fidèlement sa politique ?

L'existence de ce parlement est récente : 1444. Le roi avait alors récompensé Toulouse de sa fidélité pendant la guerre de Cent Ans. C'était un parlement à part entière, dont les membres étaient de puissants seigneurs,.recrutés dans les élites locales, largement dotés en épices et en cadeaux, très influents dans les municipalités.

Comme tels, ils ne pouvaient pas être insensibles aux motivations des consuls, capitouls, beyles et autres « bailles » qui ne ressentaient nullement le progrès du calvinisme comme une insupportable agression. Ouverts aux idées nouvelles, très cultivés, bien fournis en livres par les correspondants locaux des libraires lyonnais, ils étaient trop accoutumés à la décadence de l'Eglise pour ne pas souhaiter, comme l'évêque Pellicier et tant d'autres ecclésiastiques, un profond renouvellement. La faculté de théologie ne montrait pas elle-même, dans la lutte contre les hérétiques, un zèle particulier. Pourquoi les parlementaires auraient-ils pris la tête de la répression ?

Il est vrai que l'Eglise toulousaine était alors un « troupeau sans pasteur ». Les archevêques nommés au XVIe siècle étaient des politiques ou des diplomates qui résidaient rarement dans la ville. La réforme des ordres avait été superficielle. Les augustins, les moines mendiants, carmes ou franciscains ne brillaient pas par l'énergie purificatrice. Les écarts de leur vie privée défrayaient souvent la chronique.

La seule réforme sérieuse fut celle des bénédictins de la Daurade et des sœurs augustines de la Madeleine..., que les protestants de Montauban prendraient joyeusement pour épouses, après les avoir converties.

Le milieu clérical fut, avant le parlementaire, favorable aux thèmes évangéliques. L'augustin Thadée commentait l'Evangile devant un public choisi. Les clercs n'étaient pas tentés par la réforme interne de l'Eglise, mais par les idées venues de l'extérieur, répandues par les régents de l'Université. L'Inquisition dut réagir. Un moine, Jean de Caturce, qui fréquentait chez Thadée, avait été brûlé en 1532. Etienne Dolet, alors à Toulouse, avait assisté à cette exécution. Il avait hurlé son indignation, insulté les parlementaires. Ils ne lui en avaient pas tenu rigueur. Arrêté, l'humaniste avait été libéré sur l'intervention de ses amis toulousains. L'un d'eux, Jehan de Boyssonné, l'avait recommandé à l'imprimeur lyonnais Sébastien Gryphe qui l'avait aussitôt engagé comme correcteur.

Six ans séparent cette première exécution de la seconde, celle de Louis Rochette, en 1538. Il s'agit encore d'un religieux, membre de l'Inquisition, un provocateur qui proclamait bruyamment sa foi nouvelle. On ne lui fit pas grâce. A Toulouse comme ailleurs, le martyre servit la cause : l'université fut très largement gagnée, comme en témoignent les incidents multipliés par les étudiants qui prennent à partie les moines prêcheurs et troublent les processions. Le parlement n'est-il pas capable de faire respecter les édits royaux dans sa propre ville ?

De 1540 à 1548, il instruit environ 200 procès pour toute la région, sur recommandations réitérées du roi. Alors que le calvinisme a gagné les régions de Castres, de Montauban et d'Albi au nord, l'Agenais au sud, le parlement frappe avec ménagement : 200 cas retenus et 18 exécutions capitales, deux ou trois par an... Les résultats de cette action sont tellement disproportionnés avec le progrès notoire de l'hérésie en pays de langue d'oc que le pouvoir parisien s'inquiète et prend l'initiative de former au sein du parlement de Toulouse une délégation spéciale, avec un président et douze conseillers, pour mettre enfin un terme au prosélytisme huguenot. Quelles sont les premières victimes ? Deux parlementaires, Antoine de Lautrec et Antoine de Saint-Germier. Ces grands seigneurs, prévenus à temps de l'imminence des poursuites, se sont enfuis à Genève. On les a brûlés seulement en effigie.

En 1553, les calvinistes toulousains ont pris peur et les parlementaires ont redoublé de prudence. Ceux qui sont, à Toulouse, acquis à la religion nouvelle se gardent de toute activité missionnaire. Comblés par le pouvoir parisien, qui a fait du Parlement et de l'Université les instruments de francisation et de centralisation, ils veulent rester en toutes circonstances les bons sujets du roi de Paris. Ils craignent les troubles et redoutent la guerre civile. Leur adhésion à la Réforme est intellectuelle, non militante, pas encore politique. Les livres de Bâle et de Genève achetés chez Jean Claret, puis chez Georges de Bogne, correspondant de Buyer, voisinent dans leur bibliothèque avec ceux des humanistes italiens, et peut-être aussi de Rabelais. Ils désapprouvent violemment les troubles populaires.

Quand on mutile, en 1555, les statues des saints dans l'église Saint-Etienne, le peuple s'ameute dans les rues de Toulouse, on crie « A bas les luthériens ! ». Qui sont les protestants ? Le parlement les estime, en 1561, à 4 000 dans la ville : des clercs, des étudiants, des régents. Certes des capitouls, des avocats, des procureurs et même des officiers royaux entendent volontiers les prêches des gens de Calvin. Mais ceux qui provoquent les tumultes sont des irresponsables, des jeunes gens en colère.

Les parlementaires ne veulent pas en faire des martyrs, mais ils veulent les châtier, même s'ils partagent leurs idées.

Pour être en règle avec les édits qui se multiplient après 1534, ils envoient dans les villes et villages ces commissions que nous avons vues à l'œuvre en Languedoc. Les commis procèdent avec la plus grande maladresse et ne cherchent certainement pas cette « extirpation » de l'hérésie souhaitée, à Paris, par la Sorbonne. La modération de la répression explique sans doute le développement tranquille du calvinisme qui gagne les esprits cultivés sans effort, de même qu'elle justifie la prudence des bourgeois, peu soucieux de comparaître devant les instances du château narbonnais. Les parlementaires étaient, il est vrai, contraints à plus de sévérité dans certaines régions. C'est que les réformés de Castres, d'Albi ou de Montauban n'avaient pas l'extrême réserve de leurs frères toulousains ou nîmois.

L'axe de pénétration de la Réforme en pays toulousain passe par le « chemin de montagne » : il contourne la ville au nord pour gagner Castres, Gaillac et Montauban. Il évite le Rouergue, qui reste catholique.

Cette résistance du Rouergue n'est pas due, comme on l'a suggéré, au naturel fruste de ses habitants, mais à l'action de son évêque François d'Estaing, prodigieux réanimateur de l'orthodoxie. Sans égard pour Marguerite de Navarre, cependant comtesse du Rouergue, ce grand seigneur, ami des Tournon, sait fort bien que l'évêché est parcouru de routes dangereuses, habité en ses grands marchés par des bourgeois de commerce qui sont, aussi bien que ceux de Nîmes ou de Béziers, en rapport avec Lyon. Les banquiers de Rodez et les marchands de Villefranche n'ont rien à envier à ceux de Montpellier. Leur ville est sur la transversale Montpellier-La Rochelle et sur l'axe Lyon-Toulouse : on voit souvent des Allemands aux foires de Saint-Antonin. Le combat de l'Eglise contre la Réforme n'est pas plus facile en Rouergue. Les routes y sont aussi fréquentées par les écoliers et les colporteurs.

Mais l'évêque a une activité débordante. Cet ancien vice-légat en Avignon ne craint pas de mettre au pas les ordres monastiques. Il ordonne aux prêtres de « porter des habits longs, fermés, d'avoir les cheveux courts et les oreilles découvertes, de s'interdire les auberges, les jeux, la compagnie des femmes et les autres soins peu convenables ». Il entre en conflit avec les moines de Conques et de Saint-Antonin, qui refusent la Réforme, et recrute en abondance de nouveaux prêtres, qu'il veut instruits et de bonnes mœurs. Ils doivent à leur tour assurer l'instruction de leurs ouailles et ouvrir des écoles dans les villages. Pour les illettrés, il multiplie les images dans les églises, des peintures ou des tapisseries représentant des scènes de la vie religieuse. Il fait célébrer, tous les samedis, un office en l'honneur de la Vierge dont il développe partout le culte. Il accorde lui-même les indulgences, dans ses tournées pastorales, aux fidèles les plus méritants. Il n'hésite pas à excommunier les sorciers, les usuriers et même les prêtres indignes. Il multiplie des messes pour les morts. Il fait, en somme, tout ce que haïssent les calvinistes. Il va jusqu'à prêcher lui-même en rouergat, pour mieux se faire entendre de ses fidèles... A sa mort, en 1530, le renouveau est si manifeste dans le diocèse que son successeur, Georges d'Armagnac, ne peut que poursuivre son œuvre. Il n'est pas un instant tenté d'orienter dans un sens favorable aux idées nouvelles la réforme de son clergé. Pourtant, Georges d'Armagnac était un ami et protégé de Briçonnet ainsi que de Marguerite de Navarre. Mais cet ancien du groupe de Meaux ne pouvait lutter contre la volonté d'orthodoxie que son prédécesseur avait puissamment enracinée dans le Rouergue.

Aucun évêque de cette trempe n'avait accompli la même œuvre dans les trois évêchés du Tarn : Castres, Albi, Lavaur ; le vieil Albigeois, pris entre le Languedoc, le Quercy et la région toulousaine, avait sans doute gardé du cauchemar de la croisade des souvenirs obsédants, même si les cathares n'avaient pas laissé d'héritage visible. Les Albigeois avaient en tout cas conservé une solide haine du clergé, si l'on en croit la chronique : quand Olivier Maillard, le célèbre prédicateur franciscain, avait été chassé de Paris, il avait obtenu un succès considérable dans l'Albigeois en traitant les moines de « chasseurs, ruffians, ribauds, paillards, ignorants, ambitieux, aveugles, les yeux bandés *hujusmodi*, dissipant le bien des pauvres avec des personnes honteuses, putains et bêtes sauvages ». L'Albigeois accueillait volontiers tous ceux qui venaient jeter des pierres dans le jardin des évêques ou des abbés. A Castres, dès 1527, le cordelier qui avait prêché le carême avait fait beaucoup d'adeptes « en remontrant les abus de l'Antéchrist ». On l'avait arrêté, et l'on nous assure qu'il mourut en prison à Toulouse, empoisonné par un pâté de bécasse... Le cordelier Marcii, qui devait être également arrêté, était passé par l'Albigeois ainsi que le jacobin Martini. Les moines, venant de Toulouse, prêchaient aussi bien à Castres qu'à Albi. C'est à Castres que Martini avait été supplicié, parce qu'il avait prêché contre le purgatoire.

Ces prédicateurs soulevaient non seulement la curiosité, mais aussi l'émotion du public. Le libraire Maréchal, de Castres, et son ami François Raymond avaient fait le voyage de Genève pour en rapporter les livres dont on faisait si grand cas. Ils distribuaient des livrets de propagande et des alphabets. Les marchands de la ville, Pierre Gâches et Bernard Guiraud, devenaient les correspondants de Calvin, auquel ils devaient bientôt demander un pasteur. Le parlement de Toulouse avait frappé à Castres : les notables avaient aussitôt fait front contre l'Eglise. De la capitale, le mouvement avait trouvé le chemin des villages : plus de vingt communautés existaient dans le Castrais, autour des bonnetiers de Roquecourbe, des tisserands de Vabre, des foulons de Mazamet, des patriarches des campagnes. Les travailleurs de la laine, tout au long de la rivière Agout, avaient retrouvé spontanément les voies de l'hérésie.

Les maîtres du pastel toulousain, dans la région de Lavaur, étaient dans les mêmes dispositions. Marchands et drapiers étaient présents à toutes les foires de Lyon, de Paris, des Flandres, et les moulins à pastel abritaient les premières assemblées secrètes. On y vendait la Bible sous le manteau, et les missionnaires venus de Lyon ou de Montpellier y trouvaient aisément asile.

A Puylaurens, à Réalmont, les consulats étaient acquis depuis longtemps aux idées nouvelles, ils cachaient les prédicateurs. Dans ces bastides industrielles, la Réforme trouvait le même tissu que dans les Cévennes. Les ralliements ne concernaient pas seulement les élites, mais aussi les ouvriers de la laine et les artisans du cuir ou du pastel. La crise des subsistances qui durait depuis 1529 n'était certes pas étrangère à cet état d'esprit. Les paysans de Puylaurens avaient souffert en 1538 d'une insupportable sécheresse et en 1545 d'une famine générale. Même la riche vallée du Tarn, qui produisait en abondance le blé, les fruits et le vin, était touchée. On note dès 1536 des sympathies pour la Réforme à Rabastens, où le prieur est accusé par les cordeliers de protéger l'hérésie. Ce Dardenne ne fait-il pas ses prêches en français et en langue d'oc ? A Gaillac, capitale du vignoble, un riche marchand, Aragon, fait venir des prédicateurs et les cache aux enquêteurs du parlement. A Albi, les magistrats, gens de justice, bourgeois et marchands se réunissent de nuit pour pratiquer la religion de Genève. On voit, d'après la chronique, des notaires et des greffiers commenter l'Ecriture, des chirurgiens chanter les psaumes. Tout le long de la route pavée qui rejoint Toulouse à Albi (*lou cami ferrat*), l'hérésie s'est installée à chaque étape. Les parlementaires toulousains ont fermé les yeux.

Ils n'étaient pas moins impuissants à Mautauban, où l'évêque demanda une commission d'enquête, en raison des progrès de l'hérésie. Les écoles de la ville, animées depuis 1547 par Jean

Calvin, avaient formé des missionnaires. L'un d'eux, Dalençon, était mort à Montpellier. Pendant longtemps, l'Eglise, désarmée, n'avait pas réagi : l'évêque, Jean de Lattès, s'était enfui à Genève avec une belle... Dans le faubourg du Moustier, un petit nombre de réformés se réunissait régulièrement. Le parlement hésitait à intervenir : comme les consuls, il ne voulait pas de martyrs.

Le maître d'école de La Rogeraye avait été cependant arrêté : il faisait chanter des psaumes à ses élèves, « le soir, sous les arbres ». Les élèves prirent d'assaut la prison pour le libérer. Le parlement dut envoyer des enquêteurs. Le sénéchal de Quercy menaça de pendre les consuls s'ils refusaient de déposer devant la commission. Ils ordonnèrent de fermer les portes, récusant les enquêteurs, sous prétexte qu'ils étaient accompagnés d'arquebusiers à cheval. Ils revinrent à Toulouse bredouilles. Les prêches continuaient à Montauban.

Le parlement de Bordeaux n'était pas mieux armé pour la répression. Il était encore plus récent que celui de Toulouse, et pour cause : la Guyenne avait été tardivement récupérée par les Français, le roi n'avait pu la doter d'un parlement qu'en 1462. Il faudrait attendre 1551 pour que la région fût quadrillée de tribunaux inférieurs, les présidiaux. Encore certains d'entre eux (Auch et Lectoure) devaient-ils rester sous l'obédience du parlement de Toulouse. Quant au Béarn « indépendant », il avait depuis 1519 son propre tribunal, un « Conseil souverain ».

L'agitation religieuse n'était pas assez préoccupante pour que le parlement s'en mêlât avant 1532. Certes, la vie religieuse en Bordelais était loin d'être exemplaire : les églises aux mains de prêtres ignorants étaient comme ailleurs le lieu de rencontre de fidèles assoiffés de foi naïve et de spectacle. La représentation des mystères donnait lieu à des mascarades. Le culte des reliques et l'ignorance des prières élémentaires caractérisaient la foi populaire.

Celle des clercs, en dépit du relâchement des mœurs, restait intacte. Jadis, Pey Berland avait commencé la grande réforme ecclésiastique, qui se poursuivait malgré la non-résidence des archevêques mondains nommés à Bordeaux Gramont, puis Jean du Bellay. Les prédicateurs populaires, comme cet « Illyricus » qui, en exaltant la Vierge, enflammait les foules, aidaient puissamment le mouvement réformateur en stigmatisant les abus. Les mineurs et les religieuses de l'Annonciade, réformées par le frère Gabriel Maria, devenaient des exemples de piété. La fascination de l'évangélisme n'affectait guère les chanoines, tous de grandes familles bordelaises et souvent parlementaires eux-mêmes. Les avocats, les procureurs, les notaires se montraient fort dévots. Les parlementaires estimaient que l'Eglise catholique garantissait l'ordre social et le pouvoir monarchique. Ils ne voulaient pas l'affaiblir. Montaigne lui-même se faisait le défenseur de l'orthodoxie. « Combien c'est d'impiété, écrivait-il, de n'attendre de Dieu nul secours simplement sien et sans notre coopération. Je doute souvent si, entre tant de gens qui se mêlent de telle besogne, nul s'est rencontré d'entendement si imbécile à qui l'on ait en bon escient persuadé qu'il allait vers la réformation par la dernière des difformations, qu'il tirait vers son salut par les plus expresses causes que nous ayons de très certaine damnation, que, renversant la police, le magistrat et les lois en tutelle desquelles Dieu l'a colloqué..., il puisse apporter secours à la sacro-sainte douceur et justice de la parole divine. »

Nul ne songe, parmi les parlementaires bordelais, à « renverser la police ». C'est par excès de scrupule et de foi que certains d'entre eux se sentent attirés par l'évangélisme. Par excès de culture aussi. On ne trouve guère dans leur bibliothèque les écrits de Luther et Farel, qui fait un prêche à Bordeaux en 1523, avant d'être chassé de la ville. Mais le premier président de Belcier, le procureur général de Lahet et le président de la chambre des enquêtes Sauvat de Pommiers sont des humanistes qui encouragent la création, en pleine ville, du collège de Guyenne en 1533. « Une colonie de maîtres parisiens, comme dit Lucien Febvre, s'installa sur la Garonne. » Les plus éminents sont Claude Budin, qui meurt catholique, et André de Gouvéa, dont Bataillon nous assure qu'il suivait Erasme et Lefèvre, mais non Luther.

Sans doute, les régents ne tardent pas à se signaler par un début d'action militante. Ils distribuent des bibles en français aux étudiants, ils commencent leurs leçons sans faire le signe de la croix ; ils les réunissent, le soir, pour apprendre les psaumes. « Ils parlent de religion en privé et comme en se jouant », nous assure Florimond de Rémond, chroniqueur catholique. L'un d'entre eux, Jean Collassus, ouvre une école primaire où il fait lire l'Evangile. A partir de 1532, le mouvement connaît un certain succès dans la société bordelaise : des nobles, des clercs et des bourgeois se réunissent clandestinement dans certains châteaux.

Dès 1532, le parlement a pris une position théorique contre l'hérésie, proscrivant les livres condamnés par la Sorbonne et les prêches réprouvés, mais il n'a pas engagé de persécution. Faut-il interdire le livre publié en 1533 par la sœur du roi, la tendre Marguerite ? L'auteur du *Miroir de l'âme pécheresse* réside à Nérac, dans l'Agenais, où elle a reçu toutes les têtes du mouvement français : Farel et Lefèvre, Calvin jeune, Roussel, d'Arande. Faut-il repousser ses interventions, quand elle défend le régent André Mélanchton, accusé d'hérésie, ou quand elle soutient la candidature à la charge de conseillers de catholiques aussi suspects que Charles de Candeley ou Jean Dupont ? Le mouvement évangélique bordelais est bien protégé. Il est assez modeste pour n'inquiéter personne.

Pourtant, après l'affaire des placards, les parlementaires donnent un coup de semonce. Sans vouloir, comme à Toulouse, faire des martyrs, ils décident d'épurer le collège de Guyenne. On interdit, en novembre 1534, aux professeurs et aux étudiants de faire usage des livres condamnés par la Sorbonne. Les maîtres connus pour leurs opinions quittent la ville et gagnent Genève, Grenoble, Lyon. Un Ecossais renommé, George Buchanan, rentre dans son pays. Les régents les plus agités se réfugient dans l'Agenais, où ils se sentent en sécurité. L'official, en 1537, fait arrêter et juge onze personnes suspectes d'hérésie. Elles sont seulement condamnées à l'amende honorable. L'archevêque de Gramont peur dormir tranquille : les honnêtes bourgeois favorables aux idées nouvelles se taisent et se terrent.

Investi directement, à partir de 1538, des procès pour hérésie, le parlement se croit obligé de montrer du zèle. Il envoie, comme celui de Toulouse, des commissaires en enquête. Les résultats sont aussi modestes : environ 500 causes sont jugées, de 1541 à 1559. On ne relève dans les archives que 22 condamnations à mort suivies d'effet, 34 par contumace ; 78 prévenus ont été élargis, faute d'informations ; 157 condamnations diverses ont été prononcées. 1 prévenu sur 10 seulement était bordelais. Les autres étaient de Lannes, de Saintonge, de l'Agenais...

A Bordeaux, c'est l'évêque qui stimulait les parlementaires. Charles de Gramont, encouragé par le pouvoir parisien qui recommandait « l'extirpation de cette pernicieuse vermine », voulait des sanctions très dures. Le premier président de Lage, puis Christophe de Roffignac partageaient au parlement cette dangereuse intransigeance. Ils demandaient sans cesse de nouveaux bûchers. Mais les modérés étaient nombreux et influents. Certains d'entre eux étaient gagnés aux idées de réforme. Le premier président de Lagebaston, à partir de 1555, put sauver de nombreux prévenus de la mort.

Les condamnés apparaissent toujours comme des provocateurs, qui refusent de se rétracter et font devant le tribunal des déclarations de foi hérétiques. Une des premières victimes de la persécution bordelaise s'appelle Aymon de La Voye. C'est un Picard, du pays de Calvin. Il a converti la petite ville de Sainte-

Foy, qui n'a plus ni prêtres ni églises. Les parlementaires ont
fini par l'arrêter. Soumis à la torture et longuement interrogé, il
fait, selon Léonard, « l'exposé le plus complet des croyances
des premiers réformés français ». On le brûle au cœur de la ville
de Bordeaux en 1542. Marguerite de Navarre n'a pu le sauver.
La même année, quatre autres hérétiques périssent dans les
mêmes conditions.

« Quand le mal a gagné le pied, disait Florimond de
Rémond, ces publics et tristes spectacles par justice sont de
dangereux remèdes, et plus propres souvent pour allumer le feu
que pour l'étouffer. » De fait, une communauté clandestine
subsiste à Bordeaux, comme à Nîmes, comme à Toulouse.
Théodore de Bèze écrit en 1557 à Calvin pour lui signaler que
les Bordelais demandent un pasteur. Combien sont-ils ? Une
poignée, 700, peut-être 1 000. Ils se réunissent les uns chez les
autres, à Saint-Laurent-de-Grave, aux Chartreux. Ils sont assez
nombreux, à coup sûr, pour que la répression puisse être
considérée par les catholiques comme un échec.

Ce qui passe relativement inaperçu dans une grande ville
s'étale au contraire dans les bourgades de l'Agenais, durement
frappé par les parlementaires de Bordeaux. L'Agenais avait
une capitale spirituelle, Nérac, dont le château était la résidence favorite de Marguerite, sœur du roi, duchesse d'Angoulême, veuve du vieux duc d'Alençon, remariée en 1527 à Henri
d'Albret, roi de Navarre, qui avait onze ans de moins que sa
femme. La petite partie française de l'ancien royaume de
Navarre est essentielle au roi de France : elle lui garantit la
maîtrise des routes d'invasion qui viennent d'Espagne. La
Navarre est choyée, protégée, pratiquement indépendante. Son
roi y est le maître, un roi très chrétien qui n'est cependant pas
insensible aux idées évangélistes de sa femme. La nouvelle
reine dispose, dans le Sud-Ouest, de terres d'accueil bien
protégées. De Nérac au Béarn, il n'y a qu'un pas. Tous les
hommes de la Réforme menacés dans la capitale la rejoignent à
Nérac : Lefèvre d'Etaples avant sa mort, d'Arande, et surtout
Roussel, qu'elle garde longtemps comme confesseur avant de le
faire nommer abbé de Clairac en 1530, puis évêque d'Oloron
dans les Pyrénées. Marguerite s'est aménagée, en Bigorre, à
Odos, une vaste maison où elle se repose, mais qui ne sert pas
seulement de refuge aux poètes. De son fief d'Albret, dont
Nérac est la capitale, cette femme infatigable soutient de toute
son énergie les régents persécutés par les parlements de
Toulouse et Bordeaux, les émissaires envoyés de Genève, les
libraires qui diffusent dans le Sud-Ouest la littérature interdite.
Elle n'en continue pas moins à accueillir les poètes : ils sont
fascinés par son charme, son inépuisable générosité, son délicat

mysticisme. Même Rabelais. Il a la coquetterie de lui dédier, en vers, son *Tiers Livre*, en lui demandant de sortir de « son manoir divin » pour lire « les faits joyeux du bon Pantagruel »...

Non loin de Nérac, la petite ville d'Agen est étonnamment riche en bons esprits. Un médecin d'origine italienne, Jules César Scaliger, attire les humanistes. Convié à Agen par l'évêque, il s'y est fixé, et son fils Juste Joseph, écrivain et savant, prend la nationalité française. On vient de toute la région pour rencontrer Scaliger, dont la bibliothèque fait l'admiration des lettrés de Bordeaux ou de Montpellier. Quand la persécution se déchaîne dans les grandes villes, Scaliger attire les fugitifs, qui viennent surtout de Bordeaux. C'est ainsi qu'Agen devient un repaire de réformés.

Ceux-ci sont souvent des régents, qui trouvent aussitôt un emploi dans la ville. Agen compte un certain nombre de familles bourgeoises, soucieuses de donner à leurs enfants une éducation moderne. Philibert Sarrazin, le plus connu de ces régents, devient précepteur des fils de Robert de Godailh, qui a la charge de trésorier du roi. Sarrazin, qui a fait des études de médecine, enseigne les lettres ; mais, comme les autres régents, il apprend surtout aux enfants à connaître les textes sacrés et à chanter tous ensemble les psaumes de Marot.

Ces manifestations sont connues du public. Il ne les approuve pas toujours. Les paysans de l'Agenais se rappellent des années de peste, où les bourgeois quittaient la ville les premiers : en 1531, les consuls et les jurats s'étaient enfuis. La peste sévissait tous les quatre ou cinq ans. Depuis 1520, le blé était rare, des bandes de brigands couraient les campagnes, les inondations de la Garonne détruisaient les fermes et noyaient le bétail. Les paysans ne voulaient pas que l'on détruisît leurs saints patrons, seule protection contre les calamités.

Les « gens de bien » défiaient le ciel en mangeant de la chair en carême, en déplaçant des statues dans les églises, en refusant de communier à la messe. Les paysans de l'Agenais n'avaient pas de tendresse pour les moines et abbés décimateurs. Mais ils redoutaient que l'inconduite des messieurs de la ville ne provoque de nouveaux châtiments du ciel. Déjà, beaucoup d'artisans, des cordonniers, des boulangers les imitaient et se réunissaient dans des lieux secrets. On les dénonça à l'Inquisition.

L'enquêteur venu de Toulouse n'était autre que Louis de Rochette. Il fut surpris de constater les progrès de l'hérésie dans la ville et dans la région. Les régents, qui se sentent protégés par la proximité de Nérac, ont ébranlé la foi catholique des habitants de Sainte-Foy-la-Grande, de Tonneins, de

Villeneuve-d'Agenais. A Clairac, Roussel est actif. Agen a des consuls indulgents, comme les autres petites villes. De famille à famille, l'hérésie se développe par le prêche, les réunions amicales. On ne signale pas de violences, les bourgeois les réprouvent. Parmi les chanteurs de psaumes, on compte les notables agenais amis de Scaliger, le général des Finances Pierre de Secondat, le greffier de la sénéchaussée Thouard, ou le trésorier Godailh. Faut-il arrêter toute la ville ?

L'inquisiteur Rochette hésite. L'humaniste Scaliger ne lui fait pas l'effet d'être hérétique ; il a d'ailleurs les plus hautes protections. A Toulouse, on s'impatiente. Que fait donc Rochette ?

Une nuit, les avertissements qu'il a fait placer sur les portes des églises sont lacérés par des hommes en noir. Rochette est rappelé à Toulouse, accusé de mollesse et de complicité. On sait que le parlement fait un exemple en l'envoyant au bûcher.

Les sanctions prises sur place sont bénignes : les amis de Scaliger, prévenus à temps, ont pu s'enfuir. Lui-même dédaigne de partir. Qui oserait le mettre en cause ? Quelques amendes honorables, quelques peines d'emprisonnement. La seule victime est un récidiviste, le régent Jérôme Vindocin. Il avait réussi à gagner Genève, mais il était revenu, l'année d'après, pour continuer son action. Il fut dénoncé, arrêté, jugé sur place par l'official d'Agen. Il ne fut pas nécessaire de le torturer pour lui faire avouer sa vraie foi. Vindocin avait l'âme d'un martyr. Il fut condamné à la dégradation et brûlé sur le Gravier, à Agen, le 4 février 1539. Les Agenais, dit la chronique, « ne pouvaient croire que celui qui, mourant, ne parlait que de Jésus-Christ, n'invoquait que Jésus-Christ, fût condamné à mort ».

Il y a d'autres exécutions, et la pression du parlement de Bordeaux ne se relâche pas dans la ville. 30 % des causes jugées viennent de l'Agenais. La Réforme gagne les « gens de peu » : les artisans, cordonniers, tisserands, menuisiers. A partir de 1550, se multiplient les actes de violence, les croix brisées, les statues détruites, les attaques d'églises. Les réformés développent une propagande active, n'hésitant pas à faire venir dans la ville, en 1553, une troupe de théâtre, « Les Enfants sans souci », pour se moquer dans une farce de l'Eglise et du parlement. Bordeaux condamne et menace. 18 000 livres d'amende pour les consuls coupables d'avoir toléré ce spectacle. S'ils récidivent, ils perdront leur charge. En 1559, une bande de jeunes gens se répand dans les rues, de nuit, réveille le vicaire avec une clochette, l'insulte, brise les « images » dans l'église. Des bandes analogues sévissent dans les villages d'alentour, fortes de quarante ou cinquante jeunes. Il sont artisans, boulangers, apprentis serruriers. Les consuls doivent les arrêter et les punir.

A quoi bon ? Les prêches clandestins, les réunions nocturnes se pratiquent dans tout le pays, et loin vers le sud, en Bigorre, en Béarn. On retrouve au nord de la Garonne l'influence de Marguerite, à Angoulême où Calvin s'était réfugié en 1533, accueilli par Louis du Tillet, chanoine de la ville. Dans tous ces pays de Languedoc, en Périgord comme en Angoumois, en Limousin comme en bas Poitou, des groupes de réformés se soutiennent, diffusant les livres et les idées jusque dans les pays de langue d'oïl comme l'Aunis et la Saintonge. Il est vrai que le plus grand centre huguenot au nord de la Garonne n'est pas Angoulême, mais Poitiers, dont l'université rayonne sur toute la région.

A Poitiers, Calvin a jadis bénéficié de l'aide du lieutenant général de la sénéchaussée et du procureur Philippe Véron, surnommé « le Ramasseur » en raison de ses succès dans les conversions. Poitiers, dont le port le plus proche était La Rochelle, était une grande ville marchande comptant de nombreux artisans. Les maîtres drapiers du Poitou, qui vendaient dans les Flandres et aux foires de Lyon, étaient les premiers touchés : l'un d'eux, Beauce, fut le meilleur appui de Jean Calvin. Il avait pu très vite compter sur les professeurs et les étudiants de l'université, tel cet Albert Babinot, dit « le Bon Homme », célèbre par son ardeur évangélique. En moins de trente ans, la route de l'Océan, de La Rochelle à Lyon, était entre les mains des hommes de Genève qui disposaient, tout au long, de relais efficaces. Les livres, dans les bagages des marchands de draps, gagnaient les villes de l'Ouest. Le mouvement « religionnaire » s'y était affirmé à partir de 1540. Les premières arrestations à La Rochelle étaient de 1542, les premiers martyrs de 1552. A cette date, les actions des iconoclastes se multipliaient dans toutes les villes, d'Angoulême à Poitiers et même à Limoges. Le temps des violences fanatiques approchait.

Ainsi, du Limousin jusqu'aux sables de Montpellier, le grand arc-en-ciel cathare est parcouru, en sens inverse, par le calvinisme, sans que l'on puisse trouver une causalité dans cette similitude des itinéraires. Calvin, dans le Midi, reste seul en lice. Luther a été arrêté aux frontières, à Metz, à Lyon. Les évangélistes ont préparé le terrain des envoyés de Genève. Ils bénéficiaient de certaines protections, et notamment, dans tout le Midi, de la vigilance de la reine Marguerite de Navarre.

La sœur du roi est partout présente, et diligente. Cette

femme hors du commun, dont se réclament tous les grands esprits de l'époque, poètes, théologiens, écrivains, éditeurs, humanistes et savants, soutient la cause sans faiblir et fait le lit de Calvin, tout en gardant à la foi catholique de son enfance une tendresse étrange. Elle est sans cesse en déplacement, suit le roi son frère à Lyon, à Narbonne, le roi son mari à Pau, invite ses protégés à Nérac, nomme et soutient ses disciples à tous les postes en son pouvoir. Elle aide Calvin à Angoulême, Roussel plus tard à Oloron. Ce qu'elle n'a pas réussi à Lyon, elle le tente dans le Sud-Ouest où des minorités réformées agissantes se cachent dans la plupart des villes.

Des groupes prêts à l'action, impatients de se produire au grand jour, existent dans tout le Midi. La persécution entreprise, sur ordre de Paris, par les parlements n'a pas eu l'efficacité que souhaitaient les gens d'Eglise. Les quelques martyrs de langue d'oc ont fait plus d'adeptes que les prêches, et soudé, épuré, confirmé la résistance. Dans aucune ville du Midi, à Agen pas plus qu'à Nîmes, à Bordeaux pas plus qu'à Montpellier, les consuls enclins à l'indulgence et souvent complices des hérétiques ne sont allés jusqu'à la révolte, sauf peut-être à Montauban où ils ont fermé leur porte au nez des parlementaires de Bordeaux. Nulle part, les calvinistes n'ont réussi à former des communes libres à la strasbourgeoise ni à mettre les curés hors des remparts.

C'est qu'ils recrutent essentiellement parmi les bourgeois, gens d'ordre et de mesure. Si les parlementaires toulousains ont des sympathies pour la Réforme, comme les officiers royaux de Bordeaux ou les notables d'Agen, ils sont loin de rechercher le martyre et montrent surtout beaucoup de prudence dans leurs relations avec le pouvoir. Tous ces notables veulent rester bons sujets du roi. Ils chantent les psaumes la nuit et vont à la messe le jour. Ils se cachent pour ne pas faire carême ou communion.

Le soutien populaire au mouvement calviniste ne se constate que chez les paysans des Cévennes, influencés sans doute par les vaudois, ou ralliés les artisans des villes, capables de lire les livres et tracts interdits. Souvent ces tanneurs, ces serruriers et ces tisserands sont les premières victimes de la répression. Ils ont pour chefs ceux qui leur apprennent à lire les Ecritures, les régents et étudiants engagés dans l'action missionnaire, formés aux universités, décidés à gagner sur le terrain. Ces gibiers de bûchers sont connus à Genève. Ils ne sont pas isolés dans les campagnes du bas Poitou ou de l'Agenais. S'ils sont menacés, on les cache, on leur donne un itinéraire clandestin, avec gîtes d'étapes, pour gagner Genève. Ces agitateurs sont des chefs de réseau, fonctionnant en liaison avec les émigrés, leurs « frères ». Ils attendent avec impatience le signal de la révolte, celle qui va faire basculer toute la région dans le camp de Calvin.

Ils savent qu'ils doivent compter, dans les villes surtout, sur une opposition populaire, dans la mesure ou leurs plus récentes recrues, les artisans et ouvriers du textile ou du cuir, n'ont pas la prudence des bourgeois. Le peuple, resté très attaché aux pratiques « superstitieuses » de l'Eglise, n'admet pas que l'on chahute la messe et que l'on gêne les processions. A Montpellier comme à Lyon, à Bordeaux surtout, cette opposition s'est manifestée par des rixes. Que les régents prennent garde : le grand soulèvement pourrait bien être le début d'une guerre civile.

Sans doute peut-il encore être évité : si impopulaires que soient, dans les pays de langue d'oc, les gens d'Eglise, l'autorité du roi n'a été nulle part mise en question. Bon gré mal gré, les parlementaires et les notables ont appliqué les consignes de répression sans provoquer de soulèvements. La raison va-t-elle l'emporter ? Au seuil des guerres de Religion, le long déchaînement de violences, qui ne s'interrompt guère depuis 1534, ne laisse finalement en présence, en tête-à-tête, que deux villes et deux pouvoirs : Paris et Genève.

6.

Paris - Genève - Paris

Le pouvoir parisien s'est à la fois affaibli et durci depuis François Ier. Ses hésitations ont permis le développement, dans le royaume de langue d'oïl, de nombreux foyers protestants, notamment en Brie, en Picardie et en Normandie, ainsi que sur les bords de la Loire et dans les villes universitaires. La Sorbonne et le Parlement de Paris voient leurs ennemis se multiplier, et d'abord dans la capitale.

On s'était cru libéré des « luthériens » par la dispersion du groupe de Meaux et par les exécutions expiatoires. Troyes, Dijon, Rouen, Poitiers avaient vu s'allumer les bûchers. L' « affaire des placards », en 1534, avait révélé d'un coup la profondeur de la subversion et le caractère nouveau de l'action des « religionnaires », qui ne reculaient pas devant la provocation. Il n'était plus permis de fermer les yeux : c'est le roi lui-même que l'on défiait.

La répression ordonnée dans la capitale par François Ier était spectaculaire, mais peu efficace : une vingtaine d'exécutions pour tout le royaume, deux cents peines de bannissement. Moins d'un an plus tard, en 1535, l'édit de Coucy permettait aux hérétiques de rentrer en France. Le roi leur pardonnait. Il leur suffisait de se dire bons catholiques. Beaucoup en profitèrent pour rentrer en grâce, comme le poète Marot, valet de chambre de Marguerite d'Angoulême.

Pour se décider à la persécution intransigeante, à la lutte inexpiable contre les réformés du royaume, le roi aurait dû changer de politique extérieure, renoncer à sa « politique de concorde » avec les protestants d'Allemagne, constamment maintenue sous François Ier.

A la fin du règne, les déboires de la politique extérieure avaient fait triompher à Paris le parti de ceux qui ne voulaient plus s'entendre avec les princes luthériens. Le connétable de Montmorency et le cardinal de Tournon prônaient le rapprochement avec Charles Quint, le renversement des alliances. A la paix de Crépy-en-Valois, en 1544, le roi s'était engagé à se déclarer ouvertement contre les protestants ; il avait alors attribué au Parlement (par l'édit de Fontainebleau) les procès d'hérésie. Les tribunaux ecclésiastiques, jugés trop indulgents, avaient été dessaisis. Non seulement les parlementaires, mais les baillis, les sénéchaux et les simples seigneurs pourvus de droits de justice devaient faire la chasse aux « luthériens » sur leurs terres. On encourageait les dénonciateurs : ils recevraient le quart des biens confisqués sur jugement du tribunal. La Sorbonne, pour éclairer la justice, dressait à la fois le catalogue des erreurs théologiques, guidant les futurs interrogatoires, et l'index des livres interdits, permettant les actions policières, visites domiciliaires et saisies de stocks chez les libraires. Le roi disposait ainsi de l'instrument qui devait lui permettre de liquider en quelques mois les vaudois, les survivants du groupe de Meaux et les imprimeurs imprudents, comme le malheureux Etienne Dolet, brûlé vif place Maubert, le 3 août 1546...

Dix ans plus tard, la première église calviniste s'ouvrait dans Paris. La répression n'avait désarmé que les hésitants. Les convaincus s'étaient organisés. Pourtant, depuis la mort de François Ier, le Parlement avait fait des coupes sombres dans la végétation sauvage de la Réforme parisienne. Henri II avait commencé par confirmer la nomination, faite par son père avant sa mort, de l'intransigeant inquisiteur du diocèse de Paris, Mattieu Orry, grand pourvoyeur de bûchers. Ce prieur des frères prêcheurs était l'adversaire farouche des évangélistes, des évêques de cour et des abbés trop férus de doctrines allemandes. Depuis 1547, le roi avait créé une nouvelle chambre au Parlement de Paris, uniquement concernée par les affaires de foi. Cette « chambre ardente », ainsi baptisée par les réformés, devait prononcer entre 1547 et 1548 de nombreuses sentences de mort. Un des éléments du programme des fêtes prévues pour le couronnement de Henri II, était l'auto-da-fé des livres interdits, sur le parvis de Notre-Dame. Pour être vraiment roi, Henri II se devait de faire brûler Calvin.

Les nouveaux conseillers de la couronne, les Guise, le poussaient à l'intransigeance. Le duc François de Guise et le cardinal de Lorraine voulaient en finir avec les contradictions du précédent règne, qui, dans le dessein chimérique de se concilier les princes allemands, avait laissé les petits hommes en noir venus de Genève investir les parlements, les écoles, les municipalités et peut-être même les églises. Il y avait trop d'évêques tolérants, de Briçonnet, de Pellicier, de Du Bellay.

La Basse Eglise était contaminée. On voyait des cordeliers critiquer la politique du roi, des jacobins prêcher contre la levée des décimes, ces droits que le roi levait sur l'Eglise. Les moines prêcheurs, ces chevau-légers de l'orthodoxie, étaient-ils encore sûrs ?

En 1549, le Parlement avait fait une enquête : les résultats étaient inquiétants. Luther et les réformateurs figuraient en bonne place dans de nombreuses bibliothèques de cordeliers et de jacobins. Les augustins (l'ordre de Luther) étaient encore plus suspects. Interrogé sur le moral de ses moines, leur général avait répondu qu'il faisait son possible pour lutter contre la rébellion... L'enquête parlementaire révélait des fissures à Rouen, à Chartres, à Tours, à Toulouse. On poursuivait des carmes suspects d'hérésie dans toute la France. On brûlait des jacobins et des cordeliers. Calvin avait beau jeu : les gendarmes de la foi romaine désertaient devant l'ennemi. Et le Parlement faisait la guerre — en plein accord avec la Sorbonne — à ce nouvel ordre des jésuites qui, depuis 1540, s'efforçait d'établir dans Paris des collèges afin de lutter contre la subversion de la jeunesse étudiante. Il n'y avait que les Guise pour les aider.

Ils réussirent à décider le roi, qui, comme son père, hésitait devant les supplices. En 1550, mécontent de ses parlements, il avait de nouveau chargé les tribunaux ecclésiastiques des procès d'hérésie. On lui avait raconté que, dans les Flandres, on enterrait les femmes vivantes. A Tournai, le grand inquisiteur d'Espagne répandait la terreur. Il envoyait aux pires supplices les épouses des magistrats, des greffiers, des riches bourgeois. Les bourreaux des Flandres étendaient les corps nus sur des lits de charbons ardents et les retournaient avec des crocs. Voulait-on installer en France une terreur à l'espagnole ?

Les Guise l'exigeaient. Ils avaient recours à tout pour convaincre le roi. Sa maîtresse, Diane de Poitiers, avait cinquante ans. Elle était de vingt ans son aînée. Pour garder son pouvoir sur Henri II, elle faisait le jeu des Guise, éliminant impitoyablement tous les conseillers du feu roi. Les Guise la persuadèrent de se prêter à une mise en scène. Il s'agissait de convaincre Henri qu'il devait employer, contre l'hérésie, les armes terribles des Espagnols.

Un domestique employé dans l'atelier du tailleur du roi était convaincu de calvinisme. Le roi le connaissait bien. Il l'avait vu souvent dans les séances d'essayage. Diane de Poitiers retint ce domestique dans sa chambre, puis elle fit venir le roi. On interrogea longuement le malheureux. Il se défendit comme il put, protestant de sa loyauté. Mais quand Diane, pour mieux le perdre, lui posa elle-même des questions, il eut une réponse cinglante : « Contentez-vous, Madame, d'avoir infecté la

France de votre infamie et de votre ordure, sans toucher aux choses de Dieu. » Cette sortie, devant le roi, le condamnait à mort. Henri II vint le voir mourir. « L'homme, raconte Michelet, immobile et comme insensible, tint sur lui un œil de plomb, un regard fixe et pesant, comme la sentence de Dieu. Le roi pâlit, recula, s'en alla de la fenêtre. Il dit qu'il n'en verrait jamais d'autres de sa vie. »

Ainsi, les hérétiques sont sous son toit, dans sa maison. Le voilà entraîné dans l'horreur, il ne peut plus se dérober. L'édit de Châteaubriant, en 1551, précise minutieusement les modalités de la répression. On augmente les peines qui frappent les libraires, éditeurs et diffuseurs de livres interdits. Pour s'assurer de la résolution des juges qui doivent condamner, on exige de tout candidat à un office de justice, mais aussi à un emploi municipal, une sorte de certificat d'orthodoxie. On ne fait plus confiance aux parlementaires, aux conseillers, aux baillis, aux consuls, aux jurats. Qui va distribuer ces certificats ? On se défie des parlementaires et des évêques. Ils seront signés par des notables choisis nommément par le roi et ses représentants. Les bases d'une véritable épuration sont ainsi jetées.

Les dispositions de l'édit sont très dures pour le clergé : désormais, l'évêque est tenu de résider dans son diocèse. Il doit être au premier rang du combat. Le temps des évêques diplomates, humanistes, conseillers de cour, est terminé. L'évêque, comme le magistrat, devient une sorte d'auxiliaire de police. Les cardinaux qui détiennent plusieurs évêchés doivent en choisir un seul et se démettre des autres. Le cardinal de Lorraine donne l'exemple, résignant son évêché de Metz. On ordonne d'écarter des chaires tout individu suspect, tous ceux qui ont été déjà censurés dans leurs opinions. Le Parlement doit demander aux curés de fournir trois mois à l'avance la liste de leurs prédicateurs. Voilà le clergé repris en main.

Quant à l'Université, elle est mise en demeure de rejeter l'hérésie. Elle doit renvoyer tous les maîtres qui ne disposent pas d'un certificat d'orthodoxie. Tous les rapports des universitaires avec Genève ou Strasbourg sont interdits. Les biens des émigrés sont confisqués. Il est défendu de leur écrire et de leur envoyer de l'argent. Ils n'ont pas le droit de transmettre leurs biens, avant d'émigrer, à des parents ou à des amis. Ceux qui auraient l'imprudence de les recueillir seraient poursuivis comme complices. On mettait les parents en garde contre le danger d'engager, à leur domicile, les précepteurs suspects.

D'autres édits armaient la justice en distinguant les peines applicables aux hérétiques et aux blasphémateurs. D'après l'édit de 1547, ces derniers étaient soumis à une série de supplices : le carcan de huit heures du matin à une heure de l'après-midi ; si le coupable persistait, on lui coupait la lèvre supérieure jusqu'à ce que les dents apparaissent. A la huitième récidive, on arrachait la langue.

Quant aux hérétiques, ils n'étaient justiciables que d'une seule peine, la mort. L'édit de Compiègne, en 1557, en avait ainsi décidé. En réalité, la cour avait toujours la possibilité de modifier le châtiment selon l'attitude du condamné. La finalité des supplices était d'édifier l'assistance, nombreuse, qui se pressait autour des bûchers. Il n'y avait pas de mort assez horrible pour ceux qui persistaient dans l'erreur. On pouvait les tenailler, les retourner sur le gril, comme Saint-Laurent, les brûler à petit feu. S'ils se repentaient publiquement, s'ils s'engageaient à mourir en silence, on leur faisait la grâce de les étrangler, « après avoir un peu senti le feu », et de ne pas leur couper la langue.

Le Parlement de Paris était compétent pour tous les pays de langue d'oïl, sauf la Normandie, la Bretagne, la Bourgogne et le Dauphiné. Il jugeait en Picardie et en Champagne, sur les bords de la Loire et dans les provinces du Centre. Sa compétence allait jusqu'en Poitou et en Aunis. C'était la moitié de la France. Les accusés, nombreux (plus de 4 000 en trois ans, de 1547 à 1550), s'entassaient dans les deux terribles prisons de la capitale, attendant leur tour pour la torture. L'instruction commençait en effet par la « question », donnée au préalable. On n'entendait pas, à la Conciergerie, les cris des suppliciés. La prison, humide et froide, avait ses salles spécialisées en dessous du niveau de la Seine. Certaines années (comme en 1548), on évacuait à la hâte les malheureux entassés dans les cellules : la peste était parmi eux. On les transportait ailleurs, quand ils n'étaient pas touchés par la maladie : par exemple, dans les cellules du Grand Châtelet, aux noms significatifs : « le Puits », « la Fosse », « la Fin d'Aise ». Les réformés, soumis au régime du droit commun, avaient les pieds dans la boue et ne pouvaient ni se dresser ni se coucher. Ils attendaient, accroupis, l'heure de la question ou du jugement.

Ces prisons étaient insuffisantes pour accueillir la masse des prévenus. On avait pris le parti de les enfermer aussi au Petit Châtelet, dans la forteresse de la Bastille ou dans les geôles de l'officialité. On arrêtait à tour de bras dans toutes les provinces du ressort du Parlement de Paris. Les étudiants, les clercs étaient les premiers frappés. Les châtiments prononcés contre eux étaient exemplaires : un écolier de Lisieux avait brisé des statues de la Vierge et des saints ; il avait placardé sur les murs de son collège des invectives et des blasphèmes. Il fut

condamné d'abord à trois amendes honorables successives :
torse nu, la corde au cou, flagellé une première fois devant la
cathédrale, une deuxième devant son collège, une troisième
devant les Carmes de la place Maubert. Il fut exposé trois jours
au pilori. Est-ce en raison de son jeune âge ? Il ne fut pas brûlé,
mais emmuré vivant dans un couvent. La nouvelle de sa
condamnation devait être publiée à son de trompe et cri public
à tous les carrefours de l'Université.

Les étudiants et les régents sont soumis, dans Paris, à une
stricte surveillance policière. Un arrêt spécial du Parlement leur
interdit de faire chanter des psaumes aux écoliers. Nul ne peut
ouvrir d'autres « petites écoles » que celles du Chantre de
Notre-Dame. Un nouvel arrêt, en 1557, ordonne de conduire
les écoliers à la messe le dimanche et demande expressément
aux commissaires du Châtelet, aux recteurs de l'Université, aux
procureurs de chacune des « nations » des diverses facultés,
d'organiser la surveillance des enfants et des jeunes gens.

Le roi a peur, et d'abord de cette jeunesse. Les jeunes gens
qui fréquentent les différents collèges de la capitale sont
rarement des pauvres, appartenant à des familles obscures. Ils
sont de noblesse ou de bonne bourgeoisie. Ils sont loin d'avoir
les mêmes opinions et certains reprochent au roi, comme les
Guise, sa trop grande timidité en matière de répression. Ceux-
là applaudissent aux tortures et assistent aux sinistres exécutions de la place Maubert.

D'autres, cependant, continuent à briser les statues aux
carrefours et à chanter les psaumes de Marot, le soir, sur le Pré-
aux-Clercs. Ni le pilori, ni les bûchers, ni les amendes honorables ne les découragent. Ils sont au contraire fascinés par le
courage des martyrs. S'ils assistent aux supplices, c'est pour les
aider à mourir.

Dans la nuit du 4 au 5 septembre 1557, les élèves du collège
du Plessis, rue Saint-Jacques, remarquent dans la rue un
manège étrange. Ces jeunes gens sont tous catholiques, certains
de grande famille. Ils vont aux cours l'épée au côté et ne
supportent pas que l'on mette en doute leurs croyances. Ils
détestent les régents calvinistes et les étudiants à l'accent
allemand.

Sous leurs yeux, des ombres se glissent, furtivement, vers la
porte d'une vaste maison appartenant à un chanoine, occupée
par un jeune avocat au Parlement. Quatre ou cinq cents
personnes sont entrées. Il faut agir.

Les jeunes gens sortent de leur collège, les armes à la main.
Ils ameutent la foule, toujours prompte à prêter main-forte au

sac d'une maison bourgeoise. Ils crient que les huguenots font ripaille, qu'ils célèbrent des messes noires, que les femmes s'y rendent pour des orgies. Le guet arrive, ferme les rues avec des chaînes pour que personne ne puisse s'enfuir. Les fenêtres de la rue Saint-Jacques s'illuminent de chandelles, de lampes à huile. On veut voir le visage de ces femmes de mauvaise vie.

On donne l'assaut. La porte est forcée. Les calvinistes, réunis pour prier, sont surpris en plein prêche. Certains sautent par les murs du jardin, l'épée à la main. L'un de ces gentilshommes est pris, lapidé, déchiré par la foule qui abandonne son cadavre méconnaissable au cloître Saint-Benoît. On connaît quelques-unes des victimes : un avocat, des étudiants, des artisans parisiens, des brodeurs, des cordonniers. Beaucoup d'étrangers ou de provinciaux : un médecin de Lisieux, deux étudiants du Languedoc, un jeune Allemand... Beaucoup de femmes parmi les 130 personnes capturées et garrottées : l'une d'entre elles, Mme de Graveron, vient d'accoucher, elle a vingt-trois ans. Des dames de la cour, d'Overty, de Rentigny et de Champaigne crient à la fenêtre que l'on alerte la justice. Le procureur du roi vient en personne, averti par le guet. Il ne peut rien faire : la foule menace de brûler les femmes.

Ces dames de l'aristocratie étaient venues au prêche avec leurs femmes de chambre. Quand elles sortent de la maison, au petit jour, après une nuit d'angoisse, elles sont battues, dévêtues, insultées. On les arrache à grand-peine à la populace pour les jeter dans les cellules sinistres du Châtelet. Le roi est effrayé par le grand nombre de nobles et de femmes nobles qui figurent sur la liste des arrestations : plus de 30 sur 130. Il croyait sincèrement que le calvinisme était une religion de pauvres et de domestiques.

La répression est rapide, impitoyable : les exécutions se succèdent, hommes et femmes périssent avec courage. La jeune dame de Graveron a la langue coupée. Elle a les pieds et le visage brûlé par les flammes avant que le bourreau ne lui fasse la grâce de l'étrangler. Un jeune étudiant demande à être parmi les premières victimes. « Jésus ! Jésus ! dit le vieux président qui l'interroge à son procès, qu'a donc cette jeunesse pour vouloir ainsi se faire brûler pour rien ? »

A vrai dire, cette réunion clandestine n'était pas la seule à inquiéter les parlementaires. Depuis 1555, ils étaient alertés régulièrement par le procureur général sur les progrès récents de l'hérésie et sur ses liens avec Genève : le 14 mars 1556, il avait fait un rapport officiel, indiquant les lieux où se tenaient les assemblées clandestines. La maison la plus suspecte était celle d'un gentilhomme manceau, de La Ferrière, qui habitait non loin du Pré-aux-Clercs. La maison de la rue Saint-Jacques est vite repérée. On sait que les réformés sont en contact avec Genève et que Calvin a décidé d'organiser une église parisienne. Deux pasteurs, La Ferrière et Le Maçon, originaire d'Angers, en ont été chargés. Un autre fondateur, Morel, est obligé de quitter Paris en 1557 parce qu'il est surveillé de trop près par la police. L'église clandestine dispose déjà de nombreux fidèles, d'un consistoire, de ministres et de diacres. Elle peut compter sur le dévouement de jeunes fanatiques, comme cet Antoine de La Roche-Chandieu, pasteur à vingt ans.

Elle n'est pas démantelée par la répression qui suit l'affaire de la rue Saint-Jacques. Les fidèles ne sont pas tous des Parisiens, et tous les réformés parisiens n'étaient pas au prêche de la maison du Plessis... L'église « plantée » de Paris accueille les voyageurs de toute la province, leur permet de reprendre contact avec Genève, organise à deux pas du Louvre et du Parlement la résistance à la persécution. Il est plus facile de se cacher dans la grande ville de 300 000 habitants que dans les petites cités de la Loire ou de la Normandie. Les réformés parisiens travaillent longtemps dans la clandestinité. Ils y sont encouragés par Genève. Ils assurent, dans la France du Nord, la liaison entre les communautés pulvérisées dans les provinces, commotionnées par la persécution. Les pasteurs parisiens transmettent à Genève les messages et les informations sur les progrès de la Réforme autour de la capitale. Ils sont en contact avec les Picards. Ils savent que, depuis 1548, le prévôt de Noyon a été chargé par le Parlement de poursuivre et d'exterminer les réformés. Dans la région d'Amiens, des réunions clandestines existent depuis longtemps. Les hérétiques sont nombreux aussi autour de Laon, assez puissants pour braver les magistrats de la ville en se retranchant dans le château du comte de Rouci, en 1552. A partir de 1555, le mouvement des conversions reprend, et les églises clandestines d'Amiens et de Noyon se fortifient. A cette date, les persécutés de Meaux ont repris courage : ils sont assez nombreux pour prendre d'assaut l'église Saint-Thibaut, où ils brisent les autels et les statues, emportant les restes du saint. Sur le grand marché de Meaux, est célébré publiquement, en 1554, un mariage à la mode de Genève. Le guet intervient et saisit les assistants. Les mariés réussissent à s'enfuir. La communauté huguenote s'est reconstituée dans l'ombre. En 1558, Calvin lui envoie un pasteur.

Dans la Champagne proche, les réformés parisiens connaissent l'influence de l'évêque libéral Jean Caraccioli, grand lecteur de Calvin. Il a laissé s'organiser, à partir de 1550, une petite église réformée dans son diocèse. Certes, il a par la suite désavoué les hérétiques, mais ils se sont groupés autour de pasteurs dans Troyes, Langres, Sens et Sézanne. Le Maçon est prié de prêcher à Troyes, où le parti huguenot est très fort. On lui raconte qu'en 1558, les protestants ont réussi à délivrer un de leurs frères, violemment pris à partie par la foule pour avoir refusé d'ôter son chapeau en passant devant la cathédrale. Catholiques et protestants se mesurent. A la moindre provocation, le sang coule.

Vers le sud de la capitale, les villes de la Loire, d'Orléans à Blois et Angers, sont depuis longtemps sensibilisées à la Réforme. La grand-route d'Orléans n'est pas fréquentée que par les marchands : les clercs de l'université, en contact avec leurs frères parisiens, assurent le transport clandestin des livres interdits, qu'ils fournissent aussi à leurs camarades de l'université de Bourges. A Bourges comme à Blois et à Issoudun, les premières églises clandestines furent fondées par Simon Brossier, prédicateur infatigable, qui allait de ville en ville, multipliant les assemblées qu'il tenait de nuit, dans une ambiance de société secrète. Le pasteur Desmérenges, envoyé en 1558 par Genève, faisait prêter serment aux nouveaux adeptes « de renoncer à jamais à toute la papauté et de ne révéler à homme vivant les assemblées ». On considérait ces précautions comme indispensables pour ne pas « exposer les perles aux chiens et aux pourceaux ». Les assemblées se tenaient en dehors des villes ; à Blois, les fidèles se rendaient en groupe, tard dans la nuit, dans une tuilerie appelée « les Bondes ».

De Blois, d'Orléans, de Tours, de Chinon ou du Mans, les réfugiés se cachaient à Paris quand ils avaient été dénoncés ou suspectés dans leurs quartiers par des catholiques vigilants. Les églises clandestines existaient tout au long du fleuve, et Calvin leur envoyait régulièrement des pasteurs. Celle d'Alençon, fief de Marguerite de Navarre, était particulièrement active. Celle d'Angers avait été décimée en 1558 par la persécution et nombre de ses membres étaient venus chercher refuge dans les maisons huguenotes de la capitale.

Les Parisiens étaient également en contact avec les églises normandes et poitevines. Depuis le début du siècle, les Normands manifestaient à la fois de l'impatience devant le poids des impôts royaux et ecclésiastiques et de l'indignation devant les abus du clergé. Cette province, qui était en moyenne deux fois plus alphabétisée que toutes les autres provinces du royaume, devait à sa richesse une grande perméabilité aux idées nouvelles. Les Normands lisaient volontiers les traductions imprimées à Rouen (le troisième centre français pour l'imprimerie) des ouvrages allemands ou les textes de Lefèvre et Calvin. Leurs fils, à l'université de Caen, se frottaient à la fois d'humanisme et d'idées séditieuses ; même dans les campagnes, où les paysans étaient en même temps, très souvent, des tisserands de draps pour Rouen ou des cardeurs de laine, la religion réformée trouvait un terrain favorable, une élite d'artisans sachant lire, disponibles pour la révolte...

Depuis 1530, les bûchers s'allumaient. Les Normands avaient leurs martyrs : le curé Etienne Lecourt en 1534, le gardien des Cordeliers Nicolas Roussin. Une chambre spéciale avait été créée au parlement de Rouen pour le jugement des hérétiques : les moines en avaient été les premières victimes. Dès la fin du règne de François Ier, les églises clandestines fonctionnaient de nuit dans les maisons de Rouen, de Caen, de Saint-Lô, d'Evreux et de Vire. En 1549, trente-deux augustins de Rouen s'enfuyaient vers Paris. Ils avaient été convaincus d'hérésie. A cette époque, beaucoup de petits nobles du Cotentin s'étaient ralliés. Le sieur de Gouberville hésitait. Ses paysans n'allaient-ils pas aux prêches ? Comme les bourgeois et les artisans de Caen et de Rouen, comme les curés et les moines, les gentilshommes normands étaient tentés : le pays était trop riche pour ne pas saisir l'occasion de peser sur les destinées du royaume.

L'Ouest était gagné : un premier groupe de huguenots existait à La Rochelle en 1552. Trois de ses adeptes avaient subi le supplice. Une cinquantaine de calvinistes intransigeants avaient réussi à échapper aux fouilles, arrestations, interrogatoires et dénonciations, en changeant sans cesse de lieux de réunion pour les assemblées nocturnes. Les plus menacés s'enfuyaient à Paris, à moins qu'ils ne cherchent à gagner directement Genève, par la route de Poitiers et de Limoges.

A Poitiers, les « caches » étaient nombreuses pour les voyageurs menacés. On y avait, jadis, caché Calvin lui-même. Les huguenots du Poitou s'étaient organisés. Ils n'avaient pas de temples et n'osaient pas célébrer leur culte dans les églises. Mais les anciens et les diacres faisaient passer les mots d'ordre de réunion aux nombreux fidèles en leur recommandant de se rendre de bonne heure aux lieux fixés, pour empêcher les perturbateurs de les précéder. Sans être publiques et reconnues, les assemblées avaient lieu cependant de jour, au su des autorités. Le Poitou était en avance.

Ainsi, dans toutes les provinces de langue d'oïl, même en Bretagne où Calvin avait envoyé deux pasteurs (une église existait au Croisic), des groupes de protestants, surtout dans les villes, célébraient leur culte en liaison avec leurs frères parisiens, mais surtout avec les ministres de Genève. Le pouvoir royal n'ignorait pas que les provinces étaient sillonnées par les envoyés de Calvin. Il ne pouvait les brûler tous. Il aurait fallu surveiller en permanence les portes et les ports.

De Genève, Calvin organisait méthodiquement l'investissement du royaume. Il disposait, avec les réfugiés français, d'une masse croissante de missionnaires en puissance. Vers 1550, la ville de Genève ne comptait guère plus de 10 000 habitants. Entre 1550 et 1560, on estime à 5 000 le nombre des immigrés, dont la plupart venaient de France. Les Normands étaient à égalité avec les Languedociens. Rouen fournissait autant d'émigrants que Paris.

Les villes de la Loire : Orléans, Blois, Tours, avaient leur contingent, ainsi que la montagne des Cévennes, la Provence des vaudois et la région lyonnaise. La région parisienne avec Meaux, Beauvais, Troyes, et le Centre avec Poitiers et Bourges étaient bien représentés. Les protestants d'Aunis et de Saintonge étaient moins nombreux. Sans doute, embarquaient-ils pour trouver refuge en Angleterre.

Certains de ces immigrants, les Français du « premier refuge », devenaient genevois à part entière, achetant la citoyenneté et la bourgeoisie.

Ceux qui avaient ainsi trouvé place dans le rôle des impôts de la ville étaient généralement des notables, des riches, des hommes d'entreprise et de commerce qui rendirent à Calvin les plus grands services : les imprimeurs, par exemple. Laurent de Normandie avait habité avec lui à Noyon. Il devint le plus grand libraire de la ville. Crespin, juriste d'Arras, devait éditer le martyrologue. Avant 1540, l'imprimerie genevoise ne comptait guère sur le marché européen. A l'arrivée de Robert Estienne, en 1550, elle se développa très vite. On y comptait 76 éditions en 1561, avec plus de 200 ouvriers, d'origine française pour la plupart, ou allemande. Le grand psautier calviniste fut tiré à près de 30 000 exemplaires, avec les textes de Marot et de Théodore de Bèze. Laurent de Normandie avait édité plus de 35 000 livres à lui tout seul, dont les ouvrages de Calvin, les bibles et les psautiers. Entre 1550 et 1564, on fit à Genève plus de 160 éditions de Calvin. La ville devenait une des premières places d'édition.

Mais l'activité des imprimeurs y était scrupuleusement surveillée. La profession était pratiquement, comme le dit Chaix, « sous la coupe de l'Etat ». Un édit réglait minutieusement les rapports entre compagnons et maîtres, pour parer aux grèves qui, depuis 1539, mettaient l'imprimerie lyonnaise en difficulté croissante. Le Conseil genevois obligeait même les compagnons à une certaine tenue morale et matérielle « pour éviter les débauches et retardements des labeurs », ce qui aurait été impossible à Lyon. Les imprimeurs de Genève sont responsables de la qualité des tirages. Ceux qui font défaut sont menacés d'être exclus de la profession. Pour être imprimeur, il faut en effet être reconnu par les autorités qui fixent à chacun le nombre de presses utilisables. A la mort de Calvin, 34 presses sont autorisées pour 24 imprimeurs agréés.

Aucun ouvrage ne peut être mis en vente par les libraires sans une autorisation du Conseil. On vend les livres sur des « hauts bancs », sortes d'éventaires construits en bois, le long des façades des maisons bourgeoises, à l'abri des avant-toits. Seuls, les « marchands libraires » ont boutiques et pignons sur rue ; ils sont en même temps éditeurs, comme Artus Chauvin ou Laurent de Normandie. Celui-ci fournit en livres les petits libraires des « hauts bancs » et entretient de nombreux colporteurs, qui vont vendre en France.

Dangereux trafic : depuis avril 1548, le commerce des ouvrages genevois est rigoureusement interdit dans le royaume. L'édit de Châteaubriant vient de renforcer, en 1551, l'arsenal légal. Les autorités genevoises ne peuvent intervenir pour favoriser les exportateurs. Ceux-ci doivent vendre, à leurs risques et périls, et organiser eux-mêmes les filières de la distribution, en bravant le roi de France.

Jean de Normandie dispose, dans les foires internationales, de correspondants et de revendeurs : à Lyon, c'est Jean Bode, marchand de Provence ; il envoie aussi directement les livres dans des tonneaux fermés à Josse et à Bocheron, marchands libraires à Metz ; à Martin, de Sisteron ; à Loys de Hu, de Reims. Mais les plus importants revendeurs sont les colporteurs, qui portent les livres, au milieu d'objets innocents, sur leur dos. Ils reçoivent une marchandise destinée à approvisionner telle ou telle région et livrent souvent les commandes des régents ou pasteurs. Ils sont les commis voyageurs anonymes de la Réforme. A Provins, note le curé Haton, arrivent de Genève « grand autre nombre de petits livrets, comme les psaumes marotiques et blésiens... et, outre lesdits psaumes..., autres livrets intitulés le *Catéchisme de la Vraie Religion, Le Bouclier de la foi, Le Bâton de la foi* et autres infinis livres..., tous bien reliés en peau de veau rouge et noire, les aucuns bien dorés »... On connaît le nom des colporteurs, quand ils sont arrêtés et brûlés : Hector de Poitiers, par exemple, qui approvisionnait les vallées du Dauphiné, mort en 1556 ; Archambault Séraphin, Philippe et Jacques Cène, brûlés vifs à Dijon en 1557. Un certain Nicolas Ballon, émigré à Genève, est volontaire pour le colportage. Il demande des livres à Laurent de Normandie. Passé en France, il est arrêté à Poitiers où il est condamné à mort. Il s'échappe de la prison et continue le colportage. Il est repris, brûlé vif à Paris deux ans plus tard. Les colporteurs ne sont pas toujours des professionnels : certains sont des avocats, des apothicaires, comme ce Guillaume Husson qui subit également le supplice. Le martyrologue calviniste est rempli de leurs noms.

Calvin s'intéresse personnellement à ce trafic, très efficace, et veille à ce que les colporteurs ne transportent pas en France des ouvrages qui auraient échappé à sa censure. Il fait saisir les abécédaires et les catéchismes pour enfants qui ne sont pas conformes au nouveau dogme. Il condamne les livres de Rabelais, « ce rustre » qui brocarde vilainement l'Ecriture sainte et multiplie les « ordures et vilainies ». Les petits écoliers de Genève qui sont surpris à lire Rabelais sont condamnés au fouet. Le livre doit servir la Réforme, et les imprimeurs ne doivent pas s'égarer sur les sentiers luxurieux de la Renaissance. Le commerce du livre est œuvre de propagande. L'Etat doit à la fois l'aider et le contraindre.

Pour mieux diffuser, on autorise toutes les ruses. Le nom de Genève et celui de l'imprimeur ne figurent pas sur les titres. On oublie même le nom de Calvin sur les *Nouveaux Testaments* publiés en français. On travestit le nom de la ville : Genève devient « Hierapolis », ou « Villefranche », ou « Venège ». Il s'agit de tromper la vigilance des quatre libraires assermentés qui, à Paris, ont la charge d'ouvrir les ballots de livres, pour faire saisir ceux qui sont interdits.

La littérature imprimée à Genève, en langue française, est destinée au plus large public. On veut mettre le dogme à la portée de tous et rendre la théologie populaire : on y réussit assez bien. Les interrogatoires des accusés hérétiques confirment, s'il en était besoin, la culture théologique indéniable qui vient de Genève, et s'affirme même chez les artisans ou gens du peuple. Les textes imprimés sont destinés à être lus à haute voix dans les assemblées. Viret les rédige sous forme de dialogues, avec des mots très simples. Son *Brief Sommaire de la doctrine chrétienne* est destiné à fournir des arguments pour la religion réformée aux régents qui font les prêches, la nuit, dans les réunions clandestines. Ils disposent, avec l'*Abrégé de la doctrine évangélique et papistique,* d'une sorte d'exposé contradictoire des grandes questions du dogme, très simplifiées, permettant de confondre les objections des « papistes ». C'est une littérature militante, qui donne des armes à ses partisans. Elle est tirée sur papier bon marché en petits formats. Il faut que tous puissent acheter.

Calvin donne l'exemple, avec ses *Commentaires de l'Ecriture sainte.* Il a manifestement pour but de fournir des thèmes de sermons à ses pasteurs. Michel Cop, reçu ministre en 1545, était ami de Calvin à l'Université de Paris. Il l'aide à rédiger des textes simples, accessibles à tous, sur les questions de foi. On édite aussi l'œuvre d'un moine d'Avignon, Jean Garnier, ministre à Strasbourg et dont la foi ardente est bien vue à Genève. Il a écrit la *Brève et Claire Confession de la foi chrétienne, contenant cent articles, selon l'ordre du Symbole des apôtres.* Chaque article commence par les mots « JE CROIS » imprimés en capitales. C'est un mémento pour missionnaires. On publie aussi l'*Exhortation au martyre, par laquelle les fidèles sont admonestés à constamment mourir pour le témoignage de la vérité de l'Evangile,* de l'Italien Giulio da Milano, qui contient un récit de quelques supplices édifiants. En 1549, Calvin a préfacé lui-même cet ouvrage. En 58 pages, l'auteur fait tout pour impressionner et frapper l'imagination. Publié en petit format, le livre, sans indication d'origine, est un des instruments les plus efficaces de la propagande.

Pour plus d'efficacité, on met parfois la polémique en images. L'*Antithèse des faits de Jésus-Christ et du pape* oppose constamment, par des gravures sur bois qui se font face d'une page à l'autre, les grands thèmes de la discorde avec Rome : par exemple, le Christ est représenté sur la page de gauche, lavant les pieds d'un apôtre ; sur la page de droite, c'est le pape entouré d'évêques agenouillés. Une autre double page oppose le Christ portant la croix et le pape voyageant en litière.

Un des ouvrages les plus efficaces pour la propagande calviniste est un in-octavo intitulé les *Actes des martyrs* dont la première édition a été imprimée par Crespin lui-même en 1554. Mais les ministres de Genève se préoccupaient autant d'instruction que d'édification : on publiait les psaumes en très gros caractères, pour que les vieux puissent apprendre à les lire. Des manuels de grammaire sortaient des presses genevoises, des ouvrages scolaires, des dictionnaires de grec et de latin. On publiait même des petits abécédaires appelés « palettes », sous forme de feuilles volantes à mettre entre les mains des enfants des écoles. Des almanachs épurés, où le culte des saints ne figurait plus, étaient substitués à ceux de la « papisterie ». Seules, subsistaient les grandes fêtes chrétiennes. Des psaumes adaptés remplaçaient les colonnes des saints. Jusque dans le détail, la Réforme genevoise voulait extirper les traces de la religion romaine.

Avec les livres, Calvin avait ses munitions : avec les réfugiés, il disposait d'une armée nombreuse, en contact permanent avec les militants de l'intérieur, ceux qui, restés sur place, risquaient tous les jours la prison et le bûcher.

Il fallait maintenir, entre tous ces fidèles, une cohésion doctrinale. Calvin croyait aux textes et aux institutions. Celles de Genève furent formulées dès 1541 par les *ordonnances ecclésiastiques,* promulguées par le Conseil de la ville, sur le modèle strasbourgeois.

Quatre offices étaient créés pour le gouvernement de l'Eglise : les pasteurs, les docteurs, les anciens et les diacres. Les anciens composaient une vénérable assemblée, le consistoire, qui avait une mission de surveillance, d'éducation, d'encadrement des fidèles, ainsi que de gestion du temporel. Il devait, par exemple, se procurer l'argent nécessaire à l'entretien des ministres. Les membres du consistoire étaient désignés d'abord spontanément, puis par cooptation. Les anciens se réunissaient une fois par semaine, après le prêche du dimanche matin. Ils étaient généralement choisis parmi les notables et ne touchaient aucune rémunération. Ils avaient la charge d'assister aux réunions des églises et de correspondre avec les autres églises. Ils choisissaient les ministres et arbitraient, en une sorte de tribunal des mœurs, les conflits des familles, des professions, de la communauté réformée. Ils donnaient leurs avis pour les mariages et les fiançailles. Ils contrôlaient la foi et la pratique des fidèles, ils intervenaient au besoin dans leur vie privée. Ils jugeaient des fautes contre la foi, mais aussi contre la morale, obligeant les coupables à se confesser publiquement devant eux. Ces notaires, ces commerçants, ces médecins avaient ainsi la lourde tâche de juger souverainement de la moralité dans le cadre de leur église (ils étaient de six à neuf membres par église) et de condamner à l'excommunication ceux qui s'étaient rendus coupables des fautes les plus graves : l'hérésie, l'abjuration, la rébellion...

Les ministres désignés par eux n'exerçaient pas, comme les prêtres catholiques, un sacerdoce. Ils ne recevaient pas d'ordination : choisis parmi les fidèles, ils ne devaient en rien s'en distinguer. Leur rôle était de distribuer les deux sacrements reconnus par Calvin : la communion et le baptême. Ils pouvaient seuls prêcher devant l'assemblée. Pour cette raison, ils étaient choisis parmi ceux qui avaient des notions de théologie et pouvaient lire et commenter les Ecritures. Pour les former, Calvin devait fonder une Académie à Genève, animée par Théodore de Bèze. Cet ancien élève de l'université d'Orléans, puis de Bourges, fils d'un bailli du roi à Vézelay, avait connu Calvin en France et l'avait rejoint en 1547 à Genève. Il avait été nommé par Viret professeur de grec à l'Académie de Lausanne avant d'être rappelé par Calvin, en 1558. Il s'entoure de professeurs français qui sont des humanistes, la théologie étant du ressort exclusif de Calvin lui-même. Les réfugiés affluent dans ce séminaire huguenot, d'où sortiront de nombreux pasteurs.

Les groupes de protestants restés en France écrivent à Calvin pour lui en réclamer. Des courriers nombreux, venus de Languedoc, de Normandie, de la région parisienne, décrivent en termes bibliques le besoin d'enseignement que ressent le « nouveau peuple de Dieu ». Tous veulent un pasteur instruit, mais humain, capable de séduire et de convaincre. Il doit pouvoir s'exprimer facilement dans la langue du peuple comme dans celle des clercs. On souhaite qu'il possède les qualités nécessaires (la « prudence ») pour apaiser les plus agités des militants, ceux qui compromettent la cause en brisant des statues ou en troublant les pèlerinages. Les convertis des villages et des quartiers n'ont plus de prêtres ; ils demandent avec insistance, attendent avec angoisse, celui qui pourra distribuer les sacrements.

A partir de 1558, Calvin organise des départs réguliers de ministres pour la France. Ils ont été formés à Genève ou dans d'autres villes suisses, et choisis pour leurs qualités de mission-naires. Ils sont intronisés par la « Compagnie des pasteurs de Genève ». Cent, environ, sont envoyés en France, de 1555 à 1562. Ils ont pour mission de « dresser » partout des églises et de résister à la répression.

Ils n'ont pas d'habit ecclésiastique ni de signe de reconnais-sance. Les chapeaux noirs à larges bords, représentés dans l'iconographie de l'époque, ne sont pas une obligation, pas plus que les robes longues à cols et rabats blancs. Ces missionnaires ne cherchent pas à se distinguer des civils, ils portent l'habit qui est celui de leur profession : les « régents », professeurs et magistrats ont effectivement des robes longues, mais les arti-sans ont gardé leur habit de travail et les nobles portent l'épée au côté, comme cet Antoine de Faye, pasteur dans Paris, qui se singularise par son pourpoint jaune et son manteau violet...

Leur formation était à la fois pratique et théorique. Ces lettrés, ces notables, ces bourgeois de robe ou d'office, ces anciens prêtres ou moines, ces médecins et ces avocats rece-vaient d'abord, à l'Académie, l'enseignement théologique de Calvin lui-même. Les artisans, les paysans étaient rares parmi eux.

Les candidats arrivaient à Genève avec une formation souvent universitaire. Calvin leur recommandait de suivre toutes les études proposées par Théodore de Bèze, et notam-ment les cours de grec, de latin et d'hébreu. Ils recevaient ensuite une affectation dans les villages proches de Genève où ils accomplissaient une sorte de stage, au contact des fidèles. Ils exerçaient dans les paroisses rurales des fonctions précises : diacres, ils étaient chargés de l'assistance et des œuvres ; régents et maîtres d'école, ils enseignaient aux enfants à chanter les psaumes ; ils pouvaient même remplacer le pasteur et distribuer les sacrements. Ils revenaient ensuite à Genève où ils subissaient un dernier examen : on leur offrait un thème de prêche, et le jury, composé de pasteurs et d'anciens, jugeait de leur aptitude au ministère. Ils devaient, avant d'exercer, jurer de rester fidèles aux dogmes et aux principes de l'Eglise calviniste. Ils étaient alors intronisés par le plus ancien du jury. La cérémonie impliquait l'imposition des mains.

Ainsi, Calvin avait reconstitué un rituel, et l'organisation de son Eglise mettait tous les ministres dans son pouvoir. Genève devenait la Rome protestante, la métropole incontestée des huguenots français. Il reste que les pasteurs ainsi désignés (beaucoup l'étaient sans passer par Genève, par le simple accord des assemblées locales) devaient être, avant de pouvoir exercer, agréés par les églises où ils se rendaient. Certains pouvaient être refusés, pour le simple fait qu'ils n'étaient pas entendus. En Languedoc, en Bretagne, en Poitou, et même en Auvergne, le français n'était pas toujours compris. Le public populaire voulait que le prêche fût prononcé dans sa langue natale, et non dans la langue officielle du royaume. Calvin veillait à ce que les pasteurs fussent choisis en fonction de leurs aptitudes linguistiques. Mais il leur imposait d'apprendre à leurs fidèles la lecture et l'écriture, pour qu'ils pussent lire en français les prières essentielles, les psaumes, et correspondre éventuellement dans cette langue avec les communautés d'autres régions. L'éducation était toujours le corollaire de l'instruction religieuse.

Le candidat pasteur devait prononcer trois prêches devant l'assemblée des fidèles avant d'être définitivement admis. Il recevait alors un logement, un traitement pour sa famille, qui était généralement nombreuse : les pasteurs étaient mariés et leurs unions étaient fécondes... Calvin avait même, de Genève, fixé une sorte de barème pour assurer à ses envoyés des gages décents. Matériellement, le pasteur dépendait étroitement de la générosité des fidèles ou des consuls des villes. Il y avait une grande disparité de traitement selon les paroisses.

Calvin insistait, chaque fois qu'il envoyait en France un nouveau pasteur, pour qu'il empêchât les fidèles de se livrer à des actes de violence ou à contester l'autorité. Il réprouvait l'attitude anarchiste des anciens moines convertis à sa doctrine, et dont les prêches ne correspondaient ni à la *Discipline* de Genève ni à la volonté du fondateur de ne rien faire pour mettre en question l'ordre social et politique. Ces renégats encourageaient souvent les fidèles à refuser le paiement des dîmes et même des impôts royaux. Calvin décida qu'un ancien moine devrait désormais, pour être pasteur désigné, recevoir

l'agrément d'un synode, et non le simple avis de quelques
ministres. Les synodes régionaux pouvaient également déposer
pour hérésie les pasteurs qui n'avaient plus la confiance de
Genève.

Cette organisation suscitait des critiques. Des voix s'élevaient
pour reprocher à Calvin la rigidité de l'institution, son éloigne-
ment des vrais désirs populaires. A quoi bon rejeter la
« papisterie », si c'était pour fonder une nouvelle Rome ? Un
noble d'Ile-de-France, Morelli, seigneur de Villiers, écrira un
Traité de la discipline et de la police chrétienne pour demander
que la désignation des pasteurs et des anciens soit confiée au
peuple, et non aux consistoires. Les thèses exprimées par
Morelli furent assez sérieusement considérées pour que plusieurs synodes prissent la peine de les condamner comme
« anabaptistes ». Genève voulait rester maîtresse du jeu.

Le 13 mai 1558, la foule se presse au Pré-aux-Clercs. C'est un
terrain vague, le long des vieilles murailles construites au temps
de Philippe Auguste, sur l'emplacement de l'actuelle rue du
Bac. D'habitude, les étudiants viennent s'y détendre. Le
dimanche, les bourgeois de Paris y prennent le frais.

Ce jour-là, des milliers de personnes s'y rassemblent, mais
elles n'ont pas l'innocence des promeneurs. De toutes les
paroisses de la capitale, sont venus des centaines, des milliers
de protestants, attirés là par un mot d'ordre. Car ce rassemblement est un défi : deux mois plus tôt, pour se manifester
publiquement, les protestants avaient déjà chanté des psaumes
au Pré-aux-Clercs. Les badauds, les curieux, les étudiants
avaient chanté avec eux. On avait dit au roi que les huguenots
organisaient des assemblées séditieuses. Il les avait fait interdire.

Le 13 mai 1558, par milliers, les huguenots bravaient le roi.
En tête de leur cortège, marchaient des gentilshommes, l'épée
au côté. Des groupes d'hommes en armes, à cheval, casqués
comme à la bataille, encadraient la foule des chanteurs de
psaumes. On croyait reconnaître des gens de haute noblesse et
même un prince de sang, Antoine de Bourbon, roi de
Navarre... Personne n'osa intervenir au nom du roi. La
manifestation, conforme aux usages, se termina sans heurts. La
foule entra dans Paris par la porte Saint-Jacques. En tête du
défilé, des hommes armés, chantant les psaumes à tue-tête.

L'évêque de Paris et les docteurs de la Sorbonne font une
vive représentation au Parlement : ainsi, le roi tolère une
manifestation publique de huguenots ? Le lendemain, 14 mai,
les protestants reviennent en grand nombre, et ainsi le 15, et les

jours suivants. A croire qu'ils veulent à tout prix provoquer la répression. Le 18, enfin, le Parlement a pris sa décision : au matin du 19, des hommes armés interdisent l'accès du Pré-aux-Clercs. Une bagarre violente en résulte. Mais il n'y a pas d'arrestations. Le roi, pressé par le cardinal de Lorraine, finit par ordonner une enquête. Elle aboutit à l'arrestation de D'Andelot, neveu du connétable de Montmorency, ancien compagnon de jeux du roi.

Henri II s'est laissé forcer la main. Depuis août 1557, il est inquiet, morose. Le vieux maréchal de Montmorency a perdu la bataille de Saint-Quentin. Après une résistance admirable, l'amiral de Coligny a dû céder. D'Andelot s'est sauvé par miracle, en pataugeant dans les marais jusqu'au cou. Montmorency et Coligny sont captifs des Espagnols, qui tiennent Paris à leur merci. C'est un désastre.

Le peuple parisien, inquiet, nerveux, impute la responsabilité de la défaite à la désunion des chefs de l'armée. Il est vrai que Guise et Montmorency se détestent. Mais, justement, François de Guise et ses frères sont les maîtres de la situation à Paris. François vient de se couvrir de gloire en réussissant, par un audacieux coup de main, à chasser de Calais les Anglais. Il vient également de prendre Thionville, réputée imprenable. Guise, le seul vainqueur de cette guerre, est follement populaire. Il ameute le peuple, et pousse le roi contre ses ennemis, les huguenots.

A l'approche des fêtes de l'Ascension, les moines prêcheurs, fidèles agents des Guise, appellent au meurtre. Déjà, en février, on a rapporté au roi des scènes abominables qui ont ensanglanté les églises. Au moment du carême, à Saint-Eustache, on a déchiré un étudiant qui riait bruyamment pendant le prêche d'un cordelier. Il est mort lacéré. Le 27 février, on a exhumé et exhibé sur le parvis de Notre-Dame les restes d'un martyr protestant, Morel, pour les brûler pendant le carnaval. Le corps à demi décomposé a été insulté par la foule. Le 4 mars, à l'église des Saints-Innocents, on s'est emparé d'un homme qu'un membre de l'assistance avait dénoncé comme « luthérien ». Il a été frappé à mort. Un gentilhomme, rescapé de Saint-Quentin, qui voulait prendre sa défense, a été pris à partie par un prêtre. « C'est lui qu'on doit tuer, criait-il, puisqu'il est pour les luthériens. » L'homme se réfugie à la sacristie, avec son frère, qui est chanoine. Il réussit à s'échapper, mais le chanoine, moins prompt, est saisi, lardé de coups de poignard. La foule, en hurlant, trempe les mains dans son sang.

Telle est l'atmosphère de la rue, à Paris, après la défaite de Saint-Quentin, pendant l'hiver de 1557-1558. Aussi, les manifestations des protestants, au printemps du Pré-aux-Clercs, sont-elles accueillies avec colère par la foule. On trouve tiède l'attitude du roi. Les Guise exigent des sanctions, des supplices. Le roi tarde encore. Il promet pourtant. « Je jure, dit-il à un ambassadeur italien, que si je peux régler mes affaires extérieures, je ferai courir par les rues le sang et les têtes de cette infâme canaille luthérienne. » Propos diplomatiques, destinés à faciliter l'entente avec le pape et le roi d'Espagne ? Après Saint-Quentin, le roi n'estime pas, sans doute, qu'il peut s'offrir le luxe d'une guerre civile. De toutes parts, lui parviennent des nouvelles alarmantes.

A la frontière, Calvin pense utiliser la faiblesse du pouvoir royal pour encourager les églises de France à se « dresser ». Il a envoyé dans le royaume tous ses ministres disponibles. Les demandes affluent encore, pendant tout l'hiver 1558-1559. Calvin y répond de son mieux ; il souhaite que désormais le culte s'affiche au grand jour, comme en Allemagne, à côté du culte catholique.

La vallée de la Seine est « dressée », de Troyes à Rouen. Calvin est très attentif : les églises doivent éviter toute provocation. A Troyes, il a des raisons d'être inquiet. Il envoie les pasteurs Macart et Le Maçon, gens d'expérience, pour contenir la folle jeunesse iconoclaste et frondeuse. A Melun, où d'Andelot est prisonnier, on n'ose pas pratiquer le culte réformé au grand jour, car la ville reste très catholique ; mais un début de communauté entretient des liens réguliers avec les 15 000 protestants de Brie, très nombreux surtout à Meaux, où vient d'arriver, de Genève, un « frère », porteur des instructions de Calvin. Au débouché de la Seine, l'église de Rouen, très active, entraîne et stimule la province. Les protestants de Dieppe, de Caen, de Vire et de Saint-Lô ne demandent qu'à sortir de la clandestinité pour prier au grand jour.

Dans la vallée de la Loire, où le roi réside souvent, Calvin apporte un soin particulier au choix de ses envoyés spéciaux : Jean de Fleurs est désigné pour Angers, où la répression est féroce, Jean Poterat pour Tours, Pierre Gilbert, un réfugié de France, pour Orléans, ville où le recrutement est d'une grande qualité. D'Orléans, la réforme a gagné beaucoup de villages beaucerons, et les communautés, en milieu rural, ont désigné elles-mêmes, le plus souvent, leurs pasteurs. C'est encore un homme de Genève qui organise l'église de Bourges, en recevant ministres, diacres et anciens.

On connaît les instructions de Calvin aux Poitevins, ses amis : dès 1554, il leur recommande de se grouper, de s'organiser.

« Je sais bien, leur dit-il, que vous ne pouvez faire aucune assemblée qu'en crainte et doute, je sais aussi que vous êtes guettés des ennemis. » Mais il ne faut pas, dit-il, s' « anonchaloir ». Les Poitevins suivent ses « conseils ». Dès 1557, leur église est « dressée », avec statuts, ministres et consistoire. En 1559, les protestants sont assez nombreux à Poitiers pour résister aux attaques des catholiques et des soldats du sénéchal. Ils ont déjà l'expérience des affrontements armés.

Avant la signature de la paix du Cateau, en avril 1559, des troubles sont signalés dans tout le Midi. Les fidèles prient au grand jour à La Rochelle, où pourtant l'opposition des catholiques est vigilante. Les apôtres de la Saintonge, Hamelin et Bernard Palissy, prêchent tous les dimanches, aidés par un pasteur de Genève. Le progrès de leur prédication est si spectaculaire que le roi envisage d'ouvrir des « grands jours » à Saintes. Des troubles sont signalés dans les grandes villes, à Bordeaux, à Toulouse, à Nîmes. Les Cévennes semblent au bord de la révolte armée : deux ou trois mille protestants se sont regroupés, à la suite d'une prédication dans la région d'Anduze. Ils tiennent la montagne. Henri II, saisi de l'incident, a écrit au sénéchal de Nîmes pour qu'il mette la troupe en état d'alerte.

La vallée du Rhône n'est pas sûre. Les émissaires de Genève y foisonnent. Des églises se sont formées en Dauphiné, dans la Bourgogne jusqu'alors rebelle. Des villes de Provence, où nulle agitation n'avait été jusque-là perceptible, ont désormais leurs communautés de fidèles : c'est le cas de Marseille, de Castellane, de Fréjus et de Sisteron.

Calvin est conscient de l'ampleur du mouvement. Il sait qu'une épreuve de force avec le pouvoir royal est vraisemblable. Pourtant, il ne la souhaite pas. Il recherche l'entente, la discussion. Il écrit au roi, en 1557, une « confession » résumant sans provocation le dogme de Genève. Il lui demande de la lire « en son conseil ». Calvin souhaite que les réformés soient reconnus, admis, que le roi les considère comme des sujets à part entière. Peut-être redoute-t-il, après la paix, la reprise de la persécution ? A Paris, le roi seul peut protéger les protestants contre la foule déchaînée par les Guise. Les ministres protestants de la capitale ont écrit au roi une lettre, une sorte de manifeste que personne n'osa jamais lui présenter, mais qui circulait sous le manteau : les malheurs de la patrie, disaient-ils, concordaient curieusement avec les périodes où l'on persécutait les protestants : « Quand vous fîtes l'édit de Châteaubriant, Dieu vous envoya la guerre. » La défaite, vengeance divine ? Bien des huguenots étaient prêts à le croire. Ces grands lecteurs de l'Ancien Testament pensaient, en effet, que Dieu frappait les adversaires de la vraie religion pour les punir de leurs péchés... N'avait-il pas frappé Duprat, le responsable des premières persécutions, lui qui mourut « jurant et dépitant Dieu » et qui fut « trouvé l'estomac percé et rongé de vers » ? N'avait-il pas puni Jean Rusé, autre magistrat persécuteur, qui avait fini « pris d'un feu au petit ventre dont misérablement il mourut » ?

Les protestants de Paris ne voulaient pas indigner le roi ; ils s'en disaient les sujets fidèles. Ils l'imploraient de présider, sans le pape, « bête immonde », un concile où il établirait la vérité et sauverait l'Eglise de la corruption. N'étaient-ils pas, comme les premiers chrétiens, livrés à la colère du nouveau potentat romain ? Pourquoi les poursuivait-on, alors que les Juifs vivaient tranquilles dans maintes villes du royaume, « encore qu'ils soient ennemis mortels de Notre-Seigneur Jésus-Christ » ?

Si le roi ne lut pas ce manifeste, il circula beaucoup dans Paris, et les moines prêcheurs s'en servirent pour accabler les protestants, présentés comme des factieux, des diviseurs, responsables de la défaite. Dans tout le royaume, ils se sentaient en état d'alerte, au Nord surtout, où les Guise avaient plus de pouvoir. Pour résister à la menace, ils cherchèrent à se rassembler, d'abord, sans doute, pour se compter, pour faire nombre. Tous les représentants des églises de l'Ouest, de Normandie, de la vallée de la Loire, de la Saintonge et du Poitou, vinrent à Paris pour fixer une doctrine commune et affirmer leur solidarité. Antoine de Chandieu, ministre parisien, fit siéger les députés, du 26 au 29 mai 1559, dans les maisons neuves du faubourg Saint-Germain. Calvin, qui redoutait la provocation, désapprouvait cette réunion. N'était-ce pas, aux lendemains de la désastreuse paix du Cateau-Cambrésis, signée en avril, exposer les frères au coup de filet des Guise, véritables maîtres de Paris ? N'était-ce pas aussi donner à l'église réformée de Paris les moyens de réaliser, sur le plan de la doctrine, une « confession » à l'allemande qui pouvait fort bien accuser, par rapport à celle de Genève, des divergences dommageables ?

Il faut croire que le rôle des trois envoyés de Calvin fut prépondérant dans ce premier « synode » national, puisque tout fut « calqué sur Genève », comme le dit Michelet. Les termes de la profession de foi étaient rédigés par Chandieu et les ministres genevois. Aucune nouveauté dans les quarante articles où s'affirmait la plus grande soumission au principe d'autorité : « Ceux qui détiennent l'autorité supérieure doivent être honorés et obéis. » Le roi ? Sans doute, mais aussi Calvin et les nouveaux dignitaires de l'Eglise. Les fidèles ne sont-ils pas sans cesse exposés à l'erreur, au péché, au doute, à la tentation de la révolte individuelle ? L'Eglise, sur le plan spirituel, est une autorité capable de les « tenir en bride ». Genève en a fait la preuve. L'Eglise réformée n'est pas seulement l'expression harmonieuse de la volonté biblique de vivre ensemble, elle est la forme sociale organisée qui assure la répression des errements moraux, sociaux et spirituels ; comme l'Etat monarchique, elle est investie d'un pouvoir de sanction. Si l'Eglise est nécessaire, c'est « parce qu'il plaît à Dieu de nous entretenir sous telle charge et bride ». Il ne faut pas redouter cette discipline : elle est voulue par Dieu. « Il veille sur nous d'un soin paternel, tellement qu'il ne tombera pas un cheveu de nos têtes sans son vouloir..., et cependant tient tous les diables et tous nos ennemis bridés, en sorte qu'ils ne nous peuvent faire aucune nuisance sans son congé. »

Le seul salut des « frères », en ces temps troublés, était donc l'Eglise protégée par Dieu, avec ses ministres, ses anciens et ses diacres d'abord désignés — ou acceptés — par les fidèles, puis recrutés directement par les consistoires. Ceux-ci devaient s'assurer que rien dans l'Eglise ne risquait de déplaire à Dieu. Ils surveillaient mariages et ménages, punissaient toute rébellion contre l'autorité, toute déviation du dogme. La doctrine devait être maintenue à tout prix : elle faisait la force des églises.

Toutes étaient des égales, disait-on à Paris. Le Midi, qui n'était pas présent, salua cette déclaration avec joie. Aucune église, fût-elle de Paris ou de Genève, ne pouvait prétendre dominer les autres. Pas de pape, pas d'évêques : les ministres aussi étaient des égaux. Les décisions devaient se prendre en commun, aux synodes provinciaux, réunis chaque année, aux synodes nationaux siégeant « selon la nécessité des églises ». L'organisation était désormais valable pour tout le royaume : le roi de France devait savoir que si les églises étaient égales entre elles, ces dernières étaient également solidaires. Qui frappait l'une les menaçait toutes.

C'était pure inconscience que de réunir un synode à Paris, au mois de mai 1559. Le traité du Cateau-Cambrésis, connu quelques jours auparavant, avait suscité l'indignation de tous les militaires, de ces vieux chefs nobles qui tous les ans, depuis quarante ans, partaient en campagne pour le roi, leur maître. Car la guerre avait commencé en 1519, entre François Ier et Charles Quint. L'empereur allemand, dans sa volonté de dominer toute l'Europe, qu'il tenait de l'Espagne à la Poméranie, ne rencontrait qu'un obstacle : la France. Maintes fois, il avait voulu grignoter ses frontières, revendiquant tantôt la Bourgogne, tantôt, au nord, l'Artois. Ses armées avaient envahi la Provence et la Picardie, la Champagne même en 1544. Ruineuses campagnes, conséquences d'une interminable rivalité. Henri II avait repris à son compte la politique de soutien aux princes luthériens allemands, qui avait tant irrité Charles Quint du temps de son père. Il avait réussi à se rendre maître de la frontière est. Guise avait résisté admirablement, dans Metz, aux assauts des Impériaux. Après l'abdication de Charles Quint, Philippe II, allié aux Anglais qui avaient occupé Calais, avait envoyé une solide armée au nord de la France. C'est le triomphe de cette armée, à Saint-Quentin, qui avait rendu la paix possible. Une paix espagnole.

« D'un seul coup, écrit Fernand Braudel, la France liquidait sa grandeur extérieure. » Elle abandonnait la Savoie et le Piémont où elle tenait encore de nombreuses places fortes, base de son action contre les Impériaux en Italie. En lâchant la Bresse et le Bugey, elle leur fournissait une entrée commode dans le royaume. Même si elle gardait les places de la Somme (Saint-Quentin lui était restitué) et si elle occupait les évêchés, même si l'on admettait qu'elle occupât Calais conquis par Guise, pour huit ans, elle renonçait à l'Italie « comme on renonce à un paradis », elle laissait l'ennemi espagnol maître du jeu européen. Le vieux Monluc, pourtant serviteur zélé des rois, s'en indignait tristement : « En une heure, et par un trait de plume, fallut tout rendre et souiller et noircir toutes nos belles victoires passées de trois ou quatre gouttes d'encre. »

C'est encore Braudel qui en fait la remarque : « Avant et après cette césure, qui peut sembler dérisoire, du traité du Cateau-Cambrésis, le pays change, aussi vite qu'un décor de théâtre. Le sol se dérobe sous vos pieds. Vous n'allez plus vivre, vous n'allez plus penser comme la veille. » Les nobles sont les premiers touchés par ce fulgurant changement des mentalités. Ceux qui, dans le secret de leur cœur, croyaient au Dieu de Calvin voient dans la défaite des Royaux un châtiment, à tout le moins un avertissement du ciel. Engagé du côté des Espagnols, le roi de France trahit une sorte de destin national, une tradition de liberté, une volonté de vivre libre qui n'a cessé de s'affirmer depuis Bouvines. Faire passer la querelle religieuse avant le destin national, donner le pas aux inquisiteurs de Rome contre les parlementaires de Paris, c'est rompre avec une tradition. Les plus raisonnables commencent à douter, à regarder du côté des vaincus de Saint-Quentin, qui passent pour favorables à la religion nouvelle. La Réforme va recruter dans les gentilhommières où le ban du roi de France n'appellera plus les seigneurs à l'armée.

Inversement, le parti des Guise présente la défaite comme le résultat des divisions et de l'inconséquence d'une noblesse plus avide de pouvoir que soucieuse des intérêts de la monarchie. Il faut débarrasser le roi des mauvais conseillers, de ceux qui cultivent l'ambiguïté, qui recommandent à l'extérieur l'aide aux princes protestants, à l'intérieur l'indulgence envers les hérétiques. Montmorency et Coligny ont été vaincus, non pas Guise. Il tient le haut du pavé, auréolé de ses victoires en ces temps de défaites et d'abandons. Il tient surtout le roi en sa main, le faible Henri II qui, au Cateau-Cambrésis, passe pour avoir, aux yeux de beaucoup, déshonoré sa noblesse.

Calvin sait bien qu'il est désormais impossible d'obtenir du roi l'instauration d'un régime d'égalité des Eglises. Sa politique consiste à pousser les puissants à se dévoiler, s'ils sont de son parti, afin de déployer les oriflammes au-dessus des bûchers. Que meurent aussi les princes et non seulement les cardeurs de laine, si l'on veut que la Réforme soit sauvée. Le synode de 1559 a prêché l'obéissance au roi, aux lois, aux magistrats, même s'ils se trompent, même s'ils organisent la persécution. Que les nobles donnent l'exemple du consentement au martyre. « Jusqu'ici, écrivait Calvin à d'Andelot en 1558, ceux qui ont été appelés au martyre ont été contemptibles [méprisables] au monde, tant pour la qualité de leurs personnes que pour ce que le nombre n'a pas été si grand pour un coup. » Les petites gens des métiers mécaniques, les officiers et les notaires, les médecins et les magistrats ne sont pas des victimes assez connues. Mais si les nobles se rallient publiquement, le roi osera-t-il les frapper ?

L'échec de l'édit de Châteaubriant était justement dû à la timidité des tribunaux royaux dans la répression. Des magistrats, des évêques mêmes étaient notoirement favorables à la Réforme, sans qu'aucun serviteur du roi n'osât rien contre eux. A Poitiers, en Languedoc, en Normandie, des nobles protégeaient physiquement les hérétiques. Ils disposaient de charges, de droits de justice, d'une influence parfois considérable sur leurs vassaux et sujets. Il était plus aisé de tenter de les convaincre de revenir à la religion catholique que de les attaquer de front. Allait-on faire passer en justice un prince du sang ?

Pendant quelques mois, les deux partis évitèrent le pire. Les princes et nobles pourvus de hautes dignités hésitaient à se proclamer ouvertement réformés. Antoine de Bourbon, connu pour son imprudence et sa légèreté, avait été vu au Pré-aux-Clercs. De fait, Calvin, qui le savait soumis à la bénéfique influence de sa femme Jeanne d'Albret, l'avait supplié de prendre parti. « Songez, Sire, lui disait-il, quand Dieu, après vous avoir choisi pour être prince d'une si noble maison, vous a aussi retiré des ténèbres de superstition où vous étiez plongé comme les autres, il n'a pas voulu que la foi que vous aviez reçue demeurât enclose en vous et comme ensevelie... Et si vous, Sire, qui devez être l'organe des enfants de Dieu, avez la bouche close, qui osera ouvrir la sienne pour sonner mot ? » Mais, devant le roi, Antoine de Bourbon restait muet, même si, par haine des Guise, il soutenait en sous-main dans Paris les groupes huguenots. Son frère Condé n'était pas moins mesuré. Le clan des Bourbons attendait... Jeanne d'Albret elle-même n'avait pas encore pris officiellement position. La prudence politique l'emportait, en ces temps d'incertitude. On avait vu Antoine de Bourbon, le 26 mars 1559, jour de Pâques, participer publiquement à la cène, mais le roi, au lieu de le poursuivre, avait dépêché auprès de lui le chapelain Pierre David, ancien défroqué reconverti, un homme sûr, dûment chapitré par le cardinal de Bourbon, pour ramener Antoine à l'orthodoxie.

Même attitude à l'égard des frères de Coligny, personnages considérables dont les sympathies pour la Réforme étaient fort connues à la cour... et à l'armée, où l'amiral jouissait d'une estime universelle. Le cardinal Odet, l'amiral Gaspard de Coligny et le colonel général de l'infanterie d'Andelot, neveu du connétable de Montmorency, étaient tous les trois proches du roi. Si le cardinal passait dès 1551 pour luthérien, on avait pensé à lui pour introduire en France l'Inquisition, ce qu'il avait bien entendu refusé. Sa prudence faisait merveille. D'Andelot avait été converti à Milan où il était prisonnier de guerre. Héros du siège de Calais, évadé de Saint-Quentin, il avait été arrêté par Henri II pour avoir été vu, avec Antoine de Bourbon, dans l'affaire du Pré-aux-Clercs.

Calvin lui avait écrit à Melun, où il était prisonnier. Il tenait, avec d'Andelot, une victime exemplaire. Mais le parti catholique était prêt à tout pour garder d'Andelot. Son frère le cardinal lui fit visite pour le fléchir. On lui envoya sa femme, enceinte et près d'accoucher. Le roi lui-même intervint. Le malheureux céda, accepta finalement la messe. Il devait plus tard s'en excuser auprès de Calvin. « Vos excuses, lui répondit ce dernier, ont couleurs pour amoindrir la faute en partie. » D'Andelot promit, dit-on, aux pasteurs parisiens qui firent son siège après sa libération, de demeurer ferme désormais en la religion réformée. Mais il évitait tout écart.

Son frère l'amiral, qui passait pour avoir aidé les amis du huguenot Villegagnon à s'enfuir en Amérique sur des bâtiments de la marine royale, ne se déclarait pas davantage en faveur de la cause. Il avait à l'époque quarante ans et une carrière prestigieuse : originaire de la Bresse, que l'on venait de céder aux Impériaux, il était le fils d'un maréchal de France qui avait épousé la sœur du tout-puissant connétable de Montmorency. Colonel général de l'infanterie à vingt-huit ans, gouverneur de Paris à trente-trois ans, amiral l'année d'après, il était en 1555 gouverneur de la Picardie et comme tel défenseur attitré de la frontière du Nord, la plus fragile. Il s'était illustré au siège de Saint-Quentin, résistant une semaine dans la ville bombardée que son oncle Montmorency n'avait pu dégager... Serviteur passionné de la France monarchique, Coligny n'était pas l'homme des imprudences verbales. Certes il enrageait de voir Guise fanfaronner après son facile succès de Calais, certes il refusa d'entendre la messe après le traité du Cateau-Cambrésis. Mais y avait-il de quoi remercier le Seigneur ? Blaise de Monluc devait être, à ce moment, dans les mêmes dispositions d'esprit.

Gagné depuis quelques mois à la religion nouvelle, l'amiral se taisait encore. Dans les provinces, pourtant, la gentilhommerie n'imitait pas toujours la prudence des chefs. En Languedoc, en Normandie, les nobliaux oubliaient volontiers d'aller à la messe. Mais ils attendaient le signal des dignitaires avant de s'engager franchement. Il est vrai qu'il existait désormais en France, après la paix du Cateau, un parti militaire prêt à prendre les armes. Pourtant, l'affrontement n'était pas fatal. Les grands fauves montraient les dents, sans oser mordre.

L'opposition ouverte venait des parlementaires ; non pas ceux de province, dont on connaissait depuis longtemps l'indépendance à l'égard de Paris, mais des magistrats parisiens, pourtant si zélés dans le passé, dans la dénonciation et la condamnation des hérétiques. Le retournement était d'importance.

Certes le corps, dans son ensemble, restait loyal, dévoué au roi. Pourtant, il supportait de plus en plus difficilement l'ingérence de l'Eglise dans les affaires criminelles. En 1555, déjà, il avait refusé d'enregistrer les édits qui attribuaient exclusivement aux tribunaux ecclésiastiques les affaires religieuses. Le président Séguier en avait obtenu l'ajournement. En 1557, le Parlement avait refusé de permettre à la sainte Inquisition de s'introduire en France. En 1558, il avait refusé de recevoir en son sein, comme le souhaitait le roi, le prévôt de Paris pour qu'il y fût rapporteur des procès d'hérésie. Le roi pouvait-il tolérer cette fronde parlementaire ? Il résolut de la briser.

A vrai dire, les magistrats parisiens étaient très loin d'avoir conscience de protéger l'hérésie quand ils s'opposaient à l'arbitraire royal. Ils défendaient une certaine conception « gallicane » de l'Etat contre les empiétements de Rome dans les affaires religieuses du royaume. Ils prétendaient, en cour souveraine, être les seuls à exercer au nom du roi la justice dans le pays, même sur les procès religieux. C'est le souci de préserver leur mission qui les poussait à la fronde. Car ils étaient, en matière de foi, fort divisés : si les magistrats de la Grand-Chambre passaient pour être partisans de l'orthodoxie et de la rigueur, ceux de la Tournelle criminelle avaient une réputation d'indulgence. Séguier et De Harlay, leurs présidents, n'hésitaient pas à commuer en bannissements bien des peines capitales.

En 1559, le roi leur en fit vivement reproche. Il décida que le Parlement serait réuni en « mercuriale » : on appelait ainsi les séances à huis clos qui avaient pour but de discuter le mercredi de questions de discipline.

Ce fut un beau débat. Les parlementaires favorables à la Réforme ne craignirent pas — puisqu'ils siégeaient entre eux — d'afficher leurs idées de tolérance. Le plus décidé était le fils d'un ancien chancelier de François Iᵉʳ, un jeune conseiller-clerc, Anne du Bourg. Il était soutenu par des magistrats respectés, comme Antoire Fumée Viole ou Du Faur. Il demandait qu'on laissât au moins six mois aux suspects d'hérésie pour se convertir, au lieu de les condamner sur-le-champ, et surtout que l'on évitât la peine capitale. Le Parlement n'avait pas à cautionner la croisade prêchée par la sainte Inquisition. Il devait rester serein.

Certains magistrats redoutèrent un débat qui abordait les questions de foi. Ils firent prévenir le roi, par l'intermédiaire d'un Guise, le cardinal de Lorraine. Que le premier président Gilles Le Maître fît ainsi appel à un Guise signifiait clairement qu'il souhaitait un coup de force, pour intimider ses collègues qu'il ne parvenait plus à dominer. Le roi vint en personne, avec les Guise et le garde des Sceaux. Il entendit les courageux magistrats Viole et Du Faur réclamer la réunion d'un concile et l'abandon des poursuites contre les hérétiques. Il fut indigné des propos d'Anne du Bourg. « Ce n'est pas de petite consé-quence, osait-il déclarer, que de condamner ceux qui, au milieu des flammes, invoquent le nom de Jésus-Christ. » Le roi se leva, sans vouloir en entendre davantage, ordonna qu'on se saisisse sur-le-champ de la personne du conseiller. Du Bourg, Fumée, Du Faur et de La Porte furent embastillés. Un certain nombre de suspects purent prendre la fuite. Les autres se soumirent. A la satisfaction du cardinal de Lorraine, Henri II venait de franchir le Rubicon. « J'espère bien, écrivait-il à son ambassadeur auprès du Saint-Siège, puisque Dieu m'a donné la paix, d'employer le temps et ce que j'aurai de force en main à faire punir, châtier et extirper tous ceux qui se trouveront imitateurs de ces nouvelles doctrines, sans y épargner personne, de quelque qualité ou dignité qu'ils soient. »

Mais le 30 juin, au tournoi de la rue Saint-Antoine donné en l'honneur du double mariage des princesses Elisabeth et Marguerite, le roi était blessé à mort par la lance du jeune comte de Montgomery. Il décédait le 10 juillet en disant : « Que mon peuple persiste et demeure ferme en la foi en laquelle je meurs. » La volonté de persécution, affichée par le clan des Guise, survivrait-elle à la mort du roi ?

LIVRE DEUXIÈME

La rage de tuer

De l'entrée de l'évêque Briçonnet dans Meaux, en 1516, jusqu'à l'année 1559, date de la mort d'Henri II et de l'arrivée au pouvoir des Guise, en 43 ans, la réforme s'est développée dans un royaume constamment en guerre, sous des rois hésitants, qui, malgré leurs déclarations, ne songeaient pas à « extirper » totalement l'hérésie, parce qu'ils n'en avaient pas les moyens. Au reste les « réformés » n'avaient nullement conscience d'être des hérétiques, ils se disaient en toutes circonstances les fidèles sujets du roi. Une foi nouvelle s'était révélée, confusément d'abord, puis renforcée et précisée au cours de près d'un demi-siècle de persécutions intermittentes, qui avaient transformé l'évangélisme de Lefèvre d'Etaples en calvinisme.

Autant dire qu'il ne restait du mouvement primitif que l'amour des évangiles et la volonté de dépouiller la foi des horipeaux papistes. Car Calvin avait rétabli la discipline, instauré l'austérité. Si la période heureuse de la « Renaissance » voulait, à l'italienne, libérer les corps et exalter les âmes, le calvinisme remettait à la mode une idéologie de la frustration, de l'obéissance et de l'austérité qui enlevait quelques illusions aux moines renégats et aux curés pères de famille. Lucien Romier a remarqué l'influence des femmes dans la diffusion de la Réforme et dans l'organisation des églises. Peut-être ces premières militantes s'étaient-elles engagées dans la foi nouvelle par le désir profond d'un retour à la vertu. C'est flagrant chez Jeanne d'Albret, l'épouse sévère du très volage Antoine de Bourbon. C'était aussi vrai de sa mère, qui tentait d'inspirer aux rudes chevaliers français une forme d'amour courtois à laquelle les soirées de Naples ou de Milan ne les avaient pas habitués.

La formule des églises de Calvin convenait assez bien au tissu social français. Seuls les intellectuels des universités avaient été tentés par Luther et Zwingli. Dans les villages, on voulait un pasteur qui prêchât, qui célébrât la Cène et qui baptisât. On voulait une règle, et des sanctions. Les femmes surtout étaient attachées à cette discipline. Plus d'une devait avouer qu'elle était battue par un mari papiste « à cause de l'Evangile ». La nouvelle religion était simple, peu coûteuse (il suffisait d'entretenir le pasteur) et vertueuse (Calvin avait fait expulser, autant qu'il lui était possible, les indésirables). Elle avait fait, depuis 1557, des progrès considérables dans les masses.

Les gens qui adoraient le Dieu de Genève ne pouvaient en tolérer un autre. La vue des saints de bois et de pierre les révulsait, le culte marial les indignait. Forts de leur foi vigoureuse, ils voyaient dans la religion traditionnelle un fatras de superstitions et d'enfantillages pour analphabètes. Car les réformés savaient lire, apprenaient à lire, et lisaient en français. Ils ne se pensaient pas en rupture d'Eglise. S'ils demandaient avec insistance, à plusieurs reprises, un concile présidé par le roi, c'est qu'ils ne comprenaient pas pourquoi celui-ci, une fois éclairé, ne leur donnerait pas satisfaction en réformant selon leurs vœux l'Eglise tout entière. C'était la foi de Briçonnet.

La persécution, le durcissement des « huguenots » après l'affaire des placards en 1534 avaient transformé, il est vrai, les mentalités. Il fallait bien admettre que le roi ne changerait pas d'avis sous l'effet d'une sorte de révélation. Une dure bataille devait être livrée, pour résister sans se révolter. Car Calvin, de Genève, interdisait et condamnait la révolte. Dans cette longue période de clandestinité, les liens se tissaient patiemment, dans les universités, les monastères, dans les corporations et les consulats des villes, entre tous ceux qui rêvaient d'une autre Eglise. La persécution empêchait les adeptes les plus en vue de se déclarer, obligeait certains à se rétracter, d'autres à abandonner ou à s'enfuir. Mais la victoire du calvinisme à Genève avait rassemblé les éléments épars, donné à l'ensemble du mouvement réformateur une cohésion, puis une apparence d'organisation. A la mort de François Ier, ce rassemblement clandestin était en place.

Il n'était pas assez menaçant pour que le roi, toujours occupé par la guerre étrangère et d'ailleurs soucieux de se ménager les bonnes grâces des protestants allemands, entreprît la grande purge dont on rêvait dans le haut clergé. N'était-il pas sûr de son Parlement, celui de Paris surtout, toujours prompt à condamner les hérétiques et même à protester si l'on faisait mine de le dessaisir des causes religieuses ? Même si l'administration n'était pas toujours loyale, on n'avait pas vu une seule ville faire sécession comme en Alsace Strasbourg. Les réformés étaient des intellectuels, des notables, parfois des ouvriers, comme à Lyon, ou des paysans, comme en Languedoc. Si le roi avait cautionné l'extermination des vaudois, c'est qu'ils menaçaient une région entière. Pour Henri II, la répression était une affaire de police intérieure, pas une croisade.

Il se trompait sur l'appréciation du mouvement. La conscience vint à Henri II après les difficultés de sa politique étrangère. Le cardinal de Lorraine lui représenta alors que plus d'un tiers de son royaume était gangrené, et qu'il y avait beaucoup de protestants dans sa noblesse. Quand il était en campagne, le roi ne pouvait les frapper : comment se passer de ses officiers devant le feu ? D'ailleurs nombre de ses soldats étaient des mercenaires allemands ou suisses, qui avaient avec eux des pasteurs. Mais une fois la paix signée, rien ne s'opposait à la répression. Henri ne pouvait admettre la division dans son royaume. S'il avait fait arrêter un moment d'Andelot, c'est parce que les Espagnols avaient prétendu, au cours des négociations du traité, qu'il avait pris langue avec les protestants allemands pour une rébellion. Le roi chevalier ne pouvait supporter l'idée que d'Andelot son intime ne partageât pas sa foi et qu'il fût, de plus, prêt à le trahir pour une question de foi.

Maintenant beaucoup d'anciens soldats, et d'anciens officiers, se trouvaient en congé, dans une situation désastreuse. La caste était disponible pour l'aventure politique et nombre d'entre ces gentilshommes devait embrasser le parti de Calvin, qui leur offrait un rôle : ses communautés clandestines n'avaient-elles pas besoin d'être « protégées » ? Mais avec l'engagement massif des militaires, le mouvement huguenot ne risquait-il pas d'être détourné de ses fins ?

L'armée de la foi qui s'était spontanément mobilisée à la fin du règne de Henri II n'avait rien de militaire. Les paysans de Normandie ou de Gascogne n'étaient pas des professionnels de la révolte, pas plus que les bourgeois de Nîmes ou de Meaux. Mais les adeptes de la foi nouvelle avaient montré que l'on pouvait mourir avec courage en dehors des champs de batailles. Ils ne voulaient pas laisser aux militaires nouvellement engagés le monopole ni le contrôle de leur résistance. Ils étaient cependant contraints de les accueillir, éventuellement de les servir, devant la volonté confirmée de la monarchie de refuser tout dialogue, et de poursuivre la répression.

Que l'on ne songe pas à réduire les guerres de Religion à des affrontements armés commandés par de grands seigneurs. La première guerre ne commence pas en 1562, après le massacre de Vassy... elle ne se borne pas à des engagements entre Paris et Orléans. La mobilisation et, comme l'on dit alors, la « prise d'armes » commence dès la mort d'Henri II. Elle n'est pas limitée à une caste. Le premier engagement huguenot, à l'embouchure de la Loire, n'est pas une simple affaire de gentilshommes. Tout ce qui pouvait marcher et porter des armes, autour de Nantes, s'était joint spontanément au complot du « capitaine muet ».

7.

Le tumulte
et la guerre des Guise

Au chevet du roi mort, le vieux connétable de Montmorency est seul. Les Guise se sont précipités au Louvre, pour entourer le jeune roi. Il est un peu des leurs, puisqu'il a épousé leur nièce, la belle et intrigante Marie Stuart. Il est entièrement entre leurs mains. La reine mère elle-même, Catherine de Médicis, lui a conseillé de les prendre comme ministres.

Ils sont tout-puissants ; maîtres de Paris, où ils sont follement populaires, maîtres du royaume, car le duc François est le seul à n'avoir pas été vaincu à la guerre. Il a pris Calais, défendu Metz. Sa gloire est intacte et sa fortune, constante.

Michelet le peint sans tendresse : « le teint grisâtre, plutôt maigre, d'un poil blond gris, d'une mine réfléchie, mais basse, malgré sa nature fine et sa décision vigoureuse ». Son frère Charles, cardinal de Lorraine, était déjà le maître du Conseil royal sous Henri II. Négociateur du traité du Cateau-Cambrésis il a été l'inspirateur du renversement des alliances, de l'amitié espagnole et, à l'intérieur, de la persécution. « Le cardinal, dit Michelet, d'un teint infiniment délicat, transparent, tout à fait grand seigneur, évidemment spirituel, éloquent, d'un joli œil de chat, gris pâle, étonne par la pression colérique du coin de la bouche, qu'on démêle sous la barbe blonde. Elle pince ? Elle grince ? Elle écrase ? »

Les Guise sont les chefs d'une « maison » qui assied sa fortune sur des biens, des bénéfices, des charges. Claude, comte de Guise, fils cadet du duc de Lorraine René II, père de six fils, dont Charles et François, était déjà comte d'Aumale, baron de Joinville et possesseur de fiefs innombrables en Mayenne, en Normandie, en Picardie et dans les Flandres. François Ier l'a nommé grand veneur et premier chambellan. Après son mariage avec Antoinette de Bourbon il devenait parent du roi et fut élevé, bien que n'étant pas de sang royal, à la dignité de pair de France.

Le duc François, lieutenant général des armées du roi, avait épousé Anne d'Este, petite-fille de Louis XII. Quant à Charles, cardinal de Lorraine, il avait été archevêque de Reims à 14 ans et jouissait d'un revenu énorme de 300 000 livres. Les autres Guise, moins bien dotés, étaient solidaires de la « maison » qui disposait d'une très nombreuse clientèle dans l'armée et dans le clergé. Les moines prêcheurs leur étaient dévoués, particulièrement à Paris.

Montmorency avait été rejoint, au chevet du roi mort, par les membres de sa « maison », qui n'était pas moins considérable que celle des Guise. Anne, le connétable, avait marié son fils François à Diane, fille naturelle de Henri II. Ce fils devait recevoir du roi le gouvernement de Paris et de l'Ile-de-France. Les Châtillon, les enfants de sa sœur, faisaient partie du clan. L'amiral de Coligny et d'Andelot étaient comme lui des hommes de guerre respectés des gentilshommes de l'armée royale. La « maison » avait une prodigieuse fortune foncière : le connétable ne possédait pas moins de 600 fiefs. Son quartier général était le château de Chantilly, entouré de grasses terres et de forêts impénétrables. Il était aussi le maître, par son duché de Châteaubriant, de toute la région comprise entre Loire et Vilaine. Il pouvait lever des centaines de vassaux, des milliers d'hommes d'armes. La « maison » représentait dans le royaume une force d'autant plus menaçante que le connétable était gouverneur du Languedoc : il régnait ainsi de l'Auvergne à la Provence, de Bordeaux à Montpellier. A ce vieillard, qui, une fois le roi enterré, venait lui présenter ses hommages et ceux de sa tribu, le jeune François II, à qui l'on avait fait la leçon, avait doucement répondu que sa vieillesse « ne pouvait à l'avenir porter les peines et travaux ».

C'était une mise en congé. Les Guise se frottaient les mains. Ils avaient éliminé le connétable du gouvernement. Le cardinal avait reçu la toute-puissante administration des finances, qui permettait de servir et de tenir les provinces ; François succédait aux vieux connétable au commandement des armées.

Les princes du sang n'étaient pas servis. Ils ne s'y attendaient pas, au reste. Victimes du discrédit du nom de Bourbon, depuis la « trahison » du connétable au temps de François Ier, les Bourbon-Vendôme et les Bourbon-Montpensier restaient écartés des affaires, selon la tradition royale qui recherchait plutôt les services de la noblesse étrangère, comme les Guise, ou de la gentilhommerie française, comme les Montmorency. Les princes du sang n'étaient cependant pas sans ambition. Ils auraient dû naturellement, par leur rang, figurer parmi les « conseillers de la couronne ». Ils pouvaient même revendiquer le trône, en cas d'extinction brutale de la lignée royale, ou pour toute autre raison. Aussi restaient-ils, même en disgrâce, les chefs possibles de partis d'opposition ou de rébellion.

Le premier des princes du sang était l'inconstant Antoine de Bourbon, duc de Vendôme, qui avait épousé Jeanne d'Albret. Il était ainsi devenu roi de Navarre, comte de Foix et souverain des Etats fort étendus de Jeanne. Grâce aux fiefs de sa femme, fille de Marguerite de Navarre, il disposait d'une puissance que n'avaient guère ses frères : Charles de Bourbon était cardinal mais Condé n'était pas riche : par sa femme Eléonore de Roy, il était aussi proche des calvinistes. Il dut se ruiner pour paraître devant le roi d'Espagne avec la suite et l'équipage dus à son rang, quand les Guise, pour l'humilier, le chargèrent de saluer Philippe II à Gand, et de jurer, au nom du roi, fidélité au traité du Cateau-Cambrésis. A la cour et dans le pays, tous les gentilshommes qui étaient mécontents du gouvernement des Guise ne pouvaient manquer de pousser les princes à soutenir leurs prétentions, et surtout les réformés, qui voyaient en eux, de plus en plus, leurs protecteurs naturels : comme tels, ces derniers devenaient les ennemis en puissance des Guise.

Le roi ne comptait pas : « c'était, dit Michelet, un petit garçon qui ne prit sa croissance que six mois après. Pâle et bouffi, il gardait ses humeurs, ne mouchait pas. Bientôt, il moucha par l'oreille, et dès lors il ne vécut guère. » Il était « assis entre deux femmes, la Florentine (sa mère Catherine de Medicis) et l'Ecossaise » (Marie Stuart). Par crainte d'Antoine de Bourbon, dont elle redoutait les bandes gasconnes, Catherine l'avait poussé du côté des Guise, les oncles de sa femme. La cour était « une république de nourrices, de mères et de garde-malades ».

Antoine de Bourbon était-il, pour les Guise, une menace ? Pouvait-il rallier le parti des mécontents ? Ils étaient assurés de son irrésolution et ils n'avaient pas tort : « monté » à Paris avec ses Gascons par petites étapes, il recevait de ville en ville les hommages de ceux qui lui demandaient de prendre la tête de leur parti : Montmorency d'abord, qui lui promettait son appui ; le ministre Morel, qui venait l'implorer au nom de l'Eglise réformée de Paris ; Condé enfin, qui, de retour de Gand, était le plus ardent à recommander la fermeté, et, au besoin, une « prise d'armes ».

Antoine était malade, hésitant. Il voyageait en litière. A son arrivée à Saint-Germain, il fut humilié par les Guise qui ne lui avaient pas réservé de logement à la cour. Il dut accepter l'hospitalité du maréchal de Saint-André. Personne ne lui demanda d'assister au Conseil royal. Il ne dit rien, subit tout, figura même au sacre de François II à Reims, grand triomphe des Guise. Comment Antoine pouvait-il leur résister, alors qu'ils possédaient l'arme absolue ? Une lettre de Philippe II roi d'Espagne qui leur promettait de marcher sur Paris avec 40 000 hommes, si les princes du sang prenaient la tête d'une rébellion. Cette lettre, le cardinal de Lorraine la lut au Conseil du roi.

Humilié et content, le roi de Navarre fut trop heureux d'accepter la mission dont le chargeait le cardinal de Lorraine : accompagner à Madrid Elizabeth de Valois qui allait rejoindre son mari Philippe II. Navarre y vit l'occasion de déployer son charme devant les Espagnols, et d'obtenir peut-être le rattachement à ses Etats de la partie espagnole de son royaume. Tel était le prince du sang en qui les réformés fondaient tant d'espoirs.

Assurés du pouvoir, les Guise parlaient en maîtres et exigeaient une politique conforme à leurs engagements. Les protestants s'attendaient à ce que les édits d'Henri II fussent exécutés. Ils le furent et la persécution commença, spectaculairement, par le supplice d'Anne du Bourg. Le parlementaire déclaré hérétique par le tribunal épiscopal de Paris épuisa toutes les juridictions d'appel sans trouver grâce : il fut aussi condamné par l'archevêque de Sens et par celui de Lyon, primat des Gaules. Il fut livré au bras séculier, promis asssitôt au bûcher, place de Grève.

Une victime exemplaire. L'exécution était prévue suffisamment à l'avance pour que les pasteurs aient eu le temps d'organiser des prières publiques. Il y eut même un attentat. Des exaltés, agissant sans mandat, tuèrent le président Minard, qui avait déployé tout son zèle pour faire condamner Anne du Bourg. Il y avait foule sur le parcours de la charrette du conseiller. Des jeunes de l'Université surtout. Il les exhortait à se convertir, et tous reprenaient les psaumes sur son passage. Il n'eut pas la langue coupée et put dire, avant de mourir : « Mon Dieu, ne m'abandonne pas de peur que je ne t'abandonne. » On lui fit la grâce de l'étrangler avant de « sentir le feu ».

Il y avait eu beaucoup de bûchers dans Paris mais celui-là prenait valeur de symbole. Il s'agissait d'une personnalité du Parlement, et justement ce dernier venait de braver l'autorité du défunt roi. Anne du Bourg n'était pas un martyr anonyme, sa mort manifestait l'intention de la monarchie d'imposer arbitrairement sa volonté, sans tenir compte de l'extraordinaire développement du mouvement réformé dans le royaume. Logiquement cette exécution impliquait, de la part du gouvernement royal, la manifestation d'un choix, celui d'une vraie politique de rigueur. Plus que jamais, le pouvoir refusait le partage : il se voulait exclusivement catholique.

De fait, la persécution reprend de plus belle : on perquisitionne dans les maisons toujours suspectes du faubourg Saint-Germain, baptisé « la petite Genève ». Les maisons protestantes sont repérées dans tous les quartiers de Paris. Les dénonciations, les arrestations vont bon train. Les Guise font signer au roi, à Villers-Cotterêts, une déclaration, le 4 septembre, pour purger les villes des « maisons » protestantes, lieux secrets de réunion pour la cène et les prières : elles seront rasées si l'on y surprend les fidèles pendant le culte. On crée quatre Tournelles criminelles au Parlement pour juger plus vite les prévenus. Les responsables des cérémonies doivent être punis de mort. En province la recherche des lieux de culte interdits est laissée aux seigneurs hauts justiciers : on leur enlèvera leurs droits de justice s'ils refusent de se charger de cette tâche. A Paris où les Guise ont leur clientèle, le terrorisme fait rage. Les moines haranguent la foule contre les huguenots, des bandes d'écoliers, d'apprentis des métiers, de mendiants tiennent la rue. On place des statues de la Vierge à chaque carrefour, en organisant des quêtes au pied de ces statues : qui ne donne pas se trahit, qui se trahit est aussitôt battu. On fait aussi des quêtes de ce genre à domicile : tout refus de verser l'obole désigne la maison au pillage.

L'Eglise de Paris n'avait pas en son sein que des candidats au martyre. Beaucoup de fidèles étaient hésitants, faibles, malléables. La police en profitait ; un tailleur, Renard, donna les adresses qu'il connaissait : il y eut beaucoup d'arrestations. Une hôtellerie de la rue du Marais, où se tenaient de nombreux fidèles, fut cernée sur indication de deux apprentis. Archers et sergents somment les huguenots d'ouvrir. Quatre hommes décidés protègent l'entrée, pendant que tous les autres s'échappent. Mais l'hôtellerie est mise au pillage : une aubaine pour les pauvres !

Fanatisés par les prêches, les catholiques traquaient tous les suspects, multipliant les violences, et les protestants ne reculaient pas devant la provocation : au sermon de l'*Avent,* deux jeunes gens interrompent le prêche. Ils sont tués sur place. Pendant la nuit de Noël, une bande de huguenots tue le curé d'une église du faubourg Saint-Marceau, au moment où il élevait l'hostie. Les catholiques appellent le guet, cernent l'église et y massacrent tous les assassins. Les affrontements de ce genre deviennent plus nombreux. Désormais les huguenots ne subissent plus passivement la persécution. Ils s'organisent pour la défense, et lancent eux-mêmes des actions terroristes.

L'escalade de la violence encourage les excès : les extrémistes des deux camps ont la voie libre. Ils vont en abuser.

Les partisans de la violence ne sont pas, comme dans le passé, de jeunes excités, mais des professionnels de la guerre : gentilshommes congédiés ou soldats renvoyés des armées. Les Guise n'ont pas su retenir cette clientèle. Ils étaient pourtant populaires dans les compagnies d'arquebusiers. Mais ils n'avaient pas, après la paix, de quoi les payer. Force était de les dissoudre.

On les avait renvoyés le 14 juillet 1559. Ils passaient l'hiver sans ressources, vivant d'expédients. Ils étaient allés, quant ils le pouvaient, demander au roi des pensions, au château de Fontainebleau. Certains obtenaient quelques subsides, quand ils étaient protégés par un parent bien en cour. Le plus souvent, ils étaient éconduits par les laquais. Comme ils étaient de plus en plus nombreux, il avait fallu les intimider ; le cardinal de Lorraine, faisant sonner les trompes, leur avait fait dire, par héraut, qu'ils devaient vider les lieux. Pour être mieux compris, il avait fait dresser des potences tout autour du château.

Les gentilshommes et leurs troupes se retrouvaient sur le pavé, prêts à louer leurs bras au parti des mécontents. Ceux qui, parmi eux, avaient de l'inclination pour les idées nouvelles rejoignaient les églises, et prenaient en main la résistance armée. D'autres se vendaient sans vergogne aux bourgeois des bonnes maisons, pour les protéger contre le sac, la dénonciation ou l'agression. Car les gens riches avaient de plus en plus tendance à assurer leur propre défense. On multipliait les édits pour interdire le port d'armes. On défendait de voyager avec des pistolets. On organisait des perquisitions pour saisir les armes chez l'habitant. Le pouvoir des Guise craignait autant la guerre civile que les réformés. Elle semblait désormais inévitable.

Calvin la condamnait de toutes ses forces : « s'il s'épandait une seule goutte de sang, écrivait-il, les rivières en découleraient. Il vaut mieux que nous périssions tous cent fois que d'être cause que le nom de chrétienté et l'Evangile soient exposés à tel opprobre. » On lui représenta que le parti des Guise en France était responsable du sang, et non la monarchie. Il admit alors que si les princes du sang et le Parlement rassemblé condamnaient le gouvernement des Guise, un soulèvement était admissible. C'était lâcher la bride aux extrémistes : les théologiens de Strasbourg, consultés, recommandaient l'insurrection. Un ancien condisciple de Calvin, à l'université de Bourges, Hotman, devenu agent de l'Electeur palatin, voulait

« massacrer tout ce qui était du sang des Guise et de la maison de Lorraine »...

Pour avoir l'absolution de Calvin, il fallait rallier les princes du sang. Ils se gardaient de prendre parti, se contentant d'encourager en sous-main les opposants, qui faisaient ainsi figure de conspirateurs. Condé, qui avait le moins à perdre, était le plus hardi. Bourbon ne bougeait pas. Navarre restait coi. On trouva enfin un gentilhomme perdu de fortune, autrefois condamné comme faussaire à Dijon, La Renaudie, pour prendre la tête d'un étrange complot qui voulait mettre les Guise en accusation pour crimes de concussion et de lèse-majesté... La Renaudie rassurait Condé, à qui il demandait seulement d'attendre à Orléans le résultat de son action. Condé accepta de prendre la tête du complot : c'était lui le « capitaine muet ». Quand La Renaudie envoya dans les provinces des messagers incitant les gens fidèles au roi, et de bonne volonté, à se rassembler pour faire échec à la néfaste politique des Guise, des milliers d'hommes se mirent en route. En février 1560 sans que les grands noms de France aient fait entendre leur voix, un immense tumulte s'ébauchait à l'embouchure de la Loire. La Cour, qui était à Blois, crut prudent de se réfugier aussitôt dans le château d'Amboise.

Ils venaient de toutes les provinces, même des plus lointaines : en Provence, on n'avait pas attendu le mot d'ordre de La Renaudie pour prendre les armes. Les officiers licenciés des armées royales, dont beaucoup avaient rallié le parti de Calvin, n'attendaient qu'un signal. Paulon de Mauvans était le plus connu d'entre eux, le plus respecté. Son frère Antoine, qui avait ravagé la haute Provence à la tête d'une bande armée, avait été tué à Draguignan par les catholiques exaspérés au cri de « fouaro, luthéran ! ». Son cœur, arraché de sa poitrine, avait été promené dans la ville au bout d'une pique avant d'être jeté aux chiens. Les deux conseillers du Parlement d'Aix chargés d'enquêter sur ces événements avaient conclu à la culpabilité d'Antoine et de ses amis. Ils avaient fait exhumer ses restes, les avaient envoyés à Aix dans un tonneau de sel pour qu'ils y fussent exhibés sur une potence. Paulon de Mauvans avait juré de venger son frère. Il répondit aussitôt à l'appel de La Renaudie qui jurait que la maison des Guise serait exterminée, et que l'on porterait au pouvoir celui qu'il appelait « le capitaine muet ». Châteauneuf, son lieutenant, avait discuté minutieusement du détail de la prise d'armes avec Mauvans. Le 12 février 1560, au lieu symbolique de Mérindol, les délégués des 60 églises évangéliques de Provence proclamaient Paulon de Mauvans chef général des protestants de Provence. Il dirigeait sur Nantes cent volontaires armés de pied en cap, pendant qu'il levait lui-même deux mille soldats pour attaquer Pertuis et se rendre maître de cette place stratégique sur la Durance. Ainsi, dès que la conjuration aurait réussi, la Provence tomberait comme un fruit mûr aux mains de Mauvans.

La sédition couvait aussi en Dauphiné, où les petits seigneurs des vallées alpines se préparaient à résister aux redoutables lieutenants de François de Guise, gouverneur de la province : Laurent de Maugiron puis Hector de Pardaillan, seigneur de la Motte-Gondrin. Les envoyés de La Renaudie parcouraient le pays, recrutant dans la petite noblesse. Ils se rendirent aussi en Guyenne, en Languedoc, en Auvergne et ailleurs.

Il n'y avait pas, au rendez-vous de Nantes, que des nobles en congé d'armée. Un petit peuple alarmé par la montée des troubles, convaincu que les favoris conseillaient mal le roi, décidait de se rendre devant lui pour « aller se plaindre ». Des calvinistes convaincus s'étaient joints à la troupe, malgré les conseils de prudence que prodiguaient les pasteurs, car Calvin n'approuvait pas le complot. Ils étaient décidés à exiger leur place au grand jour dans le royaume, et la fin de la dictature d'un seul parti.

La Renaudie avait réuni en Etats généraux improvisés les « délégués » des provinces et leur avait expliqué les intentions des conjurés : s'emparer des Guise pour les juger. Ne rien entreprendre contre le roi. 500 gentilshommes volontaires jurèrent d'accomplir cette mission, que l'intérêt de la monarchie rendait indispensable. Chaque soldat enrôlé dans l'armée prêtait aussi serment au « capitaine muet ».

Le déplacement de la cour de Blois à Amboise, dont le château pouvait être facilement défendu, dérangeait les plans de La Renaudie. Mais surtout les Guise avaient soufflé au roi de convoquer à Amboise les grands seigneurs favorables aux réformés. Coligny y était déjà, appelé par la reine mère. Il affirmait que toute cette agitation était montée de toutes pièces par les Guise. Ceux-ci cependant connaissaient le complot dans ses moindres détails. Ils avaient reçu des informations d'Allemagne, d'Espagne et d'un avocat parisien qui avait logé à Paris La Renaudie et ses complices.

Prévu pour le 6 mars, le coup de main fut reporté au 16. Des conjurés devaient s'infiltrer dans le château où ils avaient des intelligences, en ouvrir les portes à leurs complices, qui attendaient dans les environs. Mais Guise fut encore prévenu du détail de leurs dispositions. Il eut tout le temps de changer les gardes et de murer la porte suspecte. Il lança la cavalerie dans les bois, pour surprendre ses ennemis. Il eut ainsi la bonne fortune d'arrêter dans leur repaire deux des lieutenants de La Renaudie.

L'affaire tourne mal : Le prince de Condé qui, suivant le plan, a quitté Orléans pour rejoindre la cour, change aussitôt de camp et prête main forte aux défenseurs du château. Le 16 mars, une troupe enfin se présente, à pied, les armes à la main. Des amateurs, qui portent des piques, et ne savent pas se servir d'une arquebuse. Beaucoup sont des artisans, des paysans. On leur a dit qu'ils n'avaient qu'à se montrer, et que le roi les recevrait. François II, en effet, paraît à une fenêtre du château, leur fait distribuer de l'argent et leur demande de s'en aller. Ils s'éloignent, attendant les troupes armées, commandées par La Roche-Chandieu, qui doivent venir de Blois. Celui-ci en retard, arrive d'Amboise, et tente sans succès d'enlever une porte du château.

Soudain, toutes les portes s'ouvrent, et la cavalerie des Guise charge. Elle ramasse tout ce qui traîne dans les bois, particulièrement les malheureux inoffensifs, reçus la veille. Ils sont enchaînés, conduits au château. La Renaudie, surpris, est tué. On jette ses soldats dans la Loire. Une chasse à l'homme est organisée dans les bois, avec l'aide des maîtres des Eaux et Forêts, avec participation de la population locale. Ceux qui sont pris sont aussitôt égorgés. Un tribunal réuni au château, présidé par Charles de Guise, condamne à mort les adjoints de La Renaudie et fait pendre, rouer ou égorger tous ses complices. Les cadavres se balancent aux créneaux de la forteresse. Plus de 1 500 victimes.

Condé y échappe. Il est dénoncé par tous les prisonniers interrogés. Il nie toute participation au complot, assiste aux exécutions sans sourciller. Les Guise manquent de preuves pour le conduire au billot. Il doit cependant quitter la Cour. Plus que jamais les Guise sont maîtres du terrain.

La reine mère pourtant s'inquiète : il ne s'agit pas d'un simple complot. Le mécontentement est grand en France, il s'accumule depuis la défaite. La plèbe des villes se grossit de milliers de mendiants que les campagnes abandonnées du Nord ont chassés des terres. En Normandie, en Gascogne, la jacquerie a fait rage. Qui sait si la Guyenne ne va pas retrouver le sillon de la révolte contre la gabelle, si dure, des années 40 ? Henri II, pour faire la guerre, a augmenté les impôts plus que de raison. Il a dû, pour contracter de nouveaux emprunts, rembourser en partie la dette des banquiers étrangers de Lyon. Le malaise sans doute explique la mobilisation par les nobles de grandes masses populaires et la constitution facile des armées de la révolte : les soldats licenciés ne sont-ils pas disponibles ? Coligny, en qui elle a confiance (elle sait que l'amiral est le seul qui professe sa foi sans y mêler des intentions politiques) lui a répété que la reprise de la persécution était une faute contre la nation. La reine est sensible à ce langage. Il ne faut pas que le peuple pense que le pouvoir royal est annexé par un seul parti, aux mains d'une seule famille. Il ne faut pas que l'on crie à la tyrannie, que les « malcontents » cherchent en vain un interlocuteur. La discussion évite la révolte : pourquoi ne pas réunir des Etats généraux ?

Il n'y avait à Amboise, dit Catherine de Médicis, ni têtes couronnées, ni têtes politiques. Guise lui-même s'étonnait des gens de peu qui menaient l'opération. On savait à la cour que Calvin y était hostile, et que Coligny avait dissuadé la petite noblesse normande de prendre le chemin de Nantes. Non, devant Amboise, à l'évidence, on n'avait pas écrasé la fine fleur de la Réforme : les pendus d'Amboise étaient des capitaines sans soldes et des artisans abusés. La gravité du « tumulte » c'est qu'il frappait des innocents, des « sans grades », des « sans nom », le tissu même de la monarchie, les anonymes soutiens du trône. Ils avaient tous juré, à condition que rien ne fût entrepris contre le roi ! Il y avait risque que cette sauvage répression, due à la nervosité des Guise, ne poussât jusqu'à la vraie révolte les plus fermes soutiens du régime. Décidément, il fallait réunir les Etats généraux.

Généralement le roi jouait de cette institution (des représentants de la noblesse, du clergé et du peuple) pour lever de nouveaux impôts, comme l'avait fait Henri II, en 1558. Cette fois, Catherine entendait s'en servir pour obtenir l'apaisement politique et religieux. Dans son bon sens, elle pensait qu'il fallait s'accommoder des protestants. On pouvait peut-être, dans les années 30, songer à « extirper l'hérésie » ; on ne pouvait en 1560 affronter sans risque le tiers du royaume, selon l'estimation de Charles de Lorraine.

La reine mère commence par une mesure d'apaisement : intervenant pour la première fois au plus haut rang de la politique du royaume, elle nomme chancelier de France le sage Michel de L'Hospital, un ancien conseiller au Parlement de Paris devenu maître des requêtes par la grâce du cardinal de Lorraine. Administrateur digne d'éloges, L'Hospital se révèle un politique adroit puisque, soutenu par les Guise, il propose de « cheminer droit et de ne favoriser ni aux uns ni aux autres ». Il fait ainsi promulguer, en mai 1560, l'édit de Romorantin, qui sépare la religion et les affaires de l'Etat, abandonnant aux évêques les procès d'hérésie, et aux tribunaux inférieurs les affaires d'ordre public. Les prédicateurs sont certes considérés comme des séditieux, mais non comme des factieux. Les persécutions s'espacent. On remet en liberté les religionnaires.

Dernière concession de Catherine : elle réunit à Fontaine-bleau une sorte d'assemblée de notables pour préparer les Etats généraux. Dans son esprit, il s'agit d'engager un débat préala-ble. Les princes du sang sont invités, aux côtés des conseillers habituels du roi et des grands officiers de la Couronne. Coligny est le plus entouré. Non seulement il affiche désormais ses croyances, mais il protège officiellement ses coreligionnaires. Son refus d'entrer dans le complot des Condéens lui en donne le droit. Il présente au roi une « supplique », celle des « pauvres chrétiens » de Normandie, ceux-là mêmes qu'il a dissuadés de prendre le chemin de Nantes. Ils demandent la fin de la terreur et le droit de construire des temples pour prier. Quel meilleur moyen d'éviter les troubles religieux, dit l'amiral à Catherine, que d'abriter le culte dans des édifices ? La plupart des incidents ont pour cause la violation des églises ou des lieux de réunion. Les troubles d'Aix n'avaient-ils pas pour cause essentielle l'énervement des catholiques, de loin majoritaires dans la ville, qui voyaient depuis 1559 les protestants se rendre en bandes, sous la protection de gentilshommes armés, pour célébrer leur culte en plein air, sous un grand pin, dans l'enclos d'Eguilles ? Les « prêches du pin d'Eguilles » étaient un objet de scandale, une cause permanente de rixes et d'affrontements. La nuit les catholiques poussaient des cris de mort sous les fenêtres des religionnaires. La situation dans les villes normandes n'était pas plus tolérable. Coligny avait beau donner des ordres pour arrêter les iconoclastes, ils ne rêvaient que plaies et bosses, envahissaient les églises à l'heure des offices, et prétendaient même s'emparer par la force des monastères et des cathédrales. Le chapitre de Sainte-Croix d'Orléans ne venait-il pas de fermer les portes de sa basilique « pour des causes très certaines et très graves » ?

D'entrée de jeu, l'amiral privilégiait ainsi la question reli-gieuse sans s'attaquer moindrement au gouvernement des Guise. La parole fut aussi donnée à l'évêque de Valence, Monluc, qui passait pour proche des réformés bien qu'il fût le protégé du cardinal de Lorraine. Il flétrit, dans un langage inattendu, les abus de l'Eglise, accusant les évêques de recruter leurs curés parmi « leurs valets de chambre, cuisiniers, barbiers et laquais ». Il opposait à ces mauvais bergers les « prédicants » vertueux et sobres. « Et faut que je confesse, disait-il, que toutes les fois qu'il me souvient de ceux-là qui meurent si constamment, les cheveux me dressent en la tête. » Pourquoi ne pas s'entendre avec ces excellents chrétiens ? Réunissez, disait au roi Monluc, un concile national avec « bon nombre de gens de bien » et peut-être quelques autorités de la « secte ». Et finissons-en avec les gibets et les bûchers... Coligny ajouta qu'il pouvait présenter une pétition signée de 50 000 noms pour appuyer sa requête et faire cesser la persécution. François de Guise se sentait menacé par ces discours de conciliation. Il affirmait hautement son intransigeance, et répondait à Coligny que s'il pouvait avancer 50 000 noms de bonne noblesse, le roi, sans difficulté, en avait plus d'un million, que les partis n'étaient pas égaux. Quant à lui, il n'avait pas à mettre la foi en discussion, ni la croyance au sacrement de l'autel. Il se ralliait néanmoins, comme son frère le cardinal, à la consultation des Etats généraux.

Ceux-ci étaient convoqués pour décembre 1560, sans qu'au préalable les chefs des deux partis aient trouvé le moindre terrain d'entente. Les Guise virent dans les troubles qui se manifestèrent dans les provinces à l'automne un argument pour rester forts, et armés. Une campagne inouïe de pamphlets tentait de dresser contre eux l'opinion. Le cardinal de Lorraine se flattait d'avoir sur son bureau plus de vingt pamphlets de la plus extrême violence, qui l'appelaient « tigre enragé » ou « vipère venimeuse ». On traitait les Guise de tyrans, on les désignait à la haine populaire. Souvent des écrivains anonymes appelaient à l'assassinat.

L'agitation gagnait les provinces où la répression de la conjuration d'Amboise avait déchaîné les chefs huguenots. Les appels à la modération venus de Genève n'étaient plus entendus. Les communautés s'étaient livrées aux militaires pour assurer leur défense, elles n'étaient plus maîtresses des décisions. Les mots d'ordre venaient désormais des états-majors des chefs de bande, plus ou moins reliés aux princes du sang. En Provence, Paulon de Mauvans, avec deux mille hommes levés parmi les protestants du Luberon et des montagnes proches, avait fait le siège de Pertuis, puis, après l'échec de la conjuration, il avait remonté la Durance pour faire sa jonction avec le principal chef des bandes du Dauphiné, Montbrun, neveu du cardinal de Tournon et huguenot enragé. Dans le comté, les prisons se remplissaient de suspects, arrêtés pour avoir approché des chefs provençaux de la rébellion. L'édit de Romorantin avait été d'abord interprété comme une mesure de rigueur, puisque l'on confiait les causes religieuses au tribunal de l'évêque, et non au Parlement. Les soldats de Mauvans avaient déserté, terrifiés. Leurs têtes étaient mises à prix. Au bout de quelques semaines, ils comprirent que le chancelier de L'Hospital voulait au contraire apaiser les esprits, inclinant les évêques à la modération. De fait, de nombreux suspects avaient été relâchés.

Mauvans, qui n'avait pas désarmé, put de nouveau recruter. 500 vaudois de Cabrières, les enfants des rescapés du massacre, se joignirent à lui. Il voulait accueillir et renforcer Montbrun, poursuivi en Dauphiné par Blaise de Pardaillan et La Motte-Gondrin. Il était à Nyons avec 300 cavaliers et voulait s'installer en terre du pape. L'Avignonnais Guillotin, qui prétendait rattacher le Comtat au royaume promettait de lui prêter main forte. Guillotin devait prendre Vaison, les deux chefs Malaucène. Ils prirent en effet la ville, dont ils firent leur quartier général. Guillotin, par contre, leur fit défaut. De Malaucène, Mauvans se rendit à Orange, pour obtenir des secours en vivres et en armes. Les consuls d'Orange, gagnés à la religion réformée, lui promirent par contrat tout ce qu'il demandait. On envoya aussi des messagers à Genève, pour qu'ils achètent des armes.

Mais la défense catholique s'organisait, sans secours de Paris, avec les moyens du bord. Le légat Farnèse avait envoyé 12 000 écus d'or à La Motte-Gondrin pour qu'il lance une expédition punitive. Gondrin marche sur Bolène, attend le renfort des troupes du pape qui viennent d'Avignon. Avec 4 500 soldats il entre dans Orange, taxe la ville d'une amende de 20 000 écus que les consuls payent dévotieusement, prend la route de Malaucène pour traquer les chefs huguenots.

Quand il est devant les remparts de la ville, prêt à donner l'assaut, il s'aperçoit qu'il arrive trop tard. Les huguenots ont décampé, marchant sur le Nord. Ils ont reçu l'ordre de gagner Lyon. En cours de route, ils se séparent, car les obstacles sont insurmontables. Montbrun se terre en Dauphiné, Mauvans licencie son armée, ne gardant qu'une poignée de fidèles qu'il lance sur Draguignan, la ville qui avait massacré son frère. Il la pille et la punit cruellement, puis il gagne les villages de la montagne, Castellane, Entrevaux, Colmars, La Baume-de-Sisteron. Partout il pille les églises, brise les images, prend les objets précieux pour fondre l'or et payer ainsi ses soldats. Le comte de Tende le traque, lui propose une capitulation. Mauvans finit par accepter, obtenant la vie sauve et la sécurité pour ses hommes. Avec cent cavaliers, il se retire à Castellane, d'où il songe à gagner Genève.

Sans doute Mauvans et Montbrun recevaient-ils des ordres des chefs de la Réforme à Paris, probablement de Condé. Mais ils n'avaient pas les moyens d'obéir. Ils se comportaient comme des chefs de bande isolés, trouvant argent, vivres et armes dans la région. Ils n'avaient pas pu participer au mouvement prévu sur Lyon. Les catholiques les avaient découragés.

A Lyon pourtant, l'annonce du soulèvement avait inquiété les Guise : Les princes disposaient sur place de dangereuses complicités. La proximité de Genève rendait l'opération réaliste. Le passage à la Réforme de la deuxième ville du royaume ne pourrait manquer d'impressionner la reine mère et le prudent chancelier de L'Hospital. A la veille de la convocation des Etats généraux, la prise de Lyon était un fait politique de première importance : elle obligerait à prendre au sérieux les demandes de négociation des huguenots, qui voulaient leur place dans l'Etat.

Tout fut aussitôt mis en œuvre pour écraser le mouvement lyonnais : François de Guise savait fort bien qu'un marchand de Bâle, devenu bourgeois de Lyon, Jean Darut, avait réuni une assemblée pour envoyer des délégués et des troupes à Nantes. Après l'échec de la conjuration, c'est encore ce Darut — les espions des Guise l'avaient confirmé — qui préparait la subversion dans la ville même, en liaison, semblait-il, non pas avec Condé, mais avec Antoine de Bourbon. Lyon était une grande place de commerce et de banque. Le roi Henri avait accordé aux marchands et banquiers étrangers le privilège de vivre selon leur confession. Ils ne se privaient pas de faire, comme Darut, du prosélytisme. Mais comment refuser cet avantage à des financiers si précieux ? L'idée des conjurés était d'obtenir un point d'appui solide, qui pût servir de base, de place d'armes, aux réformés du Dauphiné, de la vallée du Rhône, de la Bourgogne. Mais ils voulaient surtout rallier le roi à la cause, en montrant le désastreux effet des divisions. On obtiendrait ainsi, à tout le moins, la reconnaissance de la religion réformée.

L'envoyé du prince à Lyon s'appelait Maligni, jeune noble qui avait participé à l'affaire d'Amboise. Quand il vint à Lyon, au mois d'août 1560, c'était la foire. Les étrangers étant nombreux dans la ville, où il s'avérait impossible de contrôler les entrées aux portes. Il fut facile aux conjurés d'y pénétrer, et de se loger chez les frères lyonnais. Beaucoup avaient tout simplement pris une chambre dans les hôtelleries, qui étaient combles. Cinq cent d'entre eux étaient en place au début de septembre, prêts à l'action.

Le chef du groupe était le capitaine du Peyrault. Il attendait de l'extérieur le signal de prendre la ville. Mais les espions avaient fait merveille, avertissant l'adjoint du gouverneur de Lyon, Antoine d'Albon, qui commandait au nom du maréchal de Saint-André. D'Albon avait appris l'existence d'un dépôt d'armes rue Longue, au logis Saint-Martin. Il fit diligence. Une troupe d'arquebusiers tenta de déloger les huguenots. Mais ceux-ci étaient en force. En quelques heures, ils rossèrent les arquebusiers, seule force militaire disponible en ville. Ils étaient ainsi, sans le savoir, les maîtres du terrain. Mais que faire, sans ordres ? Se voyant trahis, se croyant abandonnés, ils profitèrent de la nuit pour s'éclipser. Quand le maréchal, le lendemain à l'aube, fit fermer les portes, les mutins s'étaient envolés. On ne put que fouiller une par une les maisons suspectes. Des armes furent découvertes, des complices arrêtés et pendus. Place des Cordeliers, au pont de Saône, des huguenots étrangers à la prise d'arme finirent au bout d'une corde. Certains avaient dénoncé, sous la torture, la participation d'Antoine de Bourbon au complot.

C'était porter au paroxysme les inquiétudes de la reine mère, qui dut faire de nouveau confiance au duc à la poigne de fer. Outre Pyrénées, les Espagnols mobilisaient. Les Guise venaient de récupérer les bandes qu'ils avaient expédiées en Ecosse pour soutenir, contre Elizabeth, les prétentions de Marie Stuart. L'échec qu'elles avaient essuyé les rendait disponibles. Ils levèrent de nouveaux soldats et lancèrent un ultimatum à Bourbon, le sommant de s'expliquer. Il céda, comme il l'avait toujours fait, et vint avec Condé flatter le duc à la Cour. Méfiant, celui-ci les entourait de gardes. Ils étaient comme prisonniers. Quand les Etats généraux furent convoqués à Orléans pour le 10 décembre 1560, les Guise avaient investi la ville de milliers de soldats. Espéraient-ils un coup de force ?

Les princes tombaient dans un guet-apens. Les soldats des Guise les insultaient dans la rue. Dès qu'il parut devant le roi, Condé fut arrêté, enfermé dans une maison défendue par des canons. Bourbon fut laissé en liberté surveillée. Un tribunal d'exception condamna Condé à mort mais le chancelier de L'Hospital ajourna la décision. Le jeune roi était malade, Catherine hésitante. Tuer Condé la mettait à la merci des Guise, et plaçait la monarchie à la discrétion d'un parti. Mais Bourbon pouvait avoir des prétentions à la régence, il fallait l'en dissuader.

Rien n'était plus facile que de l'intimider. Elle le reçut tremblant, en présence des Guise, et obtint ce qu'elle voulait. Trois jours plus tard le jeune roi mourait. Catherine était régente, Bourbon dompté, Condé épargné, les Guise chassés du pouvoir.

A 41 ans, cette femme énergique, solide et sans scrupules se trouvait seule au pouvoir, face aux Etats généraux, au pays réuni. Même les paysans avaient voté, dans le cadre des bailliages. Ils avaient envoyé à Orléans des gens de justice et de finance, et les citadins avaient délégué leurs consuls, leurs échevins. Dans le Sud-Ouest, en Provence, dans les pays de Loire, le Poitou, la Saintonge, la question religieuse était intervenue, malgré les consignes des Guise, au plus fort des élections. Les élus de ces régions étaient souvent sinon des réformés, du moins des adversaires déclarés des Guise, partisans de Condé, de Bourbon, de la réforme de l'Eglise. Ils ne ménagèrent pas leurs critiques. Après les exhortations à la paix religieuse de Michel de L'Hospital, et les menaces de rigueurs contre les « séditieux », les ordres, qui siégeaient à part, apportèrent leurs « réponses » : celle du clergé s'opposait à toute concession en faveur des huguenots. Elle admettait à peine la nécessité d'une réforme des mœurs. Celle de la noblesse, par la voix de Jacques de Silly, baron de Rochefort, attaquait vivement l'Eglise, et demandait la liberté du culte... pour les gentilshommes, à titre de privilège en quelque sorte ; le représentant du tiers état, un avocat du parlement de Bordeaux, fit la critique véhémente des mœurs et des pouvoirs financiers du clergé. Coligny eut l'occasion de protester publiquement contre le discours du représentant du clergé, qui traitait ses frères d'hérétiques. On obligea l'orateur, Quintin, docteur de la Sorbonne, à faire des excuses publiques. Les trois ordres rassemblés refusèrent les 43 millions d'impôts nouveaux que leur demandait de L'Hospital, pour combler le déficit. Il ne restait plus qu'à renvoyer les députés devant leurs électeurs, et de les convoquer plus tard pour leur faire accepter les décisions du gouvernement. On donnait cependant satisfaction à des vœux exprimés par les cahiers de doléances. On promettait, par l'ordonnance d'Orléans, d'abolir la vénalité des offices et celle des juges. On prétendait obliger les prélats à résidence, et l'on accordait au clergé le droit de présenter au roi, à chaque vacance d'évêché, trois noms de candidats élus par le chapitre élargi, parmi lesquels il choisirait. Cette réforme des abus devait malheureusement rester lettre morte. Pourtant le chancelier signait une déclaration donnant satisfaction aux protestants puisqu'il arrêtait la persécution et libérait les huguenots prisonniers.

La reine avait dû libérer et absoudre Condé, et donner à Bourbon la lieutenance générale du royaume, qui le rendait maître de l'armée. Les Guise enrageaient. La tolérance fut comprise dans les provinces comme l'autorisation tacite de pratiquer le culte à découvert. Les réformés en profitèrent avec joie. Sur les bords de la Loire, ils se rendaient en groupes armés aux assemblées. Dans le Sud-Ouest, dans le Languedoc, les ministres prêchaient et chantaient les psaumes sur les places publiques. La protection militaire des prêches était assurée par les gentilshommes en Bretagne, en Dauphiné, en Provence et en Languedoc. A Valence, à Montpellier, à Nîmes, des bandes armées assuraient la discipline. A Sarlat, les magistrats signalaient, en août 1561, que les protestants « sont en grand nombre, garnis et équipés de toutes armes, et qu'il serait malaisé d'entrer en la maison qui est forte, sans grand danger de meurtre et d'émotion ». Ces milices étaient destinées à prévenir les troubles. Dans certaines régions, elles n'étaient pas nécessaires : à Rouen, en Normandie, dans le Cotentin, on convoquait les fidèles « avec la cloche de l'école » sans que les catholiques s'en indignent. On voyait en Languedoc des prêtres catholiques assister aux prêches en plein air, où les fidèles interrompaient le pasteur et lui présentaient des objections... parfois l'assemblée se faisait au château ou dans la gentilhommière, et le seigneur ouvrait libéralement ses portes.

Calvin pensait bien que cette ivresse de liberté était dangereuse, et qu'elle pouvait passer pour de la provocation. Il écrivait à l'église de Montélimar : « Nous ne voyons pas qu'il soit requis de vous avancer si fort, il suffira bien que vous tâchiez d'augmenter le troupeau, et cependant vous tenir cois. » Mais comment contenir la poussée d'une masse de plus en plus nombreuse ? On avait pendu, sur ordre des Guise, à Issoire, un ministre qui prêchait dans une cave : son remplaçant dut prêcher en plein air, faute de place, tant le nombre des assistants s'était accru. Les pasteurs, débordés, allaient s'ouvrir de leurs difficultés... aux consuls et aux échevins. A Montpellier on devait célébrer trois cultes chaque dimanche, pour satisfaire tout le public. Où réunir tant de nouveaux chrétiens ? Les villes n'avaient pas d'autre lieu de culte que les églises. Force était aux pasteurs de prêcher en plein air, comme à Aix, sous un pin.

La tentation était grande, pour les nobles, qui, sous prétexte de les protéger, commandaient désormais les communautés de transformer les assemblées en manifestations, pour impressionner le parti adverse. Du printemps de 1561 au début de l'année suivante, ce mouvement de provocation indigna les catholiques, qui voyaient leurs villes et leurs villages livrés à de menaçants défilés, toujours organisés par des hommes en armes. Voulaiton impressionner le jeune roi Charles IX, faire peur à la reine mère ? L'utilisation politique de l'explosion de foi était évidente ; elle suscitait çà et là des troubles, dont certains très violents. Les pasteurs étaient bien incapables de contrôler leur public. Ils ne connaissaient plus leurs ouailles. Etaient-ils tous des réformés, ces nouveaux chrétiens à la mine farouche, qui venaient assister aux prêches ? Combien savaient chanter les psaumes ?

Les prêches en plein air étaient possibles dans le Midi tout au long de l'année, mais au nord de la Loire, le ciel moins clément obligeait les huguenots à rechercher des lieux de culte protégés : ils mobilisaient tout ce qui pouvait les abriter : les halles, les salles des palais de justice, les hôpitaux, parfois même les granges ou les basses-cours. Ils brûlaient d'envahir les églises et les monastères, particulièrement ceux qui étaient désertés. Au printemps de 1561, cette tentation devint irrésistible. A Limoges, il fallut expulser les dévotes de l'église Sainte-Valérie. Parfois on s'entendait avec le chapelain d'une grande église pour organiser les cultes : à Cognac les protestants se réunissaient dans l'église à 5 heures du matin, laissant ensuite la place aux catholiques. Dans les pays où les protestants étaient nombreux, les prêtres ne songeaient pas à protéger leurs églises : ils en donnaient les clés, sans qu'il fût besoin de contrainte : plusieurs églises de Montpellier ou de Montauban avaient ainsi changé de culte. A Meaux, on avait tout simplement racheté une église à l'évêque.

Mais dans de nombreuses paroisses, les incidents étaient sanglants : des fanatiques chassaient les prêtres et les fidèles des églises de Languedoc et de Guyenne. En Dauphiné des groupes armés, gentilshommes en tête, investissaient les églises, brisaient les images, interdisaient le culte aux catholiques. Il fallait arrêter ces violences, qui souvent faisaient mort d'hommes. En juin un noble protestant, le seigneur d'Esternay, demanda au nom de son parti la permission de construire des temples : c'était postuler la liberté du culte. La reine réunit une assemblée de parlementaires, de princes et de conseillers : ils refusèrent par trois voix de majorité de satisfaire les protestants.

Les catholiques, dans tout le pays, protestaient avec violence contre l'indulgence du pouvoir : ils avaient appris qu'à la cour, Catherine de Médicis tolérait que l'amiral de Coligny et les princesses du sang aménagent des lieux de culte dans leurs appartements. Coligny avait, dit-on, fait venir de Genève un ministre qui officiait chez lui devant les nobles de sa maison mêlés aux serviteurs. Le maréchal de Saint-André et le duc de Guise, plutôt que d'entendre le prêche du prédicateur de la Cour, qu'ils jugeaient peu sûr, préféraient se mêler aux palefreniers du château pour assister, avec le vieux Montmorency, aux sermons d'un jacobin !

Des bruits alarmants circulaient dans les communautés catholiques, repris et amplifiés par les moines prêcheurs à la solde des Guise. On disait qu'à Lyon un huguenot avait coupé le bras d'un prêtre qui portait le Saint-Sacrement. François de Guise lui-même était monté à cheval pour escorter, dans Paris, les prêtres de la procession de la Fête-Dieu, que les protestants voulaient, disait-on, troubler. A Beauvais, le cardinal de Châtillon passait pour avoir célébré la cène dans sa chapelle personnelle, un jour de Pâques, selon le rite de Genève.

En avril, à Paris, les étudiants catholiques avaient pris à partie une bande de réformés qui manifestait au Pré-aux-Clercs. Poursuivis à coups de bâton, ils avaient trouvé refuge chez un seigneur, à Longjumeau. Deux mille étudiants les assiégeaient. Le prévôt de Paris avait dû les dégager, avec sa troupe.

Devant la montée de la violence, les grands seigneurs révisaient leur attitude politique. Le vieux connétable de Montmorency sortait de sa réserve. Sa complicité avec Guise et Saint-André devenait une alliance, une « ligue ». Pour ce patriote, la liberté donnée aux réformés était un scandale, parce qu'elle affaiblissait la couronne. La reine mère en venait à composer avec une sorte de parti de l'intérieur, à installer un Etat dans l'Etat. Le cardinal de Lorraine en avait solennellement averti l'enfant Charles IX, le jour de son sacre : il devait à tout prix garder la foi catholique. En juillet 1561, sous la pression de l'opinion, le chancelier avait dû interdire, pour la forme, « les conventicules publics et privés, avec armes ou sans armes », sous peine d'incarcération et de confiscation des biens.

La conversion spectaculaire de la reine de Navarre, qui contrastait avec l'irrésolution d'Antoine, apportait une réponse politique à la volonté de répression qui s'affirmait avec force dans le camp catholique. La fille de Marguerite de Navarre était une des têtes les plus solides du parti des princes. Antoine s'en remettait entièrement à elle de l'organisation de ses Etats. Elle avait fortifié le Béarn, inspecté elle-même les défenses, quand les Espagnols avaient mobilisé à la frontière. Elle avait accueilli à Nérac Théodore de Bèze, qui l'avait convertie définitivement. Elle se savait soutenue par l'opinion dans son Sud-Ouest rebelle, où l'on réapprenait à haïr les rois de Paris. A la Noël de 1560, Jeanne d'Albret, reine de Navarre, avait publiquement pris part à la cérémonie de la cène.

La reine d'Angleterre Elizabeth lui faisait aussitôt savoir qu'elle s'en réjouissait du fond du cœur. Contre les Espagnols, toujours menaçants, Jeanne venait de trouver une alliée. Elle avait écrit à Calvin pour lui demander de persuader son mari, Antoine, de suivre son exemple. A quoi bon flatter l'encolure des chevaux des grands d'Espagne ? « On veut nager entre deux eaux, lui avait répondu Calvin, tellement que la parole est rendue froide et inutile si la vertu de Dieu n'est conjointe. » Antoine serait bien obligé de se laisser convaincre. Il était notoire que désormais, en Béarn, on jurait aux tribunaux sur la Bible et non sur le missel, et que de nouveaux ministres avaient plus ou moins remplacé les curés.

Jeanne avait donc pris seule le chemin de Paris : un voyage triomphal. Outre sa suite ordinaire, elle était entourée de gentilshommes et de ministres. A chaque étape, Limoges, Tours, les villes de la Loire, elle s'installait dans les lieux de culte — dont Michel de L'Hospital venait d'interdire la fréquentation — et faisait prêcher ses pasteurs, dans un grand concours de fidèles, qui chantaient les psaumes. Elle était, dit son biographe Cazaux, « la reine de la Réforme ».

A Orléans le prêche auquel elle assistait devenait une véritable manifestation politique. Elle était acclamée. Son mari venait, une fois de plus, de s'incliner devant le pouvoir. Elle résistait, à sa manière, et soulevait l'enthousiasme. 15 000 protestants venus de toute l'Ile-de-France l'attendaient à Paris. Elle assistait avec eux à une cérémonie religieuse surveillée de près par la police du prévôt. Elle attendit deux jours pour se rendre à l'invitation de la reine mère, à Saint-Germain. Ne devait-elle pas, au préalable, recevoir tout ce que Paris comptait de réformés de marque ?

Elle fut accueillie comme une reine, le 9 août 1561. Souper de grande cérémonie, arrivée en carrosse escortée par son mari et les grands seigneurs protestants, feu d'artifice, course de taureaux, on disait déjà que le prince Henri, âgé de 7 ans, était promis à la jeune Marguerite, fille de Catherine. Nostradamus, le vieux sorcier de Provence, n'aurait-il pas prédit au gamin qu'il serait un jour roi de France.

Tout le parti protestant était mobilisé. La reine de Navarre voulait impressionner l'opinion, montrer la force de la religion, à la veille de la réunion des Etats généraux à Pontoise. La reine mère méditait une grande confrontation. Jeanne savait que Théodore de Bèze avait rencontré, à la Cour, le cardinal de Lorraine. Les députés du clergé siégeaient à part, à l'abbaye de Poissy. L'idée de Catherine était de les réunir avec les protestants.

Elle avait pris cette décision de profiter des Etats généraux pour obliger le clergé à se constituer en synode national. Le pape Pie IV tardait à réunir un concile de réconciliation que lui demandaient avec insistance les Français et les Allemands. C'était à la Cour de France de prendre l'initiative. Catherine avait demandé Calvin. Il envoya Théodore de Bèze.

La réunion de Poissy était présidée par le roi en personne, escorté de ses gentilshommes, des princes du sang, des cardinaux de Lorraine, de Châtillon et de Tournon, du chancelier, des docteurs en Sorbonne. Le gouvernement au grand complet, les évêques et archevêques attendaient les douze ministres qu'un cardinal, en les voyant entrer un à un dans la salle, la mine grave et recueillie, appelait « les chiens de Genève ».

Ils ont la foi, disait dans son discours d'ouverture le chancelier avec force. A preuve la constance « et la voix plus qu'humaine par laquelle ils surpassaient les frayeurs et appréhensions de la mort ». Tous dans cette salle croyaient de même. Mais les réformés ici présents voulaient purifier l'Eglise pour qu'elle retrouve sa forme primitive. Pouvait-on s'entendre ?

« Avez-vous ouï ce blasphème ? » disait au roi le cardinal de Tournon : De Bèze venait de déclarer que le corps de Jésus-Christ était aussi éloigné du pain et du vin que le ciel de la terre... Même les Luthériens, affirmait Charles de Lorraine, rejettent cette hérésie. Catherine avait espéré un De Bèze conciliant. Sans faire preuve de sectarisme, en développant avec adresse les points d'entente, il n'avait pas cru devoir dissimuler les points de divergence. Il n'était pas l'homme des équivoques. Cela condamnait le concile.

Un père jésuite se chargea de clore le débat. L'Assemblée de Poissy venait d'autoriser officiellement l'Ordre en France, malgré l'opposition de la Sorbonne et du Parlement. Ce père Lainez était, après Loyola, le second général de l'Ordre. Il dit simplement que les problèmes de foi n'étaient pas du domaine des nations mais du concile de Trente, réuni par Sa Sainteté. Il dit aussi, en particulier, à Catherine, que ses huguenots étaient des *lupi, volpi, serpenti, assassini...*

L'échec du concile marquait la fin d'un espoir : les protestants avaient toujours demandé la réunion de ce concile national qui devait faire justice à la vraie foi. Ils l'avaient enfin obtenu. Toute la cour avait entendu leurs plus prestigieux ministres. Il était clair désormais que la parole de Dieu n'avait pas la force de convaincre les hommes abusés par l'erreur. La foi ne pouvait se discuter, elle devait s'imposer.

Deuxième espoir déçu, celui de Catherine et de Michel de L'Hospital ; une réconciliation des « confessions » eût permis la définition d'un nouveau gallicanisme français, plus vigoureux, qui eût permis au roi de prendre une distance encore plus grande par rapport au Saint-Siège. Catherine devait-elle pour autant changer de politique ? Elle persista : le 17 janvier 1562 les protestants obtenaient enfin l'édit qui les libérait ; malgré la pression du roi d'Espagne, alerté par les Guise, la Reine autorisait les Huguenots à exercer leur culte dans les faubourgs des villes, en dehors des enceintes, et, à l'intérieur, dans des maisons fermées. A défaut d'une entente entre les deux partis, Michel de L'Hospital souhaitait une pacification sur le terrain.

Elle n'était souhaitée que par les modérés : les violents tenaient la rue, et pillaient les campagnes. Le Sud-Ouest était à feu et à sang. Le lieutenant général de Guyenne, Charles de Coucy, seigneur de Burie, ne parvenait pas à maintenir l'ordre. Les réformés tenaient l'Agenais, persécutant les prêtres, pillant les églises. Dans le Périgord, ils empêchaient tout exercice du culte catholique et encourageaient les fidèles à refuser de payer la dîme. Pendant le colloque de Poissy, les bandes armées parcouraient la Guyenne. Elles pillaient les châteaux et les monastères. A Frégimont le seigneur de Savignac, un Montpezat, en avait été victime. Le couvent des Cordeliers de Marmande avait été incendié. Les catholiques étaient partout décidés à assurer eux-mêmes leur défense, devant l'impuissance de Burie. On forçait les prêtres dans les campagnes « comme lièvres en Beauce ». Burie hésitait. A Paris, Monluc, qui faisait sa cour à Catherine, « suivait le cours du marché ». Il était tout prêt à changer de religion, si toutefois la reine le lui demandait.

Les catholiques se sentaient abandonnés. A Fumel dans l'Agenais, le baron qui avait été ambassadeur de France à Constantinople avait été massacré par des bandes déchaînées. 2 000 paysans avaient occupé son château, séquestré sa femme, pillé ses biens. Les catholiques rendaient coup pour coup : à Cahors, ils avaient chargé les réformés, tuant huit d'entre eux. Le roi envoya enfin Monluc, avec ordre de rétablir la paix par la violence : celui-ci commença à Saint-Mézard, près d'Estillac. Le 20 février 1562 il faisait décapiter un huguenot nommé Verdier sur le pied d'une croix profanée. Il fit pendre deux paysans, fouetter un diacre. Pour la première fois depuis l'arrivée au pouvoir de Catherine, une troupe royale exécutait des protestants. Ces exécutions eurent, dans tout le royaume, un retentissement considérable.

L'édit de pacification avait été accueilli diversement dans les provinces. Les parlements eux-mêmes s'étaient partagés : ceux de Rouen, Bordeaux, Toulouse et Grenoble l'avaient, bien sûr, enregistré ; mais ceux d'Aix, de Dijon l'avaient rejeté. Excédées par les exactions des bandes de Mauvans, les populations restées catholiques des villages de Provence s'étonnaient de l'impunité accordée aux religionnaires. Si le roi autorisait toutes les religions, où allait la monarchie ? Il y avait aussi la crainte du retour des protestants jadis spoliés, dont on avait pris les biens. N'étaient-ils pas en droit de les réclamer ? Comme les huguenots, les catholiques décidèrent de se grouper, et de s'armer. Ils choisirent comme chef le seigneur de Flassans, dur, violent, fanatique et désargenté, qui venait d'être élu consul de la ville d'Aix.

Les Provençaux ne savaient plus à quels saints se vouer. Leur maître, le comte de Tende, avait épousé une réformée, Françoise de Foix. Ce gouverneur indulgent était du côté de la reine mère. Mais comment limiter les persécutions, arrêter la chasse aux protestants avec des chefs de bande comme Flassans qui recrutait ses partisans chez les moines, les errants, les gentilshommes en rupture d'armée, et qui faisait pendre les huguenots, sur simple dénonciation, aux branches du pin d'Eguilles, où avaient lieu jadis les prêches ? « Ainsi l'arbre merveilleux des protestants disait la chronique, produisait chaque jour des fruits nouveaux. »

Le gouverneur de Provence ne pouvait pas empêcher la furieuse réaction des catholiques, surtout après l'échec du colloque de Poissy. Les gibets se dressaient à Manosque, à Valensole, à Marseille. Les routiers de Flassans criaient « vive la messe » en saccageant les villes. Ils avaient entraîné avec eux des paysans alléchés par le butin et appelés les « cabans » en raison du curieux manteau en forme de chape qu'ils portaient. Flassans valait Mauvans. Les Provençaux commençaient à redouter toutes les bandes, de quelque bord qu'elles fussent. Même catholiques, ils souhaitaient que le gouverneur, si favorable qu'il soit aux protestants, intervienne, et rétablisse l'ordre.

Le gouverneur de Tende, pour réduire Flassans, le « chevalier de la foi », n'avait guère le choix des armes. Flassans tenait Aix avec ses trois mille hommes qui portaient sur leur chapeau la croix de laine blanche et les plumes de coq. Paris n'envoyait ni subsides, ni soldats. Le gouverneur engagea le chef de bande protestant Paulon de Mauvans. Ainsi le serviteur de la reine mère enrôlait des huguenots pour combattre une bande catholique ! On réussit enfin à chasser Flassans de Provence. Le 2 mars, il s'enfuit dans l'île de Porquerolles.

A cette date, les troubles s'étaient généralisés dans les provinces. Dans celles que les protestants dominaient, les catholiques ne comprenaient pas l'attitude du pouvoir royal : pourquoi abandonnait-il les villes, les gouvernements, le pouvoir à ceux qu'il avait si longtemps ordonné de poursuivre ? Les catholiques, persécutés à leur tour, attendaient l'heure de la revanche, celle que promettaient les Guise. Dans les régions où les protestants étaient en minorité, ils étaient, plus que jamais, l'objet de la haine de leurs adversaires.

A Lyon pourtant, la municipalité, mixte, avec une majorité

de catholiques modérés, entrait dans les vues du pouvoir et voulait appliquer l'édit de tolérance : le consulat refusait toute implantation militaire dans la ville. Il avait payé La Motte-Gondrin pour qu'il cantonne ses soldats hors des remparts, dans le faubourg de Vaise. Il avait refusé la construction d'une porte fortifiée, recommandée par le maréchal de Saint-André, qui, sur le pont de Saône, aurait permis d'isoler le quartier protestant de la presqu'île, toujours en effervescence. Les consuls pensaient avant tout aux foires et au grand commerce. Ils haïssaient la guerre civile.

Mais comment arrêter les exaltés ? Les provocations des huguenots se multipliaient : toutes les processions étaient troublées. Un jeune avait arraché le ciboire des mains du prêtre, pour la procession du Corps de Dieu. On lui avait fait la chasse. Les catholiques étaient excités par les confréries, mobilisées par les associations de pénitents et par les moines fanatiques. Ils rendaient coup pour coup, dans les rues de la ville où la force publique, par la volonté des consuls, n'était pas en mesure d'assurer l'ordre. Les faux bruits couraient à l'aise, pour inquiéter la population : on disait que, pour l'Ascension, les huguenots allaient massacrer tous les prêtres.

Les consuls frappaient les plus agressifs : ils fermaient les yeux sur les assemblées clandestines, qui se réunissaient dans les nouveaux temples ouverts dans la ville. Mais ils traquaient les catholiques fanatiques. Ils ne pouvaient cependant obtenir l'application de l'édit de janvier, que les protestants avaient tendance à outrepasser, en se réunissant à l'intérieur des remparts. L'édit avait été ajourné, pour éviter « de grandes crieries ». Le nombre des réformés s'était considérablement augmenté, à Lyon comme ailleurs : ils étaient maintenant plus de 4 000, artisans, commerçants, notables et même banquiers et grands marchands. Ils réclamaient la totale liberté du culte. L'attitude violemment hostile des catholiques les empêchait d'obtenir ce qui était leur droit, puisque le gouverneur ne pouvait même pas appliquer l'édit de tolérance.

Ainsi la politique de Catherine de Médicis et de Michel de L'Hospital échoue totalement dans les régions où la coexistence des religions offrait des difficultés majeures. Sur le terrain, les protestants ne s'estiment pas satisfaits par l'application que les autorités font de l'édit de janvier. Mais les consuls, les gouverneurs et les lieutenants généraux ne peuvent imposer la liberté des cultes dans des villes où l'affrontement des partis a déjà donné le pouvoir aux extrémistes. Dans toute la France du Sud, de l'Ouest et du Sud-Est on s'attend à des troubles encore plus graves.

En réserve de gouvernement, les Guise sont au fait du mécontentement des catholiques, et des prises d'armes qui se dessinent dans les régions. Ils savent que le roi d'Espagne, qui a épousé la fille de Catherine, exerce sur elle une pression constante. François de Guise a subtilement manœuvré le duc de Wurtemberg, feignant un grand intérêt pour le luthéranisme, plus proche de Rome, selon lui, que le calvinisme. Il entend par cette activité diplomatique isoler les protestants français. Il a fait visite au duc de Wurtemberg à Saverne.

Le 1ᵉʳ mars, il rentre de Joinville et passe par Vassy avec une escorte. Son frère le cardinal et sa femme l'accompagnent. Il s'arrête dans la petite ville pour assister à la messe. Entrant dans l'église, il entend le chant des réformés qui célèbrent la cène dans une grange. C'est illégal. L'édit de janvier a interdit le culte à l'intérieur des remparts. Les réformés sont nombreux, cinq cents peut-être.

Ces gens sont à lui. Il est seigneur du lieu. Leur attitude lui semble une provocation. Ils sont, dit-il, « scandaleux, arrogants et fort téméraires ». Il marche vers la grange. Les huguenots s'y barricadent. Ils lancent des pierres au duc. Des gentilshommes sont blessés, lui-même est touché. L'escorte tire à l'arquebuse, enfonce la porte ; les fidèles sortent entre deux haies de soldats qui les rossent. Ceux qui tentent de s'échapper par le toit sont « arquebusés comme des pigeons ». Il y a 23 morts et 100 blessés.

La suite du voyage du duc fut prudente : il évita Vitry où le bruit du massacre avait mobilisé les huguenots, et Châlons ou l'ordre était assuré par des gentilshommes de la secte. Arrivé à Paris, il fut accueilli en vainqueur, comme s'il avait remporté une grande victoire. Montmorency lui-même alla à sa rencontre jusqu'à Nanteuil. Il fit dans Paris une entrée princière, avec trois mille hommes et ses deux nouveaux amis en tête du cortège : le connétable et le maréchal de Saint-André. Que ces honnêtes soldats aient pu considérer comme un triomphe d'avoir fait massacrer une centaine de huguenots sans défense montrait l'état des esprits. Le prévôt des marchands reçut Guise à son hôtel pour lui offrir 20 000 hommes et 2 millions d'or s'il voulait se consacrer à la pacification du pays. Guise, bien sûr, déclina. C'était, dit-il, l'affaire de Bourbon. Il n'était qu'un sujet du roi.

Condé, cependant, enrôlait. Il avait le champ libre : Bourbon était l'otage de Catherine. Les nobles venaient par centaines lui offrir leur épée. Dans les régions les huguenots mobilisaient. La prise d'arme était générale.

Cependant à Paris Condé hésite. Il est pris de court par Guise qui se précipite au château de Fontainebleau, ramène de force la reine et le roi à Paris. Condé peut croire — et faire dire — qu'ils sont prisonniers. Mais Catherine multiplie les déclarations favorables aux Guise, dénonce les comploteurs huguenots. Les Guise doivent la laisser faire : elle prend la tête de leur parti.

Condé perd encore du temps, pour agir dans la légalité. Il publie un manifeste en août 1562, où il affirme sa volonté de délivrer la reine et le jeune roi, et de faire respecter l'édit de tolérance. Il l'envoie au Parlement, qui n'avait enregistré cet édit que par force. La réponse était prévisible : « la conservation ou changement de lois appartient au roi, non aux sujets, de leur autorité et par armes. » Condé brandit en Allemagne les lettres de Catherine, où elle lui déclarait, avant son revirement, qu'elle était prisonnière. On lui promet de l'aide. Il tient sa guerre.

De Meaux, il a gagné Orléans qu'il a « libérée » avec une poignée de cavaliers. Toute la vallée de la Loire tombe entre ses mains. Les villes se donnent à lui, dans l'enthousiasme des assemblées réformées, très nombreuses à Tours, Blois, Angers. C'est la revanche du « tumulte » manqué. Dès le début d'avril 1562, la « prise d'armes » gagne la province comme une traînée de poudre. Le baron des Adrets, célèbre chef de bande, tient la vallée du Rhône et laisse tuer par ses partisans dans Valence La Motte-Gondrin, lieutenant des Guise. Quelques jours après, Lyon est prise.

Ces succès rapides ne s'expliquent que par le concours actif des populations : à Lyon le feu couvait, il suffisait de souffler. Les arquebusiers eux-mêmes étaient du côté de la Réforme. Les envoyés du roi ne pouvaient intervenir : Mongiron faisait face aux bandes du Dauphiné, Tavannes résistait en Bourgogne et Saint-Forgeux, en Auvergne, avait aussi des difficultés. En une nuit (du 29 au 30 avril 1562) Lyon fut à la Réforme. Seuls les chanoines de Saint-Jean et le gouverneur avaient résisté. On les avait canonnés.

Les vainqueurs entrent aussitôt en relation avec les protestants du Sud-Ouest, qui étaient déjà maîtres de nombreuses villes. Un soulèvement d'ensemble se dessinait. Si les Triumvirs tenaient Paris, la plupart des provinces leur échappaient. Ils durent relâcher Catherine, qui se retira avec sa cour à Montceaux, au mois de mai. Ils n'étaient pas maîtres de leurs propres troupes qui multipliaient partout les violences, les exécutions sommaires, les massacres. A Sens, le jacobin Beguetti entraînait les catholiques vers le temple, qu'ils détruisirent. Les fidèles furent tués et jetés dans la rivière. On tua même des prêtres, jugés trop tièdes et complices des huguenots. Le doyen des curés de la ville, Lathieu de Charlemaison, n'échappa à la tuerie que grâce à son absence. On le cherchait pour l'exécuter. On trouva des cadavres, charriés par l'Yonne, puis par la Seine, jusque sous les ponts de Paris. Des bandes catholiques pillaient et massacraient, sans que les Triumvirs pussent les en empêcher. Les Coligny et les d'Andelot ne pouvaient pas davantage maîtriser les leurs. Nul ne pouvait dominer la violence.

Dans Tours « libérée » par Condé, une bande catholique avait noyé deux cents huguenots dans la Loire. A Angers le duc de Montpensier conduisait les femmes à la messe « au son du tambourin » et tuait les hommes quand ils refusaient la conversion. Monluc avait commencé dans le Sud-Ouest sa campagne de terreur, interprétant à sa manière les ordres de Paris. En Provence la confusion était extrême : le gouverneur de Tende n'avait plus d'autorité depuis que Paris avait nommé lieutenant général son propre fils, de Tende-Sommerive, catholique convaincu : On verrait ainsi le père renoncer au siège d'une ville, parce qu'elle était défendue par son fils ! On continuait à tuer rageusement dans la province : à Aix, les soldats huguenots de la garnison avaient perturbé une procession, en jetant sur la route des pèlerins des graines d'épinards, qui blessaient leurs pieds nus. La réplique fut immédiate : une bande de catholiques déchaînés, couverte par les autorités, fit régner la terreur dans les rues de la ville.

Comment les partisans de la tolérance auraient-ils pu faire entendre leur voix alors que le Parlement de Paris venait de rendre public un arrêt permettant de « courir sus » aux iconoclastes et aux habitués des « assemblées illicites ». Dans toutes les églises de l'immense ressort de ce Parlement, l'arrêt était affiché, autorisant tous les excès.

Les protestants, qui tenaient la vallée de la Loire, la Saintonge, le Poitou, Lyon, le Dauphiné et la vallée du Rhône, les grandes villes et les campagnes normandes, la Guyenne, la Gascogne et la moitié du Languedoc ne se privaient pas de piller les biens d'église, et d'agresser les prêtres. Ils cassaient à coups de masse les visages de la Vierge et des saints sur les portails et les frontons. Les arquebusiers prenaient pour cible, à Bourges, les personnages du Jugement dernier sur le portail de Saint-Etienne. Les soldats s'habillaient, comme pour Carnaval, avec les vêtements du culte. On fondait les ciboires, les ostensoirs, les cloches même, pour faire des canons. La haine contre Antoine de Bourbon s'exprimait dans la profanation : à Vendôme on avait ouvert les tombeaux de sa famille et dispersé les restes.

Car Bourbon commandait l'armée royale, renforcée par Catherine et François de Guise. Ils avaient enrôlé des Suisses et des reîtres allemands, armé de nouvelles bandes françaises. Les adjoints de Bourbon l'encadraient solidement : c'étaient François de Guise, le connétable de Montmorency et le maréchal de Saint-André. Ils surveillaient la concentration des huguenots à Orléans.

Chez Condé venaient tous les gentilshommes qui n'avaient pas envie de fournir à François de Guise des certificats de catholicité. Ils formaient une cavalerie ardente, rompue à la guerre, composée de tous les combattants mis en disponibilité par François II. L'encadrement de ces cavaliers était excellent : d'Andelot et Coligny étaient à leur tête, avec de grands seigneurs comme Soubise, La Rochefoucauld, le prince de Porcien et d'innombrables officiers d'un grand mérite. Les 2 000 volontaires venus de Gascogne, de Béarn et de Languedoc composaient l'infanterie, répartis en compagnies réglées, bien instruites. On y chantait les psaumes en faisant les manœuvres. Le jeu et la danse étaient interdits, les filles publiques écartées. Une armée de moines.

Cet entraînement puritain n'empêcha pas les soldats de tuer, de piller et de violer en prenant Beaugency. Ils pillaient indifféremment les maisons des catholiques et celles des protestants. Les soldats catholiques qui, peu après, s'emparèrent de Blois ne se conduisirent pas autrement. Il y eut « mêmement forcement de femmes ». Ce succès catholique porta le désarroi dans les rangs des réformés. Si leur armée n'obtenait pas de décision rapide, ils voulaient retourner chez eux pour défendre leurs gens et leurs biens, pour protéger leurs communautés devenues vulnérables. Les chefs protestants n'avaient pas prévu ce découragement. Ils avaient l'habitude de faire la guerre avec des mercenaires. Ils ne se sentirent pas le droit de résister aux demandes de leurs officiers. Beaucoup rentrèrent dans leurs provinces.

La guerre faisait rage dans toutes les provinces périphériques : le baron des Adrets s'était rendu maître des principales villes du Dauphiné. Il les rançonnait férocement, exécutant tous ceux qui résistaient. Il avait porté la guerre dans le Forez, prenant Montbrison dont il avait exécuté la garnison en la précipitant du haut d'une tour, sur les piques de ses soldats. Il avait été appelé en Provence par les huguenots qui lui avaient raconté la prise d'Orange : les troupes du pape commandées par Fabrizzio Serbelloni y avaient commis des horreurs. Les protestants d'Orange, à l'instigation de leur chef, l'Avignonnais Parpaille, avaient outragé l'évêque, brûlé les reliques de saint Eutrope, vénéré dans la ville, et même abattu le clocher de la cathédrale. Les papistes furieux avaient égorgé tous les défenseurs, allumé des incendies, massacré un millier de pauvres travailleurs saisonniers qui venaient de la montagne pour les moissons. Ils avaient pendu aux arbres les cadavres nus des femmes violées. Ils remplissaient la bouche des morts de feuillets de l'Evangile en criant : « Où est donc maintenant votre poltron de Dieu ? » Quant à Parpaille, il avait été enfermé huit jours dans une cage, à Avignon, avant d'être décapité.

Quand on fit ce récit au baron des Adrets, il partit comme la foudre, et, suivi de son fidèle Montbrun, il fondit sur la Provence. Autant Montbrun était fanatique, austère, intransigeant, autant son maître était cynique, jouisseur et totalement sans foi. Mais il avait, comme Monluc, le génie de la guerre. Il venait d'incendier, en Dauphiné, la Grande Chartreuse et disposait d'un énorme trésor d'or et d'argent fondu, qui provenait des reliquaires et des ciboires pris dans les églises.

A Montélimar, il tue la garnison aux cris de « paye, Orange ! » Il massacre les défenseurs de Valréas, de Pierrelate, il prend Pont-Saint-Esprit, position clé sur le Rhône, fonce sur Vaison, échoue devant Avignon qu'il avait juré de détruire. Il revient au galop sur Grenoble, où Mongiron vient de jeter dans l'Isère tous les notables huguenots, reprend la ville sans combat et lâche ses soldats venger les morts, pendant que Montbrun, de son côté, laisse martyriser la population civile de Mornas : même les enfants ne sont pas épargnés : on les égorge avec leurs mères. Les cadavres des défenseurs de la ville sont placés dans une barque qui vient s'échouer au pied des murailles d'Avignon. « Laissez passer ces marchands, disait une inscription sur la barque, car ils ont payé à Mornas. » De retour en Provence, le baron des Adrets, avec ses lansquenets allemands, ayant pris Valréas, Sorgues et Cavaillon, marchait sur Avignon.

Les huguenots l'emportaient en Languedoc, dont toutes les grandes villes, sauf Toulouse, étaient entre leurs mains. Montmorency, gouverneur de la province, avait chargé le vicomte de Joyeuse de reprendre Montpellier, avec l'aide de bandes provençales et italiennes. Mais celles-ci avaient été rejetées sur le Rhône à Saint-Gilles. Joyeuse avait dû se retirer à Pézenas.

Le chef des réformés de Guyenne, Duras, était moins heureux que ses frères du Languedoc. Il avait devant lui le redoutable Monluc, vieux soldat des guerres d'Italie, habile à profiter des moindres fautes de son adversaire et n'hésitant pas à recourir au terrorisme, pour impressionner les populations. Monluc n'avait pas son pareil pour faire « brancher » les notables dans les villes qu'il reprenait, et pour organiser des exécutions spectaculaires. Il rivalisait d'horreur avec Duras :

celui-ci avait martyrisé les femmes d'Agen, les faisant éclater en leur bourrant le sexe de poudre à canon. Il avait coupé la langue des prêtres à Bazas. Monluc avait pendu 70 huguenots d'un coup dans les halles de Targon. Duras, envoyé à Lauzerte, avait fait faire une « compote » de 597 catholiques, enfants compris, en pilant les corps. Monluc, à Pennes, avait laissé égorger plus de 700 huguenots, dont les femmes, qui avaient défendu la forteresse.

Il avait reçu du roi d'Espagne un renfort d'infanterie et pestait contre ces Espagnols qui feignaient de ne pas comprendre ses ordres. Surtout quand il voulait arrêter le pillage. Duras fuyait devant lui de ville en ville, refusant le combat. Il put le saisir enfin près de Périgueux, alors qu'il tentait de gagner Orléans.

La voie d'Orléans était barrée, Condé isolé. En Bourgogne le lieutenant général Tavannes avait repris Chalon, Mâcon, et toute la vallée de la Saône. Lyon et le Dauphiné étaient ainsi isolés. Maître de Poitiers, le maréchal de Saint-André coupait la route des huguenots de Saintonge. Restait la route du Midi, par Bourges : Yvoy venait d'y capituler.

Condé désemparé avait perdu l'initiative. Ses officiers l'avaient abandonné, pour rentrer dans leurs provinces, et il n'avait pas les ressources nécessaires pour faire la guerre comme les Royaux, avec des canons et des mercenaires. Où trouver l'argent ? Bourbon, le seul qui possédait un fief rentable, avait trahi. Il était aux côtés de Montmorency.

Force était de recourir à l'étranger. Trahison ? D'où venaient donc les soldats de Catherine ? D'Allemagne, de Suisse, d'Espagne... Pourquoi Condé ne pourrait-il pas demander des secours à la reine d'Angleterre ?

Ses envoyés s'adressèrent à Elizabeth, « avec toute humilité et pitoyable lamentation à grosses larmes ». Elle les reçut cérémonieusement, dans son château de Hampton Court, en septembre 1562. Ils avaient les larmes aux yeux quand ils parlaient de la religion. Elizabeth gardait tout son calme, et prétendait monnayer son aide : en échange de 100 000 livres et de 6 000 soldats, elle demandait Le Havre comme gage, et, après la victoire, Calais, que le traité du Cateau-Cambrésis lui avait promis dans huit ans... Pour la première fois les chefs protestants traitaient ainsi avec l'étranger. L'ancien combattant de Saint-Quentin, le prestigieux amiral, approuvait les ambassadeurs de Hampton Court.

Condé avait ainsi les moyens de faire sérieusement la guerre. Les Triumvirs ne s'y trompaient pas. Ils résolurent de prendre

Rouen, pour éviter d'être pris de court par les Anglais. François de Guise, Antoine de Bourbon, Anne de Montmorency, la reine mère en personne vinrent assister à ce siège décisif. Le gouverneur de la ville, Montgomery, n'avait pu empêcher les catholiques de s'emparer du fort Sainte-Catherine, qui dominait Rouen. Le reste fut sans surprise ; il suffisait de creuser des tranchées, de placer des mines, et de donner l'assaut. Antoine de Bourbon, très courageux au combat, fut blessé ainsi que François de Guise. Le prince devait mourir de sa blessure. On assure qu'avant de rendre l'âme, il se fit de nouveau protestant.

Rouen fut prise, et pillée, sous les yeux de Guise qui suppliait ses soldats d'épargner les habitants. Il n'y eut pas de quartier. Pendant trois jours, des violences inouïes éprouvèrent la population, presque sous les yeux de la cour. Guise put enfin reprendre les troupes en main et les diriger aussitôt sur Paris ; il était temps : Condé, qui avait reçu le renfort de reîtres et de lansquenets d'Allemagne était enfin décidé à marcher sur la ville.

Une trop longue marche : ses troupes s'attardèrent à Pithiviers, à Etampes, pillant tout sur leur passage. « Il ne demeura arbre fruitier debout, ni maison avec sa couverture », dans la campagne autour de Corbeil, qui ne put être prise. Condé avait cependant 8 000 hommes de bonne troupe et 5 000 chevaux, mais l'armée royale résistait pied à pied, attendant les renforts de Guise. Les huguenots prirent le temps de piller les villages de la vallée de la Seine : Athis, Mons, Ablon, Villeneuve-le-Roi, Orly, Thiais, Vitry avant d'arriver devant le rempart de la capitale, au faubourg Saint-Victor.

D'Arcueil, Coligny et Condé, dressaient leur plan de campagne. Manifestement les Parisiens n'étaient pas surpris. Ils s'attendaient à l'assaut. Comment l'entreprendre, avec Guise à revers ? Mieux valait marcher à son devant, et le battre en rase campagne. Guise avait plus de 16 000 hommes et 22 canons. C'était une rude partie.

La rencontre se fit aux environs de Dreux. Guise avait laissé au connétable le commandement de l'armée royale, qui comprenait, outre les vieilles bandes guisardes, les Allemands et les Suisses recrutés par Catherine, les renforts espagnols, et des combattants français et bretons. L'assaut fut donné par les protestants, avec fougue : le vieux Montmorency fut bousculé et fait prisonnier. Condé chargeait furieusement avec sa cavalerie. Les Royaux furent sauvés par les Suisses, qui avaient pour les lansquenets allemands une haine professionnelle. Ils chargèrent à leur manière, en poussant d'effroyables hurlements. Les Condéens furent ébranlés mais partirent à la charge, s'acharnant sur le « hérisson » suisse qui fut contraint de faire retraite, ayant perdu tous ses capitaines. Condé avait-il la victoire ?

Guise intervint en hâte, lançant la cavalerie française et les Espagnols. L'infanterie huguenote fut défaite, Condé blessé et prisonnier. Son armée fuyait en désordre. Une dernière charge de la cavalerie de Coligny empêcha la déroute. Ses gendarmes, ceints d'écharpes blanches, enfoncèrent les Guisards, tuèrent le maréchal de Saint-André. Guise fait donner ses bandes françaises : elles repoussent Coligny, qui se retire sans être poursuivi. Il laisse d'Andelot pour tenir Orléans et gagne son fief normand avec les débris de son armée.

Renonçant à la poursuite, Guise va mettre le siège devant Orléans. La veille de l'assaut, il est tué à coups de pistolet par un gentilhomme de Saintonge, Poltrot de Méré (24 février 1563). Mis à la torture, le terroriste avoue qu'il a été « inspiré » par Soubise, de Bèze et Coligny, puis il se rétracte, avant d'avouer de nouveau. Coligny devait déclarer qu'il s'était réjoui de la mort de Guise, mais qu'il n'était pour rien dans l'attentat. Poltrot de Méré avait sans doute agi seul. Les Guise, pour leur part, étaient persuadés de la complicité de Coligny.

La mort de Guise libérait Catherine, qui n'avait plus à subir la tutelle des Triumvirs : Saint-André était mort, et Montmorency prisonnier. Elle pensait de nouveau aux moyens d'arrêter les massacres. Les protestants tenaient solidement la Normandie, le Languedoc, où les huguenots avaient offert au baron de Crussol le titre de « chef et conservateur du pays, sous l'autorité du roi, et jusqu'à sa majorité ». Il était aussi protecteur des églises du Dauphiné. A ce titre il avait emprisonné le baron des Adrets, qui menaçait de trahir et de passer aux royaux. Lyon tenait encore, ainsi qu'Orléans. Il fallait traiter avec un ennemi puissant.

Cette fois Catherine n'avait pas envie de jouer le jeu des huguenots. Pleinement responsable du parti catholique, dont tous les chefs étaient morts ou prisonniers, elle avait mesuré, dans le pays, la résistance spontanée à l'édit de tolérance et l'ardeur combative des défenseurs de l'orthodoxie. Les protestants réclamaient le retour à l'édit de janvier. Catherine devait tenir compte de la vive opposition des catholiques, et particulièrement de Montmorency prisonnier.

L'édit de pacification d'Amboise, signé le 19 mars 1563, était une paix de princes qui mécontentait tous les partis, les protestants surtout, qui n'avaient la liberté de culte que dans une ville par bailliage. Ils ne pouvaient construire de temples que dans les faubourgs. Quand le culte était déjà installé dans les villes, comme à Nîmes ou à Montauban, défense était faite aux huguenots de s'emparer de lieux de culte catholique. Paris était ville interdite : aucune pratique n'y était tolérée. Les nobles pouvaient célébrer le culte dans leurs « maisons » mais seulement « avec leur famille et sujets ». C'était rendre le culte très difficile pour la population des campagnes et affaiblir dangereusement, dans les villes, les dispositions de l'édit de tolérance : aussi Coligny en fit-il reproche à Condé, lui disant qu'il avait « fait part à Dieu », une toute petite part. Calvin était ulcéré, il accusait plus que jamais les princes de vanité et de trahison. Ils avaient obtenu la liberté du culte pour eux-mêmes, abandonnant leurs partisans. On ne pourrait plus devenir protestant, si l'on n'était pas noble. La reine mère triomphait : elle avait enfin cantonné la Réforme dans des limites tolérables. Les principaux chefs de la rébellion étaient morts, vieillis, ou discrédités. Coligny était isolé en Normandie. Sur le papier, le parti huguenot avait perdu la partie, et les catholiques avaient toutes raisons de se réjouir, même si le duc de Guise, ce prince chevalier, avait rejoint ses ancêtres plus tôt que prévu. Mais sur le terrain, comment serait accepté ce nouvel édit ? Comment les communautés s'accommoderaient-elles de la paix des princes ? La paix impliquait-elle la « pacification » ? Comment l'imaginer, alors que les armées protestantes tenaient encore, après comme avant l'édit d'Amboise, près de la moitié du royaume ?

8.

Les guerres de Condé

La nouvelle tentative de pacification, qui voulait réserver aux élites le bénéfice de la liberté religieuse, ne pouvait aboutir à une paix durable : les gentilshommes protestants venaient de perdre la guerre. Il était naturel qu'ils cherchent une revanche, puisqu'ils tenaient toujours en main les armes de leur puissance : les provinces et les villes révoltées. Ils n'avaient pas seulement combattu pour avoir le droit de se rendre à la cène mais pour être reconnus comme sujets à part entière par le pouvoir royal, et pour prendre leur part dans l'exercice de ce pouvoir.

Le deuxième obstacle à la pacification était plus profond : en contraignant les réformés du royaume à exercer leur culte seulement dans les villes de bailliage, Catherine manifestait une ignorance étonnante du fait religieux. Comment pouvait-elle penser que l'on pourrait ainsi parquer dans quelques lieux de culte ceux qui, désormais, prétendaient vivre, prier, penser et mourir « autrement » ?

Car les calvinistes n'apportaient pas seulement une conception nouvelle de la foi : ils prétendaient imposer une forme nouvelle d'ordre social. Avec dignité, et précision, Théodore de Bèze en avait averti les docteurs de la Sorbonne réunis au colloque de Poissy : qu'on ne compte pas sur ses amis pour accepter un compromis sur la foi. Leurs croyances étaient fondamentalement différentes, sans pour autant cesser d'être chrétiennes : les adopter impliquait nécessairement que l'on renonçât à certains articles de la foi romaine.

L'église « visible », pour Calvin, était contingente, arbitraire, périssable. L'église réelle, cette communauté des fidèles élus de Dieu, seul Dieu la réunissait en son sein. Il n'y avait pas pour lui de hiérarchie ni de préséance — à plus forte raison de privilèges pour les ecclésiastiques. Tout l'appareil romain, dans son principe, était ainsi mis en question. A l'exemple de Bucer à Strasbourg, Calvin avait estimé nécessaire d'organiser l'Eglise « visible », de lui donner une discipline, un pouvoir de sanction. Nul ne pouvait s'y dérober, elle avait une vertu contraignante. N'était-elle pas chargée du salut des âmes ? Comment cette Eglise aurait-elle pu se soumettre à l'Etat, surtout si les responsables civils ne partageaient pas tous la nouvelle foi ? Elle devait être autonome, distincte. L'obéissance à l'Etat était pour ses membres un devoir. Mais le respect de l'Etat pour son organisation interne était une nécessité.

« Tu ne feras pas d'image de Jahvé », disait Moïse dans l'Ancien Testament. Et de même l'Eglise de Calvin se représentait un Dieu tellement éloigné des hommes qu'il y avait sacrilège à lui prêter figure humaine. Dieu est caché. Il a donné une clé à ceux qui le cherchent, l'Ecriture. Mais pour bénéficier de la révélation qu'elle promet, il faut y lire ce que l'on cherche avec passion. Le phénomène mystérieux — au sens propre — de la révélation, réside dans cette lecture en quelque sorte inspirée. « La Bible ne nous est pas donnée pour contenter notre curiosité folle ou servir notre ambition », disait Calvin, avertissant ainsi les docteurs orgueilleux et les princes avides. « Il faut lire les Ecritures à cette intention que là nous trouvions Christ. »

Mais qui donne la foi ? On n'adhère pas à la Réforme comme à un parti. La foi est aussi un don mystérieux, une grâce. Ni le pape ni la hiérarchie n'y peuvent rien. Il ne suffit pas de s'agenouiller et de prier pour avoir la grâce. Elle est imprévisible. La nature humaine est perverse, corrompue. Le péché originel est le symbole de cette « fournaise ardente » de la perversité. Même les enfants en sont victimes car la perversité est collective, elle affecte le genre humain, elle est, d'une certaine manière, voulue par Dieu pour humilier l'homme et l'éprouver. Les enfants naissent avec le mal, « leur nature est une semence de péché ».

Le rachat est offert, c'est vrai, par le sacrifice du Christ. Non pas à *tous* les hommes mais aux élus. Car Dieu « ordonne les uns à la vie éternelle et les autres à éternelle damnation ». Comment savoir, comment échapper à l'affreuse angoisse des « âmes débiles » qui craignent d'être damnées, quoi qu'elles fassent ? Il y a un signe, qui ne doit pas tromper, c'est de recevoir « de cœur et d'affection la doctrine qui nous est prêchée ». Celui qui a la foi est un élu. S'il exerce sa volonté à écarter le mal, s'il s'emploie à vivre chrétiennement, à pratiquer les bonnes œuvres dans l'illumination de la générosité, alors sa foi le sauve. Sans la foi les œuvres sont inutiles.

Autre soutien pour l'angoissé : le sacrement. Il n'est pas, comme le pensait Zwingli, une simple cérémonie commémorative. Mais il n'a pas non plus la vertu magique que lui prêtent le pape et les évêques. Il n'y a pas de justice sans foi. Il ne suffit pas d'être baptisé pour être un élu de Dieu. Aucun sacrement ne peut mettre les chrétiens « en état de grâce ». Ils ne justifient pas, ils ne lavent pas, ils ne sauvent pas. Ils aident seulement à fortifier la foi reçue de Dieu seul. Ils sont des compléments indispensables, mais ils ne sont pas essentiels. C'est vrai, le baptême nous donne « la livrée » de Notre Seigneur Jésus-Christ mais il n'est pas le salut, il est seulement la promesse du salut. La cène n'a pas davantage de pouvoir magique : le pain et le vin ne peuvent être le sang et le corps du Christ. Rome et Luther sont d'accord sur ce point, mais non Calvin ; c'est une hérésie de penser, dit-il, que l'homme peut réellement assimiler le corps du Christ. Le vin et le pain sont les « signes » de la communion avec la « substance » du Christ mais par « substance, il faut entendre, non la peau, la chair et les viscères, mais l'esprit, la force, la vertu du Dieu crucifié ». Il y a bien communion et non commémoration, par l'intervention, sur le communiant, du Saint Esprit. Voilà pourquoi Guise, qui tenait à la communion catholique comme au symbole le plus profond de sa religion, pensait que l'on pouvait plus facilement s'entendre avec les Luthériens d'Allemagne qu'avec Calvin. Le colloque de Poissy avait vu Bèze et les théologiens parisiens en totale opposition sur ce point.

Les catholiques réunis depuis décembre 1545 au concile de Trente avaient senti la nécessité de définir avec précision les articles de leur foi en face des réformés. Les trente évêques présents aux premières sessions étaient également conscients de l'urgence d'une réforme de l'Eglise. Elle avait été promise, quelques années plus tôt, par le concile de Latran, mais non tenue par les papes. On avait trop tardé à réunir le concile de Trente pour pouvoir espérer sérieusement une réconciliation des églises. Comme le dit Jean Delumeau, « les jeux étaient faits, les options prises. Le point de non-retour avait été atteint ». Le pape qui convoquait le concile, Paul III, était aussi celui qui organisait l'Inquisition.

Longtemps interrompu, le Concile venait de reprendre ses sessions, en janvier 1562. Les pères, en majorité italiens, étaient plus nombreux. Le nouveau pape, Pie IV, profitait manifestement de la paix du Cateau-Cambrésis pour remettre de l'ordre dans la maison. Mais les évêques réunis à Trente attendaient du Concile bien autre chose que des mesures disciplinaires : une foi rénovée et un clergé instruit et discipliné. C'était aussi l'attente des catholiques.

Sur les questions de foi, la réponse apportée aux calvinistes était claire et sans appel : le baptême lavait l'enfant du péché originel. « Dieu ne hait rien, affirmait avec force le Concile, dans ceux qui sont régénérés, et il n'y a point de condamnation pour ceux qui sont vraiment ensevelis dans la mort avec Jésus-Christ par le baptême. » Ceux qui, par contre, mouraient sans cette consolation seraient voués à l'enfer : cet article était fondamental pour la foi populaire : la croyance magique au baptême trouvait ainsi une consécration à Rome. Le curé de campagne pouvait rassurer ses ouailles, et baptiser, comme à l'accoutumée, les nouveau-nés presque dans le ventre de la mère, pour être assuré de leur salut. Il n'y avait pas à ergoter sur le baptême : seuls les baptisés pouvaient franchir, à leur mort, les portes triomphales des cimetières bretons, dont l'espace était ceint de murs. Le privilège de la « terre chrétienne » était préservé.

Il reste ʹsans doute, chez le baptisé, une « inclination au péché », mais non le péché lui-même. Il appartient au « libre arbitre » de chacun de lutter contre mal. Personne n'est prédestiné. Seul cet effort de volonté permet de parvenir à l'état de grâce par la « justification ». On n'est pas un juste une fois pour toutes, on le devient grâce à la venue de l'Esprit Saint qui illumine les âmes en fonction des dispositions et des efforts de chaque pécheur. L'homme n'est pas, comme le voudrait Calvin, « absolument inerte et purement passif ». Ce n'est pas Dieu qui a trahi, mais bien Judas. L'homme peut *vouloir* le mal comme le bien, et ses bonnes œuvres, ses bonnes actions importent autant que la foi pour son salut. Encore un article essentiel : il justifie non seulement l'intense renouveau des congrégations d'assistance, de charité, d'aide aux déshérités, mais l'action de l'Eglise en tant qu'institution charitable, et son rôle social. L'homme « justifié », touché par la grâce, n'est pas sauvé pour autant. Jusqu'au dernier moment, il doit aussi se justifier par ses œuvres : « Si quelqu'un dit que l'homme une fois justifié ne peut plus pécher ni perdre la grâce... qu'il soit anathème. »

A tout moment l'homme doit pouvoir recourir au sacrement de la communion pour retrouver la grâce qu'il a perdue. Nul n'est irrémédiablement condamné. Il y a toujours un pardon pour celui qui se confesse et regrette ses fautes. Il ne faut pas prendre le risque de mourir en état de péché mortel. Celui qui va vers le prêtre et la sainte table marche vers son salut. Il faut l'aider à retrouver l'état de non-péché. Le sacrement n'est pas un signe ni un symbole superflu, il confère réellement la grâce :

voilà la messe sauvée, solennellement réaffirmée comme le sacrement essentiel de la catholicité. La communion est bien une « transubstantiation », c'est-à-dire une transformation du pain en corps du Christ et du vin en sang, de substance à substance, qui rend le Christ présent dans l'Eucharistie, dans l'hostie consacrée. Les protestants qui profanent les hosties insultent Dieu, car il y est tout entier. C'est lui que l'on porte aux malades, que l'on promène en procession. Une fois consacrée, l'hostie reste habitée par Dieu, il est inutile de distribuer *toutes* les hosties qui ont servi à la communion. On peut les conserver, les transporter, les honorer. Ceux qui les profanent sont sacrilèges.

Ainsi la messe est un sacrifice, et non pas seulement une action de grâce. Sus à Luther, qui pense que le sacrifice de la Croix n'a été acccompli qu'une fois pour toutes : c'est à chaque messe que Christ souffre dans son corps pour Dieu le père. « Si la messe n'était pas un sacrifice, dit un théologien, les Chrétiens seraient plus malheureux que tous les païens, puisqu'on ne peut citer aucune nation païenne qui n'ait pas eu de sacrifice. » On discuta longuement cet article, qui fut adopté finalement, car il justifiait en particulier les messes privées, destinées à sortir du purgatoire les âmes qui n'étaient pas encore rachetées, par un nouveau sacrifice du Christ. On pouvait même dire des messes en l'honneur des saints car ils étaient les intercesseurs des âmes auprès de Dieu, que les fidèles fussent vivants ou morts : cette conception supposait que l'on maintienne le Purgatoire. Il fut maintenu.

Ni les prières en langue vulgaire, ni le mariage des prêtres ne furent admis. La messe devait continuer à être célébrée en latin. Les évêques français qui, derrière le cardinal de Lorraine, revendiquaient la modernisation de l'Eglise, n'eurent pas gain de cause. Dans l'espoir d'un rapprochement avec les Luthériens, ils avaient demandé que l'on admît la communion sous les deux espèces et que l'on recrutât, au moins, des prêtres âgés qui pussent demeurer sans risque célibataires. Ils n'eurent pas satisfaction.

Leurs revendications contre les abus de l'Eglise furent par contre étudiées : pas de cumul des bénéfices ni d'absentéisme ; plus de superstitions. La prédication, disait le Concile, est le principal devoir des évêques. Ils doivent prêcher eux-mêmes et surveiller les prêches. Cette recommandation s'appliquait au bas clergé. Le cumul était interdit, la résidence obligatoire : en cas d'absence non autorisée de l'évêque dans son diocèse, ses revenus seraient distribués « à la fabrique des églises ou aux pauvres du lieu ». On s'efforçait en même temps de renforcer les pouvoirs de l'évêque sur le bas clergé (qu'il avait trop rarement la faculté de nommer) en le rendant seul juge des admissions au sacerdoce. Tous les ans il devait visiter les paroisses de son diocèse, et vérifier le zèle des curés. Un séminaire serait créé par diocèse pour assurer la formation de bons prêtres. Un catéchisme serait mis bientôt à la disposition des prêtres, pour l'instruction des fidèles.

Ces mesures étaient souhaitées par la majorité de l'épiscopat, et répondaient à l'attente des fidèles. Au contraire les décisions du Concile de renforcer les tribunaux ecclésiastiques en leur donnant l'exclusivité des causes d'hérésie, de mariage, de concubinat, de crimes commis par des ecclésiastiques suscitèrent l'opposition des envoyés de Catherine. C'était, disaient-ils, une atteinte aux « libertés de l'église gallicane ». Le roi « très chrétien » avait le droit d'intervenir en matière religieuse, et ses Parlements devaient au moins recevoir l'appel des causes plaidées devant les officialités. Les envoyés de la Cour de France quittèrent le Concile. Il était contraire au Concordat que les évêques fussent dans la main du pape. Le pape n'était pas « l'évêque de l'Eglise universelle ». L'Eglise de France devait continuer de se grouper autour du roi « très chrétien ». Contre le cardinal de Lorraine, qui voulait obtenir la publication du Concile en France, le Conseil privé, mené par Michel de L'Hospital refusa et s'éleva vigoureusement contre la prétention du pape, qui voulait juger devant ses tribunaux sept évêques français suspects d'hérésie, et déposer la reine de Navarre. Catherine de Médicis voulait rester fidèle à la tradition royale, qui faisait du roi le souverain de tous les Français, qu'ils fussent ou non d'Eglise.

Si la monarchie repoussait l'idée d'un front uni commandé par l'évêque de Rome contre l'hérésie européenne, elle devait assumer seule la défense de la religion unique dans le royaume. Au colloque de Poissy, Michel de L'Hospital n'avait pas caché qu'il trouvait fâcheux que la division des religions rendît un Français réformé plus proche d'un Anglais ou d'un Allemand que d'un Français catholique. Il ne parvenait pas à surmonter la contradiction : la monarchie ne pouvait combattre le pape et le Concile qu'en assumant sa tradition chrétienne. Mais elle ne pouvait maintenir son unité et sa cohésion qu'en faisant leur part aux Protestants. Inévitablement, ceux des catholiques qui, comme le cardinal de Lorraine, refusaient le partage se sentaient attirés par la conception nouvelle d'église « universelle » et voyaient dans la cour de Rome un défenseur naturel.

Les protestants, absents du Concile, s'installaient dans leur foi et luttaient pour empêcher les gens de guerre de contrarier leur évolution spirituelle. La reine avait voulu privilégier la religion des princes ? C'est dans les communautés populaires qu'elle trouvait son équilibre et qu'elle retrouvait sa force. Calvin avait recommandé aux Eglises de construire, sans attendre le règne de Dieu, des communautés faisant régner « l'ordre politique ». La France avait suffisamment de villes entièrement protestantes, comme Nîmes, Montauban, La Rochelle, Sancerre, La Charité-sur-Loire, Nérac, Lectoure, Castres et beaucoup d'autres pour que cette tentative de mise en ordre pût être exemplaire. Les réformés devaient faire la preuve qu'ils pouvaient vivre autrement en communauté, comme ils avaient déjà prouvé, on l'avait reconnu à Possy, qu'ils pouvaient individuellement apparaître comme des chrétiens exemplaires.

Ils doivent l'être d'abord en famille, et s'abstenir de marier leurs enfants avec des « papistes ». Les filles ne doivent pas « se prostituer à l'idolâtrie pour se marier ». La décence exige que, dans une famille réformée, on n'assiste pas aux cérémonies religieuses de ceux qui sont restés « papistes ». Même les enterrements sont interdits. Certains se cachent pour assister au décès d'un parent catholique. Les traditions ne changent pas si facilement. Quand les mariages mixtes ont lieu quand même, malgré l'hostilité de la communauté, le baptême des enfants est l'occasion de disputes infinies. Au reste, les enfants doivent avoir, pour se marier, l'autorisation de leurs parents jusqu'à l'âge de 25 ans ! La tutelle du père est renforcée, même sur l'épouse. Il lui revient de la protéger et de lui donner le nécessaire. On lui interdit de la battre et de la bafouer. L'adultère est sévèrement puni : c'est le crime le plus grave. Le mari a le devoir d'éduquer sa femme et de veiller à ce qu'elle se conduise bien. Il peut être mis en accusation devant la communauté pour les fautes de son épouse ou de ses enfants. Aussi l'éducation et l'instruction religieuses sont-elles très développées dans les familles : on prie en commun plusieurs fois par jour, on chante les psaumes. On communie quatre fois l'an. Le pasteur distribue à chacun des jetons : celui qui ne les a pas rendus à temps, à chaque cérémonie, est puni.

Le mariage n'est pas un sacrement mais il reste conforme à la pratique chrétienne : fiançailles avec contrat devant notaire, publication et oppositions éventuelles. Il ne peut être dissous, après jugement rendu, que pour adultère ou pour une absence de plus de dix ans... C'est par la famille que les Calvinistes veulent assurer la formation des nouveaux chrétiens.

C'est dans les familles les plus honorables que se recrutent les élites locales, gardiennes de l'ordre : Calvin a donné un pouvoir considérable à ces ministres, régents, anciens et diacres, qui

dirigent les communautés. Ceux qui défaillent son éliminés. Le
recrutement des notables est assuré collectivement, et leur
autorité ne peut être mise en question. Ils ont la tâche
d'expulser les papistes, et de chaque nouveau converti le passé
papiste : immense entreprise, qui consiste à brider une population qui avait vu d'abord dans la Réforme une libération : plus
de danses, de jeux ni de chansons. On peste contre les soldats,
qui introduisent dans les villes de mauvaises mœurs. On a
chassé les putains et les bohémiennes, traqué dans le Languedoc les sorcières et les guérisseurs. Le dimanche doit être
consacré à la prière, non aux quilles et au jeu de dés. Les bals
sont interdits. Quelque tolérance en Béarn, où l'on admet les
danses villageoises... mais plus de fêtes votives, plus de
carnavals. Les ivrognes sont punis, et les coureurs de filles.
Trois jours de prison aux contrevenants ! Plus de théâtres, ni de
mystères, ce sont des contes pour attardés. Plus de perruques,
ni de fards, ni de cheveux longs. Les hommes se rasent et se
coupent les cheveux court. Les femmes sont tenues à la décence
et à l'économie. Les consistoires ne plaisantent pas.

Les pauvres ne trouvent grâce que s'ils sont récupérables et
identifiables. L'assistance est strictement mesurée, contrôlée,
comptabilisée. On trouve du travail aux inoccupés, mais on
chasse les indésirables. Plus de vagabonds ni de mendiants
professionnels, plus de cours des miracles... Montauban les
traque, le Béarn les expulse. La pauvreté est un mal social, non
un destin. Les pauvres ne sont pas admirables, ils sont
blâmables de se complaire dans leur état. Il faut les aider, non
les encourager dans l'oisiveté. La plupart des grandes villes
protestantes inaugurent un système d'assistance réglée : à
Nîmes un chirurgien des pauvres les soigne gratuitement, un
régent payé par la communauté éduque leurs enfants. Mêmes
initiatives à Montauban. En Béarn les pauvres sont vêtus
décemment, éduqués, instruits dans la religion, surveillés par
des médecins. Mais ils doivent être connus, inscrits sur des
registres. Les vagabonds sont repoussés.

Quand on leur trouve un travail, ils doivent accepter la vie
commune à l'atelier, qui est aussi bien organisée. Les patrons
répondent de leurs employés devant le consistoire. Ils ne
doivent pas jurer, boire, danser, jouer. L'Eglise se met à la
disposition des compagnons en organisant des prêches le matin
de très bonne heure pour qu'ils puissent y assister. Ceux qui
refusent la pratique religieuse sont punis, éventuellement
chassés. La société protestante ne tolère pas l'irreligion.

Les enfants sont pris en charge dès l'âge de quatre ans. On
leur apprend très vite à lire la Bible. Plus tard, on leur fait
résumer les prêches du pasteur. Les villageois se cotisent pour

payer un régent. Les municipalités ont à cœur d'attirer les meilleurs enseignants. Les villes et les régions protestantes atteignent en deux générations un taux appréciable de scolarisation. La ville de Millau a la plus forte densité d'écoles dans le diocèse de Rodez. Les réformés entreprennent l'immense tâche de scolarisation du Midi, jusqu'alors très en retard. Le Béarn, dans ce domaine, est particulièrement en avance. Dans les grandes villes, des collèges réformés sont construits, sur le modèle du gymnase de Strasbourg de Jacques Sturm. Les élèves apprennent les « humanités » et reçoivent une instruction religieuse approfondie. On les détourne de toute lecture profane. Quelques académies se fondent en France, sur le modèle de Genève, où l'on étudie les auteurs de la Réforme, où l'on apprend les langues mortes et les langues vivantes, le droit et la médecine. Le protestantisme militant jette les fondations d'une société moderne, où l'on fait confiance aux élites, à la science et à la technique, à l'argent qui permet de créer de l'activité, aux notables qui, par le savoir ou leur savoir-faire, encadrent la foule des sans-travail et des sans-terre qui ne demande qu'à progresser. Cette société n'a que faire des velléités, des inconstances des princes du sang. L'engagement religieux est devenu pour elle un choix pour l'avenir.

Elle voudrait aider la monarchie à se dégager des vieilles conceptions du Moyen Age. Ceux qui, en Languedoc, font la chasse aux sorcières ne sont pas des fanatiques du roi thaumaturge. Certes les protestants n'admettraient pas plus que les catholiques une sorte de monarchie gestionnaire, sans âme et sans foi, qui gérerait la France sans se soucier de religion. Ils veulent un roi chrétien, mais non le roi de François de Guise, qui reste conforme au vieux modèle de Charlemagne, exterminant les Saxons païens et boutant les Maures hors d'Espagne.

Beaucoup de catholiques croient encore que la fortune, la richesse de la France sont dues à la protection de Dieu. Un roi « très chrétien » qui admet l'hérésie n'est pas loin de perdre son royaume. Ceux-là attribuent les défaites du Nord à l'inconstance des rois, qui ont laissé le pays se gangréner. Les réformés ne sont pas Français : en rejetant la religion du roi, ils se sont exclus de la communauté, qui est mystique avant d'être politique. Le roi est sacré.

Quand on ne partage plus la religion du roi, on est bien près de trahir. La preuve ? Le Havre ! La « vendition du Havre » alimente les pamphlets et les prêches des capucins. La reine mère, les princes protestants sont conscients de la force de cette polémique. Aussitôt rentrée dans son palais, Catherine persuade Condé et Coligny de rompre avec Elizabeth. Condé propose d'aider le connétable à reprendre Le Havre. L'armée royale s'en charge : l'honneur exige qu'une ville abandonnée par un parti soit reprise au nom du roi.

Les protestants, aux pires moments de la guerre civile, ont toujours prétendu lui rester fidèles. Ils ne combattent pas le roi, mais les princes étrangers — les Guise, ces Lorrains — qui sont les amis du roi d'Espagne. Ils n'hésiteraient pas, s'ils se sentaient menacés, à faire entrer en France les troupes espagnoles. Ne sont-elles pas déjà présentes dans l'armée de Monluc ?

Les « mauvais conseillers », disent les Huguenots, empêchent le roi de voir que son peuple demande une religion nouvelle. Les ralliements à la Réforme se multiplient. Qui s'en soucie ? L'Eglise ne veut pas se changer. Au fond de leur cœur, bien des prélats savent que Calvin a raison, mais combien sont prêts à renoncer à leurs privilèges ? L'Eglise pousse le roi au pire pour rester une puissance sociale. Elle a depuis longtemps perdu la foi. Sans les Guisards, le peuple l'aurait abandonnée.

Comment le roi peut-il se fier aux Guise ? Ces grands seigneurs rêvent de récupérer l'héritage du roi René, l'Anjou et la Provence, de reprendre le Barrois pour le joindre à la Lorraine. Ils sont, au premier chef, les ennemis de la monarchie. Un Coligny, un d'Andelot veulent au contraire que le royaume, comme en Angleterre, se groupe autour d'une monarchie puissante, solide, efficace, qui rejette les prétentions des grands seigneurs et celles du clergé. Le mouvement de la société l'exige. Quand le prince de Condé accepte de la reine l'édit de pacification qui limite l'exercice du culte réformé aux riches et aux grands seigneurs, Coligny proteste. Il n'a pas renoncé à l'idée d'une religion nationale, dont le roi serait le chef.

Il trouverait des ressources immenses dans la vente des biens du clergé, il enlèverait ainsi à l'Eglise la source de sa puissance. En cette période de crise des finances de l'Etat, l'idée faisait naturellement son chemin, inspirant de nombreux pamphlets. Aux Etats généraux de Pontoise, le tiers état avait proposé cette solution pour éviter le recours à de nouveaux impôts. Il l'avait même chiffrée : la vente rapporterait au Trésor royal la somme de 120 millions de livres, dont 48 seraient réservés pour les besoins de l'Eglise et 42 au paiement de la dette. Trente millions seraient disponibles pour permettre aux villes de prêter de l'argent aux entreprises. La reine en avait profité pour tirer du clergé une forte somme pour le rachat de ses exemptions fiscales mais n'avait pas voulu aller plus loin. Elle s'y résigna cependant en 1536 parce qu'elle n'avait pas d'autre moyen de trouver de l'argent. Selon Cloulas, les premières ventes, en

1563, portèrent sur 5 millions de livres environ. On était loin du projet du tiers. Pourtant 80 millions d'hectares de bonnes terres devaient en principe changer de mains : l'Eglise s'arrangea pour tout racheter. L'opération de 1536 était ainsi une contribution forcée demandée au clergé.

Mais dans le Languedoc, les protestants n'avaient pas attendu les décisions du Conseil royal pour s'emparer des terres. Dès 1561 ils s'étaient appropriés les biens en mainmorte. A la réunion des états de Languedoc l'avocat Terlon avait demandé, soutenu par Crussol, duc d'Uzès, la mise en vente de la totalité. Les catholiques s'étaient-ils gênés pour s'emparer des champs des Vaudois ? A Nîmes, une « brochette de nobles et de bourgeois » (Le Roy Ladurie), des magistrats, des marchands, des avocats, avaient fait main basse sur les premières terres disponibles. Les paysans et les « gens de métiers » n'avaient guère pu en profiter, sauf les plus riches.

L'Eglise conservait néanmoins, même dans le Midi languedocien, une grande richesse foncière. Fallait-il lui payer la dîme ? Elle rapportait beaucoup plus que les droits seigneuriaux et dépassait l'impôt royal. C'était une proie tentante. Dans la région de Nîmes et de Montpellier, dès 1562, les huguenots lèvent la dîme à leur profit même sur les terres d'Eglise. Dans les autres régions, les réformés étaient parfois « fermiers » de la dîme, qu'ils levaient au profit des seigneurs ecclésiastiques, en prélevant au passage leur bénéfice. Devaient-ils y renoncer ? La tendance des consistoires était naturellement de refuser tout dialogue d'affaires avec le clergé catholique. Mais les intérêts des fermiers passaient avant tout. On voyait ainsi des huguenots lever la dîme pour les abbés, cependant que les paysans, au nom de la Réforme, refusaient de l'acquitter ou battaient sournoisement le grain qu'ils cachaient sous la paille, livrant des gerbes sans épis.

En s'attaquant aux biens d'Eglise, les réformés réveillaient le vieux démon des jacques. Les gentilshommes sans terre, les nobles ruinés ne s'en souciaient plus guère. Mais les grands seigneurs, sur ce chapitre, étaient de l'avis des bourgeois de Nîmes : il fallait que le paysan paye, que ce soit aux pasteurs ou aux curés.

Seul l'Etat monarchique pouvait décider que l'Eglise n'était plus désormais un ordre privilégié, ni une puissance seigneuriale. Comment l'aurait-il fait sans abattre tout l'édifice du droit privilégial, sans renoncer à être l'Etat féodal qu'il avait hérité du Moyen Age ? Catherine de Médicis ne songeait certainement pas à une révolution de ce genre. Quand elle prenait les biens de l'Eglise, c'était un expédient parmi d'autres. Elle ne voyait pas d'inconvénient à ce que l'Eglise les rachetât.

Force était à Catherine de Médicis de recourir aussi, en politique, à des expédients pour maintenir la paix puisque ni les catholiques ni les protestants n'approuvaient le dernier édit de pacification. Les Parlements de Province, dans leur majorité, avaient protesté et refusé de l'enregistrer. Celui de Bourgogne avait envoyé à Paris le conseiller Bégat qui avait longuement expliqué à la reine mère que le roi ne pouvait admettre la coexistence de deux religions ennemies. Le jour de la Fête-Dieu à Paris, la princesse de Condé avait été assaillie par une bande de catholiques qui avaient massacré un des nobles de sa suite. Il y avait dans les villes de province des bandes organisées qui agressaient les protestants quand ils se rendaient, en troupe armée, aux temples. De part et d'autre, on engageait des mercenaires pour assurer sa sécurité.

Dans les pays à majorité catholique, comme la Provence, les protestants se terraient, abjuraient, n'osaient revendiquer l'application de l'édit. Ceux qui, après la prise de Sisteron par les catholiques, avaient gagné Lyon, sur des chariots, avec toute leur famille, demandaient à rentrer chez eux. Lyon avait en effet ouvert ses portes aux représentants du roi. Soubise, qui dirigeait, après le départ du baron des Adrets, la défense de la ville, avait répondu aux sollicitations de la reine mère. A quoi bon prolonger la résistance, alors que Condé était prisonnier, et la paix signée ?

Les Provençaux réfugiés dans la ville voulaient regagner leurs foyers. Le roi n'avait-il pas donné l'ordre de leur faire rendre les biens dont ils avaient été dépouillés ? Conduits par le comte de Tende et Mauvans, ces anciens défenseurs de Sisteron s'avançaient pacifiquement, entourant leurs familles. Mais Mauvans, qui les escortait, ne pouvait se passer de lancer contre les villes fortes des « camisades » permettant de se saisir de vivres et d'argent. Il fallut toute l'autorité de l'envoyé de Catherine, le maréchal de Vieilleville, pour que le comte de Tende pût être réintégré dans ses fonctions de gouverneur, et pour que les exilés de Sisteron pussent rentrer chez eux.

Le Parlement d'Aix, qui avait refusé d'enregistrer l'édit, acceptait difficilement le retour de l'ancien gouverneur, chef huguenot, compagnon de combat du baron des Adrets. Quant aux « carcistes », ces partisans barbus du seigneur de Carcès, ultra-catholique, ils voyaient d'un très mauvais œil le retour des « razats », les partisans du protestant Mauvans, qui, pour se distinguer des catholiques, se rasaient à mi-barbe. La remise du collier de l'ordre du Saint-Esprit par le comte de Tende à son fils Sommerive, dont l'amitié pour Carcès était connue, ne suffisait pas à apaiser les esprits. L'application de l'édit en Provence était à la merci du moindre incident. Les huguenots risquaient la mort.

Les soldats catholiques refusaient de servir leurs chefs prostestants. D'Andelot avait été maintenu dans ses fonctions de colonel général de l'infanterie. Il avait créé trois nouveaux régiments dont les « maîtres camp » refusaient de lui obéir. Ses compagnons attaquèrent l'un de ces capitaines indociles sur le pont Saint-Michel, et le tuèrent tout net. Ainsi se rétablissait la discipline dans l'armée. Mais qui rétablirait l'ordre dans le royaume ?

Catherine se hâta de faire publier par le Parlement de Rouen l'édit annonçant la majorité du roi, le 17 août 1563. Elle avait fait ordonner par le Conseil le désarmement immédiat de tous les sujets du roi, sauf des nobles, qui gardaient la liberté de conserver, chez eux, des armes pour leur défense. Pouvait-on voir dans cette mesure autre chose qu'un vœu pieux, alors que les protestants devaient chaque jour affronter, pour se rendre à leurs lieux de culte, les attaques des bandes catholiques ? Qui désarmerait les bandes ?

L'ordonnance de Moulins, qui voulait réglementer la justice et contraindre les Parlements rebelles à enregistrer les édits et ordonnances, n'était guère plus efficace. Au parlement d'Aix, il avait fallu tenter l'épreuve de force pour obtenir la réintégration de quelques conseillers protestants, fanatiquement rejetés par leurs collègues. Les passions religieuses avaient envahi les cours de justice. L'Hospital avait dû, pour que la justice du roi fût présente dans les provinces, recourir aux cours itinérantes, aux « grands jours », et envoyer, dans les villes les plus indociles, des maîtres des requêtes de l'Hôtel.

Autre vœu pieux : les articles de l'ordonnance visant l'insubordination des gouverneurs ; il leur était interdit de lever des impôts, d'entraver l'action de la justice, de donner des lettres de grâce. On leur demandait de prêter main-forte aux juges et de garder les places « en sûreté ». Comment faire appliquer ces mesures par les gouverneurs des provinces du Midi, pratiquement indépendants, régnant sur des régions entières avec leurs troupes, payées par leurs soins, nourries par les habitants et disposant des places fortes ?

Catherine, qui multipliait les fêtes à Fontainebleau, savait que le royaume devait être repris en main. Elle pensait qu'une visite du roi dans ses provinces suffirait à rétablir la paix. Les gouverneurs huguenots ne prétendaient-ils pas encore commander en son nom ?

Le départ du tour de France de Charles IX fut décidé pour mars 1564. L'objectif de Catherine de Médicis était double : connaissant l'attachement sentimental, religieux que les Français portaient au roi, elle voulait le montrer, comme on promène, à la procession, la statue des saints. Le roi présent dans les provinces tenterait de refaire l'unité menacée.

Il ne part pas seul : Anne de Montmorency, les cardinaux de Bourbon et de Lorraine, le jeune prince du Béarn, Henri, âgé de 11 ans, et le frère du roi, Henri d'Orléans, duc d'Anjou, l'accompagnent. Catherine veut que le pays voie la Cour réconciliée. Elle souhaite aussi multiplier les négociations avec les chefs et les notables des provinces, avant de gagner les Pyrénées, où elle espère bien rencontrer le roi d'Espagne.

L'itinéraire est soigneusement calculé. Le roi visitera, l'une après l'autre, les villes les plus agitées du royaume. D'abord Sens et Troyes puis le Barrois catholique et guisard : Bar-le-Duc, Ligny. La Cour descend ensuite par Langres sur Dijon. La reine sait que la Bourgogne, dans sa majorité catholique, a été « pacifiée » par Tavannes : « nettoyez tout le pays de Bourgogne de cette vermine de prédicants et ministres qui y ont mis la peste », lui avait écrit la reine mère... Il s'en était acquitté avec diligence, pendant ou étranglant tous ceux qui avaient refusé l'exil. De nombreux notables étaient en prison, tant à Dijon qu'à Beaune. Tavannes avait dû les libérer après l'édit de tolérance, mal accueilli en Bourgogne. Ni le gouverneur ni le parlement ne voulaient relâcher la répression. Après l'édit d'Amboise, les protestants avaient pris l'habitude de se réunir dans les villages de campagne, pour ne pas être persécutés dans les villes ; leurs assemblées étaient illégales. Les Beaunois qui se rendaient — pour prier — à Volnay ou à Nuits-Saint-Georges risquaient la prison.

Comment convaincre Tavannes d'admettre la politique de tolérance ? Le roi, présent le 16 mai 1564 à Dijon, veut voir toutes les villes concernées. Le 31 mai, il se rend à Beaune avec la Cour, puis le lendemain à Chalon. Il reçoit partout un accueil triomphal dans cette région qui produit alors les meilleurs vins de France. Il sourit quand Tavannes lui raconte qu'il ne peut empêcher les propriétaires d'expédier leurs fûts dans les cours protestantes d'Allemagne. Mais il est attentif à ses paroles, quand Tavannes lui explique le danger de la position de la Bourgogne, et tout particulièrement de Mâcon, qu'il s'est refusé à désarmer. « Vous n'avez ville en Bourgogne, lui dit-il, s'il en mésadvenait, qui nous portât plus de dommages, étant située sur la rivière de Saône, à cinq lieues de celle de Loire, lieu propre pour faire un magasin et retraite à ceux qui voudraient entrer en France du côté d'Orléans ; lesquels peuvent facilement venir, tant de Savoie, de la Comté, que des Suisses de Berne. »

Quand le roi arrive à Mâcon, le 3 juin 1564, il y trouve la reine de Navarre installée depuis le 30 mai. Elle avait quitté son royaume avec 300 cavaliers pour aller au-devant du roi. Plus de 1 200 Huguenots l'y attendaient. Elle avait gardé toute sa popularité. Ils avaient prié ensemble pour Jean Calvin, qui venait de mourir en Genève.

Jeanne d'Albret savait que la reine mère voulait rencontrer les Espagnols ; aussi n'avait-elle pas l'intention de la ménager. Quand elle vint saluer le roi, elle était accompagnée de huit ministres calvinistes. Elle avait fait fermer ses fenêtres au passage d'une procession. Dans son appartement, elle faisait par contre ouvrir les portes à l'heure des prêches. Elle retrouvait à Lyon la duchesse de Ferrare et toutes les deux s'efforçaient de protéger les réformés lyonnais, que la réaction catholique menaçait.

La Cour se rendit compte rapidement, à son entrée dans Lyon le 13 juin, que le nouveau gouverneur Vieilleville avait repris les affaires en main. Le consulat avait aménagé un bateau luxueux pour ses hôtes. Un marchand d'épices, Pierre Teste, avait prêté son palais. Les maîtres des métiers avaient juré de maintenir l'ordre. Manifestement les Huguenots avaient désarmé. Le roi fut reçu chanoine d'honneur à Saint-Jean et tous les jours il assista à la messe avec la Cour dans le grand autel. Vieilleville avait retiré leurs armes à tous les habitants, licencié les soldats, interdit les rixes entre protestants et catholiques. Il avait renforcé les contrôles de police, particulièrement dans les hôtelleries, et fait expulser les vagabonds. Les églises étaient rouvertes, les biens ecclésiastiques, récupérés. Les protestants avaient reçu l'autorisation de construire trois nouveaux temples. Les marchands, les maîtres de métiers, se réjouissaient de la paix revenue, qui devait permettre de reprendre les foires. Ils avaient beaucoup perdu pendant l'occupation protestante. L'accueil fait au roi manifestait leur satisfaction.

Il avait pris à Lyon une mesure désagréable aux protestants : un édit interdisant le culte réformé dans tous les lieux où se trouvait la Cour. En outre la reine avait décidé de la construction d'une citadelle « repos et sûreté de la ville » qui devait recevoir une garnison de 400 soldats. Sans doute avait-elle donné satisfaction à la reine de Navarre, qui lui avait demandé d'empêcher l'expulsion du ministre Viret, le plus respecté des pasteurs lyonnais. Mais les catholiques devaient reconnaître à plusieurs signes que la balance était en leur faveur. Quand le roi et la Cour quittèrent Lyon, fuyant une épidémie de peste,

Vieilleville, réputé pour sa tolérance, fut remplacé par le catholique Jean de Losses. Au Consulat, les catholiques avaient repris la majorité. La ville était définitivement retirée aux Huguenots.

Par Roussillon et Valence, la cour s'acheminait vers la Provence, où les catholiques étaient en rébellion contre le comte de Tende, gouverneur du roi. De Montélimar, la cour gagna Avignon, où elle séjourna trois semaines. Sur un pont de bateaux, elle franchit la Durance pour gagner Salon, puis Aix. La Cour des comptes l'attendait à cheval, à l'entrée de la ville. Son premier président descendit de cheval pour embrasser, selon l'usage, la cuisse de Charles IX.

Le roi ne resta pas plus de quatre jours à Aix où la population l'accueillait aux cris de « vive le roi ! vive la messe ! ». De Valence, il avait permis aux réformés de Bordeaux de ne plus « tendre » les fenêtres de leurs maisons au passage des processions. Dans le Comtat, il avait demandé au vice-légat du pape de rendre leurs biens aux réformés. A Aix enfin, il avait fait abattre le pin d'Eguilles, de sinistre mémoire. Il apportait l'apaisement. Pour désarmer les catholiques, il se rendit en grande pompe au pèlerinage de la Sainte-Beaume, puis à Saint-Maximin. Il avait passé les fêtes de la Toussaint à Hyères, sous les orangers et les palmiers. Les catholiques organisaient partout des fêtes en son honneur. Dans la rade de Toulon, le marquis d'Elbeuf l'avait accueilli à bord de sa galère. Il avait, le lendemain, chassé le sanglier à la Cadière. A Marseille, où la cour séjourna une semaine, le consulat avait organisé des jeux et des fêtes sans fin. Le roi laissait la Provence pacifiée, sinon réconciliée. Les Protestants avaient des sujets d'angoisse, non de plainte. A sa mort, le comte de Tende était remplacé par son fils, le très catholique Sommerive qui prenait comme lieutenant Jean de Pontevès.

Quand le roi aborda le Languedoc, de mauvaises nouvelles venaient de Paris : l'escorte du cardinal de Lorraine venait d'être dispersée sur ordre du gouverneur François de Montmorency. Le cardinal avait reçu du roi la permission spéciale d'entretenir une troupe d'arquebusiers. Coligny avait aussitôt promis au gouverneur son appui. La paix était-elle si fragile, qu'en l'absence du roi elle fût, dans la capitale, remise en cause au moindre incident ? Le roi dut interdire l'entrée dans Paris aux Guise, aux Châtillon, et aux principaux chefs protestants.

En décembre, le roi est accueilli au pont du Gard « par des nymphes bleues de froid, dont les charmes découverts symbolisent les sentiments d'aménité que portent au roi ses sujets du

Midi » (Le Roy Ladurie). De Pont-Saint-Esprit à Montpellier, Antoine de Crussol est le maître de tout le pays. Chef des religionnaires de Languedoc, son empire s'étend au Nord sur le Gévaudan et le Vivarais, le vieux pays cévenol, au Sud sur le plat pays très urbanisé, avec Béziers, Agde, Montpellier, Lunel, Uzès, Nîmes, Beaucaire et Sommières. Vers l'Ouest, Crussol n'est obéi que dans la ville de Castres et Montauban. Tout l'Ouest demeure papiste. Les réformés ont été chassés de Narbonne. A Castelnaudary, à Carcassonne, il y a eu des massacres. Les catholiques ont écrasé les huguenots dans Toulouse : les étudiants et les artisans suspects sont surveillés de près par Monluc. Les capitouls et le parlement ont constitué une ligue pour la défense de la religion romaine. De Narbonne à Toulouse, le roi a été reçu en grande pompe par des municipalités catholiques.

Il se gardait d'encourager les Huguenots, dans cette région où Monluc régnait par la terreur. Ils n'avaient d'ailleurs pas pour le roi la déférence qu'on affichait à Béziers ou à Montpellier. Il avait fallu huit mois, à Montauban, pour qu'une messe pût être célébrée en l'honneur de la mort d'Henri II. Le culte était public dans la ville dès janvier 1561. Quand les magistrats de Toulouse avaient tenté d'interdire les prêches, les Protestants avaient crié : « vive le roi ! vive le roi ! Mais que la parole de Dieu soit prêchée. »

Les consuls de la ville étaient tous protestants. Ils faisaient jurer, à la mode du Béarn, sur la bible et non sur le missel. Depuis août 1561 les Cordeliers et les Jacobins ne pouvaient plus prêcher dans les églises. Même les campagnes étaient gagnées. On n'entendait plus la messe à Saint-Antonin-Noble-Val. Les prêches calvinistes avaient lieu de plus en plus dans les églises. L'évêque avait dû quitter la ville qui avait accueilli, pendant la première guerre civile, les protestants évadés de Toulouse. Montauban avait été, à trois reprises, assiégée par les soldats de Monluc, elle avait résisté à tous les assauts et c'est dans une ville libre que l'envoyé de la reine, La Rochefoucauld, avait annoncé solennellement sur la place publique, entouré des consuls en costume d'apparat, la fin des combats. Le soir, on avait fait brûler des feux de joie en chantant le psaume 124.

Après la paix, les calvinistes avaient refusé de rendre les églises au culte catholique, disant que les chanoines « étaient les ennemis de la ville ». Les Royaux avaient dû employer la force pour contraindre les consuls à faire exécuter l'édit. Charles IX avait envoyé au sénéchal du Quercy des ordres menaçants. Les protestants n'avaient pas le droit de prêcher dans la ville ! Les Montalbanais devaient sur-le-champ déposer les armes. Sinon, il enverrait Monluc.

Le sénéchal réussit à désarmer les habitants, à faire arrêter les pasteurs Tachard et Constans. Il ne put empêcher le culte sous les « couvertes » de la grande place. Les Montalbanais protestaient de leur loyauté, invitaient même le roi à se rendre dans leur ville où, disaient-ils, il serait reçu en grande joie. Charles IX avait répondu qu'il accepterait, à condition que les défenses de la ville fussent rasées. Monluc avait démontré que, de Montauban, les huguenots, par Saint-Antonin et Millau, étaient en relation constante avec ceux des Cévennes. La démilitarisation de ces villes était essentielle. Les envoyés du consulat cherchèrent le roi dans tout le Languedoc. Ils eurent la chance de le trouver à Narbonne, et d'en être reçus par lui. Le roi consentit à surseoir.

Mais le clergé fit pression, montrant qu'il ne pouvait exercer le culte catholique en sécurité si la ville continuait à être fermée de l'extérieur. Le roi pria Monluc de procéder au démantèlement : en quelques jours les boulevards des Cordeliers et du Moustier, le fort des Jacobins furent détruits. Les églises furent débarrassées des forges et des fourneaux qu'elles contenaient, les ruines furent déblayées. Le 20 mars, le roi et sa cour purent faire leur entrée dans Montauban. La cérémonie avait été réglée par Monluc.

Les consuls attendaient le cortège, vêtus de leur robe noire et rouge, à l'entrée du pont du Tarn. Tête nue, ils s'agenouillèrent, présentant les clés de la ville. Le roi « tenait et reconnaissait ensemble tous les habitants de ladite ville pour ses bons, fidèles et loyaux sujets... et entendait qu'ils jouissent de la liberté de la religion à eux octroyée par les édits ».

Les Montalbanais qui avaient tous combattu, pendant le siège, contre les soldats de Monluc, acclamèrent le roi avec frénésie quand il se rendit, à travers les rues de la ville somptueusement décorées, dans la maison d'un notable, Jean Thieys Dariat. Le sol, couvert de sable blanc, était jonché de feuillages. Des tapisseries précieuses décoraient les façades bourgeoises. Des présents avaient été offerts aux hôtes royaux. La ville avait dépensé plus de 4 000 livres pour cette réception, qui était, en fait, une soumission. Toute l'artillerie avait été évacuée. On avait même retiré les chaînes de fer qui barraient les rues...

En échange, les consuls avaient obtenu des locaux pour que les protestants puissent célébrer leur culte sans encombre ; les catholiques, de leur côté, songeaient à remettre leurs églises en état. Paix civile, paix religieuse ? Charles IX avait demandé à l'évêque de résider désormais dans sa ville. Il y revint, mais ne put y rester : « sa dignité, dit-il, était tous les jours à la veille

d'être compromise au milieu d'un peuple qui haïssait mortelle-
ment le clergé ».

A Bordeaux du moins, le cortège royal était assuré d'une
entrée plus tranquille : il n'était pas nécessaire de désarmer la
ville qui, comme Toulouse, était entre les mains des catholiques. Pourtant, dans la région, le « protestantisme des gentilhommières » avait connu, avant l'arrivée de Monluc, des jours
heureux. Mais dans la ville, les huguenots s'étaient toujours
montrés réservés. Les prêches n'étaient pas célébrés en dehors
des maisons particulières, ils n'intéressaient qu'une élite. Le
lieutenant du roi en Guyenne, Burie, maintenait l'ordre et
Monluc, dans les campagnes, terrorisait les notables tentés par
la Réforme.

L'édit de Charles IX, à son avènement, avait rendu confiance
aux protestants bordelais. L'église enfin « dressée » aurait
compté brusquement jusqu'à 7 000 membres. On signalait au
lieutenant du roi des violences contre les prêtres. Le Parlement
prenait violemment position contre le développement inattendu
de l'hérésie. Un « syndicat » de défense catholique se mettait
en place, avec des conseillers, des avocats, des clercs. Duras
avait échoué, en 1562, quand il avait tenté d'enlever, sur ordre
de Condé, le château Trompette. Monluc l'avait écarté de la
ville. Après son intervention, les magistrats ou « jurats »,
avaient promis « de n'épargner ni leurs biens ni leur sang pour
le service du roi et la bonne religion ancienne, catholique et
romaine ».

La persécution avait éliminé physiquement les calvinistes. On
avait exilé les plus en vue. Les autres se tenaient cois, ou
revenaient au catholicisme. Quand le roi fit son entrée dans
Bordeaux, le 9 avril 1565, la ville était solidement tenue en
main. La reine mère, pour maintenir la fiction de la tolérance,
avait pu donner aux protestants une bien mince satisfaction : ils
n'auraient plus à pavoiser sur le passage des processions.

A Toulouse, Catherine avait appris que le roi d'Espagne lui
enverrait à Bayonne la reine Elizabeth sa fille et le duc d'Albe,
pour une entrevue politique. Le cortège royal se hâta de
descendre vers le Sud, par Mont-de-Marsan, pour la date
prévue, fixée au 14 juin 1565. Les négociations de Catherine et
du duc d'Albe devaient se poursuivre jusqu'au 2 juillet, dans
une atmosphère de fête continuelle. La reine n'avait-elle pas
l'intention de marier sa fille Marguerite de Valois à l'un des fils
de Philippe II, sinon son fils Henri d'Orléans, duc d'Anjou, à
doña Juana, sœur du roi ?

Albe avait des exigences précises : il demandait l'expulsion de France des ministres réformés, l'épuration du gouvernement et des Parlements, l'acceptation des mesures du concile de Trente. Il refusait les projets matrimoniaux de la reine mère.

Aucune entente n'était possible : Catherine se contentait de promesses vagues de pacification, alors que le duc exigeait la répression. Il s'impatientait des visées françaises sur la Floride, et le roi son maître ne voulait pas, en se rapprochant trop des Français, risquer de se brouiller avec l'Angleterre au moment où il projetait d'intervenir contre les protestants des Pays-Bas. Catherine quitta Bayonne les mains vides, mais sans avoir donné au duc d'engagement précis.

Cependant la nouvelle de cette rencontre suffisait à inquiéter les Calvinistes français. Le roi remontait sur la Loire, en passant par Nérac, Tonneins, Agen et Bergerac sans cependant que la menace fût encore perceptible. Monluc tenait solidement le pays. La peste faisait le reste. Dès qu'un prêche était signalé dans un endroit interdit, les pendeurs de Monluc faisaient diligence. Le roi avait pu, dans la cathédrale, toucher les écrouelles et assister au baptême d'une fille du vieux capitaine en qualité de parrain. Pourtant les protestants cachaient leurs armes et de nouveaux pasteurs reprenaient en main les églises de Sainte-Foy, Tonneins et Nérac. La paix était trompeuse.

Le cortège royal ne ménageait pourtant pas ses efforts : il gagnait la Saintonge, par Angoulême et Cognac, un des bastions de la Réforme. Le pays avait été reconquis en 1563 par Montpensier. Les huguenots avaient pris l'habitude, non sans aigreur, de parcourir des lieues pour aller assister aux prêches sans désobéir à l'édit. En août et septembre 1565, la cour put parcourir le pays sans incident, sauf à La Rochelle où les protestants s'étaient montrés fort mécontents.

Partout le loyalisme des populations, même huguenotes, était frappant. Quand le roi gagna Nantes, pour parcourir les villes de la vallée de la Loire, il fut surpris par l'ordre nouveau que ses officiers y avaient imposé : des catholiques avaient été placés à la tête des municipalités, Cypierre à Orléans, Puygaillard à Angers. L'intendant avait acquis le droit de nommer les échevins à Tours. On s'était arrangé pour que les huguenots fussent minoritaires même dans l'échevinat d'Orléans... Les citadelles avaient été restaurées, bien pourvues de Royaux fidèles. Un nouveau fort avait été construit à Orléans. Les catholiques avaient créé des milices bourgeoises, qui maintenaient l'ordre. Une « ligue angevine » avait été mise en place par Bouvery, l'évêque d'Angers, dès son retour du concile de Trente. Les catholiques semblaient partout maîtres du terrain. Pourtant dans Orléans, où la répression antihuguenote avait été particulièrement zélée, le cortège royal avait été accueilli par une émeute populaire.

Les deux partis, en dépit des apparences de calme, étaient au bord d'un nouvel affrontement. Les catholiques s'étaient partout organisés. Les calvinistes, gênés par le nouvel édit, sans rechercher le combat, s'y préparaient. Le roi pouvait avoir, au terme de son tour de France, le sentiment d'un relatif apaisement. Mais la reine mère savait bien que les haines religieuses étaient loin d'être mortes et qu'une répression féroce se préparait aux Pays-Bas espagnols, qui pouvait avoir des conséquences fâcheuses sur l'opinion publique française.

En août 1566 en effet, un mois après l'entrevue de Bayonne, le duc d'Albe entrait dans les Flandres en révolte. Il avait levé une immense armée, qui, pour arriver à pied d'œuvre, avait envahi la Savoie et la Franche-Comté. Les Suisses et les Lorrains s'étaient armés, pour faire face à toute éventualité. Les protestants français demandaient que l'on prenne des sécurités aux frontières, que l'on engage des soldats. D'Andelot recruta des bandes en plein Paris, pour les mener aux frontières. Les protestants préparaient une guerre, qu'ils espéraient sans oser l'admettre.

La reine mère, pour maintenir la paix, fournissait des vivres aux troupes espagnoles et Charles IX recevait l'ambassadeur d'Espagne, qui lui donnait des apaisements. Le duc n'avait d'autre dessein que de réduire une rébellion. Mais que faire des Suisses, qu'à l'instigation des protestants, on avait levés à la hâte ? Les chefs de la religion réformée commençaient à redouter une entente secrète, nouée à Bayonne, entre Catherine de Médicis et Philippe II. L'attitude de Montmorency était menaçante. D'Andelot, moins que jamais, n'était obéi de ses subordonnés catholiques. Le maréchal de Cossé, plutôt que de prendre ses ordres, s'était retiré en Bretagne. Quant à Condé, il s'était fait insulter publiquement par le jeune duc d'Anjou, âgé de 16 ans, qui prétendait commander à sa place les armées comme lieutenant général. Condé avait dû se retirer de la Cour.

De nouveau les protestants regardaient vers le prince, qui n'avait pas admis l'outrage. Une prise d'armes se préparait secrètement, dans un château de l'Yonne. Coligny fut sollicité. Il hésita longuement. Puis il proposa lui-même la solution la moins coûteuse : s'emparer de la personne du jeune roi, comme avaient fait jadis les Guise.

Qui tenait le roi tenait la France. Le succès relatif du long voyage de la Cour à travers le pays avait montré, à l'évidence, le prestige de la monarchie. Cette fois, la « prise d'armes » était organisée comme un complot. C'était le temps des cagoules, des signes de reconnaissance, des réunions la nuit, des sociétés secrètes. Complot de princes ? Coligny voyait plus loin : aussitôt le roi saisi, il faut, dit-il, convoquer les Etats généraux, faire prendre des décisions au roi devant le peuple assemblé. Pas de « tumulte » anarchique comme à Amboise. La prise du pouvoir doit être accomplie par des professionnels. Mais il faut arracher l'Etat aux pressions d'un petit nombre. Un dialogue vrai entre le roi et son peuple devrait permettre une nouvelle donne.

Voilà Coligny décidé à aller jusqu'au bout : Condé n'est pas, pour la cause, un porte-enseigne irréprochable. On l'a vu signer une paix désavantageuse pour les protestants. Il est, dit-on, de mœurs dissolues : très sensible aux charmes des demoiselles d'honneur de la reine mère, « le petit prince tant joli, qui toujours chante et toujours rit » passe d'Isabelle de Limeuil à la séduisante maréchale de Saint-André, pendant que sa femme, Eléonore de Roye, s'en va doucement vers la mort. Le prince est léger, mais il est brave à la guerre, infatigable au combat, connu et aimé des soldats. Vive Condé !

L'entreprise exige le secret absolu. Les espions de la reine et ceux des Guises courent partout. Des messages chiffrés sont envoyés dans les provinces, pour qu'on lève des hommes. Les églises devaient subvenir aux premiers frais. Les recrues, volontaires, se rassembleraient à Rozay-en-Brie, sous les ordres de capitaines nommément désignés par les chefs du complot. Les relais étaient prévus, dans des gentilhommières ou des granges isolées, pour ne pas attirer l'attention. Des vivres étaient partout préparés. Les hommes marchaient de nuit, évitant les routes fréquentées.

La Cour eut-elle des soupçons ? Catherine envoya une nuée d'espions à la résidence de l'amiral, à Châtillon : il était en jardinier, occupé à préparer ses vendanges. On était en septembre. Qui parlait de complot ? Un gentilhomme, de retour de Flandre, dit à la reine que les calvinistes avaient fait projet de s'emparer du roi. Personne ne voulut l'entendre. Le chancelier de L'Hospital s'indignait : on voulait encore diviser les Français. Le connétable de Montmorency s'emportait : il en avait trop vu pour se laisser surprendre.

La Cour festoyait tranquillement au château de Montceaux-lès-Meaux. Elle ne put finir son repas : on l'informa que des bandes protestantes cernaient Lagny, et s'avançaient en silence, sans rencontrer de résistance. Les Suisses, engagés par Catherine, étaient à Château-Thierry. Elle les fit venir aussitôt, se repliant dans Meaux avec le roi et la Cour.

Quelle déconvenue pour Michel de L'Hospital ! « C'est vous,

lui disait la reine, avec vos conseils de modération, qui nous avez mis dans l'état où nous sommes. » Deux jours plus tard, le 28 septembre, on prit la décision de faire entrer le roi à Paris, où il serait en sécurité. La population, très catholique, ne laisserait pas entrer les Protestants, Paris restait guisard.

La colonne quitta Meaux, protégée par les Suisses dont les longues piques brillaient au soleil. A Lagny le pont de Trilbardou était rompu : il fallut prendre la route de Chelles. Aussitôt sortis de Lagny, les Suisses furent entourés de cavaliers blancs commandés par le prince de Condé.

« Je veux parler au roi », dit Condé. Le colonel Pfyffer, qui commande les Suisses, leur ordonne de baisser les piques. Condé charge, mais s'arrête aussitôt. Les Suisses ont formé, autour du roi, une phalange macédonienne. Impossible d'entamer ce hérisson compact. Les cavaliers virevoltent, s'éloignent. Le connétable fait sortir le roi de la phalange et le conduit lui-même à Paris par un sentier peu fréquenté.

Les protestants sont deux mille, sans canons, pour moitié sans armures. Ils portent la casaque blanche et chargent à l'épée. L'armée royale, dans Paris, est forte de 10 000 hommes et Montmorency attend des renforts espagnols. Le roi et la reine, furieux d'avoir été surpris, apprennent que les troubles ensanglantent de nouveau les provinces. Les protestants prennent leur revanche sur l'édit qui les humiliait. A Nîmes, le jour de la Saint-Michel, les catholiques sont massacrés, c'est la « Michelade » où les prêtres et les religieux sont égorgés. Aux ordres de Condé, les villes du Midi se sont levées : en Dauphiné Montbrun a « dressé » Valence, Montélimar, Gap, Die, Romans, Crest. Vienne est occupée par Mauvans et l'ancien cardinal d'Aix, Saint-Romain, qui a jeté son chapeau aux orties. Montpellier et Uzès, Alès et Castres sont prêtes au combat, à l'appel de Crussol. Montauban, de nouveau, a chassé les prêtres.

A l'annonce de l'échec des princes, les protestants de Provence se sont de nouveau réfugiés dans Sisteron, poursuivis par les Royaux qui ont reçu de Paris des ordres très durs : ceux du Dauphiné s'enferment dans les villes, comme en Languedoc. « Vous les taillerez et ferez mettre en pièces sans en épargner un seul, écrit Catherine à Gordes, lieutenant du roi en Dauphiné, car tant plus de morts, moins d'ennemis. »

Ceux qui ne sont pas occupés à la défense des villes se regroupent dans « l'armée des vicomtes », dirigée par les vicomtes de Bruniquel, de Paulin de Montclar et de Caumont. Ils reçoivent des contingents de tout le Midi, particulièrement des Gascons du comté de Foix. Réunie dans le Rouergue, cette armée se propose de marcher sur la Loire pour rejoindre Condé.

Le prince sait qu'il peut de nouveau se replier sur Orléans, où les religionnaires ont repris le pouvoir. Mais avant de tenter l'épreuve de force, il a engagé, avec Coligny et d'Andelot, des pourparlers avec la Cour. Ils ont fait rédiger leurs doléances : ils demandent au roi de licencier les Suisses, d'éloigner les Guise, d'autoriser le culte.

Pour tenter de rallier le pays à leur cause, ils exigent plus : il faut, disent-ils, expulser les banquiers italiens, diminuer les impôts, et réunir les Etats généraux. Coligny refuse que la « prise d'armes », dont il sait fort bien qu'elle a déjà échoué, apparaisse comme une tentative maladroite de factieux pour s'emparer, au profit de la caste des princes, des commandes de l'Etat.

Le roi fait appel à un vieil usage du Moyen Age pour répondre aux protestants. Les hérauts royaux se rendent au camp de Saint-Denis, où se tenaient les pourparlers. Après un appel des trompettes, ils lisent une sommation en règle : les princes doivent se rendre seuls et sans armes à la merci du roi, s'ils ne veulent être déclarés rebelles. L'usage ancien les surprend. Comment refuser ainsi publiquement, solennellement, de répondre au « ban » du roi ? Ils tentent au moins d'obtenir que l'on respecte l'édit de Longjumeau. Montmorency refuse avec hauteur. Il n'a pas, dit-il, à préjuger des décisions du roi.

Une fois de plus, les chefs huguenots n'ont d'autre voie que celle du désespoir. Ils ne peuvent maintenir la fiction d'un combat « au nom du roi ». C'est le roi lui-même, par la bouche des hérauts de France, qui vient de les mettre en demeure. Ils réunissent leurs bandes, s'emparent des sorties de Paris, des moulins, des hameaux et villages susceptibles de ravitailler la capitale. Ils barrent la Seine en amont, vident les granges. La population, commençant à souffrir de la disette, accuse Montmorency d'inaction.

Le 10 novembre, le connétable donne enfin l'ordre à son armée de sortir de Paris. Elle se déploie de part et d'autre de la route de Saint-Denis. Les arquebusiers de Condé s'enterrent. Les cavaliers, qui, dans la nuit, ont fait ferrer des gaules, faute d'avoir des lances, attendent l'assaut, chemise blanche au vent. Les arquebusiers arrêtent, par leur feu, les volontaires de la milice parisienne que Coligny taille en pièce. Condé attaque les compagnies du connétable. Celui-ci, bousculé, se défend comme un diable, mais tombe finalement, tué par-derrière d'un coup de pistolet.

Cette nouvelle casse net l'offensive des Royaux. Les protestants peuvent faire retraite sur Saint-Denis, d'où ils gagnent Montereau. On fait au connétable des funérailles somptueuses, puis la reine donne le commandement de l'armée au jeune Henri d'Anjou, sous la tutelle du maréchal de Cossé, vieil ennemi de d'Andelot, de Montpensier, le bourreau d'Angers, et du duc de Nemours.

Des secours de l'étranger viennent renforcer les deux partis : le prince calviniste Frédéric III, Electeur Palatin, charge son fils Jean Casimir de conduire en France 6 500 reîtres et 3 000 lansquenets, en passant par la Lorraine. L'inaction des Royaux permet à Coligny de rejoindre cette armée sur la Meuse, le 16 janvier 1568. L'armée des vicomtes, commandée désormais par Jacques de Crussol, le baron d'Acier, s'est mise en route d'Alès vers le Nord. Forte de 4 000 hommes, elle traverse le Forez, l'Auvergne. Le 4 janvier, elle campe à Vichy. Les Royaux, qui viennent de Gannat, ne peuvent l'empêcher de gagner le Berry et de rejoindre les troupes de Condé, qui assiègent Chartres, le grenier beauceron de Paris.

Les protestants sont menaçants. Le renfort des troupes italiennes et suisses du duc de Nevers permet à l'armée royale d'envisager la bataille, mais elle n'est plus assurée de l'emporter : les protestants sont désormais plus de 30 000.

Catherine s'inquiète. Comment résister, sans Montmorency, sans chef de valeur, dans une ville assiégée où les vivres vont rapidement manquer ? Mais les chefs protestants ne sont pas plus confiants : il faut nourrir et payer tous les mercenaires. Où trouver l'argent ? Où trouver les vivres dans les campagnes affectées par un hiver très froid, et déjà battues en tous sens par les troupes ?

De nouveau les gentilshommes protestants, inquiets de la situation dans leurs régions, menacent de se débander. Il faut traiter. Catherine fait savoir à Condé qu'elle est prête à négocier. Ils se rencontrent à Longjumeau.

La « paix » signée le 23 mars est une trêve. Elle rétablit l'édit d'Amboise. Le roi s'engage à payer les reîtres de Condé et les Suisses. A condition que tous quittent le royaume sur-le-champ. Il est temps de débarrasser les campagnes de ces pillards. Condé n'a pas d'autres garanties que la parole du roi. Mais il n'a pas le choix. La « paix boiteuse » (ainsi appelée parce qu'elle avait été négociée par deux boiteux : Biron et Mesmes) apparaissait plutôt comme favorable aux protestants. Mais on leur refusa les places de sûreté qu'ils demandaient. Ils étaient à la merci des Royaux.

La deuxième guerre de Religion avait ses vaincus : les modérés. Montmorency était mort, Michel de L'Hospital discrédité. Spontanément, des ligues catholiques s'étaient constituées en province, avec des chefs, de l'argent, des mots d'ordre. Les Etats de Guyenne et de Languedoc, où les protestants étaient si nombreux, voyaient se développer la réaction catholique autour du cardinal d'Armagnac, du cardinal Strozzi, évêque d'Albi, et de Monluc. A Angers, en Champagne, d'autres ligues s'étaient déclarées. On accusait les protestants de vouloir ruiner le royaume en attaquant la tradition monarchique. Tavannes, en Bourgogne, avait armé une confrérie dite « du Saint-Esprit » qui contribuait au maintien de l'ordre, facilitait les arrestations, pratiquait la dénonciation. D'autres se manifestaient à Châlons, à Autun, à Bourges ? Le but des confréries était de « maintenir la foi ancienne et le roi, souverain naturel et très chrétien seigneur ».

Comment le roi pouvait-il les désavouer, alors qu'il avait échappé miraculeusement à l'attentat huguenot, et qu'il était rentré, en cachette, dans sa capitale ? Humilié, il rêvait assurément de se venger des comploteurs, qui tenaient encore leurs villes et ne mettaient pas bas les armes. Les « confrères » constituaient des sociétés secrètes, se jurant fidélité et assistance. On opposait, disait Tavannes, « ligue contre ligue ». Pourquoi s'en inquiéter ? Les confrères ne prêtaient-ils pas serment au roi ?

Les catholiques, à la cour, étaient de nouveau les maîtres : le cardinal de Lorraine reprenait la première place au Conseil royal. L'Hospital, qui avait garanti jusqu'au bout la fidélité des chefs huguenots, s'était retiré dans son domaine du Vignay. Lorraine, pour flatter la reine qui portait à son fils Henri une affection immodérée, lui avait fait verser une grasse pension par le clergé. Henri, duc d'Anjou, faisait ainsi figure, malgré son jeune âge, de chef du parti catholique.

La violence allait bon train, encouragée par le silence officiel. A Toulouse, on tuait l'envoyé du roi, Rapin, qui apportait au parlement l'édit de pacification. Il fut jugé et condamné à mort pour avoir pris part, en 1562, à la guerre civile dans les rues de la ville. Les vengeances s'assouvissaient sans contrôle. Coligny avait réuni une somme importante de 50 000 écus pour faire évacuer le territoire par les soldats allemands qu'il avait engagés. La garnison d'Auxerre saisissait l'argent au passage, tuant l'envoyé de Coligny, qui venait réclamer. Amanzay, officier d'Andelot, était assassiné chez lui par des hommes masqués, probablement des « confrères ».

En Provence un des chefs huguenots, le baron de Cipières, est allé à Nice pour recruter des soldats, ainsi que dans les fiefs du duc de Savoie son parent : Vence, Grasse, Antibes. Il traverse l'Esterel avec 35 cavaliers, s'arrête dans une hôtellerie de Fréjus. Dès que son arrivée est connue, la foule se rassemble dans la rue aux cris de « à la mort les huguenots ! ». On appelle les citoyens aux armes. On dit que « le chef des luthériens » vient à Fréjus « établir le prêche ». Des fanatiques enfoncent les portes de l'établissement. Les consuls arrivent à temps pour éviter le drame. On négocie. Cipières promet de sortir désarmé si on lui laisse la route libre. On accepte. A peine sorti, il est assassiné, ainsi que ses compagnons. Leurs cadavres sont lardés de coups d'épée, on les traîne dans les rues. « Comment racontera-t-on à Votre Majesté, écrit Condé au roi, cette triste et lamentable mort du sieur de Cipières, lequel inhumainement et de guet-apens a été meurtri et massacré avec trente-six gentilshommes par le baron des Arcas, accompagné d'un grand nombre de brigands et de voleurs ? »

Mais le parti catholique domine à Paris. Les deux adversaires ne désarment pas : le roi n'a renvoyé ni les Suisses, ni les Italiens. Il vend des biens d'Eglise pour se procurer l'argent nécessaire à la reprise des combats. Les villes évacuées par les protestants sont aussitôt garnies de soldats. De leur côté, les Huguenots fourbissent leurs armes : à Montauban, Albi, Castres, Millau, à Sancerre aussi, les garnisons royales ne peuvent pénétrer. La Rochelle reçoit l'envoyé du roi, mais laisse ses troupes à la porte. Les religionnaires savent que dans les Flandres, le duc d'Albe a fait décapiter les comtes d'Egmont et de Horn, et qu'une épuration sanglante répand la terreur dans les villes. Le prince d'Orange, Guillaume de Nassau, a trouvé refuge en Allemagne. L'idée d'un plan catholique international de répression de l'hérésie s'accrédite. Un chef de bande français, ancien conjuré d'Amboise, Cocqueville, conduit ses soldats en Picardie pour prêter main-forte aux huguenots flamands. Catherine de Médicis donne l'ordre au maréchal de Cossé d'attaquer la bande picarde : Cocqueville est pris et décapité.

Condé et Coligny s'alarment. Ne sont-ils pas des victimes désignées ? Ils se sont retirés dans le Morvan, à Noyers et à Tanlay. Des agents de la reine les surveillent nuit et jour. Tavannes, gouverneur de Bourgogne, attend l'ordre de les arrêter.

Ils envoient des émissaires dans toutes les provinces pour ordonner de nouveau la prise d'armes, sortent par surprise, avec femmes et enfants (la seconde femme de Condé était enceinte), évitent soigneusement les villes à garnisons et passent la Loire à gué près de Sancerre. Partis le 23 août, ils arrivent à La Rochelle le 19 septembre 1567, accompagnés d'une foule de partisans qui se sont joints à la troupe sur son passage.

Ils retrouvent là les Gascons conduits par Jeanne d'Albret et son jeune fils Henri de Navarre. Elle aussi songeait, comme Catherine de Médicis, à sa descendance. Elle savait que la Cour de France ferait bon marché, désormais, de la Navarre. Elle avait pris la décision de placer son fils, premier prince du sang, à la tête du combat pour la Réforme. Partie le 6 septembre 1567, elle avait gagné Casteljaloux, où l'attendaient les gentils-hommes gascons, puis Tonneins, où elle franchissait la Garonne. Elle avait retrouvé, à la barbe de Monluc surpris et déconcerté, les cavaliers du sénéchal du Poitou, Fonteraille. Dans Bergerac, le sieur de Piles lui amenait les nobles du Périgord. Elle écrivait au roi, à Henri d'Anjou et à la reine mère qu'elle leur restait fidèle mais qu'elle prenait les armes contre le cardinal de Lorraine. A Cognac, le prince de Condé, Coligny et La Rochefoucauld étaient allés à sa rencontre, en grand appareil guerrier. Elle fit son entrée dans La Rochelle, plus que jamais en reine de la Réforme, poussant au premier rang son fils Henri, âgé de quinze ans.

Renfort décisif, pour le prince de Condé, que ces six mille Gascons. Il recevait aussi les troupes de d'Andelot, qui avait recruté en Bretagne, il savait que dans le Midi, d'Acier, Montbrun et Mauvans disposaient de plus de 20 000 hommes, fort indisciplinés, il est vrai, et peu combatifs. Cette armée se rassemblait à Millau, en Rouergue.

Les royaux ne demeurent pas inactifs. Ils assemblent une armée sur la Loire, commandée par Montpensier. Elle marche au-devant des Languedociens, surprend et tue Mauvans. Mais d'Acier réussit à gagner La Rochelle, d'où les chefs protestants ont étendu leur domination sur la Saintonge et le Poitou. Le duc d'Anjou, qui commande l'armée royale, a récupéré les forces de Montpensier.

En mars 1569, les deux armées se trouvent face à face sur les bords de la Charente. Les Protestants, attendant des renforts du Quercy, n'engagent pas le combat. Mais Tavannes les bouscule, après avoir franchi la Charente. A Jarnac, le 13 mars 1569, Condé est attaqué par des centaines de reîtres et de cavaliers royaux. Il tombe de cheval au cours de la charge. Il a la jambe cassée, et ne peut se relever. Il se rend à deux gentilshommes qui lui promettent la vie sauve. Deux gardes d'Anjou arrivent au galop. Montesquiou, leur capitaine, reconnaît Condé et lui tire un coup de pistolet dans le crâne. L'ordre est donné d'égorger tous les chefs huguenots.

Coligny réussit à s'enfuir. Au milieu des piques de ses fantassins, il rejoint Cognac en bon ordre. Jeanne d'Albret présente aussitôt aux troupes leurs nouveaux chefs : son fils Henri, et le fils de Louis de Condé, qui a quinze ans. Les soldats les acclament. L'armée huguenote a deux nouveaux princes du sang.

Coligny regagne La Rochelle ; il sait que le prince d'Orange, Guillaume de Nassau, a levé des soldats en Allemagne et qu'il peut venir à son secours. Il ferme les portes de la forteresse. Les protestants prient, et attendent. Mais le prince a dû licencier ses troupes gagnées par les agents de Catherine.

Les secours vinrent des princes protestants d'Allemagne, qui, jusqu'alors, ne s'étaient pas engagés dans le combat. Wolfgang de Bavière, duc des Deux-Ponts, commandait cette armée et sut tromper, en passant par la Franche-Comté et la Bourgogne, la vigilance des Royaux, qui l'attendaient sur la Meuse. Le duc entra dans Beaune, la pilla, fonça par le Berry et la Marche à la rencontre des chefs huguenots qui se tenaient à Saint-Yriex et mourut à la veille de la jonction.

Grâce à ce renfort de mercenaires, Coligny bouscula le duc d'Anjou à La Roche-l'Abeille, tuant tous les prisonniers. Des centaines de paysans du Périgord furent massacrés, pour venger la mort du chef provençal Mauvans et de ses compagnons. La guerre était une vendetta.

Coligny n'avait pas de quoi payer ses reîtres. Pour avoir du butin, ils voulaient piller Poitiers. L'armée huguenote perdit un temps précieux avant de se mesurer aux Royaux à Moncontour, le 3 octobre. Rendus furieux par le massacre des paysans et des prisonniers, les Royaux vainqueurs passèrent au fil de l'épée tous les Huguenots captifs. Coligny, blessé au visage, put faire retraite.

Les Royaux à leur tour perdirent du temps devant Saint-Jean-d'Angély que leurs mercenaires voulaient enlever à tout prix. Niort tomba mais il fallut un mois et demi de siège et de lourdes pertes, pour prendre Saint-Jean. On n'avait pas osé tenter le siège de La Rochelle, où les Protestants pratiquaient la guerre de course, fructueuse, contre les navires marchands du roi d'Espagne.

Il restait à Coligny une troupe isolée, commandée par les « vicomtes » du Quercy. Il la rejoignit à Montauban. Tous ensemble foncèrent sur le plat pays toulousain, qu'ils mirent au pillage. Monluc et Montmorency-Damville, le gouverneur du Languedoc, qui ne s'entendaient pas, les laissèrent passer. Le vieux chef protestant, d'un immense prestige, levait dans toutes

les villes huguenotes des troupes pour porter de nouveau la
guerre au Nord. Pour la première fois, les gens de Languedoc
voyaient de près un des chefs du parti. Son armée pillait les
villages catholiques et recrutait, dans l'enthousiasme, de Toulouse à Montpellier, puis en Vivarais. Brûlant les étapes,
Coligny, exténué, malade, prenait Saint-Etienne et repartait
presque aussitôt vers le Nord, pillant au passage l'abbaye de
Cluny.

Le maréchal de Cossé prétendait l'arrêter à Arnay-le-Duc.
Le 27 juin 1570, Coligny le chargeait de toutes ses forces, se
dérobant de nuit pour s'enfermer dans La Charité. Ses avant-
gardes menaçaient Montargis. Il était près de toucher au but :
investir Paris, démuni par les troupes royales. Ainsi, malgré les
batailles perdues, la folle chevauchée de l'amiral contraignait
Catherine à demander une nouvelle suspension des combats. Il
semblait disposer de forces inépuisables. La reine mère accordait à son parti, par l'édit de Saint-Germain, ce qu'elle avait
jusque-là refusé : les huguenots obtenaient la liberté de
conscience *et* l'exercice public du culte partout où il était
pratiqué avant la guerre, dans les faubourgs de deux villes par
gouvernement, et dans les demeures des nobles hauts justiciers.
Pour deux ans, quatre villes fortes étaient abandonnées aux
protestants : Montauban, La Charité, La Rochelle et Cognac.
Le parti protestant pouvait attendre de pied ferme le signal
d'une nouvelle guerre. L'Etat lui reconnaissait sa part.

9.

Les massacres
de la Saint-Barthélemy

L'amiral de Coligny ne pouvait envisager de sang-froid une nouvelle guerre. La dernière avait été trop atroce. Un cauchemar, de son propre aveu. Jadis les Montbrun, les Adrets, les Duras tuaient et torturaient avec ostentation : c'étaient des chefs de bande, et leurs exploits horribles étaient unaniment réprouvés par les chefs du mouvement parisien. A la cour, on affectait de mépriser le vieux Monluc, qui se conduisait, en Guyenne, comme un sauvage. On fermait les yeux sur l'horreur, on ne voulait pas connaître la liste des personnes « branchées » sur les places de l'Agenais ou du Quercy. Il rétablissait l'ordre, et cela seul comptait.

Désormais, les grands avaient vu. Ils ne pouvaient pas se voiler la face. Au contraire, ils se précipitaient tête baissée dans l'horreur. Ils avaient, pour cela, de bonnes raisons, celles de la vendetta : si Coligny laisse massacrer les paysans périgourdins, à la bataille de La Roche-l'Abeille, c'est parce qu'ils ont achevé, à coups de gourdins, les huguenots de Mauvans attaqués par l'infernal Montpensier. Si les compagnons de l'amiral se conduisent désormais « en diables encharnez », selon d'Aubigné, c'est qu'ils ont vu de leurs yeux les soldats de l'armée royale achever les capitaines blessés après Jarnac en les égorgeant. Ils ont vu un capitaine de cette armée reconnaître le prince de Condé, et, de sang-froid alors qu'il était à terre, lui faire sauter la tête. On dit même qu'un assassin connu, Charles de Louviers, seigneur de Maurevert, a reçu du roi l'ordre de Saint-Michel, sur recommandation du duc d'Anjou, pour avoir tué par-derrière le premier lieutenant de l'amiral, Mouy de Saint-Phal, défenseur de Niort. Les protestants sont considérés par les Royaux comme des bandits, des hors-la-loi : après la bataille de Moncontour la tête de Coligny est « mise à prix ».

Le sang versé doit rendre tout accord impossible : il faut tuer. Coligny lui-même est entraîné par la dynamique de la terreur. Il approuve ses compagnons qui tirent vengeance, dans le Toulousain, des parlementaires assassins de Rapin : pas de quartier pour les ennemis de la religion. Des remparts de Toulouse, les chefs catholiques assistent, sans pouvoir intervenir, à cette répression spectaculaire. En Guyenne, en Languedoc, Coligny donne carte blanche à Montbrun, qui commande son avant-garde, pour le fer et le feu, le pillage et l'assassinat. Sa chevauchée du Midi n'a pas pour but que de refaire son armée : elle est une expédition de représailles. Le pillage de Cluny, le 18 juin, a une valeur symbolique : la vieille abbaye, qui défie les iconoclastes (les moines de Cluny n'ont pas d' « images »), ne trouve pas grâce à ses yeux. Il n'y a pas de « bons » catholiques.

Autour du jeune duc d'Anjou, on reconnaît les vieux piliers de la répression catholique : Tavannes, le boucher de Bourgogne, l'illustre Montpensier, qui a « pacifié » le val de Loire, le maréchal de Cossé, qui refusait de prendre les ordres de d'Andelot. Celui-là est mort, le prince de Condé a été achevé sur le champ de bataille. L'amiral est seul désormais. Pour chefs de son parti il a deux petits princes qu'il promène à la bataille : Condé et Navarre. Il est l'unique responsable : s'il disparaît, il n'y a plus de parti. A plusieurs reprises, on a tenté de l'approcher pour l'assassiner. Il prend désormais ses précautions.

Il n'est pas de ceux qui renoncent : l'horreur des batailles, l'atrocité des vengeances ne l'empêchent de poursuivre son but : gagner la guerre, au dernier quart d'heure, contraindre Catherine, qui est à bout, et l'obliger à reconnaître ceux de la religion. Cette pensée le tire du lit, quand il est malade à Saint-Etienne, et c'est un homme exténué qui livre au vieux maréchal de Cossé la bataille d'Arnay-le-Duc. Dans cette lutte sans merci, il ne saurait déposer les armes. Quand il s'enferme dans La Charité, il envoie aussitôt des unités pour menacer Paris. S'il cesse de porter des coups, il est mort.

La paix a changé, comme la guerre : l'édit de Saint-Germain concède ce qui ne peut être cédé ; l'autorité du roi sur quatre villes du royaume. Quatre villes peuvent lui fermer leurs portes ou, comme on dit, « lui faire voir les clous ». L'ordre est aux Huguenots. Ils ne trouvent leur « sûreté » que dans l'abandon de l'autorité du roi. La petite ville de Cognac, qui bravait le duc d'Anjou, devient citadelle imprenable, protégée par traité. La bouillonnante La Rochelle peut envoyer à loisir ses corsaires couler les gallions du roi d'Espagne. Le roi de France doit fermer les yeux. Et Montauban, qui, pour l'accueillir, avait détruit ses remparts ? Elle les reconstruit en toute hâte. Derrière ces remparts, le roi très chrétien n'est plus roi. C'est un amputé.

Haine et guerre. Jusqu'où ? Ni le roi ni Coligny n'ont les moyens d'aller plus loin. Ils ont atteint le fond de leurs possibilités. Plus d'argent, plus de Suisses, ni d'Allemands. Le premier est à la limite de sa solvabilité, le second est épuisé, comme un puits asséché.

L'armée royale essentiellement composée d'étrangers est dissoute faute de soldes.

On l'a vu sur les champs de batailles, les unités de Suisses font sa force. Les Suisses sauvent le roi devant Paris, les Suisses gagnent à Moncontour. Mais ils sont chers et demandent, comme les bandes françaises, des soldes régulières. Aussi engage-t-on d'autres étrangers : les Allemands qui sont cavaliers (*reitern,* reîtres) armés du pistolet, vêtus de sombre, groupés en régiments de 1 500 hommes — ou encore lansquenets (*landsknecht*) portant mousquet, arquebuse ou morion. L'armée royale accueille encore les piquiers espagnols, les fantassins italiens, wallons, et même grecs ou albanais. Quand la solde n'est pas payée, ces mercenaires font pression sur leurs chefs, menacent de se débander, ou de passer à l'ennemi. Ils peuvent l'obliger à faire le siège d'une ville, par espoir d'un butin. Ainsi le duc d'Anjou doit-il admettre d'être retardé au siège de Saint-Jean-d'Angély : ses reîtres ont soif de pillage.

Même Coligny est victime de ce chantage : les Allemands de son armée, après La Roche-l'Abeille, l'obligent à faire le siège de Poitiers, alors qu'il voulait foncer sur Saumur et Paris. Il ne peut leur refuser le sac d'une ville. N'ont-ils pas bien combattu ? C'est par un chantage de ce genre que jadis le connétable de Bourbon avait été conduit à prendre Rome d'assaut, pour assurer le butin de ses reîtres. Il était mort à l'escalade...

Le passage de ces armées sur un territoire est toujours désastreux. Les reîtres en campagne poussent devant eux des troupeaux de bétail volé. Ils traînent sur des chariots qui se suivent en files interminables leur butin, leurs réserves en grains, des instruments de battage et même des moulins et des fours. Ils sont habitués à vivre sur l'habitant. Lucien Fèbvre raconte la traversée de la Franche-Comté par l'armée du duc des Deux-Ponts. Il a 8 000 reîtres et 3 000 Gascons. « Plus de deux cents villages furent mis à sac, dit Fèbvre, à moitié brûlés ou détruits. Au début les coureurs prenaient seulement l'orge et l'avoine, vidaient les granges ; mais ils revenaient bientôt, prenaient le bétail, dépouillaient les hommes et les femmes de leurs vêtements, s'emparaient des meubles, des chevaux, des charrues. » Les paysans fuient dans les villes, pour trouver la protection de leurs remparts, mais les villes sont prises. De la Franche-Comté au Poitou, c'est le « chemin » de l'horreur.

Comment résister ? Les milices urbaines sont impuissantes devant ces professionnels, qui ont une longue pratique des sièges. Les campagnes sont ouvertes, indéfendables. Il n'y a pas de protection pour les paysans qui habitent les zones dangereuses. En dix ans de guerre, c'est au moins la moitié du royaume qui subit la calamité du passage des troupes. Condé laisse en Ile-de-France un effroyable souvenir : en 1562, la ville d'Etampes à dû fournir au roi 60 muids de blé en grains, 80 000 pains de munitions, près de 3 000 livres en pièces d'or. Quelques semaines après, les protestants de l'armée de Condé paraissent sous ses murs : toutes les granges, toutes les fermes de la région ont été pillées. La ville elle-même est mise à sac. Nouveau pillage en 1567, toujours par les troupes de Condé. Les greniers sont vidés, la ville rançonnée. Quand l'armée se débande, la région doit encore subir le passage des reîtres, congédiés après Moncontour, qui rentrent en Allemagne.

Il ne s'agit là que de passages d'armées. Quand les soldats se livraient à des représailles, comme ceux de Coligny en Toulousain, ou ceux de Monluc en Guyenne, ils détruisaient tout. Les arbres fruitiers étaient coupés, les récoltes incendiées sur pied, quand elles n'étaient pas mûres pour le pillage. Les fermes, les granges étaient brûlées, les femmes violées, les habitants massacrés. Pour polluer les puits, on les engorgeait de cadavres. Ces raids terroristes étaient destinés à empêcher une population maudite de survivre. L'exemple avait été jadis donné à Mérindol.

La guerre coûtait cher et le roi lui-même n'avait pas de moyens ordinaires de financement. Le déficit croissant de ses finances l'obligeait à trouver des ressources exceptionnelles : il taxait les villes, augmentait les tailles et la gabelle, mais surtout, il faisait payer le clergé : ne faisait-il pas la guerre pour le bon motif ? A Poissy, la reine mère avait obtenu une solide contribution. Elle n'avait pas hésité à utiliser, à plusieurs reprises, un dangereux expédient : la mise en vente de biens du clergé, le premier propriétaire du royaume.

Un million et demi de livres en 1568, 2 millions et demi en 1569, l'Eglise nourrissait la guerre, et ses biens n'étaient pas perdus pour tout le monde : les bourgeois d'office et de négoce les achetaient allégrement, qu'ils fussent bons catholiques, ou, comme les notables nîmois, huguenots réputés.

L'Eglise apportait une autre contribution à la guerre, bien involontairement : ses biens étaient systématiquement pillés par les Huguenots. Les reîtres du duc des Deux-Ponts tuent les prêtres dans les villages. Ils pillent abbayes, églises et prieurés. Ils volent les objets du culte, les ornements, et jusqu'au plomb des toitures. Le soir, quand le saccage est terminé, le duc fait rassembler les soldats au son des trompettes. Ils vont alors à l'assemblée entendre le prêche des pasteurs.

Les soldats de Condé ne se conduisent pas autrement en Ile-de-France : aucun bien d'Eglise ne leur échappe. Dans le Hurepoix, dit Jean Jacquart, l'Eglise possédait 10 % des terres : après le passage des troupes « partout des ruines... les églises de Wissous et d'Orly avaient été saccagées, et dépouillées, les prieurés de Longpont et de Marcoussis avaient été pillés comme l'abbaye de Cernay. Les belles et grandes fermes du chapître cathédral à Mons et à Ivry, comme celle de Saint-Germain-des-Prés à Antony, avaient été incendiées ». Les cloches sont saisies pour couler des canons. Les églises elles-mêmes servent d'atelier aux fondeurs, comme à Montauban.

Les biens d'Eglise alimentent les troupes en campagne, et servent de trésor de guerre. Mais les calices, les ciboires, les ostensoirs et les étoffes précieuses ne suffisent pas au paiement des reîtres. Il faut trouver de l'argent, rançonner les populations. En pays ennemi, on pratique sans scrupule la loi du tribut. Mais il faut aussi recueillir l'argent disponible chez ses propres partisans. Le roi de France n'a pas de difficultés : il multiplie les taxes, et ses officiers organisent les levées. En pays protestant, faut-il faire payer au nom du roi ?

A Montauban, les consuls étaient dépourvus de moyens légitimes pour « recouvrer deniers ». Comment payer les trois équipes de fondeurs, qui transformaient les cloches en canons ? Ils décidèrent de financer l'armement en levant la taille « pour le service du roi ». Les soldats de la garnison n'étaient pas payés. Ils se nourrissaient sur le plat pays, « pillaient, saccageaient, meurtrissaient ceux qu'ils rencontraient sur les chemins ». Pour trouver les matériaux indispensables aux travaux, les consuls faisaient mettre en coupe des forêts qui ne leur appartenaient pas. Ils réquisitionnaient pour la corvée des paysans dont ils n'étaient pas les seigneurs. Ils en conduisaient d'autres à la ville, pour récupérer les milliers de briques des églises ruinées, et construire des remparts.

Pour trouver de l'argent frais, la taille ne suffisait pas. Les consuls de Montauban recouraient bientôt — comme le roi lui-même — à l'emprunt forcé d'abord sur les catholiques, puis sur les « paysans bien aisés de la terre et juridiction de Montauban ». Enfin ils durent imposer la bourgeoisie calviniste : ses membres durent acquitter une contribution de 9 411 livres pour payer les compagnies étrangères des princes. Après la mort de Condé, ils donnèrent encore 900 livres. Au passage de Coligny, les notables discutèrent pied à pied pour limiter leur contribution à 10 000 écus. Ils durent se défendre comme des diables, à la fin de la guerre, pour ne pas payer une deuxième fois à l'intendant du roi les tailles que les princes avaient déjà levées.

Les protestants obtenaient plus facilement des hommes que de l'argent. Les catholiques étaient surpris par les armées inépuisables de Coligny : il pratiquait déjà la levée obligatoire de tous les hommes valides, comme de nombreux témoignages l'attestent. Il est vrai qu'il n'était pas besoin, en pays huguenot, d'avoir recours à la contrainte : les volontaires étaient nombreux. Il y avait plus d'hommes que d'armes.

Les combattants s'installaient dans l'horreur, chacun jouant son rôle. Les grands seigneurs tâchaient de rester humains, comme le gouverneur de Provence, le comte de Tende, passé à la Réforme, mais qui refusait de combattre son fils, ou le vieux maréchal de Vieilleville, utilisé un moment par Catherine pour pacifier la Provence, après avoir rétabli l'ordre dans Lyon. D'autres retrouvaient l'état d'esprit des barons du Moyen Age, quand le roi de France n'était encore qu'un suzerain lointain, qui les laissait s'égorger à l'aise. Le dimanche, il arrivait en Provence que les dames de la société assistent aux combats. On provoquait même les huguenots pour qu'elles jouissent d'un bel engagement. Las ! On tuait devant elles et parfois par accident : devant Mérindol, un dimanche, sous les beaux yeux de la comtesse de Sommerive et de Catherine de Joyeuse, deux gentilshommes, par erreur, s'entre-tuèrent : ils étaient catholiques, arlésiens, et les meilleurs amis du monde. Ils croyaient pouvoir jouer à la guerre.

Autre race de chefs : les anciens combattants d'Italie. Ceux-là n'avaient pas l'ambition, comme les barons du xiᵉ siècle, de recevoir donjon et fief. Ils faisaient la guerre des *condottieri,* répandaient la terreur pour combattre et piller aux moindres frais, et remplissaient leurs coffres : des Adrets n'était pas un fanatique, mais un profiteur. Monluc était un homme de main, et non un vieux serviteur du roi, comme il le laisse entendre. On comptait sur lui pour les opérations spéciales : l'enlèvement de Jeanne d'Albret en Béarn, par exemple, ou la liquidation de l'amiral de Coligny. Une lettre d'un ambassadeur espagnol assure que Catherine songeait à lui proposer un tel « contrat ».

Ces chefs cyniques recherchaient la fortune. D'autres combattaient par fanatisme religieux, engagés de plus en plus dans l'horreur : Montbrun par exemple, neveu du cardinal de Tournon, ou son adversaire le catholique Mongiron, qui avait noyé tous les notables huguenots de Grenoble, ou encore Jean de Pontevès, seigneur de Carcès, chef incontesté de tous les « cabans » de Provence, qui ne se mêlait pas aux vulgaires chefs de bande, aux routiers d'un Fos des Porcellets. Certains, comme Paulon de Mauvans, poursuivaient toute leur vie une vengeance, poursuivis par l'image d'un parent martyrisé. D'autres enfin, d'humble extraction, se taillaient un fief à coups d'épé, comme s'ils combattaient en Espagne au temps des Maures. Ils faisaient carrière s'ils parvenaient à se placer dans le sillage des grands : le célèbre capitaine Merle, qui tenait une bande en Auvergne, avait commencé comme chef de partisans. Il aurait été le fils d'un cardeur de laine d'Uzès. En 1568 il était arquebusier dans les gardes du baron d'Acier, Jacques de Crussol. Il avait fait campagne dans le Poitou. Un baron du Gévaudan l'avait pris comme écuyer. Il était avec lui à Paris, en 1572, comme tant de jeunes gens ambitieux, au service des Guise et des Coligny...

La violence, pour ces hommes, devenait une seconde nature. Même les grands seigneurs recevaient un entraînement physique stupéfiant. On a vu la résistance à l'effort de l'amiral de Coligny, échappant, blessé, à ses poursuivants sur le champ de bataille, remontant en selle, rouge de fièvre, pour quitter Saint-Etienne. L'éducation des princes, à cette époque, impliquait un entraînement de champions. Ils devaient, en toutes circonstances, pouvoir sauver leur vie. A 20 ans, le jeune Henri de Guise est dépeint comme un seigneur haut de taille, fort comme Hercule. « On l'a vu, dit Davila, nager tout armé et équipé contre le courant de l'eau la plus rapide. » Un ambassadeur italien note : « personne ne saurait lui résister à l'escrime ». A la même époque, le jeune Henri de Navarre est formé à la guerre dans le château de Gaston Phébus. Chacun de ces jeunes seigneurs dispose d'un nombre impressionnant de gardes du corps, car si la violence bat les campagnes, elle règne aussi dans Paris, à la cour même, où les Italiens qui entourent la reine ont une réputation d'empoisonneurs.

Les nobles s'entre-tuent, le peuple paye. Sans doute trouve-t-on, dans les deux camps, des fanatiques partant au combat pour la religion, et mourant de bon cœur à la bataille. Les milices catholiques de Montmorency, levées dans Paris, se font tuer bravement sous les murs de la capitale, et plus d'un paysan provençal s'enrôle dans les troupes de Carcès.

Sans doute les chefs protestants disposent-ils d'une inépuisable infanterie, qui rejoint sans broncher les camps de rassemblement pour partir en campagne. On note l'importance des artisans et des boutiquiers dans les armées de Crussol ou des vicomtes du Rouergue. Ces braves font partie des contingents levés par les villes protestantes. Ils suivent les seigneurs, petits et grands, qui les mènent à la bataille.

Même s'il n'est pas, dans sa majorité combattant, le peuple français subit les gens de guerre. L'émeutier n'est pas un soldat, ni le gréviste de la dîme un volontaire mais, depuis dix ans, les passages continuels de bandes armées ont ruiné les campagnes et détruit la prospérité des villes. Le Roy Ladurie note que la baisse démographique, en Languedoc, date des années 1560. Dans les mêmes années, le profit agricole recule, les revenus de la terre diminuent, jusqu'à s'effondrer dans certaines régions. L'Ile-de-France, par exemple, a constamment souffert des gens de guerre : les mauvaises récoltes, la peste de 1562 ont accablé villes et villages. Les approvisionnements en blé de la capitale ont continuellement baissé, renchérissant le prix du pain. D'autres régions ont été ravagées : le val de Loire, la Bourgogne et le Morvan, lieu de passage des gens de guerre venant de Suisse ou d'Allemagne. Lyon, où la peste de 1564, après la commune protestante, a fait des milliers de victimes. La vallée du Rhône, le Dauphiné et la Provence, où la guerre civile n'a pratiquement pas cessé. Le Poitou et la Saintonge, parcourue par les bandes armées de la troisième guerre. Le Toulousain, l'Agenais, la Navarre, la Guyenne, le Languedoc, le Vivarais, fourmillant de chefs de bandes rivales, traversés par la grande chevauchée de Coligny et par ses poursuivants. La moitié du royaume, au bas mot, a connu les horreurs de la guerre. Les villes, accablées par les réfugiés surgis tout nus de leurs campagnes, ont connu des problèmes insolubles d'hébergement, de ravitaillement, au moment même où les levées fiscales du roi et des princes se renforçaient. Seuls les profiteurs, prêteurs à gage, commerçants fournisseurs des armées, riches bourgeois et nobles rachetant les terres à bas prix trouvaient profit dans ces désordres. Même le clergé était victime : des milliers d'églises et de monastères étaient saccagés. Les biens étaient vendus par le roi, pillés par les bandes. Ceux qui voulaient garder la foi de leurs pères ne pouvaient se rendre à l'église : elle était détruite, ou la porte en était barrée par des piquets, sur ordre d'un chef protestant. Comme institution, l'Eglise craignait pour son avenir : les refus de payer la dîme s'étaient généralisés à partir des années 1560 dans la région de Lyon, la vallée du Rhône, le Languedoc, la Guyenne, et la région parisienne. Les plus contestataires des paysans demandaient non seulement l'abolition des dîmes, mais aussi des droits seigneuriaux : la région de Lectoure, dans le Gers, était gagnée par cette nouvelle jacquerie. Le clergé se plaignait au

Parlement, qui multipliait les procès. Mais comment faire payer des grévistes qui n'ont pas les moyens de se nourrir eux-mêmes ?

A partir de 1570 — fin de la troisième guerre —, le revenu des dîmes s'effondre dans toutes les régions concernées par les combats : le commerce des grains est paralysé, les instruments de culture sont détruits, le bétail volé. Les paysans, quand ils n'ont pas été massacrés sont partis pour la guerre. Les pestes et les crises de subsistance les ont décimés. Les villages sont désertés. L'Eglise n'est pas seule frappée, la population tout entière est en crise.

L'insécurité n'est pas seule responsable : le mauvais temps, pendant les années 1562-1563, puis 1565-1566 a compromis les récoltes. La pénurie en grains a favorisé la flambée des prix, accrue par la spéculation, dans un climat général de hausse de toutes les denrées. Les petits paysans, premières victimes de la hausse, ne peuvent acheter la quantité de grains nécessaire à leur survie. Ils s'endettent et abandonnent leurs maigres lopins aux gros laboureurs. Ils doivent louer leurs bras ou partir pour la ville, où les guettent la famine et la peste.

Naturellement le commerce des villes est entraîné dans le marasme. Certains secteurs sont protégés. Les nobles, à la Cour, s'habillent, dansent et s'amusent. La reine Catherine donne à Fontainebleau de belles fêtes. Jamais la mode n'a été plus gourmande de soieries coûteuses : cela fait les affaires des Lyonnais, comme les commandes de canons font les affaires des armuriers. Mais les pauvres, et les moins riches, n'ont plus les moyens d'acheter. Tous les boutiquiers se plaignent, ceux de Paris surtout.

Ils voient de près le luxe de la Cour et des grands. La reine Catherine a fait construire un nouveau palais aux Tuileries, le roi a fait aménager le Louvre. Le retour de la Cour dans la capitale incite les grands à se faire construire de luxueux hôtels près du palais ; les archevêques de province y étaient installés depuis longtemps. Au plus fort de la crise, les chantiers de construction transforment les rues en cloaques et provoquent la venue dans la capitale d'une armée de manœuvres.

L'activité ne permet pourtant pas d'engager tous les mendiants, les vagabonds, les errants, qui demandent alors asile dans les hôpitaux. Depuis juin 1572, les campagnes de l'Ile-de-France sont menacées de disette. Les grandes gelées de février ont compromis les récoltes. La moisson faite, les paysans vendent (ils n'ont pas de quoi ensemencer), puis affluent dans la capitale.

L'Eglise n'a pas les moyens d'accueillir dans les hôpitaux une telle masse de miséreux. Ils se font voleurs, chapardeurs : les

« bélîtres » hantent les abords de Notre-Dame. La ville, de nuit, n'est pas sûre. Les soldats licenciés parcourent les rues, à la recherche d'une « affaire », ou traînent dans les cabarets, toujours disponibles pour un seigneur à la bourse garnie. Pour les 300 000 Parisiens, l'angoisse de tous les jours, c'est le prix du pain : avec une récolte inférieure de moitié à la normale et une population gonflée d'indésirables, Paris s'inquiète ; le setier de blé coûtait en juillet, 7 livres et demie. Il en vaut 9 au cours des Halles un mois plus tard. Encore le grain est-il introuvable. Il devient monnaie d'échange, matière à thésaurisation. On garde le blé comme l'or, dans des coffres de bois sculpté, aux serrures à combinaison secrète.

L'atmosphère de la capitale, en août 1572, est torride, orageuse. Au moindre incident, le pire est à craindre. Les cloches de Notre-Dame sonnent. Les badauds prêtent l'oreille. Et soudain les commerçants du Petit Pont ferment précipitamment leurs échoppes. On annonce le mariage de la princesse Marguerite de Valois, la fille de la reine, avec le roi de Navarre. Des noces de sang, prévues pour le 18 du mois.

Si le peuple affamé est las de la guerre, si les nobles qui survivent aux combats attendent une nouvelle aventure, la reine Catherine se retrouve seule, deux ans après la paix, devant le seul survivant du parti huguenot, l'amiral Gaspard de Coligny. Avec les petits moyens d'une Italienne élevée dans les intrigues du grand-duché de Florence, habituée aux marchandages, aux louvoiements, mais non aux grands affrontements, elle suit, en gros, les vues des anciens serviteurs du royaume : la politique de bascule entre la puissance espagnole et les nouveaux Etats protestants d'Angleterre et du Rhin. N'ayant pu s'entendre avec Philippe II d'Espagne, elle songe à reprendre la politique de François Ier.

Ses grands desseins se réduisent à des intrigues. Elle a, il est vrai, sept enfants à marier. L'aîné, François II, est mort jeune. Sa première fille, Elizabeth, première femme de Philippe II, est morte également. Sa seconde fille, Claude, a épousé Charles III de Lorraine. Elle a tenté de marier Charles IX avec une archiduchesse d'Autriche ; mais Philippe II l'a devancée : il a pris l'aînée des archiduchesses, laissant seulement sa jeune sœur au roi de France. Intolérable camouflet.

Restent trois enfants : Henri, duc d'Anjou, Marguerite, qui a juste vingt ans, et le petit duc d'Alençon. La reine mère a échafaudé de nombreux projets pour Marguerite et elle accuse Philippe II d'avoir fait échouer le plus récent : un mariage avec le roi du Portugal. Catherine sait qu'elle doit faire vite :

Marguerite est amoureuse du duc Henri de Guise, le bel escrimeur. On l'a surprise dans ses bras. A cette conduite inacceptable, punition à l'italienne : la reine et le roi son frère l'ont rossée.

Pourquoi Philippe II supporterait-il les intrigues de la reine française, qui vise à limiter sa puissance en Europe, à l'empêcher de récupérer l'héritage de Charles Quint ? Il se sent sûr de lui. Il a maté la révolte des Flandres. L'Angleterre n'ose bouger et la France déchirée a cessé d'être une menace. Il sait bien que Charles IX n'est pas le maître en son conseil et qu'il doit ménager les protestants que ses armées ont cependant battus. Il n'a que faire de l'alliance française : il n'a pas en France des amis mais des agents, les Guise.

Catherine sait qu'elle doit changer de système d'alliances : les intérêts de la France et de l'Espagne sont divergents. Mais pour une bonne alliance, Catherine ne croit qu'à un beau mariage.

Elle n'hésite pas à changer de politique : elle éloigne de la Cour le cardinal de Lorraine, oblige le duc Henri à épouser une demoiselle de Clèves. Bientôt elle annonce les fiançailles de son fils préféré, Anjou, avec la reine d'Angleterre. Elizabeth n'a pas refusé. La proposition de Catherine la sert, parce qu'elle inquiè** le roi d'Espagne. Elle est flattée de l'insistance française. Mais il n'est pas question que le petit duc impose sa religion papiste à la cour de Londres.

Catherine annonce ce projet à la Cour sans savoir que le roi son fils intrigue de son côté pour soutenir, contre les Espagnols, Ludovic de Nassau, frère du prince d'Orange, qui veut soulever les Flandres. Pour que le « redressement » de la politique française soit complet, la reine mère presse Jeanne d'Albret d'unir son fils Navarre avec Marguerite.

La cour de Londres tergiverse, et Jeanne refuse. Le seul qui puisse la convaincre est Ludovic de Nassau. Elle ne veut pas qu'Henri son fils soit victime des jeux de Cour, comme jadis Antoine, son mari. Mais elle saura se sacrifier pour la cause.

Le roi promet à Ludovic de soutenir son entreprise, pourvu qu'il soit sûr de l'alliance anglaise et de celle des princes allemands. Coligny, tenu au courant de ces négociations, décide de s'engager à fond : il propose ses services à la reine, offre de rendre au roi les « places de sûreté ».

Le 15 septembre 1571, le roi et la reine ont accepté de le recevoir au château de Blois. Singulière rentrée politique : l'homme dont la tête avait été mise à prix est reçu, tout sourire, par la reine mère, félicité par le duc d'Anjou. Seule la jeune reine venue d'Autriche ne lui tend pas la main. Elle rougirait de toucher un huguenot ! Impudence des grands : la reine mère dote Coligny, réintégré au Conseil royal, d'une gratification de 150 000 livres et d'une abbaye rapportant chaque année 20 000 livres : le chef protestant devenait un bénéficié de la Sainte Eglise...

Il obtenait de la reine toutes les concessions : on avait exécuté pendant la guerre deux bourgeois de Paris, les frères Gastines, qui organisaient chez eux des prêches. Leur maison avait été rasée. On avait dressé sur son emplacement une pyramide surmontée d'un crucifix. Coligny exigea que ce monument fût détruit. Une équipe nombreuse, travaillant de nuit, la fit disparaître : le lendemain, une émeute tuait un artisan, brûlait une maison voisine. Pour complaire à Coligny, Catherine avait pris le risque d'une provocation.

Mais elle tenait enfin Navarre. Jeanne d'Albret, qui ne voulait pas de cette union, s'était laissé convaincre par Nassau et Coligny. Le roi de France avait-il donné son accord à Nassau ? Dans les ports, on armait les navires. Un envoyé du roi à Londres sondait les intentions d'Elizabeth, qui avait refusé la main du duc d'Anjou. En mai, Ludovic de Nassau entrait par surprise dans Mons et Valenciennes, porteur de 10 000 francs français et d'une lettre de soutien de Charles IX.

A Paris, l'amiral de Coligny voulait brusquer le Conseil. Mais comment braver sans alliés le puissant roi d'Espagne, qui venait de remporter, sur les Turcs, l'éblouissante victoire de Lépante ? N'était-il pas, plus que jamais, le plus grand monarque de la chrétienté ? Déjà les Espagnols avaient repris Valenciennes. Nassau était bloqué dans Mons. « Qui empêche la guerre d'Espagne n'est pas bon Français, avait dit au Conseil Coligny à Tavannes, car il a une croix rouge sur le ventre. » Mais la croix des Espagnols ne terrorisait pas le seul Tavannes. Ni le roi ni la reine n'étaient partisans de la guerre : « ils sont déjà fatigués des tambours et des trompettes », disait Coligny le 4 juillet 1572. Elizabeth d'Angleterre avait averti qu'elle ne voulait pas des Français dans les Flandres. Les princes protestants restaient calmes : la France était seule.

Coligny, cependant, n'était pas homme à abandonner Nassau. Il lui envoya en secret 4 000 soldats, commandés par Genlis : Genlis fut défait, et pris. Le duc d'Albe, qui savait faire parler les gens, obtint de lui tous les aveux. Le roi de France, averti, avait fait une violente colère : Catherine l'avait calmé. Deux Conseils successifs avaient condamné la politique d'intervention préconisée par Coligny : « Madame, avait-il dit à Catherine, le roi renonce à entrer dans une guerre ; Dieu veuille qu'il ne lui en survienne pas une autre, de laquelle il ne serait pas en son pouvoir de se retirer. » Menace ? Appréhension ? Coligny persévérait. Il préparait une levée d'hommes pour marcher lui-même sur Mons. Tout valait mieux que la guerre civile. Peut-être son exemple entraînerait-il les Français... C'était le 11 août 1572. Une semaine exactement avant le jour prévu pour les noces d'Henri de Navarre.

Ainsi la fille de la reine mère épousait un huguenot. La nouvelle avait frappé les Parisiens de stupeur. Non seulement le roi a donné aux Protestants vaincus un nouvel édit de tolérance. Mais il leur marie sa sœur ! On les a vus rentrer dans Paris, s'afficher au grand jour, reprendre leurs prêches qui, pour le petit peuple, sont synonymes de guerre et de famine. A l'évidence, Dieu punit Paris d'accueillir ces mécréants. « Si ces noces se font à Paris, avait dit Sully, le conseiller d'Henri de Navarre, les livrées en seront vermeilles. »

Car Paris est catholique, follement hostile aux huguenots. Le peuple avait jadis François de Guise pour idole. Son affection se reporte sur son fils Henri, qui a si fière allure. Les intrigues de l' « Italienne » déconcertent, irritent. En un clin d'œil la foule s'est attroupée quand on a détruit le monument des frères Gastines. Sans les soldats de Montmorency, l'émeute pouvait dégénérer en révolte. Les Guise au pouvoir n'auraient pas toléré l'infamie d'un tel mariage.

Paris s'emplit alors de huguenots patibulaires, qui s'engagent dans l'armée des Flandres, recrutée par Coligny. De jeunes seigneurs armés jusqu'aux dents emplissent auberges et hôtelleries. Ils se mesurent du regard avec leurs adversaires catholiques ; pour un mot, la rixe est près d'éclater. Pourquoi accueillir cette racaille huguenote que l'on vouait hier encore aux gémonies ?... Les Parisiens ne sont pas perplexes, ils sont indignés.

Comme la très grande majorité des Français, ils sont croyants, à la manière ancienne : ils vont à la messe entendre un prêtre qu'ils ne comprennent pas, prient devant des images de saints et offrent des ex-voto à la Vierge. Ils suivent les processions pour mettre leurs vies et leurs biens à l'abri du mauvais sort et chassent le démon de leur maison en aspergeant les murs d'eau bénite. Ils croient que saint Roch éloigne la peste, que saint Antoine fait retrouver les objets perdus. Ils croient surtout, pour les moins fanatiques d'entre eux, que sans les Protestants et leur fichue mine de prêcheurs buveurs d'eau, le royaume serait en paix.

Depuis dix ans, ils subissent la guerre des hérétiques, imposée au royaume par les hommes noirs venus de Genève. Plus ils sont battus, plus ils sont protégés. La Cour est responsable, les moines l'ont dit au prêche, avec véhémence, avec violence. C'est la reine qui a introduit le diable dans les conseils, qui ménage les ennemis de Dieu. L'Italienne n'a plus la foi. L'étrangère n'a pas la confiance du peuple. Le roi lui-même est suspect. Il est avec Catherine comme dans la Bible Achaab et Jézabel quand ils acceptaient le culte monstrueux de Baal. Le père Victor, prêcheur très écouté, appelle sur la Médicis la colère du ciel : « Dieu ne souffrira pas, lance sa voix tonnante, cet accouplement exécrable. » A la Cour, devant les princes, le prêcheur Sainte-Foy sème le doute : si le roi se laisse aller à cette politique infâme, il perdra son trône au profit de son jeune frère Anjou, comme dans les Ecritures Jacob remplace son aîné Esau l'incapable.

Ces appels sont entendus, car ils touchent un public très sensibilisé. Pour la majorité des Parisiens, le protestant est l'étranger : il est vêtu autrement, il a une coiffure spéciale, une démarche, une silhouette, un comportement différents. Il ne danse pas, ne boit pas, ne rit pas. Il ne fête pas la Saint-Lundi. On ne le voit pas à Carnaval. Il est en marge. Jadis, quand on brûlait les huguenots, ils mouraient avec un inquiétant courage. Tant le roi les tue, tant ils renaissent. Leurs diables de livres font belle besogne. Peut-être ont-ils tout simplement, comme le disent les prêcheurs, le diable au corps.

Le vieil amiral, qui a son quartier général rue de Béthizy, s'est installé à côté du Louvre, pour mieux dominer son maître. On dit que le roi ne jure que par lui. Il est gardé nuit et jour par des arquebusiers et des Suisses. Quand il se rend au conseil, ses compagnons l'entourent. Il sait qu'il n'est pas en sécurité. Pour faire sa mauvaise besogne, il a besoin de protection. La présence des Suisses montre, à l'évidence, que le roi est du jeu.

La foule qui se masse à la cérémonie du 18 août grince des dents. La Cour défile, avec ses robes de brocart, ses bijoux étalés, son accompagnement de pages, de trompettes, de grands seigneurs. Les protestants tranchent, avec leurs costumes noirs et leurs cheveux courts. On les montre du doigt : ce sont les chefs huguenots. La Cour entre dans Notre-Dame. Où est le prétendant ? Il est resté dehors. Le duc d'Anjou est entré à sa place. Henri de Navarre ne veut pas aller à la messe. A l'intérieur de la cathédrale, l'amiral parcourt la nef, comme s'il visitait un musée, en compagnie du maréchal de Damville. Tous les deux regardent les drapeaux des victoires françaises, que l'on avait coutume d'y suspendre pour les *Te Deum*. Il voit ceux de Moncontour et de Jarnac : « Ils seront bientôt remplacés, dit-il à Damville, par d'autres plus agréables à voir. » Car l'amiral est décidé à partir en campagne dès la fin de la fête.

En ce temps-là les noces princières duraient plusieurs jours. Tout le monde put assister à la bénédiction donnée en plein air, contrairement à tous les usages, sur une estrade dressée au milieu du parvis. Puis les musiciens jouèrent partout des airs de danse : pendant trois jours, les tournois, les bals, les mascarades se succédaient à la cour. Le vin coulait à flots dans les tavernes. Paris dansait. Mais Henri de Navarre et ses compagnons n'étaient pas de la fête : outre l'inquiétude qui les tenait en alerte, ils étaient encore accablés par la mort de la reine Jeanne, qui les avait quittés presque la veille des noces : exténuée par les suites d'une longue maladie, elle s'était éteinte dans son lit, à 44 ans. Le roi avait aussitôt ordonné l'autopsie de son corps. On murmurait dans les hôtelleries huguenotes qu'elle était morte empoisonnée par une paire de gants que lui aurait offerte la reine mère.

Les fêtes se poursuivent, étourdissantes, jusqu'au 21 août. Le vendredi 22, au matin, l'amiral de Coligny se rend au Conseil. Montmorency son cousin a pour sa part gagné son château de Chantilly. Il l'a averti que le vent tournait, qu'il ferait bien de veiller à sa sécurité. Mais Coligny tient à sa guerre, qui est, pense-t-il, le seul moyen de réconcilier les religions ennemies contre un ennemi commun, l'ennemi de toujours, l'Espagnol. Les Montmorency, restés catholiques, l'ont rejoint dans cette passion patriotique.

Il sort du Conseil royal entouré de ses compagnons : Piles, le héros de Saint-Jean-d'Angély, son gendre Téligny, qui ne le quitte jamais, et Guerchy. Il lit une lettre en marchant. Un coup de feu éclate. L'amiral a le doigt emporté, le bras gauche touché. On force la porte de la maison où le tireur était embusqué : on trouve l'arme, une arquebuse. Coligny demande que l'on prévienne aussitôt le roi qui est au Jeu de Paume. La nouvelle se répand dans toute la ville, de bouche à oreille. Les bourgeois prennent les armes, les commerçants ferment boutique. On s'attend au pire.

La reine Catherine de Médicis a commandé l'attentat. Un « assassin du roi » familier du duc d'Anjou, Charles de Maurevert, a préparé minutieusement son affaire. La décision de tuer l'amiral a été prise en conseil particulier, avec Anjou, Tavannes, Guise, et les Italiens confidents de la reine, Gondi-Retz, Nevers et Birague. L'amiral ne doit pas influencer la politique du roi. Il faut qu'il disparaisse. La reine pense sans aucun doute que les protestants amis de Coligny imputeront le crime aux Guise. Le père d'Henri, François, n'est-il pas mort lui-même assassiné ? Les deux clans princiers livreront bataille dans Paris, s'éliminant les uns les autres. Le pouvoir royal sortira indemne de l'événement.

Mais le tueur a manqué la cible. Les protestants se groupent autour de l'amiral dont la maison est gardée comme une forteresse. Ils ont enquêté sur le lieu du crime. L'immeuble où s'est posté le tireur appartenait à un ancien précepteur du duc de Guise. Les huguenots demandent toute la lumière, si le roi et la reine ne veulent pas qu'ils fassent justice eux-mêmes. Piles et Pardaillan profèrent des menaces à la Cour, portent des accusations contre Catherine et le duc d'Anjou. Les comploteurs seraient-ils découverts ?

La reine mère réunit ses familiers : le roi a prescrit une enquête. Il va savoir. Les Guise dénonceront, à coup sûr, les véritables auteurs du complot. Le 23 août, le conseil décide de massacrer tous les chefs huguenots. La décision prise, Catherine se charge de convaincre le roi : il y a, dit-elle, péril pour sa vie. Les protestants veulent le tuer et prendre le pouvoir. Il faut les prévenir. Charles IX, une fois de plus, se laisse convaincre. On dresse la liste des condamnés. Seuls trouvent grâce les princes du sang, Henri de Navarre et Condé. Tous les autres doivent mourir. Le Conseil convoque les magistrats parisiens et leur ordonne de fermer les portes de la ville ; sur les berges les barques seront enchaînées, pour que nul ne puisse s'enfuir par le fleuve. Des canons devront être mis en place autour de l'Hôtel de Ville. Les ordres sont ensuite transmis à tous les quarteniers, aux capitaines commandant l'artillerie.

Henri de Guise a été contacté pour tuer lui-même l'amiral. N'a-t-on pas répété inlassablement dans sa famille, pendant toute sa jeunesse, qu'il avait inspiré l'assassin de son père ? Le duc accepte, paraît devant l'hôtel de la rue de Béthizy le 24 août avant l'aube. Des mercenaires suisses, un assassin à la solde des Guise du nom de Jean Yanowitz, dit Besme, se chargent de la besogne. Guise a recommandé aux soldats de lancer le corps par la fenêtre. Guise se penche sur le visage de l'amiral pour le reconnaître...

Au Louvre, on arrête les deux princes du sang, Condé et Navarre, pour les conduire dans la chambre du roi : ils doivent choisir entre la mort ou l'abjuration. Dans la cour, on tue des huguenots venus aux nouvelles. Nancay, capitaine des gardes du roi, parcourt le palais avec les Suisses. Ils massacrent tout ce qu'ils trouvent dans les chambres et dans les galeries. Le quartier Saint-Germain-l'Auxerrois où logeaient d'autres chefs protestants est bouclé par les soldats de Guise, de Tavannes et de Nevers. Pour se reconnaître la nuit, ils ont une croix blanche au chapeau et une écharpe blanche en sautoir. Ils tuent La Rochefoucauld, Soubise, Téligny qui avait réussi à quitter par les toits la maison de son maître. Tous les corps sont rassemblés dans la cour du Louvre. Les seuls protestants qui échappent à la tuerie habitaient le faubourg Saint-Germain. Ils devaient être exécutés par la milice bourgeoise ; mais, alertés par les coups de feu, ils réussissent à s'enfuir par le chemin de Vaugirard.

On avait tué deux cents nobles. Mais la cloche du Palais de Justice continuait à sonner le glas. A cinq heures du matin, la population découvrit les cadavres « traînés dans les rues, attachés à des cordes, comme bêtes mortes ». Trois jours d'ivresse sanguinaire commençaient, sans que les ordres du roi puissent rétablir le calme. Le carnage se poursuit au hasard des rencontres, des dénonciations. Les égorgeurs assassinent, au Quartier latin, les étudiants étrangers. On massacre les libraires, en brûlant les boutiques. Les moines stimulaient le zèle des égorgeurs, en racontant les deux miracles de la journée : une vierge de l'église Saint-Hilaire avait versé des larmes ; une aubépine desséchée reverdissait au cimetière des Innocents. Assurément Dieu voyait la Saint-Barthélémy d'un bon œil. Assurément la Vierge pleurait sur les douleurs que lui avaient infligées les hérétiques.

Les massacres se poursuivaient de plus belle : on tuait les orfèvres et les changeurs — ces étrangers. On n'épargnait ni les femmes ni les enfants. Le crime était une extermination. Il fallait débarrasser Paris de la « race maudite ». Combien de victimes ? Les appréciations varient. Les cadavres étaient dénudés, jetés dans la Seine qui rougissait de leur sang. Trois mille, avance Estèbe. Les assassinats s'accompagnent de pillage. On met à sac les maisons et les boutiques des lapidaires et orfèvres du pont au Change et du pont Notre-Dame. On tue les officiers de justice, les bourgeois huguenots, et certains bons catholiques. La fureur populaire est aveugle, nul ne peut la dominer. La milice parisienne, entre les mains de Guise, pousse à l'assassinat.

Qui peut arrêter les massacreurs ? Ils cherchent, rue de Béthizy, le cadavre de Coligny. Ils le retrouvent, lui arrachent ses vêtements, l'émasculent, le plongent dans la Seine, s'en amusent comme d'un pantin, puis le retirent, le pendent par les pieds au gibet de Montfaucon. Crime de purification ? Estèbe, après Mandrou, penche pour le crime rituel. Il s'agit de purifier le royaume : « il ne pouvait trouver un tombeau qu'au corps du corbeau », ironisaient les fanatiques qui affirmaient que le cadavre de l'amiral ne pouvait avoir de sépulture, car il était repoussé par l'eau, l'air, la terre et le feu. On avait allumé, sous le gibet, un feu de bois qui s'était éteint. Dans les pamphlets protestants, on expliquait au contraire que les quatre éléments avaient été associés à son supplice, qui avait la grandeur d'un sacrifice.

Dès le 24 août, des témoins parisiens avaient alerté les villes proches de la capitale : spontanément, des groupes de fanatiques se lancèrent à la curée des huguenots. A La Charité, par exemple, les nouvelles de Paris, parvenues le soir, provoquèrent le carnage. Le sang coula dans toutes les villes de la région, Saint-Benoît-sur-Loire, Beaugency, Châtillon-sur-Loire, Gien, Jargeau. 500 religionnaires seulement parvinrent à s'échapper, trouvant refuge à Sancerre. A Orléans les massacres, qui se prolongèrent pendant trois jours, commencèrent le 25 au matin : 1 200 victimes. Les seuls protestants épargnés furent les étudiants allemands de l'université. L'église d'Orléans, si militante, était totalement anéantie. Les autorités municipales organisent le massacre.

Le comte de Montsoreau, agitateur connu du parti catholique, était à cheval sur les bords de la Loire, se disant porteur des ordres du roi : à Saumur, à Angers, il fit égorger les Huguenots. Il dirigeait lui-même les exécutions. On jetait les corps dans la Maine. Il fallut l'intervention d'abord prudente, puis de plus en plus ferme des échevins pour arrêter les tueurs, qui pillaient les maisons des victimes. Au Mans, à Tours, les municipalités purent épargner la population huguenote, emprisonnant les suspects pour les protéger.

Les protestants étaient 8 000 dans le bailliage de Meaux (1531). Dès le 25 août, le procureur du roi dans la ville donna lui-même le signal de la tuerie : plus de 600 victimes en deux jours de chasse éperdue. Beaucoup purent s'enfuir par la route d'Allemagne, trouvant refuge à Sedan. On raconte que l'abbesse de Jouarre, Charlotte de Bourbon, fille du cruel duc de Montpensier, s'échappa du couvent dans une charrette de paysans pour se rendre chez sa sœur, la princesse de Sedan. Convertie à la Réforme, elle devait épouser Guillaume d'Orange.

A Bourges, les massacres commencèrent le 26 août et se prolongèrent jusqu'au 11 septembre. En Normandie, l'évêque Hennequier parvint à protéger les huguenots : il y eut pourtant des victimes à Rouen, entre le 17 et le 20 septembre : on égorgeait dans les prisons ceux que l'évêque, pour les sauver, y avait fait enfermer. Les tueries ensanglantèrent Troyes et Lyon : elles avaient toujours une origine locale. Le roi n'avait pas donné d'ordres formels. Au contraire, le 28 août, le gouverneur Mandelot avait reçu une lettre demandant que le calme fût assuré. Mais le consulat de Lyon était entre les mains de catholiques extrémistes, qui ne tenaient pas compte des conseils de modération du clergé, et que les nouvelles de Paris exaltaient. Ils avaient été les premiers avertis, par leurs correspondants à Paris. Le gouverneur laissa faire. Le pasteur Langlois, président du Consistoire, fut assassiné près du pont de Saône. Débordé, le gouverneur prit la décision d'enfermer les protestants.

Mais le dimanche 31 août, des groupes armés se firent ouvrir la prison des Cordeliers, tuant tous les détenus. L'affaire tournait à l'émeute : une foule compacte entoura la prison de Roanne, et celle de l'archevêché, sans que le gouverneur puisse intervenir. La populace déchaînée tuait plus de 700 huguenots. Les rescapés s'enfuyaient à Genève, en Bresse ou dans les villes protestantes du Midi. Certains arrivèrent jusqu'à La Rochelle.

Les mots d'ordre ne venaient jamais directement du roi, mais de messagers des extrémistes parisiens. Plus simplement, les nouvelles de Paris, venues par la poste, provoquaient localement des massacres, sans que les tueurs obéissent à des consignes particulières. Le rôle des gouverneurs était de maintenir l'ordre, d'empêcher l'hécatombe. C'est ainsi que le duc de Longueville en Picardie, Chabot-Charny en Bourgogne, le comte de Sommerive en Provence et Gordes en Dauphiné purent sauver les communautés réformées. Quand on disait à Sommerive que le roi désirait qu'on exécute les protestants : « ce n'est pas le roi qui a donné ces ordres, répondait-il, j'en ai reçu de contraires il n'y a pas longtemps. Ils viennent sans doute des ennemis de l'Etat. » Réaction significative : les provocations des ultras desservaient les intérêts de la nation. Très catholique, le comte était aux ordres du pouvoir royal, non d'un parti. Quant à Carcès, l'ancien chef de partisans devenu lieutenant général, il répondait : « j'ai toujours servi le roi en soldat, je serais fâché de faire en cette occasion l'office de bourreau. »

Comme l'a écrit Michelet, « la Saint-Barthélémy n'est pas une journée, c'est une saison » : en octobre, les villes catholiques du Midi ont donné carte blanche aux massacreurs. Des exécutions systématiques ont lieu à Bordeaux le 3, à Toulouse le 4, à Gaillac, Albi et Rabastens les 5 et 6 octobre. A Bordeaux, comme à Toulouse, le massacre résulte d'une sorte de « psychose d'encerclement » (Estèbe). Les deux villes ont résisté, en 1562, à une tentative de prise du pouvoir des huguenots. Ils ont été chassés, persécutés. Mais le plat pays, par contre, est très souvent calviniste. Les Bordelais se sentent isolés, menacés. Il n'y a plus d'armée royale pour les protéger. Lors de la dernière guerre, ils ont vu passer les cavaliers de Piles et de Roumégoux, ravageant le Médoc. Le Parlement a veillé passionnément à l'élimination des réformés dans la ville. Les prêches du Jésuite Aymond Auger ont enflammé la foule des fidèles. En vain le lieutenant du roi a-t-il tenté de maintenir l'ordre, le maire de Bordeaux, Montferrand, a laissé faire les tueurs qui ont exécuté 3 conseillers au Parlement, plusieurs notables, en tout de 2 à 300 personnes.

Le lendemain, à Toulouse, les capitouls, tous catholiques, ont appris que des « ordres secrets » du roi autorisaient à tuer les Huguenots. Ces ordres étaient transmis par des « messagers » dont personne, apparemment, ne vérifia la qualité. Dès le mois d'août, aux premières nouvelles de la Saint-Barthélemy (le 31, exactement) 300 huguenots avaient été jetés préventivement en prison. Trois conseillers suspects avaient été traduits devant le Parlement, sous l'accusation d'avoir participé dix ans plus tôt au mouvement de subversion des protestants qui voulaient s'emparer de la ville... Mais les Parlementaires, craignant les troubles et le pillage, ne veulent pas aller plus loin. Le duc de Joyeuse, lieutenant du roi, est pour l'ordre. Les capitouls sont hésitants.

Au matin du 6 octobre, l'émeute surprend tous les responsables : un groupe d'étudiants, de boutiquiers, armés de couteaux et de haches, force les portes de la prison. Les détenus sont tous massacrés sur les marches du Parlement. Le bourreau doit pendre les trois conseillers revêtus de leur robe rouge. Il y a plus de 150 morts.

Toulouse avait 35 000 habitants. C'était, pour l'époque, une grande ville. Dans les petits bourgs de Gaillac, Rabastens et Albi, les exécutions font figure de règlements de comptes. Celui de Gaillac est le plus sanglant : 74 morts pour 90 détenus. Il est vrai que, dans l'Albigeois, on redoute en octobre le réarmement huguenot. Des bandes armées parcourent de nouveau les routes. Les villes se renferment, s'organisent. Décidément l'assassinat de Coligny et des chefs du mouvement ne peut venir à bout de la résistance du Languedoc. Les exécutions tardives des protestants dans les villes catholiques sont l'expression de la « grande peur » de l'année 1572.

Aussitôt après la Saint-Barthélemy, la réponse du Midi ne se fait pas attendre : c'est une prise d'armes. Montauban ferme ses portes aux envoyés du roi. En Languedoc, en Vivarais, les villes se ferment, les troupes sont levées. Dans les Cévennes et le Gévaudan, sur le territoire des « vicomtes », Marvejols et Florac sont prises, mises en état de défense. Les catholiques ne peuvent plus circuler. Les vicomtes de Panat rassemblent leurs troupes à Castres. Montmorency-Damville, gouverneur du Languedoc, parle de 80 villes ou forteresses entre les mains des Huguenots. Autour de Montauban, Caussade et Saint-Antonin ont réarmé... de la plaine de Languedoc aux montagnes de l'Ardèche (Aubenas et Privas ont refusé les garnisons du roi), de Montauban aux Cévennes, la guerre a commencé. Aux nouvelles des exécutions de Bordeaux et de Toulouse, Millau et Montauban se dressent. Villars, responsable des soldats royaux dans la région, demande au duc d'Anjou des renforts et des canons. Il réunit 15 000 hommes dans l'Agenais, pendant que Damville porte son armée sur Nîmes qui refuse de se rendre, et met deux mois pour s'emparer de Sommières, défendue héroïquement par une poignée de Cévenols qui portent à leur chapeau la cuiller d'étain des « gueux » de Zélande. Le comte leur laisse la vie sauve.

Les protestants du Midi, par les messagers qui réussissent à franchir les barrages des Royaux, savent que La Rochelle s'est dressée, et qu'elle résiste, renforcée par des réfugiés de tout le royaume et par des soldats déserteurs. Les armateurs et les marins se sont emparés du pouvoir, chassant les notables et les grands officiers qui voulaient maintenir la paix. La guerre rapporte aux Rochelais : les corsaires multiplient les prises, étalent leur butin sur les quais de Chef de Baye. Les nobles armés — une cinquantaine — sont aussi nombreux que les ministres. Parmi eux, pas de noms illustres : une résistance spontanée, populaire, appuyée sur 1 500 soldats bien entraînés. L'ouverture maritime permet à la ville de soutenir un long siège.

La Cour réagit enfin. Depuis la Saint-Barthélémy, Catherine savourait son triomphe, comme si la mort des chefs de parti lui eût enfin donné les mains libres. Le roi ne pensait qu'à poursuivre les rescapés du massacre. La reine mère acceptait les félicitations du pape, qui avait, dit-on, allumé un feu de joie à Rome, mais elle refusait toujours d'accepter le concile de Trente. Elle n'avait pas changé de politique, et s'efforçait de rassurer les Etats protestants d'Europe. Elle voyait avec ravissement le roi de Navarre, converti, recevoir l'ordre des chevaliers de Saint-Michel. Aussi n'était-elle guère préoccupée de la levée d'armes des gens du Midi, et de la révolte des Rochelais : ces gens-là n'avaient pas de chefs. Le duc d'Anjou en viendrait facilement à bout. Il suffisait de les affamer tout l'hiver.

Il est vrai que, dans le royaume, un grand nombre d'abjurations renforçait l'optimisme de la reine. La bourgeoisie moyenne, même huguenote, rêvait de paix et accusait la caste militaire d'avoir accaparé la Réforme. Elle était prête à se satisfaire de la liberté de conscience, elle perdait toute agressivité. La hantise des exécutions enlevait à beaucoup leur courage, et parfois même leurs convictions et leur foi : à Paris le ministre du Rosier avait abjuré !

Mais, à La Rochelle, les pasteurs continuaient le combat, multipliant les prêches, expliquant aux fidèles que le désastre était voulu par Dieu, comme dans la Bible les malheurs d'Israël. La défense de la Religion n'était pas l'affaire d'une caste, mais du « peuple de Dieu » réuni. Ils trouvaient des accents bibliques pour recommander la résistance, malgré les pressions du gouvernement royal, qui répugnait au siège. Charles IX savait d'expérience, pour avoir assisté au siège de Niort, qu'aucune opération militaire n'était plus coûteuse. Moins que jamais la Cour ne pouvait se payer ce luxe.

Le roi, dans sa fureur vengeresse, avait poursuivi en Picardie tous les rescapés du siège de Mons, que Philippe II avait refusé d'exécuter lui-même, en laissant le soin à son royal voisin. Il avait épargné le plus brave d'entre eux, La Noue. Il fut alors chargé d'une singulière mission : il proposait, au nom du roi, la liberté de conscience aux Rochelais et le respect du précédent édit, s'ils consentaient à recevoir pour gouverneur Biron, qui avait dirigé, pendant tout l'hiver, le blocus de la ville. Les Rochelais offrirent à La Noue, qui avait la réputation de courage et d'honnêteté du chevalier Bayard, le commandement de leurs forces armées. Le roi, consulté, consentit. La Noue combattait donc les troupes royales avec l'autorisation du roi, tout en exhortant les Rochelais à se soumettre.

Mais la guerre avait changé de nature : la décision ne dépendait plus de la volonté affirmée d'un groupe de seigneurs. Les ministres encadraient les habitants, cinq d'entre eux étaient présents au conseil de la ville. Ils siégeaient au nom du consistoire. Pouvait-on, en faisant une paix séparée, abandonner les frères qui avaient pris les armes dans le Midi ? Comment croire à la parole de ceux qui avaient revendiqué, dans le monde entier, la responsabilité des massacres du 24 août ? D'ailleurs, le combat n'était plus mené par un parti de prince, mais par d'authentiques représentants de la foi. Si Calvin n'était plus dans Genève, il fallait que le monde sache que La Rochelle était dans le royaume la nouvelle Genève, et que sa vaillance était exemplaire. Comment Dieu pourrait-il les abandonner ? A-t-il abandonné jadis Bethulie et Samarie ? La reine Catherine se croyait débarrassée de la Religion. La Rochelle lui montrerait son erreur.

Le peuple consulté se prononça pour la résistance. On fit la chasse aux « traîtres » qui voulaient livrer la ville à Anjou. La Noue fut giflé par un ministre. Il dut quitter la place et rejoindre les rangs catholiques. Anjou avait rejoint Biron sous les murs de la ville. Il fit signe aux canonniers de tirer. Parmi les princes de la suite du duc, on reconnaissait Navarre et Condé. L'assassin de Coligny, Maurevert, était aux côtés du duc de

Guise, Thoré, fils du connétable de Montmorency, et Turenne, son petit-fils, étaient de la partie : au total plus de 400 nobles, protestants loyalistes comme La Noue, convertis comme Navarre, catholiques intransigeants comme Guise, ou modérés comme Montmorency. Enfin le duc d'Alençon, le plus jeune fils de Catherine, paraissait pour la première fois à l'armée, envieux des lauriers d'Anjou.

Le roi, qui avait à grands frais rassemblé cette armée, demandait à Anjou une décision rapide. La première tentative fut un échec : en mars 1573 l'intense bombardement n'avait pas découragé les défenseurs : les femmes participaient à l'action, jetant des pierres et du goudron fondu du haut des remparts. Tous les assauts d'avril furent repoussés. Malgré l'échec de l'expédition de secours affrétée en Angleterre par Montgomery les habitants, qui manquaient de vivres, se mirent à pêcher dans la rade et à ramasser les coquillages. Comme à Nîmes ou à Sommières, les réformés montraient un courage désespéré.

Ils eurent bientôt vent des divisions du camp catholique. Le duc d'Anjou avait trop de princes autour de lui. L'inaction encourageait l'intrigue. Les Montmorency gagnaient le duc d'Alençon, le suppliaient de former un parti, avec Navarre et Condé. Alençon contre Anjou ? C'était prolonger la guerre des princes, soulever de nouvelles armées, aller au devant d'une catastrophe. Des renforts survinrent à l'armée royale, venant de Suisse. Anjou put commander l'assaut, le 26 mai : nouvel échec.

Dans la ville, cependant, l'ardeur des défenseurs faiblissait. La population était à bout de forces. Une pétition circulait de maisons en maisons, pour demander la paix. Les ministres étaient inflexibles. On fit emprisonner quelques notables, mais il fallait trouver une issue.

Dieu vint-il au secours des Protestants ? On apprit au camp catholique, le 19 juin, alors que les mercenaires menaçaient de faire défection, que la Diète de Pologne venait d'élire roi le duc d'Anjou. Il avait comme adversaire un Autrichien et le tsar Ivan le Terrible. Monluc, envoyé par Catherine de Médicis, avait expliqué aux Polonais que le duc d'Anjou était un prince tolérant, et que la Saint-Barthélémy n'était rien d'autre qu'une émeute sanglante. Les Polonais avaient exigé, et Monluc avait accepté, que le duc d'Anjou fît la promesse de réhabiliter les victimes du 24 août.

Devenu enfin roi, Anjou abandonnait La Rochelle. Il signait un armistice le 21 juin 1573, accordant la liberté de conscience aux protestants et la liberté du culte dans la ville, ainsi qu'à Nîmes et Montauban. Le 6 juillet, le siège était levé.

Restait Sancerre, et le Midi. La résistance des Sancerrois était aussi farouche que celle des Rochelais. L'armée royale, renouvelant le siège d'Alesia, avait construit tout autour de la ville une ceinture continue de tranchées réunissant des fortins. La ville bloquée soutint le siège de mars à août 1573, au prix de souffrances incroyables. La chronique raconte que l'on mangeait de la bouillie de cornes de bœufs et qu'il y eut des cas de nécrophagie. Les héroïques défenseurs obtinrent la vie sauve et, pour 40 000 livres, rachetèrent la ville du pillage. On démantela ses remparts, on emporta l'horloge et les cloches pour lui signifier qu'elle ne possédait plus désormais ni dignité ni franchises, puisqu'elle avait désobéi au roi de France.

Comme à Nîmes, comme à La Rochelle, les Royaux montraient moins d'âpreté au combat, et moins de cruauté dans la répression. Damville n'avait guère fait de zèle pour s'emparer de Nîmes. Il avait harcelé la place sans vraiment la forcer. Ce Montmorency, par sa famille, connaissait les hésitations du camp royal, et les intrigues de Pologne. Il savait qu'une nouvelle paix était imminente. A quoi bon gaspiller ses soldats ?

La force du parti protestant ne pouvait manquer de l'impressionner. Elle contrastait avec les incertitudes de la politique royale. L'édit de Boulogne, signé en juillet, ne désarmait nullement les huguenots du Languedoc. Le roi, dans sa grande générosité, avait accordé la liberté de culte dans trois places fortes. Plaisanterie ! l'exercice en était libre dans toutes les villes dirigées par les réformés. On avait ajouté quelques clauses tatillonnes, qui concernaient les nobles : ils ne pouvaient assister chez eux à la cène que s'ils avaient porté les armes, notoirement, avec les habitants des trois villes désignées par l'édit... Pour les baptêmes, ils ne pourraient inviter plus de dix personnes, en dehors de leur parenté. Comment le roi pourrait-il contrôler semblables cérémonies ? Les protestants voyaient que la Cour n'avait plus les moyens de leur faire la guerre. Ils n'avaient cure des princes du sang et des grands seigneurs, ils ne souhaitaient pas de secours étrangers, ils pouvaient se défendre seuls. Les ministres, qui prêchaient la résistance, pouvaient s'estimer vainqueurs : la foi des défenseurs avait triomphé sans aide extérieure. Les protestants avaient retrouvé les vertus de leur grande époque, celle des persécutions.

Les villes du Midi ont découvert, dans l'épreuve, que le rêve de Coligny n'avait aucune chance d'assurer l'avenir de la religion. Il était impossible de convaincre le roi, la reine et la cour. Le combat ne se gagnait pas dans l'intrigue et Paris pouvait dissoudre la foi, mieux que vingt armées. Il fallait constituer solidement la religion, l'installer dans des positions inexpugnables, et ne pas se soucier des politiques de Paris. Les huguenots arrimaient leurs églises au solide Languedoc, où ils disposaient, du Béarn aux Cévennes, d'un soutien populaire incontestable. Les villes fortes avaient fait la preuve que la population unie résistait à tous les assauts.

Plutôt que de répondre au sang par le sang, les églises se félicitaient d'avoir récupéré leur clientèle populaire, sans s'engager dans une politique de vengeance. A l'atroce provocation du 24 août, elles répondaient par une riposte positive, celle de l'organisation du mouvement, qui, disposant de forces sur le terrain, revendiquait désormais, au grand jour, de puissance à puissance, un partage de souveraineté.

L'organisation militaire du Languedoc est mise en place : il est divisé en deux gouvernements, Montauban et Nîmes, confiés à Paulin et à Saint-Romain, deux chefs obscurs, mais éprouvés. Chacun est assisté d'un conseil, et ne gouverne pas souverainement. Ces « conseils ou Etats de pays » doivent eux-mêmes en référer, pour les décisions importantes, à des états particuliers constitués dans chaque diocèse. Les états, aux deux niveaux, sont élus par les fidèles. Les deux conseils de gouvernement ont seuls le pouvoir de taxer les villes, de décider une augmentation des impôts. Tous doivent s'en acquitter, catholiques ou réformés. Les bénéfices ecclésiastiques sont levés par les conseils. Ainsi le roi ne lève plus d'impôts en Languedoc.

Ces assemblées de gouvernement se manifestent officiellement, écrivent au roi, bravent son autorité. Celle de Nîmes envoie à Paris deux députés, Chavagnac et Philippi, avec mission d'exiger la liberté religieuse dans tout le royaume. Chaque province doit avoir en outre deux places de sûreté ; partout les garnisons doivent être entretenues par le roi, au lieu d'être à la charge des villes.

L'assemblée de Montauban est beaucoup plus menaçante : réunie au château royal le jour anniversaire de la Saint-Barthélémy, dans une salle tendue de noir, elle était convaincue de la nécessité d'une riposte politique : les députés, en habits de deuil, rédigèrent ensemble une « requête au roi » qui commençait par exiger « la réhabilitation de Coligny, de la Rochefoucauld et des autres victimes du guet-apens du 24 août ». Comme ceux de Nîmes, les élus montalbanais voulaient assurer la liberté du culte dans tout le royaume ; ils demandaient en outre des sécurités précises : les huguenots devaient être, sans contestation possible, réintégrés dans leurs offices, ainsi que tous les titulaires de charges. Ce n'était que justice : n'avaient-ils pas payé pour les obtenir ? Les Protestants devaient être jugés par des tribunaux impartiaux, d'où seraient exclus les magistrats qui s'étaient signalés dans la répression anticalviniste, tout particulièrement ceux de Toulouse et de Bordeaux : c'était demander une épuration, et l'affirmation, par le roi, d'une double justice. Les députés de Montauban allaient plus loin, ils voulaient des tribunaux mixtes dans toutes les causes où les deux parties seraient de religion différente. La justice royale devait abandonner les poursuites contre les réformés accusés d'avoir tenu des assemblées. En échange, ils proposaient au roi d'ouvrir les villes fortes.

Les députés de Montauban, accompagnés des vicomtes de Paulin et de Gourdon et de plusieurs notables de la ville, portèrent cette requête au roi, qui les reçut à Villers-Cotterêts. La reine mère fut stupéfaite de leur audace : « Si le prince de Condé, dit-elle, était en vie, qu'il eût pris Paris ou la moitié des villes du royaume, avec vingt mille chevaux et cinquante mille hommes de pied en la campagne, il ne voudrait pas avoir demandé la moitié de ces articles insolents. » Elle chargea Damville de rencontrer les délégués des assemblées, et de faire respecter le dernier édit. Les flatteries, les séductions ou les menaces n'avaient aucune prise sur ces hommes simples, qui répétaient au roi et à la reine qu'ils n'avaient pas mission ni pouvoir pour négocier, qu'ils devaient en référer à leur assemblée.

Langage nouveau, inadmissible pour le pouvoir royal, habitué à négocier avec les princes, non avec les délégués de villes rebelles. Le roi et la reine mère se croyaient sûrs de Damville : ils furent rapidement déçus. Damville n'obtint rien des assemblées. Il réunit les délégués à Millau dans l'espoir de leur faire rédiger des propositions que la reine pût accueillir. Certaines formules furent adoucies, mais le mouvement profita de la rencontre pour renforcer son organisation : des mesures nouvelles furent décidées pour le recrutement de l'armée, pour la levée des impôts, pour le fonctionnement des municipalités. On exigea la constitution de chambres de justice à Millau, Montauban et Mazères, comprenant uniquement des magistrats protestants. Une formule de serment fut approuvée, que tous les membres de l'Union devaient prêter : Ils juraient « comme frères et domestiques en la maison du Seigneur de s'exposer les uns pour les autres, au besoin sans épargner leurs moyens, personnes et biens, à se tenir toujours bien avertis respectivement de tout ce qui pourrait servir à la conservation et sûreté des uns et des autres, surtout à ne se départir aucunement de ladite union, quelques commodités et conditions qui leur fussent présentées ».

Comment Damville aurait-il pu fléchir, au nom du roi et de la reine mère, un corps aussi déterminé ? Il était frappé, au contraire, de cette fermeté. D'autant que les nouvelles que le clan Montmorency lui envoyaient de Paris l'incitaient à la prudence. L'heure n'était plus à la répression sauvage, les lendemains sentaient l'incertitude.

A la cour, les intrigues allaient leur train : le duc d'Anjou avait quitté Paris, poussé par Charles IX que la maladie rendait chaque jour plus fiévreux, plus instable. Il l'avait lui-même accompagné à la frontière de Lorraine, comme s'il tenait à l'expulser. Le bruit courait que les Guise avaient levé des soldats pour le retenir. Le duc d'Alençon, au retour de Nancy, espérait hériter de la lieutenance générale que le départ de son frère rendait vacante. Mais le roi affirma qu'il n'y aurait plus de lieutenant général.

Le parti des princes, Navarre, Condé, Alençon, soutenu par Thoré de Montmorency et Turenne, intriguait de plus belle, pendant que se déchaînait, dans Paris, une campagne de pamphlets dirigés pour la plupart contre la régence et le pouvoir de Catherine. La maladie du roi stimulait les plumes, autorisait les rêves d'avenir. Le *Discours véritable des rages exercées en France* recherchait les causes de la Saint-Barthélémy : il les trouvait dans la désastreuse pratique des régences, qui devenait calamiteuse quand le pouvoir tombait, pour une longue durée, entre les mains d'une étrangère. L'agitateur Hotman allait plus loin dans son *Franco-Gallia* : Franc, disait-il, signifiait « libre ». Dans les temps anciens, le royaume était librement gouverné par un roi qui consultait ses assemblées, agissant en quelque sorte en leur nom. Les assemblées, ou états, étaient les vraies dépositaires de la souveraineté, elles avaient, en principe, le pouvoir de destituer les rois. L'hérédité n'était nullement un droit pour les souverains ; ils se l'étaient arrogé. Le roi et ses parlements avaient détruit les anciennes libertés. Ils avaient en outre imposé à la nation le triste régime des régences, qui n'étaient nullement légitimes quand elles n'étaient pas consenties par les états du royaume. Pouvait-on à la fois prétendre exclure les femmes du trône et les imposer au gouvernement ? Enfin *Le Réveille-matin des Français*, également d'inspiration protestante, œuvre de Barnaud posait également le problème de la légitimité de la régence et même de la monarchie héréditaire : « Charles IX, ce tyran qui ne garde ni foi ni loi », était-il légitime ? Ces écrits, largement diffusés, alertaient l'opinion et inquiétaient la cour. Déjà les réformés de La Rochelle, qui avaient adhéré à l'*Union des protestants du*

Midi, s'étaient emparés, dirigés par La Noue, de plusieurs places de l'Aunis et de la Saintonge. Un complot se tramait à la cour, autour du duc d'Alençon. Il fut découvert et l'un des Montmorency, Thoré, dut s'enfuir. Navarre et Condé, qui avaient fait le projet de gagner Sedan, où devait les attendre Ludovic de Nassau, furent également dénoncés et surpris. Un autre Montmorency, Turenne, compromis dans l'affaire, prit la fuite. Quant au maréchal, il fut à son tour soupçonné, et embastillé, ainsi que son complice Cossé. Le clan était dispersé, ou sous les verrous. Restait Damville.

Il avait une armée et tenait une province éloignée. Il était difficile de l'arrêter. Sa garde albanaise était vigilante. Le roi néanmoins le révoqua, nommant à sa place le fils du duc de Montpensier. Damville n'abandonna pas son poste et mit la ville de Montpellier en état de défense. Les protestants trouvaient en lui un interlocuteur inespéré. Il conclut avec eux une longue trêve, qui devait expirer le 30 mai 1574. En gagnant ainsi sept mois, il pensait se tirer d'affaires.

Bien lui en prit : au jour dit, précisément, le roi Charles IX rendait son dernier soupir. Le duc d'Anjou, roi de Pologne, lui succédait. La reine Catherine assurait la régence jusqu'au retour de son fils en France.

10.

La guerre des partis

Un roi s'en va, à 24 ans. Un autre le remplace : il en a 23. L'inépuisable progéniture de la reine Catherine se succède au pouvoir, le dernier petit prétendant, le duc d'Alençon, s'agitant dans la coulisse.

La France est lasse des « Italiens », des astrologues et des empoisonneurs. Un pamphlet, le *Discours merveilleux de la vie, action et déportements de la reine Catherine de Médicis*, l'accuse de tous les maux : de la Saint-Barthélemy, mais aussi de l'assassinat de Châtillon, d'Andelot, de Jeanne d'Albret et du dauphin François, le frère aîné d'Henri II. Elle a dépravé, épuisé Charles IX, qui était un jouet dans sa main : « c'était elle qui faisait tout, écrit Pierre de l'Estoile, chroniqueur parisien, et le roy ne tournait pas un œuf qu'elle n'en fût avertie. »

Les Italiens sont partout. Le commandant de l'infanterie françaises est un Strozzi, l'un des chefs de l'armée, membre du Conseil du roi, le duc de Nevers, est en réalité un Gonzague, originaire du Mantoue, qui a épousé l'héritière du duché. Le chancelier de France Birague, est Milanais. Les Gondi, originaires de Florence et descendants d'un maître d'hôtel d'Henri II, sont l'un, évêque de Paris, l'autre maréchal de France, le troisième, gouverneur de Provence. Les fermiers généraux, changeurs, banquiers venus d'outre-mont tiennent à Paris table ouverte et font fortune. Leur luxe insolent indigne. Plus d'un souhaiterait une Saint-Barthélemy des Gondi, des Sardini et des Adjacet, beaucoup voudraient faire pendre le parfumeur de la Cour, le Milanais René, qui ne remplit pas ses fioles d'essence de roses.

Les auteurs du pamphlet souhaitent pour Catherine la mort atroce de Brunehaut. Ils veulent un procès, une exécution publique. On lui fait les plus graves reproches : comment ose-t-elle maintenir prisonniers un prince du sang et des maréchaux de France alors qu'elle a mis le royaume à l'encan ? les biens de la couronne et ceux du clergé sont vendus au plus offrant, les monnaies sont altérées, la perception des impôts confiée à des étrangers cupides. Forte de la division des Français, Catherine l'encourage, la cultive, met le royaume en coupe réglée au profit de sa funeste famille et de sa camarilla d'affidés. Elle se réjouit de la Saint-Barthélemy : cet holocauste ne lui garantit-il pas la séparation durable des religions, des villes et des princes ? Il est temps, pour les Français soucieux de rassembler les forces de leur patrie, d'oublier ce qui les divise, et de débarrasser le royaume de l'Italienne : « marchons tous d'un cœur et d'un pas. Tous, dis-je, de tous états et qualités, gentilshommes, bourgeois et paysans, et la contraignons de nous rendre nos princes et seigneurs en liberté. »

Le succès du pamphlet est considérable : sorti des presses de Lyon, il est répandu dans tout le royaume. Les imprimeries, dit Cloulas, sont « obligées, pour répondre à la masse des commandes, d'en tirer des exemplaires supplémentaires si nombreux qu'ils remplissaient les caves ». D'autres libelles paraissent, à Toulouse, à Paris. Tous sont des « remontrances » adressées au roi par ses sujets, pour la « conservation » du royaume. Tous font appel à l'union, du parti des Guise à celui des princes, en passant par les Montmorency. On ne reproche pas aux princes de s'être divisés, mais à Catherine d'avoir profité de leurs divisions.

Le duc d'Anjou inspire la plus grande réserve. Saura-t-il, une fois roi, oublier ses foucades, ses passions, ses inimitiés ? Cette fois Catherine a du mal à imposer le nouveau souverain. Il a laissé de trop mauvais souvenirs. Ce « vice-roi » très tôt présent sur les champs de bataille, auréolé des victoires de Jarnac et de Moncontour, cet assassin de tant de gentilshommes, cet homme de sang abandonnant une guerre, après de longs mois de siège, pour saisir une lointaine couronne, cet enfant chéri de la reine, chef de bande plus que de parti, apparaît à beaucoup comme le plus désastreux descendant de la lignée des Valois. La reine comprend qu'elle doit manœuvrer pour le faire admettre, et gagner du temps.

Il revenait à bride abattue de Pologne. Fort heureusement, de crainte de franchir les Etats protestants d'Allemagne, il pique sur Venise. La reine, qui connaît ses goûts, lui a envoyé de quoi se distraire : elle a demandé aux banquiers Strozzi, Guadagni et Carnesechi de lui remettre 30 000 écus à son arrivée. Lui-même, aussitôt descendu de cheval, avait emprunté 12 000 écus. En dix jours, tout était dépensé. Ne fallait-il pas tenir « train royal » ? Il avait acheté pour plus de 1 000 écus de parfums, distribué pour 13 000 écus de cadeaux, dons gracieux, pourboires aux gondoliers... les nuits de Venise étaient chères et ce roi, que l'on disait amateur de « mignons », goûtait fort les Vénitiennes.

Il poursuivait son fastueux voyage en Italie du Nord, heureux de l'accueil que lui réservaient les Italiens. Padoue, Ferrare, Milan, le nouveau roi n'était pas pressé de retrouver le Louvre. N'ayant plus d'argent à distribuer il promettait des villes, ou des territoires : à Turin, pour complaire à sa tante Marguerite et au duc Emmanuel-Philibert, il avait abandonné les places de Pignerol, Savillan et Pérouse, qui tenaient garnison française : même le chancelier Birague, d'origine milanaise, s'en indignait. Il refusait la cession. Mais que pouvait-il refuser à la reine ?

Catherine voulait avoir pour allié ce petit Etat de Savoie qui fermait une des portes de l'Italie, et qui pouvait au besoin lui fournir des soldats. Elle attendait avec impatience son fils préféré qui passait, sans se hâter, le mont Cenis au début d'août. Il tenait à Lyon son premier Conseil, y retrouvant les fidèles de la reine mère : Birague, Pibrac, Monluc. Il exigea, aussitôt arrivé, quelques nominations : son compère Ruzé, qui l'avait bien servi en Pologne, devint secrétaire d'Etat. Il fit chasser Retz, premier gentilhomme de la Chambre, pour prendre Villequier, son familier. Mais la reine mère défendit Retz et le roi dut admettre qu'il avait deux « premiers gentilshommes » à mi-temps. Il fit de son ami Bellegarde un cinquième maréchal de France. Les premières mesures du règne étaient de nature à conforter les opposants dans le peu d'estime qu'ils avaient eu jadis pour le duc d'Anjou.

On avait renforcé les pouvoirs du Conseil du roi, rogné ceux des ministres, accru la toute-puissance des huit personnages, familiers de la reine mère, qui prenaient tous les jours les décisions au nom du roi, qu'il fût ou non présent. Si l'on souhaite un gouvernement central plus efficace, c'est que la périphérie n'est pas sûre.

Dans l'Ouest, La Rochelle s'est acquis la réputation d'une citadelle imprenable, reliée par mer aux Anglais, inflexible dans sa volonté de mener la guerre à son gré, sans égard pour les volontés du roi ou celles des princes. De La Rochelle à Calais, aucun port n'est vraiment contrôlé. Les protestants sont nombreux en Normandie où le meurtre de l'amiral de Coligny, leur protecteur, a été cruellement ressenti. La flotte anglaise peut débarquer des troupes où bon lui semble ; on l'a bien vu quand Montgomery, avec des navires anglais, a pris Saint-Lô sans coup férir. Le Havre, Rouen sont douteux. Dans le Nord, les huguenots sont aux frontières, à Valenciennes, à Mons, toujours prêts à bouter le feu aux magasins du roi d'Espagne, à sonner aux beffrois le carillon de la prise d'armes.

Ils savent qu'ils peuvent trouver refuge si l'armée du duc d'Albe se faisait trop pressante, dans la principauté de Sedan, où le souverain, Henri Robert de la Marck, est un Français protestant que le roi de France ne peut bousculer, sans ouvrir dangereusement une porte bien gardée qui, par la Meuse, donne accès au Rhin. Le prince s'est marié au Louvre, en 1559, avec Françoise de Bourbon-Montpensier. Converti en 1563, il a fait du calvinisme la religion de son Etat, accueillant à Sedan de nombreux réfugiés de France et de Hollande. Il a bien promis à Charles IX d'abjurer quand il était retenu à Paris, le 24 août 1572, aux noces tragiques d'Henri de Navarre. Mais comment imposer à ses sujets le retour à la religion papiste, alors qu'il a toujours défendu l'idée de la tolérance religieuse ? Les églises de Sedan sont restées ouvertes, le culte catholique admis. Si quatre Sedanais sur cinq sont calvinistes, ils le doivent à la chaleur prosélytique de leurs pasteurs, à l'action des réfugiés peut-être, mais aucunement à la contrainte. Les 4 000 Sedanais, aux portes du royaume déchiré par l'intolérance, sont des hommes libres.

La place, bien fortifiée par Henri Robert, est imprenable. Il a dû céder à l'évêque de Liège, après le traité du Cateau-Cambrésis, la ville jumelle de Bouillon. Il a la charge de défendre la frontière. On le ménage à la cour, on lui fait des grâces. Le duc d'Anjou, en 1573, l'invite au siège de La Rochelle. Avec ses gentilshommes sedanais, il rejoint, lui protestant, l'armée royale. Henri Robert est pour la paix, il ne supporte par la rébellion. Reprendre La Rochelle n'est pas pour lui combattre sa religion, mais faire respecter l'autorité de son puissant voisin le roi de France.

Cela ne l'empêche pas d'accueillir les comploteurs venus du royaume, poursuivis par les gens d'armes. A Sedan, les Montmorency, les princes du sang — Navarre et Condé —, le maréchal de Cossé, devaient attendre les renforts du comte de Nassau et mettre sur le trône le duc l'Alençon, au lieu du roi de Pologne. Après l'échec du complot, seul Condé avait pu rejoindre Sedan, où il fut caché jusqu'à la mort de Charles IX.

Quand Anjou revient d'Italie, Henri Robert vient de mourir. On dit à Sedan que les espions de Catherine l'ont empoisonné. Sa femme Françoise exerce la régence : c'est une calviniste convaincue. Plus que jamais Sedan s'ouvre aux réfugiés huguenots. La porte de la Meuse est-elle sûre ?

A cette époque les Allemands n'ont pas encore l'habitude

d'entrer en France par Sedan. Ils abordent le royaume par les trois évêchés ; s'ils veulent les éviter, ils descendent, par la Comté, vers la Bourgogne. Le pouvoir royal a toujours été très vigilant à Metz, ville agitée par les protestants strasbourgeois, visitée constamment par Farel, jalousement convoitée par Calvin. Les Messins n'ont eu droit qu'à un temple, à l'extérieur de leurs remparts. Comme certains d'entre eux combattirent en 1567 dans l'armée de Condé, Charles IX vint en personne pour rétablir l'ordre et détruire le temple. Les réformés furent mis hors la loi. Albert de Gondi, gouverneur de Metz après la Saint-Barthélemy, a poursuivi cette politique de répression, traquant les espions, les agents des princes allemands ou de l'empereur Maximilien. L'indestructible noyau protestant ne lasse pas d'inquiéter la cour, qui maintient à Metz et dans sa région de solides garnisons.

Metz, Toul, Verdun sont des villes fortes, des avant-postes royaux sur les chemins d'Allemagne, ceux qui ferment le royaume aux reîtres et aux lansquenets. Elles ont en face d'elles Strasbourg, Francfort, Montbéliard, Bâle, Genève. La Bourgogne de Tavannes est aussi une région de glacis, sans cesse battue par les patrouilles. Le vieux maréchal a placé sur l'axe Beaune-Dijon-Mâcon des garnisons éprouvées dans ces villes sentinelles et groupé les militants catholiques en liges de surveillance et de délation. Ils doivent dénoncer à l'autorité les calvinistes, ces ennemis de l'intérieur, comme espions et agents de l'étranger. A la moindre alerte, les troupes arrêtent et exécutent les suspects. Les protestants payent de lourds impôts pour entretenir ces factionnaires. Ils en sont réduits, pour exercer leur culte, à gagner clandestinement les villages et les châteaux.

A Lyon, où le roi tient son premier Conseil, Catherine de Médicis a ordonné de renforcer les défenses : la citadelle de Saint-Sébastien a été rapidement construite : depuis 1565, elle a 400 hommes de garnison permanente, commandés par le seigneur de Chambéry. La ville est désormais à l'abri d'un coup de main. Au Sud, la vallée du Rhône est fidèle au roi, malgré les villes dangereuses de Valence et d'Orange. La Provence se révèle assez bien tenue par les troupes de Carcès, qui a récemment engagé des mercenaires corses. Mais les Alpes sont incontrôlables : les chefs de bandes, Montbrun, Lesdiguières, peuvent à tout moment prendre une ville par surprise et lever des partisans. Leur réputation est telle qu'ils attirent immédiatement les engagements : le nom de Lesdiguières est une garantie de butin.

De Metz à Marseille, la frontière est protégée, les villes loyales et favorables à l'ordre, les protestants surveillés. Mais aucune place ne peut résister à la pression d'une armée de reîtres. Les garnisons peuvent tout juste faire face aux ennemis de l'intérieur. Le royaume reste ouvert.

La reine mère en avertit le roi à Lyon : il n'est pas tolérable que l'autorité soit bafouée dans les provinces périphériques. Henri III ne peut admettre la création d'un Etat protestant, à l'intérieur du royaume. Il doit se préparer à la guerre. Par Jarnac et Moncontour, il a une réputation de vainqueur. Il doit la soutenir, et entraîner au combat tous ceux qui espèrent la pacification définitive.

Dans les calculs de Catherine, la résistance populaire des huguenots tient peu de place : elle voit les princes soumis, châtiés, les maréchaux à merci, les grands seigneurs déconcertés par le châtiment du complot. Henri doit s'affirmer dès le début de son règne en apparaissant comme le pacificateur. Il sera temps, les provinces reconquises, de jeter du lest, de se montrer tolérant. Puisque les princes ont cessé toute opposition, sauf Damville, isolé dans son Languedoc, il faut briser celle des villes, pendre les notables, tailler dans la canaille. Les princes avaient des ambitions, les pasteurs de La Rochelle, les ministres de Millau ont des revendications : qu'on les « branche ». Le royaume n'est pas à discuter, ni l'autorité à négocier.

Pour assurer la victoire d'Henri, il faut des soldats, de l'argent. Le pape vient en aide à la reine mère : il autorise la vente de biens d'Eglise jusqu'à 1 500 000 livres. Le roi peut lever une taxe d'un million de livres sur le clergé. Il envoie tout de suite 100 000 écus pour que les 6 000 mercenaires suisses reçus par Catherine puissent être soldés. Le duc de Savoie, à qui le roi vient de faire une bonne manière, se montre reconnaissant : il offre une armée de 4 000 Piémontais. Le prince Dauphin, fils du duc de Montpensier, a son armée disponible. Le roi peut tenir campagne.

Le moment est bien choisi : les royaux ont nettoyé, dans l'Ouest, les troupes de Montgomery débarquées à Saint-Lô. Leur chef, fait prisonnier, a été condamné à mort par le Parlement de Paris et exécuté. La Noue a accepté, pour tout l'Ouest, une trêve de deux mois : il faut agir vite, seul le Languedoc reste menaçant.

Avant de passer le Rubicon, Catherine tente de négocier. Elle flatte Damville, lui promet le pardon, s'il abandonne ses pouvoirs à son oncle Villars, qu'elle vient de nommer gouverneur à sa place. Mais Damville est à l'aise dans son Languedoc, il fait corps avec sa province. Il a parfaitement compris l'état d'esprit des bourgeois de Nîmes et de Montpellier. Il sait qu'il est soutenu par ces notables, hostiles au pouvoirs central, heureux de voir leur pays débarrassé des grands officiers royaux, à l'abri des tournées exaspérantes des parlementaires toulousains et des exigences des envoyés extraordinaires de l'Hôtel du roi. Entre les « vicomtes », cadets de familles nobles faméliques et pillards, et les grands seigneurs bien dotés en bénéfices, une classe moyenne de privilégiés de la fortune, qui a bien accueilli la Réforme (d'autant mieux qu'elle a pu racheter les biens d'Eglise), ne demande qu'à jouir en paix de ses rentes : les notables languedociens se sont bien entendus avec Damville ; ils ont, ensemble, évité dans leur région la Saint-Barthélemy. Il n'y a pas eu de nouvelle « michelade » à Nîmes. Ils attendent du maréchal de Damville qu'il empêche les papistes fanatiques de porter de nouveau la croisade chez eux. Ils veulent assimiler la Réforme.

Cette attitude modérée, hostile au nouvel impérialisme du pape, à l'esprit de reconquête qui souffle de Rome, est conforme aux vues anciennes de la cour de France. Jadis Catherine de Médicis recherchait l'alliance de cette classe sociale, favorable aux édits « de tolérance ». Mais les temps ont changé : Damville le sait mieux qu'un autre, puisqu'il a son frère à la Bastille. Comment se fier aux mielleuses douceurs de la reine mère, alors qu'elle retient quasiment prisonniers à sa cour Navarre et Alençon ? Damville n'est pas un aventurier, c'est un Montmorency. Même en Languedoc, il est au courant des bruits de la Cour.

Loin de croire aux promesses de la reine, il cherche à se donner une légitimité qu'il a perdue, depuis son licenciement : il convoque le 2 juillet 1574 les états de la province et les députés se rendent tous à la session. Pour contraindre la Cour à négocier, il doit être fort de leur appui. Désormais le Languedoc ne dépend plus du roi, il reconnaît une autre autorité, celle de l'Assemblée générale des protestants. Elle se réunit à Millau le 1er août 1574. Damville y comparait. On lui donne la charge de gouverneur et « chef général », mais « sous l'autorité d'Henri III » : les protestants y tiennent. Ils veulent une place dans l'Etat royal, et non la sécession. Damville, chef catholique, donne du corps à cette fiction. Les délégués des églises calvinistes réunis à Millau considèrent que, s'ils ont à mener une lutte à l'intérieur du royaume pour obtenir le respect de leur religion, ils n'ont pas à exclure ceux des catholiques comme Montmorency-Damville, qui reconnaissent la légitimité de leur combat et sont prêts eux-mêmes à se battre pour arracher la monarchie aux griffes d'un parti, d'une faction, d'une religion, et d'une famille. Les calvinistes de Millau sont prêts à faire alliance avec les catholiques « associés ou politiques ».

C'est la réplique de La Rochelle : sous les murs de la ville révoltée, des protestants avaient rejoint les princes catholiques. La Noue et Henri Robert, comte de la Marck, prince de Sedan, combattaient aux côtés du duc d'Anjou pour réduire les mutins. Cette fois les princes ne sont plus en cause. Damville, fort intelligemment, l'a compris. Il a réuni les états de Languedoc avant de comparaître devant les calvinistes. Il s'est assuré d'un soutien préalable chez les représentants des trois « ordres ». Il ne parle pas au nom d'une faction, mais du peuple languedocien qui veut la paix religieuse et civile. Il n'est pas l'élément d'un complot mais le représentant d'une province. Avec lui le parti des « politiques » cesse d'être une coterie pour devenir un rassemblement. Il est reçu comme tel à Millau.

Certains délégués huguenots discutent ce nouveau langage : pourquoi pactiser avec les papistes ? Ils sont vite rassurés par les décisions de l'assemblée : le prince de Condé, réfugié à l'étranger, est nommé « protecteur des Eglises de France ». Damville est déçu, irrité. Le prince n'a-t-il pas abjuré ? « A charge pour lui de persister en la religion réformée », précisent les délégués, qui savent que Condé parcourt l'Allemagne, à la recherche de subsides et de soldats. Le prince reste le chef théorique de l'armée protestante, Damville assurant, en somme, l'intérim. Mais tous deux seront désormais assistés d'un conseil, avec des représentants des villes et des églises. Toute décision sera collective. Il ne dépend plus des princes de faire seuls la guerre et la paix.

Un conseil permanent contrôlerait Damville ! Il ne serait pas libre de rétablir le culte catholique dans les villes tenues par les protestants. Il devrait assurer partout la liberté totale du culte. Il n'aurait pas la possibilité de s'entendre avec Catherine : l'assemblée de Millau contestait la régence, demandait qu'elle fût confiée au duc d'Alençon.

Ainsi l'alliance offerte par les Protestants n'était nullement une soumission au puissant gouverneur du Languedoc. Elle pouvait au contraire faire apparaître Damville comme une sorte d'otage. Les députés affirmaient prier, désirer et chérir, « avec une singulière affection, la réconciliation, réunion et communion civile avec tous les catholiques, compatriotes et autres ». S'ils confiaient au maréchal l'épée de leurs églises, ils entendaient contrôler totalement les finalités du combat.

Damville sentit le danger : Catherine, « exclue » par l'assemblée de Millau, n'était plus un interlocuteur. Il n'y avait plus de manœuvre possible. S'il ne voulait pas être condamné comme rebelle, il devait se justifier auprès du roi : obtenir son accord, ou son pardon. Après tout, le roi de France n'était pas nécessairement l'héritier des amitiés et des passions du duc d'Anjou. Il fit le voyage d'Italie, quand Henri III s'attardait à Turin, pour tenter de le convaincre qu'il n'était pas un insurgé.

Mais la reine, par lettre, avait déjà « chapitré » son fils : il n'avait aucune raison de céder. Le royaume était en paix, il fallait faire entrer le Languedoc dans la loi commune. Pourquoi faire des grâces à Damville ? Le parti des « politiques » ne représentait, disait la reine, qu'une poignée de grands seigneurs mécontents, dont la plupart étaient en fuite ou en prison. Condé en Allemagne étaient autrement plus dangereux que Damville. Le roi se souvenait-il du voyage de Charles IX en Languedoc : il avait tout gagné, en ne cédant sur rien : même Montauban avait abattu ses remparts.

Le jeune roi n'était que trop tenté par le langage de la fermeté. Il éconduit Damville, écoutant à peine ses raisons. « Je ne le verrai plus qu'en peinture ! » lance, furieux, le gouverneur congédié.

Dans l'esprit de la reine, le roi ne combattrait pas lui-même en Languedoc. Il rejoindrait en Poitou le duc de Montpensier, qui devait attaquer La Noue. Deux armées se chargeraient de Damville : celles du prince Dauphin et du maréchal de Retz. Mais le roi voulut lui-même réduire Damville : Il partit de Lyon, descendant le Rhône sur un bateau chargé de pièces d'artillerie, à la tête d'une flottille transportant les troupes : il arrive ainsi sous les remparts d'Avignon. Il prend connaissance du manifeste que lui a envoyé Damville : le gouvernement des étrangers, lui dit-il, a juré la perte des princes et des seigneurs de ce pays. Il est temps d'y mettre fin. Le roi se fait complice des massacreurs qui s'apprêtent à ravager de nouveau le Midi. Qui sont-ils ? L'Italien Retz et le renégat Crussol, le célèbre baron d'Acier, jadis réputé pour ses pillages d'églises et ses sacs de couvents. Provence et Languedoc seront bientôt livrés aux pillards et aux soudards par la coterie de la reine mère. « Toutes les provinces du royaume », conclut Damville, l'ont exhorté, comme « chrétien » et « baron de France », à défendre le vieux pays menacé par les prédateurs.

Tardivement Catherine tente de détacher Damville des protestants en lui proposant une entrevue en terrain neutre. Il la connaît trop bien pour accepter : rien ne peut empêcher désormais la cinquième guerre de Religion.

En Provence, le roi trouve des villes à peine pacifiées : les protestants n'avaient pas attendu la réunion de l'assemblée de Millau pour prendre les armes. Dès la mort de Charles IX, Montbrun, Lesdiguières et Gouvernet s'étaient emparés des places stratégiques de Die, Gap et Embrun, assurant la liaison entre Dauphiné et Provence. Les huguenots intransigeants, comme Montbrun, trouvaient inadmissible que Catherine, responsable des meurtres, s'arrogeât impunément la régence, couvrant son fils Anjou. D'autres guettaient depuis de longs mois une occasion de pillage. Hugues de Lère, par exemple, qui avait fait main basse sur Orange, où il faisait régner la terreur, rançonnant les catholiques.

Beaucoup de nobles et de notables provençaux estimaient, comme ceux de Languedoc, que la guerre, qui ruinait les cultures, vidait les greniers et empêchait les rentrées d'argent, n'avait que trop duré. Ils s'étaient engagés dans le parti des « politiques » aux côtés des Huguenots, réalisant l'entente sur le terrain : des gentilshommes catholiques, Français d'Estève Antoine de Grasse et Grasse-Tanneron étaient entrés dans les bandes. Leur chef commun était le baron d'Allemagne, échappé par miracle à la Saint-Barthélemy. Il commandait « pour le prince de Condé et en l'absence du maréchal Damville » à une troupe de Huguenots et de catholiques.

Ils avaient pris Riez, et les protestants, sous l'effet de l'habitude, n'avaient pas manqué d'y massacrer des prêtres. Ils étaient maîtres de Digne. A Aupt, d'Allemagne en personne avait massacré 250 habitants. Le comte de Carcès, lieutenant général du roi, avait levé en toute hâte des troupes à Barjol pour tenir tête aux rebelles qui terrorisaient les villages de Haute et Basse-Provence, un mois avant la réunion de l'assemblée de Millau en 1574.

Carcès avait partiellement rétabli l'ordre, faisant pendre ou décapiter quelques-uns des chefs : Saint-Estève par exemple. La plupart des « politiques » de Provence avaient été faits prisonniers dans le Var, jugés à Aix, et, bien sûr, condamnés à mort. On raconte qu'ils furent si surpris de la sentence que l'un d'eux, Grasse-Tanneron, vit sa barbe et ses cheveux blanchir complètement en une nuit. Henri III devait par la suite les gracier. Aux côtés des chefs de bande protestants, ils avaient montré leur incompétence pour la guérilla. Ils n'étaient pas dangereux.

En octobre 1574, Carcès avait rejoint dans la vallée du Rhône l'armée des reîtres conduite par le nouveau gouverneur Retz, vieil homme à demi sourd peu habitué aux combats. A l'arrivée d'Henri III à Avignon, seuls les vieux professionnels de la guerre tenaient encore campagne et refusaient de se soumettre : « les armes et le jeu rendent les hommes égaux, clamait Montbrun. En temps de guerre, qu'on a le bras levé et le cul sur la selle, tout le monde est compagnon ! » Il avait eu l'audace, au lieu de faire sa soumission, d'enlever dans la vallée du Rhône une partie des équipages du roi.

Dans la ville des papes, les processions succédaient aux processions. Le roi avait le cœur lourd : il avait perdu sa maîtresse, Marie de Clèves. Il arborait sur son costume des têtes de mort jusqu'aux rubans de ses souliers. Les pieds nus, vêtu d'un sac, se frappant les épaules avec une chaîne d'argent à molettes d'or, il voulait donner l'exemple de la mortification. Pour lui plaire, Catherine s'était faite sœur chez les pénitents noirs. Le cardinal de Lorraine, malgré son grand âge, avait choisi, comme le roi, les pénitents bleus. Mal lui en prit : il mourut de congestion, au lendemain de Noël.

Damville pourtant se retranchait dans Montpellier et fortifiait en grande hâte les villes du Languedoc, attendant de pied ferme l'armée royale. Il osait réunir les députés de Languedoc, pour montrer sa légitimité. Battant le rappel des inconditionnels, Henri III avait lui-même réuni les mêmes états à Villeneuve-lès-Avignon, affirmant qu'il avait seul autorité pour le faire. Une effroyable canonnade interrompit les sessions. L'armée du Languedoc bombardait Saint-Gilles-du-Gard ; le 12 janvier 1575, les députés des Eglises protestantes et les représentants des « politiques » confirmaient solennellement Damville dans ses fonctions et organisaient un Etat dissident : le Languedoc, la Guyenne, le Dauphiné, la Provence et La Rochelle formaient un Etat dans l'Etat, avec son organisation financière, son armée, ses tribunaux, ses administrations municipales, et même ses écoles et ses hôpitaux. Le prince de Condé, et sur place le maréchal de Montmorency-Damville, tiraient leur autorité de l'assemblée et des états provinciaux.

Saint-Gilles était prise. Pendant cinquante jours, l'armée royale faisait sans succès, dans la vallée du Rhône, le siège de Livron. Il fallut plier bagage, car les opérations coûtaient une fortune. Damville venait d'enlever Aigues-Mortes. Tous les accès au Languedoc étaient verrouillés. En passant devant Livron, le roi et la cour furent hués par les défenseurs. Catherine de Médicis avait manqué son expédition punitive. Elle était, une fois de plus, engagée dans une guerre sans issue. Comme au siège de La Rochelle, elle avait gravement sous-estimé le soutien que Damville tirait de la population. Eût-il voulu traiter, que l'assemblée ne lui aurait permis aucune faiblesse, comme à La Rochelle : décidément la guerre changeait de nature.

Autant sacrer le roi : peut-être la cérémonie aurait-elle la vertu de redorer le blason des Valois. A Reims, Henri III fut enfantin : il exigea qu'on agrandisse la couronne, trop petite pour sa tête. Le lendemain il épousait, par caprice, la petite duchesse de Lorraine Louise de Vaudémont. Il passait la journée à coudre des diamants sur sa robe. Pour honorer sa belle-famille, il avait, d'un trait de plume, concédé le duché de Bar au duc de Lorraine, oncle de la mariée. On le savait jadis très occupé de ses maîtresses, très entouré de ses mignons. Voilà qu'il aliénait le domaine, de son propre chef. Petit roi de coterie, au-dessous de sa tâche.

Son mentor Montpensier, qui, jadis, avec Tavannes, lui avait appris la guerre, faisait des progrès dans l'Ouest, en employant ses méthodes favorites : il avait fait pendre le gouverneur de Melle, qui avait eu le front de lui résister trois jours dans une petite ville avec une centaine d'hommes. Il avait emporté l'une après l'autre les villes charentaises, se rapprochant sûrement de La Rochelle. Mais la ville résistait, et le duc dut se rabattre sur Fontenay et sur Lusignan, qu'il prit au duc de Rohan en affamant ses défenseurs. Inexpiable guerre de l'Ouest : pour prendre La Rochelle, il fallut enlever et reperdre l'île de Ré. Les maudits corsaires pouvaient accumuler les prises sur la flotte du roi d'Espagne. La ville tenait tête.

Cette guerre d'anéantissement ressemble à une guérilla. On monte des opérations dans le seul but d'empêcher l'ennemi de s'approvisionner. On fait tuer cent hommes pour une charrette de grains. La France est à bout de ressources. En Provence, dans le Sud-Ouest, les huguenots lancent des raids pour prendre des vivres : ceux du Luberon tombent sur Joucas, dans la plaine, et font la récolte, transportant les gerbes dans la montagne sans avoir eu le temps de les battre. Le baron d'Allemagne ravage la basse Durance, poursuivant sa chevau-chée jusqu'à Martigues. A défaut de solde, il faut à ses hommes du butin. Ceux de Forcalquier tentent de s'emparer de Sault par surprise. Ils échouent, rejoignent Montbrun à Orange qui recrute des hommes. Ils ont le champ libre : le comte de Carcès est occupé à pacifier la région de Sisteron. Quand il prend le chemin de la basse Durance, les huguenots s'enfuient, faisant le vide devant lui. Quand il arrive devant Lourmarin, ses 1 000 mercenaires corses et ses 3 000 Languedociens sont affa-més, épuisés ; ils se débandent et le comte continue seul sa campagne, avec une poignée d'hommes d'armes. De part et d'autre, les combattants s'exténuent parce que les villages ne peuvent plus nourrir la guerre.

Même épuisement dans la région de Montauban, où le duc de Joyeuse, qui commande l'armée royale, prend et pille l'une après l'autre toutes les petites villes qui entourent la place forte. Il y place des garnisons « pour empêcher de cueillir ni blés ni vins ». Heureusement Montauban a pu constituer quelques réserves de vivres : le nerf de la guerre n'est pas le plomb, c'est le blé. Le duc parcourt à grandes chevauchées le Lauraguais, l'Albigeois et le comté de Foix, cherchant partout les réserves, débusquant les stocks, torturant les paysans pour qu'ils livrent leurs caches.

Les Montalbanais à bout de force écrivent à La Noue, qui dans l'Ouest n'a plus d'adversaire, pour lui demander des secours. La Noue dépêche le vicomte de Turenne, petit-fils d'Anne de Montmorency, avec les soldats pris sur les garnisons du Poitou et de Saintonge. Turenne est un ambitieux. Avant d'entrer en campagne, il exige, lui, catholique, qui déclare à qui veut l'entendre qu'il « aimerait mieux être chien que huguenot », qu'on le nomme « chef général pour commander en Guyenne aux sénéchaussées de Toulouse, Carcassonne, Lauraguais, Albigeois et pays de Foix ». Les protestants ont une telle confiance dans la valeur militaire de ce jeune homme qu'ils acceptent. Il lève aussitôt des soldats en Guyenne, dégage Montauban assiégée par les catholiques et qui crevait de faim, contraint le duc de Joyeuse à abandonner ses gras cantonnements pour regagner Toulouse. Les paysans se hâtent de faire les récoltes et de les engranger. Turenne, dans la ville libérée, est porté en triomphe.

Ainsi les opérations sont décidées en fonction des réserves de grains et fourrages : les saisons dictent le plan de guerre. Ni le roi, ni Damville n'envisagent l'hiver d'un œil serein : les combats, les chevauchées, les réquisitions et surtout le manque de main-d'œuvre ont compromis la prochaine récolte. Quand cessera donc cette guerre frumentaire ?

Le roi fait les premières concessions. Déjà il avait reconnu, avant de quitter le Languedoc, l'Assemblée générale des Protestants et l'Union des huguenots et des « politiques ». Il lui demanda de présenter des offres de paix. Gravement, Damville et l'Assemblée lui firent savoir qu'ils ne sauraient traiter sans consulter le prince de Condé, leur bien-aimé chef, qui se trouvait à l'étranger. Le fier Henri III dut accepter d'envoyer une escorte pour accompagner les délégués de l'Union jusqu'à Bâle, où ils consultèrent le prince, puis de Bâle à Paris.

Ils revinrent porteurs d'une longue pétition en 91 articles, qui constituaient autant de griefs. Pour la première fois depuis la Saint-Barthélemy, des huguenots franchissaient le guichet du Louvre. La garde suisse présentait les honneurs, comme au temps de Coligny ! La supplique de leur porte-parole d'Arènes était si humble, si larmoyante, que le roi et Catherine de Médicis crurent leurs rudes adversaires à bout de force. Ils tenaient leur dernier quart d'heure. Mais au vu des revendica-

tions écrites ils déchantèrent : elles étaient pressantes, précises : d'abord, la libération des deux maréchaux embastillés, la
réhabilitation des victimes du massacre du 24 août, la punition
des tueurs, l'indemnisation des familles. Ils demandaient
ensuite la totale liberté du culte, y compris dans les trois
évêchés, villes frontières, et dans le Comtat Venaissin, qui
appartenait au pape. Ils exigeaient des chambres mixtes dans
tous les parlements, et la convocation des Etats généraux, seuls
capables de présenter au roi les vœux profonds du pays,
particulièrement la restauration de l'Etat.

Les protestants n'avaient pas cédé d'un pouce : ils ne
venaient pas, malgré leur humilité apparente, en suppliants
mais en partenaire. Ils proposent au roi de participer aux
affaires publiques, d'avoir leur part dans l'Etat. Que leur
répondre ? Le roi et la reine mère s'indignent, tentent de
discuter... Les délégués répondent qu'ils ne sont pas autorisés à
changer la liste des articles, qu'ils doivent en référer à l'assemblée. La reine ne pouvait pas manœuvrer, elle était en face d'un
parti organisé, décidé, et ces députés présentaient le résultat
d'une concertation collective. Comment aurait-elle pu accepter
cette amputation de la prérogative royale, au moment où elle
prônait le renforcement du pouvoir central, et du roi sur son
propre Conseil ? Quant aux Etats généraux, il ne pouvait en
être question : accepter les « vœux » des différentes catégories
sociales à ce moment eût été un suicide politique. Force était de
poursuivre la guerre.

Le pays n'admet pas ces atermoiements. La lutte est indécise,
les chefs peu identifiables : Turenne et Damville, qui commandent les armées huguenotes, sont catholiques. Le paysan de
l'Albigeois, régulièrement razzié, peut-il saisir la nuance entre
un catholique « politique » et un « guisard » ? Les troupes
royales sont commandées par le baron d'Acier, vieux chef de
bandes qui a tant de fois pillé le plat pays pour le compte des
Huguenots. Les enseignes ne couvrent plus les convictions. Où
est la foi dans ces combats douteux ? Des signes de découragement se manifestent dans les provinces : les villages du Vivarais
font savoir aux deux partis qu'ils sont neutres et refusent
désormais de financer la guerre. Même attitude dans le pays de
Tulle. On refuse aussi bien la taille que les dîmes. Ici les
catholiques, là les huguenots doivent rétablir l'ordre et pendre
les vilains réfractaires.

Comme résister aux chefs de bandes ? En quelques heures ils
détruisent un village, massacrent les habitants. Quand ils
paraissent, il faut leur abandonner ses biens, ou se cacher. Le
plus sûr est de fuir, parfois pour ne jamais revenir. Ainsi les
campagnes sont désertées. Jamais le produit de la dîme en

Languedoc n'avait été plus bas. Détruire une bande est une maigre victoire si l'on n'en capture le chef. Les hommes se réunissent et partent au combat en vertu de son prestige militaire. S'il est pris, ou tué, ils se débandent aussitôt.

C'est ainsi que l'élimination de Montbrun est un rude coup pour les huguenots du Dauphiné : il venait de détruire près de Die vingt-deux enseignes de soldats suisses de la reine, 4 000 combattants, au cours d'un combat acharné. Près de Gordes, alors qu'il faisait retraite, abandonné par ses cavaliers, son cheval manque un fossé : il se casse une cuisse. Les catholiques fondent sur lui. On l'emmène à Grenoble. Il faut qu'il soit jugé sur le lieu de ses exploits, afin que tous voient son cadavre, l'identifient, et racontent dans les villages, de proche en proche, que le grand chef est mort. Le roi refuse sa grâce. Son supplice est public, annoncé à son de trompe. Mais en Dauphiné la guerre continue : Montbrun tombé, Lesdiguières prend la relève.

Les coups de main, les embuscades s'équilibrent : le baron d'Acier reprend Saint-Gilles à Damville, mais il doit presque aussitôt faire retraite sur Avignon : les prises de villes sont des surprises : on entre par les égouts, par les caves, on creuse des mines et des contre-mines. Castres est prise par les huguenots, comme Annonay. Mais Carcès fait tomber une à une toutes les villes de Provence.

Damville, pour en finir, réunit une nouvelle fois à Montpellier les délégués de l'Union. Ils rédigent ensemble les articles qu'ils retournent au roi. Ils exigent encore la liberté du culte et la libération des maréchaux. Ils n'ont rien rabattu de leurs prétentions ; leur mémoire est un ultimatum.

Les délégués assistent à la Cour au spectacle incroyable de la rivalité des coteries. Par chance le prince qui couvre leur Union de sa tutelle n'est pas présent : cela évite à Condé d'être ridicule. Les autres se dévoilent dans leurs mesquineries, leur légèreté. Le roi a oublié très vite la « vice-royauté » du duc d'Anjou. Il s'indigne que son frère Alençon le traite comme il traitait jadis lui-même son frère Charles IX. Alençon complote, le roi le surveille nuit et jour et Henri de Navarre se méfie des deux. Les plus grands seigneurs ne viennent plus au Louvre sans leur cotte de mailles. Les « mignons », qui sont en réalité des gardes du corps, multiplient les duels, les provocations. Le duc de Guise a les siens, et Alençon, et Navarre. Ces jeunes gens s'entr'assassinent. « Nous sommes presque toujours prêts, écrit Henri de Navarre, à nous couper la gorge les uns les autres. Nous portons dagues, jaques de mailles et bien souvent la cuirassine sous la cape. »

Les femmes attisent les haines : Marguerite de Navarre couche avec Bussy, un coupe-jarret du roi. Elle réussit à le convaincre d'entrer au service d'Alençon. Le roi, furieux, dépêche Guäst, son mignon. Bussy est attendu par une douzaine d'assassins, un soir, au guichet du Louvre. C'est miracle qu'il en réchappe. Tel est le rôle que la cour de France réserve aux cadets de bonne famille qui ont du nerf et de l'ambition.

La nuit les gardes parcourent les couloirs, battent les antichambres, pour débusquer les assassins sous les tentures. Les espions et les empoisonneurs italiens sont redoutés. Le roi surveille Alençon, dont il connaît les attaches avec Condé et les protestants. La reine mère, à plusieurs reprises, doit intervenir pour séparer ses deux enfants. Si le duc quitte le bal le premier, le roi s'inquiète, le fait suivre... La moindre faiblesse est dangereuse. Un jour le roi prend froid, garde le lit. Il fait venir Navarre pour lui demander de s'emparer du trône, s'il vient à mourir. La tragi-comédie est entrée dans les mœurs de la Couronne de France.

Marguerite a juré de faire évader le duc d'Alençon. Elle organise sa fuite. Des cavaliers l'attendent à la porte dérobée d'une maison de rendez-vous. En quelques heures, il est à Dreux, dans son fief. L'événement est d'importance. Alençon est beaucoup plus qu'un prince du sang, il est l'héritier du trône.

La panique gagne la Cour : la reine mère dépêche le duc de Nevers avec des cavaliers pour l'enlever. Il échoue. Catherine redoute le pire : elle sait, par des espions, que Condé a conclu un accord avec Jean Casimir, le fils de l'Electeur Palatin. Contre la promesse d'une énorme pension et l'attribution, en viager, des trois Evêchés, il s'est laissé convaincre de conduire en France 16 000 mercenaires bien pourvus d'arquebuses et d'artillerie. Une nouvelle invasion se prépare. Il est déjà trop tard pour négocier : les reîtres sont en marche.

Guise, le 10 octobre 1575, croit sauver la Couronne : il a dix mille hommes en réserve sur les hauts de Meuse. Il tombe par surprise sur les reîtres et les met en déroute, recevant dans le combat cette longue blessure au visage qui lui valut le surnom de « balafré ». Victoire spectaculaire, mais non décisive : il n'avait enfoncé que l'avant-garde.

Catherine, sans plus attendre, voudrait traiter. Elle fait atteler, et part elle-même à la poursuite d'Alençon. De ville en ville, elle finit par le rejoindre au château de Chambord, Haletante, elle lui promet tout ce qu'il exige : les maréchaux

Montmorency et Cossé sortirent de la Bastille. Damville fut averti par lettre qu'on attendait ses délégués pour signer la paix, et non pour discuter ses articles. Elle était prête à tout pour garder la couronne à « ses yeux » (ainsi appelait-elle, jadis, le jeune duc d'Anjou). « Gardez-vous de livrer bataille, lui disait-elle, et souvenez-vous des conseils de Louis XI : la paix signée est toujours plus avantageuse avant la défaite. »

Mais l'entourage royal ne l'entendait pas de cette oreille : le parti guisard, exalté par la victoire, était pour la résistance. Henri III lui-même répugnait à s'humilier devant son frère. Catherine comprit qu'Alençon devait céder le premier : manœuvré par sa mère, il consentit à signer l'accord de Champigny, qui garantissait aux Royaux une trêve de sept mois, jusqu'en juin 1576. On accordait la liberté du culte aux protestants dans toutes les villes dont ils étaient maîtres, et dans deux villes par gouvernement. Le duc d'Alençon prenait à son tour des places fortes en « sûreté » : Angoulême, Saumur, Bourges, La Charité et Niort. On garantissait Mézières à Condé. Les reîtres recevraient 500 000 livres pour renoncer à faire campagne.

Livrer des villes aux huguenots ? Les gouverneurs catholiques, qui avaient difficilement rétabli l'ordre à Bourges comme à La Charité, s'y refusaient. Catherine dut entreprendre de négocier, pour leur trouver des compensations. La reine mère était obligée d'intervenir pour désarmer les plus solides places fortes du royaume, alors qu'elle n'était nullement assurée d'arrêter l'armée des reîtres. Condé n'était pas signataire de l'accord.

De fait les Allemands se rassemblaient en Lorraine, méprisant l'offre de la reine. Pour éviter les troupes de Guise ils descendirent sur la Bourgogne, qu'ils mirent en coupe réglée. Condé avait engagé jusqu'aux bijoux de sa famille pour payer de nouvelles troupes : 20 000 hommes prirent ainsi Fontaine-Française, Cîteaux, Nuits-Saint-Georges. Dans le Charolais l'armée était rejointe par le duc d'Alençon qui en prenait la tête. A Villefranche, on attendait les renforts du Midi, conduits par Turenne. Ses 3 000 arquebusiers et sa nombreuse cavalerie arrivèrent le 12 janvier 1576. Damville était resté en Languedoc.

Les alliés étaient maintenant plus de 30 000. Le roi n'avait guère de troupes à leur opposer. Henri de Navarre s'était enfin décidé à rejoindre le camp des princes... L'armée marcha sur Sens. On ne pouvait imaginer coalition plus hétéroclite. Guise, à qui le roi avait confié son armée, brûlait de livrer bataille, malgré son infériorité numérique. Que de princes dans le haut commandement ! François d'Alençon, parjure à sa mère, parjure à son frère, oserait-il prendre la tête d'une armée d'Allemands devant Paris ? Il était le seul catholique, avec Montmorency. Les autres princes étaient tous protestants. Pouvait-il risquer son avenir et sa réputation en une bataille ? Paris, il le savait, était fanatiquement guisard, et pouvait soutenir un long siège. Alençon hésitait.

Seul parmi les princes, Condé allait jusqu'au bout de son projet. La guerre contre Henri III était une revanche personnelle, une duel tribal. Comment ne pas se souvenir que le duc d'Anjou, l'actuel roi de France, avait fait porter sur une ânesse le cadavre de son père assassiné à la bataille de Jarnac, bras et jambes pendantes, et qu'il l'avait ainsi laissé exposé aux insultes devant une église. On avait, à la mort du prince, chanté des *Te Deum* dans toute la chrétienté.

Il n'y eut pas de combat : sommé par les autres princes, le duc d'Alençon se mit en tête de l'armée. L'ordre de marcher sur Paris suffit pour que le roi Henri dépêche sa mère aux avant-postes, avec mandat de négocier.

Elle ne se présente pas seule : pour la circonstance elle a mobilisé l' « escadron volant », les plus belles filles de la Cour, la Sauve, maîtresse d'Henri de Navarre, la Villequier, qui devait finir trop tôt sa carrière galante poignardée par son mari jaloux, la Kernevenoy, la Bretèche, la Montpensier, et bien sûr, la « reine Margot ». La discussion s'annonce difficile. La reine se flatte d'offrir aux princes les commodités d'une attente agréable.

Alençon, Condé et Navarre ont-ils conscience, en négociant, de représenter les milliers de catholiques las de la guerre et les protestants saignés à blanc qui ont sacrifié leurs dernières ressources pour constituer l'armée des princes ? Ce qu'ils obtiennent donne satisfaction à leurs mandants, mais ils sont loin de s'oublier dans le contrat.

L'édit de pacification, dit de Beaulieu, est signé près de Loches le 6 mai 1576. Le roi commence par déclarer qu'il regrette vivement « les désordres et les excès faits le 24 août et jours suivants ». Il consent à réhabiliter les victimes de la Saint-Barthélemy. C'était la première condition des délégués de l'union protestante du Midi. L'exercice du culte — deuxième exigence — était garanti dans toutes les villes du royaume sauf Paris et les villes où la Cour résiderait pour la durée de son séjour. Le roi tenait à marquer ainsi sa volonté de rester fidèle à la religion catholique. Tous les délits, tous les procès, étaient abandonnés. Dans le ressort de tous les parlements seraient créés les tribunaux mixtes que les huguenots réclamaient depuis longtemps. Les biens saisis devaient être restitués, les chefs protestants, Coligny le premier, n'étaient pas seulement réhabilités : leurs familles seraient déchargées d'impôts pour six ans à titre de réparation. Des mesures de détail étaient prévues pour rendre la cohabitation des cultes possible : les protestants auraient leurs cimetières, ils ne subiraient aucune brimade dans les hôpitaux ou les établissements d'enseignement. Les mariages de curés ou de religieuses seraient reconnus par l'état civil. Les protestants pourraient tester comme les autres.

Par contre, tous les sujets du roi, protestants ou catholiques, paieraient comme par le passé la dîme au clergé. La religion catholique serait rétablie partout, même dans les villes tenues par les Protestants où l'on avait désaffecté les églises. Les commerçants huguenots devraient respecter les fêtes catholiques, s'abstenir de vendre de la viande le vendredi, fermer les jours de fête. L'édit de Beaulieu était, de loin, le plus libéral de tous ceux qui avaient été promulgués depuis le début des guerres. Il était presqu'en tous points conforme aux exigences formulées par les insurgés du Midi.

Mais il attribuait en outre aux princes des avantages considérables dans le royaume : le principe était de fournir des compensations à tous ceux dont la carrière avait souffert des événements : les maréchaux embastillés, premières victimes, retrouvaient leurs charges et leurs bénéfices. Damville recevait le témoignage de l' « affection » du roi qui le confirmait dans son gouvernement du Languedoc. Le duc d'Alençon devenait particulièrement puissant : il recevait l'Anjou, la Touraine et le Berry, villes riches et gras labours, en plein centre du royaume ; 300 000 livres annuelles de revenu, et le titre de duc d'Anjou, précédemment porté par son frère. L'attribution à son apanage de la place de La Charité lui garantissait le passage commode de la Loire, précieux en temps de guerre.

Navarre n'était pas oublié : gouverneur de Guyenne, il recevait l'autorisation d'Henri III de rentrer dans ses terres, le remboursement des dettes contractées par sa mère Jeanne d'Albret à l'occasion de son mariage, l'arriéré d'une pension, des compensations pour la perte de revenus qu'il avait subie, en tout plus de 600 000 livres. Condé nommé gouverneur de Picardie était responsable, avec Navarre et Damville, des huit « places de sécurité » obtenues par l'Union : Aigues-Mortes et Beaucaire dans le Midi, Issoire en Auvergne, Périgueux et Le Mas-de-Verdun en Guyenne, Nyons et Serres en Dauphiné, Seine-la-Grand'Tour en Provence. Les villes déjà occupées par les alliés ne recevraient pas de garnison royale.

Incroyable paix, qui apurait tous les comptes : ceux qui avaient coupé les bois des forêts royales, qui s'étaient emparés des recettes du Trésor ou du domaine, qui avaient obtenu des rançons, pris du butin dans les villes et les châteaux n'étaient pas susceptibles de poursuites et gardaient leurs prises. Les levées illégales d'impôts ne feraient pas l'objet de nouvelles présentations. Le Trésor ne pourrait rien réclamer.

La paix avait un profiteur de taille : sans livrer combat, Jean Casimir devenait duc d'Etampes, seigneur de Château-Thierry et de nombreux et riches fiefs de Bourgogne. Il renonçait aux promesses faites par Condé sur les trois Evêchés mais recevait une pension annuelle de 40 000 livres, à charge de fournir au roi 4 000 reîtres et une compagnie d'hommes d'armes. Il recevait immédiatement une fortune : 6 millions de livres de rançon ! Le roi signa. Mais qui paierait ? Le surintendant des finances, Bellièvre, ne savait pas où trouver l'argent. Casimir lâcha ses reîtres dans les campagnes, ils pillèrent villes et villages sur le chemin de retour. Dans ses bagages, le redoutable Casimir entraînait, en otage, le surintendant Bellièvre. Jamais une paix n'avait coûté plus cher au Trésor. Les seigneurs et les mercenaires s'étaient payés sur les sujets du roi. Ils avaient déconsidéré, par l'excès de leurs prétentions, un accord qui, pour la première fois, s'efforçait de jeter les bases d'une véritable pacification religieuse.

11.

Les guerres de la Ligue

Livrer les villes aux Huguenots ? Le roi a-t-il perdu l'esprit ? Depuis des mois les milices veillent aux remparts. Les gardes aux portes fouillent les voitures bâchées, les convois de fourrage pour empêcher les protestants d'entrer par surprise : faut-il maintenant, au nom du roi, leur offrir les clés sur un coussin de velours ?

Depuis des mois les habitants ne dorment que d'un œil, craignant d'être surpris par l'incendie, l'assaut ou l'explosion d'une mine. Dans la rue, le soir, ils doivent prendre garde à la foule des mendiants, des réfugiés des campagnes qui ont trouvé abri dans les murs et que l'on peut à peine nourrir. Ils ont suivi les mots d'ordre des confréries, les consignes des moines prêcheurs. Tous parlaient au nom du roi. Qui donc est roi en France : Henri de Valois, ou le nouveau duc d'Anjou ?

Déjà les gouverneurs d'Angoulême et de Bourges avaient refusé de lui livrer leurs villes, comme le voulait Catherine. Le roi leur avait donné raison. Mais il avait signé le traité livrant les places de sûreté. Au nom de ce traité, Condé, gouverneur de la Picardie, devait prendre possession de Péronne.

Honte à la patrie : le prince vient d'envahir le territoire, conduisant une fois de plus une armée de reîtres. Il a ravagé la Bourgogne, les pays de Loire, la Limagne, la plaine de Beauce. Il a coûté une fortune au royaume. Il a perdu la seule bataille qu'il ait livrée, celle de Dormans. Pour prix de son agression, il obtient la moitié du royaume. Les propres officiers de Condé sont conscients des dommages qu'ils ont imposés à leur pays : dans le *Recueil des choses jour par jour advenues en l'armée conduite d'Allemagne en France par M. le Prince de Condé,* un gentilhomme questionné sur les causes de l'invasion répond pour s'excuser : « c'était pour venger le sang répandu et perpétuer la mémoire des massacres ». Un autre, évoquant la France « cruelle marâtre » qui a laissé « misérablement massacrer ses enfants », explique que « c'était bien raison non seulement qu'on la liât, mais aussi on lui ôtât la garde noble ». Comment les protestants peuvent-ils prétendre aimer leur pays, en forçant ses frontières pour la livrer, à quel prix, à une armée d'étrangers ? L'opinion catholique est encore plus sévère pour les « politiques » ou pour les princes ambitieux. En acceptant de commander cette troupe étrangère, le duc d'Alençon, pensent les Guisards, s'est déshonoré.

Les assemblées protestantes pouvaient exalter l'idée de patrie, quand, après la Saint-Barthélemy, la résistance populaire, rochelaise ou languedocienne, refusait de livrer les villes aux égorgeurs. Alors les discours des pasteurs avaient leur efficacité : c'était un devoir de combattre ceux que la haine politique et l'intolérance religieuse conduisaient à provoquer l'hécatombe et la guerre civile. En s'ouvrant aux « politiques » les protestants avaient alors voulu faire la preuve de leur bonne volonté de « vivre ensemble » avec les catholiques.

La marche des mercenaires de Jean Casimir avait certes permis l'édit de Beaulieu, que les catholiques appelaient avec dérision « la paix de Monsieur », avantageux pour les huguenots puisqu'il garantissait enfin l'état de tolérance. Mais elle avait rendu les princes protestants responsables de l'invasion : les catholiques complices, comme le duc d'Alençon et les Montmorency, paraissaient doublement coupables.

Henri de Guise, blessé et couvert de gloire, en tirait avantage. Il avait offert jusqu'à sa vaisselle d'argent pour obtenir la libération des otages enlevés par les reîtres, qui avaient défilé, humiliés, derrière le char triomphal de Jean Casimir à Heidelberg. Toute la noblesse l'avait imité : à l'encontre des princes huguenots et des politiques, prodigieux profiteurs de la paix, les catholiques tenaient à montrer leur dénuement, qui était plus que du dévouement au roi : dans le chariot que le trésorier de France doit conduire en Allemagne, porteur de la rançon, il y a le produit de la quête royale, où les grands seigneurs ont tenu à verser leur part. Si la reine a engagé les bijoux de la Couronne, le cardinal de Lorraine et le comte de Vaudémont ont compté des millions de florins et de livres. Le clergé, une fois de plus, a vendu ses biens.

Au-delà des frontières, la « paix de Monsieur » apparaît comme un important transfert de fonds des pays catholiques vers le Rhin. A une époque où les principales nations européennes éprouvent la crise des monnaies, le roi de France ne peut payer seul. Il doit faire appel aux autres souverains catholiques. Tous cotisent, sauf le roi d'Espagne : pour nourrir l'armée du duc d'Albe et sa flotte nombreuse, il a dû, lui aussi, vendre les biens de son clergé, avec l'accord du pape. Seuls les petits Etats aident Henri III : la ville de Lucques, la maison de Lorraine, le duc de Savoie, les ducs de Parme et de Mantoue, le pape lui-même.

En France, l'argent passe d'un parti à l'autre : les « maisons » catholiques se privent pour aider le roi, les princes protestants en profitent. Ils ne participent pas à la dette commune, ils en touchent les bénéfices. Les Montmorency, nouveaux alliés des Huguenots, sont plus puissants que jamais. Navarre prétend encaisser ses revenus de Guyenne. Les notables des deux religions accroissent leurs biens aux dépens du clergé et manifestent leur hâte d'être annoblis. Ne dit-on pas que le roi, aux abois, a projeté de vendre 1 000 titres de noblesse en blanc ? Décidément la « paix de Monsieur » est celle des profiteurs de la guerre.

La cupidité des princes contraste avec l'extrême misère du pays. Le récit du curé Haton, en terre de Brie, est édifiant. Jacquart raconte que les campagnes de l'Ile-de-France n'ont pas retrouvé leur équilibre depuis 1573. Une année les blés manquent, une autre, les arbres fruitiers et les vignes gèlent. Partout les paysans pauvres déguerpissent, grossissent les plèbes urbaines, et sortent la nuit pour voler dans les jardins.

La cherté, un des maux du siècle, atteint des sommets. Le désordre des monnaies est à son comble : les *écus* de Savoie, les *dalles* de Bourgogne, les *philippus* des Flandres sont des monnaies de moindre valeur qui finissent par chasser des marchés les bons *écus* et *pistoles* en or. La monnaie officielle, à cause de l'Espagne et du Nouveau Monde, est souvent d'argent. Ceux qui ont de bonnes pièces les cachent. On doit interdire, aux frontières, la sortie des lingots. L'or n'a que trop tendance à fuir le royaume pour payer les soldats et les coûteuses importations d'objets de luxe. L'or augmente, l'argent se déprécie : les prix flambent.

Les rapports entre acheteurs et vendeurs, débiteurs et créanciers deviennent impossibles devant l'incertitude des monnaies. Plus d'argent, plus de contrat tenu : les échanges en sont rapidement affectés, et toute l'activité industrielle : à la ruine des campagnes s'ajoute la misère dans les villes, les ouvriers perdent chaque jour dans la course des salaires et des prix. A Paris, à Lyon, à Bourges, à Tours, dans les villes manufacturières, ils exigent des hausses : les maîtres se plaignent au roi. En 1572 le pouvoir a tranché : les conditions de travail et les prix sont fixés pour Paris. Ils ne doivent plus augmenter. Le roi soutient les employeurs, et brime les confréries qui défendent les compagnons.

Autant le roi a confiance dans les corporations dominées par les maîtres, autant il redoute ces confréries qui multiplient les messes, commandent les prêches à qui bon leur semble, organisent dans la rue des processions qui deviennent facilement des manifestations.

Comme les ministres huguenots, les Cordeliers et les Jacobins enflamment la foule aux prêches. Ils utilisent les confréries pour mobiliser la populace et l'orienter vers leurs desseins.

Foule indistincte, difficile à déchiffrer : elle était aux premières heures de la Réforme derrière les prédicateurs, à Lyon comme à Strasbourg : elle espérait un changement profond, une assistance plus efficace, des salaires plus honnêtes. Elle a été déçue. Lyon a connu, pendant de longs mois, la domination d'une municipalité protestante plus conservatrice que celle des consuls catholiques : sans doute les réformés organisaient-ils l'assistance, l'*Aumône,* mais au profit des leurs. Depuis lors la plèbe lyonnaise, furieuse d'être privée de vivres, de fêtes, de danses et de processions, s'était retournée vers le clergé.

Dans Lyon récupérée, la reprise en main était spectaculaire. On apportait à l'assistance un soin particulier. Les catholiques, maîtres du Consulat, étaient en même temps responsables des œuvres. Mais le catholicisme entreprenait, aussi, comme l'écrit Richard Gascon, la « reconquête des âmes ». Les notables aidaient les membres du clergé ; dans la paroisse ouvrière de Saint-Nizier le chapître et les laïques organisaient les processions, les prédications pour le carême, mais prenaient aussi des initiatives : imitant en cela les protestants, ils réunissaient les fidèles dans des « assemblées ».

Partout était rétablie la discipline ecclésiastique. Le clergé, qui récupérait ses biens, voulait, selon les décisions du concile de Trente, retrouver la foi primitive d'abord en réformant ses mœurs. Les curés étaient puissamment aidés par les Jésuites qui assuraient la prédication à la place des ordres mendiants. Ils enseignaient aux enfants un catéchisme simple, précis, imprimé dans la ville à plus de 30 000 exemplaires en huit ans. Le père Auger était l'âme de ce renouveau. Il se dépensait en prêches, en interventions dans les assemblées, en œuvres de charité. Il prêchait à Saint-Jean et à Saint-Nizier, chez les notables comme chez les pauvres : infatigable, il arrachait leur public aux ministres protestants.

Auger, dès les années 1560, avait amorcé à Lyon le grand mouvement de la Contre-Réforme. Le ministre Viret, la plus haute autorité réformée lyonnaise, disait de son catéchisme :

« il a suivi presque tout le même ordre de celui des églises réformées duquel il a puisé tout ce qu'il y a de bon au sien ou peu s'en faut. » Auger encourageait les laïques à entrer dans la polémique avec l'adversaire, répondant aux pamphlets par des pamphlets : celui de Rubys, *La Résurrection de la messe,* avait eu un grand succès. Enfin les Jésuites s'étaient acharnés à installer dans la ville des établissements modernes d'enseignement, afin d'arracher la jeunesse au zèle des régents huguenots. Installée depuis 1565 au collège de la Trinité, la Compagnie avait déjà formé une génération de jeunes notables.

Pour reprendre en main les foules, les Jésuites conseillaient de donner aux manifestations publiques de la foi une solennité accrue et beaucoup de réalisme : les processions de pénitents, de flagellants, étaient encouragées : la foi devait être un spectacle. Le peuple retrouvait la Vierge et les saints, mais il ne se rendait pas encore compte que la religion changeait sous ses yeux. S'il gardait ses superstitions, il était le témoin d'un spectacle nouveau, celui de la mortification des puissants.

A Paris où les huguenots n'avaient plus droit de cité, le clergé, maître de la rue, n'était pas à la recherche de formes nouvelles d'apostolat : comme à Lyon, la rage des catholiques devint indescriptible quand furent connues les clauses de l'édit de Beaulieu. Si le roi ouvrait la porte de l'Etat aux réformés, était-il encore légitime ? L'insécurité, les pressions fiscales, les interventions du roi au profit des maîtres des corporations indignaient le petit peuple. Il rejoignait, dans sa colère, les notables et le clergé qui récupéraient le malaise social, le transformant en passion religieuse.

Le seigneur d'Humières, qui commandait à Péronne, avait aussi sa plèbe et son clergé. Il était du côté des pauvres gentilshommes de Picardie, dévoués au roi mais indignés de cette paix honteuse. Il n'admettait pas de rendre la ville à Condé, chef général des reîtres. Puisque le roi lui-même ne pouvait rien contre les Huguenots, puisqu'il capitulait sans livrer bataille, puisqu'il n'avait plus d'argent pour lever des armées et qu'il ne pouvait plus payer ses Suisses, il fallait lui venir en aide, poursuivre malgré lui, au besoin contre lui, une politique de salut public conforme aux intérêts et aux traditions de la monarchie.

Tavannes en Bourgogne, Montpensier en Val de Loire avaient montré la voie : la force des protestants tenait dans l'organisation de leur parti. Ils avaient des militants, des cavaliers fidèles qu'ils ne payaient pas, des ressources financières tirées de la contribution des Eglises. Ils n'hésitaient pas, au besoin, à confisquer, piller, affermer les biens de leurs ennemis. Ils avaient des espions partout, des affidés dans les rouages de l'Etat. Ils disposaient de plumes vigilantes, toujours promptes à rédiger placards et pamphlets. Ils avaient investi le royaume. Il fallait utiliser leurs armes, et d'abord constituer des ligues de catholiques fidèles. Péronne donnerait l'exemple.

Condé ne peut y pénétrer. Comme jadis Montauban aux envoyés du roi, la ville lui « montre les clous ». Les paysans s'y sont rassemblés, les nobles des environs ont pris les armes. De Péronne, Humières a lancé un appel aux « princes, seigneurs et prélats » du royaume. Il leur demande de constituer « une sainte et chrétienne union » de tous les « bons sujets du roi » dont le but est de restaurer le « saint service du Seigneur » ainsi que l' « obéissance de Sa Majesté ».

Qui répondra au seigneur d'Humières, inconnu dans le royaume ? Guise d'abord. Populaire dans Paris, plus encore que son père, le « balafré », auréolé de sa victoire, se sent prêt, dans la faiblesse du pouvoir, à prendre la tête d'un parti catholique. Il lance aussitôt une sorte de manifeste, qui permet de mesurer toute la distance qui sépare les vues novatrices des Jésuites lyonnais de l'idéologie « ligueuse ».

Sans doute Guise, grand seigneur lorrain, « carolingien », reprend-il certaines idées du pamphlet d'Hotman, le libelliste protestant. Il est temps de limiter les pouvoirs du monarque et s'il recommande de conserver « Henri le troisième en l'état, splendeur, autorité, devoir, service et obéissance qui lui sont dus par ses sujets », c'est « avec protestation de ne rien faire au préjudice de ce qui sera ordonné par les Etats généraux ».

A la paix de Beaulieu, le roi, sur l'instance des Protestants, en a promis la convocation. Les Etats seraient-ils supérieurs au roi ? Il est temps, dit Guise, de « restituer aux provinces de ce royaume les droits, prééminences, franchises et libertés anciennes telles qu'elles étaient du temps du roi Clovis, premier roi chrétien ». S'il faut limiter le pouvoir royal, c'est au nom du retour à la féodalité. Le privilège doit contenir, équilibrer l'autorité du roi. Ses nobles, ses parlementaires, ses « Etats » doivent le tenir en sûreté. La monarchie comme puissance administrative et militaire s'en étant montrée incapable, la conjonction des grands seigneurs et des villes libres doit suffir à restaurer la paix. Ainsi les cités doivent entrer dans la Ligue. Guise ne leur offre rien, il les met en demeure : « tous catholiques des corps des villes et villages seront avertis et sommés secrètement d'entrer en ladite association, de se fournir duement d'armes et d'hommes selon la puissance et faculté de chacun. » C'est une mobilisation.

Son but est de restaurer, avec l'ancienne monarchie, le

privilège de l'Eglise de France : la proclamation est faite « au nom de la Sainte Trinité » et la Ligue se propose « d'établir la loi de Dieu en son entier, selon la forme et manière de la sainte Eglise catholique, apostolique, et romaine ». Pas question de réformer l'Etat, ni le clergé : le retour au passé est le seul article de la foi guisarde.

La menace est apparente : on promet la guerre aux ennemis et, pour les neutres, « toutes sortes d'offenses et de molestes ». Les ligueurs se prêtent serment de fidélité. Leur engagement est « éternel » ; s'ils faillissent, c'est Dieu qui les frappe, dans leurs corps et dans leurs biens. Guise, qui se croit descendant de Charlemagne, reprend le ton de la Croisade.

Ses ennemis exploitent la découverte des papiers d'un avocat parisien, Jean David, membre de la Ligue tué sur une route par des brigands. Il s'agissait d'un mémoire, présenté comme le procès verbal d'une réunion — tenue à Rome, disaient les protestants, par un « consistoire » secret — affirmant la volonté des Guise de se débarrasser des Valois et de régner à leur place. Le roi devait prendre parti.

Il prit la tête des Ligueurs. Déjà, dans Paris, la propagande faisait rage. Les boutiquiers faisaient circuler les listes d'adhésion. Le roi fit écrire aux gouverneurs des provinces et répandit à son tour un manifeste dans lequel il demandait aux Ligueurs d' « employer leurs biens et leurs vies pour l'entière exécution de ce qu'il sera ordonné et commandé par Sa Majesté après avoir ouï les remontrances des Etats assemblés » : ainsi le roi n'attendait de la Ligue — et des Etats — que des subsides et des soldats. Il rêvait au nombre de miliciens qu'il pourrait ainsi enrôler. Ni les Guise ni les Valois n'avaient changé : ils étaient encore à l'heure de la guerre des princes.

Les protestants n'étaient guère présents à la session des Etats généraux qui s'ouvrit à Blois en novembre 1576 : sans doute parce qu'ils redoutaient d'y paraître en trop faible nombre. S'ils craignaient le retournement d'Henri III ils ne furent pas déçus : les députés de la noblesse et du clergé furent l'objet d'incessantes pressions, pour qu'ils se déclarent les premiers en faveur d'un retour à une religion unique. Ils cédèrent enfin : le roi n'avait-il pas donné l'exemple, en prenant position à son Conseil contre la « paix de Monsieur » qui lui avait été imposée par les circonstances ? Puisqu'ils avaient accepté, selon les vœux du roi, d'exprimer leur volonté de rupture avec les réformés, il n'était pas douteux qu'ils accepteraient aussi de financer la nouvelle guerre que les Guise et le roi projetaient. La surprise sur ce point fut complète : à l'assemblée du tiers état un certain

Bodin, avocat du roi à Laon, répondait vertement à Versoris, député de Paris, ami des ligueurs, qu'il fallait choisir entre l'édit et la paix — ou l'unité religieuse et la guerre. Pour Jean Bodin, le choix semblait clair : comment imposer la guerre à un pays ruiné, alors que l'édit jetait les bases d'une pacification ?

Connu à Paris pour ses œuvres théoriques, Bodin ne passe pas pour un adversaire du pouvoir royal, au contraire : dans les six livres de la *République*, il réfute les thèses des protestants qui, comme Hotman, voulaient le limiter. Mais en matière de religion Bodin est formel : pas de monarchie sans Etat solide, moderne, centralisé. La religion est un facteur de discorde. Henri III a eu tort de se mettre en tête de la Ligue : le souverain ne doit pas prendre parti en faveur d'une fraction de ses sujets. L'Etat est supérieur aux religions : la preuve ? Il a subsisté aux convulsions religieuses dans tous les Etats d'Europe qui ont embrassé la Réforme. Pour sauver l'Etat, il n'est pas, comme le disent les Ligueurs, nécessaire de sauver la religion, mais au contraire d'empêcher les querelles religieuses de dégénérer en guerre civile : ainsi Bodin s'affirme à la fois pour l'édit de Beaulieu et contre les théories protestantes sur la limitation du pouvoir royal.

Mais comment arrêter les députés ? Ils devaient suivre les opinions de leurs mandants, qu'ils partageaient largement : le cahier des doléances de Lyon condamnait la liberté de conscience parce qu'elle était dangereuse pour le salut des âmes ! Il fallait, expliquait-il, obliger les curés à tenir la liste exacte des bons pratiquants, expulser les prêtres mariés, interdire le culte réformé et chasser les ministres, obliger les huguenots à assister aux prêches catholiques. Le « prétendu édit » avait été arraché au roi, sans consultation des Etats, « la lance et la pistole au poing ». Les villes devaient-elles se soumettre à une mesure imposée « par une petite poignée de leurs concitoyens » ? Puisque les Etats ne l'avaient pas approuvé, il était, en somme, illégal. On ne pouvait poser plus clairement le problème de la légitimité du pouvoir souverain. Sans s'en rendre compte, les rédacteurs des cahiers lyonnais mettaient en doute l'absolutisme royal.

Poussés par les villes, qui ne souffraient pas de compromission, les députés du tiers, comme les autres ordres, approuvaient l'unité de religion. Déjà les princes remuaient les provinces, montrant aux Eglises que le roi bafouait l'édit qu'il venait de signer : Navarre était dans Agen, Condé dans Saint-Jean-d'Angély. Les bandes descendaient des Alpes pour ravager le Dauphiné et la Provence. Fallait-il rappeler les reîtres ?

Mais qui paierait la guerre ? Mis devant leurs responsabilités, les Etats reculaient soudainement. Même les députés du clergé refusaient de payer. Il fallut toute l'éloquence de l'archevêque de Lyon (« eh ! messieurs si vous étiez en danger et à la boucherie, tels nos pauvres frères du Dauphiné, vous voudriez bien qu'on eût compassion de vous »), des cardinaux de Lorraine et de Bourbon, des évêques du Midi enfin, pour que l'ordre consentit à verser 450 000 livres au roi, de quoi entretenir, pendant six mois, 5 000 gens d'armes.

Cette concession était insignifiante par rapport au gouffre budgétaire que découvraient les députés : la dette publique avait plus que doublé depuis 1560, elle atteignait plus de 100 millions de livres. Le déficit annuel du budget n'était jamais inférieur à 4 millions. Comment trouver des ressources ? Le tiers refusait obstinément tout impôt nouveau. Bodin répondait au roi qu'il n'avait pas le droit d'aliéner son domaine, car « il appartenait au peuple ». Le roi tirait les conclusions de ces refus. Du Midi lui venaient des nouvelles alarmantes ; le duc de Montpensier lui-même était ému de la misère des campagnes. Il penchait pour la paix, que recommandait aussi Navarre. La reine mère finit par se rallier à ce parti. Comment déclarer la guerre sans argent ? Quant au roi, il était las de pousser à la guerre des députés « qui n'allaient que d'une fesse » et qui lui refusaient tous moyens. Il renonçait à l'unité de la foi. Sans combattre, les protestants avaient gagné.

Le roi aurait pourtant pu les vaincre, s'il avait eu quelques routiers. La victoire était à portée de la main : les huguenots n'avaient plus de chefs : François d'Alençon, devenu duc d'Anjou, avait rejoint le giron de sa mère. Navarre n'allait plus au temple, et s'entourait d'officiers catholiques. Les capitaines de la religion réformée se querellaient avec les « politiques » et la reine avait rallié Damville, le plus solide des princes. Elle lui avait promis, en secret, le marquisat de Saluces. A La Rochelle on avait accepté Condé mais fermé les portes à ses soldats, qui avaient une réputation de pilleurs. Les gentilshommes hugue-nots étaient démoralisés.

Le roi avait engagé les hostilités, pour ne pas perdre la face. Anjou son frère commandait l'armée qui reprit, presque sans coup férir, La Charité-sur-Loire, point stratégique. Il enleva et pilla Issoire. Il voulut pousser sur les Cévennes dégarnies de troupes mais le roi, jaloux de ses succès, l'empêcha de poursuivre. De même il ne confia pas les troupes de l'Ouest à Henri de Guise, le héros de Dormans, mais à son parent Mayenne. Celui-ci profita de l'étrange climat de haine qui couvait dans La Rochelle pour assiéger et emporter Brouage, qui défendait une sortie de la ville. Le peuple détestait les officiers nobles et particulièrement Clermont d'Amboise qui commandait la flotte. Il l'obligea à livrer bataille contre les vaisseaux du roi. D'Amboise fut battu, tué. La Rochelle était perdue.

La trahison de Damville commençait à transpirer dans les villes du Midi. Le nouveau chef de l'armée de l'Union était un fils de Coligny, François de Châtillon. Il décida de s'assurer des places fortes. Mais, au lieu d'occuper la citadelle de Montpellier, il la fit raser, craignant sans doute que Damville ne s'y retranche. Un de ses lieutenants prit et occupa Aigues-Mortes. Damville cependant avait pris l'offensive, assiégeant avec ses fidèles Montpellier, où Châtillon était enfermé. La ville dut soutenir un long siège, lutter contre la faim et le découragement. Châtillon réussit à sortir et gagna les Cévennes pour lever une armée de secours. Il dut poursuivre son chemin jusqu'à Bergerac avant de trouver des effectifs décents : les villages ne disposaient plus d'hommes valides. Il revint à marches forcées sur Montpellier et réussit à y rentrer sans que Damville pût l'en empêcher. Il mobilisait les rescapés du siège pour organiser une sortie quand il apprit les nouvelles de Paris : la bataille était inutile. La paix était signée.

En 1577 l'édit de Poitiers reprenait, dans ses grandes lignes, la « paix de Monsieur », tout en la restreignant. Les Protestants n'étaient plus en force. Ils n'avaient pas les moyens de négocier. Ils venaient d'accepter la limitation du culte dans les faubourgs d'une ville par bailliage, ainsi que dans les villes qu'ils occupaient et dominaient « avant la dernière reprise des armes ». On les chicanait sur les tribunaux mixtes, qui étaient réduits de moitié. Mais ils conservaient pour huit ans l'usage des huit places de sûreté qui leur avaient été concédées à Beaulieu.

Les ligues étaient dissoutes. Le roi se montrait scandalisé par leur inaction : il s'était mis à leur tête en pure perte. Humières avait été chassé d'Amiens, où il s'était présenté, avec un fort parti de cavaliers, pour faire signer, au besoin par la force, les listes d'adhésion aux bourgeois. Furieux, le roi les avait taxés : 8 000 livres pour avoir le droit de n'être pas ligueurs ! Ils avaient payé. Le roi, surpris, avait un moment songé à étendre à d'autres villes ce singulier avantage. Peut-être pourrait-il même vendre à la noblesse des dispenses de service armé, puisqu'à l'encontre des gentilshommes protestants, toujours en selle, les catholiques ne voulaient pas se battre ?

Mais la Ligue présentait plus d'inconvénients que d'avantages. Le roi redoutait Guise, qui s'en servait pour se constituer un parti, trouver des ressources et des hommes. Il était l'idole des Ligueurs. La reine prévenait tous les jours son fils du danger. D'ailleurs la présence du roi à la tête d'une ligue n'était pas

convenable : la ville de Châlons le lui avait dit sans détours :
« Toutes ligues et associations en Etat monarchique sont de
graves conséquences. Il est impossible aux sujets de se liguer
sans altérer la supériorité que le roi a sur eux. »

Ainsi le roi de France ne saurait être ligueur : si la religion
devenait une affaire de partis, il ne pouvait prendre parti. Tous
les commentateurs du temps tombaient d'accord : la Ligue
reposait sur l'adhésion, le choix, l'engagement. Les Ligueurs
prêtaient serment. Comment justifier la souveraineté d'un « roi
des Ligueurs » ? Il aurait, tout au plus, celle d'un chef de
bande. Les Français hostiles à la Ligue se sentiraient le droit de
se choisir un autre roi. Bodin, ce monarchiste qui ne croyait pas
à l'origine divine du pouvoir, ce platonicien catholique qui
plaçait pourtant l'autorité de l'Etat dans le ciel des idées
intangibles, blâmait l'engagement du monarque dans les guerres de Religion. Si le roi tient son autorité d'une sorte d'accord
tacite du peuple, il ne peut l'amoindrir au bénéfice d'une
faction. Il ne peut être lié par rien : *ab-solutus.* Le principe
même de la Ligue — choix, engagement — est contraire à l'idée
de souveraineté qui *s'impose* naturellement à tous. Zampini,
familier de la reine et conseiller d'Henri III, écrit un essai sur
les *Etats de France et leur puissance* qui rejoint les conclusions
de Bodin : le roi ne peut davantage admettre les prétentions de
la noblesse et les empiétements des Etats généraux que les liens
d'une ligue de citoyens.

Les polémistes royalistes rejoignent, dans leurs analyses, les
conclusions des parlementaires lucides, qui avaient critiqué la
Ligue dans son principe. Le roi avait passé outre. Il comprend
maintenant leurs raisons. Les Parlements de France ont mission
de défendre l'Etat contre l'agression politique. La Ligue ouvre
la porte à une action internationale qui peut avoir pour effet
d'imposer, par exemple, à l'Eglise de France les décisions du
concile de Trente, de favoriser le mouvement qui se dessine à
Rome, et dont les Guise sont les défenseurs, en faveur de la
supériorité du pape sur les souverains. Cette tendance « ultra-
montaine » est vivement repoussée par le Parlement et l'Etat
monarchique, soucieux de son indépendance, car elle combat la
tradition royaliste concordataire, qui place l'Eglise de France,
avec l'accord du pape, dans la main du roi.

Est-ce la fin des ligues, et la fin des guerres ? Cette sixième
guerre de Religion s'était pour ainsi dire engagée seule, sans
déclarations, sans ultimatum, sans préparatifs. Il avait suffi de
quelques initiatives pour que les bandes royales obtiennent par
surprise, dans la lassitude générale, ce qu'elles n'avaient pu
jusqu'ici conquérir. La première manche était au bénéfice du

roi. S'il avait perdu devant les Etats, il avait, par ses armes, sauvé la face.

Mais les vrais protagonistes, Guise et Navarre, Anjou et Condé, et les nouveaux venus de l'interminable affrontement, le jeune Châtillon, le duc de Mayenne, se réservent pour la seconde manche : les jeux des princes continuent.

La septième guerre, celle des « amoureux », est particulièrement dérisoire : les princes s'engagent dans le désordre, au vu de leurs intérêts. Les petits chefs de bande répandent la terreur dans les provinces, sans que l'on puisse mettre fin à leurs excès. A la Cour, la haine féroce des deux frères ensanglante leurs suites de mignons : Quélus attaque Bussy ; Entragues, Ribérac et Schomberg, mignons de Guise, tuent Maugiron et Quélus, mignons du roi. Henri III les enterre avec pompe, leur élève un tombeau dans l'église Saint-Paul et se fait des reliques de leurs cheveux. Le peuple des Ligueurs ricane : Guise et Margot sont complices pour répandre dans Paris les amours du roi sodomite.

Le désordre est à son comble en province : Bellegarde, familier du roi, furieux que l'on ait promis à Damville le marquisat de Saluces, s'y installe par force, avec la complicité du chef protestant Lesdiguières et l'appui du duc de Savoie. Damville s'est retranché dans son fief côtier de Pézenas, Béziers, Maguelone. Châtillon tient Montpellier. Damville n'est plus obéi de ses capitaines. Il doit provoquer dans Beaucaire une révolte populaire pour se défaire de Jean de Parabère dont la tête sera exposée sur le rempart, couronnée de paille. La place demeure néanmoins huguenote, car Châtillon y envoie des renforts.

Le Languedoc est à la merci de bandes pillardes vivant en communautés sous les ordres d'un chef reconnaissable à la chaîne d'or qu'il porte autour du cou : les soldats viennent de toute la plaine, mais aussi des montagnes du Vivarais et des Cévennes. Le capitaine Fournier a fait pour plus de 50 000 écus de butin. Le capitaine Noguier s'est rendu maître de nombreuses petites villes. Bacon, le plus cruel, qui attaque les marchands sur les routes et rançonne les notables règne dans Thézan. L'illustre capitaine Merle, qui a pris Issoire et Ambert en 1577, n'a pas désarmé. Il s'est emparé de Mende et terrorise les campagnes. La Provence est à feu et à sang : les protestants « razats » recrutent chez les mécontents qui haïssent les « carcistes », gentilshommes catholiques, et veulent brûler leurs châteaux. Le comte de Carcès a un autre adversaire : le nouveau lieutenant général de Suze, que le roi vient de nommer à sa place.

Comment rétablir l'ordre ? La reine mère, une fois de plus, fait atteler sa voiture et prend la route du Languedoc. Elle réconcilie d'abord Navarre et le maréchal de Biron, qui commande à Bordeaux. Puis elle se rend à Nérac, où Navarre a convoqué les députés des Eglises du Languedoc. Un accord est signé, le 28 février : les protestants obtiennent 15 places de sûreté (au lieu de 8) mais seulement pour six mois. Catherine refuse de leur accorder la liberté de culte. Elle parcourt ensuite les villes du Languedoc, achète la soumission des capitaines pillards, entre courageusement dans Montpellier. En Provence elle remplace le comte de Suze par le chevalier d'Angoulême, bâtard d'Henri II, et laisse à Carcès la lieutenance générale. Elle ne parvient pas à rencontrer Lesdiguières mais elle traite avec Bellegarde, qui obtient de ses alliés protestants un accord. Ils ont neuf places fortes en Dauphiné.

Catherine a négocié seule avec les petits chefs. Elle croit tenir sa paix : les grands n'ont pas bougé. Navarre est à Nérac où Margot l'a rejoint. Turenne, qui s'est rallié à Navarre et à sa religion, batifole avec les suivantes, la Rebours, la Fosseuse. Même Sully et d'Aubigné, ces austères personnages, ont des maîtresses. Le roi va au prêche, Margot à la messe dans une charmante petite chapelle de comédie, construite dans le parc... Le soir, tout le monde se retrouve au bal.

L'inaction pèse aux « amoureux ». Ils sont mal à l'aise dans le rôle que leur fait jouer Marguerite. Nérac est loin de la Cour. Que font les Guise ? Que dit le roi ? La reine a dressé ses demoiselles : la Fosseuse, qui couche avec Navarre, lui répète les « paroles de mépris » qu'Henri III prononce à son égard. Margot, qui couche avec Turenne, lui raconte que le roi jase, fait des mots, distrait tout Paris avec le bruit de leurs exploits amoureux : voilà donc les victoires de Nérac ?

Les chevaucheurs gascons s'énervent. Navarre écrit à Châtillon et à Lesdiguières ; tenez-vous prêts, compagnons ! Le moment venu, il faudra sauter en selle ! Condé, comme d'habitude, est le plus prompt. Il n'est pas du complot, il n'a pas de contact avec Nérac. Il agit seul, pour entrer enfin dans Péronne, capitale du gouvernement qui lui a été attribué par traité. Rejeté par les habitants de Péronne, il prend La Fère par surprise, le 29 novembre 1579. La reine accourt aussitôt, demande à voir le prince. Elle lui propose d'épouser une petite Vaudémont, et de devenir le beau frère du roi. Condé refuse, la guerre des princes est déclarée.

Elle commence par un bel exploit : Navarre et ses Gascons viennent assiéger Cahors, défendue par Jean de Vezins, qui rejette toute idée de reddition. Ils « pétardent » la porte de la ville, entrent en force, bataillent dans les rues. La population, très catholique, résiste pied à pied, construit des barricades. Mais le jeune Henri (il a 26 ans) est infatigable. Il parle en gascon à ses compagnons, les fait rabattre, quand ils s'égarent, à coups de hallebarde. Pourpoint nu, l'épée faussée à force de ferrailler, il enlève lui-même la plus forte barricade et mène ses Gascons à l'assaut du collège aux cris de « Vive Navarre ! » Superbe bataille, qui ne dure pas moins de trois jours. On combat même la nuit, on se poursuit dans les caves et jusque sur le toit des maisons. Un combat loyal, sans pillage, sans massacre. Henri veille à tout, même à rendre les honneurs à l'adversaire. La ville est prise en mai 1580. Les protestants du Midi ont un nouveau chef. Le prestige de sa victoire est si grand qu'ils le nomment aussitôt protecteur de leurs églises.

Mais le peuple huguenot ne suit pas. Rien ne justifie cette guerre des princes. Les notables de La Rochelle parviennent à dominer les agités qui poussaient au combat. Les ministres du Languedoc sont, en majorité, favorables à la paix, ainsi que les notables, protestants et catholiques. Les nobles parlementaires ou officiers, comme Vignoles et Clausonne, plaident pour la paix. Châtillon n'est pas suivi : Aigues-Mortes, Lunel et Sommières, trois villes seulement, répondent à son appel.

Par contre la guérilla des chefs pillards reprend : pour lever des troupes, les huguenots partisans de la guerre n'ont pas le choix. Ils doivent promettre le butin. D'Aubigné lui-même prend la tête de ces « chevau-légers » qui pratiquent le brigandage sur les grands chemins, nourrissant la guerre de rapines. Ils ne font pas la différence entre amis et ennemis quand ils attaquent un convoi : ils pillent sur les chemins les marchands de La Rochelle !

L'absence de soutien populaire, et surtout l'hostilité des notables huguenots condamnaient la guerre « des amoureux ». Les Royaux n'eurent pas trop de mal à reprendre l'initiative : Navarre fut enfermé dans Cahors. Le maréchal de Biron prenait une à une ses places du Sud-Ouest, canonnant jusqu'à Nérac. Le prince de Condé fut encerclé dans La Fère par le maréchal de Matignon. Il réussit, une fois de plus, à s'échapper, gagnant l'Allemagne pour y retrouver ses amis. Lesdiguières fut vaincu en Dauphiné par le duc de Mayenne qui put s'emparer de La Mure, principale défense des huguenots.

Personne ne pouvait s'opposer à la paix : elle fut signée le 26 novembre 1580 à Fleix : le duc d'Anjou était venu au nom du roi pour traiter avec Henri de Navarre. Il promettait les places de sûreté pour six ans, la reconduction des accords de Nérac. Condé, entre-temps revenu en Languedoc, porteur de promesses de l'Electeur Palatin, fut réduit au silence : Anjou n'avait-il pas des projets dans les Flandres, ceux-là mêmes qu'avant le massacre du 26 août, nourrissait Coligny ?

Avait-il montré à Navarre le texte du traité qu'il avait signé quelques semaines plus tôt, à Plessis-lez-Tours, avec les délégués des Etats des Pays-Bas ? La Cour jugeait en effet, malgré son impuissance financière, le moment bien choisi de reprendre, contre Philippe II, la politique d'intervention dans les Flandres. La succession du Portugal, la rivalité maritime avec l'Angleterre, la crise monétaire mettaient provisoirement Philippe II en difficulté. En Angleterre, la reine recherchait de nouveau l'alliance française : ses pirates faisaient fortune sur mer aux dépens des Espagnols.

Les 17 Etats des Flandres, las de l'occupation du duc d'Albe, s'étaient regroupés autour du prince d'Orange, devenu le héros national de la réconciliation contre l'occupant des catholiques du Sud et des calvinistes du Nord. Ils avaient demandé l'aide de la France. Le duc d'Anjou était intervenu une première fois sans succès, en 1578, et Philippe II avait pu conclure une paix avec les provinces catholiques, qui, dans l'*Union d'Arras,* avaient fait savoir au prince d'Orange qu'elles faisaient désormais sécession. C'est avec les Etats du Nord, calvinistes, que le duc d'Anjou avait signé l'accord de Plessis-lez-Tours. Il était en même temps le fiancé d'Elizabeth qui l'appelait « son petit italien » ou « sa petite grenouille ».

Le gouverneur de Cambrai lui offrait sa ville, les Etats lui donnaient le trône des Pays-Bas, pourvu qu'il leur garantît l'alliance du roi de France. Henri III voulait une guerre équivoque, qui ne le fît pas rompre avec l'Espagne. Il avait promis, par lettre, tout son soutien à son frère, mais il lui avait fait jurer sur l'évangile de ne pas se prévaloir publiquement de cette promesse.

Le duc d'Anjou avait aussitôt recruté des bandes sur le territoire français, ravageant la Bourgogne, la Champagne et la Picardie. Il avait engagé tous les anciens des guerres civiles, les professionnels de la guérilla. Il entrait dans les Pays-Bas sans s'assurer du mariage anglais, dirigeant d'abord ses forces sur Cambrai. Le roi le faisait suivre, à distance, par une armée royale, au cas où l'engagement tournerait mal.

Le duc fut repoussé, au moment où, dans les Açores, une flotte française était coulée par un amiral d'Espagne. Elizabeth, qui n'obtenait pas de la Cour de France l'alliance militaire et navale qu'elle souhaitait, ajournait ses fiançailles. La reine mère se tournait de nouveau vers l'Espagne, guignant pour Anjou la main d'une infante.

Celui-ci débarque en Zélande, mal accueilli dans les villes dirigées par des notables calvinistes mécontents de l'inaction du roi de France. Le 19 février 1582, il fait son entrée dans Anvers. La population ne lui est pas favorable. Il doit faire venir des secours de France : le maréchal de Biron, avec 12 000 hommes. Les officiers logent dans la ville, entourent le duc. Il ouvre les portes aux soldats. On crie « ville gagnée, tue... tue ! » La population se rassemble, au son du tocsin. Toutes les maisons se barricadent. Les Français sont massacrés. Le duc s'en échappe par miracle. Il se réfugie à Dunkerque et licencie son armée.

Impuissant, découragé, il se meurt de phtisie le 10 juin 1584 alors que les Etats-Généraux des Pays-Bas faisaient de nouvelles offres au roi de France. Comment aurait-il pu les accepter, alors que les Flandres étaient jalousement surveillées par les autres nations ? L'enjeu était d'importance : Anvers risquait de dépasser Venise dans le tragic international, qui se déplaçait de la Méditerranée vers la mer du Nord. Le port, plus que Séville et Lisbonne, simples entrepôts, profitait de l'ouverture de l'Atlantique. Son arrière-pays, les grandes villes textiles des Flandres, était riche et industrieux, il attirait l'or espagnol. Dans l' « économie-monde européenne » (Fernand Braudel) Anvers se taillait une première place. On peut déjà reconnaître, dans la férocité de la révolte flamande contre Philippe II, la volonté des villes marchandes de s'affranchir d'une pesante tutelle continentale, espagnole ou française, pour se lancer librement à la conquête des mers. Les Flamands ne veulent plus de protecteurs : Anjou l'a appris à ses dépens. Quand ils appellent les Français, c'est seulement pour les aider à se débarrasser des Espagnols.

Le roi a-t-il intérêt à intervenir dans ce conflit ? Il trouverait sans doute des alliés désignés dans les Flandres, s'il voulait faire la guerre à l'Espagne, comme il avait jadis des alliés sur le Rhin, quand il affrontait Charles Quint. Mais les Espagnols, s'ils connaissent une crise passagère, ont tout l'argent du monde et la plus redoutable des infanteries. L'appui du roi de France aux Flamands est timide, presque clandestin. Il ne veut pas d'un nouveau Saint-Quentin.

D'ailleurs Henri III roi n'a pas la brutalité guerrière de ses prédécesseurs. Il n'est pas fou de chasse et de chevauchée. Son rêve serait d'installer au Louvre une Florence des arts et des lettres. Il a du mépris pour les grands seigneurs impatients comme Guise, qui ne pensent qu'à la guerre. Il est las de la « furie française ».

Humilié par la paix de Beaulieu, par l'impuissance du Trésor à solder les reîtres de Condé, il est conscient de la faiblesse de l'Etat, il en comprend mal les causes. Suffit-il de faire de bonnes lois, d'encourager les juristes et les administrateurs de son entourage (il a plus de 100 notaires et secrétaires) pour restaurer l'Etat ? Suffit-il de renforcer l'étiquette et d'éloigner les grands seigneurs de la Cour pour les intimider ? La paix de Beaulieu l'a montré : les grands feudataires ont retrouvé toute leur puissance ; ils ont profité des guerres de Religion pour détourner à leur avantage les ressources de l'Etat. Ce n'est pas en créant des ducs de fantaisie, comme Joyeuse ou Epernon, que le « roi de la basoche », entouré de son armée de clercs et d'experts, pourra refaire son royaume. Car il n'est de puissance du roi que dans celle de l'Etat.

Précisément la machine financière de l'Etat s'est constamment détériorée tout au long du siècle. L'impôt, certes, a augmenté mais moins vite que les prix. On peut estimer, avec Chaunu, qu'il n'y a pas augmentation mais recul du « poids du roi » depuis 1550. En valeur relative, par rapport aux prix réels, l'impôt a décroché.

Les payeurs le trouvent pourtant plus lourd. Le roi n'est plus seul à percevoir l'impôt direct : dans toutes les villes et provinces occupées par les Huguenots, la levée lui échappe. Certaines régions, comme la Bretagne, qui disposent d'états provinciaux, en profitent pour discuter l'impôt et refuser toute augmentation. La Provence, le Dauphiné sont constamment hostiles à la hausse des tailles. Le roi n'a plus les moyens de leur imposer sa volonté. Les réticences, les refus de ces provinces périphériques renforcent le poids de la taille sur les provinces fidèles et soumises du Centre : elles accusent au moins 20 % de hausse, de 1550 à 1576.

Mais la rentrée de l'impôt se fait mal, les exemptions sont nombreuses. La montée du coût nominal de l'impôt ne doit pas abuser : en fait le reflux des ressources de l'Etat est réel, irréversible. Comment y remédier ? On peut rêver d'un nouvel impôt, niveleur, n'épargnant plus les privilégiés. Il en est question aux Etats généraux de 1576 quand un « faiseur de projets », grand favori de Catherine, le chevalier Poncet, propose un impôt unique, levé par feu, proportionnel aux ressources de chacun, une sorte d'impôt sur le revenu, de conception moderne. Qui suit l'étourdi chevalier ?

En fait, le roi ne peut pas trop demander à l'impôt direct, très impopulaire, qui pèse sur les moins avantagés. Sur 16 millions de recette, la taille compte pour 7 millions seulement. Les autres postes s'accroissent plus vite : les aides, la gabelle, les droits divers. Pour ne pas augmenter la taille, alors que le pays est ruiné par la guerre, le roi oblige le clergé à lui verser chaque année une somme importante que les pères, qui refusent obstinément toute idée d'impôt, appellent le « don gratuit ». Pour financer la guerre il a contraint l'Eglise d'accepter, avec l'accord du pape, la vente d'une partie de ses biens. Mais il a surtout emprunté des sommes énormes aux financiers privés et aux grandes villes : la dette de l'Etat, en 1576, est de plus de 100 millions de livres, contre 43 en 1560. Les « rentes de l'Hôtel de Ville », une des sources essentielles de ces emprunts, attachent à la fortune de l'Etat des milliers de créanciers qui ont offert leur argent contre promesse d'intérêts. Mais elles rendent la monarchie vulnérable : elle est à la merci de ses créanciers, banquiers étrangers et rentiers parisiens.

Le service de la dette exige, vers 1585, un nouvel emprunt de 3 ou 4 millions d'argent frais par an. Ou trouver cette somme ? Le clergé refuse tout nouveau subside. Il faut taxer les villes, augmenter même l'impôt direct (la taille « flambe » à partir de 1580, passant de 8 à 18 millions) et surtout vendre des « offices », des charges de magistrats ou de fonctionnaires royaux. Ces ventes rapportent 30 millions en 1586. Elles se multiplient jusqu'à l'absurde : le roi de France, certes, ne manque pas d'arpenteurs pour ses forêts, de « chauffe-cires » dans sa chancellerie ni de « commissaires des vins et du menu boire ». Il a l'administration de plus en plus nombreuse et de moins en moins efficace de tous les Etats européens.

Avec tant d'officiers, le roi n'est pas le maître : il leur a vendu son autorité au détail. Pour la récupérer, il envoie des gens sûrs, zélés, qui ne sont pas propriétaires de leurs charges, en tournées d'inspection sur les routes de France : pauvres maîtres des requêtes ! Ils visitent, en 1580, des provinces agitées où elle est à peine reconnue. Parfois ces « commissaires départis pour l'exécution des ordres du roi » trouvent closes les portes des villes et sont chassés des municipalités. Dans le désordre général, ils prennent, quand ils le peuvent, des décisions, au lieu de se contenter d'inspecter et de rapporter. Ils sont assurés d'être soutenus dans leur action par Paris : une section du Conseil du roi s'est spécialisée dans ces affaires et suit de près leurs interventions. Le roi a pris l'habitude de désigner, pour diriger ses finances, des gens capables, comme ce Pomponne de Bellièvre, que les reîtres avaient emmené comme otage à Heidelberg.

Malgré ces compétences, les impôts rentrent mal, et lentement. Il était plus expédient d'en affermer la recette à des financiers qui avançaient aussitôt l'argent, et levaient ensuite les taxes à leur profit. En période de crise, quand le roi était pressé, ils obtenaient des contrats avantageux, qui leur promettaient d'énormes bénéfices. Mais pour gagner beaucoup, ils étaient très exigeants dans leurs rentrées et leurs sergents ne ménageaient pas le contribuable. Aussi le roi était-il haï sans être riche. Les Italiens étaient souvent les organisateurs de ces « traites » ou « fermes ». Fermiers, traiteurs ou « partisans », ils constituaient des sociétés appelées « partis » dont ils distribuaient les parts dans la haute société : la duchesse de Joyeuse, par exemple, touchait sur la gabelle. Ces participations ne faisaient scandale que dans le petit monde de la cour et de la haute administration. Elles restaient ignorées du pays.

Plus que le poids global de l'impôt — dont l'accroissement ne permettait même pas à l'Etat de faire face à ses besoins — c'est l'injustice de sa levée qui attisait la virulence populaire contre la monarchie et la vive opposition des députés aux Etats généraux. Dans les villes, les gens du petit peuple qui vivaient, comme les « affaneurs » de Lyon, au hasard des emplois quotidiens, n'étaient plus seuls à se plaindre : les artisans et les boutiquiers faisaient chorus. Le roi, disaient-ils, levait sans cesse de nouvelles taxes pour faire la guerre, et ne parvenait jamais à assurer la paix.

L'aisance des profiteurs était insupportable : non point celle des banquiers italiens ou allemands, ces « traiteurs » invisibles, ces « partisans » enfermés dans leurs palais et dont on prononçait mal les noms étrangers. Ceux-là étaient hors d'atteinte : aux premiers troubles, ils quittaient Lyon pour Venise, ou Paris pour Anvers. Les profiteurs connus du peuple étaient les enrichis : les usuriers, gainetiers, porteurs de rentes, les nouveaux maîtres des terres qui avaient récemment acheté des biens d'Eglise et qui depuis des siècles traquaient patiemment, lopin par lopin, le maigre bien de leurs débiteurs. Ces derniers aussi habitaient la ville, ruinés, quand ils ne travaillaient pas, à la journée, sur leurs anciennes terres, pour le compte du nouveau propriétaire. Ces profiteurs étaient arrivés grâce à leur connaissance de la chicane, du droit coutumier, des procédés judiciaires. Ils savaient semer les épices pour gagner les procès. A Paris comme à Montpellier ou à Poitiers, le petit peuple avait pour ces nouveaux riches, parfois anoblis par le roi désargenté, une haine solide. Ils avaient acheté les campagnes suburbaines, ils possédaient des immeubles en ville. Ils avaient de quoi marier richement leurs enfants, et leur acheter ces nouveaux offices que le roi distribuait. Ainsi l'Etat, qui manquait de serviteurs capables, devait nourrir une population de parasites considérant les charges comme un moyen de parvenir. Dans le combat entrepris depuis des siècles par la monarchie pour mater les grands féodaux, elle s'alourdissait d'alliés douteux, elle s'encombrait de nouveaux bénéficiaires détestés du peuple des campagnes et de la plèbe urbaine.

Bons ou mauvais, les serviteurs de l'Etat étaient incapables de tenir la noblesse qui récupérait, sur le terrain, les avantages perdus. La remontée de la seigneurie est un fait, depuis le début des guerres. Comme l'écrit Pierre Chaunu, elle « livre un gigantesque combat d'arrière-garde » contre l'Etat moderne, auquel le roi, à cause de ses pressants besoins d'argent, retire sa force et son efficacité. Plus que jamais les grands seigneurs bravent l'autorité royale, reconstituant, par l'alliance des Huguenots et des « politiques », un dangereux parti des privilégiés.

Les « malcontents » du XVIᵉ siècle, les Montmorency, les Châtillon, disposent d'une vaste clientèle nobiliaire. Jadis, ceux qui se plaignaient de ne pas bénéficier de la faveur royale n'étaient qu'une poignée. Avec les guerres de Religion, toute la petite noblesse s'est placée sous la protection de la grande, par crainte de l'avenir, et les populations, comme dans les grandes terreurs, ont recherché celle des nobliaux. Les vieilles hiérarchies féodales ont retrouvé leur signification profonde, distribuant à chacun ses responsabilités, ses devoirs dans le domaine fiscal, judiciaire, militaire, du haut en bas de l'échelle, du petit baron d'Aquitaine au grand duc parisien. En Normandie, en Dauphiné, en Poitou, en Saintonges comme dans le Sud-Ouest, la noblesse retrouve son rôle naturel de protection et conforte sa seigneurie avec tous ses droits et privilèges. Plus que jamais les paysans dépendent de l'ancien pouvoir de commandement ou « ban ». Les 3/4 des gentilshommes de langue d'oc ont rejoint la Réforme et commandent en son nom. Comme l'écrit encore Pierre Chaunu, « un dixième des Français, mais 50 % de la noblesse, contrôlent pendant plus d'un quart de siècle près de la moitié du royaume ». Le roi ne maintient l'intégrité de son pouvoir qu'au nord de la Loire.

Encore doit-il compter sur d'autres privilégiés, ceux de ses bonnes villes : on a vu les gouverneurs de Bourges, d'Angoulême, refuser d'appliquer les édits et d'ouvrir les portes aux princes désignés par le roi pour exercer le commandement. On a vu les villes discuter l'adhésion à la Ligue, négocier, obtenir de payer pour s'en décharger. Entre le roi et les citoyens, les échevins, consuls, jurés, capitouls, élus des municipalités sont des intermédiaires écoutés, qui savent rédiger des remontrances, discuter un édit et négocier une taxe. Si la France a seulement deux grandes villes, Paris et Lyon, elle dispose d'un tissu urbain de petites villes de 10 000 habitants, parfois de deux ou trois milliers seulement, qui, dans les guerres civiles, a montré sa redoutable efficacité pour la défense. Leur siège est un gouffre financier. La Charité-sur-Loire et Niort ont laissé au roi des souvenirs. Les villes, à l'abri de leurs remparts, avec tours et hautes murailles, sont des refuges efficaces. Avec le salpêtre des caves et le plomb des cloches, elles peuvent, comme Montauban, improviser une artillerie. Le roi a tout intérêt à les ménager. Il en tire avantage : les notables qui les dirigent sont souvent, comme à Lyon ou à Toulouse, de riches marchands qui souscrivent aux emprunts et organisent les levées fiscales pour le compte des officiers royaux. Quand les bourgeois prennent peur — des « Luthériens », des reîtres, des Ligueurs, des passages de troupes royales — on peut les faire payer pour que leur ville soit épargnée. Ils sont une source importante de profits.

En même temps, les municipalités maintiennent l'ordre : les métiers groupés demandent au roi de les aider à éliminer la concurrence sauvage, à interdire toute liberté d'entreprise — mais surtout d'empêcher les confréries de devenir des syndicats de résistance. A plusieurs reprises le roi a condamné, à la demande des notables, les « assemblées entre compagnons et serviteurs de tous métiers ». Les bourgeois fournissent, dans les seize quartiers de Paris comme dans les trente-six quartiers de Lyon, des miliciens pour la police et le maintien de l'ordre. Il faut en effet lutter, à l'intérieur des remparts, contre les psychoses de panique : quand la peste est déclarée, quand les vagabonds des campagnes se pressent aux portes ou quand pointent à l'horizon les bannières des gens de guerre. L'ordre doit être maintenu dans la disette, pour assurer la protection des greniers et les points de distribution des vivres. Défenseurs de l'ordre, le roi et les bourgeois sont solidaires.

En échange, le souverain concède des privilèges et franchises aux villes. Plusieurs — une vingtaine — sont régulièrement convoquées aux Etats généraux. Elles ont des privilèges fiscaux, elles peuvent lever leurs propres taxes et réaliser des emprunts. L'application des édits et ordonnances ne leur est pas toujours imposée sans discussion : ainsi les consuls de Lyon obtiennent du roi la constante protection des marchands étrangers, souvent menacés pour délits religieux. L'anarchie des guerres de Religion, en obligeant les municipalités à prendre parti pour recevoir la protection de l'un ou l'autre camp, a eu pour effet d'éliminer les franchises (le châtiment) ou de les étendre, au contraire, au-delà de l'accoutumé. Les magistrats des villes, comme les paysans, cherchent aussi des appuis dans les guerres civiles. Ils ne sont pas les derniers à s'offrir aux princes, si le monarque fait défaut. Ils sont à leur cité, avant d'être au roi.

La protection est d'autant plus nécessaire que les guerres ont rendu la population des grandes villes nerveuse, violente, insoumise. La baisse du niveau de vie urbain (40 % à Lyon selon Gascon), la médiocrité des conditions de vie, l'entassement d'une population double ou triple dans les vieilles enceintes, la menace continuelle d'une disette (une ville assiégée est d'abord une ville affamée), l'accroissement de la masse des « gens vils et mécaniques » qui, avec le chômage, deviennent de dangereux assistés, rendent les plèbes sensibles aux mots d'ordre de violence souvent lancés par des irresponsables. Mais le haut clergé lui-même, si désireux de maintenir l'ordre (nombre de chanoines sont des fils de marchands riches), n'hésite pas à mobiliser écoliers et crocheteurs contre ses ennemis huguenots, ces pilleurs d'églises...

A partir de 1575, la crise de l'activité devient générale dans toutes les grandes villes du royaume, à Lyon comme à Paris, à Toulouse comme à Rouen. Les entreprises ferment, les banques font faillite. Le mal n'est pas seulement français : la crise n'épargne ni l'Espagne, ni l'Italie qui sont nos partenaires commerciaux, pour le 2/3 de nos échanges. La France exporte alors ses produits agricoles, le vin, le blé, ses produits industriels pauvres, les draps et les cotonnades, elle achète à prix d'or les épices, les armes, les soieries. On constate la détérioration progressive de ces échanges : le blé ne sort plus du royaume, la soie italienne entre moins. La « ferme » qui exploite les droits sur l'entrée des marchandises a vu, en 1580 ses revenus baisser de moitié depuis dix ans. Les péages de Châlons-sur-Saône et d'Arles sur le Rhône font apparaître une chute comparable. Si la France n'achète plus, elle vend plus mal encore : les draps anglais s'installent sur les marchés italiens. A partir de 1585 la crise, dit Gascon, « tourne à la débâcle ». Des maisons réputées font faillite à Lyon et les clients habituels des foires sont victimes du marasme : les drapiers du Poitou, les pasteliers de Toulouse, les corroyeurs des Cévennes. Même la soierie est en récession.

La France de 1580 ne disposait pas d'un tissu urbain dense, la population était concentrée dans quelques grandes villes, Paris, Lyon, Rouen, où elle était particulièrement sensible aux crises. Même dans les petites villes la crise lyonnaise tournait à la catastrophe : pour ses 10 000 habitants, Le Puy comptait 120 savetiers cuiratiers travaillant exclusivement pour Lyon. Ils faisaient vivre leur famille et le petit monde de leurs compagnons, apprentis et domestiques. La ruine de l'artisanat entraînait nombre d'habitants dans l'indigence, y compris le peuple des portefaix et crocheteurs.

A Lyon comme à Paris, cette masse urbaine était mobilisable. Il suffisait de l'encadrer, de la stimuler, de l'angoisser. Le roi s'en chargea. Il fit enterrer le duc d'Anjou avec une telle pompe que nul ne put ignorer dans Paris que désormais la couronne n'avait plus d'héritier. Les funérailles d'Anjou étaient celles de la lignée des Valois.

Pour rendre ses devoirs au corps de son frère, exposé, selon la coutume, dans l'église Saint-Magloire du faubourg Saint-Jacques, il s'était vêtu d'un long manteau de serge violette, dont la queue était portée par huit nobles de la Cour. Il s'était fait précéder de Suisses battant tambours funèbres... le lendemain, 25 juin, nouvelle cérémonie : le corps traverse Paris. Sur l'ordre du roi, une torche doit brûler devant chaque maison. Les armoiries du duc sont clouées sur toutes les portes de la ville. Paris ne vit plus, on n'y circule plus. Une journée entière est consacrée au deuil.

Dix ans de mariage, et pas d'héritier. Qui va prendre la couronne, à la mort d'Henri III ? Il y a bien Navarre. On lui envoie d'Epernon et 200 000 écus. C'est trop peu pour qu'il aille à la messe. Il refuse en cajolant son hôte. Le roi, de son côté, ne cesse de faire l'empressé, et n'ose se fâcher du refus. Navarre est le moindre mal, et Guise surveille...

Cependant Paris s'agite. Les meneurs de 1576 se réveillent, servis cette fois par des circonstances favorables : on peut agiter le spectre d'un roi huguenot. Le *Dialogue d'entre le Maheustre et le Manant,* témoignage de l'époque, rédigé par François Morin, le *Journal de Nicolas Poulain,* lieutenant du prévôt de l'Ile-de-France, nous renseignent sur les origines du mouvement ; des faux bruits, des rumeurs circulent dans Paris. Le roi et Navarre veulent une Saint-Barthélemy des chefs catholiques. Il faut courir aux armes. Les conjurés ne sont pas innocents. L'un d'entre eux, Maineville, est un agent des Guise, l'autre, Jean Leclerc, est procureur au Parlement. La réunion de ces conjurés, le 3 janvier, a pour but de favoriser une insurrection parisienne pour empêcher le massacre, et d'autoriser les Guise à nouer des alliances à l'étranger.

Dès le 4 janvier, on cherche de l'argent et des armes, on dresse la liste des ligueurs éventuels, qui sont aussitôt contactés, dans le plus grand secret. Certaines professions sont acquises, les bouchers et les charcutiers, les marchands de chevaux, les mariniers et « garçons de rivière ». On connaît des sympathisants dans le petit personnel du Parlement et de la Sorbonne.

On désigne des responsables, un par quartier. Le « Conseil des Seize » comprend ainsi des avocats, des procureurs, des curés comme Jean Prévôt, de Saint-Séverin, et Jean Boucher, de Saint-Benoît. Il y a même des protestants convertis, comme Mathieu de Launay, ancien pasteur venu de Genève, et Charles Hotman, parent du pamphlétaire. Un comité d'action de six membres est chargé de gagner à la cause les notables des villes de la Loire. On est sûr de 1 500 hommes dans Paris : les gros bras de boucherie et les mauvais garçons du port. La basoche et l'université suivront.

Encore faut-il que Guise donne le signal. Henri, l'héritier de François, a reconstitué la « maison » des Guise : l'un de ses frères, Louis, est cardinal de Lorraine comme l'était son oncle, comme l'autre, Charles, est duc de Mayenne. Sa sœur Catherine a épousé le duc de Montpensier. Ses cousins d'Aumale et d'Elbeuf sont de puissants capitaines. Ils sont alliés au duc de Mercœur, gouverneur de Bretagne, et au duc de Nevers, Louis de Gonzague. Ils n'ont pas attendu la réunion des ligueurs parisiens pour se prononcer sur la succession au trône : ils ont choisi un vieillard de 64 ans, le cardinal de Bourbon, qui s'est fait relever de ses vœux. Le « parti » est constitué.

Il est décidé, s'il le faut, à user du terrorisme pour parvenir à ses fins : le pape n'a-t-il pas, dit-on, béni le jeune homme qui voulait assassiner Elizabeth d'Angleterre ? Le prince d'Orange n'est-il pas mort, à Delft, sous les coups d'un jeune catholique, approuvé par les Jésuites ? La théorie de l'assassinat politique fait son chemin : pourquoi ne pas tuer un « tyran » ? Les espions des Guise savent parfaitement que les Protestants ont tenu en décembre 1584 une conférence en Allemagne pour organiser une alliance : Henri de Navarre sait qu'il peut compter sur les Suisses, les Anglais, les Allemands et même les Ecossais calvinistes. La riposte catholique ne s'est pas fait attendre : le 31 décembre 1584, à Joinville, Henri de Guise signe un traité avec les représentants du roi d'Espagne. Le document est rendu public le 16 janvier : il proclame la « sainte Ligue offensive et défensive et perpétuelle pour la seule tuition, défense et conservation de la religion catholique, apostolique et romaine » et pour l'extirpation des hérésies en France et dans les Pays-Bas. Les héritiers hérétiques de la famille des Bourbon sont exclus du trône. Le cardinal est le seul candidat possible. Il aura la tâche de recevoir le concile de Trente et se verra remettre 50 000 écus par mois pour organiser la guerre civile. Le roi d'Espagne, qui prend en charge le financement de l'opération, demande seulement qu'on lui rende Cambrai, la conquête du duc d'Anjou.

Les princes se cherchent d'autres appuis : le pape, contacté par le Jésuite Claude Mathieu, s'oppose à l'assassinat d'Henri III mais promet de déclarer Navarre incapable d'être roi de France. Les cantons catholiques offrent 6 000 Suisses, le duc de Lorraine, non signataire du traité de Joinville, 400 000 écus. La grande alliance catholique des princes se borne, au total, à un accord avec l'Espagne. Mais cette fois Philippe II semble décidé à frapper fort. Il tient sa revanche sur les Flandres.

D'autant qu'il sait fort bien que le roi de France y songe encore : n'a-t-il pas reçu la promesse d'Elizabeth, qui le décore solennellement de l'ordre de la Jarretière ? S'il se décide à porter la guerre au Nord, elle financera en grande partie l'expédition. Henri III déjà recrute des reîtres et des Suisses. Les Guisards le savent et recrutent leurs hommes. On saisit à Lagny une péniche qui vient de Paris, bourrée d'arquebuses : elle était destinée aux armements des Guise. Il y a dans le royaume un grand « remuement » des gens de guerre. A Paris, les Ligueurs font circuler des gravures représentant Elizabeth assistant à la torture des catholiques. On commente ces images aux carrefours. Un grand panneau de bois représente le même sujet au cimetière Saint-Séverin. Le roi fait saisir. Il sait maintenant que les princes Ligueurs sont de connivence avec les dirigeants anonymes du mouvement parisien.

Le 31 mars 1585 les princes jettent le masque : le cardinal de Bourbon signe leur déclaration, publiée à Péronne. Convaincus que d'Epernon et Joyeuse « séquestrent le roi », ils s'emparent de toutes les charges du royaume, font la fortune des « partisans » et « coûtent aussi cher en temps de paix que l'entretien d'une armée en temps de guerre », ils veulent rétablir la religion unique, rendre à la noblesse écartée du trône ses prérogatives et enfin soulager le peuple. Les Etats généraux des trois ordres devront être convoqués régulièrement tous les trois ans. Le nouveau roi, choisi par les princes, s'engage à respecter cette politique.

Cette déclaration est le signal de la prise d'armes : d'Allemagne et de Suisse les renforts s'avancent vers Paris, où les armes ont été saisies, chez les armuriers et « quincailliers », au nom du lieutenant de la prévôté. Elbeuf, Aumale et Mercœur ont dressé la Normandie, la Picardie, la Bretagne. Bourges, avec son gouverneur La Châtre, se rallie. Mayenne occupe la Bourgogne, menaçant les chemins de Suisse et d'Allemagne, par où les renforts doivent arriver au roi. Orléans refuse de laisser entrer les soldats du roi et Mandelot, gouverneur à Lyon, se déclare hostile à la cour. Guise part à bride abattue pour la Lorraine, occupe Toul et Verdun pour surveiller la frontière. Dans le Nord, dans le Centre, la plupart des villes sont ligueuses. Seules les villes catholiques du Midi restent fidèles au roi : Matignon tient Bordeaux, et Joyeuse, Toulouse. Les Marseillais exécutent les complices du chef provençal de la Ligue, de Vins.

Le roi, isolé dans Paris, ne compte que sur ses gardes du corps, 45 cadets de Gascogne armés jusqu'aux dents. Il hésite à demander des secours d'Angleterre. Sa mère veut encore éviter l'affrontement. Elle part à la recherche d'Henri de Guise, qu'elle rencontre à Epernay. Guise réclame un édit contre les hérétiques les rejetant de tous les postes de l'Etat. La reine n'obtient aucune concession ; pris de court, le roi doit signer, le 7 juillet 1585, la paix dictée par Guise. Elle est symétrique du traité de Beaulieu : les protestants avaient leurs places de sûreté ? Les catholiques ont désormais les leurs : Beaune et Dijon sont à Mayenne, Dinan et Le Conquet à Mercœur, Verdun, Toul, Saint-Dizier et Châlons à Guise, Rue au duc d'Aumale, Soissons au cardinal de Bourbon. Les étrangers enrôlés par la Ligue seront payés par le trésor royal. Les amis des Guise recevront pensions, bénéfices et gouvernements. L'édit du 18 juillet, enregistré par le Parlement, abolit tous les édits de pacification antérieurs, interdit le culte réformé sur le territoire, ordonne aux ministres de quitter sur-le-champ le royaume. Les protestants doivent restituer leurs places de sûreté et abandonner tous leurs emplois publics. Navarre est déchu de tous ses droits. Le roi a fait sa paix avec Guise. Mais il vient de déclarer la guerre aux Huguenots.

Navarre, dont la moitié de la moustache avait blanchi en une nuit, avait aussitôt renoué l'alliance des protestants et des « politiques », envoyé des émissaires à Condé et à Damville. Il cherchait des soldats en Angleterre, en Allemagne, au Danemark... Après bien des difficultés il finit par arriver à ses fins. Ségur Pardaillan, son envoyé, dut longtemps se contenter de vagues promesses. Mais la Contre-Réforme, stimulée par le nouveau pape Sixte Quint qui venait, par une « bulle privatoire », de proclamer la déchéance de Navarre et de Condé, lui fut d'un grand secours. En France cette intervention du pape suscitait la vive opposition du clergé gallican et du Parlement attaché à l'indépendance du pouvoir monarchique. Les Parlementaires, qui avaient protesté contre l'édit du 18 juillet, dénonçaient dans l'attitude du pape une volonté d'intervention dans les affaires du roi, bien conforme à la tendance du concile de Trente...

Les nouvelles de l'étranger renforçaient la méfiance des milieux gallicans, et inquiétaient les protestants de toutes l'Europe : l'assassinat de Guillaume d'Orange, l'entrée dans la ville d'Anvers des troupes du duc de Parme, la déposition de l'Electeur calviniste de Cologne, ex-archevêque, le refus d'Henri III de négocier avec les princes protestants d'Allemagne, qui plaidaient pour la tolérance, décidèrent enfin les calvinistes européens à venir au secours d'Henri de Navarre, qui n'avait aucun moyen financier : Elizabeth d'Angleterre fit verser 100 000 écus à Jean Casimir qui reçut également 100 000 thalers du roi du Danemark : de quoi équiper 20 000 hommes.

Navarre cependant protestait de ses intentions pacifiques. Il demandait un concile, pour réconcilier les Chrétiens : « si une guerre vous plaît tant, disait-il au clergé, si une bataille vous plaît plus qu'une dispute, une conspiration sanglante qu'un concile, j'en lave les mains. » Le polémiste Hotman stigmatisait la « foudre imbécile de Sixte Quint » et le catholique royaliste Pierre de l'Estoile faisait imprimer une sorte d'antibulle au nom d'Henri de Navarre, placardée dans Rome : « Monsieur Sixte, soi-disant Pape, en l'accusant d'hérésie, avait faussement et malicieusement menti. »

A l'évidence, Navarre cherchait à rallier l'opinion royaliste, catholique, gallicane, patriote. L'idée d'un concile réglant les problèmes de la chrétienté, d'un anticoncile de Trente, était utopique. Mais il voulait montrer la solidarité répressive des Guisards, du pape et de l'Espagne. De nouveau le roi, pour financer sa guerre, avait obtenu l'autorisation du pape de vendre des biens du clergé. Les déclarations des Ligueurs étaient sans équivoque : dans son pamphlet (*Avertissement des catholiques anglais aux catholiques français*) l'avocat guisard Louis Dorléans félicitait Philippe II d'avoir donné à l'Inquisition les moyens de réprimer l'hérésie et regrettait les bavures de la Saint-Barthélemy en ces termes : « en ce jour... ayant été ordonnée une saignée très salutaire et profitable à tout le corps, on tira moins de deux poillettes qu'il ne fallait pour le salut de tous les membres. » Que n'avait-on tué aussi Navarre et Condé ce jour-là... Deux religions ne peuvent coexister dans un seul pays, affirmait Dorléans, sauf en Allemagne « où la religion ne sent que le vin ». En France le roi n'est tel que par Dieu. Il doit exterminer les huguenots pour ne pas manquer à ses devoirs. Si l'aide des étrangers lui est nécessaire pourquoi s'en plaindre ? « Qui n'aimerait donc mieux être Espagnol qu'Huguenot ? » Affirmation significative. Jadis, les Protestants étaient condamnés comme étrangers, allemands, suisses, ils étaient exclus de la communauté nationale. Désormais, comme le note Myriam Yardeni, les catholiques eux-mêmes mettent en question cette unité. Du coup les protestants, les « politiques » rejoignent les

parlementaires royalistes pour revendiquer les valeurs nationales, alors que les Ligueurs « exaltent le principe de la religion
en substituant celle-ci à toute autre considération ».

En dépit des apparences, Navarre n'est pas isolé. De larges
fractions de l'opinion publique condamnent l'intransigeance de
Guise. On lui attribue, en mars 1587, la rupture des négociations entre Navarre et Catherine de Médicis. Mais pourquoi
Guise négocierait-il, alors qu'il se sent maître du terrain ?
Condé, enfermé dans La Rochelle, laisse Mercœur envahir le
Poitou. Aumale, maître de la Picardie, a pris Doullens. Lui-
même tient Auxonne et se fortifie dans Vitry. Il assiège Sedan
et Jametz pour se rendre maître de ces places frontières et
empêcher l'arrivée des secours. Ni Catherine ni le roi ne
peuvent le fléchir. Il attend de pied ferme la nouvelle invasion
des reîtres. Le prince « étranger » se conforme en tous points à
la caricature que donnent de lui les pamphlets antiligueurs.

N'ayant pu convaincre Guise de renoncer à la guerre, le roi
songe à l'utiliser pour garder la frontière. Contre Navarre,
moins dangereux, il envoie l'armée royale avec le duc de
Joyeuse. Celui-ci est écrasé le 20 octobre 1587 à Coutras (entre
Bordeaux et Périgueux). En deux heures la cavalerie protestante tue 300 gentilshommes, dont Joyeuse. Le roi de Navarre
fait rendre le corps à la famille, assiste avec ses officiers à une
messe en l'honneur des ennemis tués. Puis il gagne la Gascogne, laissant à ses compagnons le soin d'occuper le terrain. Il se
garde de menacer Paris : il ne veut pas jeter le roi dans le parti
guisard.

25 000 hommes cependant pillent la Lorraine, passent la
Seine, l'Yonne et s'établissent en Beauce. Les Allemands levés
par Casimir ne s'entendent pas avec les Suisses. Les chefs (le
burgrave Fabien de Dohna, le duc de Bouillon) hésitent sur le
plan de campagne : faut-il attaquer Paris, ou tenter de rejoindre Navarre et Condé sur la Loire ? Attaqués par Guise à
Vimory, près de Montargis, ils perdent confiance. Navarre est-
il mort ? Pourquoi n'ont-ils pas de ses nouvelles ? Les Suisses
acceptent de négocier avec Henri III. Les reîtres, surpris par
Guise au château d'Auneau le 24 novembre, se débandent,
abandonnant leur butin.

Prévenu de cette victoire, le roi charge d'Epernon de
poursuivre les Allemands : il leur accorde, dans le Charolais,
une capitulation honorable, au grand scandale des Guisards.
Ceux-ci enflamment les paysans qui se joignent à l'armée de
Guise et du marquis de Pont-à-Mousson, fils du duc de
Lorraine : ils massacrent les traînards, harcèlent les colonnes
épuisées et portent la poursuite jusqu'au pays de Montbéliard,
qui est mis au pillage. Navarre avait épargné les prisonniers.

Guise les achève. Ses partisans accusent Henri III d'avoir voulu ménager les Allemands, et même de les avoir levés en sous-main. Plus que jamais Henri de Guise apparaît comme le pur champion de la cause catholique. Contre le roi.

Le pouvoir royal, dans sa nature, n'avait guère été remis en cause par les catholiques. Il n'était jusqu'alors menacé que par les protestants. Les rois de France, redoutaient dans la Réforme une aventure politique « cette nouveauté, disait François Ier en parlant de la Réforme, tend du tout au renversement de la monarchie divine et humaine. » De même Henri II, pour qui, « partout où le calvinisme réussit, l'autorité royale devient incertaine, et l'on court risque de tomber dans une espèce de République comme les Suisses ». Les pamphlétaires devaient leur donner raison : le *Franco-Gallia* de Hotman posait la supériorité des Etats généraux sur le Parlement, simple corps intermédiaire, et faisait résulter le pouvoir monarchique d'un accord implicite entre le roi et la nation assemblée. Pour Théodore de Bèze, auteur du *Droit des Magistrats sur leurs sujets* (1575), c'est le consentement populaire qui fait le roi, « les magistrats ont été créés pour le peuple et non le peuple pour les magistrats ». Le pamphlet écrit par Hubert Languet et Philippe du Plessis-Mornay, grand ami de Coligny, *Vindiciae contra Tyrannos,* va plus loin : « Il n'y eut jamais homme qui naquit avec la couronne sur la tête et le sceptre en main. » Le pouvoir est confié par Dieu à un roi, avec l'accord tacite du peuple. Si le contrat n'est pas respecté, le peuple a le devoir — au nom de Dieu — de se révolter, et même d'assassiner le tyran. On peut aussi appeler, contre lui, l'étranger à l'aide. A tout le moins est-on dégagé du devoir d'obéir, comme le disait La Boétie, dans son *Discours sur la Servitude volontaire* ou *Contre un* (publié en 1578 et revendiqué par les protestants.)

Depuis la mort du duc d'Alençon, les protestants ont changé de ton. Ils sont conscients que les théories des « monarchomaques » conduisent l'eau au moulin des Guise. Si le roi trahit son contrat, il faut l'obliger à convoquer les Etats généraux, à se soumettre à la volonté des ordres. Si le roi n'a pour héritier qu'un apostat, il faut rassembler la nation pour assurer une succession conforme aux volontés de Dieu. Enfin si le roi trahit la vraie religion, pourquoi ne pas l'assassiner ? La Ligue peut reprendre en compte, avantageusement, tous les propos d'Hotman, de Bèze et de Languet. Aussi les publicistes protestants adoptent-ils, dans leurs écrits, la même attitude qu'Henri de Navarre, toujours respectueux à l'égard de la monarchie : Hotman, dans le *De Jure Successionis,* se déclare pour le respect des règles de succession au trône. « Dieu, écrit en 1586 Duplessis-Mornay, prend en main la cause des rois et se tient blessé en leurs personnes. » Par contre les Ligueurs deviennent de furieux partisans de la limitation du pouvoir royal : que l'on ne craigne pas, disait Dorléans, d'emprunter aux Huguenots leurs arguments, notamment sur le tyrannicide : « il les faut fouetter des verges qu'ils ont cueillies. »

Les prédicateurs reprenaient cette propagande dans toutes les villes de France. Ils répétaient que la « monarchie n'était pas autorité mais brigandage ». Le Jacobin Bolo et le Jésuite Matthieu enflammaient Lyon contre le roi. A Paris Navarre était la cible favorite des Guincestre, des Muldrac, moines prêcheurs à la parole vindicative. « C'est un couteau fort dangereux, disait Bodin, en la main d'un homme furieux, que l'éloquence en la bouche d'un harangueur mutin. » De fait, Guise profitait de ces « harangues » qui discréditaient ses rivaux. Le roi réagissait comme il pouvait : exilant le curé de Saint-Pierre-des-Arcis, Poncet, faisant interdire de prêche Boucher, le curé de Saint-Benoît, qui l'accusait d'avoir fait tuer un théologal d'Orléans, payant même un pamphlétaire pour ridiculiser la duchesse de Montpensier, qui se vantait de dresser contre lui les sermonneurs.

L'exécution de Marie Stuart (18 février 1587) déchaînait les prédicateurs. Ils accusaient le roi d'être complice d'Elizabeth. La duchesse de Montpensier avait recommandé à Jean Prévôt, curé de Saint-Séverin, de montrer à ses fidèles, sur un grand tableau illustré, les malheurs des catholiques anglais : toutes les tortures étaient représentées, prêtres bafoués, fidèles au pilori, promenés dans la rue à la queue d'un âne, cuisson de cadavres dans des chaudières, exposition des têtes de martyrs sur le pont de Londres. La foule accourait et les moines, le curé, les vicaires l'endoctrinaient : les tortionnaires anglais étaient les amis d'Henri de Navarre, le prétendant au trône de France, Henri III était leur complice. Quand le roi fit enlever les peintures et arrêter le curé, les ligueurs menés par Bussy-Leclerc mirent le quartier en état d'alerte. Le roi n'eut pas le courage de faire pendre les meneurs. Le seul qu'il eût jamais châtié était un avocat, Le Breton, qui l'avait traité de singe. Il l'avait fait étrangler dans la cour du palais : le peuple, à Montfaucon, où l'on avait pendu son cadavre, lui baisait les mains et les pieds. Le roi en avait fait un martyr...

Il savait que l'argent espagnol et l'intrigue des Guise soute-naient les mutins. Ils avaient un programme politique précis, celui des chefs de la Ligue : reconnaissance en France des décisions du concile de Trente, restauration « en son ancienne splendeur » de la noblesse, épuration de la justice encombrée d'hérétiques, restitution des franchises aux villes et assistance au peuple « barbarement opprimé ». Ils avaient une organisation parisienne, des relations avec les Ligues de province et notamment avec Lyon, Toulouse, Bordeaux, Bourges, Nantes et Orléans. Ils restaient en liaison avec le roi d'Espagne qui rassemblait une immense flotte (l'Invincible Armada) pour faire débarquer en Angleterre les troupes du duc de Parme. Le duc d'Aumale, maître de la Picardie, promettait de fournir des ports de relâche et des approvisionnements aux Espagnols. Henri III se trouvait en face d'une subversion organisée.

Il fit entrer dans la capitale les Suisses cantonnés à Lagny, s'attendant au pire : déjà ses espions lui annonçaient que les Guise voulaient prendre Paris, peut-être s'assurer de sa personne. Il interdit au duc Henri de Guise d'entrer dans la ville.

Le 8 mai 1888, de nuit, le duc quitta Soissons avec une escorte et se présenta à la porte Saint-Denis, le visage dissimulé par son chapeau. Il fut bientôt reconnu, salué, porté aux nues... la foule voulait l'approcher, le toucher, comme on touche les saints. Il avança lentement jusqu'à la rue Saint-Honoré, où habitait Catherine. Il entra chez la reine, salué d'une grande clameur populaire. On entendait, dans le palais, les « vivats » furieux des Ligueurs. Catherine conduisit elle-même le duc chez Henri III. Ni les menaces du roi ni les promesses de la reine ne purent fléchir le Lorrain. Il avait encore en tête la folle chaleur de l'accueil parisien. Que lui importait ce roi sans autorité et sa vieille mère malade ? Il était fort, heureux, fêté, et tenait Paris.

Le 12 mai 1588, à cinq heures du matin, les Parisiens sont réveillés au son des fifres et du tambour. Les gardes françaises, les gardes suisses prennent position au Petit Châtelet, au pont Saint-Michel, au Petit Pont, au marché de l'île de la Cité. La place de Grève, le cimetière des Innocents sont occupés. Les soldats du roi tiennent la ville. Henri III a pris les devants. Que Guise se montre, s'il l'ose.

Le Quartier latin bouge le premier. Un théologien endosse une cuirasse, arme les étudiants. Ceux des collèges se regroupent, gagnent le carrefour Saint-Séverin qui commande la place Maubert. Crillon, à la tête des Royaux, reçoit l'ordre de ne pas réagir.

Les Parisiens croient à une nouvelle Saint-Barthélemy. On raconte que le roi a engagé huit bourreaux, qu'il veut arrêter les chefs. La panique gagne la ville ; même les parlementaires courent aux armes. Dans la Cité les bourgeois tendent les chaînes au travers des rues, élèvent des barricades. Des arquebuses se montrent aux fenêtres. Guise ne paraît pas, mais ses lieutenants animent la résistance : Brissac est à Saint-Séverin, le capitaine Saint-Paul dans la Cité. Bientôt tous les Parisiens sont dans la rue, encerclant les points de rassemblement de la troupe. Les détachements n'ont plus de liaisons, plus d'approvisionnements, ils sont noyés dans une marée humaine qui les nargue.

Les bourgeois décident de parquer les soldats au fond du Marché Neuf, dans l'île de la Cité. Les Suisses y consentent. Le détachement du pont Saint-Michel capitule... Un coup part tout seul. 60 soldats sont aussitôt massacrés. Les autres sont graciés, mais enfermés. Pour sauver les détachements de la place de Grève et du cimetière des Innocents, le roi a recours à Guise qui sort en pourpoint et nu-tête, entouré de pages. Il libère les soldats qui l'acclament, et rentre dans son hôtel en recommandant à la foule de crier « vive le roi ».

Le lendemain 13 mai, à l'aube, les Parisiens ont encore renforcé les barricades. On leur dit que le roi s'est enfui à Chartres. Ils courent à l'Hôtel de Ville. La municipalité, favorable au monarque, est dissoute. Une « compagnie de bons bourgeois catholiques » élit, à haute voix, les nouveaux édiles. Ils jurent tous d'accomplir leur charge à titre provisoire, « jusqu'à ce qu'autrement en ait été ordonné par Sa Majesté ». Les Guisards, maîtres de l'Arsenal, du château de Vincennes et du Châtelet, prennent la Bastille dont Bussy-Leclerc devient gouverneur. Les chefs de la Ligue ont tous des postes, on raille ces « capitaines de la morue et de l'aloyau ». Le duc de Guise, qui mène tout en sous-main, fait écrire la municipalité aux « bonnes villes » voisines pour qu'elles assurent son approvisionnement.

Mais il faut en finir : Paris ne peut rester longtemps dans l'illégalité. Cette révolution de comédie doit amener le roi à céder. On lui envoie des députés, à Chartres. Ils se jettent à ses genoux, protestent de leur obéissance mais demandent, comme l'a soufflé Guise, le renvoi du « conseiller » du roi, le duc d'Epernon. Le roi promet le pardon, et cède sur tous les points exigés par Guise : l'édit sur l'Union, enregistré au Parlement le 21 juillet 1588, confirme le traité de Nemours : le roi s'engage à bannir l'hérésie et à rejeter, pour sa succession, tout prince hérétique. Il accorde l'amnistie pour les événements parisiens, confirme les nominations et élections faites par la Ligue. Il s'engage à faire mettre en vente les biens des hérétiques, à livrer Boulogne aux Ligueurs pour qu'ils puissent y accueillir les Espagnols, et à publier en France le concile de Trente.

Le 4 août, le duc de Guise était nommé lieutenant général des armées royales. Les plus hauts postes étaient promis à ses complices. D'Epernon était renvoyé dans son gouvernement d'Angoulême. Il dut soutenir un siège contre le maire de la ville, ligueur enragé qui voulait l'assassiner.

Le roi avait aussi retenu le principe de la convocation des Etats généraux, premier article du programme ligueur. Etait-il résigné ? Attendait-il sa revanche ? Il avait, en une nuit, renvoyé tous ses collaborateurs, engagé de nouveaux ministres, inconnus du public, peu favorables à la reine mère. Il ne pardonnait certes pas aux Cheverny, aux Bellièvre et aux Villeroy de lui avoir conseillé la soumission. L'Invincible Armada venait d'être mise en déroute par la tempête. C'était un signe du Ciel. Il fallait briser en son cœur le complot papiste, qui reléguait la France au rang de puissance seconde en Europe. Le roi aux bilboquets raisonnait, à l'heure de l'humiliation, comme ses ancêtres les grands Valois. Il invoquait leur mémoire en cherchant les moyens d'abattre ses pires ennemis, les Guise.

De nouveau les députés se réunissent à Blois. Le roi se rend-il compte qu'il a devant lui la représentation de la nation catholique, et non le simple parti des Guise ? C'est vrai, les Ligueurs dominent les ordres, le cardinal de Bourbon, le clergé, Brissac la noblesse et La Chappelle-Marteau, prévôt des marchands de Paris, le tiers état. Mais l'état d'esprit des députés a changé depuis 1576. Ils ne sont pas soumis aux mots d'ordre d'un parti, ils veulent un changement réel. Le roi et les princes doivent le comprendre.

Ils sont d'abord soucieux de se grouper en ordres, pour éviter manœuvres et divisions. Ils veulent que le roi ait devant lui le peuple chrétien uni, sincèrement désireux de retrouver, avec la foi, une monarchie bénie de Dieu, à l'abri des troubles et de la guerre. Le 9 octobre 1588, ils communient ensemble à la grand'messe, sur un banc du grand autel, ils se présentent par rangées de quinze, cinq de chaque ordre. Ils chantent des hymnes pendant la cérémonie, comme des réformés. Leur foi est profonde, spectaculaire. Ils attendent du roi une réponse claire, non suspecte, à leur engagement. Ils veulent un serment solennel. Son discours d'ouverture, où il attaque les ligueurs (« aucuns grands du royaume ont fait des ligues et associations »), est mal accueilli, le cardinal de Bourbon exige la suppression, à l'imprimé, des passages les plus agressifs. Etienne Bernard, l'orateur du tiers état, insiste pour que le roi jure l'édit d'Union.

Il finit par céder. Le 18 octobre, devant les délégués des trois ordres rassemblés, il prête serment, solennellement, devant la nation, et, dans l'esprit des députés, cela prenait la valeur d'une loi fondamentale. Jamais plus le roi de France ne serait tenté d'ouvrir les portes du royaume aux hérétiques. Il fut acclamé. Tous les députés chantèrent avec lui le *Te Deum* à Saint-Sauveur.

Rassurés sur les destinées du royaume, ils exigeaient encore du roi qu'il eût une politique financière en accord avec les possibilités de ses sujets, ruinés par les guerres. Ils n'acceptaient plus que le pouvoir royal pût passer outre leurs avis clairement et unanimement exprimés. Ils faisaient leur la théorie des pamphlétaires guisards sur la supériorité des Etats : ils étaient la nation rassemblée et les caresses, les humiliations du roi ne purent obtenir d'eux le moindre subside supplémentaire. Ils demandaient même que l'on réduisît la taille à son niveau de 1576. En matière fiscale, ils étaient intraitables. Même le duc de Guise, agissant au nom du roi, ne put obtenir d'eux la moindre concession. Les trois ordres étaient d'accord pour demander une Cour de Justice qui jugerait les financiers profiteurs, les « partisans » et « fermiers » scandaleusement enrichis sur le dos des taillables. Devant ces hommes résolus, porte-parole des souffrances du pays, le roi fit une pitoyable comédie. Il feignit d'accéder à toutes leurs demandes, et même d'accepter leur contrôle sur les dépenses, pourvu qu'ils lui fournissent les moyens de faire la guerre et d'entretenir sa maison, et il ajoutait : « Il est bien vrai leur disait le roi, que quelques-uns de mon conseil ne sont pas de cet avis et disent que ce serait me régler sur le duc de Venise et rendre mon Etat à demi démocratique. Mais je le ferai. » « Il voulait, raconte Etienne Bernard, les deniers être distribués par nos mains. »

Au milieu de ses démonstrations, il songeait au moyen de perdre Henri de Guise. Il le soupçonnait d'avoir accordé au duc de Savoie la liberté d'envahir le marquisat de Saluces, cruelle humiliation pour le roi de France. On racontait dans Paris que Guise se flattait de le tenir prisonnier, et que la duchesse de Montpensier lui taillerait bientôt sur la tête la couronne du moine, avant de le faire enfermer, comme jadis Childeric, dans un couvent. Guise venait de lui jeter au visage sa charge de lieutenant général, après une scène violente où le duc l'avait accablé de reproche. Le roi résolut de suivre les conseils de ceux qui, dans son entourage, lui répétaient que l'on ne pouvait se défaire d'un si puissant seigneur par les voies ordinaires de la justice.

Il avait toujours près de lui ses assassins, les 45 cadets de Gascogne. Il leur mit des poignards en main, dans le château de Blois. Le 23 décembre 1588 au matin, on vint chercher le duc au

Conseil pour le conduire à la chambre royale... Il tomba, lardé de coups de poignards, au pied du lit du roi.

Dans le palais, les arrestations allèrent bon train. Les gardes se saisirent du cardinal de Guise, de l'archevêque de Lyon, du vieux cardinal de Bourbon. On arrêtait aussi la duchesse de Nemours, mère d'Henri de Guise, le prince de Joinville, le duc et la duchesse d'Elbeuf, Brissac. On arrêta aussi, en pleine séance, une poignée de députés des Etats généraux, que l'on promit à la potence. Le cardinal de Guise fut assassiné le lendemain. On brûla son corps avec celui de son frère et leurs restes furent dispersés dans la Loire, comme jadis ceux des martyrs huguenots. Cette fois, c'est le parti catholique qui avait besoin de reliques : le roi prévenait ses désirs.

Le coup d'Etat royal n'avait en rien désarmé les députés des Etats généraux. A la séance de clôture, l'archevêque de Bourges, parlant au nom du clergé, réclamait, avec la réforme des abus, l'application des décisions du concile de Trente. Les Guise réduits en cendre, la volonté du pape continuait de s'affirmer. Au nom de la noblesse, Brissac, rentré en grâces, rappelait au roi qu'il avait juré l'édit d'Union, et que la religion catholique était le fondement de son royaume. L'élu du tiers, Etienne Bernard, qui demandait avec insistance la libération de ses collègues, affirmait sans ambage que le serment de Blois était devenu une « loi fondamentale » et que le roi ne pouvait se parjurer. Il demandait les sanctions les plus sévères contre les partisans qui avaient « mis le roi à la besace ». Ces « vermines d'hommes et couvées de harpies écloses en une nuit » ne méritaient aucune pitié. Ils avaient laissé le peuple « nu et en chemise ». Les Guise étaient-ils morts pour rien ? Le roi pouvait-il comprendre que la colère des populations catholiques allait bien au-delà des intrigues et des calculs des Ligueurs ?

Il se croyait débarrassé d'un clan : il vit se dresser tout le peuple catholique des villes. Paris s'insurgea dès l'annonce du meurtre. Le 26 décembre 1588, la foule des ligueurs se rassemble à l'Hôtel de Ville, désigne le duc d'Aumale comme gouverneur. Bordeaux, un marchand, est nommé prévôt à la place de La Chapelle-Marteau emprisonné. On désigne de nouveaux échevins. Des conseils de neuf membres, ayant pleins pouvoirs de police, sont placés à la tête des seize quartiers. Les chefs de ces 16 comités forment le Conseil de la Ligue. Tous sont des fanatiques.

Les signes extérieurs de la monarchie sont martelés, brûlés, jetés dans la Seine. On ne trouve plus une armoirie du roi, un sigle à son nom. On détruit à coups de masse le mausolée des mignons de l'église Saint-Paul. A Saint-Barthélemy, au prêche, les fidèles doivent prêter serment de venger les princes assassinés. Le premier président du Parlement de Paris, de Harlay, doit jurer comme les autres. Les 70 docteurs de la Sorbonne, à l'unanimité, délient le peuple de son serment de fidélité au roi. Son nom est rayé des canons de la messe. Henri III est un tyran que Boucher, curé de Saint-Benoît et docteur de la Sorbonne, recommande de tuer.

Les parlementaires, fidèles soutiens de la monarchie, sont insultés par la foule. Les plus royalistes d'entre eux sont arrêtés. Les autres se soumettent. Louis Dorléans, le pamphlétaire, devient avocat général. Dans Paris, les royalistes sont rançonnés. Un emprunt forcé est couvert, sous peine de prison. Les curés passent de maison en maison pour recueillir les « dons ». Comment refuser l'obole, quand on voit la mine des « bourgeois » qui accompagnent le porteur de sébille ?

Les notables, qui craignent la prolongation des troubles et s'effrayent des excès des bouchers, charcutiers et mariniers, maîtres de la rue, respirent quand le duc de Mayenne est nommé lieutenant général par les Ligueurs et qu'il gagne la capitale, venant de Bourgogne. Il se hâte de proposer à l'assemblée générale de la Ligue la création d'un Conseil général de l'Union des catholiques, avec des délégués des trois ordres. Il peut ainsi ajouter aux quarante conseillers élus par les ligueurs parisiens 14 conseillers de bonne compagnie, choisis parmi les notables et les parlementaires. Mayenne gardait le pouvoir exécutif et le commandement des armées. Il fut aussitôt déclaré « traître et félon », ainsi que d'Aumale, par Henri III qui avait transféré le Parlement à Tours.

Le roi était isolé : toutes les grandes villes, suivant l'exemple d'Orléans, d'Amiens, d'Abbeville, passaient à la Ligue. Les échevins de Lyon avaient pris la tête de la révolte, soutenus par la populace et le clergé. Bourges et toute la vallée de la Loire, sauf Tours, Blois et Beaugency, étaient rebelles. Mercœur tenait la Bretagne, la Provence faisait défection. Mayenne avait fait le voyage de Rouen pour intimider les parlementaires normands, qui refusaient d'adhérer à la Ligue. A Toulouse les ligueurs déchaînés avaient exécuté deux parlementaires. Seuls quelques fidèles suivaient encore le roi : d'Aumont à Angers, d'Ornano en Dauphiné, Matignon à Bordeaux.

Déjà Mayenne poussait ses cavaliers sur Tours, débandant les royalistes près d'Amboise. Traqué, le roi cherchait Navarre. Il était, par chance, assez près de la Loire et lançait de Châtellerault un appel à la paix. « Nous avons tous assez fait et souffert de mal. Nous avons été quatre ans ivres, insensés et furieux. N'est-ce pas assez ? »

Le 30 avril, le roi de Navarre était avec son armée à Plessis-lez-Tours. Mayenne n'était pas loin. Mais il avait désormais devant lui les arquebuses des Huguenots. Le roi de France n'avait pas le choix de ses défenseurs.

Navarre avait décidé Henri III à marcher sur Paris. Déjà les royalistes se regroupaient. Thoré, un Montmorency, avait pris Senlis. Les nobles picards s'engageaient dans l'armée royale. Mayenne était battu par François de Châtillon près de Chartres. La route de Paris se dégageait peu à peu. Les deux rois reprenaient Etampes, Pithiviers. Ils s'emparaient de Pontoise. Ils voyaient les murs de la capitale. Ils rassemblaient des troupes, sans pouvoir les payer : 40 000 hommes campaient bientôt autour de Pontoise, attendant l'heure de l'assaut.

Dans Paris assiégé, l'angoisse tournait au délire. Les processions parcouraient les rues, de jour et de nuit. On chantait des psaumes de pénitence, pour obtenir une intervention divine. On célébrait en grande pompe le baptême du fils du duc assassiné. Il se prénommait François Alexandre *Paris* de Lorraine. Les prêches des Cordeliers étaient d'une rare violence. On voyait des moines marteler les images d'Henri III. Les enfants éteignaient les cierges, dans les églises, criant « Dieu ! Eteignez la race des Valois ! » Les curés plaçaient le portrait du roi sur l'autel et faisaient des cérémonies d'envoûtement, comme s'il était l'incarnation de Satan. Les rumeurs alarmantes effrayaient les bourgeois. Les Royaux, disait-on, avaient terrorisé les villes reprises, pendu les notables, pillé et violé sans limite. Paris serait mis à sac.

Paris ne manquait pas de jeunes fanatiques, hantés par l'idée du meurtre. L'un d'eux, Jacques Clément, un jacobin de 23 ans, décida de passer à l'action, après avoir consulté un théologien. Il se mit en état de grâce, jeûna, entendit des voix et reçut une fausse lettre de recommandation signée de Harlay pour s'introduire auprès du roi. Le jeune homme ne manquait pas de commanditaires. On obtint pour lui un passeport, qui lui permit de franchir les lignes. Un procureur général l'accueillit à Saint-Cloud, et accepta de le conduire auprès du roi.

Henri III était impatient de recevoir des nouvelles de Paris. On introduisit à sept heures du matin dans sa chambre l'étrange messager. Le moine, prosterné, lui demanda d'écarter ses gens, car il devait délivrer son message en confidence. Comme le roi se penchait pour mieux entendre, il reçut au ventre un coup de poignard. Jacques Clément fut aussitôt massacré par les gens de l'Ordinaire.

Le soir même (1er août 1589) le roi, bandé par les chirurgiens qui l'avaient rassuré sur son état, fut pris de violentes douleurs. Henri de Navarre accourut. Henri III l'embrassa, l'engagea à se

convertir, et le reconnut comme successeur. Puis il se confessa,
par deux fois, et mourut en faisant le signe de la croix, moins de
huit mois après Catherine de Médicis. On avait assassiné
beaucoup de grands seigneurs depuis le début des guerres.
C'était le premier régicide.

12.

La longue marche
d'Henri de Navarre

Le candidat au trône a trente-cinq ans. Il a commencé sa carrière publique à l'âge de quatre ans, quand il fut présenté, le 12 février 1557, à la cour de France par son père Antoine : « voulez-vous être mon fils ? lui demande Henri II. — Quel es lo seigne pay », répond l'enfant dans le seul langage qu'il connaisse : celui-là est mon père. « Alors, dit le roi, voulez-vous être mon gendre ? » Il pousse en avant sa petite Marguerite. « Obé ! » répond Henri, je veux bien !

Il ne parle pas le français, mais il est français. Il n'est pas, comme un Valois, croisé d'Italiens. Depuis Blanche de Castille, tous ses ascendants sont des princes ou des princesses du royaume. Il parle la langue de Coarraze, celle de sa nourrice Jeanne Lafourcade, la femme du laboureur Jean Lassensaa. Dans la vallée du Gave, aux pieds des Pyrénées, sa gouvernante, Suzanne de Bourbon-Busset, ne lui a pas appris les « délicatesses françaises ». Sur les recommandations de son grand-père, le roi de Navarre Henri d'Albret, elle l'a élevé à la béarnaise, comme un fils de paysan. Il a mangé le pain noir et la soupe au fromage, il a couru pieds nus dans la montagne et reçu le fouet pour ses incartades. Le grand-père Henri, mort lui-même de tuberculose, voulait en faire un gaillard.

Le petit homme sec, aux jambes maigres, est un cavalier infatigable qui s'est formé dans les randonnées en montagnes et les parties de chasse à l'ours. S'il sent l'ail, c'est qu'il reste un provincial, très attaché au parler, à la cuisine, aux mœurs de son pays. Il aime le jurançon et le confit d'oie, c'est un « gentilhomme champêtre » très près, comme ses pairs, du petit peuple. Il a passé quinze ans de sa vie d'adulte entre Garonne et Pyrénées. Très proche de cette noblesse de Gascogne, « la plus belliqueuse de la terre » (Monluc), il se fâche si l'on rit de ses

« gasconnades ». Il veut que l'on prenne le nom de gascon « au sérieux » et en « éloge ». « Comme roi et comme gascon, dira-t-il plus tard, je ne sais pas endurer. »

La petite cour de Pau est provinciale, presque montagnarde. La Navarre a des vaches dans ses armoiries : « la vache a accouché d'une brebis », disaient les ennemis espagnols à la naissance de Jeanne d'Albret. Et le vieil Henri de répondre, à la naissance de son petit-fils : « voyez, ma brebis a enfanté un lion. »

Car Henri, le bébé qui vient de naître, ce 13 décembre 1553, doit un jour en découdre avec les Espagnols, qui ont brimé la Navarre. C'est l'enfant de la revanche, le David d'outre-Pyrénées. Quand il naît, le grand-père l'emporte, disant à la mère : « ceci est à moi ! » Il a été conçu sur le champ de bataille de Picardie, quand Jeanne sa mère était follement amoureuse de Bourbon, qu'elle suivait dans les camps. A son baptême, dans la grande salle du château de Pau, le cardinal d'Armagnac a officié devant le peuple navarrais rassemblé. La nuit, des feux de joie ont flambé dans la montagne. La venue du petit Henri annonçait une renaissance, comme si la comète en avait marqué le ciel.

Il est annoncé comme un enfant prédestiné, bien avant l'épuisement visible de la lignée des Valois : le petit-fils de Marguerite d'Angoulême inspire les poètes de la Pléiade :
« Mon Prince, illustre sang de la race bourbonne
A qui le Ciel promet de porter la Couronne »,
chante Ronsard, pendant que Du Bellay célèbre ses vertus. Quand il passe à Salon, dans la suite du cortège royal, l'illustre Nostradamus l'aurait examiné longuement, et aurait fait la prédiction qu'il serait roi de France. Ainsi l'enfant de Coarraze, qui devait, selon Henri, le vieux lutteur, « faire trembler les Espagnols » est appelé par les trompettes de la renommée à un tout autre destin : fiancé à « madame Marguerite de France » à l'âge de quatre ans, il s'installe définitivement avec sa mère à la cour dès l'âge de sept ans, car son père vient d'être nommé lieutenant général du royaume.

Enfance tragique : les parents sont déchirés. Le père, qui craint pour sa Navarre l'invasion espagnole, réprouve l'engagement de sa femme dans le camp de la Réforme. Tout jeune, Henri devient un otage entre les mains de Catherine de Médicis. Elle n'ignore pas que Jeanne d'Albret a donné à son fils un précepteur « de la religion », Henri de la Gaucherie. Elle enrage de voir ce petit paysan béarnais entraîner sa fille et les petits princes de la cour dans les mascarades où les galopins se déguisent en évêques, en cardinaux montés sur des ânes. Comme sa maman Jeanne, Henri veut choquer, provoquer les

« papistes », entraîner les petits Valois dans sa sarabande. Sa mère a dit une fois à Catherine : « si j'avais mon fils et tous les royaumes du monde dans la main, je les jetterais au fond de la mer plutôt que d'aller à la messe. » Quand on exile la reine de Navarre, en mars 1562, le petit Henri doit pourtant aller à la messe de force, sous peine de fouet. A huit ans, il a déjà changé deux fois de religion.

A la mort de son père, tué au siège de Rouen, il est de plus en plus prisonnier de la reine mère qui le nomme, à neuf ans, gouverneur de Guyenne et amiral... Catherine, qui ménage alors le parti réformé, permet à Jeanne d'Albret d'élever son fils dans la religion calviniste. De nouveau Henri se rend à la cène avec son précepteur La Gaucherie. Quand il accompagne le roi de France à la chapelle, il l'abandonne au seuil, « il s'en retourne sans y aller ». Il est admis désormais que ce prince du sang est de la religion, et fréquente, comme tel, la Cour. Quand il rentre en Béarn, en 1567, il fait à 13 ans ses premières armes en poursuivant dans la montagne des seigneurs basques révoltés contre sa mère. Il a sa première armure l'année suivante, à La Rochelle, où Jeanne d'Albret a rejoint l'armée des réformés. « Toute l'Europe a les yeux fixés sur vous, lui dit-elle, allez apprendre, sous Condé, à commander. »

C'est en fait Coligny qui lui enseigne la guerre : prodigieuse école. Condé mort à Jarnac, l'amiral entraîne le jeune prince dans sa chevauchée du Languedoc. Il apprend à supporter l'insécurité, l'incertitude, à charger un contre quatre, en chevau-légers, à surprendre une ville pour y trouver, le soir même, gîte et nourriture, à tromper l'ennemi pour lui échapper, de nuit, quand il n'y a pas une chance de le vaincre : trois cents lieues à cheval (1 200 km) à travers les terroirs les plus dévastés de France : sous ses yeux les mercenaires tuent, brûlent, pillent, dévastent les récoltes, torturent les paysans. Henri n'oublie pas cet aspect de la guerre. Il se souvient que Coligny, qu'il admire éperdument, doit lui-même supporter quotidiennement l'injustice, pour défendre la cause.

Après la Saint-Barthélemy, quand il est réellement prisonnier de la Cour, il joue le jeu de l'abjuration, signant même un édit (qui sera, sur le terrain, lettre morte) expulsant du Béarn les ministres réformés. Il doit participer, dans l'armée royale, au siège de La Rochelle contre ses anciens compagnons. Il n'est « libéré » par la reine mère qu'à l'avènement de son ancien camarade de jeux, Henri III.

Il croit alors habile de se faire passer pour un jeune homme léger, amateur de ripailles, de chasses et de femmes, en somme le portrait d'Antoine, son père. Le roi, qui a des raisons de le redouter, se plaît à lui voir prendre cette image. Il s'emploie lui-même à railler celui que sa sœur Marguerite appelle « son petit mangeur d'ail ». On dit à la Cour que le roi de Navarre a le nez plus long que son royaume. C'est vrai, il court les tripots et les maisons de rendez-vous avec Guise et Alençon. Il fait scandale à la foire Saint-Germain. Il joue à la paume, poursuit Charlotte de Semblançay, la dame de Sauve, qui, sur les conseils de Catherine, cède à ses avances. Il accepte de partager sa maîtresse, sans vergogne, avec les ducs ses rivaux : pauvre Navarre !

Il a réussi à endormir les Valois, pourtant méfiants. Il les réveille brutalement : le 13 juin 1576, il abjure solennellement et se rend au temple. Il abandonne la Cour et ses délices, regagne Pau, puis Nérac, reprend en main la noblesse gasconne, respire de nouveau l'air des Pyrénées. Dans les batailles qu'il mène, il se montre humain, respectueux des villages, défenseur des paysans. A Montauban il promet la peine de mort aux soldats qui auront agressé des laboureurs. A Cahors il gracie tous ceux qui se rendent. Il écrit, pour les rassurer, aux familles de ses compagnons, il soulage de ses écus celles qui ont eu le malheur de les perdre. Il se fait, très vite, la réputation d'un homme de guerre au grand cœur, d'un Amadis de Gaule épris de paix.

Huguenot enclin à la tolérance, chef militaire préférant une bonne paix à une guerre coûteuse, chef de parti plus soucieux de sauvegarder l'unité du royaume que d'assurer à tout prix le triomphe de la cause, mais uni désormais à ses compagnons par les vrais liens du sang, celui que l'on verse sur les champs de bataille, tel se présente, devant Paris, Henri de Navarre, à la mort du dernier Valois.

Ses amis le poussent à prendre le trône sans changer de religion. Les pamphlétaires huguenots sont désormais les plus ardents défenseurs du principe monarchique. Contre les Guise et leurs amis espagnols, le roi de France est, disent-ils, le seul rempart de la patrie. Jadis les Hotman, les Duplessis-Mornay étaient partisans de la limitation du pouvoir royal. Il n'en est plus question : en 1582, dans le *Miroir des Français,* le médecin dauphinois Barnaud a expliqué longuement qu'il fallait mettre un terme à la guerre civile, et s'unir autour du roi contre la menace espagnole. Hotman a soutenu que le premier prince du sang avait un droit *naturel* à la Couronne. Quant à Duplessis-Mornay, il exalte l'unité nationale, sans laquelle, dit-il, « cet Etat se résoudra comme un corps mort en serpents, en vers, en crapauds, en un million de têtes sans raison qui s'entre-mangeront les unes les autres ». Contre les Guise, « Français bâtards et espagnolisés », il faut à la France un roi capable d'affronter Philippe II. Seul Henri de Navarre peut être ce rassembleur, ce sauveur de la patrie divisée, car « il est Français et prince français, membre de la France, qui sent ses douleurs et se deult de ses plaies ».

Le « roi français » n'a certes pas l'intention, comme les Guise, de dissoudre le corps social et de dresser les ordres du royaume les uns contre les autres, en une vaine opposition. Le roi reste « le père de son peuple ». Il est le premier des nobles, le seigneur des seigneurs, mais les nobles ont la charge de la sécurité de leurs gens, comme les prêtres ont celle des âmes. Le loyalisme envers la patrie doit raffermir la communauté des ordres, regroupés autour du roi. La pensée réformée se montre avant tout soucieuse, en 1589, de maintenir les hiérarchies sociales. Elle reproche à ses adversaires de les mettre en danger.

Ils ne sont pas les seuls. Beaucoup de seigneurs catholiques, inquiets de l'échauffement des esprits, à Paris et en province, souhaitent le retour à l'ordre. De ce point de vue, Navarre rassure. A sa Cour, il a, certes, ses vieux compagnons huguenots, Duplessis-Mornay, le pasteur Mermet, François de La Noue, le jeune Maximilien de Béthune (le futur Sully) et le bouillant vicomte de Turenne. Mais il a montré du jugement en appelant auprès de lui des catholiques respectés de la noblesse, comme l'ambassadeur Arnaud du Ferrier ou son « maistre de la garde-robe », Antoine de Roquelaure.

« Je suis prêt à les embrasser tous », disait-il en 1586 dans son *Adresse à la Noblesse de France.* « J'aurais bien à me plaindre d'aucuns, mais j'aime mieux les plaindre. » Les catholiques savent qu'il désapprouve le meurtre des Guise et qu'il passe, sur le champ de bataille, pour un prince qui a horreur du sang versé. Les plus modérés d'entre eux, les « politiques », se sentent proches du nouveau roi.

Ils ont en commun la haine du pape, des Espagnols et des Guise. Ils sont sensibles au nouveau langage patriotique des huguenots. Traités par les ligueurs parisiens de traîtres et de « langues de scorpions », ils sont avant tout des nobles, d'épée ou de robe, des privilégiés attachés à l'ordre monarchique et que le roi de Navarre apaise. Le clan des Montmorency apporte le renfort des seigneurs du Languedoc. Sans doute les « politiques » veulent-ils un roi catholique, mais ils sont, plus que jamais, tolérants, et manifestent du respect pour « ceux de la religion ». Attachés, contre le pape, aux libertés de l'Eglise gallicane, ils sont tout prêts à accueillir un roi qui, pour rétablir la paix civile, garantirait la coexistence des deux religions.

Très souvent ces « politiques » sont des parlementaires, des gens de robe. Ils ont approuvé tous les édits de tolérance, depuis 1562, et réprouvé les violences. Le président Pasquier, ancien élève du juriste Cujas, est un peu leur porte-parole : il ne cesse de regretter les divisions religieuses, qui affaiblissent l'Etat : « les prêcheurs, dit-il, crient à gueules bées contre ceux qui désirent rétablir nos affaires, les appelant tantôt politiques, tantôt machiavélistes, c'est-à-dire du tout sans religion... tout cela ne pronostique rien que la ruine de l'Etat et par conséquent de notre religion, qui en fait part... il vaut mieux caler la voile. » Ces grands parlementaires veulent, comme Jacques Auguste de Thou, rétablir l'Etat dans sa cohésion et mettre fin aux guerres de clan. Ils ont leurs martyrs : les magistrats toulousains Duranti et Daffis, assassinés par la foule. D'autres sont en prison, comme le premier président de Paris, gardé à la Bastille, celui de Bretagne, emprisonné par Mercœur. Celui de Rouen n'a échappé que de justesse à l'arrestation. Persécutés pour leur attachement à l'Etat qui leur fait voir d'un bon œil la montée sur le trône d'Henri de Navarre, seul capable de réconcilier les partis et de tenir tête aux factions, ces anti-ligueurs veulent construire une monarchie, qui ne soit plus à la merci de la religion. Certains vont-ils jusqu'à concevoir un Etat laïque, neutre, « libertin » ? « L'Etat et la religion n'ont rien de commun », écrit l'auteur du *Discours de la Vraie et légitime Constitution de l'Etat,* et Pasquier soutenait la thèse de la coexistence des Eglises dans un pamphlet anonyme intitulé *L'Exortation aux Princes et Seigneurs du Conseil privé du roi :* « pour pacifier tous ces troubles, disait-il, il n'y a pas de moyen plus prompt et expéditif que de permettre en votre République deux Eglises, l'une des Romains, et l'autre des Protestants. »

Catholique tolérant plus que laïque, l'Etat, selon le vœu des grands juristes, ne pouvait être restauré qu'à la suite d'une éclatante victoire politique du Navarrais : celui-ci devait à la fois désarmer ses adversaires, et convaincre ses partisans ; rude tâche, qui demandait du temps. Les ralliements trop rapides des catholiques risquaient de provoquer le retrait immédiat des gentilshommes huguenots, très capables de se désigner, si Navarre trahissait leur cause, un nouveau « protecteur ». Les « politiques » savaient qu'ils devaient se montrer discrets. S'ils chantaient, en sourdine, la louange du nouveau roi, ils redou-taient une victoire trop rapide, trop spectaculaire. Pour être vraiment le roi de tous les Français, Henri devait être choisi, et non simplement sacré. Il devait laisser le temps faire son œuvre.

Ses meilleurs alliés étaient les Ligueurs, qui accumulaient les erreurs. A la mort d'Henri III, ils avaient pourtant de bonnes cartes en main : les nobles qui veillaient le corps du défunt roi ne voulaient pas reconnaître son successeur huguenot. « Plutôt mourir de mille morts », disaient-ils, « enfonçant leurs chapeaux ou les jetant à terre. » Certains parlent d'exclure Navarre de la succession. Les plus modérés l'emportent. Ils invitent le roi à se convertir.

Henri de Navarre pâlit de rage, refuse l'abjuration. Peut-il se passer ainsi du soutien de ses compagnons, de l'appui d'un tiers du royaume ? Quel étrange roi serait-il, ballotté entre les factions et les religions ? Sa colère — feinte ou réelle — fait merveille. Ceux qui veulent d'abord restaurer l'Etat et le roi avant de rétablir la religion se rallient : de Champagne, de Picardie, d'Ile-de-France, les seigneurs petits et grands font connaître leur adhésion. Henri de Bourbon, duc de Montpensier, reconnaît le chef de sa maison. Les protestants inquiets attendent sous les armes. Que va faire Navarre ?

Le 4 août 1589, il rend publique une déclaration destinée à apaiser les esprits, mais qui ne peut satisfaire personne : le roi maintiendra la religion catholique et même se fera instruire en cette religion « par un bon légitime et libre concile général ou national » rassemblé avant six mois. Catholiques et protestants, dans cette attente, gardent leurs charges et leurs places. Sur le serment de cette promesse, le roi reçoit l'adhésion de deux princes du sang, Conti et Montpensier, de trois ducs et pairs, Longueville, Luxembourg et Rohan-Montbazon, de deux maréchaux de France, Biron et d'Aumont, de plusieurs grands seigneurs et de très nombreux gentilshommes. La noblesse lui donne un sursis.

Beaucoup font défection, peu soucieux de servir un roi qui n'affiche pas ses couleurs : des catholiques d'abord ; le garde des Sceaux, Montholon, démissionne. Le gouverneur de Dourdan, Vitry, rend la ville et passe du côté de la Ligue. D'Epernon et d'autres grands seigneurs partent dans leurs provinces pour s'y refaire et s'y retrancher. Les habiles, comme Cheverny, ou les ambitieux, comme Nevers, attendent et refusent de se prononcer. Les protestants eux-mêmes hésitent. Le roi n'a-t-il pas laissé entendre qu'il pouvait se convertir ? La Trémoille abandonne l'armée avec ses Gascons et ses Poitevins. Beaucoup de petits seigneurs rentrent chez eux. On craint fort, dans le parti protestant, qu'Henri de Navarre, pour assurer son trône, ne fasse le jeu des Ligueurs. Il se laisserait entraîner comme les autres dans la voie de l'intolérance et de la répression.

Des 40 000 hommes massés devant Paris, le roi de Navarre ne peut plus compter que sur la moitié. Certes des dévouements se manifestent : les Suisses acceptent de servir sans réclamer de solde pendant deux mois. Mais la déclaration du 4 août a découragé nombre de partisans : la promesse d'un concile est vague. L'attente de l' « instruction du roi » indigne les uns sans satisfaire les autres. Les ralliements autour d'Henri IV sont encore timides. Beaucoup de villes restent du côté de la Ligue. A Toulouse, le Parlement décide de commémorer la mort d'Henri III par des réjouissances publiques. A Bordeaux il faut toute l'autorité du maréchal de Matignon pour que le Parlement reste neutre. De toutes les villes françaises, seules Tours, Châlons, Langres, Compiègne et Clermont-Ferrand reconnaissent Henri IV. Les autres sont hostiles et réservées.

Elles attendent manifestement l'évolution de la Ligue parisienne. Dans la capitale, les duchesses de Nemours et de Montpensier se dépensent en harangues, en discours, en invectives. La duchesse de Nemours, mère des Guise, annonce du haut du parvis des Cordeliers « la mort du tyran ». Des réjouissances sacrilèges sont organisées. Les ligueurs arborent des écharpes vertes, pour manifester dans la joie leur satisfaction du geste héroïque du moine Clément. Sur les tables dressées dans les rues, on donne à boire au peuple. Le duc de Mayenne, surpris de ces manifestations excessives, hésite à se faire proclamer roi. Il ne veut pas, comme Henri IV, pécher par précipitation. Mais il fait déjà figure de roi de Paris.

La chance de Navarre, outre les excès des ligueurs, est le trop grand nombre de ses rivaux. L'abrogation de la loi salique fait surgir des ambitions dangereuses : le puissant roi d'Espagne Philippe II n'est-il pas, comme le duc de Lorraine, le gendre d'Henri III ? Le duc de Savoie n'est-il pas, par sa mère, le petit-fils de François Ier ? S'ils n'ont pas l'intention d'occuper en personne le trône de France, ils peuvent le revendiquer pour leurs enfants : Philippe II pour sa fille l'infante Isabelle, ou l'empereur d'Allemagne pour son frère Ernest, archiduc d'Autriche. Le duc de Lorraine pousse la candidature de son fils le marquis des Deux-Ponts. Mayenne n'est pas le seul, parmi les Ligueurs, à exprimer son ambition : il a pour rivaux le jeune duc de Guise son neveu, et le duc de Nemours. Le duc de Savoie se met personnellement sur les rangs : au total, neuf candidats depuis la mort du vieux cardinal de Bourbon, le « roi de la Ligue » emprisonné au château de Fontenay-le-Comte. D'autres ambitions se manifestent encore, celles du nouveau cardinal de Bourbon, neveu du précédent, qui se fait soutenir par le Saint-Siège, et celle du comte de Soissons, compagnon d'Henri IV à Coutras, fils de Louis de Bourbon, premier prince de Condé...

Pour tous ceux qui ont le souci de l'Etat, pour le premier

président Pasquier et ses amis, pour les catholiques non engagés dans la folie ligueuse, cette pléthore de candidats est alarmante. Elle manifeste d'abord l'ambition effrénée du clan des Guise et d'autres familles princières. Elle est surtout l'indice de la formidable convoitise des souverains européens pour le trône de France. Déjà Mayenne parle de réunir les Etats généraux pour éviter que l'étranger n'impose un roi.

L'Espagne, première puissance en Europe, avait sans doute les moyens de parler haut et ferme, et d'abord aux Ligueurs parisiens. Elle entretenait depuis longtemps à Paris un réseau stipendié d'agents, d'espions, de diplomates hommes de main, de princes achetés. Le « commandeur » Juan Moreo était le plus célèbre. Il savait organiser dans Paris les manifestations opportunes, pour impressionner les rois. Il avait depuis long-temps dans sa main nombre des « zélés catholiques » à la tête de la Ligue parisienne. Depuis 1581 il communiquait à l'Escu-rial le résultat de ses contacts avec « Hercule », son meilleur agent à la cour. Ce nom de code cachait le duc Henri de Guise, appelé par la suite « Mucius » ou « Mucio ». En 1582 Guise touche 10 000 écus. Il donne des renseignements confidentiels, comme les instructions secrètes d'Henri III à ses ambassadeurs. En 1583 il reçoit encore 30 000 écus. A-t-il moins « rapporté » l'année d'après ? Il ne touche que 12 000 écus. Mais en 1585 on a besoin de lui. Il reçoit la fabuleuse somme de 350 000 écus pour monter la vaste opération projetée par le roi d'Espagne.

C'est l'Espagne qui impose aux Ligueurs la reconnaissance de Charles de Bourbon comme successeur d'Henri III dès l'entre-vue de Joinville, en 1584, à laquelle assistait Juan Moreo. Elle leur demande également une contribution à l'effort de guerre contre l'Angleterre. Les Ligueurs doivent aider la flotte espa-gnole et les grands seigneurs du clan Guise doivent dissuader Henri III de porter assistance aux révoltés flamands. C'est enfin l'Espagne qui tire un profit évident de deux crimes politiques de première importance : l'assassinat du prince d'Orange en 1584, celui du dernier Valois en 1589. Le roi d'Espagne va-t-il enfin assurer son pouvoir à Paris comme dans les Flandres, après avoir échoué contre Elizabeth d'Angle-terre ?

Malade, fatigué, Philippe II prend des dispositions pour aider les Ligueurs, dont il n'attend pas de miracle. Il fait parvenir des instructions à son gouverneur aux Pays-Bas, le prince Alexan-dre Farnèse. Celui-ci ne doit pas faire officiellement la guerre à la France, mais il peut aller jusqu'à dégager Paris avec ses soldats, si le besoin s'en fait sentir. « L'affaire de France est la plus importante en ce moment », lui écrit-il en novembre 1589. Il lui envoie 300 000 écus pour qu'il puisse soutenir les Ligueurs et constituer une force armée.

Les agents espagnols, dans Paris, ont armé les « zélés catholiques ». Philippe II a fait élire pape Sixte Quint qui a aussitôt condamné Navarre et sa « race impie », la « génération bâtarde et détestable de l'illustre maison des Bourbons »... La bulle de 1584 est toujours valable cinq ans plus tard, même si le pape a pu changer d'avis. Elle permet aux prédicateurs de condamner en termes violents la prétention au trône du Navarrais.

Car les prêches tiennent plus que jamais les Parisiens en haleine. L'or espagnol stimule le zèle des prédicateurs, qui viennent parfois de province ou de l'étranger. Ils ont aussi une part sur le butin des maisons suspectes, qui sont pillées, leurs propriétaires emprisonnés ou assassinés. Ils n'hésitent pas, en chaire, à dénoncer les catholiques trop tièdes, les femmes qui ne viennent au prône qu'une seule fois. Elles « courent alors grande fortune » quand elles sont désignées publiquement. Les Cordeliers, à force de marteler les accusations, peuvent perdre qui ils veulent. Un Claude Trahy se flatte « d'avoir la furie du peuple en sa main pour faire rompre la tête à qui il lui plaît ». Les moines de l'étranger, comme Pierre Christin, de Nice, ou Jean Garin, de Savoie, ou le franciscain Panigarolle ont une redoutable séduction. Habiles dans l'art d'enflammer le peuple, ils peuvent à volonté soulever sa colère ou l'apaiser. L'art de la parole devient un élément de l'action.

Les plus savants, les plus doués, sont parfois les plus véhéments. L'ambition déçue se met de la partie pour convertir les clercs en agitateurs : Jean Boucher, le plus acharné des curés parisiens, était d'une bonne famille de robe, proche de Thou et de Budé. Il avait été professeur de philosophie, de théologie, et, à 30 ans, recteur de la Sorbonne. C'est grâce au crédit de sa famille qu'il avait été nommé curé de Saint-Benoit. Mais il voulait être tout de suite évêque... Guillaume Rose, éminent prédicateur de la Ligue, avait réussi, lui, à se faire nommer évêque de Senlis. C'était un homme cultivé, brillant, qui devait tout à Henri III. Il n'eut de cesse que de se faire nommer au Conseil de l'Union, trahissant ainsi son maître. Mathieu de Launay, ancien chanoine de Sens, ancien calviniste, un des piliers de la Ligue, était aussi un clerc fort instruit devenu, selon Pasquier, « un grand remueur des opinions de la populace ». D'autres érudits fanatiques se répandaient en libelles terroristes : Génébrard, par exemple, ancien professeur d'hébreu au collège de France, un des plus violents polémistes, ou le « polygraphe » Pierre Crespet, capable de produire,

comme tant d'autres, des ouvrages de controverse. Certes la
Ligue ne manque pas de plumes de qualité. On peut s'étonner
qu'elle en ait trouvé tant, pour mener son étrange combat.
Jamais les imprimés n'ont connu dans la ville un tel succès. Il
y a plus de 120 imprimeurs et libraires dans Paris, tous plus ou
moins ligueurs. Comment publier alors dans Paris d'autres
libelles que ceux des Seize ? La propagande est active : « des
colporteurs, dit Pasquier, crient par les rues une infinité de
lettres diffamatoires... Il n'est plus question de guerroyer la
nouvelle religion. Tout le but de la ville de Paris est la
vengeance. » 361 impressions pour la seule année 1589, des
livres, des livrets, des libelles, des pamphlets, sans compter les
« placards », les feuilles et les affiches, les portraits satiriques,
les tracts. On crie et l'on vend dans la rue, des chansons, des
dessins injurieux sont glissés sous les portes. Ces tracts célèbrent la mémoire du moine régicide Clément, racontent le
voyage aux Enfers d'Henri III, attaquent Henri de Navarre. On
ne compte pas les libelles contre « la vie, les mœurs et
déportements de Henri Béarnais, soit-disant roi de Navarre ».
Les moines et les curés reprennent en chaire les thèmes des
libelles. La propagande espagnole a réussi à présenter le
Navarrais comme l'antéchrist, l'ennemi de l'Eglise et de la foi
populaire. Mieux vaut la mort que ce roi huguenot.

Paris mobilisé, son armée réduite de moitié, Henri de
Navarre sait qu'il ne peut pas lever un homme de plus dans les
provinces huguenotes, dont certains chefs, comme la Trémoille,
ont déjà pris leurs distances. Les ralliements royalistes, en pays
catholiques, sont encore timides. Faute d'argent, il n'est pas
question d'obtenir de l'étranger des secours rapides. L'armée
encercle toujours Paris et c'est grand dommage, comme le dit
Châtillon, « d'être venu baiser cette belle ville, et ne lui mettre
pas la main au sein ».
Comment emporter Paris, rue par rue, avec 18 000 hommes ?
Mayenne, renforcé par le duc d'Aumale, dispose d'au moins
30 000 mille hommes. Henri IV décide sagement d'abandonner
le siège, mais refuse, comme certains le lui conseillent, d'aller
« refaire ses forces » dans le Midi. Il sait parfaitement qu'il
obtiendra le ralliement du Midi s'il est le maître du Nord. Il doit
livrer bataille, vaincre le duc de Mayenne, s'appuyer, comme
jadis Coligny, sur l'Ouest, proche de l'Angleterre : cette fois la
base choisie n'est pas La Rochelle, mais Dieppe : le gouverneur
Aymard de Chaste est un fidèle.
Toutes les forces ne convergent pas sur Dieppe : une partie
des Royaux occupe le Valois, la Picardie (duc de Longueville)

et la Champagne (maréchal d'Aumont). Pourquoi abandonner à Mayenne ces provinces, greniers de la capitale, dont la noblesse vient de manifester son attachement à la cause royale ? Henri conduit sa guerre en politique. Il n'oublie pas les sécurités de ses plus récents partisans.

Avec les anciens, ses vieux huguenots, les Châtillon, les Guitry, les Harlay, les Rosny, les Caumont-la Force, il fond sur la Normandie. Beaucoup de petites villes lui ouvrent leurs portes. Dieppe lui fournit des vivres et des armes. Il s'enterre dans la vallée de l'Arques, attendant Mayenne sur une position choisie. A Paris, on loue à prix d'or fenêtres et balcons pour assister au cortège de Mayenne, ramenant le Navarrais prisonnier.

Mais Henri IV a de la chance : l'attaque de Mayenne échoue. Les Suisses du roi font un grand carnage de ses lansquenets. L'arrivée opportune de Châtillon dégage le Béarnais le 21 septembre 1589. La participation personnelle du roi à la bataille enflamme les courages et compense l'infériorité numérique. Au demeurant Mayenne, qui veut assiéger Dieppe, est bientôt repoussé par des forces supérieures : le roi a demandé et obtenu les renforts d'Angleterre : 200 000 livres d'argent, 70 000 livres de poudre et 3 000 boulets. Il attend les Ligueurs de pied ferme.

Longueville et d'Aumont, avertis du succès des armes royales, prennent Mayenne à revers pour l'écraser. Celui-ci abandonne Dieppe, se replie sur Paris avec les débris de son armée. Au début d'octobre, Henri IV vainqueur est de nouveau sous les murs de la capitale.

Le 1er novembre, il est à Montrouge, Issy, et Vaugirard. Il risque d'emporter la rive gauche. « Saint Barthélemy ! » crient les arquebusiers de Châtillon pendant l'assaut. L'abbaye de Saint-Germain est occupée. Mais l'assaut aux remparts n'est pas donné. La Noue se jette à cheval dans la Seine pour contourner la Tour de Nesle. On le sauve de justesse. La porte de Saint-Germain résiste. Le roi n'insiste pas. Il fait ranger ses troupes en bataille, attend en vain l'arrivée des Ligueurs. Puis il abandonne de nouveau le siège, marchant cette fois sur le Sud. La prise d'Etampes lui permettait de compléter l'encerclement de la capitale. Longueville avait repris ses positions en Picardie, Givry tenait la Brie. Le roi lui-même avait occupé la Beauce : les Parisiens n'auraient plus de blé.

« Qui vous croira roi de France, lui disait Guitry, quand on verra vos ordonnances datées de Limoges ? » Il avait dû installer son gouvernement à Tours, pourtant entourée de villes ligueuses. Même Vendôme, berceau de sa famille, était aux Ligueurs. Henri IV dut lui donner l'assaut. Il prit soin de laisser la vie sauve aux bourgeois, et de faire respecter les églises. Exemple salutaire ; toutes les petites villes entre Tours et Le Mans se rendirent sans combat. Au Mans, le roi interdit la ville à ses soldats, pour éviter le pillage. A Laval, on lui ouvrit les portes. L'Anjou, le Maine étaient repris, sous le nez de Mayenne qui, selon le mot du roi, « se reposait à Paris ».

Achille de Harlay, premier président du Parlement de Paris, avait rallié à Tours les parlementaires royalistes et rendait la justice au nom du roi. Etrange inflation des cours souveraines ! Pour doubler celle de Rouen, restée ligueuse, un parlement royaliste s'était installé à Caen : Carcassonne, de la même manière, défiait Toulouse, Flavigny, Dijon, Aix et Pertuis. Patiemment, le vainqueur d'Arques installait sa loi sur le terrain.

Il recevait à Tours la première ambassade étrangère qui le reconnût comme roi de France, celle de Venise. Le blocus diplomatique organisé par l'Espagne était battu en brèche : Jean Mocenigo, en se rendant à Tours en grand équipage, défiait la chrétienté. Mais si le roi d'Espagne dissimulait mal son indignation, Sixte Quint envisageait d'un œil favorable une approche susceptible « d'engager le Navarrais à se réconcilier avec le pape ». Etait-il prêt à se convertir ?

Il se savait désormais en meilleure position : l'intervention espagnole tardait. L'Angleterre lui avait envoyé des secours. Les provinces du Midi, huguenotes, lui conservaient leur confiance. Les menées du duc de Savoie avaient été contenues au Sud-Est, par un accord entre le gouverneur catholique du Dauphiné, Alphonse d'Ornano, et le chef protestant Lesdiguières. Même la très catholique Provence avait reconnu le roi, grâce à son gouverneur La Valette. Du Bas-Languedoc au Dauphiné, les Royaux fidèles contenaient les entreprises de Savoie.

Il avait aussi prévenu l'intrigue du cardinal de Vendôme, frère aîné du comte de Soissons. Ces Bourbons, dans le dessein de s'approprier le trône, tentaient de rallier en un « tiers parti » les plus modérés des Ligueurs et les catholiques royaux las d'attendre la conversion du roi : n'avait-il pas ajourné l'assemblée des princes et des Etats qu'il avait promis de réunir pour aborder la question religieuse ? Le cardinal était garde des Sceaux. Sans explications, Henri IV lui reprit les sceaux.

Philippe II s'irritait des progrès du Béarnais dans l'opinion publique. Sa reconquête infatigable des petites villes de province risquait, à la longue, de lui ouvrir les portes des grandes cités, puis de la capitale. Il brusqua les préparatifs de l'armée des Flandres et, pour ranimer le courage des Parisiens, il envoya dans la ville le cardinal légat Gaetano, fort de la protection des lansquenets du duc de Lorraine. Le 26 janvier 1590, le Parlement de Paris enregistra sans protester les bulles du pape délivrées au cardinal qui faisaient de lui le vrai maître de la capitale. Il eut même la prétention de s'asseoir sous le dais du roi. Il annonça l'entrée en ligne, sur la frontière Nord, des premières troupes espagnoles qui venaient à marche forcée au secours de Mayenne, sous les ordres du comte d'Egmont.

Henri IV remonte à cheval. De nouveau, il s'assure de bases solides vers l'Ouest. Avec Biron, il prend Argentan, Séez, Falaise, dont il déloge Brissac. A Lisieux, il ne tire pas un coup de canon. Les soldats sautent des murailles pour s'enfuir à son approche. Honfleur capitule, malgré la résistance du chevalier de Crillon. Toute la Normandie est reprise. Seule Rouen tient encore. Le roi ne commet pas l'erreur de l'assiéger. Son père, jadis, y perdit la vie. Il a vu trop de fois Coligny perdre son énergie et consumer ses forces en longs sièges inutiles et coûteux. Henri IV fait la guerre à cheval. Quand les villes résistent, il les contourne.

Il apprend que Mayenne sort de Paris et prétend reconquérir des bases d'approvisionnement. Il accourt aussitôt. Mais avec les 500 arquebuses d'Egmont et les solides lances wallonnes, Mayenne est fort. Il est à ce point menaçant que le roi craint pour sa Normandie, et met le siège devant Evreux, qui verrouille la vallée de l'Eure.

Mayenne le talonne, le rejoint. Le roi accepte la bataille en face d'Ivry, le 14 mars 1590. Les Royaux sont à un contre deux. Montpensier, d'Aumont, Biron commandent aux côtés du roi. L'escadron royal, fort de 600 cavaliers, est le fer de lance de cette armée qui a confiance dans son chef, le roi chevalier, toujours le premier à la charge. 2 000 gentilshommes français « montés à cru » sont prêts à mourir pour lui. Mais ils ont devant eux les redoutables Wallons, les 500 chevaux de Nemours et Mayenne, les « carabins » ou arquebusiers à cheval. Philibert de la Guiche, grand maître de l'artillerie royale, n'a guère que quatre gros canons et deux couleuvrines : il fait plus de bruit que de mal.

Les Ligueurs prennent d'abord l'avantage : les reîtres surprennent par leur charge les chevau-légers du roi. Les Wallons poussent droit sur l'artillerie qu'ils rendent inutilisable. D'Aumont est enfoncé.

Le maréchal de Biron culbute alors les Wallons qui reculent. Mayenne vient à leur secours, et, pour emporter la décision, décide d'attaquer l'escadron royal. « Mes compagnons, s'écrie Henri IV, Dieu est pour nous, voici ses ennemis et les nôtres, voici votre roi. A eux ! Si vos cornettes vous manquent, ralliez-vous à mon panache blanc, vous le trouverez au chemin de la victoire et de l'honneur. » Les deux mille cavaliers français s'élancent au galop : dans la forêt des lances wallonnes, le pistolet et l'épée font merveille. Les combattants s'achèvent à terre, au poignard ; c'est une mêlée furieuse. D'Egmont a la tête emportée d'un coup de pistolet. Trois escadrons wallons foncent sur Henri IV, qui n'a qu'une vingtaine de cavaliers autour de lui. Givry, d'Auvergne, d'Aumont volent à son secours. La bataille est gagnée. La cornette blanche, la « générale » des Espagnols, toutes les enseignes des Ligueurs sont entre les mains du roi. Seule résiste encore l'infanterie suisse. Biron, qui la redoute, refuse de l'attaquer. Les Suisses acceptent de déposer les armes. Le roi empêche tout massacre, sauf celui des lansquenets qui avaient failli le tuer à Arques.

La défaite de Mayenne se transformait en déroute. Les Ligueurs, débandés, étaient poursuivis par les chevau-légers, l'épée dans les reins Mayenne réussit à gagner Nantes. D'autres arrivèrent jusqu'à Chartres. Le roi dut abandonner la poursuite. A neuf heures du soir, après douze heures à cheval, il était fourbu. Un grand repas réunit autour du roi ses compagnons, contrairement à tous les usages. Pourquoi ne pas associer aux mêmes honneurs ceux qui ont versé leur sang ensemble ? Le *Discours véritable de la Victoire,* texte de propagande distribué dans les villes, établit la « vaillance » de la « brave noblesse ». Le roi lui doit tout. Sa victoire est la sienne. « S'il y a de la rébellion, dit le *Discours,* elle vient de la boue et de la fange du peuple suscité et ému par les factions des étrangers. »

La « fange du peuple » est, pour lors, enfermée dans Paris. La défaite de Mayenne, bien orchestrée par les propagandistes royaux, risque de décourager la Ligue. Le roi s'emploie de toutes ses forces à montrer la vanité de la résistance. N'est-il pas maître de son royaume ? On vient d'apprendre qu'en Auvergne, le comte de Randam, qui menait les troupes ligueuses, vient de mourir devant Issoire. Qu'attendent les Parisiens pour se rendre à merci ? Les compagnons de Navarrais perdent patience. Il leur faut Paris, tout de suite.

Inexplicablement, la défaite des Guisards renforce le parti des extrémistes. Mayenne vaincu, les amis des Espagnols ou de Savoie, comme le prédicateur italien Panigarolle (en rapports épistolaires avec le duc), décident de tout entreprendre pour relever le moral de la population : il faut gagner du temps, attendre l'arrivée des renforts. Leur influence sur les Parisiens est si forte que l'on parvient à cacher, pendant un certain temps, la défaite d'Ivry. Les prédicateurs sont eux-mêmes soumis à la terreur et reçoivent, par instructions écrites, le thème de leurs discours. On les menace de mort s'ils s'écartent de la ligne fixée : un jour Panigarolle ose parler de paix... les Seize lui font savoir qu'il doit rectifier ses propos, sous peine d'être « cousu dans son froc » et jeté en Seine. Le prédicateur Boucher en a averti le peuple : il ne suffit pas d'être débarrassé d'Henri III. Le Navarrais, « tyran exécré », doit être aussi éliminé.

Informés de la défaite par un prisonnier, les Seize chargent le moine Christin de l'annoncer au peuple, le 16 mars 1593. Il s'acquitte de sa mission avec une éloquence théâtrale : il commence son sermon sur le thème « quos ego amo, carguo et castigo » (Dieu châtie ceux qu'il aime). Un courrier l'interrompt, portant en chaire une missive. Christin la lit, s'écrie brusquement qu'il n'avait pas voulu que Dieu fît de lui un prophète... Puis il raconte la bataille à sa manière, terminant son prêche par une irrésistible exhortation à la résistance.

Henri IV s'attarde à Mantes. Les Ligueurs ont ainsi le temps de préparer la population à l'idée du siège. Toute tentative de conciliation est écartée. Plus de vingt cadavres de « politiques » sont jetés en Seine. La terreur se renforce. Les quelques curés restés fidèles à la cause royaliste (il y en a trois dans tout Paris) sont surveillés, menacés, mis en demeure de modifier leurs prêches. La délation n'a jamais été plus vigilante : il faut livrer aux Seize ceux qui font circuler sous le manteau les pamphlets royalistes, qui attribuent à la grâce de Dieu la victoire d'Ivry. Depuis le 15 avril, les Parisiens manquent de pain. Henri IV s'est emparé de toutes les villes de la périphérie. Le blocus est presque complet. La peur de la famine n'est pourtant pas de nature à changer leur état d'esprit. L'emprise de la Ligue est si forte qu'ils sont décidés à mourir de faim, plutôt que d'ouvrir leurs portes aux Huguenots. En mai l'armée royale a appris à ses dépens que l'on ne pouvait espérer prendre Paris sans lourdes pertes.

Le duc de Nemours, jeune frère utérin de Mayenne, a été nommé gouverneur de la ville, à 22 ans. Il a fait entrer, avant la fermeture complète des portes, une garnison de professionnels : 800 arquebusiers français, 1 200 Allemands, 500 Suisses. La Ligue a décrété la mobilisation. Certains prédicateurs évoquaient la possibilité d'une levée générale dans le royaume. On est frappé par le prêche du recteur Rose, que lui prête la *Satire Ménippée*. Il y a, dit-il, en France, 700 000 clochers, dont Paris n'est compté que pour un : « qu'on prenne de chaque clocher un homme catholique soldoyé aux dépens de la paroisse et que les deniers soient maniés par des docteurs en théologie, ou, pour le moins, gradués nommés, nous ferons douze cent mille combattants et cinq cent mille pionniers. » Parodie burlesque ? La Ligue recrute sur les bases d'une véritable mobilisation : chaque quartier de Paris doit fournir 3 000 hommes armés ; soit, en tout, près de 50 000 hommes. A l'intérieur des remparts, 200 000 affamés, sans armes, le ventre creux, sont prêts à se défendre à coups de poing s'il le faut. Ils savent qu'ils ne peuvent tenir plus d'un mois : les stocks de grain permettent la distribution, pendant trente jours, d'une livre de pain par personne. Tous les jours Mendoza, l'ambassadeur d'Espagne, prend 120 écus sur sa cassette pour nourrir les indigents. On a jeté hors des portes les « forains », vagabonds, réfugiés des villages voisins. On leur a rasé barbe et cheveux, pour qu'ils ne puissent rentrer. Les femmes ont été marquées. S'ils se font prendre à l'intérieur des murailles, ils seront fouettés.

La Ligue ne néglige rien pour entretenir le moral des défenseurs : le 3 juin 1590 une étrange procession s'assemble dans les rues. Plus de 1 300 moines, curés, prédicateurs, écoliers. Sur l'habit de leur ordre ils portent cuirasse. Ils ont le casque en tête, l'épée au côté, parfois des hallebardes au poing. Quelques-uns ont des arquebuses. Le légat du pape passe en revue cette armée de capucins, de carmes et de chanoines. L'évêque Rose est à leur tête, porteur d'un crucifix, accompagné de Panigarolle et des curés ligueurs. Seuls les Bénédictins et les célestins manquent à l'appel : la *Satire Ménippée* évoque le cortège burlesque : le recteur Rose, « la barbe et la tête rasée de frais, l'épée au côté et une pertuisane sur l'épaule... Maistre Julien Pelletier, curé de Saint-Jacques, habillé de violet en gendarme scolastique, une brigandine sur le dos, avec l'épée et le poignard et une hallebarde sur l'épaule gauche en forme de sergent de bande, qui suait, poussait et haletait pour mettre chacun en rang et ordonnance ». Ces boute-feux ne quittent la procession que pour courir sus aux « politiques », ou pour faire station aux carrefours, devant quelque statue de saints. Les cérémonies, les prières, les sermons, les processions tournent souvent au spectacle populaire, voire à la saturnale. Dans la procession, dit l'Estoile, « hommes et femmes, filles et garçons, marchaient pêle-mêle ensemble, tout nus, et engendraient des fruits autres que ceux pour la fin desquels elle avait été instituée ». Les prédicateurs sont-ils débordés par les incontinences populaires ? Ils ne ménagent pas leurs efforts, pour orienter, du haut de la chaire, les pulsions de la foule : « ils prêchent deux fois par jour, écrit Panigarolle au duc de Savoie, en chacune église, avec une telle menée qu'ils ont confirmé le peuple à cette résolution de vouloir plutôt mourir que de se rendre, et menacent le premier qui parlerait de composition. »

Les prédicateurs agissent sur ordre des Seize, qui les surveillent sans cesse. Mendoza et le légat du pape Gaetano entretiennent leur flamme, quand il le faut, de leurs doublons. Les duchesses et Nemours lui-même parcourent les rues pour ranimer les courages. Gaetano ne désapprouve pas ceux des prêcheurs qui affirment que, si cela s'avérait nécessaire, ils prêcheraient contre le pape lui-même.

En juin, les vivres manquent... Les ornements d'église avaient été vendus, ainsi que la vaisselle précieuse des seigneurs et des bourgeois. Le blé avait atteint des taux considérables. Dans les « chaudières d'Espagne », on faisait cuire, à chaque carrefour, une soupe indigeste d'avoine et de son pour les affamés. « On ne rencontrait dans la ville, dit un témoin, que chaudières d'herbes cuites sans sel, marmites de chair de cheval, âne et mulet. Les cuirs même se vendaient cuits. J'ai vu manger des chiens morts tout crus parmi les rues, ainsi que des os de chien moulus. » Panigarolle affirme que les serpents couraient les rues. On parle de « faire passer sous la meule et par le moulin les os des morts qui sont aux Innocents de Paris, et les réduire en poudre, pour d'icelle trempée et mollifiée avec de l'eau en faire du pain ». On assure que les premiers affamés qui tentèrent cette expérience périrent aussitôt. Au mois d'août, des lansquenets se livrent, dans les rues, à la chasse aux enfants vivants. D'autres, au péril de leur vie, sortent des remparts pour moissonner hâtivement quelques gerbes de grains. « Je n'ai qu'un enfant, déclare alors Bussy-Leclerc, un des Seize. Je le mangerais à belles dents plutôt que de me rendre jamais. »

30 000 morts par famine au 20 août : le siège s'est encore resserré, les abbayes hors des murs sont occupées ; les Parisiens ne peuvent faire un pas hors des remparts. Les riches mangent-ils encore ? On dit que le roi fait entrer secrètement des vivres, pour nourrir les duchesses. Pierre de l'Estoile affirme qu'il a payé fort cher du beurre au marché noir. Mais l'hécatombe est telle dans la population que le roi, par humanité, doit consentir à faire sortir les femmes, les enfants, les écoliers, les mendiants. On assure que quelques-uns réussissent à franchir les murailles, contre espèces sonnantes. Bien des bourgeois sont las des privations. Ils ont épuisé les lourds coffres à grains, fermés jour et nuit par des serrures italiennes à chiffres. Avec un mois de vivres, le siège dure déjà depuis quatre mois. Il faut pendre périodiquement des « politiques » qui tentent d'ameuter la foule pour obtenir la paix.

Nemours et les autres chefs décident enfin d'envoyer au roi des messagers. Pour négocier avec un hérétique, on demande auparavant l'accord de trois théologiens jésuites. D'Epinac, archevêque de Lyon, et Gondi, évêque de Paris, sortent des remparts pour demander la paix. Henri IV promet des pendaisons par centaines si la ville ne se rend pas immédiatement. Aucun accord n'est possible : le roi veut en finir, à tout prix, avant l'arrivée de l'armée de secours. Le prince Alexandre Farnèse, qui la commande, est vieux, malade et fatigué. Mais Henri IV sait qu'il approche.

Il a rejoint, le 30 août, les débris de l'armée de Mayenne à Meaux. Henri IV se réjouit de les affronter ; il lève aussitôt le siège de Paris, et remonte la Marne avec toute son armée. Mais le vieux soldat espagnol s'est retranché dans une forte position entre Claye et les marais de la Marne. Les adversaires s'observent sans oser s'attaquer. Le 7 septembre, Farnèse réussit à faire franchir la Marne sur un pont de bâteaux à une partie de son armée qui prend Lagny. Par la Marne, le duc peut approvisionner la capitale : Paris est sauvé. C'est un miracle ! dit aussitôt le prédicateur évêque Panigarolle.

Farnèse continue son avance, le long de la Marne. Il occupe Saint-Maur. Henri IV, dont l'armée se décourage, tente un coup de main au faubourg Saint Antoine, qui échoue. Bientôt Charenton, Corbeil sont dégagés. Partout la moisson est faite : les convois de vivre circulent sur la Marne et la Seine. Henri IV poursuit en vain les Espagnols. Ils se retirent en bon ordre sur les Flandres, leur mission accomplie : ils ont dégagé la capitale.

Ils ne peuvent faire plus. Ils avancent en pays étranger : les paysans, las des passages d'armées, se sont organisés : ils massacrent les traînards ; les capitaines espagnols ne s'entendent pas avec ceux de Mayenne. Pourquoi s'obstiner contre le Navarrais dont on connaît maintenant la « furie » à la bataille ? Toute la tactique de Farnèse consiste à refuser l'engagement, à regagner aussitôt les Pays-Bas où, de nouveau, la révolte couve. « L'armée du Béarnais s'est dérobée, écrit-il hypocritement à Philippe II, sans risquer la bataille. »

C'est vrai, Henri IV a manqué d'audace. Ses gentilshommes, inquiets de la crise économique qui fait rage dans les provinces, sont las d'attendre. La flambée des prix ruine les fortunes modestes. Ils veulent rentrer chez eux. Conti regagne la Touraine, Longueville la Picardie, Nevers la Champagne, Montpensier la Normandie et le maréchal d'Aumont la Bourgogne, avec leurs gens. L'armée du roi éclate.

Les consignes d'agitation dans les provinces, lancées par Philippe II, portent leurs fruits : Don Juan d'Aquila apporte au duc de Mercœur, maître de la Bretagne, le renfort de 5 000 Espagnols, débarqués à Blavet. Au début d'octobre 1590, le duc de Savoie a envahi la Provence, poussant, sur la côte, jusqu'à Fréjus. Il est bientôt maître de Draguignan et d'Aix, où il se fait proclamer comte. Le duc de Nemours a quitté Paris pour organiser la résistance à Lyon et prendre à revers Lesdiguières, maître des Alpes. En Normandie, Rouen tient toujours. Joyeuse, en Languedoc, a reçu contre Montmorency d'importants renforts espagnols. A Paris, Jean Baptiste de Taxis et Don Diego de Ibarra, envoyés de Philippe II, ont remplacé le vieux Mendoza malade. Une armée d'Espagnols et de Napolitains les accompagne.

Henri IV ne parvient toujours pas à prendre la ville. Le 20 janvier 1591 il a fait une nouvelle tentative, déguisant ses soldats en porteurs de farine. Ils ont été arquebusés par les défenseurs de la porte Saint-Honoré. Les Parisiens ont ajouté à leurs quatre fêtes « révolutionnaires » (la journée des Barricades, du Pain, de la levée du Siège, la journée de l'Escalade) la « journée des Farines ». La prise de Chartres par le Navarrais après un long siège, le 19 avril, ne parvient pas à leur faire perdre courage. Une fois de plus les 50 000 ligueurs de la capitale préfèrent la famine à l'hérésie.

Les vents ont tourné en Europe, contre le Navarrais : le nouveau pape, Grégoire XIV, n'a pas l'indulgence de Sixte Quint pour l'hérétique. Il agit comme un zélé défenseur de l'orthodoxie, renouvelant par bulles, affichées dans Notre-Dame le 3 juin 1591, la condamnation du roi huguenot, au grand scandale des évêques et parlementaires gallicans. Henri IV réplique aussitôt en rétablissant, par l'édit de Mantes (juillet), l'état de tolérance dans le royaume, tel qu'il avait été défini, en 1577, par l'édit de Poitiers. Quelques évêques royalistes s'assemblent à Chartres pour le soutenir, guidés par l'archevêque de Bourges Renaud de Beaune, le plus ardent royaliste de l'Eglise de France. Mais la plupart des membres du haut clergé sont ligueurs, ou attentistes. Ils savent que le pape vient de dégager des sommes importantes pour la croisade, et d'autoriser les religieux à prendre les armes.

Ils savent que Philippe II est décidé à en finir. Puisque les Ligueurs ne l'ont pas accepté pour « protecteur » et que Mayenne lui-même a montré pour ce projet d'union des deux royaumes la plus grande froideur, il fait savoir au président Jeannin, envoyé de la Ligue à Madrid, qu'il ne renonce pas à exposer ses droits au trône de France, et qu'il fait fi de la loi salique.

Les frontières étaient ouvertes, les Espagnols maîtres de Paris et de Meaux. Charles Emmanuel de Savoie rêvait de constituer, au Sud-Est, un grand « royaume des Allobroges ». La victoire de Lesdiguières à Pontcharra (septembre 1591) lui fermait le Dauphiné, mais il était assuré d'obtenir des renforts et des subsides de la cour d'Espagne. En Lorraine, le duc Charles III, qui guignait pour lui la Champagne et, pour son fils, le duché de Bouillon, faisait le même calcul. Toutes les provinces périphériques, gagnées par l'or espagnol, menaçaient de faire sécession.

Toujours sûr de la Normandie, Henri de Navarre ne pouvait espérer des secours que d'Angleterre. Il était désormais convaincu que la reconquête du royaume supposait, au départ, la prise de Paris. S'il n'y avait pas, à l'évidence, de solution militaire, pouvait-on imaginer une solution politique ?

Les Parisiens n'étaient toujours pas des interlocuteurs possibles : confortés par les Espagnols, assurés de leur invincibilité, ils attendaient de nouveaux secours, tenus en main par les Seize, qui n'obéissaient plus désormais aux princes, et n'accordaient à Mayenne et aux Guise aucun crédit. Ils étaient conscients d'avoir sauvé Paris par leurs seules forces, et par l'efficacité de leur organisation. L'appui donné par les Espagnols et les ambitions de Philippe II ne gênaient que les plus modérés d'entre eux. Les « zélés », fanatiques de la religion, étaient prêts à condamner le pape, s'il favorisait les menées de Navarre.

L'idée s'était répandue parmi les prédicateurs de la Ligue qu'il appartenait au peuple de faire ou de défaire les rois. Ces idées « démocratiques » étaient véhiculées par les chauds partisans des Espagnols. Boucher montrait dans ses pamphlets que le « droit de déposition » pouvait appartenir au pape ou au peuple, et que le « droit d'élection » était supérieur au « droit d'hérédité ». La monarchie était fondée sur un « contrat mutuel » et le peuple pouvait disposer de la couronne si le roi était, comme Henri III, simoniaque, sacrilège, « magicien », impie et adultère, ou, tout simplement, hérétique comme Henri IV.

Pour les Ligueurs, le catholicisme du « très chrétien » était une loi bien plus fondamentale que la loi salique, qui justifiait seule la candidature du Navarrais. Le roi hérétique est le pire danger pour la communauté nationale. Mieux vaut recourir au pape, au roi d'Espagne, à n'importe quel souverain étranger bon catholique, qu'à un prince français huguenot. Le Ligueur Dorléans répondait à ceux qui reprochaient aux Ligueurs de faire le jeu du roi d'Espagne : « ne sera-t-il pas loisible de s'entendre avec l'Espagnol contre les communs ennemis de la France ? Avez-vous pas la paix avec l'Espagnol ? Le roi d'Espagne est-il pas un bon prince ? »

Si les scrupules patriotiques existent encore chez Mayenne et

dans le clan des Guise, ils ont disparu chez les Ligueurs :
« plutôt nous vivrions sans rois, sans lois et sans villes que sans
religion », disent-ils. Pourquoi le roi de France n'aime-t-il pas
les Espagnols ? Parce qu'ils sont catholiques ; c'est la seule
raison de l'opposition d'Henri de Navarre.

Sa seule justification est d'être, grâce à la loi salique,
l'héritier de la couronne de Saint Louis. Mais la loi salique,
disent les pamphlétaires de la Ligue, est « une loi barbare,
venue des payens » (Rose). Etienne Bernard, avocat de Dijon,
explique doctement « qu'il faut faire plus grand état des lois qui
regardent le spirituel que d'une loi salique qui regarde le
temporel ». Que disent les « lois spirituelles » ? « Qu'un hérétique ne peut et ne doit régner entre des sujets chrétiens et
catholiques. » D'ailleurs, ajoute Dorléans, « le roi de Navarre
est béarnais et né hors de France et ne savons pas au vrai s'il est
fils de Bourbon, ou du duc de Clèves, ou de tous les deux ».

On comprend pourquoi le Navarrais, très indulgent pour les
gentilshommes ligueurs, frappe sans pitié les pamphlétaires et
les prédicateurs, qui depuis de longs mois l'insultent quotidiennement. Quand il reprend Evreux, il capture l'évêque de
Saintes et découvre des manuscrits de sermons où il prêchait
l'assassinat du roi. Le prélat, condamné à la prison perpétuelle,
meurt au château de Crève-Cœur, près de Lisieux. Après la
prise de Chartres, Henri IV protège les Eglises et le clergé, mais
il exile cinq prédicateurs. Il ne désarme pas ses ennemis : à
Rouen, le curé de Saint-Patrice appelle au meurtre et tue lui-
même de sa main, hors des remparts, 17 soldats royaux. A
Paris, les sermons prennent Henri IV comme cible unique. Ses
amis les « politiques » sont accusés de trahison et promis à la
potence. La prise de Chartres exaspère les Ligueurs : « Il faut
tout tuer, dit Boucher à Saint-Germain-l'Auxerrois, il est temps
de mettre la main à la serpe et d'exterminer ceux du Parlement
et autres. » Rose appelle une « saignée » comparable à la
Saint-Barthélemy. Guincestre dit qu'il faut « jeter à l'eau tous
les demandeurs de nouvelles ». Aubry organise une procession
pour « demander à Monsieur saint Jacques, le bon saint, de
donner de son bourdon sur la tête à ce diable de Béarnais et de
l'écraser là devant tout le monde ». Boucher ne veut même pas
évoquer l'hypothèse d'une conversion du roi : il veut « l'étrangler de ses propres mains », sa mère « est une louve » et lui
n'est autre que « le dragon roux de l'Apocalypse ». Comment
Henri IV trouverait-il des interlocuteurs chez les ligueurs ? Les
modérés sont menacés d'être « traînés à la rue », les prédicateurs favorables au roi n'ont pas la parole. On sonne les cloches
pendant leurs sermons. Ceux qui soutiennent l'idée d'un roi
français et catholique n'osent ouvrir la bouche. Un Villeroy, un

Pierre de l'Epinac sont, comme le président Jeannin ou Etienne Bernard, réduits au silence. L'heure n'est pas à la négociation, mais, plus que jamais, à la violence.

Pourquoi la Ligue, menée par les extrémistes, serait-elle conciliante ? Les Parisiens sont frappés par la crise et par la disette. Mais c'est le sort général des villes et des campagnes. Comme le dit Raveau, « la situation économique est complètement dominée par les événements militaires ». La Ligue bloque les communications, empêche le commerce, gêne les approvisionnements en blé. Marseille doit importer des céréales de Bretagne et des Flandres : elle ne reçoit plus le blé de Bourgogne. La spéculation fait flamber brusquement les prix dans l'ensemble du royaume. Le produit des dîmes s'effondre, signe d'une baisse brutale de la production agricole. Cette fois le Midi n'est pas seul touché, c'est la France entière qui subit la guerre ligueuse comme une catastrophe.

Si la dîme et l'impôt rapportent moins, l'or espagnol assure aux ligueurs et particulièrement aux Parisiens, les ressources nécessaires. Les revenus de la maison de Lorraine sont en baisse, comme ceux de toutes les familles nobles. Les villes n'ont plus de ressources. On a pressuré au maximum, dans Paris, les fortunes bourgeoises et les confréries. Les protestants ne sont pas plus à l'aise que leurs adversaires. Quand Henri IV demande à La Rochelle un secours de 20 000 écus, les ministres s'y opposent et le magistrat ne peut lever l'argent. Comme le dit Chaunu, « la Ligue passe de plus en plus sous le contrôle de l'Espagne, puissant conseilleur, parce que payeur ». L'Espagnol solde les troupes et nourrit les citadins. La guerre se fait à ses frais, « le royaume subit la guerre mais il ne la paie pas, ou il la paie moins qu'en d'autres temps ». Henri IV ne peut pas traiter avec les ligueurs car ils n'ont pas eux-mêmes les moyens de négocier sans l'Espagne qui les soutient. Henri IV ne peut pas abjurer, car la seule possibilité de secours qu'il puisse espérer est celle des Etats protestants. La guerre civile française est désormais conduite par l'étranger.

Quand le roi de Navarre autorise les femmes et les enfants à sortir de la ville, la reine Elizabeth lui fait part de son mécontentement. « Vous aimez plus hasarder que conclure », lui écrit-elle durement. Le roi doit se justifier par la bouche de son ambassadeur, de Beauvoir. « Ceux qui étaient réduits à cette extrémité, dit-il, ne laissaient de sortir sans permission, aimant mieux s'exposer à être tués par nos soldats... ce qui mouvait chacun à telle compassion que les plus sévères leur faisaient passage, ce que je confesse que je ne pouvais réprouver. » Pour lutter contre Philippe II, Henri IV a besoin de l'argent d'Angleterre. Après ses « justifications », Elizabeth lui octroie 4 000 hommes et des secours, mais à condition qu'il les emploie à éliminer les Ligueurs de Bretagne et de Normandie. Le reste ne l'intéresse pas.

Même réaction chez les protestants d'Allemagne : ils consentent à lever 16 000 lansquenets et 10 000 reîtres contre fortes promesses d'argent, et Turenne obtient des Pays-Bas 30 000 écus d'or et un contingent de soldats, à condition que le roi les emploie contre Alexandre Farnèse. L'aide étrangère, moins que jamais, n'est désintéressée. Henri IV n'a pas le choix : il ne peut plus compter sur les ressources des villes, ni même sur la présence de la noblesse française dans ses armées.

Comme toujours, les plus utiles alliés du roi sont les ligueurs intransigeants. Las de la domination de Mayenne, dont le prestige est en déclin, et qui est désormais combattu par les agents du roi d'Espagne, ils développent dans la ville une action de propagande, intensifient la terreur, et démantèlent le pseudo-gouvernement des notables, en les menaçant d'une insurrection populaire.

Ils savent que la noblesse qui entoure Mayenne, les hauts magistrats parisiens, comme le président Jeannin, l'évêque de Paris lui-même, l'italien Gondi, qui s'est retiré dans sa maison de campagne de Noisy, détestent le pouvoir populaire et ne rêvent que de réduire au silence les seize petits bourgeois de basoche et ces agitateurs de presbytère. Ils n'aiment ni le désordre de la rue, ni la présence des Espagnols. Les préventions contre Philippe II sont telles qu'un pamphlet, l'*Anti-Espagnol* ou *Brief Discours du but où tend Philippe, roi d'Espagne, se mêlant des affaires de la France,* parvient à circuler dans Paris. Les officiers de Mayenne, pourtant malheureux à la guerre, ricanent de l'insuccès des Espagnols devant Corbeil : « les forteresses ne se prennent pas en France à la vue de l'artillerie comme en Flandres », disent-ils. Villeroy ne fait pas mystère qu'il se rallierait volontiers, lui et ses amis, à un roi catholique et qu'ils n'avaient d'autres préventions contre Henri IV que sa religion. Ce parti modéré ligueur devient plus proche des « politiques » quand la longue durée du siège montre, à l'évidence, qu'il n'y a pas à la crise de solution militaire, et quand la rivalité des prétendants — et les ambitions du roi d'Espagne — rendent manifestes les dangers d'une solution politique antifrançaise. Plus les « zélés catholiques » combattent cette tendance, plus ils la jettent dans les bras d'Henri IV.

Elle ne dispose pas, en Mayenne, d'un candidat convenable. Il n'a pas le prestige de son frère Henri de Guise. Il n'est ni un capitaine, ni un tribun, ni un homme d'Etat. Dans son souci de ménager toutes les tendances (les modérés pour balancer le pouvoir des Seize et ceux-ci pour ne pas avoir à traiter avec Navarre) il était la cible désignée des deux partis. Les Seize étaient les plus violents : ils lui reprochaient d'avoir désigné, pour les étouffer, 14 « surnuméraires » dans le Conseil général de l'Union ; de conduire Paris par un gouverneur fantoche et par les duchesses ses proches parentes ; d'avoir constitué un gouvernement hostile aux Seize avec l'archevêque de Lyon, d'Epinac, garde des Sceaux, et quatre secrétaires d'Etat à sa dévotion, qui avaient seuls pouvoir de correspondre avec les villes ligueuses de province.

L'échec d'Henri IV devant Paris, mais aussi l'impuissance de Mayenne rendent les Seize plus audacieux. Ils demandent l'épuration de la justice, la nomination de certains des leurs au Parlement. La petite bourgeoisie, dit Mariéjol, « rêve de s'asseoir sur les fleurs de lys ». Mais les Espagnols poussent aussi au renforcement de la terreur, pour libérer les ligueurs du frein constant, sournois, intolérable des notables. Mayenne, en septembre 1590, a rejeté leurs requêtes. Il n'a pas donné réponse à leurs mémoires. Après l'arrivée de la garnison espagnole, en février 1591, ils attaquent de nouveau les magistrats, le gouvernement des nobles, et exigent l'arrestation des « politiques », la saisie de leurs biens, leur mise en jugement. Ils demandent la création d'une Chambre spéciale au Parlement pour cette épuration. De nouveau, Mayenne les repousse.

Après la prise de Chartres, en avril 1591, ils sont déchaînés. Mayenne doit exiler des parlementaires suspects. On lui fait reproche de protéger les traîtres, de faire fi des héroïques défenseurs du siège. Les Seize menacent de l'embastiller. Ils exigent, dans les trois mois, la réunion des Etats généraux dans Paris. Ils veulent punir, en leur retirant leurs offices, les nobles et les notables qui ont abandonné la ville. Ils proposent de donner au chapitre de Notre-Dame, en l'absence de l'évêque Gondi, la possibilité de pourvoir aux bénéfices vacants. Cette menace contre les privilégiés fait l'unanimité chez les modérés. Le président Jeannin insulte les Seize. Mayenne, une fois de plus, les endort, sans rien céder de l'essentiel.

Les notables parisiens sont d'autant plus inquiets que de mauvaises nouvelles leur parviennent des villes ligueuses de province, où l'autorité de Mayenne est bafouée : les maires et les échevins lèvent les impôts pour leur compte, aux dépens des officiers royaux. A Poitiers, le maire prend les pouvoirs du gouverneur décédé. Le remplaçant, nommé par Mayenne, n'est pas reçu dans la ville. Abbeville organise seule sa défense. Dreux élit son gouverneur. Les gens de Saint-Flour créent un

Conseil de l'Union des Catholiques pour les pays du Centre, qui se donne au duc de Nemours... Ceux de Saint-Malo refusent le gouverneur nommé par Paris. Dans les grandes villes, la démocratie ligueuse qui s'appuie sur les confréries, s'empare des municipalités, se dresse contre les privilégiés des Parlements et surveille de près la noblesse suspecte. Les notables parisiens, qui prétendent assurer l'intérim du gouvernement royal, se heurtent partout à une volonté d'autonomie, et dans la capitale même, aux appétits de pouvoir des élus des quartiers.

Impuissants contre Mayenne et les magistrats du Parlement, les Seize écrivent en septembre 1591 à Philippe II pour lui demander un roi. Le jeune duc de Guise ne pourrait-il pas épouser l'infante d'Espagne ? Pouvaient-ils dire plus clairement qu'ils ne voulaient plus de Mayenne ni des princes français ? Le conflit était ouvert, entre Mayenne et les Seize.

L'occasion d'en découdre surgit en novembre : un certain Brigard, procureur nommé par la Ligue à l'Hôtel de Ville, passe pour tiède ; on découvre qu'il correspond — impardonnable crime — avec un vieil oncle royaliste. Le gouverneur de la Bastille, Bussy-Leclerc, l'arrête en personne. Le premier président Brisson doit le juger, à la tête d'une commission spéciale. Brisson ne retient aucune charge sérieuse contre Brigard. Il est libre.

Scandale ! disent les ligueurs. On a voulu « couvrir » un « politique ». Le Parlement trahit. Brisson trahit. « C'est trop enduré, dit le curé de Saint-Jacques, il faut faire jouer les couteaux. » Des tracts circulent, exposant la vilenie des magistrats ; ceux-ci tentent de les faire saisir à l'imprimerie. Les Seize envoient les arquebusiers : la guerre est déclarée.

Les Seize désignent un conseil révolutionnaire de dix membres, avec Bussy-Leclerc et les curés les plus violents. Dans la nuit du 14 au 15 novembre 1591, ils décident une prise d'armes, avertissant les Espagnols. Bussy et ses partisans attendent le président Brisson sur le pont Saint-Michel. Ils l'arrêtent et le conduisent au Petit Châtelet : là, devant une parodie de tribunal, il est condamné à mort. On le pend à une poutre de la chambre du conseil.

Deux autres magistrats, arrêtés au petit jour, sont également conduits au Châtelet et pendus. Les corps des victimes sont hissés sur le dos de crocheteurs acheminés place de Grève, au milieu d'une procession d'hommes en armes. Ils sont de nouveau attachés à la potence. On peut lire, sur le cou de Brisson, l'inscription maladroitement rédigée par l'épicier

Charles Du Sur, dit « jambe de bois » : « Barnabé Brisson, l'un des chefs des traîtres et hérétiques. »

Exaltés par le crime, les « enragés » de la Ligue exigeaient la convocation d'une chambre ardente composée de 48 conseillers du Parlement. Ils rêvaient d'une nouvelle Saint-Barthélemy. Ils faisaient circuler dans les quartiers des « papiers rouges » avec les noms des politiques, suivis de sigles : C (chassé) D (dagué) P (pendu). Ni les Espagnols ni les Mayennistes n'approuvaient ces massacres. Les Seize s'isolaient dans la violence : la population n'avait montré aucun enthousiasme devant le gibet de la place de Grève. Leurs contacts avec le roi d'Espagne commençaient à indigner la population. Fallait-il pendre tous les parlementaires de Paris pour donner la ville à Philippe II ?

Mayenne rentra dans la capitale sans coup férir. Accueilli par les Seize à Saint-Antoine-des-Champs, il reçut les doléances de ligueurs convaincus, comme Dorléans, qui demandaient la fin des violences. Le Parlement ne siégeait plus. Les milices bourgeoises refusaient d'obéir aux « zélés catholiques ». Bussy-Leclerc lui-même donnait, à la première sommation, les clés de la Bastille au duc.

Mayenne fit arrêter et pendre au Louvre, « à la chaude », sans procès, quatre des dix ultras. Les Seize étaient en fuite, en prison, réduits au silence. Seuls tenaient encore les prédicateurs qui se déchaînaient plus que jamais en chaire, contre les politiques. Boucher, le plus ardent d'entre eux, était nommé, pour défier Mayenne, vice-chancelier de la Sorbonne. « Je lui crèverai l'autre œil, s'il se fâche », disait du curé borgne le duc impatienté. Mais Boucher parlait, parlait sans cesse contre Mayenne, contre Navarre, contre la paix ; même si le roi se convertissait, il ne voulait faire soumission. Les paroissiens suspects étaient excommuniés, les maisons des « politiques » promises au pillage des crocheteurs. Les prédicateurs se juraient mutuellement de mourir plutôt que d'admettre Henri IV, même converti. « Il faut refréner leurs langues », disaient les parlementaires. Mais le moyen de tuer ou d'emprisonner les curés de Paris ? Mayenne, pourtant décidé à sévir, reculait devant cette extrémité. Il savait, comme Henri IV, que le peuple et la bourgeoisie étaient enfin las des violences. Il n'était pas besoin de punir. Mais à qui profiterait l'effacement brutal des Seize. Aux Guise ou au Navarrais ?

Fort de l'appui d'Elizabeth, des princes allemands et des villes flamandes, celui-ci payait comptant les livraisons d'armes, de munitions et de soldats en remplissant point par point ses contrats. Pour aider Elizabeth, il masse des forces importantes devant Rouen, défendu par Villars-Brancas. Il n'est pas préoccupé de la situation parisienne : le temps travaille pour lui en détachant des notables et les masses des extrémistes. Il sait que Villeroy et Jeannin souhaitent une négociation. Ils ne sont pas les seuls. Fort des 16 000 reîtres et lansquenets qui lui viennent d'Allemagne et des 4 000 Anglais du comte d'Essex, Henri de Navarre se présente devant Rouen.

Là, comme à Paris, les prédicateurs fanatisent le peuple, organisent les processions, mobilisent les bourgeois. Commencé au début de décembre 1591, le siège traîne en longueur. Le maréchal de Biron ne parvient pas à s'emparer de la citadelle de Sainte-Catherine, qui domine la ville. A la fin de janvier 1592, on est au même point : une tentative de sortie échoue, mais Henri IV perd de nombreux soldats. Il se précipite avec 7 000 chevaux contre Alexandre Farnèse qui vient au secours de Rouen avec 18 000 lances. Le choc est brutal, inattendu pour Farnèse. Il doit rebrousser chemin devant une armée très inférieure en nombre et s'installer au-delà de la Somme. Henri IV retourne à bride abattue sur Rouen. Farnèse le suit, prudemment. Il parvient à dégager la ville, mais il est grièvement blessé à l'attaque de Caudebec, en avril.

La noblesse française se rallie à Henri IV. Longueville, Montpensier lui fournissent des renforts. De nouveau les gentilshommes partent en guerre, attaquent Yvetot, le quartier général espagnol. Le vieux prince Farnèse, qui se fait transporter en litière, s'échappe en passant la Seine sur des radeaux. Il regagne les Flandres par Château-Thierry. Les Royaux ne parviennent pas plus à le poursuivre qu'à prendre Rouen. Henri IV n'a plus les moyens d'entretenir les Allemands. Il les congédie. Biron meurt au siège d'Epernay et son armée de nouveau se débande.

Même incertitude dans les provinces périphériques, où les partisans du roi ne s'imposent pas : de Bretagne, Mercœur et ses Espagnols viennent dégager Craon assiégé par les Royaux (24 mai 1592). La Mayenne est reconquise, l'Anjou menacé. Toute la Bretagne est ligueuse. Seul le Poitou (sans Poitiers) tient encore au roi. En Languedoc le jeune duc de Joyeuse bloque Montauban avec ses Espagnols, mais échoue devant Villemur, où les rudes Auvergnats du sire de Rastignac bousculent son infanterie, qui tombe dans le Tarn : une victoire qui n'a rien de décisif, dans cette province frontière ouverte à Philippe II. Tout le Sud-Est, de Grenoble à la Méditerranée, retentit des batailles que se livrent Lesdiguières et le duc de Savoie. Le premier menace Nice, mais le duc ravage Antibes et contraint à la retraite son adversaire trop éloigné de ses bases. Il doit rentrer en toute hâte en Dauphiné, où il est menacé par Nemours, nommé par la Ligue gouverneur du Lyonnais. Il le contient, et lance une opération au-delà des Alpes contre Savoie, prenant par surprise son château de Cavour. Le duc est patiemment rejeté de Provence par un renfort de 10 000 Gascons commandés par le duc d'Epernon au nom d'Henri IV. Mais les villes restent ligueuses : Marseille ferme obstinément ses portes, Arles et Aix, révoltées par les pillages d'Epernon, n'ont aucune envie de se rallier. L'insécurité des provinces, la persévérance des villes ligueuses renforcent la conviction du roi : plus que jamais, l'issue de la guerre dépend d'une solution politique qui lui ouvrira la capitale.

A Paris, la situation s'obscurcit de jour en jour : depuis janvier 1592 Mayenne a commencé à négocier avec les Espagnols, pour le cas où le roi Philippe II obtiendrait le trône pour l'Infante sa fille. Contre 20 000 hommes et un million d'écus, le roi d'Espagne croit avoir acquis les princes. Mais, parallèlement, Mayenne envoie Villeroy négocier avec le parti de Navarre : il demande des gouvernements et des places de sûreté pour les ligueurs, le gouvernement, à titre héréditaire, de la Bourgogne pour lui-même. La discussion n'aboutit pas. Mayenne exige au préalable la conversion du roi. Le roi veut être reconnu avant de se convertir.

Il est, comme Mayenne, menacé par le puissant courant pacifiste qui se manifeste dans Paris. Soissons et Vendôme attirent de nouveau les regards. Le cardinal de Bourbon-Vendôme ne manque aucune occasion, au Conseil où le roi l'a appelé à siéger, de prendre une attitude hostile aux Protestants. Il refuse de faire enterrer en terre chrétienne deux héros huguenots du siège de Rouen, les frères Piles. De nouveau le roi doit intimider le « tiers parti », celui des princes ses parents restés catholiques, et candidats· à la couronne. Il doit empêcher Soissons d'épouser sa sœur Catherine à Pau. Mayenne et ses conseillers modérés brûlent d'attirer à eux ce « tiers parti » et de faire ensemble opposition à la politique du Navarrais.

A Paris, les amis de Mayenne font campagne. Un ancien prévôt des marchands, d'Aubray, trouve des appuis dans la bourgeoisie, grande et petite, lasse des excès de la plèbe et des criailleries des prédicateurs. Les bourgeois de robe, les négociants souffrent cruellement de l'isolement de la capitale, qui empêche tout commerce avec l'extérieur. Les bourgeois propriétaires de terres en Ile-de-France ne peuvent jouir de leurs revenus. Les troupes royalistes bloquent toutes les sorties de Paris. Les notables veulent en finir. Ils constituent, avec quelques hommes sûrs, une nouvelle milice prête à dominer la rue. Les parlementaires instruisent le procès de quelques chefs ligueurs de peu d'importance, mais très connus du public, comme le sergent à verge Michelet, pendu pour vol, ou le sergent du Gué. Du Jardin, un des Seize, est arrêté, condamné et pendu malgré l'opposition des duchesses et du Conseil général de la Sainte Union. D'Aubray veut aller plus loin, s'entendre avec Henri IV. Mais Mayenne les arrête : les Etats généraux, dit-il, décideront.

Comme Philippe II et le parti des Espagnols, il attend tout de cette réunion, prévue pour 1593 dans Paris. Les Espagnols auraient préféré Reims, plus proche de la frontière flamande. Mais la mort d'Alexandre Farnèse, en décembre 1592, les contraignait à accepter la proposition de Mayenne, vivement combattue par Henri IV, qui s'élevait de toutes ses forces contre cette « présomption inouïe ». Un arrêt de la cour de Châlons défendait à tous d'assister à ces Etats sous peine d'être traités comme « criminels de lèse-majesté et perturbateurs du repos public, déserteurs et traîtres à leur pays ». Les députés risquaient la mort. Toutes les routes, tous les ponts aux mains des royalistes étaient gardés.

Philippe II, malgré la mort de Farnèse, avait pris des mesures militaires. Le comte de Mansfeld était descendu des Flandres avec une armée, prenant Noyon, à quelque cent kilomètres de Paris. Des agents espagnols, leurs bagages bourrés d'or, attendaient les députés. Le pape les assurait de sa bénédiction et leur faisait un devoir de s'opposer à la « fureur du tyran hérétique ».

Au lieu de 500 membres, l'assemblée n'en comptait pas plus d'une centaine. Certaines provinces n'avaient aucune représentation. Les Bourguignons avaient gagné Paris sous la protection militaire du comte de Tavannes. Les Normands, venus de Rouen, avaient mis plus d'un mois pour arriver dans la capitale, au prix de cent périls. Les auteurs de la *Satire Ménippée,* cette caricature acerbe du Paris des ligueurs, se plaisaient à représenter les députés arrivant dans la ville avec leurs sacs de mendiants, vivant de secours publics, ne sachant où loger, ni comment survivre. Leurs *cahiers* étaient cependant l'expression des vœux profonds de la population : un prince catholique et français, « si possible de la tige royale », disaient ceux d'Auxerre, des tailles abaissées, la reconnaissance des libertés provinciales. Les Normands demandaient le respect de leur charte et l'interdiction faite au roi de lever des impôts sans le consentement de leurs états provinciaux. Mais quelle autorité pouvaient avoir dans le royaume les pauvres députés qui accueillaient avec des honneurs royaux l'ambassadeur de Philippe II, le duc de Feria, et qui entendaient sans protester la harangue hautaine de l'étranger, qui, au nom de son maître, présentait à la France la facture de la guerre : plus de six millions d'or dépensés sans compter, pour maintenir le royaume au sein de notre mère l'Eglise ?

Avant la réunion des Etats, Mayenne avait fait une déclaration pour rallier les seigneurs catholiques à sa candidature. Il était impossible, leur disait-il, de reconnaître un roi qui ne fût pas catholique. Pourquoi attendre la réunion du concile national que souhaitait Henri de Navarre ? L'hérésie n'avait-elle pas déjà été condamnée, et le Béarnais n'avait-il pas été excommunié ? Le jour même de la convocation des Etats, (26 janvier 1593) les députés étaient saisis d'une réponse des princes et des grands seigneurs royalistes à la déclaration de Mayenne : ils lui offraient, puisqu'il était si soucieux de « paix publique », de se rencontrer pour débattre ensemble des moyens de maintenir à la fois l'Etat et la religion. Ils semblaient ainsi répondre à ses propositions. Pouvait-il les repousser ?

Les plus modérés des députés exprimèrent l'avis qu'il fallait profiter de cette offre de paix, malgré l'opposition des ligueurs manipulés par l'Espagne. Mayenne dut transmettre leur acceptation aux royalistes. Il précisa, par lettre, que cette rencontre n'avait nullement pour but de négocier avec le roi de Navarre, mais bien de s'entendre sur la désignation d'un roi qui ne fût pas hérétique. Pour refuser de reconnaître un huguenot, les ligueurs n'étaient en aucun cas des criminels de lèse-majesté : « ce n'est point la nature ni le droit des gens qui nous apprend à reconnaître nos rois, disait Mayenne, c'est la loi de Dieu et celle de l'Eglise et du royaume, qui requièrent non seulement la proximité du sang, à laquelle vous vous arrêtez, mais aussi la profession de la religion catholique du prince qui nous doit commander. »

Ainsi douze délégués des Etats (l'archevêque de Lyon, d'Epinac, Jeannin, Villars-Brancas, le défenseur de Rouen) rencontrèrent à Suresnes huit délégués royalistes, dont Renaud de Beaune, archevêque de Bourges. Quand les délégués quittent Paris pour Suresnes, la foule, malgré la propagande des Ligueurs, crie à la porte Neuve : « La paix ! la paix ! » Dans les villages autour de Paris, les gens se jettent à genoux, implorent aussi la paix. Quand les délégués se réunissent, le 29 avril 1593, ils commencent par s'embrasser. Ils décident aussitôt une trêve de dix jours. Dix jours de paix, en mai ! Bienfait inestimable pour la population crispée, amaigrie, harcelée par le siège. Des bandes joyeuses se répandent dans les champs, retrouvent la vie souriante des campagnes, organisent des déjeuners sur l'herbe, font provision « de pâtés et de bouteilles ». Le ventre plein, tous se rassemblent, par milliers, au sanctuaire des Vertus près de Saint-Denis, priant encore pour la paix. Quel député serait insensible à cette explosion de joie populaire ?

L'archevêque de Lyon n'est pas un député comme les autres : il est le gardien de la foi, le « primat des Gaules ». Il reste sourd aux cris joyeux qui viennent des champs, aux prières des manants, à la bouffée d'air printanier. Il invoque les Ecritures, les décrets des empereurs chrétiens, les pères de l'Eglise et les conciles. Il parle pendant des heures de la « vraie paix », celle de Jésus-Christ qui n'a que faire de la paix naturelle, celle des oiseaux dans les arbres en fleurs. « Vous parlez, lui dit de Beaune, comme si le roi légitime de ce pays faisait profession de la loi de Mahomet. C'est un chrétien comme tous ses sujets. S'il est dans l'erreur, qu'on l'instruise. Il le demande lui-même. Il fait mieux, dit de Beaune, il veut se convertir. »

Les portes s'ouvrent brusquement. La nouvelle se répand comme traînée de poudre ; l'archevêque de Bourges l'a dit. Navarre abjure !

Surprise. Navarre est à Mantes-la-Jolie, amoureux fou de Gabrielle d'Estrées. Il reçoit jour par jour la relation des discussions de Suresnes. Il faut faire vite, lui a dit de Beaune. Le roi d'Espagne est riche, le pape est votre ennemi. D'Epinac veut au préalable faire demander son accord. Brusquez les choses : « renversez par ce moyen tous les desseins des rebelles. » « Si cette conférence n'avait aucun effet, ajoutent les députés, l'un des deux partis s'attirerait toute la haine des peuples. » Le choix de Navarre est attendu par le pays : de lui dépend la paix.

Comment résister ? Renaud de Beaune lui évite la voie romaine, longue et hasardeuse, en lui proposant de le recevoir lui-même dans la religion catholique. Ils fixeront ensemble le détail de la cérémonie. Le roi accepte, il autorise Mgr de Beaune à lire son acceptation. Une notification écrite est remise aux députés. Henri IV écrit lui-même aux évêques et à quelques curés (Benoît, de Saint-Eustache, Morenne, de Saint-Méry) pour leur confirmer sa résolution. Il leur demande de venir à Mantes, le 15 juillet, pour faire son instruction religieuse. Il y convoque même Guincestre, l'un des prêcheurs les plus virulents de la Ligue. Et Guincestre promet de venir, malgré l'opposition du légat d'Espagne.

Les Espagnols de Paris sont pris de court : ils distribuent, en pure perte, plus de 20 000 écus d'or aux députés. Ils proposent, pour candidat au trône, un archiduc d'Autriche, qui épouserait l'infante ! Les magistrats du Parlement, Molé en tête, protestent. « Nos lois et nos mœurs nous empêchent de reconnaître sur nous et appeler pour roi un prince qui ne soit de notre nation. » Mais Philippe II ne veut pas marier sa fille à un prince d'un rang inférieur. L'orgueil l'emporte. Le manque de préparation fait le reste : un arrêt du Parlement, rendu public le 28 juin, « remontrait » au duc de Mayenne qu'il ne pouvait violer la loi salique et laisser élire une reine étrangère. Quand les Espagnols se résignèrent au mariage de l'infante avec le jeune duc de Guise, le siège des députés était fait : cette candidature était « hors de propos ».

Rien n'empêche Henri IV de se faire catholique. S'il a promis, au cours de son instruction, de « manger le pain des prêtres », il a refusé de se laisser entraîner aux « badineries » papistes. Le purgatoire reste pour lui un conte de bonne femme, la confession « auriculaire » une formalité pénible. Il l'accepte néanmoins, comme le culte des saints. Il ne passe pas « d'une foi à une autre foi », il garde la sienne. Par contre, « il change d'Eglise » (Yves Cazaux).

Quand le roi se rend à Saint-Denis, les Parisiens sont massés, attendant le cortège. Henri de Navarre paraît dans son pourpoint de satin blanc ; ils l'accueillent aux cris de « vive le roi ! ».

« Qui êtes-vous ? » lui demande l'archevêque de Bourges, en grand apparat, devant le portail de Saint-Denis. « Je suis le roi », répond-il devant la foule. « Que demandez-vous ? — Je demande à être reçu au giron de l'Eglise catholique, apostolique et romaine. » Il s'agenouille et jure de mourir dans cette religion. Il baise l'anneau du prélat qui lui donne l'absolution. Dans l'église, il entend la messe, renouvelle son serment, sa rétractation, se confesse et communie. La foule l'acclame à la sortie. Il monte à cheval, pique sur la butte Montmartre, et regarde longuement Paris en fête. Il peut avoir confiance : déjà, Paris est à lui. Qui lit encore dans la capitale enfiévrée le dernier pamphlet des ligueurs démocrates, le *Dialogue du Maheustre et du Manant*? La lutte de ce dernier a perdu son sens. Les nobles, les privilégiés ont retrouvé la joie de l'ordre avec la conversion du roi. « En luttant pour la religion catholique, écrit Myriam Yardeni, le manant lutte pour un ordre social où les petits ne vivront plus sous la faux de l'oppression des grands. » Mais les grands ont trahi. Mayenne s'est discrédité. Il a fait le lit de la belle noblesse française, qui suit Henri IV, de ces parlementaires modérés, qui depuis longtemps n'attendaient que l'occasion de le rallier. C'est la fin de l'Etat populaire, de la royauté élective dont les extrémistes de la Ligue ont rêvé. « Votre noblesse suit l'hérésie, dit Manant à Maheustre, et la nôtre l'argent. » « Les catholiques ont été trahis par la plupart de leurs magistrats, des officiers royaux et des grandes familles. » Les privilégiés, dit Manant avec amertume, « se sont entendus les uns les autres aux dépens du peuple sur lequel ils ont couru sus comme chiens et l'ont ruiné de fond en comble... (lui) qui n'a eu morceau de pain qui ne l'ait acheté au quadruple, passant par cette sangsue de noblesse qui s'est entendue avec ces grandes familles pour ruiner les prédicateurs et les Seize »... Henri IV, de la butte Montmartre, peut regarder Paris. Les privilégiés du royaume, impatients de retrouver leurs aises, lui ont déjà livré la ville.

Mais les protestants ? Ils se réunissent en assemblée à Mantes le 8 octobre et siègent sans interruption jusqu'au 23 janvier 1594. Duplessis-Mornay ne cache au roi ni son chagrin ni son inquiétude : les huguenots seraient-ils moins français que les catholiques, que l'un des leurs ne pût être roi ? Henri IV le rassure : « son cœur, lui dit-il, demeurait toujours de même envers la religion et ceux qui en faisaient profession ». Comme son ami, Henri n'a pas conscience d'être un hérétique. Beaucoup de réformés partagent ce sentiment. Ils restent chrétiens, et pensent que l'Eglise, un jour ou l'autre, doit reconnaître ses erreurs. N'ont-ils pas, catholiques et réformés, la même foi ? Si le pape était français... Une réunion nationale peut seule un jour rétablir l'unité, et sans doute l'Eglise gallicane le souhaite-t-elle autant que les protestants.

Les huguenots de Mantes demandent au roi des garanties : Henri promet de rétablir l'édit de 1577 et la paix de Fleix. Le rétablissement du culte catholique dans les églises désaffectées ne se ferait pas aux dépens des temples. Les huguenots pourraient organiser partout leur culte, même dans les villes placées sous l'autorité du roi. La pratique du culte serait discrète à la Cour, mais formellement autorisée. Même les capitaines pourraient célébrer la cène dans les camps. Les protestants, dans ces conditions, maintiennent leur confiance dans Henri IV. Il a gagné la partie.

Encore lui faut-il entrer dans Paris. Car l'abjuration n'a pas provoqué, dans les provinces, l'unanimité des ralliements. A la fin de 1593 la trêve conclue à la Villette expirait, les ligueurs devaient prendre parti : poursuivre la guerre, ou se rallier. Les négociations commencèrent, entre gouverneurs, lieutenants, capitaines, et le pouvoir royal ; la population avait rarement son mot à dire.

Dès juillet 1593, le capitaine de Bois-Rosé, héros de la résistance rouennaise, rend Lillebonne et Fécamp. Cambrai et sa région sont ralliés grâce à Balagny. Un lieutenant de Mayenne, Vitry, ouvre les portes de Meaux.

En dehors de ces ralliements plus ou moins spontanés, le roi est sollicité dans certaines régions qui ont à se plaindre des exactions de chefs de guerre dont le pouvoir est sans contrôle : c'est le cas de Lyon. En septembre la population arrête son gouverneur Nemours et l'enferme, approuvée et soutenue par l'archevêque Pierre d'Epinac, qui est sans doute à l'origine de cette révolte. Une deuxième insurrection, provoquée en février 1594, ouvre les portes de la ville à d'Ornano, lieutenant du roi. Même processus en Provence : contre le sanguinaire Epernon, qui pille le pays et rançonne les villes, les ligueurs (la comtesse de Sault, le comte de Carcès) appellent les Royaux, et le parlement d'Aix, dès janvier 1594, reconnaît Henri IV.

Orléans, Bourges se rallient. Les villes de Picardie sont mûres. Pour précipiter les adhésions, Henri IV sait qu'il doit frapper les imaginations, apparaître comme le roi véritable, dans les ornements du sacre. Reims est aux Guise : c'est à Chartres, où sa famille possède une chapelle, qu'il se fera sacrer.

Une cérémonie spectaculaire : de plus de cent kilomètres, les gens font le voyage du sacre, comme on fait un pèlerinage. Le dimanche 27 février 1594, le roi, qui s'est confessé la veille au curé ligueur de Saint-Eustache, René Benoît, s'est levé à trois heures du matin pour se préparer. A six heures, il envoie quatre seigneurs, les comtes de Lauzun, de Dinan, de Cheverny et le baron de Termes chercher la Sainte-Ampoule de l'abbaye de Marmoutiers, celle qui, jadis, avait guéri saint Martin. Celle de Reims était aux mains des Guise...

Le cortège revient en grande pompe, avec tous les représentants de la ville, entourés de porteurs de torches en cire blanche, vers la cathédrale. L'évêque de Thou, représentant l'archevêque de Reims, prie à genoux devant le maître-autel. On l'habille pour le sacre et il attend le roi sur une chaire placée devant l'autel... Les évêques viennent l'entourer, en habits « pontificaux », crosse en main, mitre en tête. Le peuple, admis à l'intérieur, s'écrase contre les piliers. L'affluence sur le parvis et sur le parcours royal est immense.

Deux évêques, ceux de Nantes et Maillezais, vont chercher le roi en son logis, avec les pairs de France : le prince de Conti, le comte de Soissons, le duc de Montpensier, le duc de Luxembourg, le duc de Retz, le duc de Ventadour. Ils ont des tuniques de toile d'argent, les couronnes d'or en tête. Le roi les attend en chemise et camisole de satin cramoisi. Il est couché sur son lit. Les évêques, ayant prié, l'aident à se dresser.

Le cortège du roi est immense : les archers du prévôt, le clergé, les Suisses, les chevaliers du Saint-Esprit, les huissiers avec masses, les hérauts, les trompettes. Les Ecossais encadrent le roi. Le maréchal de Matignon le suit immédiatement en tenue d'apparat, portant, toute droite, l'épée royale. Le chancelier de France, comte de Cheverny, tous les grands officiers lui succèdent avec la troupe des gentilshommes. L'antique cérémonial commence, et Henri IV ne peut manquer de réciter la vieille formule de condamnation des hérétiques. Il doit, comme Saint-Louis, « mettre hors de son royaume les hérèges ». Il a quitté sa robe de toile d'argent. On lui passe la camisole de satin, les éperons, l'épée, qu'il rend aux gentilshommes de sa suite. Il reçoit l'onction, puis revêt les ornements sacerdotaux : la tunique du sous-diacre, la « dalmatique » du diacre, la chasuble du prêtre. On lui donne ses gants, l'anneau mystique, le sceptre en main droite, la main de justice en main gauche. Les pairs l'entourent, posent la main sur la couronne consacrée par l'évêque. Quand il la reçoit et s'assied sur le trône, la foule crie trois fois « vive le roi ».

Etonnante cérémonie qui fait instantanément du capitaine huguenot un personnage sacré, inviolable, adoré du peuple qui lui prête un pouvoir surnaturel. Les conditions inhabituelles du sacre ne lui ont aucunement nui : désormais le roi de Navarre est roi de France. Les Espagnols ne peuvent plus rien contre lui. Et Paris doit se rendre.

Le 22 mars 1594, moins d'un mois après le sacre, le roi y fait son entrée. Un complot lui a livré la ville.

Les conjurés ? Charles de Cossé, comte de Brissac, gouverneur. Jean L'Huillier, prévôt des marchands. Martin Langlois, avocat au Parlement, et le premier président Le Maistre. La duchesse de Nemours, mère du Nemours de Lyon et de Mayenne, grand-mère du jeune duc de Guise, n'est pas du complot mais elle est informée : elle n'a pas su convaincre son fils Mayenne de traiter avec Henri IV. Du moins, celui-ci a-t-il quitté la ville, avec sa famille, dès le 6 mars. « Il paraît clair, dit Cazaux, que Mayenne a consenti à la reddition de la capitale. » Le secret est bien gardé : le duc de Feria, qui commande les troupes espagnoles, n'est au courant de rien.

Dans la nuit du 21 au 22, Brissac a réuni les officiers fidèles, pour leur apprendre la nouvelle : il va rendre Paris. A deux heures du matin les capitaines de quartiers sont informés. Brissac et L'Huillier vont eux-mêmes à la porte Neuve pour la faire déblayer par les soldats : elle était bouchée par de hauts talus. La porte Saint-Denis est également dégagée. Un détachement de mille hommes, conduits par Saint-Luc, entre aussitôt. Les troupes suivent la rue Saint-Denis et la rue Saint-Honoré sans rencontrer de résistance. Une poignée de lansquenets est dispersée près du Louvre. Les Châtelets sont occupés. A six heures du matin, le roi peut se présenter à la porte Neuve. Il est accueilli par Brissac, qu'il salue du titre de maréchal de France.

Brissac est aussitôt envoyé auprès des Espagnols pour négocier leur retraite. Ils acceptent de partir, avec armes et bagages, enseignes déployées, tambours battants, ils défilent ainsi devant le roi. Dans Paris les crieurs et les hérauts annoncent l'entrée du roi et l'amnistie. Les gens se lèvent en hâte, descendent dans la rue pour se joindre au cortège qui se rend à Notre-Dame. Les cocardes et les écharpes blanches, les vivats, les tapisseries aux balcons, en une heure Paris est en fête. Les cloches de la cathédrale sonnent, reprises par celles de toutes les autres églises. Les curés fanatiques, Hamilton, Boucher disparaissent. Ceux qui restent dans Paris sont bannis, pour éviter les troubles : la liste des proscrits ne dépasse pas 140 noms.

De bouche à oreille, la réputation du roi grandit. On assure qu'un « enfant blanc » guidait ses pas à travers la foule quand il marchait vers Notre Dame. Cet enfant avait ensuite mystérieusement disparu. Un ange, à n'en pas douter... On avait fait toucher au roi les écrouelles. Quelques-uns des 600 scrofuleux avaient guéri : ses mains, ointes du Seigneur, avaient bien le pouvoir magique des rois thaumaturges : il était chrétien, à n'en pas douter... que pouvait la Sorbonne contre cette rumeur populaire ? La Faculté de théologie, délibérant dans la sérénité, reconnut le roi dans toutes ses prérogatives, un « vrai roi très chrétien ». Quelques parlementaires ligueurs furent exilés, pour faire place à des fidèles des Parlements de Châlons et de Tours ; mais il n'y eut pas d'épuration. Le premier président Achille de Harlay fit preuve de sagesse en épargnant les Ligueurs tout en donnant des satisfactions aux royalistes. Le Parlement annula, dans une séance du 30 mars, tous les arrêts, décrets ou ordonnances faits depuis le 29 décembre 1588. Mayenne était destitué. Il était sommé de reconnaître Henri IV sous peine de lèse-majesté.

La clémence du roi encourage les ralliements. Il n'a pas manqué de faire visite aux reines de la Ligue parisienne, les duchesses de Nemours et de Montpensier, pour les rassurer. Puisque le roi ne connaît qu'une noblesse, et qu'il en garantit les privilèges, puisqu'il est, à l'évidence, soucieux de se manifester sous les apparences du roi « très chrétien », pourquoi le combattre plus longtemps ? Les Espagnols ont quitté la place, Mayenne a disparu, le roi tient Lyon, Orléans, il a repris Evreux : bientôt Villars-Brancas, dûment récompensé, rend la ville de Rouen. Toute la Normandie est acquise, ainsi que les villes picardes. Troyes chasse son gouverneur Joinville, un Guise. Sens, Chaumont suivent le mouvement. Mâcon,

Auxerre, Avallon abandonnent Mayenne, pourtant fort en Bourgogne. Poitiers, en juin, est gagnée.

Henri IV assiège et prend Laon, repoussant Mansfeld et ses Espagnols. Il entre triomphalement dans Amiens, qui a chassé Mayenne et d'Aumale. Toute la Picardie est désormais ralliée sauf trois places, qui abritent encore les rebelles : Soissons garde le duc de Mayenne, La Fère, l'armée espagnole et Ham, le duc d'Aumale. Le duc de Lorraine fait sa paix avec Henri IV, entraînant le ralliement de tout le clan des Guise : le plus jeune duc lui ouvre les portes de Reims.

Comment résister au Béarnais ? Il consent à tout, accepte les réserves, discute les exigences des villes et des princes mais donne à tous des satisfactions substantielles. La Provence ne veut pas du culte réformé ? Qu'il y reste interdit. Amiens n'accepte pas de soldats en garnison ? Qu'elle se défende elle-même. Les privilèges des villes sont confirmés, parfois augmentés, dans un grand mouvement de libéralité. Pour les privilégiés, quelle aubaine ! Les largesses du roi gascon rapportent à « l'amiral » Villars-Brancas plus de 700 000 écus. Pour la remise de Rouen, c'est peu. Le duc de Lorraine reçoit 900 000 écus, soit 2 700 000 livres. Paris, en comparaison, n'est pas cher : 1 500 000 livres seulement. « Vous êtes une bête », dit le roi à Sully qui proteste contre ces distributions. « S'il fallait faire la guerre, cela coûterait dix fois plus. » Il eut la France entière pour environ 20 millions de livres, si l'on en croit les notables normands, qui firent les comptes. Naturellement ce rachat se fait aux dépens des contribuables, déjà exsangues. A son « joyeux avènement », le roi avait réduit la taille d'un quart : il avait levé, en 1593, 8 800 000 livres au lieu de 12 500 000. Mais à partir de 1594, il faut payer ! L'impôt du rachat du royaume est très lourd, on lève 24 millions sur les non-privilégiés, on doit encore emprunter 10 millions pour mettre à flot le navire. Est-ce un hasard si des soulèvements populaires éclatent dans les provinces les plus fidèles à Henri IV : le Poitou, la Saintonge, le Limousin, le Périgord ? Comme l'a établi Yves Marie Bercé, ce soulèvement des « croquants » est antifiscal : le paysan crie « à bas les croqueurs ! », ceux qui accablent le peuple, les leveurs de taille, les agents fiscaux. Les « croquants » ne refusent ni la dîme ni les droits seigneuriaux mais seulement l'impôt du roi. Ils ont assez subi la guerre, ils ne veulent pas faire les frais de la paix.

La guerre, pourtant, n'est pas finie. A deux reprises, on tente d'assassiner le roi. A deux reprises le peuple assiste, en place de grève, à l'écartèlement des régicides. On les dit inspirés (Jean

Chatel notamment) par les pères Jésuites, ces « soldats du pape » qui, justement, tardent à reconnaître le roi de France. Les Ligueurs n'ont pas désarmé.

Henri IV prend les devants, envoie des ambassadeurs au Saint-Siège. S'il accepte que le Parlement de Paris expulse les Jésuites, pour répondre aux désirs conjoints de la Sorbonne, jalouse de l'enseignement des pères, et des parlementaires soucieux de maintenir l'Eglise gallicane dans l'intégralité de ses droits, il fait des grâces au Saint-Père, et des promesses de gascon : il accepte, par exemple, l'idée d'introduire le catholicisme en Béarn ou de nommer de préférence des catholiques aux emplois publics... Il a besoin de l'absolution du pape, pour enlever aux ligueurs impénitents leur dernier prétexte à rébellion. Ses envoyés vont se prosterner à Rome aux pieds du pape. Ils renient en son nom la cérémonie de Saint-Denis. Clément VIII leur frappe les épaules avec une verge avant de les bénir.

Reste le roi d'Espagne. Henri IV, une fois de plus, prend l'initiative. Depuis quarante ans, les soldats espagnols foulaient le sol français, sans qu'il y ait eu, de part et d'autre, de déclaration de guerre. Le roi désormais se sent assez fort pour s'engager. Les 17 janvier 1595, il fait savoir, à son de trompe, « aux provinces et frontières du royaume », qu'il va entrer en guerre contre Philippe II « pour se venger des torts, offenses et injures ».

Où frapper ? Sur la ligne de communication. Sur les routes de terres qui rejoignent les Flandres à l'Italie et à l'Espagne, par la Franche-Comté et la Bourgogne ligueuse. Henri IV lance le duc de Bouillon son allié contre le Luxembourg. Il lève des troupes en Lorraine pour attaquer la Franche-Comté. Du Languedoc il fait revenir Montmorency qu'il a nommé connétable, avec des troupes, pour reconquérir la Bourgogne sur les ligueurs amis de Mayenne, commandés par Nemours. Après une série de sièges et de combats, Nemours est battu.

Les Espagnols venus du Milanais passent les Alpes, bientôt rejoints par Mayenne, qui n'était pas sûr de pouvoir tenir dans sa ville de Dijon, où les notables appelaient le roi. Henri IV, averti de l'avance des Espagnols en Bourgogne, accourt aussitôt, prend la tête d'une armée très inférieure en nombre et se bat à un contre cinq à Fontaine-Française, près de Dijon. Il est en grand danger d'être capturé par les cavaliers de Mayenne. Ses charges en chevau-légers trompent les officiers espagnols qui ne peuvent croire que le roi de France prenne de tels risques sans être soutenu par une armée nombreuse. Comme jadis Alexandre Farnèse, le connétable de Castille, Velasco, qui commande les Espagnols, refuse d'aventurer son armée, repasse la Saône, abandonnant les Ligueurs à leur sort : désespéré Mayenne se soumet. Toute la Bourgogne est au roi. Il récupère un immense butin en Franche-Comté, se garde d'attaquer les Espagnols retranchés à Gray, et se retire à la première sommation des Suisses, qui lui demandent de respecter la neutralité de la province.

Le beau fait d'armes de Fontaine-Française fut sans lendemain : la route de la Comté n'était pas coupée. Les Espagnols n'étaient pas vaincus. Dans le Nord, les Français avaient repris le fort de Ham mais l'armée du comte de Fuentès bouscula les Royaux à Doullens, tuant 600 gentilshommes et débandant l'infanterie (24 juillet 1595). 4 000 personnes furent tuées dans la ville, prise d'assaut. Cambrai fut aussi enlevée par les Espagnols grâce à la complicité des habitants qui détestaient leur gouverneur, Balagny. La frontière du Nord était menacée, comme aux temps funestes d'Henri II.

Du moins le roi pouvait-il compter, en ces jours difficiles, sur le ralliement des derniers rebelles. Après la soumission de Mayenne, au demeurant fort coûteuse (2 640 000 livres), il avait reçu en Auvergne celle du marquis de Saint-Sorlin (un autre fils de la duchesse de Nemours) et de Joyeuse à Toulouse. En Guyenne, Villars et Montpezat imitaient Joyeuse. L'Espagne ne pouvait plus compter sur les Ligueurs du Sud-Ouest.

Par contre, elle pouvait envoyer une flotte à Marseille, et soutenir le gouverneur d'Epernon, maître de Toulon, de Brignoles et de Grasse. Henri IV avait nommé contre lui le jeune duc de Guise, bien accueilli de la noblesse provençale. Epernon avait traité avec Philippe II et demandé du secours. A Marseille, un tribun populaire, Charles de Casaulx, exerçait la dictature depuis 1591. Il s'était fait nommer « premier consul » par la municipalité et avait rompu les liens avec la France royaliste. Il avait défendu la ville contre tous les appétits, ceux de Savoie, de Carcès, du gouverneur d'Epernon. Il voulait faire du port une sorte de république catholique et indépendante. Il avait traité le pape d'hérétique quand ce dernier avait absous Henri IV. Lorsque le roi eut traité avec Mayenne, il avait envoyé un ultimatum à la ville de Marseille : il lui donnait six semaines pour se rendre. Casaulx avait aussitôt demandé la protection de Philippe II. Le 17 février 1596, le Corse Pierre de Libertat assassinait le consul et ouvrait au gouverneur Guise les portes de la ville. Un complot avait eu raison du dictateur. Dans le port, la population empêchait le débarquement des Espagnols, qui regagnaient en courant leurs galères. Les négociants respiraient : le retour de Marseille au royaume n'avait pratiquement pas fait de victimes.

Marseille prise, d'Epernon, poursuivi par Guise, fit sa

soumission. Henri IV lui promit le gouvernement du Limousin et lui versa une indemnité pour licencier ses soldats. Maître de la Provence, le roi l'était aussi du Dauphiné grâce à Lesdiguières le preneur de citadelles, qui attaquait Savoie dans les hautes vallées alpines de la Maurienne et du Grésivaudan. Il avait emporté le fort Barraux, que le duc de Savoie appelait par provocation « Saint-Barthélemy ». Il n'y avait pas de menace sérieuse sur cette frontière.

L'opposition de Mercœur, en Bretagne, était aussi soutenue par les Espagnols. Mais le chef ligueur ne s'entendait pas avec le commandant espagnol Aguila. Celui-ci laissa d'Aumont, qui commandait les Royaux, chasser Mercœur de Morlaix, et Mercœur n'envoya aucun secours aux Espagnols forcés dans Crozon. La garnison fut massacrée : la rade de Brest était libre.

Cependant les Espagnols descendaient sur Nantes et Saint-Nazaire, réduisant le pays au brigandage. Mercœur voulait envahir l'Anjou, le Maine, le Poitou. Ses chefs se conduisaient comme des bandits, torturant les paysans pour les dépouiller : le gouverneur de Craon, Pierre le Cornu, les Saint-Offrange dans le pays de Rochefort, le baron de la Fontenelle, rivalisaient d'atrocités. La guerre dégénérait en brigandage. Mercœur fit sa soumission, en 1598, quand il apprit qu'Henri IV lui-même menaçait de conduire l'armée en Bretagne. Il fut « indemnisé » et il accepta de marier sa fille à César de Vendôme, bâtard royal, à qui le roi avait promis le gouvernement de la Bretagne.

Sur la frontière du Nord, la guerre traînait en longueur. Le roi avait pris La Fère, et les Espagnols, Calais. Les secours anglais (2 000 hommes et 20 000 écus) et hollandais (450 000 florins) devaient permettre à Henri IV, à qui l'assemblée des notables, réunie à Rouen, n'avait accordé que des secours insignifiants, de poursuivre la guerre, d'entreprendre le siège d'Amiens et de reprendre la ville aux Espagnols, après six mois d'efforts. Il fallait en finir : la place à peine prise, l'armée royale se débanda. Les gentilshommes reprirent le chemin de leurs provinces. Personne ne désirait poursuivre. Aucune ville ne voulait plus accorder de crédit pour la guerre.

Le pape, inquiet de voir la ruine des puissances catholiques, s'entremit auprès du vieux roi d'Espagne, qui n'était pas loin de mourir. La paix fut signée à Vervins, le 2 mai 1598. Doullens et Calais retournaient à la France. Les clauses du Cateau-Cambresis étaient reconduites. Mais le traité marquait la fin de la grandeur espagnole : les Anglais étaient maîtres des mers. Les Hollandais avaient constitué avec les sept provinces maritimes un Etat indépendant. Philippe II n'avait pas réussi à enlever une seule province, une seule ville à la France. Il était le roi déclinant d'un Etat malade, endetté, morcelé. Henri IV n'était pas plus riche. Son royaume était dévasté : en quarante ans de guerres civiles et étrangères, la France avait sans doute perdu plusieurs millions d'hommes et de femmes (4 millions, selon Mariéjol). Après la longue souffrance des pays de langue d'oc, c'est toute la France du Nord qui avait subi les dernières guerres : il n'y avait plus d'hommes valides en Picardie. La Bourgogne était ravagée. Les provinces de l'Ouest avaient enduré de longues années de brigandage et d'exactions. Paris, Rouen avaient été victimes de longs mois de siège. Mais enfin la France était intacte, et libérée des guerres civiles. A quel prix, pour les protestants ?

LIVRE TROISIÈME
L'exil et la résistance

L'indulgence d'Henri IV pour un Mercœur, qui avait toléré dans son « fief » de Bretagne les pires excès des brigands, ou pour un Mayenne, « roi de la Ligue » parisienne, indignait certes les compagnons huguenots. Mais, elle contrastait curieusement avec la sévérité, la cruauté du châtiment réservé aux « tyrannicides » : Jean Chatel, fils d'un marchand drapier de Paris, avait été « tiré à quatre chevaux ». Pierre Barrière, ancien batelier d'Orléans, eut les chairs tenaillées au fer rouge, la main droite brûlée comme parricide. Le bourreau lui rompit les bras et les jambes à coups de barre de fer. Il fut étendu sur la roue, exposé au ciel, non achevé. Il devait survivre, martyrisé, agonisant, « tant qu'il plairait à Dieu ».

Ce dur châtiment ne décourage pas les assassins. En douze ans, l'on compte au moins douze tentatives : une tenancière de Saint-Denis veut empoisonner le roi. Un chirurgien, un noble normand veulent l'envoûter. Ravaillac finalement réussit ; l'enjeu, pour les ultras, était lumineux ; sans l'hérétique, que restait-il de l'Edit de Nantes, signé par Henri IV pour complaire à ses amis huguenots ? La paix civile rétablie par le roi ne se doublait nullement, en profondeur, de la paix religieuse. A l'intérieur des partis, en apparence réconciliés autour du roi, les tendances s'affrontaient.

Chez les protestants, les « prudents », ceux qui avaient la « sagesse » de faire confiance au roi pensaient, avec Duplessis-Mornay, que l'Edit de Nantes garantissait au parti de longues années de paix. Les « fermes », avec Henri de Rohan, pensaient au contraire qu'il fallait maintenir les églises en état de mobilisation, et envisager de nouvelles guerres. Les premiers pensaient n'avoir rien à redouter de la Contre-Réforme catholique qui dès la fin du XVIᵉ siècle, entreprenait cependant dans toute l'Europe la reconquête des âmes. Peut-être allaient-ils jusqu'à espérer, comme Henri IV lui-même, une sorte de réconciliation de la famille chrétienne dans le cadre d'une Eglise nationale, indépendante de Rome.

Car chez les catholiques, ceux qui voulaient répandre en France les thèses et les instructions des pères du concile de Trente, étaient en désaccord avec la tradition de l'Eglise « gallicane », qui refusait au pape toute prééminence. L'expulsion des jésuites, par le Parlement de Paris, était l'expression de cette résistance gallicane à la tendance « ultra-montaine » qui s'affirmait dans la Contre-Réforme. Combat d'arrière-garde ? L'explosion du jansénisme, au XVIIe siècle, devait lui donner une vigueur nouvelle. La protestation des jansénistes était prévisible dans les débats des pères du concile, qui ne choisirent pas clairement une doctrine en matière de libre arbitre et de prédestination. Les parlementaires gallicans se retrouveraient ainsi jansénistes et l'opposition à Rome se doublerait d'un conflit possible entre le pouvoir royal devenu ultramontain et sa noblesse de robe.

Les protestants croyaient-ils pouvoir profiter de ces divisions du parti catholique ? Du vivant d'Henri IV, aucune inquiétude ne les tourmentait : le roi avait tenu ses promesses de Nantes. Il est vrai que l'Edit de Nantes donnait plus de satisfactions au parti huguenot, à la noblesse et aux villes qu'à la religion elle-même, qui n'était que tolérée. Le roi se montrait fidèle au serment de Saint-Denis, il était resté catholique. Il n'avait pas installé dans l'Etat la religion de son enfance.

Dans une large mesure les protestants l'avaient aidé à consolider la monarchie, dans sa lutte contre les grands seigneurs assoiffés de pouvoir. Ils avaient retrouvé, en se groupant sous la bannière blanche au moment de la reprise de la guerre espagnole, la tradition des Coligny et des Condé, défendant la frontière du Nord aux côtés des Montmorency. La noblesse s'était réconciliée dans la bataille, sous les enseignes royales. Hostiles, comme nombre de catholiques et Mayenne lui-même, à la division du royaume, les seigneurs protestants, les hauts parlementaires parisiens, les Harlay, les Molé avaient par contre demandé et obtenu le maintien et la confirmation des privilèges. L'Eglise de France, si attachée aux siens, n'avait pas eu de peine à obtenir du roi la reconnaissance de ses droits traditionnels. Quant aux villes, elles avaient défendu et accru leurs franchises. Les protestants, comme les catholiques, avaient leur part dans la haute société. Ils s'en estimaient satisfaits. Un Etat catholique, mais tolérant, garantissait les droits de tous et semblait donner raison aux « prudents », aux

huguenots loyalistes, aux catholiques « politiques », qui faisaient confiance au nouveau consensus monarchique.

Mais cet ordre précaire fut mis en question à la mort du roi :
la régence de Marie de Médicis — comme plus tard celle
d'Anne d'Autriche — libérait les ambitions princières et jetait
de nouveau la religion en pâture aux intrigants des deux partis.
Les « fermes » et les « ultras » s'affrontaient, recommençaient
la guerre. L'édit « de grâce » d'Alès accordé par Louis XIII, et
imposé par Richelieu, maintenait les concessions religieuses
d'Henri IV, mais démantelait le « parti » protestant. Force
restait à l'Etat catholique.

Deux grands mouvements combattaient, dès le début du
XVIIe siècle, la liberté religieuse : la Contre-Réforme, qui
lançait en campagne, dans tous les pays d'Europe, une armée
de missionnaires — jésuites dans les hautes classes, capucins
dans les plèbes — ; et la constitution des nations en Etats
centralisés, renforçant leurs pouvoirs d'intervention aux dépens
des privilégiés, villes, églises, noblesses.

La Contre-Réforme faisait des progrès lents, mais irrésisti-
bles. Les Eglises protestantes d'Europe étaient divisées, parfois
nationalisées. Elles n'opposaient pas à Rome un front uni. Leur
impuissance contrastait avec l'expansion victorieuse de la foi
catholique dans le monde entier. Des prêtres romains disaient
en Chine la messe en chinois. Les jésuites convertissaient les
Japonais. L'Amérique latine était une vaste terre de mission.
Certaines castes indiennes devenaient en bloc chrétiennes.
Rome avait une ambassade congolaise. Le roi de ce pays allait à
la messe, et son fils était prêtre.

« Confesseurs des princes d'Europe et astronomes des empereurs de Chine » (Delumeau), les jésuites, missionnaires en
Afrique et enseignants en Europe, avaient entrepris, par leurs
collèges (interdits un moment par le Parlement de Paris, mais
toujours autorisés par ceux des provinces) la conquête de la
haute société et la conversion des princes et princesses. Les
ralliements sont, au XVIIe siècle, spectaculaires : Condé, Lesdiguières, Turenne. L'influence des bons pères dans la haute
société était dénoncée, singulièrement, par ceux qui contes-
taient l'absolutisme royal, et s'opposaient aux progrès de la
centralisation monarchique. Dans leurs cent neuf établissements (ils avaient été de nouveau autorisés à Paris dès 1603) les
jésuites apprenaient la soumission au roi et l'obéissance aux
enfants de cette noblesse brouillonne et batailleuse qui se
répandait dans les provinces, chaque fois que le pouvoir royal
était en difficulté, organisant des frondes, rassemblant le vieux
parti des « malcontents ». Jadis les protestants avaient aidé
Henri IV à restaurer l'unité du royaume. Ils faisaient désormais

figure de factieux, devant la volonté affirmée d'unité et de centralisme servie par les grands ministres de la monarchie, Richelieu, puis Mazarin. Dans leur entreprise, les jésuites étaient des « alliés objectifs ». Dans la mesure où le parti protestant était mené par des princes, il apparaissait à l'évidence comme un des obstacles majeurs au grand projet d'Etat moderne.

Mais le peuple ? Les marins de La Rochelle ? Les paysans des Cévennes ? Les cardeurs de laine de Meaux ? Les 856 000 protestants français que compte en 1610 le pasteur Mours ? Des régions entières sont en majorité protestantes, le Bas Languedoc, les Cévennes, le Diois, le Sud du Poitou. Que peuvent les jésuites et les capucins contre ces blocs de résistance populaire ? Sournoisement d'abord, violemment ensuite, le pouvoir royal se charge de favoriser les conversions « spontanées », obtenues par la menace et souvent par la terreur. Les « dragonnades » remplacent les guerres de Religion. Le peuple protestant a perdu ses princes et ses protecteurs. Il compte, pour survivre, sur ses seules forces. En trente ans de chicanes, de 1629 à 1660, il mène la guerre contre les procureurs du roi ; elle se poursuit, sous Louis XIV, jusque dans les années 1680. Quand le Roi-Soleil se sent assez fort pour braver l'Europe — catholique et protestante —, il engage la persécution violente, et lance ses dragons dans les campagnes. Cette politique de force culmine en 1685 dans l'édit de Fontainebleau qui révoque l'Edit de Nantes : les protestants n'ont d'autre choix que la soumission ou l'exil.

Désormais le protestantisme n'a pas d'existence légale dans le royaume. Il subsiste néanmoins dans de nombreuses régions, en Poitou, dans les Cévennes, et constitue une résistance clandestine qui se poursuit pendant un siècle, jusqu'en 1787 (édit de tolérance). Cette « Eglise du désert » va livrer la dernière guerre de Religion en France, celle des Camisards.

13.

Les guerres de Louis XIII

Le roi protestant avait réussi à désarmer la France ligueuse, au prix de multiples concessions : certaines villes avaient exigé, avant de se rallier, de ne pas avoir, dans leurs remparts, de lieux de culte réformés. Pour rétablir très vite la paix, Henri IV consentait à tout ce qui était raisonnable, même s'il manquait un peu à la parole donnée à ses coreligionnaires, à l'assemblée de Mantes.

Les protestants n'avaient pas voulu gêner l'œuvre de paix du roi. Ils avaient admis sa conversion. Mais ils avaient pris des sécurités. L'efficace organisation du parti dans le Midi devenait un modèle pour l'ensemble du territoire national : à l'assemblée de Sainte-Foy, ils s'étaient réunis « sans permission expresse du roi », ils divisèrent le royaume en dix provinces réformées, administrées chacune par des conseils. Une Assemblée générale était prévue chaque année, donnant l'occasion aux députés des provinces de discuter des problèmes d'importance nationale.

De fait, ces assemblées exerçaient sur le roi une pression constante : celle de Saumur, en 1595, demandait des tribunaux mixtes et l'admission des réformés aux emplois et charges, à égalité avec les catholiques. Comme Henri IV faisait la sourde oreille, deux chefs du parti l'abandonnèrent, sur injonction de l'Assemblée, lors du siège de La Fère. De 1596 à 1597, l'assemblée générale « extraordinaire » siégea pratiquement en permanence à Loudun, Vendôme, Saumur, Châtellerault. Le parti huguenot ne désarmait pas.

Au contraire : La Trémoille et Bouillon levaient, dans la vallée de la Loire, des soldats qui ne faisaient pas mine de rejoindre l'armée royale. Le roi savait que des émissaires secrets avaient gagné l'Angleterre et la Hollande. S'il ne tenait pas les promesses de Mantes, ses anciens compagnons pouvaient se retourner contre lui.

Henri IV avait demandé quatre députés à l'Assemblée, pour négocier un statut de l'Eglise réformée en France. L'édit de pacification signé à Nantes le 13 avril 1598 ne fut pas imposé au roi sous la menace : vainqueur à Amiens, il n'avait rien à craindre d'un parti ne disposant encore d'aucun soutien extérieur. Mais il fut le résultat d'une pression de l'assemblée protestante, sur un souverain pressé de rétablir enfin la paix.

L'Edit de Nantes se ressent de cette hâte : ses articles, rédigés dans le désordre, définissent le statut des huguenots dans le royaume. Ils limitent singulièrement l'exercice de la religion, qui n'est librement tolérée que dans les lieux où elle était déjà pratiquée « jusqu'au mois d'août » 1597. Les lieux déjà autorisés par l'édit de Poitiers, les conventions de Nérac et le traité de Fleix le demeuraient. En outre, les protestants pouvaient ouvrir deux temples par bailliage , dans un lieu de leur choix, à condition qu'il se trouve dans les faubourgs, hors des remparts. Le culte était interdit dans certaines villes détenues par les ligueurs, et notamment à Paris, à la Cour (la présence du roi dans un lieu de libre exercice suspendait le culte pendant trois jours). Les temples n'étaient autorisés qu'à cinq lieues de Paris (vingt kilomètres).

Ces mesures étaient corrigées par l'autorisation donnée aux seigneurs hauts justiciers de célébrer le culte à leur guise. Les petits seigneurs avaient droit à un culte familial, réduit à trente personnes par maisonnée . L'édit confirmait les « exemptions » promises aux villes ligueuses. Des « articles secrets et particuliers » désignaient nommément Beauvais, Toulouse, Alès, Dijon, Châlons-sur-Marne, Lyon, Périgueux, Agen. Certains bailliages n'avaient qu'un lieu : Reims, Orléans, Bourges, Poitiers. Il n'y avait qu'un lieu pour toute la Bretagne : si la Picardie en avait deux, nombre de ses villes refusaient les temples : Amiens, Péronne, Abbeville. Par contre, Marennes et Oléron avaient quatre lieux de culte au lieu de deux et les « églises de fief », celles des seigneurs hauts justiciers, compensaient, en Poitou ou en Picardie, le nombre trop restreint des églises de bailliage.

Les articles de l'Edit de Nantes garantissaient les protestants contre toute agression de l'Etat catholique : le tribunal mixte qui fonctionnait déjà à Castres était maintenu : on en créait d'autres aux parlements de Bordeaux, de Grenoble et même de Paris (Chambre de l'Edit). Au niveau des petites causes, les juges catholiques devaient s'entourer d'adjoints réformés, quand un protestant était impliqué dans un procès.

Garanties d'état civil : les mariages consanguins étaient autorisés, les réformés avaient le droit de tester, ils bénéficiaient de garanties pour les enterrements, et n'étaient pas astreints à participer aux frais du culte catholique. Leurs ministres étaient exemptés de taille, comme les curés. Ils pouvaient ouvrir des écoles dans les lieux où le culte était autorisé. Dans ces mêmes lieux, la vente des livres était libre. Les jeunes protestants devaient être admis dans les écoles, collèges, et universités : tous les huguenots avaient droit à l'assistance des hôpitaux. Ils avaient accès à toutes les charges et dignités et ne pouvaient être contraints, en raison de ces charges, à assister au culte catholique.

Par contre, les protestants devaient payer la dîme du clergé, justifiée par la fonction sociale d'assistance et d'enseignement assurée par l'Eglise. Tous les biens spoliés devaient être rendus sans indemnités, au clergé, qui recouvrait ainsi ses revenus, aux dépens des acheteurs imprudents. En compensation, des « brevets » ajoutés aux articles de l'Edit accordaient aux protestants une subvention annuelle destinée à permettre l'exercice du culte. Une somme importante était versée, une fois pour toutes, afin de permettre le remboursement, par les Eglises protestantes, des biens catholiques confisqués.

Un autre « brevet » accordait aux protestants, pour huit ans, des garanties militaires : cent cinquante « lieux de refuge », des villes et villages déjà tenus par le parti, cinquante et une « places de sûreté », fortement défendues, comme La Rochelle, Montauban et Montpellier. Ces cités fermées étaient surtout nombreuses dans l'Ouest, dans le Sud-Ouest et dans les pays du Rhône. Henri IV en nommait les gouverneurs sur proposition des assemblées. Ils étaient, naturellement, tous huguenots. On estime la force militaire protestante de cette époque à 3 500 gentilshommes, capables de lever instantanément 25 000 soldats. L'armée royale en temps de paix n'en comptait que 10 000. L'Edit précisait que « toute ligue et association » devait être « cassée ou annulée » mais les protestants obtinrent, par l'article 34, le droit de tenir des assemblées religieuses de consistoires, de colloques et de synodes. Les synodes nationaux étaient autorisés, mais seulement avec la permission du roi. Les réformés gardaient ainsi la disposition de leur meilleure arme politique.

Le parti restait sauf, même si la religion n'était que « tolérée ». Henri IV insistait sur cette orthodoxie de l'Edit (parfaite-

ment conforme à ceux qui avaient été promulgués antérieure-
ment par les Valois) pour en obtenir sans difficulté l'enregistrement par les parlements. Celui de Paris présenta au roi un
« cahier de doléances » et obtint des rectifications très mal
reçues des protestants : par exemple que le « second lieu » de
bailliage ne serait pas accordé dans une ville d'évêché ou sur un
fief ecclésiastique. Mais toutes les villes importantes avaient un
évêque : cette disposition était donc singulièrement limitative.
Dans un esprit de conciliation, les protestants passèrent sur
cette restriction. Il n'y eut pas d'autres modifications en
province. Les parlementaires d'Aix ou de Rennes manifestèrent leur mauvaise humeur, sans que le roi se laisse intimider.

Sur le terrain, l'application de l'Edit n'allait pas sans problèmes et les « commissaires royaux » spécialement désignés pour
en imposer le respect dans les provinces, avec tous les pouvoirs
de décision (sauf recours possible au conseil du roi), éprou-
vaient souvent des difficultés à inscrire les stipulations prévues
dans le cadre de la géographie religieuse : dans les provinces à
forte densité huguenote, il était mal aisé de définir les « cultes
de possession », déjà célébrés dans des lieux précis avant 1597.
Les « cultes de fiefs », exercés dans des résidences seigneuria-
les, ne présentaient pas de difficultés particulières. Mais quand
la population huguenote était dispersée, émiettée, il était
difficile de lui fournir les lieux de culte dits « de concession »,
ceux des bailliages, qui devaient être choisis, avait précisé le
roi, dans les bourgades voisines plutôt que dans les faubourgs
des villes... Souvent il dut accorder des brevets spéciaux pour
permettre de construire un temple en des lieux où les accords
avec les catholiques ne le permettaient pas en théorie. Mais si
les curés voulaient retrouver leurs églises, en pays protestants,
le bon sens voulait qu'ils admettent des solutions pour les
réformés minoritaires. En Ile-de-France, en Champagne, en
Picardie, aucune Eglise ne pouvait se prétendre « de possession ». Le commissaire du roi, l'honnête Jeannin, qui travaillait, lui, catholique, en complet accord avec le protestant
d'Angennes, dut étudier chaque communauté, cas par cas. Un
temple fut accordé par brevet à Abbeville, ville catholique,
parce que les tisserands hollandais l'exigeaient. Des « lieux »
durent être trouvés autour des villes picardes interdites aux
Huguenots. Près de Paris, on choisit d'abord Grigny, puis
Ablon, enfin Charenton. Les commissaires royaux devaient
surmonter l'opposition des officiers municipaux, des baillis et
des sénéchaux qui craignaient des troubles, pour tenter de
créer, sur le terrain, les conditions de possibilité de la liberté
religieuse. Ils durent souvent, comme en Bourgogne, prendre
des mesures particulières pour éviter les affrontements : autori-

ser, par exemple, les protestants à ne pas « tendre » les façades les jours de procession, garantir leurs enterrements et leur place dans les cimetières, assurer la sécurité de leurs déplacements hebdomadaires vers des lieux de culte parfois éloignés.

Dans les régions à faible densité protestante, comme la Bretagne, les temples étaient forcément peu nombreux, et le développement de la religion compromis. Au contraire dans les régions où le culte était dispersé, mais dense, comme la Normandie, la validation généreuse des « lieux de possession » permit la construction de temples en assez grand nombre.

Désormais, tout effort missionnaire était voué à l'échec. Les zones protestantes étaient définies *ne varietur,* aucun lieu de culte nouveau ne pourrait accueillir les fidèles. Comme l'avait jadis ardemment souhaité Catherine de Médicis, la religion réformée était circonscrite dans ses foyers, îlots, groupuscules, insularisée dans ses paroisses. Les catholiques, il est vrai, avaient plus de chance de modifier la carte religieuse, puisqu'ils pouvaient installer leur culte dans les villages où il avait disparu — non sans risque d'incidents : la paix passait par un fragile fil rouge, désignant à chacun son territoire.

Pour l'avenir, les articles de l'Edit et surtout les « brevets » ajoutés par le roi dans un esprit de conciliation devaient être autant de sujets de discorde : l'accord de Nantes était la photographie d'une situation des deux religions figées, comme si elles ne devaient pas bouger dans l'avenir.

La volonté de fixer les catholiques n'était pas moins évidente mais plus difficile à réaliser : si l'on construisait des temples pour les « concessions » huguenotes, il fallait aussi, à l'évidence, rendre au clergé ses lieux de culte. Les églises avaient souvent été réquisitionnées, dans les villes du Midi, pour assurer la défense ; le clocher servait de tour de guet, les murs étaient percés de meurtrières. Les cloches appelaient les soldats au combat. Dans de très nombreuses régions protestantes, les églises catholiques n'avaient plus de paroissiens.

Elles n'avaient pas non plus de curés : pour se conformer à l'Edit, les villes rouvraient les lieux de culte qui restaient vides. Parfois même on construisait une église toute neuve, qui n'avait ni paroissiens ni desservants, comme à Freyssinière, dans les Hautes-Alpes. Dans les citadelles huguenotes, rétablir le culte catholique semblait une provocation. A La Rochelle les habitants voulaient que la ville fût déclarée « exempte de messe » : Henri IV intervint. Les deux commissaires du roi, le prévôt des marchands de Paris et le comte de Parabère, obtinrent des échevins que la messe fût rétablie dans deux églises et qu'un cimetière fût réservé aux catholiques. Mais ils ne purent les convaincre d'accepter les processions, menace à l'ordre public.

A Nîmes on fait observer aux commissaires qu'il est absurde de rouvrir les seize églises et couvents de la ville au culte catholique, qui n'intéresse plus que deux mille fidèles. Du Bourg et Palamède de Fondriat, les envoyés du roi, n'ont aucun mal, dans les pays restés catholiques du Languedoc, à obtenir le respect de l'Edit. Les protestants n'ont pas fait d'adeptes dans les zones ligueuses du Rouergue, de l'Albigeois, du Quercy ou de la Montagne, au nord des Cévennes. Les églises ne sont pas en litige. Les représentants d'Henri IV rencontrent néanmoins la vive résistance des municipalités des villes huguenotes, qui veulent garder les biens ecclésiastiques dont elles se servent pour leur défense : à Montauban, l'église Saint-Jacques, la plus belle de la ville, est intégrée au système défensif. L'évêque obtient qu'elle soit neutralisée, fermée aux deux cultes. En 1607, à force d'insistance, il parvient à faire chanter la messe dans la nef, mais les soldats du guet ont une clé spéciale pour disposer du clocher. Il travaille ardemment à la récupération de ses domaines et obtient le droit de faire des processions.

Les catholiques s'activent également dans les villes du Languedoc, pour rouvrir une à une toutes les églises. Les Nîmois, qui ont d'abord refusé, finissent par céder sur tous les points. Les gens de Montpellier rouvrent d'abord trois églises et un cimetière aux catholiques, et finissent par accorder le droit de procession et même le respect des fêtes religieuses catholiques. Enfin le clergé, à partir de 1610, rachète, au prix nominal, une partie des terres vendues sur décision du roi ou du fait des difficultés financières des années 1590. Il récupère ainsi ses dîmes et sa fortune foncière.

La volonté de vivre en paix incite partout les protestants, les catholiques à reconnaître le partage. En Dauphiné, les protestants du Sud acceptent la réouverture des églises. A Montélimar, elles recouvrent leur temporel. A Dieulefit, où les protestants disposent d'un délai d'un an pour construire un temple, ils célèbrent leur culte à la mairie. Dans de nombreuses municipalités, on procède au partage des cloches : chaque culte a la sienne. Une cloche communale, neutralisée, sert pour l'alerte, l'incendie, le tocsin. On partage aussi les cimetières.

L'Edit de Nantes instaurait la tolérance dans un royaume dont le principe demeurait théocratique. Le roi l'avait juré, il restait le serviteur de Dieu, le personnage religieux du sacre. Il ne pouvait imaginer la coexistence des religions. Dans le préambule de l'Edit, il avait tenu à affirmer ce principe de l'unité de la foi, regrettant que Dieu n'eût pas voulu « pour encore » être prié par tous les Français « en une même forme et religion ». Il laissait ainsi la porte ouverte à la restauration de l'unité de l'Eglise, ne croyant pas, pour sa part, à une réelle division de la foi. Repoussant fortement l'idée d'hérésie, il ne voulait voir dans les deux confessions que deux formes historiquement distinctes d'une même foi, qui, nécessairement, devaient un jour se rejoindre. Les concessions de l'Edit de Nantes étaient destinées, dans son esprit, à permettre à ceux que la religion, pour l'heure, opposait de renoncer à la guerre. C'était une trêve.

Sur le terrain, l'armistice impliquait une sorte de révolution. Sans doute, dans les pays « de possession », on était depuis longtemps habitué au nouveau culte protestant. Les villes huguenotes n'en connaissaient pas d'autre depuis quarante ans. Le rétablissement du culte catholique y paraissait étrange, inconvenant, parfois absurde. Mais les notables huguenots, bien installés dans leurs situations de consuls ou d'échevins, avaient, parfois à leur détriment, accepté le retour des catholiques. En Languedoc, la rentrée des évêques et des abbés avait entraîné des concessions en cascades, jusqu'à l'autorisation des processions. Par là même, la coexistence impliquait une terrible menace : la population pouvait de nouveau prendre à partie ces « papistes » qui parvenaient à imposer, notamment au monde du travail, le respect des fêtes religieuses. De la présence à la reconquête, il n'y avait qu'un pas.

Dans les villes ligueuses, l'ouverture de lieux de culte « concédés » dans les villages proches donnait lieu à des départs dominicaux qui provoquaient la colère des catholiques. On voyait passer les Huguenots, en rangs serrés, par les portes de la ville. Ils se rendaient à la cène sous les quolibets des gardes, comme les catholiques allaient à Nîmes à la messe de minuit, entre deux haies de soldats hilares. On était à la merci d'un incident.

Dans les villes où le temple jouxtait l'église, les consuls redoutaient le pire : catholiques et protestants s'étaient tout partagé : les lieux du culte, les places à la mairie et au cimetière, et même les cloches. Le moindre déséquilibre risquait de tourner au drame. Que le roi très chrétien parlât de l'unité de la foi semblait dérisoire quand, sur le terrain, les signes manifestes de la division sautaient aux yeux. Il y avait désormais deux catégories de sujets du roi : s'ils étaient unis dans le respect de l'institution, tout les opposait dans la vie quotidienne. En 1600, cette division des villes, villages, groupes sociaux, familles n'était pas un fait nouveau : les Français « vivaient avec » depuis près de trois quarts de siècle : trois générations ! Les petits-fils de la génération des premiers martyrs de 1525 n'allaient certes pas faire bon ménage avec les descendants des persécuteurs. La nouveauté, sous Henri IV, c'est que les catholiques devaient supporter comme légal le culte de leurs adversaires. Pour les Languedociens ou les Poitevins, habitués à des églises vides et à des rues sans processions, le retour du clergé, absent depuis quarante ans, fut aussi une petite révolution. De par la volonté du roi, tous les Français devaient apprendre à vivre ensemble. L'Edit de Nantes touchait aux profondeurs de la masse sociale : il engageait des comportements.

Son application, sous Henri IV, ne pouvait être que libérale : les protestants, grâce à leur organisation efficace, rencontraient périodiquement le souverain pour lui faire part de leurs « doléances ». Tous les deux ou trois ans, un « synode général » permettait de faire le point. Il était toujours dominé par les nobles de l'Ouest, particulièrement du Poitou, très jaloux de faire observer strictement les clauses de l'Edit. Les assemblées envoyaient des députés à la Cour. La représentation des Eglises auprès du souverain était ainsi quasi permanente. Elle comprenait environ soixante-dix membres, dont trente nobles, vingt membres du tiers-état et vingt pasteurs. Les délégués étaient toujours choisis dans les deux ordres. Leurs « cahiers de doléances », qui faisaient minutieusement la critique de l'état d'application de l'Edit, tenaient le roi au courant de tous les incidents. Quand un protestant se voyait refuser un emploi, le roi était avisé. Il connaissait les difficultés des curés ou moines devenus huguenots, soumis à la persécution des catholiques, et surtout les affaires de cimetières : dans la vallée de la Loire, en Champagne, dans tout l'Ouest, les catholiques déterraient les cadavres des protestants : ils leur refusaient le droit de reposer en terre chrétienne ». Ces violences scandalisaient le roi : il ne tolérait pas que quatre mille personnes aient assailli la maison de la femme du pasteur Dumoulin, à Orléans, pour l'obliger à recevoir l'extrême-onction.

Par contre, il aurait aimé que ses fidèles le suivent dans la voie de la conversion. Il avait, jusqu'au bout, refusé l'introduction en France du concile de Trente. Pourtant, pour annuler son mariage avec Marguerite, et pour épouser Marie de Médicis, il avait fait au pape de larges concessions : notamment la rentrée des jésuites. Il était allé jusqu'à prendre lui-même un confesseur jésuite, le père Coton. Mais s'il acceptait le concile de Trente, il devait renoncer au vieux rêve de réconciliation des deux religions dans un nouveau concile, d'abord national, et peut-être demain universel... Comme l'a bien vu Chaunu, « l'obstiné refus d'enregistrer les décisions du concile de Trente » avait pour cause profonde l' « espoir d'une entrée collective des réformés au sein de l'Eglise de France ». Le roi désapprouvait le clergé d'user de l'intimidation ou de la corruption pour convertir les huguenots. Quand il avait créé en 1598 une « caisse des conversions » au capital de 10 000 écus, le roi ne lui avait pas donné d'argent. Il n'avait pas nommé premier président Philippe Canaye, qui avait abjuré et abandonné son poste de président de la Chambre de l'édit de Castres. Il ne voulait pas récompenser la corruption. Canaye avait dû se contenter d'une ambassade, obtenue grâce aux intrigues du clergé. Il maintenait au contraire la force du « parti » protestant , pour faire contre-poids à la jeune puissance des jésuites, autrement redoutable pour les réformés que le vieil épouvantail de la Ligue. Henri IV et son entourage ne cessaient d'espérer la réconciliation. On l'attendait pour l'année 1600. Duplessis-Mornay avait préparé un rapport intitulé *Le Concile national*. Cet espoir était conforme aux intérêts français : dans sa politique étrangère, le roi s'appuyait sur l'Angleterre et les Hollandais. Il ne voulait pas faire en Europe la politique du nonce Umbaldini, ni celle du roi d'Espagne. Une France réconciliée eût été un modèle pour l'Europe, un camouflet au pape.

Ces idées de paix et de tolérance étaient partagées par les « politiques », hostiles aux menées du Saint-Siège, qu'ils fussent grands seigneurs, évêques ou parlementaires. Contre les « dévots », fidèles au Saint-Siège en toutes circonstances et manipulés par les jésuites, les monarchistes comme Harlay, de Thou, Servin et Jeannin soutenaient la politique royale d'indépendance et de conciliation. Ils avaient aidé Henri IV à tenir tête aux complots des grands seigneurs mécontents, qui avaient suivi le maréchal de Biron.

Ce soulèvement, en 1602, n'avait guère affecté ni le parti protestant, ni celui des « politiques ». Biron, vieux compagnon d'armes d'Henri IV, aimait la magie et se flattait d'athéisme. Il « se moquait de la messe et se riait du prêche ». Un astrologue lui avait prédit la mort du roi et la plus éclatante fortune. Il devint la proie des princes catholiques mécontents du traité de Vervins : le duc de Savoie lui offrit la main d'une bâtarde, puis sa fille légitime. Les enchères montaient : le roi d'Espagne lui promit une infante. Il était en contact avec les agents ligueurs de Bruxelles, à la solde de Madrid, les Renazé, les Picoté, qui constituaient en France le « parti » des catholiques mécontents. Biron devait favoriser un projet savoyard destiné à tuer le roi sous les murs du fort de Sainte-Catherine, à coups de canon.

Il n'était pas allé jusque-là. Mais le roi, qui avait promis d'épouser la fille d'une grande famille catholique, Henriette d'Entragues (qui avait de lui deux bâtards), s'était aliéné, par son union avec la Médicis, un clan redoutable. Henriette était la fille de Marie Touret, qui avait eu de Charles IX un fils, le comte d'Auvergne. Celui-ci était lié, par son mariage, aux Montmorency. Un étrange complot de bâtards entraîna dans l'aventure le duc de Bouillon, ex-vicomte de Turenne, qui tenta de gagner les nobles protestants à l'idée d'une prise d'armes. Le roi d'Espagne alimentait de ses deniers la révolte de ces grands seigneurs. Mais l'Assemblée des protestants se garda de mettre le pied dans le complot. Habilement, Henri IV laissa mûrir l'abcès, puis il fit arrêter, juger et exécuter Biron. Telle était la crainte qu'inspirait encore au roi le Paris des Ligueurs qu'il fit trancher la tête du maréchal à l'intérieur de la Bastille.

Les grands seigneurs brouillons n'auraient pas osé envisager une prise d'armes contre le roi sans le mécontentement du pays, après les guerres de Religion : la reconstruction était lente, les ravages de la guerre profonds. Il n'y avait plus en France de routes sans fondrières ni de ponts intacts. Les chemins de terre étaient infestés de brigands. On ne sortait plus des ports sans crainte : les pirates écumaient les mers. L'Eglise avait dépensé pour la guerre au moins trois millions de livres de revenus. Elle avait subi des pertes immenses, tant dans ses biens fonciers que dans son capital immobilier. Les nobles s'étaient endettés pour faire la guerre ; leurs revenus fixes, stipulés en argent (le cens), avaient subi les conséquences de la détérioration des monnaies. Ils avaient aliéné leurs domaines, soit par vente, soit par hypothèques. Le roi, pour les aider à s'acquitter de leurs dettes, avait réformé les contrats de créance : les nobles avaient la possibilité d'emprunter à plus faible taux pour rembourser des prêts à intérêt élevé. Mais ils devaient ainsi gager de terres leurs nouvelles créances, abandonner terrains et châteaux. Les officiers royaux, les financiers, les usuriers et autres profiteurs des guerres bénéficiaient de cet important transfert de propriétés. « En Champagne, dit Pierre de Vayssière, aux environs de Château-Thierry, châteaux, fiefs, arrière-fiefs... sont possédés par des seigneurs et des écuyers dont les ancêtres vendaient du drap dans la petite ville. » Ces nouveaux possesseurs de la terre étaient plus acharnés que les anciens nobles à la rentabiliser. Si les jeunes gens des grandes familles recherchaient de plus en plus la fortune, à l'exemple de leurs pères, dans les armées du roi ou les intrigues de la Cour, les nouveaux possédants étaient durs aux pauvres, dans leur souci d'obtenir le rendement le plus élevé possible de leurs acquisitions. Les révoltes paysannes de l'époque (« croquants » du Périgord, « gauthiers » de Normandie, paysans dauphinois) sont d'abord provoquées par la hausse des tailles, mais elles ont aussi pour conséquence le refus de

payer les droits féodaux et seigneuriaux. Une ligue de gentilshommes rétablit l'ordre durement en Périgord. Le roi lui-
même avait dû intervenir à Lyon, contre les imprimeurs en
grève : la crise, la guerre, la famine multiplient dans les villes
les chômeurs et les assistés. Villes et campagne sont écumées
par les soldats congédiés par le roi, qui vivent de rapines.
Quatre sont exécutés pour l'exemple, en septembre 1598, place
de Grève. Mais Paris est infesté de voleurs. Réduits à la famine,
les anciens soldats constituent des bandes redoutables, qui
narguent le guet : « Il y a moins de risques à voyager dans une
forêt vierge, écrit le Suisse Thomas Platter, qu'à se trouver dans
les rues de Paris, surtout quand les lanternes sont éteintes. »
Les compagnies de voleurs à cheval rançonnent les voyageurs
sur les routes. Des nobles sont souvent chefs de bande, comme
ce cadet d'une grande famille bretonne, le capitaine Guillery,
ancien soldat de Mercœur, puis d'Henri IV. Il a plus de quatre
cents hommes dans l'Ouest, qui lui ont juré fidélité. « Paix aux
gentilshommes, la mort aux prévôts et aux archers, la bourse
aux marchands », tels sont les « placards » qu'il affiche sur les
arbres, au bord des routes. Il faut une armée pour le prendre
avec son frère. On doit le poursuivre jusqu'en Gascogne, où il
vit deux ans protégé par la franc-maçonnerie des capitaines
hors-la-loi. Dans toutes les régions françaises, ils terrorisent les
populations : en Velay le cadet de Sénejouls se rend après un
long siège. Il faut livrer bataille pour capturer le baron
d'Entraigues et ses trois fils, décapités à Toulouse. Ils attaquaient les marchands sur les « chemins ». Les capitaines
tourangeaux Buleu dit « Sans Crainte » et Dubois sont recherchés pour plus de cent vingt meurtres. Jamais la violence ne fit
plus de morts en France que dans les premières années du
XVIIe siècle. S'ils n'étaient pas voleurs ou assassins, les officiers
nobles congédiés par le roi réglaient toutes leurs querelles à
l'épée : plus de quatre mille morts par duels en 1607. Les jeunes
gens ne respectent rien. Ils enlèvent les filles à dot pour les
épouser de force, ils se font eux-mêmes justice, règlent les
litiges à cheval, au pistolet. Le jeune marquis de Saint-Phal
agresse Du Plessis-Mornay, un vieillard aux cheveux blancs,
qu'il accuse de l'avoir desservi auprès du roi. Les amis de Du
Plessis lèvent des régiments d'hommes d'armes pour le venger.
Le roi doit intervenir, constituer un tribunal d'honneur. Il prête
ses canons au seigneur de Fontanges pour qu'il puisse assiéger
le château de Pierrefort, en Auvergne, où se tient le ravisseur
de sa fille...
   Les gens d'épée, qui avaient fait le roi en le portant de la
Garonne à la Seine, en se battant pour lui dix ans durant,
détestaient les bourgeois, les officiers de justice et de finance,

les négociants et prêteurs sur gages, et enrageaient de voir le roi leur tendre la main. Les capitaines illustres aux combats, mais de noblesse douteuse, refusaient de subir les assauts des commissaires et des greffiers, qui leur demandaient des rappels d'impôts : ils se croyaient annoblis par les combats, exempts de taxe toute leur vie. Ils détestaient les « gentilshommes de plume et d'encre » qu'ils accusaient de s'enrichir à leurs dépens. Les compagnons proches du roi, qu'il traitait si familièrement à la guerre, étaient surpris par l'image nouvelle du souverain, qui voulait d'abord imposer sa loi aux privilégiés.

Avec sa bonhomie et son énergie inlassable, Henri IV avait eu raison des susceptibilités, et désarmé les oppositions. Il avait limité les pouvoirs des gouverneurs de province, amoindri le commandement d'Epernon, colonel général de l'infanterie, nommé à la tête des parlements des personnages dévoués et fidèles. Il avait patiemment repris aux villes et aux provinces une partie des privilèges et franchises qu'il leur avait accordés lors de la pacification. Il voulait « au maniement des affaires d'Etat être craint absolument et un peu plus que ses prédécesseurs ». Sully avait reconstitué ses finances, restauré, en la réduisant, la taille, accrû les impôts indirects et tiré de gros revenus de la vénalité des charges. Le désir de paix était si unanimement partagé que le rétablissement de l'ordre royal était bien accueilli par la plupart des Français, puisqu'il se faisait au détriment des hors-la-loi, des mutins, des comploteurs et des privilégiés. Les compensations de la paix faisaient oublier les querelles et bientôt le retour à la vie normale apaiserait les esprits.

La France avait recouvré la santé avec une relative rapidité : en 1610, la reprise démographique était générale. Elle est nette en Languedoc, plus vive encore dans la région parisienne et dans les campagnes, plus lente dans les petites villes. A partir de 1610, la production agricole a retrouvé ses niveaux de 1560. La plupart des provinces céréalières jouissent de la prospérité, la Bourgogne est dans l'euphorie, le Nord dans l'opulence. Le produit des dîmes et des fermages est en hausse constante dans le royaume. Comme le dit Le Roy Ladurie, une certaine « poule au pot » se réalise bel et bien. La reconstruction du Languedoc est presque achevée en 1610 et jusqu'en 1640 c'est « dans toute la zone touchée par les ci-devant guerres religieuses, de Cambrai-Namur à Montpellier-Arles, un épisode grandiose de récupération ».

Dans ces conditions, les conflits religieux, au niveau des régions, perdaient de leur âpreté. Le Languedoc avait été l'un des terrains privilégiés de l'affrontement : il était en pleine renaissance. La vigne enrichissait déjà Béziers, le maïs, ce

« gros millet », venu d'Amérique commençait à être planté dans la région de Castelnaudary. La soie commençait à se tisser dans les Cévennes et les draperies reprenaient leur carrière. Les moulins de Toulouse, les marchés de Narbonne faisaient l'admiration des voyageurs. Le retour à la prospérité calmait les passions religieuses. L'Ouest de la province restait catholique, et l'Est huguenot. Henri IV avait gagné : les deux religions gardaient leurs cantonnements. On voyait en Languedoc des mariages mixtes. Un riche marchant d'Uzès épousait une protestante. Il donnait son fils aux jésuites, et sa fille aux pasteurs. Une révolution dans la ville.

L'apaisement était réalisé dans les deux partis : les protestants recevaient de nouvelles satisfactions : ils se voyaient confirmer leurs places de sûreté, et les Rochelais avaient l'autorisation de renforcer encore leurs défenses. Le roi avait ouvert au culte catholique quelques villes du Béarn, mais il avait refusé de rendre à l'Eglise les biens confisqués par Jeanne d'Albret. Dans le royaume, il avait certes permis la restitution de ces biens qui représentaient plus de 17 millions de livres. Les ecclésiastiques étaient autorisés à récupérer leurs domaines et droits divers en les rachetant au prix de vente. Cette stipulation avait été prolongée d'année en année depuis les premières aliénations.

Mais comment reprendre des biens acquis depuis deux ou trois générations, en proposant un prix rendu dérisoire par la dévaluation de la monnaie ? Quelle belle carrière pour la chicane ! On estime qu'en 1641, les biens restés en la possession de leurs acquéreurs, près d'un siècle plus tard, s'élevaient encore à 4 800 000 livres (Cloulas). De très nombreux propriétaires, dans le Midi surtout, avaient « su résister à la pression du clergé doté de l'énorme privilège du rachat ». Les protestants nîmois, les petits seigneurs languedociens, très souvent catholiques, qui avaient profité des ventes, n'étaient pas tous lésés, loin de là, par les rachats du clergé. Ils avaient les moyens de se défendre. Les protestants français étaient alors, en Europe, la seule minorité religieuse qui fût à l'abri des persécutions.

L'Eglise, par sa politique de rachat, récupérait une partie de sa puissance financière. Elle devait attendre longtemps encore sa restauration morale. A la fin des guerres de Religion, le clergé de France connaissait la plus grande détresse : les couvents étaient à l'abandon, désertés par les moines qui avaient mené, aux côtés des ligueurs, de rudes combats de rues. Ils n'observaient plus leurs règles et vivaient, comme les curés, la vie du peuple. Les religieuses s'étaient réfugiées chez leurs parents. Beaucoup s'étaient mariées. La plupart des abbayes étaient aux mains de laïques, qui percevaient pour leur compte les bénéfices. Cent vingt abbayes n'avaient pas d'abbés. Quarante évêchés n'avaient pas de titulaires. Le roi avait fait quelques sages nominations, mais il avait, comme ses prédécesseurs, fourni les diocèses d'évêques de cour, et parfois de tout jeunes enfants : celui de Lodève avait quatre ans... Il n'hésitait pas davantage à nommer abbesses ses anciennes maîtresses, ou ses bâtardes. Un abbé huguenot avait installé un haras dans son abbaye.

Pourtant la réforme de l'Eglise était en cours. Peu à peu, les recommandations du concile de Trente portaient leurs fruits, chez les évêques de valeur, comme d'Ossat ou François de la Rochefoucauld. Jamais le prestige de Rome n'avait été plus grand dans la chrétienté. Les évêques français ne pouvaient manquer d'être attentifs, dans la mesure où ils étaient soucieux de l'avenir de la religion, au grand renouveau de la piété qui venait de la ville sainte : les processions se multipliaient. En 1600, plus de cinq cent mille pèlerins s'étaient rendus dans la Ville éternelle pour célébrer « l'année sainte ». Une confrérie spécialisée avait été créée pour les héberger. Le pape, qui avait réorganisé son gouvernement en créant autour de lui des « congrégations » composées de cardinaux et d'experts compétents, devenait un personnage sacré, objet d'un culte populaire. Il multipliait les synodes pour réunir à Rome les évêques et leur faire connaître les modalités de l'indispensable réforme. Il leur recommandait de créer chez eux des séminaires et de répandre les nouveaux textes mis au point par Charles Borromée : un catéchisme, un bréviaire et un missel romains conformes aux dogmes de la nouvelle foi.

Pour aller vite, devant l'insuffisance des effectifs dans les paroisses, le pape avait décidé de favoriser l'action des ordres, plus facilement mobilisables sur le terrain. En France, les capucins multipliaient les fondations : 31 en 1589, 97 en 1610, 132 en 1624... Leur popularité leur permettait de circuler d'une ville à l'autre, multipliant les prêches dans les nouvelles églises que la contribution des fidèles permettait de reconstruire, dans un style nouveau, sur les ruines des bâtiments désaffectés. Ces capucins qui cheminent pieds nus dans leur robe de bure n'ont pas perdu la faveur populaire. C'est encore eux qui soignent les grands malades, qui sont présents pendant les pestes — quand tous les notables du clergé se sont enfuis —, qui éteignent les incendies et enterrent les cadavres en période d'épidémie. On les aime pour leur dévouement, on assiste à leurs prêches drus, truculents, sans concession pour les puissants.

D'autres ordres se sont répandus en France, tous attachés à la doctrine du concile de Trente : l'Oratoire, créé par Bérulle en 1611, compte bientôt 71 maisons, dont 21 collèges et 6 séminaires. La mère de Bérulle était une Séguier. Les adeptes de sa fondation se recrutaient dans les familles catholiques ardentes à la défense de la religion. Les ordres féminins connaissaient une étonnante fortune, après le grand mouvement de désertion des abbayes de femmes : Bérulle, sous l'inspiration de Mme Accarie, la femme d'un des fondateurs de la Ligue, avait introduit en France le culte de sainte Thérèse. Le succès du Carmel, assuré par les religieuses venues d'Espagne et formées par la sainte, avait provoqué la multiplication des couvents de carmélites. Celui de la rue Saint-Jacques devint « un haut lieu du Paris dévot » (Delumeau). Mme Accarie organisait chez elle des séances d'exercices spirituels, avec des prêtres, des théologiens de la Sorbonne, rompus aux extases mystiques et aux visions de Dieu. La Ligue avait perdu ses agitateurs, mais elle avait gagné des apôtres, comme cette Mme de Sainte-Beuve, sœur des Hannequin, évêques ligueurs, qui avait fondé en France la première maison des ursulines. Elle s'employait à implanter l'enseignement pour les jeunes filles, jusqu'alors inexistant. Autres apôtres : François de Sales et Jeanne de Chantal, créateurs des visitandines en 1610, qui devaient s'occuper des malades et des pauvres. Bientôt Vincent de Paul ouvrirait les premières maisons des filles de la Charité (1633). Les têtes de ce mouvement piétiste étaient en France des parents des grands ligueurs des années 1590 : Sénault, second général de l'Oratoire, était le fils d'un greffier de la Ligue. Le « pauvre prêtre » Bernard, disciple de Vincent de Paul, était le fils d'Etienne Bernard, porte-parole du tiers aux Etats généraux de 1588. La révolte des ligueurs parisiens s'était changée en passion religieuse : les factieux étaient devenus missionnaires.

Les jésuites, qui avaient eu moins de contacts avec la Ligue, et n'avaient pas de recrutement aristocratique, étaient les plus actifs : leurs collèges, dont l'efficacité contrastait avec le désordre des « facultés », attiraient les fils de la noblesse et de la bourgeoisie : celui de Billon fonctionnait depuis 1556, celui de Paris (collège de Clermont) depuis 1561. Ils devaient ouvrir plus de cent établissements dans le royaume, formant des milliers d'élèves. Le roi, qui croyait à leur enseignement, leur avait donné à La Flèche un de ses châteaux pour qu'ils ouvrent un collège.

Ils ne formaient pas des clercs et des cuistres, mais des jeunes gens à la « tête bien faite », nourris d'humanités grecques et latines, instruits surtout des articles de la nouvelle foi romaine.

Un ancien élève des jésuites se reconnaissait à son aisance dans le maintien et la conversation, à son aptitude à la vie sociale. Les rapports personnels que les pères entretenaient avec les élèves les plus doués leur permettaient d'espérer les plus brillantes carrières, dans les sciences comme dans la haute administration royale. Une élite était en formation, qui péserait lourd sur les destinées du royaume et de l'affrontement futur des religions. Car ces bons pères apprenaient à comprendre et à rejeter l'hérésie, au lieu de la craindre et de s'en indigner. Ils donnaient aux jeunes gens les raisons les plus solides de rejeter la Réforme, tout en façonnant une nouvelle société chrétienne. Ils en faisaient les instruments de la reconquête catholique.

Henri IV maintenait en équilibre les deux religions, prenant garde d'éviter toute provocation. Mais le roi vieillissant avait des faiblesses : cet amoureux de la paix s'était pris, sur le tard, d'une passion violente pour une princesse de quinze ans, Charlotte de Montmorency. Il ne l'avait pas plus tôt mariée au jeune prince de Condé qu'il voulut la lui ravir. Condé s'enfuit à Bruxelles, avec sa femme. Pour la reprendre, le roi était prêt à faire la guerre à l'Autriche, à l'Espagne, au pape s'il le fallait. Déjà il levait des impôts, enrôlait des soldats. Scandale ! prêchaient les jésuites ! Pour ses « paillardises et adultères », le roi veut s'allier aux huguenots, ces « vermines et canailles » (comme disait le père Gontier) contre les nations catholiques. Qu'Henri IV prenne garde : un roi qui gouverne contre l'Eglise est un tyran. Le père Mariana, dans son *De Rege et regis institutione,* établissait que l'assassin d'Henri III, Jacques Clément, s'était acquis une gloire réelle.

Le fanatique venu de l'Angoumois, le valet de chambremaître d'école François Ravaillac, qui tue le roi rue de la Ferronnerie en mai 1610, est un exalté qui, vingt ans plus tôt, aurait été ligueur. Il agit seul, mais les contemporains sont persuadés que les ultras ont armé son bras. N'a-t-il pas, comme tant d'autres, entendu des voix ? L'émotion populaire, à son écartèlement, mesure l'angoisse des Parisiens, qui redoutent, après le régicide, la reprise de la guerre civile. Le vieux roi n'était-il pas le seul à pouvoir maintenir la paix ?

Avant cet assassinat, la reine Marie de Médicis avait exigé d'être couronnée reine de France, pour être assurée de la régence, en cas de malheur. Sa cour composée d'Italiens était en étroite relation avec le nonce Umbaldini. Elle passait pour dévote et ne cachait pas ses sympathies pour le pape et les jésuites. Cette fille d'archiduchesse autrichienne était l'amie des Espagnols ; elle rêvait de marier ses enfants en Espagne. A la mort d'Henri IV, le jeune Louis XIII n'avait que neuf ans. Elle avait été, sans contestation, déclarée régente.

Elle reprenait aussitôt les ministres d'Henri IV et confirmait l'Edit de Nantes. Bien inutilement, les princes se dévouaient pour surveiller Paris. La ville restait calme : les catholiques ne venaient plus insulter les protestants en place de Grève, quand ils s'embarquaient sur la Seine pour se rendre à leur temple de Charenton. Duplessis, gouverneur de Saumur, avait fait prêter serment de fidélité à la régente aux protestants comme aux catholiques. Les villes du Midi restaient loyales. La reine avait bien reçu les délégués des synodes régionaux, elle avait été aimable avec Agrippa d'Aubigné, l'ancien combattant des guerres de Religion. Elle avait autorisé les protestants à tenir leurs assemblées à Châtellerault, puis à Saumur.

Personne ne pouvait lui reprocher de ne pas poursuivre la guerre aventureuse d'Henri IV. Qu'elle fît la paix avec les Espagnols était de bon sens. Qu'elle distribuât des largesses aux grands seigneurs impatients de retrouver leur train de vie d'antan, obstinément laminé par Sully, était inévitable. Les mêmes familles tenaient le haut du pavé : il y avait encore un duc de Guise, un comte de Soissons, un prince de Condé et même un Conti, bègue et sourd.

Tous détestaient Sully, même Turenne-Bouillon, protestant comme lui. Le pouvoir avait usé le vieux ministre qui désapprouvait le rapprochement avec l'Espagne esquissé par le nouveau gouvernement de la reine, celui de ses conseillers obscurs et clandestins, le nonce Umbaldini, le père Coton, devenu confesseur du jeune roi, et le couple d'intrigants italiens : Leonora Galigaï, femme de chambre, et son amant Concini, dont la reine devait faire un marquis d'Ancre. Le départ de Sully n'avait pas inquiété les protestants. Mais l'importance du conseil secret de la reine, la nomination comme premier président du Parlement de Paris à la place de Harlay du Toulousain Nicolas de Verdun, catholique et favorable au pape, la force du courant ultramontain à la Cour autorisaient certaines inquiétudes : les protestants réunis en assemblée générale, en avril 1611, résolurent de prendre des précautions : ils demandèrent à la reine l'application intégrale de l'Edit de Nantes dans sa première rédaction (avant les « rectifications » du Parlement de Paris), la restauration des places de sûreté, le paiement des garnisons et l'augmentation du traitement des ministres.

L'Assemblée de Saumur était dirigée par les nobles : ils étaient trente-cinq contre vingt pasteurs et seulement seize bourgeois. Les grands seigneurs dominaient, imposant leurs vues et obligeant les députés à entrer dans leurs querelles ambitieuses. Certes ils se méfiaient de Bouillon, ils refusaient de soutenir la querelle de Sully contre la Cour, ils élisaient le modéré du Plessis-Mornay, vieux compagnon d'Henri IV, comme président. Les bourgeois des villes du Midi étaient bien décidés à ne pas servir les intérêts des grands seigneurs, à rester lucides dans la défense de la cause, qu'ils ne jugeaient pas en péril. Ils ne pouvaient toutefois manquer d'être sensibles à l'éloquence d'un jeune chef, le duc Henri de Rohan, gendre de Sully, qui obtenait de l'Assemblée, avant sa séparation, un « règlement » nouveau : chaque province devait créer, en plus de son assemblée ordinaire, un conseil restreint formé de représentants des ordres mais présidé par un noble. Si une église connaissait des problèmes particuliers, elle pourrait les soumettre, pour prévenir un conflit, à une assemblée ou « cercle » intermédiaire entre la région et l'Assemblée générale. Le cercle, qui regroupait plusieurs provinces, avait ainsi la possibilité de décider une action d'intérêt régional sans en référer aux délégués nationaux. Dangereux moyen d'action, qui donnait aux seigneurs tout-puissants dans les provinces la possibilité d'organiser immédiatement une prise d'armes. Rohan, nommé par Henri IV gouverneur de Saint-Jean-d'Angély, pouvait, à sa guise, convoquer le cercle de La Rochelle. Il le fit en décembre 1612, pour une affaire d'intérêt mineur : la reine refusait la nomination d'un lieutenant de son choix dans son gouvernement ! Sur un aussi mince prétexte, il aurait pris les armes si les bourgeois de La Rochelle n'avaient pas modéré son ardeur.

La reine avait obtenu la promesse du roi d'Espagne de marier sa fille aînée à Louis XIII en échange d'une alliance de dix ans. Condé apparaissait comme le chef de l'opposition à cette politique. Quelques seigneurs protestants entrèrent dans son parti, par ambition, comme Lesdiguières et Bouillon. Mais Rohan lui-même estima opportun de rester en dehors de la querelle ; bien lui en prit : à la paix de Sainte-Menehould, Condé se réconcilia avec la reine. S'ils l'avaient suivi, les huguenots auraient fait la guerre et engagé la cause dans une querelle qui n'était pas la leur ; ils avaient été sensibles à la prudence de du Plessis, qui leur recommandait de « demeurer en repos sans se mêler des affaires de l'Etat et confondre une cause purement religieuse avec une civile ». Après tout, puisque la France n'avait pas les moyens de faire la guerre à l'Espagne, pourquoi ne pas admettre le mariage espagnol ? Le roi, déclaré majeur le 2 octobre 1614, n'avait-il pas confirmé aussitôt l'Edit de Nantes ?

Les modérés du parti huguenot s'estimaient satisfaits de leur politique. Ils n'attribuaient pas une importance majeure aux positions du clergé lors de la réunion des Etats généraux en octobre 1614. Dans le débat, soulevé par le tiers, sur les pouvoirs respectifs du pape et du roi, ils étaient, bien sûr, du côté des gallicans qui refusaient au souverain pontife toute ingérence dans les affaires du royaume, et toute prétention à « déposer » un roi qui s'opposerait à Rome. Ils s'inquiétaient pourtant de la violence du ton employé par le rapporteur du cahier du clergé, le jeune évêque du Plessis de Richelieu, qui demandait la suppression des lieux de culte, des cimetières, des collèges protestants. Ils remarquaient toutefois avec satisfaction que les Etats n'avaient pas « reçu » le concile de Trente, et que le roi avait tenu à confirmer l'Edit de Nantes.

Aussi ne se montraient-ils pas empressés à rejoindre Condé, qui, en 1615 avait ordonné une prise d'armes générale. Il accusait le roi, dans un « manifeste », d'avoir « prodigué l'argent et les honneurs au maréchal d'Ancre et à ses créatures, d'inquiéter les protestants par les alliances d'Espagne ». Il profitait en réalité du voyage du roi à la frontière espagnole pour prendre la tête du parti des mécontents, las du gouvernement des « Italiens » : Concini, le « maréchal » d'Ancre, et sa femme. « On voit courir des livres, disait Condé, qui attribuent les malheurs de la France à la liberté de conscience. » Il comptait ainsi rallier les protestants.

Ils étaient réunis à Grenoble et l'avaient accueilli avec froideur. Pourtant l'assemblée avait écrit au roi pour manifester son hostilité au mariage espagnol et au concile de Trente. Elle n'était pas allée plus loin, refusant, une fois encore, de lier la cause aux intérêts d'un prince. Condé insiste. La cour l'a déclaré coupable de lèse-majesté. Le moment est venu, dit-il, pour les protestants, d'affirmer leur résistance au « grignotage » de l'Edit. A l'assemblée qui se déplace de Grenoble (où l'on craint la trahison de Lesdiguières) vers Nîmes, Montauban et La Rochelle, le débat est fort long entre les « fermes » et les « prudents ». Les loyalistes comme du Plessis redoutent de mettre en question la place des réformés dans le royaume en prenant les armes contre le roi. Les « fermes » pensent au contraire que cette place est strictement mesurée à la force du parti : qu'il faiblisse et les frères seront aussitôt rejetés de l'Etat comme de la société. Les persécutions peuvent reprendre demain. Sur le terrain, l'application de l'Edit est chaque jour plus difficile.

Les princes gardent chez les réformés un prestige certain. Le nom de Condé évoque l'époque héroïque des premières guerres. Quinze ans de paix ont fait oublier le malheur. Les jeunes impatients comme Rohan n'ont pas connu les souffrances de la guerre. Ils l'emportent enfin, à deux voix de majorité : l'assemblée décide de soutenir Condé. « Monsieur le Prince, dit-elle, seul du sang royal capable pour le présent de prendre connaissance de cause en ses affaires et y agir avec tous les bons Français pour le bien du service du roi et duquel aussi nous pouvons prendre assurance de l'observation sincère de nos édits. » Voilà Condé sacré protecteur de la religion. Va-t-il rallier tout le parti ?

Quelques provinces seulement répondirent à son appel. L'église de Paris-Charenton refuse nettement. Lunel, Aigues-Mortes, Montpellier marquent d'absolues réserves. Montauban ne se rallie que très tard : seules la Guyenne, le Poitou et le Languedoc envoient des soldats. Lesdiguières, en Dauphiné, trahit la cause et propose six mille hommes au roi.

L'armée des princes était, en fait, celle des nobles du parti. Les villes, menées par les bourgeois prudents, n'avaient pas bougé. Louis XIII avait célébré son mariage avec l'infante Anne d'Autriche, paisiblement, dans Bordeaux. La cour ne voulait pas la guerre : elle offrit, à Loudun, de négocier. Déçu par sa levée d'armes, Condé y consentit : paix avantageuse pour les protestants, qui obtenaient de l'argent, une plus grande liberté politique et l'octroi pour six nouvelles années des places de sûreté. Condé avait désormais son fauteuil au Conseil royal, avec la signature de tous les arrêts. La paix coûtait fort cher à la Cour : six millions de livres distribués aux grands seigneurs. Il est vrai qu'ils n'avaient rien touché depuis plus de dix-huit ans : Ils se montraient joyeux de ce retour des vaches grasses, « le temps des rois est passé, disaient-ils, celui des grands et des princes est venu ; il nous faut bien faire valoir ».

La joie de Condé fut de courte durée. Inquiète de sa popularité dans Paris, Marie de Médicis le fit arrêter par surprise le 1er septembre 1616 alors qu'il se rendait au Louvre pour le Conseil. Personne ne protesta. Les grands, au lieu de le soutenir, « jouaient à la fausse compagnie ». Ceux qui tinrent campagne, comme Nevers, furent abattus par Richelieu, nommé secrétaire d'Etat à la Guerre. La nouvelle de l'assassinat de Concini, sur ordre du roi, le 24 avril 1617 mettait un terme aux intrigues, enlevant tout prétexte à la rébellion : c'en était fini du « gouvernement des Italiens ». Le roi, désormais seul maître, rappelait, aux côtés de son favori Albert de Luynes, les anciens ministres de son père.

Les protestants étaient les premiers à s'en réjouir. Des feux de joie brûlaient à Anduze. Ils assuraient le roi de leur fidélité. Ils ne connaissaient pas l'emprise du parti dévot sur Louis XIII. Les jésuites Coton, puis Arnoux, l'avaient éduqué aux formes de piété romaines, au culte de la Vierge et du Saint-Sacrement. « Il n'est pas à dire combien il hait les hérétiques et les huguenots de son royaume », disait de lui le père Coton. Le roi encourageait dans Paris la dévotion, qui s'y développait rapidement. Les jésuites avaient, dans les collèges de la province de Paris, plus de treize mille élèves. Ils regroupaient les jeunes gens, à la fin de leur scolarité, en congrégations d'hommes voués aux dévotions à la Vierge. Ces congrégationnistes parfois remuants étaient périodiquement réunis pour des exercices de piété, des processions, des séances de théâtre édifiant. « J'ai trouvé à Paris un tel accroissement de dévotion que j'en suis émerveillé », disait en 1618 François de Sales. Des églises de style jésuite, des couvents pour les ordres nouveaux se construisaient en toute hâte dans la capitale : de la rue Saint-Honoré à la porte Saint-Antoine, on avait bâti, en trente ans, dix-huit couvents ; seize grandes églises étaient en chantier. Jamais la foi n'avait été plus ardente, mieux entretenue par le clergé, avec l'appui vigilant de Louis XIII.

Il soutenait aussi les missionnaires, qui voulaient reconquérir les provinces huguenotes : la *Congrégation de la Doctrine chrétienne,* de Jean-Baptiste Romillon et César de Bus, évangélisait le Vivarais, le Comtat et la Provence, où les huguenots étaient peu nombreux. Le père Joseph, un capucin, s'était enfoncé en plein pays rebelle, sur la Loire. Il avait fondé un couvent à Saumur, à côté de l'Académie protestante, dans le fief de Duplessis-Mornay. Il avait établi des antennes en Saintonge, à Niort, à Fontenay-le-Comte, pendant que les jésuites installaient un collège à Poitiers. Le roi suivait avec passion le progrès des conversions : les capucins se vantaient d'avoir détourné de la Réforme plus de cinquante mille personnes. De Luynes avait fait vœu « de travailler à la ruine des huguenots autant qu'il pourrait et jusques à leur faire la guerre s'il en trouvait l'occasion ».

Le 25 juin 1617, Louis XIII ordonnait la restitution des biens du clergé au Béarn. Il s'attaquait ainsi au plus ancien fief protestant de France. Les Béarnais, soutenus par leur vice-roi, compagnon d'Henri IV, le maréchal de la Force, s'opposaient à cette décision... Louis XIII marcha sur Pau avec une armée, entra dans la ville, prit la citadelle de Navarreins, rétablit le culte catholique et rendit au clergé ses biens (novembre 1620). L'Assemblée générale du parti protestant était aussitôt convoquée à La Rochelle : la reprise de la guerre était inévitable.

Cette fois, les princes n'y poussaient pas : c'était une exigence des villes et des populations. Les protestants étaient

indignés des exactions des soldats royaux en Béarn, de l'incendie d'un temple à Tours et de l'agressivité du gouverneur
catholique du Languedoc, Montmorency, qui avait fait assiéger, et punir pour fait de religion, la petite ville de Vallon. De
nouveau les passions religieuses populaires s'enflammaient.
Frappés par l'efficacité de l'action de l'armée royale en Béarn,
les princes hésitaient à l'affronter. Ni Sully, ni Bouillon, ni
Lesdiguières n'envoyaient de représentants à La Rochelle où
seuls Rohan, Châtillon, La Force et La Trémoille avaient des
délégués. Même la petite noblesse poitevine boudait la guerre,
qu'elle estimait inutile et sans issue : après tout, l'Eglise avait
récupéré ses domaines dans le royaume. Le Béarn avait été
longtemps protégé par Henri IV. Il était logique qu'il rentrât
dans la loi commune. Le roi n'avait pas menacé l'Edit de
Nantes, mais seulement supprimé et réduit le « for » béarnais.

La pression populaire des Rochelais pesait sur les décisions
de l'Assemblée : à bien des signes, les pasteurs croyaient à la
reprise de la persécution. Le clan des « fermes » poussait les
seigneurs, tous partisans, même Rohan, d'un « accommode-
ment ». L'Assemblée, en mai 1621, mettait sur pied un
dispositif de défense, divisant la France en huit départements
pour la mobilisation des armées et la levée, pour la cause, des
impôts du roi. Bouillon, hostile à la guerre, était néanmoins
nommé général des armées protestantes. Les places de sûreté
devaient être mises immédiatement en état de défense. Soubise
en Poitou, Rohan dans le Languedoc obéissaient aux ordres.
Lesdiguières refusait le combat, ainsi que la plupart des chefs
nobles. L'Assemblée de La Rochelle décidait de siéger jusqu'à
la fin des hostilités, organisant une sorte de gouvernement de
salut public qui envoyait des émissaires en Angleterre et en
Hollande. On était revenu aux heures les plus chaudes des
années 1590.

Mais le peuple protestant ne pouvait plus compter sur sa
noblesse. Sully désavouait les insurgés, Bouillon refusait de
prendre le commandement, Châtillon n'était pas sûr, Lesdiguières était déjà du côté de la Cour. Des pays à majorité
protestante, comme le Poitou, s'ouvraient pratiquement sans
combat aux 25 000 hommes de l'armée royale, commandés par
Luynes fait pour la circonstance connétable de France. La
vallée de la Loire n'offrit pas davantage de résistance. Les villes
tombaient comme châteaux de cartes. On avait pillé, à Saumur,
le château de du Plessis qui avait perdu son gouvernement, bien
qu'il eût désapprouvé la révolte. Les Royaux soumettaient aussi
la Saintonge, au débotté.

Que pouvaient espérer les rebelles ? La Hollande était aux
prises avec la guerre espagnole. Les protestants d'Allemagne

restaient sans réactions, encore commotionnés par la bataille de la Montagne-Blanche. Jacques Ier d'Angleterre n'allait certes pas soutenir une insurrection populaire contre un monarque absolu. Les rebelles étaient réduits à leurs seules forces.

Ils possédaient trois points d'appui solides : La Rochelle, Montauban, Montpellier ; aucun des trois ne devait céder.

Le premier échec de Luynes devant Montauban suscitait l'indignation du parti dévot : le petit peuple parisien, de dépit, avait brûlé le temple de Charenton, massacrant les huguenots à leur sortie du prêche. Les jésuites se plaignaient de l'inaction de Luynes. Le père Joseph lui reprochait de vouloir négocier avec Rohan. Le père Arnoux disait à Richelieu son impatience de le voir prendre en main les affaires. Etait-il si facile de prendre la ville ? La Force, Saint-André-Montbrun, d'Orval, les Gascons, veillaient avec sept cents vrais soldats. Le consul avait réuni des vivres pour tenir des mois. Adroitement, Rohan battait la campagne environnante avec des volontaires de Castres et des Cévennes, intervenant sans arrêt sur les arrières des Royaux. Du 1er septembre au 18 novembre 1621, les 25 000 hommes de Louis XIII s'épuisèrent à tenter l'assaut. Même les femmes leur jetaient des pierres. La peste, qui se mit dans les rangs des Royaux, eut raison de leur constance. Luynes dut lever le siège. Il serait tombé en disgrâce, s'il n'était mort peu après dans le Périgord, des suites de la fièvre pourpre.

Les villes de l'Aquitaine se soulevaient d'enthousiasme, acclamant Rohan. A La Rochelle, la guerre sur mer avait permis aux corsaires de la ville de mettre les Royaux à la raison. Soubise, à Royan, menaçait Bordeaux. On avait oublié la perte de Saint-Jean-d'Angély. Rohan était nommé, par l'Assemblée de La Rochelle, général en chef des armées et gagnait aussitôt Montpellier, pour mettre la ville en état de siège, pendant que Montbrun partait en Dauphiné, pour soulever les églises malgré la trahison de Lesdiguières.

Cependant Condé passé aux catholiques tenait Paris, après la mort de Luynes. Il avait flatté l'humeur guerrière du roi, qui s'était découvert une passion pour les campagnes. Il l'avait entraîné contre Soubise, surpris et défait à l'île de Riez. Plus de cinq cents huguenots avaient été capturés et envoyés aux galères. Ce nouveau succès personnel du roi, qui rappelait à beaucoup d'égards les exploits furieux d'Henri IV (le roi avait chargé, seul, l'épée à la main), en imposait à la noblesse : les ralliements ne se firent pas attendre : La Force, contre un bâton de maréchal, rendit la place de Sainte-Foy ; Châtillon devait être aussi fait maréchal pour son action favorable au roi en Languedoc. Lesdiguières se convertirait en grande pompe au catholicisme, contre la promesse du titre de connétable. Seul Rohan l'infatigable tenait encore campagne.

Condé gagnait le Sud, à la tête de l'armée royale. Il évitait Montauban, prenait Négrepelisse dont il faisait massacrer les habitants, gagnait le Sud-Est pour emporter Montpellier. Le 1er août, il commençait le siège de la ville.

Rohan utilisa la même tactique qu'à Montauban : il laissa la milice urbaine assurer la défense sur les remparts, attaquant les arrières de l'armée royale avec ses propres soldats. Au bout de six semaines, la maladie eut raison de l'armée de Condé : il dut lever le siège et accepter la négociation menée au nom du roi... par Lesdiguières. La « paix de Montpellier », d'octobre 1622, était relativement avantageuse pour les protestants : l'Edit de Nantes était confirmé, les assemblées autorisées, l'amnistie accordée. L'Assemblée de La Rochelle pouvait se séparer. Les protestants perdaient quatre-vingts places fortes dans l'Ouest et le Sud-Ouest mais ils avaient sauvé l'essentiel : la paix d'Henri IV n'était pas remise en question.

Sans la résistance des villes, le parti dévot aurait probablement engagé une politique de répression et d'élimination du parti protestant. Tout l'y poussait : les convictions du roi, l'ambition de Condé, candidat à la couronne en l'absence d'héritiers royaux et qui avait montré son zèle contre la religion de ses ancêtres, la faveur populaire, la passion ligueuse reconstituée dans Paris et dans les grandes villes par les prêches des capucins, la désunion et la faiblesse enfin des huguenots dans les régions réputées les plus solides, comme le Poitou et le Dauphiné. Toute la haute noblesse avait basculé dans le camp royal, en dehors de Rohan, qui avait trouvé dans la guerre l'occasion de montrer ses qualités de capitaine. Mais ni Rohan ni Soubise n'étaient des politiques. Malgré leurs victoires, le parti aurait sombré corps et biens sans l'action opiniâtre des municipalités huguenotes, aussi habiles dans la négociation qu'elles étaient acharnées dans la bataille : les Royaux avaient appris à leurs dépens qu'ils ne pouvaient pas s'emparer facilement de La Rochelle, de Montpellier, de Montauban. La population, soudée derrière ses consuls, avait montré sa résolution. Désormais la cause ne dépendait plus que de sa capacité de résistance au nouveau grand serviteur du roi : Mgr du Plessis de Richelieu, qui venait de recevoir le chapeau de cardinal. Mais celui-ci était un autre adversaire que Condé.

Ce gentilhomme poitevin, qui avait pour père un grand prévôt et pour mère la fille d'un des avocats les plus habiles de Paris, avait été élevé par une veuve aux maigres ressources,

hantée par l'ambition de reconstituer sa fortune. Il avait étudié
au collège de Navarre, et se destinait au métier des armes. Mais
son frère Alphonse, évêque de Luçon, était entré chez les
Chartreux. Pour récupérer ce bénéfice, on avait engagé
Armand à faire des études de théologie : il avait eu la bonne
fortune d'être nommé évêque à vingt-deux ans par Henri IV. Il
n'était pas sorti, faute de moyens, de son évêché pendant
longtemps. Orateur du clergé aux Etats généraux, il s'était fait
remarquer, en 1614, et avait fait sa carrière, douloureusement,
dans le parti de la reine mère. Arrivé au pouvoir à force de
ronger son frein et de dissimuler ses sentiments et son caractère, il avait hâte de montrer ses qualités, et de prendre en main
les affaires, assuré du soutien du parti dévot, mais aussi des
« politiques », car cet homme d'Eglise s'était montré soucieux
d'assurer et de défendre les pouvoirs de l'Etat, notamment
contre les grands seigneurs.

Si le Cardinal ne pouvait manquer de développer, à l'extérieur, une action politique hostile aux puissances catholiques,
l'Espagne et l'Autriche, désormais maîtresses quasi absolues de
l'Europe continentale, il se heurtait nécessairement, à l'intérieur, au problème de la coexistence des communautés religieuses. La France était le seul pays d'Europe où l'on avait
institutionnalisé la tolérance. Partout ailleurs, les Etats
n'avaient qu'une religion et rejetaient ou bridaient les minorités.

Même si les protestants avaient des raisons de se plaindre de
l'application de l'Edit, le statut dont ils jouissaient en France
semblait aberrant : ils avaient le pouvoir de faire la guerre à
leur volonté, de négocier la paix, ils s'arrogeaient le droit de
lever des impôts et des troupes, de tenir sans contrôle des
assemblées politiques. Ils avaient vivement protesté, quand,
par lettre patente, le roi les avait contraints à accepter la
présence d'un officier royal, choisi dans leur religion, aux
séances de leurs synodes généraux et provinciaux. La mission
de l'officier était d'empêcher les assemblées religieuses de
s'occuper de politique...

Le Cardinal n'admettait pas la conception d'un Etat mixte,
de l'autorité partagée. Il savait que les villes libres protestantes
seraient une source de conflits continuels : le roi avait laissé
garnison en Béarn et surtout quatre mille hommes en Languedoc, une véritable armée d'occupation. La dernière guerre avait
dépassé en horreurs les plus atroces épisodes de l'histoire des
guerres civiles : les partisans de Rohan avaient détruit les
églises que les catholiques venaient tout juste de restaurer ou de
reconstruire. Ils avaient déterré, dans un cimetière, les cadavres
des catholiques. Au château de Montlaur, au-dessus de Mont-

pellier, ils avaient empêché les paysans d'enterrer les dépouilles de leurs adversaires, laissées en pâture aux chiens errants. Les papistes recouraient aussi au terrorisme : au siège de Montpellier, ils avaient frappé la population civile en cachant dans des charrettes de blé qui entraient en ville des machines infernales. L'occupation des soldats papistes qui se prolongeait après la fin des combats était douloureusement ressentie : le Languedoc tout entier était une poudrière. Le culte catholique, protégé par l'armée, semblait aux yeux des populations une provocation quotidienne, les entraves, les vexations apportées à l'exercice du culte protestant faisaient contre les papistes l'unanimité des Languedociens. Les magistrats des villes, bourgeois prudents et calmes, étaient gagnés à la révolte par l'intransigeance du chef papiste Valençay, qui se livrait à des dragonnades pour terroriser les habitants des villages et intervenait même dans les constitutions des villes, au mépris de leurs privilèges.

A Lunel, à Sommières, les incidents se répétaient. Les papistes n'étaient pas mieux supportés dans les Cévennes : Alès, Anduze étaient sur leurs gardes. Les églises n'admettaient pas que le roi laissât dans la province une force d'occupation, alors qu'il avait signé la paix de Montpellier. Assurément, il voulait reprendre la guerre : en 1622, Valençay avait fait détruire les murailles de Montpellier et construire une citadelle dominant la ville. Le roi ne voulait pas s'entendre avec les Languedociens, il songeait à les réduire à la loi commune. N'avait-il pas refusé de rendre à Castres, ville huguenote, la chambre de l'Edit de la province ?

A La Rochelle, la même politique de force inquiétait la population. En face des murailles de la ville, le roi avait construit le fort Louis. Le duc de Guise avait basé la flotte royale à l'île de Ré : ainsi les corsaires rochelais étaient sous surveillance et les navires de commerce n'étaient plus en sécurité. Toiras, qui commandait Fort-Louis, resserrait son étreinte. En pleine paix, les Rochelais subissaient la menace.

Ils appelèrent Rohan et Soubise. Pour dégager la ville, Soubise imagina une expédition d'une hardiesse rare : avec quelques vaisseaux de faible armement, bourrés de soldats poitevins levés en secret, il attaque et prend par surprise l'île de Ré, en janvier 1625. A l'embouchure du Blavet, il prend sept grands navires de la flotte royale. Il échappe aux troupes du duc de Vendôme, gouverneur de Bretagne, et s'empare de l'île d'Oléron. Richelieu enrage de ne pas pouvoir mobiliser et armer contre lui : ses forces sont engagées en Italie contre les Espagnols. Soubise lance ses vaisseaux contre Royan, remonte la Gironde, menace Bordeaux.

Rohan a quitté La Rochelle pour soulever le Midi. Il sait que les villes, et les églises, ne veulent pas reprendre la guerre. Mais il va de place en place, exposant en détail l'exploit de Soubise, montrant les difficultés du roi, son impuissance devant une révolte générale. Comme les marins de La Rochelle avaient imposé la guerre à la petite bourgeoisie pacifiste de la municipalité, ainsi, dans le Midi, les discours de Rohan, « l'antéchrist », comme disait Richelieu, enflamment le peuple indigné de l'occupation des Royaux, et pousse les consulats et les pasteurs dans les voies hasardeuses de la résistance armée. Il doit plaider même à Montauban, où il fait pourtant figure de héros, les consuls ne s'y montrant pas disposés à soutenir un nouveau siège. Mais ils se laissent prendre par la ferveur populaire. En mai, Rohan a gagné sur toute la ligne : il reçoit le titre de « général en chef des églises réformées de France » et s'assure du Haut-Languedoc. Cet adroit capitaine apparaît, aux yeux des villageois, comme le plus zélé des croyants. Quand il parcourt le Languedoc, toujours escorté de ministres, il s'installe sur les places publiques, demande qu'on lui porte les Evangiles, et fait lectures et prières, devant le peuple agenouillé. Il prêche lui-même ardemment, sollicitant partout le réveil des fidèles, au nom de Dieu.

Le chef de la croisade antipapiste est heureux à la guerre : maître de Castres et de Montauban, il envahit le Bas-Languedoc, s'empare des Cévennes, mais ne peut entrer dans Nîmes, où les consuls refusent de le recevoir. Il doit regagner le Haut-Languedoc, où les Royaux, commandés par Epernon, saccagent les récoltes et détruisent, autour des villes, toutes les sources d'approvisionnement. La population rurale souffre terriblement de la guerre de mouvement, et de ces dévastations des « gastadours » royaux. D'Epernon ne commet pas la faute d'attaquer les grandes villes, il ruine méthodiquement une région entière. Ni les Royaux ni les insurgés n'obtiennent la décision.

Les Rochelais sont indignés d'apercevoir en mer les pavillons hollandais et anglais, venus au secours de la flotte royale. Richelieu a obtenu un maigre secours de Buckingham. Anglais et Français se rapprochent dans la haine commune de l'Espagnol. A Paris, les dévots fulminent contre le Cardinal allié des protestants, et lancent contre lui une campagne de pamphlets. C'est pourtant ces secours étrangers qui permettent à Guise d'organiser un débarquement de troupes dans les îles de Ré et d'Oléron. La ville de La Rochelle est de nouveau menacée.

Richelieu se croit en mesure d'imposer aux Rochelais une paix séparée : ils refusent. Pour montrer qu'il tient la situation en main, Rohan entre dans Nîmes, enfin ralliée, et met la ville en état de défense. Il s'empare également d'Alès. Il peut désormais se dire maître du Languedoc. Les assemblées du Midi, réunies à son instigation, proclament qu'elles lient étroitement leur cause à celle des Rochelais et refusent par avance toute paix séparée : le roi doit consentir. Le 5 février 1626, la paix est signée à Paris : elle maintient les dispositions de la paix de Montpellier. Les protestants respirent : ils ont, une fois de plus, évité le pire.

Richelieu pouvait-il s'en tenir à cette trêve ? Sa paix une fois faite avec l'Espagne, le 20 mars 1627, il avait les mains libres contre les protestants.« Tant que les huguenots auront le pied en France, écrivait-il en 1625, le roi ne sera jamais le maître au-dedans ni ne pourra entreprendre aucune action glorieuse au-dehors. » Pour liquider ces ennemis de l'intérieur, il devait compter désormais sur ses seules forces. L'Angleterre et la Hollande étaient devenues hostiles. Il supprima la charge d'amiral de France et se fit nommer grand-maître, chef et surintendant de la navigation et du commerce. Il mit aussitôt en chantier un grand nombre de navires et entreprit des travaux dans les ports de Honfleur, du Havre et de Brouage.

Le duc de Buckingham, qui dirigeait la politique anglaise, sollicitait désormais, contre Richelieu, l'alliance des protestants français : Pour brusquer les notables, toujours hostiles à la reprise du conflit, il avait débarqué cinq mille hommes et cent chevaux dans l'île de Ré. Les portes de la ville de La Rochelle restaient fermées à Soubise et à l'émissaire de Buckingham. Pourtant, la vieille duchesse de Rohan, très connue et estimée des Rochelais, réussit à les convaincre de les accueillir. Elle sortit elle-même à leur rencontre et les fit entrer dans la ville forte « à la grande joie du peuple, mais contre le gré du maire et de ceux qui gouvernaient ». Ils essuyèrent un refus : les Rochelais, leur dit le maire, ne pouvaient s'engager sans l'accord des églises.

Pas plus en Languedoc qu'à La Rochelle, le parti protestant n'était décidé à faire la guerre : les nobles l'avaient déserté. Seuls Rohan et Soubise menaient le combat, avec passion et obstination. La Trémoille allait se convertir. Sully était trop vieux. Les jeunes ducs de Bouillon et de Turenne n'étaient pas tentés par l'aventure. Quant aux nouveaux maréchaux, Châtillon et La Force, ils jouissaient en paix de leurs hautes charges.

Les bourgeois, satisfaits de la reprise des affaires, enrageaient de perdre de l'argent dans les conflits : en Languedoc, de 1600 à 1630, le commerce et l'activité économique étaient à leur plus haut niveau, notamment dans la draperie. Les marchands, les fabricants voulaient la paix. Les armateurs de

La Rochelle avaient un moment rêvé de constituer une sorte de République marchande à la hollandaise. Ils pensaient désormais ne pouvoir prospérer sans le royaume.

La balle était dans le camp languedocien : Rohan n'osait pas convoquer l'assemblée générale des églises, dont il redoutait l'opposition. Il réunit lui-même à Nîmes les représentants des églises des Cévennes et du Bas-Languedoc. Il les conduisit à Uzès et réussit à les convaincre de voter la prise d'armes et d'accepter l'alliance anglaise, tout en affirmant leur obéissance au roi. Mais les villes du Midi étaient loin d'être unanimes : Millau, Montauban protestaient, Castres expulsait un sénéchal suspect de vouloir livrer la ville à Rohan. Partout la bourgeoisie reste fidèle au roi : quand elle se résigne à la guerre, c'est sous la pression populaire. Dans les villages des Cévennes et dans les bourgs du Haut-Languedoc, Rohan parvient à rassembler cinq mille hommes qui lui permettent de s'ouvrir les portes de Millau et de Pamiers, et de repousser les armées du gouverneur, Montmorency. Mais il sait qu'il ne pourra tenir longtemps si La Rochelle capitule.

Dans l'île de Ré, la résistance des Royaux accroche les forces anglaises de débarquement : le fort de Saint-Martin tient toujours. Les Rochelais se sont enfin déclarés pour la guerre, après deux mois d'hésitations. Aussitôt Richelieu fait bloquer tous les accès par terre. Monsieur, frère du roi, Schomberg, Marillac, Bassompierre commandent à vingt mille hommes levés à la hâte, beaucoup dans la région. Les villes sont tenues de fournir des soldats : Tulle en offre deux cents, Limoges équipe l'artillerie. Limousins et Creusois se rendent en foule pour fournir la main-d'œuvre des travaux du siège. L'Assemblée générale du clergé a voté une subvention extraordinaire de trois millions de livres. Poitiers, Fontenay-le-Comte sont la base arrière de l'opération, minutieusement préparée.

La flotte est confiée à un homme d'Eglise : Sourdis, évêque de Maillezais, extraordinaire animateur, plein de ressources, improvisant la construction de navires légers, rassemblant les équipages, bourrant les premières barques construites de vivres pour ravitailler les défenseurs héroïques de Saint-Martin-de-Ré. Grâce à ses efforts, un convoi de trente-cinq voiles parvint à aborder dans l'île, le 16 octobre. Depuis le 10 juillet, le fort survivait.

Louis XIII et Richelieu surveillaient en personne les opérations. Ils voulaient libérer l'île de Ré avant l'arrivée de la flotte anglaise de secours. Deux mille hommes triés sur le volet, choisis personnellement par le roi, furent embarqués sous les ordres de Schomberg. Buckingham, surpris, réussit à se dégager et à prendre le large, abandonnant plus de mille morts sur la plage.

Désormais, Richelieu pouvait organiser le blocus complet de la ville, sans redouter la flotte rochelaise. Les ingénieurs Terragone et Métezeau lui soumirent les plans d'une longue digue, pour barrer la baie. On bascula des blocs de pierres au fond de la mer pour dresser ce rempart qui devait dominer la marée la plus haute, et permettre d'amener des pièces d'artillerie. Vingt-six navires de guerre protégeaient la digue contre une attaque venue de mer. Un goulet était ménagé en son milieu pour permettre au flux des marées de circuler. D'octobre 1627 à janvier 1628, pendant quatre mois, une armée de maçons limousins travailla à la digue.

Richelieu, fort des expériences fâcheuses de Montauban et de Montpellier, veillait personnellement au paiement et à l'alimentation des troupes. Les soldats devaient régler ce qu'ils consommaient. Il les obligeait à se coucher dès neuf heures du soir, pour qu'ils ne traînent pas dans les cabarets. Un coup de canon annonçait le couvre-feu. Les capucins et les récollets soignaient, confessaient, prêchaient comme à la croisade. Richelieu, nommé par le roi lieutenant général (Louis XIII impatienté était reparti à Paris), redoutant par-dessus tout une épidémie de peste ou de dysenterie, surveillait de très près l'état sanitaire des troupes.

Mais La Rochelle tenait. Le maire, Guitton, élu au printemps, ranimait les courages, dans l'attente de la flotte de secours.

Le premier secours anglais, commandé par Lord Denbigh, se présenta devant La Rochelle le 11 mai : surpris par l'état des défenses, il reprit la mer, n'osant attaquer une si forte digue avec ses soixante-dix navires. Les habitants de La Rochelle, à demi morts de faim, virent disparaître à l'horizon les voiles qu'ils attendaient depuis de longs mois. Le maire, pourtant, décide d'envoyer un messager à Charles Ier, pour demander un nouveau secours et menace des pires sanctions ceux qui parlent de se rendre. Les malheureux qui réussissent à se glisser entre les lignes y trouvent la mort : les soldats du cardinal les déshabillent et les chassent à coups de fouet.

Buckingham, qui préparait une expédition, est assassiné au début de septembre. La flotte anglaise prend néanmoins la mer, commandée par Lindsey. Le 18 septembre, il est avec Soubise et cinq mille soldats devant Saint-Martin-de-Ré. Canonné, mitraillé par les défenses du havre, il ne s'aventure pas au débarquement. Il envoie un ambassadeur, Walter Montague, pour proposer la médiation anglaise et met à la voile. La Rochelle capitule contre promesse de vie sauve et de liberté religieuse pour ses habitants. Ils étaient 27 000 au début du siècle. 4 000 s'étaient échappés. 20 000 sont morts. La plupart des survivants durent s'exiler. Les murailles furent rasées. Les nouveaux habitants durent fournir des certificats de baptême. La ville avait perdu, pour longtemps, sa fortune et ses franchises. Le roi y fit son entrée en armes le 1ᵉʳ novembre.

Il ne tarda pas à rejoindre Condé, qui pacifiait le Vivarais et s'avançait en Languedoc contre Rohan. En avril et mai 1629 il avait ravagé Pamiers, envoyé ses habitants aux galères. Réalmont avait subi le même sort, en Bas-Languedoc. Condé et d'Epernon avaient écumé la province, détruisant les récoltes, multipliant les dragonnades, massacrant les otages et les défenseurs des villes.

Quand le roi parut en Ardèche, Montbrun, qui défendait Privas avec huit cents hommes contre vingt mille, ne pouvait tenir longtemps. La ville prise et rasée, l'armée royale descend sur Alès, qui ouvre ses portes. Rohan est à Anduze, à l'Assemblée des églises. Il sait qu'il n'a aucune chance de vaincre l'armée royale. En accord avec les délégués, il demande la paix.

Le 27 juin 1529, l'« édit de grâce » d'Alès maintenait les dispositions de l'Edit de Nantes quant à la liberté de culte. Mais il ordonnait aux protestants de rendre leurs places de sûreté, de raser les remparts des villes et des châteaux. Le « dernier bataillon d'une cause perdue » (Léonard) déposait les armes dans la dignité mais perdait à jamais toute chance de les reprendre. Louis XIII se rendit lui-même à Nîmes, et Richelieu à Montauban pour décourager toute résistance et obtenir la stricte application de l'Edit. A Montpellier, Richelieu fondait un collège de jésuites. Le père Joseph, qui l'accompagnait, ne doutait pas que l'« édit de grâce » ne fût suivi, à brève échéance, de la révocation de l'Edit de Nantes.

.

.

14.

La guerre des procureurs

L'édit d'Alès n'enlevait pas aux protestants leurs églises, et garantissait en théorie l'exercice du culte. Mais comment les 850 000 adeptes de la « religion prétendue réformée » pouvaient-ils envisager l'avenir sans crainte, alors qu'ils se trouvaient livrés, sans garanties, sans soutiens politiques, au pouvoir absolu exercé par le cardinal-soldat, leur vainqueur à La Rochelle, Richelieu ?

La victoire du pouvoir royal mettait un terme aux espérances de liberté politique qu'avaient pu concevoir les provinces et les villes du Midi : c'est là que les réformés étaient les plus nombreux : 100 000 en Basse-Guyenne, où ils se concentraient dans la basse vallée de la Dordogne, dans les pays de Bergerac, d'Agen, d'Albret, à Sainte-Foy et à Clairac. Les Béarnais avaient, pour beaucoup, rejoint le giron de l'Eglise catholique, après l'expédition de Louis XIII. 30 000 cependant restaient huguenots, surtout autour d'Orthez et d'Oloron. Les Causses du Bas-Quercy et du Haut-Languedoc fournissaient au parti 80 000 inconditionnels, avec les huguenots de Castres, Millau et Montauban. Le Bas-Languedoc, autour de Nîmes et de Montpellier, gardait 88 000 fidèles, dont 15 000 dans la ville de Nîmes. Le gros noyau cévenol, d'Alès à la haute vallée du Tarn, avait 82 000 pratiquants, et le Vivarais 48 000. Les survivants des vaudois et des églises dispersées de Provence étaient 9 000. Si l'on ajoute à ces protestants de langue d'oc les 90 000 Poitevins et les 98 000 de l'Aunis-Saintonge, on peut admettre que les huguenots du Midi constituaient les trois quarts de l'Eglise réformée de France : 625 000 pour 850 000 (chiffres établis par S. Mours).

Les communautés du Nord étaient beaucoup moins nombreuses : 12 000 dans Paris, 48 000 en Ile-de-France. Les

Normands étaient à peine plus nombreux : 59 000 ; autour de Dieppe, Le Havre, Rouen et Caen. La Bretagne catholique avait tout de même 6 000 protestants (Nantes, Rennes, Vitré) alors que la vallée de la Loire, constamment mêlée aux guerres de Religion, avait été reprise en main par les papistes : 13 500 seulement autour de Loudun, Saumur et Tours. Il est vrai que, sur la ligne Orléans-Bourges, des communautés très dispersées groupaient 15 500 pratiquants. Même dispersion en Bourgogne (17 000 huguenots), quelques groupes isolés en Auvergne, une église en lente reconstruction dans Lyon. Seul le Dauphiné comptait encore 72 000 religionnaires, dont beaucoup étaient, dans les Alpes du Sud, de langue d'oc. Il faut ajouter, pour rééquilibrer le Nord, les protestants des pays francophones, mais non encore français, dont certains en Alsace étaient luthériens, et aussi ceux de Metz, au statut particulier.

Les gentilhommières n'ont pas suivi l'exemple des châteaux : seuls les grands seigneurs ont abandonné leur parti pour rechercher à la Cour les postes et les pensions. Les petits nobles, gens de guerre, sont rentrés chez eux pour maintenir les cultes et les traditions dans le cadre de leurs « églises de fief ». Ils ont ainsi permis à la Réforme de se maintenir dans des régions comme la Bourgogne ou la Picardie, pauvres en églises de concession. De la même manière, les bourgeois « d'offices », qui attendaient tout des grâces royales, ont volontiers abandonné la cause, alors que les bourgeois de négoce et d'entreprise sont restés protestants. Des banquiers, comme Samuel Bernard et d'Herwarth, des industriels comme Gobelin et Laffemas conféraient à l'église de Paris une certaine puissance, mais les notables, en province, étaient aussi des soyeux à Nîmes, des chartrons à Bordeaux, des armateurs à La Rochelle ou à Nantes, des papetiers à Angoulême et des drapiers à Sedan ou Montauban. Les « religionnaires » étant de plus en plus exclus des fonctions publiques (et même des municipalités du Midi, à partir de 1650) il était normal qu'ils concentrent leurs activités sur le commerce et l'industrie, voire sur la banque, se prêtant une entraide efficace.

Les églises des grandes villes, Paris, Rouen, Lyon, Nîmes, Bordeaux (où les protestants effectuèrent, pendant la première moitié du siècle, une lente reconquête) se révélaient ainsi prospères et bien administrées. Plus pauvres étaient celles de la petite noblesse normande et poitevine. En Bourgogne, en Champagne, en Provence, les artisans et les petits commerçants s'efforçaient de maintenir les cultes à un niveau décent. Quant aux communautés rurales de Brie ou d'Auvergne, elles n'étaient pas, comme dans les Cévennes, à proximité de lieux de cultes autorisés et avaient tendance à dépérir.

La cohésion était maintenue par la solidité des rapports sociaux et cultuels, à l'intérieur des communautés. On n'avait pas changé de « discipline ». Celle du synode national de 1559 était toujours en vigueur. La doctrine était claire, et ne fut pas remise en question par la querelle des calvinistes hollandais, qui disputaient avec acharnement sur la question de la grâce. Les Français, dans leur majorité, furent favorables à la thèse la plus exigeante sur la prédestination, celle du professeur Gomar, qui enseignait que Dieu, de toute éternité, avait décidé du salut ou de la damnation des âmes, avant même la chute. Ainsi le Christ avait subi la passion au profit des seuls élus, que connaissait déjà son Père. Les autres n'étaient pas concernés et il était impossible de connaître, sur terre, les noms des élus. Des pasteurs formés, pour beaucoup, dans les académies françaises de Saumur, Sedan, Montauban et Die enseignaient la doctrine. Jusqu'en 1664, Nîmes disposa d'une académie. Les deux facultés des Arts et de Théologie formaient le candidat pasteur : il était d'abord bachelier en philosophie, après un an d'études, puis, en seconde année, « maîtres es arts ». Il faisait ensuite trois ans de théologie. Pour devenir pasteur, il ne passait pas d'examen à l'académie. Une longue interrogation par le synode de la province dont il était originaire suffisait. Ainsi les grands pasteurs, les Dumoulin, les Jurieu, les Basnage, recevaient-ils leurs collègues par cooptation, dans leurs synodes respectifs, en les questionnant sur leurs connaissances en matière de foi. Le recrutement était de qualité et les pasteurs compétents.

Les synodes jouaient en France un rôle dominant dans la vie des églises. Bien que Calvin ne leur eût jamais reconnu de pouvoir doctrinal, ils étaient en réalité suivis par les églises, même en matière de foi, même si elles avaient quelquefois tendance — comme celle de La Rochelle — à revendiquer l'autonomie. Les communautés réformées tendaient à se constituer comme le clergé catholique en pyramides épiscopales, en « protestantisme d'Eglise », clérical en quelque sorte. Elles avaient la tentation de l' « unionisme ».

Les minorités perdues dans les provinces catholiques ressentaient puissamment le besoin de se regrouper, de définir en commun tactique et politique, d'assurer entraide et fraternité devant la répression. C'est la Contre-Réforme et l'action du clergé catholique qui pesaient sur les églises, les obligeant à faire corps.

Très respectueuses des hiérarchies sociales, elles reconstituaient, dans leur organisation, le profil d'une société ordonnée : quand Philibert Delorme et Salomon de la Brosse construisaient des temples pour les églises riches, ils réservaient le sol carrelé aux fidèles, mais plaçaient les notables du consistoire sur un parquet de chêne surélevé. On retrouvait en province, et dans les campagnes, cette préoccupation de hiérarchie : à Mens, dans le Dauphiné, la communauté étudiée par Bolle groupait, autour du pasteur, vingt « anciens », dans leur majorité des marchands et des bourgeois. Ils étaient cooptés tous les deux ans, mais les notables restaient toujours en place, alors que les artisans, pris par leur travail, changeaient fréquemment. La fonction d'ancien était astreignante et demandait une grande disponibilité : il fallait assurer des fonctions précises : la lecture, l'instruction, le secrétariat, les comptes, enfin la représentation de l'Eglise devant les pouvoirs municipaux, ainsi que l'assistance. La levée des taxes pour la rémunération du pasteur et l'entretien du temple était une lourde tâche, ainsi que l'organisation de collectes au profit des déshérités, dont on surveillait strictement l'origine, la religion et les mœurs. Ce devoir de surveillance s'appliquait au demeurant à tous les fidèles et impliquait une responsabilité morale que les artisans, soucieux de garder leur clientèle, n'assumaient pas toujours volontiers : il est malaisé de dénoncer l'adultère et l'ivrognerie du voisin, dans une petite ville de province... comment se faire bien voir du petit peuple, quand l'on interdit, le dimanche, la danse, le jeu de quilles, et d'autres exercices moins honnêtes ? L'honneur d'être un « ancien » se payait cher : bravant l'impopularité, il devait être lui-même d'une conduite exemplaire, et passait une partie de son temps — quand il n'y consacrait pas, en plus, une partie de ses revenus — à visiter les malades, à les assister, à catéchiser les familles et à arbitrer les conflits entre ses concitoyens. Le système des « anciens » assurait ainsi le triomphe des notables, d'une élite à la fois religieuse et sociale, sur les classes laborieuses qui n'avaient ni le temps, ni l'autorité, ni l'argent nécessaire pour se dévouer, à longueur d'année, à la communauté. Mais il avait l'avantage d'opposer à l'agression catholique toujours menaçante un barrage social efficace : les notables, dans la chicane, savaient se défendre et défendre leurs ouailles. En Bourgogne ils étaient avocats, petits nobles, bourgeois ou gros marchands. Leurs députés, réunis une semaine par an aux synodes provinciaux, avaient la charge de désigner les pasteurs.

Ceux-ci se recrutaient d'abord chez les fils de pasteurs, qui constituaient d'étonnantes dynasties. Bien peu, parmi eux, avaient une origine paysanne. Pour soutenir de longues études, ils devaient être d'un milieu aisé, sachant lire, capable de les inciter au travail intellectuel. Ils étaient, comme les Anciens, des fils de juristes, de gens de robe, de bourgeois, parfois de commerçants et d'artisans. On leur reprochait parfois d'aimer la bonne chère et de vivre bourgeoisement. Mais la plupart se montraient fort dévoués à la communauté. Ils assuraient les prêches et l'enseignement du catéchisme de Calvin. Ils faisaient preuve, en raison de la solidité de leur formation, d'une bonne culture dans l'interprétation des Evangiles. Dans les grandes villes, ils devaient assurer un prêche tous les jours, quatre le dimanche... Ils célébraient la cène quatre fois par an et veillaient à ce que tous les paroissiens y soient présents. Ils baptisaient les enfants, publiaient les mariages et se gardaient d'assister aux enterrements, puisque leur religion interdisait toute prière pour les morts. La cérémonie, très brève, n'avait pas lieu au temple. Le convoi mortuaire se rendait directement au cimetière. Les nobles ou les riches bourgeois pouvaient se faire enterrer chez eux. Dans les régions de culte dispersé, ils n'avaient pas le choix : on leur refusait souvent l'entrée du cimetière catholique, et ils étaient trop peu nombreux pour avoir un cimetière particulier. En Poitou l'on voit ainsi le long des chemins des tombes individuelles, signalées par des haies et des ifs. Le consistoire tenait l'état civil : les registres pastoraux tenaient le compte exact des nouveaux baptisés, qui portaient, pour se distinguer des catholiques, des prénoms bibliques : Abraham, Daniel, Isaac, David, Samuel, Sarah, Judith ou Suzanne. Un édit de Genève, en 1550, avait interdit l'emploi de prénoms catholiques évoquant des saints détestés, comme Antoine, Catherine, Marguerite ou Françoise. Le nom de Claude avait pratiquement disparu de l'état civil. Les protestants se conformaient encore à ces usages, mais empruntaient de plus en plus les prénoms de leurs enfants au Nouveau Testament : les Jean, les Marie étaient légion, malgré la proscription du culte marial. Les nobles n'hésitaient pas à choisir des prénoms de l'Antiquité, comme Hercule, César ou Olympe...

Les pasteurs, qui furent longtemps très mal payés (les versements promis par Henri IV furent d'abord irrégulièrement versés, puis ils ne furent plus versés du tout, après 1630), assumaient les charges de leurs paroisses avec conscience et dévouement. Sur 750 ministres que comptait alors la France protestante, 74 seulement furent déposés par les synodes pendant la première moitié du siècle, les uns pour affaires de mœurs, les autres pour impiété, déviations ou hérésie. Les catholiques se plaignaient, en Languedoc, de recevoir, avec un clergé beaucoup plus nombreux, une instruction religieuse plus faible que les huguenots. « Le peuple veut être instruit, écrivait l'intendant, et c'est une plainte générale que les nouveaux catholiques (c'est-à-dire, les protestants convertis, qui peuvent comparer les deux religions) font, de ne pas trouver dans notre religion les mêmes instructions que dans la leur. »

Après l'édit d'Alès, la fidélité des protestants à la monarchie ne peut être mise en question. Déjà les nobles avaient hésité, et pour beaucoup refusé de suivre Rohan quand il avait pris les armes contre Richelieu. Le loyalisme des notables était incontestable. Il était de leur intérêt comme de leurs convictions d'être monarchistes. Calvin l'avait déjà affirmé avec force : « Les magistrats ont commandement de Dieu, sont autorisés de Lui et du tout ils représentent sa personne, étant au demeurant ses vicaires. » Contre les ultras, qui, en catholiques papistes, prétendaient limiter le pouvoir royal, soit par l'intervention du peuple, soit par l'opposition du pape, les protestants étaient du côté des catholiques « gallicans », qui tenaient que le roi de France ne pouvait être inférieur au pape, ni tenir de lui son trône. Il n'avait de comptes à rendre qu'à Dieu. Cette thèse était celle de tous les grands serviteurs de l'Etat, Richelieu, puis Mazarin et Colbert. Plus tard l'évêque de Meaux, Bossuet, exprimerait avec éclat la théorie de « l'absolutisme royal ». Les protestants l'avaient devancé : Duplessis-Mornay, dès 1611, publiait son *Mystère d'Iniquité* pour répondre, à l' « ultramontain » Bellarmin, que le roi de France tirait directement son pouvoir de Dieu seul. En 1620 le pasteur Dumoulin polémiquait avec le jésuite Arnoux pour défendre « le droit des rois et l'indépendance de leur couronne ».

Pourquoi le roi rejetterait-il ces précieux alliés alors qu'ils défendent, contre les thèses du pape, son pouvoir absolu ? Richelieu, qui ne doute pas, après l'édit d'Alès, de la défaite du parti protestant, se garde bien de révoquer l'Edit de Nantes et de les mettre au ban du royaume. Il est, semble-t-il, satisfait de voir les grands seigneurs abandonner le parti. Pour les autres, ils servent sa politique.

A-t-il voulu les étouffer ? Il s'appuie à l'extérieur sur les Anglais, les Hollandais, les princes allemands et les Suédois, contre la maison d'Autriche. Cette politique est une constante de la diplomatie française jusqu'en 1672, début de la guerre de Hollande. Richelieu n'a aucun intérêt à prêter l'oreille aux conseils du « parti dévot », mené par Bérulle et Marillac. Il ne veut pas d'une nouvelle guerre contre les protestants français. S'il a livré la dernière, c'est qu'il a voulu éviter le soulèvement général des provinces. C'est un politique, non un fanatique.

Le politique intervient à Loudun, dans l'affaire des possessions. Le curé Grandier est accusé d'avoir mis le diable dans le corps de malheureuses ursulines. Les « possédées » croyaient, comme les mystiques de cette époque, aux extases et aux illuminations. Mais comment tolérer un tel scandale, qui discrédite la foi piétiste, en plein pays huguenot ? Richelieu forme une commission spéciale présidée par un maître des requêtes. Grandier est jugé, torturé, brûlé vif. Richelieu reste sourd à toute intervention en sa faveur. Il pense que les catholiques, s'ils veulent supprimer la religion prétendue réformée, doivent donner l'exemple de la décence et de la mesure, et s'abstenir de toute provocation. Tout au long de son ministère, il encourage la réforme du clergé : il soutient Adrien Bourdoise, curé de Saint-Sulpice, qui crée le premier grand séminaire national. Il impose la décence aux évêques et recommande au roi de les choisir parmi les plus instruits et les plus zélés. Il demande au roi des soldats pour rétablir l'ordre chez les carmes, pendant que l'évêque Sourdis, de Bordeaux, son compagnon devant La Rochelle, gifle la mère abbesse de l'Annonciade, qu'il accuse de favoriser l'indiscipline. Il reconstruit la Sorbonne pour marquer l'intérêt qu'il porte au renouveau de la théologie.

Mais il n'admet pas les empiétements du pape dans les affaires d'Eglise, qu'il considère comme du ressort de la monarchie. A cette époque, où même les protestants croient au roi « thaumaturge », la monarchie considère que les problèmes ecclésiastiques sont en grande partie de sa compétence. Des pamphlets ultramontains accusaient Richelieu de vouloir mettre la main sur le clergé, au besoin en créant un schisme. Ne disait-on pas qu'il voulait se faire élire « patriarche » de l'Eglise gallicane par un concile national des évêques ?

Si telle n'était pas son ambition, il s'efforçait de tenir la balance égale entre gallicans et ultramontains. Dans cette politique difficile, il est aidé, paradoxalement, à la fois par les pères jésuites affirmant, comme le père Rabardeau, la souveraineté royale sur l'Eglise, et par les protestants, dont il espère la rentrée dans l'Eglise, quand celle-ci sera lavée de ses scandales et débarrassée de ses abus. Il croit pouvoir ramener les brebis égarées dans l'Eglise romaine « par des voies de douceur, d'amour, de patience et de bons exemples ». Il médite la réunion d'un synode national où les réformés, spectaculairement, retrouveraient l'unité. Il gagne certains pasteurs à cette idée, il encourage la tendance minoritaire des ministres hostiles à la théorie de la prédestination. Se rapprochant ainsi des protestants, il accrédite le mythe de Richelieu patriarche et schismatique, qui fait peur aux ultramontains, il pratique, selon l'expression d'Orcibal, un « chantage au schisme ».

L'Edit de Nantes, dans ces conditions, n'est pas remis en question. Richelieu ne croit pas, comme jadis les rois de France, à un protestantisme sans nobles. Les huguenots, désarmés, seront chaque année moins nombreux. Ils se proclament bons serviteurs de la monarchie. Pourquoi ne pas les croire ? Il affirme qu'il est désireux de « maintenir les réformés dans les libertés qui leur étaient accordées par les édits ». Les protestants affaiblis, vaincus, désunis, n'en demandent pas davantage.

Les catholiques, par contre, sont très offensifs. Au nom du cardinal, avec son accord, Marillac mène contre les huguenots la « guerre des procureurs ». On leur fait mille querelles, et les juges leur donnent tort. Ils sont bien protégés dans les régions où ils sont majoritaires, comme le Midi ou le Dauphiné. Mais quand ils sont éparpillés, ils n'ont pas les moyens de résister aux pressions sournoises, à l'application insidieuse des règlements. Pour des raisons d'apparence juridique, on « suspend » certaines églises. Les protestants réunis en 1637 au synode d'Alençon se plaignent de la suppression de quatre-vingt-sept communautés, dont celle de Paray-le-Monial. Richelieu était l'abbé commendataire de l'abbaye... Les communautés de Chartres ou de Sancerre ne sont pas nombreuses, mais elles sont actives, déterminées, elles protestent avec force contre ces mesures arbitraires : rien n'y fait, les procureurs leur donnent tort. Les pestes, meurtrières dans les années 1630, et les famines ne sont pas étrangères à l'irritation populaire contre les huguenots, que les prédicateurs rendent encore responsables de la colère de Dieu. La guerre de chicane n'est pas exempte de violence : l'on ne déterre plus les cadavres, mais on interdit les cimetières aux Huguenots. Les états de Languedoc, en 1632, ferment des lieux de culte. On enlève des enfants pour les baptiser de force. On ferme les « escholettes ». Les jésuites se chargent de concurrencer victorieusement les collèges réformés.

Ils ont le vent en poupe : la réputation de leur enseignement est telle que les bourgeois, commerçants et même artisans brûlent de leur confier leurs enfants. L'éducation apparaît déjà comme un moyen de promotion. Pour répondre à la demande croissante, les pères jésuites multiplient les collèges, recrutent des enseignants. D'après Dainville, ils ont, en 1627, quarante mille élèves en France.

Les collèges ont été implantés dans de nombreuses régions protestantes, et certains d'entre eux sont mixtes : jésuites et ministres huguenots se partagent les locaux. Car les protestants ont aussi des collèges en assez grand nombre. Ils ne prennent pas de pensionnaires, les enfants sont logés chez les régents, les plus pauvres reçoivent des bourses des consistoires. Les professeurs sortent des académies, ils enseignent le latin comme les jésuites, mais aussi le grec.

Ils ne peuvent pourtant pas résister à la concurrence : la Compagnie de Jésus, forte de sa réputation, attire les élèves même de condition modeste. 80 pour 100 des collégiens de Châlons-sur-Marne, par exemple, « venaient des rangs moyens ou inférieurs du tiers état », la moitié venaient du peuple et de la petite bourgeoisie. En recrutant dans tous les milieux, les jésuites voulaient arracher la jeunesse à l'ignorance, mais aussi à l'hérésie. L'enseignement était missionnaire.

Désormais les protestants n'étaient plus les seuls à faire campagne pour l'instruction. Contre les avis des notables et de Richelieu lui-même, les jésuites s'engageaient dans un enseignement de combat, qui concurrençait avantageusement les collèges ouverts par les protestants. Ne recrutant d'élèves que dans les familles de leur confession, ceux-ci ne pouvaient progresser. Leurs effectifs baissaient au contraire, par les effets de la chicane : les catholiques avaient imaginé de nombreux procédés pour décourager les huguenots tièdes, et les éloigner de leur religion. L'un des plus efficaces était de les inquiéter sur l'avenir de leurs enfants. On commençait, dans toutes les provinces, à n'attribuer les fonctions publiques et les postes municipaux qu'à des catholiques confirmés, pourvus de ces indiscutables brevets de catholicité qu'étaient les diplômes signés par les bons pères. Les collèges protestants fermaient, faute d'élèves et de ressources financières. A La Rochelle, à Nérac, à Orthez, à Orange et même à Montpellier, ils avaient disparu. Ils ne subsistèrent, jusqu'en 1662, que dans les villes « académiques » : Saumur, Die, Sedan, Nîmes. La Contre-Réforme avait gagné la bataille de l'enseignement.

Le succès des jésuites n'était pas du goût de tout le monde : les universitaires, jaloux, s'inquiétaient, les notables se plaignaient, les parlementaires s'indignaient. Richelieu, en accord avec l'Assemblée des notables du royaume de 1627, songeait à limiter l'implantation de ces collèges à une douzaine de villes en France. « Comme la connaissance des lettres, écrira-t-il plus tard, est tout à fait nécessaire à une République, il est certain qu'elles ne doivent pas indifféremment être enseignées à tout le monde... le commerce des lettres remplirait la France de chicaneurs, plus propres à ruiner les familles et troubler le repos public qu'à procurer aucun bien aux Etats. » Mais les marchands, les petits bourgeois, et même, dans certaines régions, les « laboureurs » voulaient donner à leurs enfants l'éducation qui leur permettrait d'accéder aux emplois nobles. La carte des collèges devint très serrée, des petits établissements s'ouvrant dans l'ombre de collèges réputés. Au risque de perdre leur prestige, les jésuites avaient ainsi gagné une masse d'élèves avides de scolarisation, en répondant aux besoins d'une société soucieuse de promotion. Ni Richelieu ni les notables ne pouvaient rien contre cette exigence.

Le cardinal ne pouvait pas davantage s'opposer au prodigieux mouvement de la foi catholique : au « siècle des saints », les laïques aussi prétendaient aux visions et aux élans vers Dieu. On assistait dans le monde de la Cour à des conversions spectaculaires, à des vocations mystiques étranges. Un président au parlement de Bordeaux vivait avec sa femme comme si elle eût été sa sœur. Les filles de la noblesse que l'on mariait par obligation demandaient à bénéficier d'un mariage blanc, puisqu'on les empêchait d'aller au cloître. Dans les couvents d'ursulines, les scènes d'extase mystique étaient monnaie courante. On prétendait qu'une servante, nommée Barbe, arrivait à un niveau de mysticisme comparable à celui de Catherine de Sienne. Ceux qui partaient pour le Canada allaient arracher « les sauvages » à l' « empire du démon ». Olier et Le Royer de la Dauversière, les créateurs de la Société Notre-Dame de Montréal, entendaient des voix. Les premiers colons étaient des missionnaires, qui débarquaient en chantant des cantiques. Les jésuites ouvraient un séminaire pour « jeunes sauvages » pendant que les ursulines instruisaient les « filles sauvages ». Les catholiques voulaient pousser les conversions dans toutes les régions isolées du monde, mais aussi bien dans la pègre et l'univers des prisons. Vincent de Paul, qui s'était échappé des bagnes de Tunis (il avait été capturé en mer par les Barbaresques), avait demandé au roi la charge d'aumônier des galères, où ramaient de nombreux protestants. Il obtenait de Richelieu la création d'un hôpital, à Marseille, pour les galériens malades. Avec Louise Legras, née de Marillac, il fondait la première maison des sœurs de la Charité, destinée à assister les malades sans ressources. Il créait l'œuvre des Enfants trouvés, un hospice de vieillards et, pour les pauvres, la Salpêtrière.

La plupart des ordres étaient destinés, en cette période de vie chère, de peste et de famine, à soulager la misère. Jamais la charité n'avait eu champ plus vaste à couvrir. Les dames de la noblesse créaient les filles de la Providence, les filles de la Magdelaine ou les filles de la Croix, pour lutter contre la débauche et le dénuement. La contagion de la foi était irrésistible, elle abolissait les préjugés, remuait les sentiments

chez les plus austères et les plus froids : Vincent de Paul
réussissait, miraculeusement, à réunir dans sa maison de
retraite de Saint-Lazare des évêques et des grands seigneurs,
mais aussi des soldats sans soldes et des laquais en livrée.

Dans cette fièvre missionnaire avait été créée, en 1627, la
Compagnie du Saint-Sacrement, formée de religieux et de
laïques unis par le désir de porter remède à la détresse sociale, à
la misère spirituelle. Elle n'avait pas pour unique but, la
conversion des hérétiques. Son créateur, le duc de Ventadour,
avait cédé à une « illumination », se séparant de sa très jeune
femme pour l'envoyer au cloître. La compagnie travaillait dans
le sillage de Vincent de Paul, le précédant parfois dans ses
œuvres : elle s'était intéressée avant lui aux galériens et aux
détenus des prisons. Elle dénonçait les duellistes, assistait les
putains, soulageait les malades et recueillait les mendiants.

Elle eut bientôt des sociétés-sœurs dans toutes les grandes
villes françaises, Toulouse et Bordeaux, Marseille, Grenoble et
Lyon, Poitiers et Limoges... au total cinquante-trois associations, qui écrivaient régulièrement au bureau de Paris, mais
n'avaient pas le droit de communiquer entre elles. Les affilia-
tions avaient un aspect initiatique : elles étaient tenues secrètes,
et se faisaient dans le secret. On connaît aujourd'hui ses
membres : des nobles ultras du Midi, des chanoines et des curés
des villes, parisiens surtout, une dizaine d'évêques, beaucoup
de parlementaires au nom célèbre, les d'Ormesson, les Lamoignon, les d'Argenson ; des ambassadeurs, des officiers royaux,
des bourgeois. L'ambassadeur auprès du Saint-Siège était l'un
des affiliés les plus notables.

La Compagnie ne se préoccupait pas seulement d'action
sociale. Même là, elle n'oubliait pas sa fonction missionnaire :
si elle secourait les pauvres et les hérétiques, c'était contre
promesse de conversion. Si elle assistait les prisonniers, c'était
pour leur fournir d'abord les secours d'un aumônier. Elle
poursuivait ceux qui faisaient scandale dans les églises, mais
aussi les citadins dont la vie privée était décriée. Elle jouait
ainsi le rôle de dénonciateur que les calvinistes attendaient de
leurs fidèles, dans les consistoires.

Les missions organisées par la Compagnie avaient toutes un
objectif précis, bien délimité. Elle s'attaquait aux protestants
par petits groupes, s'installant dans un pays aussi longtemps
qu'il le fallait pour enregistrer publiquement les conversions.
Tous les moyens étaient autorisés, y compris le rachat. Les
convertis touchaient leur obole, surtout quand ils avaient très
faim. Dans la Creuse, une mission fut organisée contre le seul
groupe protestant connu dans la région, à Aubusson. La
« propagation de la Foi » créait des difficultés à l'administra-

tion royale : les tribunaux étaient souvent saisis de plaintes : à Metz, où l'on avait enlevé des enfants, il fallut les rendre à leurs familles légitimes.

On n'hésitait pas à demander un brevet de catholicité pour accès aux emplois, et même à boycotter les commerçants ou artisans huguenots. La Caisse de conversions permettait de financer certaines opérations. On interdisait aux protestantes les emplois de lingères. Les réformés ne pouvaient être notaires à Grenoble, ni procureurs à Paris. La Compagnie restait dans la légalité : elle avait truffé les jurys de ses créatures. On ne délivrait de diplômes qu'aux catholiques. Les médecins subissaient la même pression : on voulait les contraindre à ne pas soigner les malades qui ne demandaient pas de confesseurs. On les obligeait, ainsi que les « matrones » dans les villages, à dénoncer les mères en douleurs qui ne faisaient pas baptiser leurs enfants. La Compagnie obtint du roi l'interdiction faite aux protestants d'avoir leurs hôpitaux dans Paris. Elle avait très souvent gain de cause en justice, en raison des nombreux parlementaires sympathisants qui tranchaient les causes en faveur de ses thèses. Elle pouvait ainsi contrer efficacement l'action de ces « chambres de l'Edit » qui jugeaient les religionnaires. De plus en plus, la mission de « conversion » était considérée comme essentielle par les messieurs de la Compagnie, que l'on appelait autrement « cabale des dévots ».

Mazarin, cet incroyant dont le pasteur Jurieu a pu dire « qu'il n'a jamais cherché d'autre chemin pour aller au Ciel que celui de la rapine », n'avait que faire des fanatiques et des bigots. « Il n'a jamais pensé, ajoute le pasteur, à ce chemin du Ciel qu'on appelle la conversion des hérétiques. » Il sait gré aux protestants de n'être pas frondeurs. Il a suffisamment d'ennemis dans le royaume pour ne pas réveiller l'intolérance. L'activité de la Compagnie l'inquiète.

Les dévots savent qu'ils ne peuvent pas compter sur le Cardinal, et qu'ils doivent faire pression directement sur le pouvoir. Le Conseil du roi, qui a le pouvoir d'évocation des causes judiciaires, a plusieurs fois cassé comme illégaux des arrêts rendus par les parlements de province à la suggestion de la « cabale ». Il s'efforce, en particulier, de maintenir la tolérance en matière professionnelle et lutte contre les excès des parlementaires d'Aix, de Toulouse, de Bordeaux. La Compagnie, dès 1643, demande à ses succursales de lui fournir une documentation complète sur les mesures de justice prises à l'encontre des huguenots par les différents tribunaux. Un énorme dossier est ainsi rassemblé, dépouillé et exploité par le zélé avocat Jean Fillieau, du présidial de Poitiers. La Compagnie le présente à l'Assemblée du clergé : les plus hauts dignitaires de l'Eglise, ceux qui ont accès à la cour et au gouvernement, disposent ainsi d'arguments pour protester contre la politique de tolérance, qui brime les intérêts légitimes de la religion. L'Edit de Nantes n'a-t-il pas pour but de « réunir à l'Eglise ceux qui s'en étaient si facilement éloignés » ? Fillieau insiste, car la méthode est bonne : la plupart des assemblées annuelles du clergé reçoivent des dossiers sur « les entreprises que font ceux de la religion prétendue réformée ». Dans l'esprit des dévots, la justice du roi doit interpréter les clauses de l'Edit de Nantes de telle sorte que la vie sociale, comme l'exercice du culte, devienne de plus en plus difficile aux protestants : la « chicane » de la « guerre des procureurs » doit avoir raison des « hérétiques ».

Mazarin, déjà, se méfiait. Mais les discours des cardinaux et des archevêques impressionnaient Anne d'Autriche. Il avait dû, avant sa mort, consentir à l'envoi de commissaires enquêteurs dans les provinces. Ils partirent en effet, en 1661-1662, et rapportèrent de quoi faire condamner d'innombrables suspects. Mais la « cabale » inquiétait trop de puissants. Sa campagne contre les duels lui avait fait des ennemis irréconciliables dans la noblesse (le duel était puni de mort depuis Richelieu), ses menées dans les provinces inquiétaient les évêques, jaloux de leur pouvoir. Son fanatisme religieux déplaisait aux parlementaires gallicans qui voulaient être les seuls interprètes de la justice du roi. Le *Tartuffe* de Molière en 1664 lui donna le coup de grâce : pas plus que Mazarin, le jeune Louis XIV n'admettait l'existence d'une société secrète, regroupant tant de hauts dignitaires de l'Etat. Dans les années 1661-1665 les affiliés se dispersèrent, on n'entendit plus parler des « dévots ».

Mais sur le terrain, quels ravages !... On connaît les effets de la politique de la « cabale » en Languedoc et Dauphiné, d'après la correspondance adressée au chancelier Séguier, de 1633 à 1649, par les intendants de Languedoc et du Dauphiné. Baltazar, en poste dans le Languedoc, se plaint furieusement des protestants. Il se sent encouragé par la « cabale », il emploie ses méthodes d'espionnage et de délation. Il a des agents à sa solde dans tous les synodes, dans les consistoires mêmes. Il surveille les publications, les réunions. Il se plaint de la faveur accordée aux juges de la chambre de l'Edit, qui arborent la robe rouge, comme s'ils étaient des juges royaux à part entière. Les tribunaux catholiques, dit-il, sont trop modérés et les magistrats ne s'entendent pas. Il faut qu'ils montrent autant de résolution que leurs collègues huguenots, sinon les catholiques seront lésés. Il enrage de voir les mariages mixtes célébrés dans la haute société. Il utilise tous ses pouvoirs pour entraver le culte : il veut l'interdire à Vals et à Aubenas, en Ardèche. Le roi le blâme. Il veut empêcher le synode de se réunir dans la ville de Montpellier. Nouveau blâme royal. Il demande à recevoir les causes de la chambre de l'Edit, pour lui enlever toute substance. Cette fois encore, il n'est pas suivi par le Conseil du roi et s'en indigne. Il prend l'initiative d'organiser une « mission » à Anduze pour convertir de force les huguenots. Il multiplie les interdictions de culte : en 1647 les consuls et magistrats huguenots sont renvoyés des états de la province, sans autre forme de procès. En 1649, le diocèse de Narbonne interdit le culte réformé. On cherche à exclure les huguenots du consulat, de l'administration. On chasse les jeunes protestants des offices royaux. L'intendant Baltazar encourage les « procureurs » qui frappent « ceux de la religion prétendue réformée ». Il l'avoue dans sa correspondance : il ne considère pas les religions comme égales : « La catholique est l'aînée, la légitime et l'unique, celle du roi et de l'Etat. La R.P.R. est une religion d'édits, nouvelle , particulière, religion de concessions et de tolérance. »

L'intendant de Grenoble est plus modéré : il ne recherche pas l'affrontement, au contraire. Il sait que le Conseil du roi n'accepte pas les arrêts des parlements trop zélés, et que Mazarin réprouve la violence. Au moindre incident, il tente de négocier. Quand l'évêque de Valence fait raser un temple soi disant illégal, il promet à la chambre de l'Edit de faire une enquête, propose de discuter du montant des dommages et intérêts. On reconstruit le temple. L'incident est clos. En fonction de l'attitude des intendants, l'application de l'édit pouvait être tracassière ou libérale : ces nouveaux agents de la centralisation monarchique avaient tous les pouvoirs, dans les périodes agitées, même si le Conseil du roi gardait sa prérogative de contrôle des décisions de justice.

Le seul incident violent, pendant le gouvernement de Mazarin, fut la « dragonnade de Saint-Luc », à Montauban. Le collège de la ville était mixte : les jésuites cohabitaient avec les protestants. En 1660 : une violente bagarre mit aux prises les écoliers, et l'évêque, qui avait des amitiés dans la Compagnie du Saint-Sacrement, porta plainte au parlement de Toulouse. Saint-Luc, qui commandait les troupes royales en Guyenne, fut envoyé en expédition, pour rétablir l'ordre : après quatre mois d'occupation, les réformés de Montauban avaient toutes raisons de se plaindre : l'académie était fermée, transportée dans le village de Puylaurens, le collège était abandonné aux jésuites, une Cour des Aides catholique s'installait dans la ville. Pour couper court à toute opposition, Saint-Luc avait fait pendre une dizaine de bourgeois.

En Languedoc, en Guyenne, en Dauphiné, les réformés avaient les moyens de se défendre. Ils ne pouvaient pas se plaindre du pouvoir royal. On a le sentiment, en lisant la correspondance de Séguier, que les plaignants sont plutôt les intendants : ils manquent de moyens d'action. La reconquête des municipalités est lente, aléatoire. Les familles catholiques et protestantes s'unissent, elles se sentent solidaires contre le pouvoir parisien. Les chambres mi-parties donnent toujours tort aux catholiques. Les intendants ne peuvent s'appuyer ouvertement sur la Compagnie du Saint-Sacrement. Ils connaissaient l'aversion de Mazarin pour les sociétés secrètes. S'ils peuvent compter sur l'appui des parlements, très catholiques dans le Midi, ils savent que leurs arrêts risquent d'être cassés à Paris et que certaines causes ne peuvent être évoquées. Quand les protestants de Montauban subissent l'occupation des troupes de Saint-Luc, ils en appellent à Mazarin. Si le cardinal n'avait pas été sur son lit de mort, peut-être les aurait-il secourus.

Les catholiques n'ont pas, en pays protestants, de moyens d'intervention assez efficace. Les « missions » sont temporaires. Même à Montauban, où la troupe reste quatre mois, la vitalité de l'Eglise réformée lui permet de reconquérir ses positions dès le départ des soldats de Saint-Luc. Très fréquemment les nouveaux convertis reviennent au calvinisme. La mission de Baltazar à Anduze est, de ce point de vue, en échec. Si l'intendant peut se flatter, sur le moment, d'un certain nombre de conversions, il doit bientôt déchanter : un mois plus tard, les jésuites abandonnent la place.

Certes, au Nord de la Loire, et même en Limousin, en Aunis, en Poitou, les résultats obtenus par la Compagnie de Jésus et par la cabale des dévots sont plus encourageants. Dans ces régions, le renouveau catholique n'emploie pas seulement la chicane pour obtenir les conversions, il tente la conquête des âmes. Sept compagnies de pénitents se créent à Limoges avant 1615... elles regroupent un tiers des habitants de la ville où se multiplient les prêches, les processions, les missions. Dans la Marche et en Limousin, les villes principales ont au moins deux compagnies de pénitents. De 1625 à 1676, l'évêque de Limoges, François de la Fayette, donne l'exemple de la discipline, crée un séminaire, anime les prêtres de l'esprit missionnaire. Les ordres sont actifs dans la ville, où ils fondent, ainsi qu'à Poitiers, de nombreux couvents. Les jésuites sont les plus efficaces : ils ont partout des collèges et n'hésitent pas à prêcher et à confesser, même si l'évêque leur en dénie le droit. La rivalité entre les ordres a des résultats positifs : à Limoges, un émule de Vincent de Paul, Savignac, crée l'hôpital général. La Compagnie du Saint-Sacrement, très présente dans cette région de missions, coordonne et stimule les efforts. Le protestantisme, moins bien protégé que dans le Midi, finit par reculer : les missions d'Aubusson et de Rochechouart sont efficaces. La vicomté de Turenne, ce fief huguenot, est assaillie de toutes parts. Dans les villes les communautés sont entamées, encerclées, accablées par les procureurs et les dévots. A Limoges, au Dorat, l'Eglise réformée disparaît très vite. Elle s'étiole et résiste encore, pour un peu de temps, à Uzerche et à Beaulieu. De « Limoges la Sainte » et de Poitiers « abondante en prêtres et en moines », comme dit La Fontaine, la volonté conquérante de la Contre-Réforme permet de disperser les communautés mal défendues grâce à l'action convergente de toutes les forces catholiques.

Même dans le Midi, cette action montre une efficacité certaine, partout où les protestants ne sont pas maîtres des municipalités : le clergé a récupéré une partie de ses biens, reconstitué ses richesses, reçu des encouragements : il a les moyens d'entreprendre la reconquête. Le Languedoc n'est pas riche en saints, mais un jésuite géant (il mesure près de deux mètres) s'illustre en convertissant les huguenots de la montagne : il est canonisé. Saint François Régis laisse son nom dans la chronique du Vivarais et du Velay. En Languedoc, dans les Cévennes, les jésuites ne sont pas seulement enseignants, comme à Limoges et Poitiers, mais missionnaires, comme au Paraguay. Ils partagent la vie des indigènes. Ils obtiennent des conversions durables grâce à la résidence des pères dans les villages perdus.

Action nécessairement limitée, faute d'effectifs. Les manifestations urbaines, plus spectaculaires, permettent de mobiliser en permanence la population, de la regrouper dans les fêtes et prédications, d'organiser une véritable religion de masse. Les jésuites passent maîtres dans l'art de cette religion-spectacle. Leurs églises sont conçues comme des décors permettant d'assister au théâtre édifiant, à la prédication scénique. Vastes et décorées d'innombrables statues de saints, tableaux de la vie religieuse, images de la Vierge et du Saint-Sacrement, elles trouvent sur place les talents nécessaires pour reproduire dans toutes les provinces les illustres modèles romains. Sébastien Bourdon, peintre huguenot, passe sa vie à peindre des vierges et des anges dans la cathédrale de Montpellier. A Toulouse comme à Béziers ou à Narbonne, peintres et sculpteurs régionaux se frottent les mains : les commandes affluent.

Le passage des prédicateurs est, pour les paroisses urbaines, l'occasion de processions, de défilés des confréries de pénitents, dans une émotion collective parfois indescriptible. A Nice, à la porte du royaume en mai 1671, un jésuite italien, Philippe Poggi, arrive, pieds nus en haillons, pour prêcher dans l'église toute neuve du Gesu. Pour accroître son public, il fait dresser une estrade sur le parvis, convoque les pénitents. Nice a des confréries de toutes les couleurs, des bleus, des gris, des rouges, des noirs et des blancs. C'est une ville riche, prospère, où les familles patriciennes ont les moyens de construire des chapelles. Les pénitents se flagellent en public, pour demander pardon de leurs pêchés. Une cagoule protège leur anonymat.

Le père estime que leur manifestation de mortification n'est pas suffisante : dans le décor de la façade du Gesu, il les menace des pires châtiments, accuse particulièrement les femmes d'impiété. Elles se pressent aux pieds de l'estrade. Le quartier est bloqué, tous les Niçois veulent voir le père, le toucher, lui demander l'absolution. Les femmes jettent dans un bûcher géant leurs objets de luxe, leurs tableaux, leurs toilettes. Sept pères jésuites aident Poggi à les confesser, de jour et de nuit. Pendant les offices, les pénitents se flagellent dès qu'ils entendent , au prêche, les mots de mort et d'enfer. Dans la nuit, ils parcourent la ville jusqu'à l'aube, pour que nul ne puisse dormir en état de péché. L'évêque lui-même ne peut trouver le sommeil. Il finit par s'inquiéter de l'importance de ces manifestations. Il ordonne au moine d'abréger sa mission.

Poggi organise, avant de quitter Nice, une procession géante : les plus riches dames de Nice marchent en tête, vêtues de toiles de sac, pieds nus, cheveux dénoués. Elle flagellent leurs épaules dénudées, portent des couronnes d'épines et s'avancent la corde au cou, le crucifix en main. Les enfants, les étudiants, les professeurs les suivent, traînant des croix plus lourdes qu'eux. Puis les métiers de la ville, les nobles enchaînés, la cagoule sur la tête, les confréries... A la fin de la procession, Philippe Poggi, have, hagard, précédé de pénitents qui portent des bières couvertes de draps mortuaires. Il a des couronnes d'épines sur la tête, autour de ses bras nus, autour des jambes, il peut à peine marcher. Autour de lui des prêtres brandissent des têtes de morts. Le jésuite arrive enfin dans le parc de la ville, où vingt mille personnes l'attendent. Il prononce son dernier prêche devant une foule fanatisée. De Nice, Poggi gagne une autre ville de la côte méditerranéenne, car on l'attend dans le royaume. La religion spectacle a ses vedettes.

Quand les processionnaires tiennent la ville, les protestants ne peuvent mettre le nez à la fenêtre. La tolérance, contestée par les messieurs du Saint-Sacrement, n'existe pas dans les mœurs. Les incidents entre protestants et catholiques sont encore nombreux, surtout dans la jeunesse turbulente. L'affaire de Montauban était, à l'origine, une querelle de collégiens. Certains incidents prennent valeur d'exemple et se répandent de proche en proche, frappant l'imagination. A Bionne, près d'Orléans, un certain Colas Pannier, petit paysan, possède une vache dans le troupeau collectif de son village. On a construit un temple, conformément à l'Edit, en dehors de la ville. La vache de Pannier est attirée par l'office ; elle pénètre dans le temple, en pleine cérémonie.

Incident burlesque ! les protestants de Bionne le prennent au tragique : c'est un diable de papiste qui a fait entrer la vache. On essaie de la capturer ; l'animal s'énerve, donne des coups de corne, renverse les bancs, charge la chaire. A douze, à vingt, les hommes la maîtrisent enfin. Ils la traînent hors du temple, et l'égorgent. Elle est mise en pièces et les assistants se partagent les morceaux. Le pauvre Colas Pannier va voir son curé, qui lui conseille de porter plainte : le bailli d'Orléans condamne les protestants à rembourser à Colas le prix de sa vache. L'anecdote fait le tour de la France, inspire une chanson. Les catholiques vont la chanter sous les fenêtres des notables huguenots : même les grands seigneurs se battent en duel quand l'un d'entre eux accuse l'autre de « sentir la vache à Colas ». Pour un mot de ce genre, de la Force et Gramont se battent à mort. On voit dans Paris les trompettes du roi demander le silence, pour avertir la population qu'il était désormais interdit de chanter en public la « vache à Colas ». Ainsi le roi protège les huguenots, pour faire respecter l'ordre. La plupart des incidents rapportés dans les chroniques ont pour origine des provocations de catholiques. Dans tous les cas, la nervosité des foules est en cause. La Contre-Réforme, en développant la religion de masse, exposait les villes aux plus dangereux affrontements. Leur rareté relative montre à quel point les communautés protestantes pouvaient être vigilantes. Les pasteurs veillaient de près à contrôler leur jeunesse, à empêcher les provocations. Une autre version, sans doute d'origine huguenote, de la « vache à Colas » indique que les fidèles du temple se sont cotisés, avant le procès, pour rembourser la vache du manant. Les églises les plus menacées tiennent à passer pour loyalistes. Elles attendent beaucoup, en 1661, de la prise du pouvoir par Louis XIV. Elevé par Mazarin, qui n'a jamais été leur ennemi, il a, au début de son règne, humilié la cabale des dévots. Ne peut-on attendre de lui une application plus libérale de l'Edit ? Les protestants peuvent d'autant plus l'espérer qu'ils sont conscients de constituer, dans le royaume, une puissance économique qui va dans le sens de ce que souhaite Colbert.

Si les églises ont vu avec tristesse tant de grands seigneurs s'éloigner d'elles, elles ont eu des sujets de satisfaction. Qui regrette, dans les consistoires, l'exil des Rohan, ces jusqu'au-boutistes ? Une Marguerite de Rohan épouse un Chabot et leurs descendants seront catholiques. Les Duras se convertissent. Le fils et le cousin de Coligny deviennent papistes. Il faut bien vivre, et les pensions du roi sont alléchantes. Ces grands seigneurs sont victimes de la dépréciation de la rente foncière. Les droits féodaux et seigneuriaux rapportent beaucoup moins. Qu'y faire ? Ils se tournent vers le soleil.

Quelques-uns restent fidèles à la cause, les plus modérés : quelques princesses, les maréchaux Schomberg et Ruvigny. Les églises s'en réjouissent. Elles souhaiteraient sans doute que l'on pût faire sa cour en étant calviniste mais si le roi a chassé les dévots, il n'aime les protestants que dans la finance. Même dans l'armée, si les officiers huguenots gardent personnellement le droit d'exercer leur culte, ils sont l'objet des chicanes. Les règlements de Louvois les briment : par exemple, on refuse les honneurs militaires à leurs convois funèbres... Beaucoup s'affectent du peu de reconnaissance du roi pour leurs services et louent leur épée aux alliés protestants de la France, les princes du Nord, le roi de Danemark...

Depuis 1650 le huguenot d'Herwarth nomme ses coreligionnaires dans les bureaux des finances : jusqu'à sa mort en 1676, pendant seize ans, il tiendra en main la rentrée des impôts royaux. Vingt-huit officiers de finances sont protestants. Personne ne critique cette appropriation. Colbert a toute confiance en eux. Jusqu'en 1680, nul ne conteste leur compétence, ils restent en place pour le plus grand bien des églises, qui, grâce à eux, ne manquent pas de ressources.

En général les protestants traversent la grande crise économique du XVIIe siècle en s'adaptant aux nouvelles conditions du marché : rareté des monnaies, difficulté des échanges, nécessité de vendre au-dehors et d'éviter les importations coûteuses. Ils sont à la tête de nombreuses manufactures et de véritables ensembles d'activité industrielle : la soie, par exemple, est dans le Languedoc entièrement entre leurs mains, des artisans des Cévennes aux gros marchands de Nîmes. Ils ont à Sedan le monopole du drap, celui des tapisseries à Aubusson, des toiles à Alençon.

Même quand ils sont peu nombreux, comme à Lyon ou en Bourgogne, ils sont à la tête des affaires. Dans les ports de l'Ouest, les relations privilégiées de leurs armateurs avec les

Anglais, les Flamands, les Hollandais, les Danois et les Suédois leur permettent de dominer le grand commerce. Ils se sont infiltrés dans les grandes compagnies à monopoles qui prospèrent depuis Richelieu. Les frères Formont, de Rouen, sont à la Compagnie du Nord, les Bibaud et les Pelisseau à la Compagnie des Indes occidentales. Il y a dans le royaume, au début des années 1680, plus de soixante banquiers protestants. Qu'importe la défection des grands seigneurs. Les capitaines d'industrie et les généraux de finances les ont avantageusement remplacés, au point de susciter, dans certaines villes de province, l'animosité de la plèbe urbaine contre les familles de notables huguenots, maîtres redoutables, intraitables, de l'entreprise.

Cette nouvelle façade sociale du protestantisme ne doit pas faire oublier la solidité du tissu populaire, qui, pendant la « guerre des procureurs », ne se réduit que dans les villes. C'est aussi une tentation pour les pauvres que de recourir à l'assistance du clergé et des « caisses de conversion » imaginées par la Compagnie du Saint-Sacrement : les grands seigneurs ne sont pas seuls tentés par la politique du rachat. Que les notables — qui sont aussi les patrons — dominent les églises de province et leur imposent l'absolu respect de la hiérarchie sociale favorise parfois la propagande catholique, volontiers démagogue : en Normandie, à Nîmes, à Montauban, les conflits du travail opposent les ouvriers ou compagnons mécontents à leurs employeurs protestants. Dans la ville de Tours, on constate une véritable chute de la population des églises, de 1600 à 1685 : elles ne gardent que 50 pour cent de leurs fidèles. Faut-il attribuer cette désaffection à la vigueur de l'action catholique ou à la lassitude des croyants, découragés par le loyalisme tiède de leurs pasteurs ? La foi populaire semble mieux se maintenir dans les campagnes, qui regroupent alors 60 pour cent des huguenots. La « guerre des procureurs », en y rendant l'exercice du culte difficile, les a sans doute sauvés, dans leurs communautés rurales, du formalisme et de l'ennui. A Mens, au Mas-d'Azil dans l'Ariège, les familles huguenotes foisonnantes d'enfants se protègent hardiment contre les menaces papistes.

Ces menaces viennent toujours de la ville, où les parlementaires sont devenus les agents privilégiés de la Contre-Réforme. Jadis une minorité d'entre eux était sensible aux thèmes de la Réforme. Ceux-là ne sont plus tentés par le calvinisme, ils deviendront plutôt jansénistes. La plupart des magistrats des provinces manifestent un grand zèle contre les chambres de l'Edit, qui défendent les protestants. Dans le milieu judiciaire, la religion réformée ne recrute plus guère que chez les avocats. Certes il existe encore des magistrats protestants, notamment dans les cours souveraines du Midi, à Montauban, à Montpellier, à Bordeaux et à Grenoble, en Dauphiné. Mais la magistrature s'est fermée peu à peu aux réformés, à la fois par réflexe de corps, et par l'effet des interdictions successives de la législation royale, qui décourage les ventes de charges aux hérétiques. Le roi veut récupérer sa justice.

En apparence, il accepte l'Edit de Nantes et ne fait pas mauvaise figure aux réformés. Colbert, son financier, n'est pas, comme le remarque Goubert, un « foudre de religion ». Il sait tous les services que rendent banquiers et officiers de finance protestants. Le roi, à l'extérieur, mène sa guerre perpétuelle contre les Habsbourg. Il a besoin des traditionnels alliés protestants de la couronne. Jusqu'en 1680, il est hostile à toute violence à l'encontre des protestants de l'intérieur. Le 1er février 1669, il renouvelle les clauses de l'Edit de Nantes.

Non sans hésitation, avant de mourir, Mazarin avait accepté le principe d'envoyer dans les provinces des « commissaires » chargés d'examiner sur place le bien-fondé des griefs de l'Assemblée du clergé contre les réformés. Dès sa prise du pouvoir, Louis XIV désigna les commissions, toujours dirigées par l'intendant, assisté d'un représentant du clergé et d'un noble protestant. Il ne manquait pas de huguenots royalistes et loyaux, pour répondre à la demande du souverain, et accepter de participer aux travaux de ces commissions, qui avaient pour fin de limiter, par la « chicane », les libertés de leurs coreligionnaires. Il est vrai qu'ils s'employaient de leur mieux à les défendre.

Lourde tâche : la vérification des griefs demandait des mois. Dans les régions où le culte protestant était mal protégé, le représentant de la religion réformée ne pouvait empêcher ses collègues de fermer des lieux de culte en ergotant sur les droits d'installation des églises. Quand l'intendant prenait le parti du clergé, les protestants avaient toujours tort. Certains clercs-commissaires se faisaient une réputation d'experts dans l'interprétation restrictive des clauses de l'Edit. Ils publiaient des guides permettant à leurs collègues moins expérimentés de se retrouver dans le maquis de la chicane et d'utiliser la jurisprudence à leur profit.

A partir de 1665, les commissaires devinrent permanents. L'intendant était en somme chargé de veiller sans défaillance à l'application stricte des textes royaux. Il n'est pas étonnant, dans ces conditions, que les « procureurs » aient obtenu des résultats efficaces : si l'Edit de 1669 reprenait la plupart des garanties accordées jadis à Nantes, si les protestants avaient en principe accès aux municipalités, aux jurandes, à toute l'administration royale, ils subissaient sur le terrain une véritable persécution juridique : ils étaient exclus des charges municipales, en Languedoc et ailleurs. On leur interdisait même les petites fonctions de la justice : greffier, notaire, huissier. Ils ne pouvaient être juges seigneuriaux ni experts : en 1685, on leur interdirait même la profession d'avocat.

Pour restreindre leur influence, et les empêcher de perpétuer leur culte, on pratiquait une surveillance renforcée sur la population et sur certaines professions. Déjà le curé, dans les villages, désignait lui-même la matrone qui aidait dans les accouchements. Cette « sorcière blanche » devait aussitôt faire baptiser le nouveau-né, ou avertir le curé en cas de refus des parents. En 1684, on interdisait aux femmes réformées d'être matrones, on prétendait même interdire la religion calviniste aux médecins et apothicaires.

La richesse des protestants indignait : il fallait les empêcher à tout prix de s'enrichir. Ceux qui partaient dans les compagnies coloniales risquaient de gêner, outre-mer, le travail des missionnaires catholiques. En 1674, interdiction fut faite aux huguenots de participer aux compagnies coloniales et même de s'installer aux colonies. Ils étaient, grâce à Herwarth, nombreux dans les finances : en 1680, on décida de les chasser de ces charges enviées qui leur permettaient de soutenir leurs coreligionnaires. Le but était d'affamer les églises : non seulement le privilège des pasteurs de ne pas payer la taille fut aboli, mais on les empêcha de recevoir dons et legs, et on leur dénia le droit de les transmettre. L'entraide financière des églises fut interdite.

Les protestants, dans certaines régions, étaient puissamment aidés par certains secteurs économiques florissants. L'État intervint pour exclure les hérétiques des corporations, comme si le droit de donner du travail relevait d'un monopole royal. En 1664, on exigea que les « lettres de maîtrise » qui donnaient le droit d'exercer en maître une profession, fussent décernées au nom de la religion « catholique, apostolique et romaine ». Sans doute ces mesures successives — édits, lettres, décisions, arrêts — n'étaient-elles pas appliquées partout ni toujours. Le roi réitérait fréquemment ses interdits : à l'évidence, il n'était pas obéi. Comme le dit l'historien hollandais Van Deursen, « la loi interdisait aux protestants d'exercer la profession d'avocat, mais on ne pourrait en conclure qu'il n'y avait pas d'avocats protestants ». Il existait encore, de la même manière, des soyeux, des tapissiers, des maîtres de forges huguenots. Les édits royaux n'avaient sans doute pas atteint la fortune protestante, mais ils avaient considérablement gêné les huguenots dans leurs activités et dans leurs ambitions.

Ils les gênaient surtout dans l'exercice du culte. Les villes de la révolte, comme La Rochelle et Privas, étaient tout simplement interdites aux réformés. Le parlement de Toulouse avait même condamné à mort les habitants protestants de Privas, sans avoir les moyens de faire exécuter sa sentence. D'autres villes devaient être frappées d'interdiction, comme Dijon et Autun.

Partout où le culte était interdit, les pasteurs ne devaient pas résider. Ils ne pouvaient exercer en France, s'ils étaient étrangers. Le culte ne pouvait être célébré en l'absence d'un pasteur : s'il tombait malade, il fallait attendre sa guérison. Les pasteurs ne devaient pas résider plus de trois ans dans le même lieu. Ils étaient tenus d'habiter à au moins 24 kilomètres de leur ancienne paroisse.

Tous les moyens étaient bons aux représentants de l'ordre catholique : on exigeait de l'église réformée qu'elle produise des documents écrits, attestant la fréquentantion ancienne des paroissiens, tolérée par le roi, confirmée par ses officiers. Les documents devaient porter le timbre officiel. Dans les fiefs où le culte était autorisé si le seigneur était huguenot, on exigeait qu'il y ait au moins dix familles protestantes. La moitié des églises tolérées par l'Edit de Nantes furent ainsi supprimées. Les limitations à l'exercice du culte étaient nombreuses, tracassières : les ministres étaient surveillés dans leurs prêches. Ils ne devaient pas attaquer les dogmes de la religion catholique. Ils étaient tenus d'accepter dans les temples mêmes la contradiction apportée par les prêtres. Ces derniers disposaient du droit d'interrompre les prêches, d'intervenir pendant les offices.

La tracasserie se nichait partout ; les magistrats possédaient, dans les églises catholiques, des bancs superbes ornés de fleurs de lys : semblable privilège leur était interdit dans les temples. Alors que les processions catholiques se répandaient dans les villes et emplissaient les rues d'une foule nombreuse, les pasteurs ne pouvaient sortir de leurs temples, ni exercer leur culte en plein air. Il était interdit aux Protestants de chanter les psaumes dans la rue.

Une série de mesures, à partir de 1660, décourageait le prosélytisme : les « relaps » (catholiques devenus réformés) étaient bannis. Les ministres qui avaient obtenu des conversions étaient exilés, leurs lieux de culte détruits. En 1679, on va plus loin : un édit menace de destruction tous les temples qui auront accueilli un seul relaps.

Incapables d'exercer la moindre apologétique, les protestants ne sont même pas assurés de maintenir la foi dans leurs propres familles : une série de mesures permet de contester les droits des parents sur les enfants. Les bâtards et les enfants abandonnés (les « exposés ») sont, d'autorité, baptisés catholiques. On autorise d'abord les garçons à quatorze ans, les filles à treize, à changer de religion, sans l'autorisation de leurs parents. Puis on considère que l'âge du choix doit être abaissé : en 1681 il est fixé à sept ans. A cet âge, les enfants sont censés pouvoir « connaître les voies du salut ». Ces mesures sont lourdes de conséquences : elles permettent de considérer les enlèvements d'enfants comme légitimes : les parents qui s'opposent à leur conversion n'abusent-ils pas de leur autorité ?

Le boycott des principales cérémonies de la vie familiale est systématiquement organisé : il ne faut pas être plus de douze aux baptêmes et aux mariages. Les enterrements doivent avoir lieu à l'aube ou au crépuscule. Le cimetière catholique est rigoureusement fermé aux hérétiques. Ils doivent enterrer leurs morts en dehors des bourgs et des villages, à trois cents pas au moins des églises. Ils n'ont pas le droit d'élever des monuments funéraires.

On empêche les protestants de se marier solennellement. On les traque à leur naissance comme à leur mort. Les notables sont écartés, dans les villes, des administrations hospitalières parce que l'on veut réserver au clergé catholique le secours aux mourants. Même à l'hôpital de Nîmes, les catholiques sont les maîtres : seuls les curés peuvent venir proposer leurs services « in articulo mortis ».

L'éducation des enfants est étroitement surveillée : dès leur plus jeune âge, ils sont pris en main par le clergé : dans beaucoup de villes et de villages, les parents n'ont pas le choix. S'ils veulent donner une éducation à leurs enfants, ils ne peuvent, ni les placer à l'étranger ni les confier comme pensionnaires aux pasteurs (1664). Les écoles sont parcimonieusement autorisées : les protestants ne peuvent en ouvrir qu'une par lieu de culte reconnu. La fermeture du temple entraîne celle de l'école. L'enseignement est limité à la lecture et l'écriture. Il est interdit d'enseigner la religion. Un seul maître est admis par école.

Cette législation présentait, certes, des lacunes. Mais elle s'avéra efficace dans la mesure où elle aboutit à la fermeture des temples : les protestants ne peuvent plus se défendre dans les chambres de l'Edit : les premières sont fermées en 1669 (Paris et Rouen), les autres en 1679 (Toulouse, Bordeaux,

Grenoble). Le seul recours est le Conseil du roi, qui est encombré de leurs plaintes. Il les protège d'ailleurs, dans certains cas, contre les excès du clergé et des intendants, notamment dans les enlèvements d'enfants. Leur seule protection est leur résistance à la persécution, quand ils sont assez nombreux pour se grouper et opposer à l'intendant un front uni.

Rares sont les provinces cependant où la résistance est possible. Dans les pays nouvellement acquis, comme la Navarre ou le pays de Gex, la politique de persécution ne rencontre pas d'obstacles : vingt et un des vingt-quatre temples du pays de Gex sont fermés. Les Genevois en sont expulsés. Sur la frontière de la Suisse, les catholiques ont voulu construire un bastion. Ils ont travaillé sans relâche à l'expulsion des hérétiques. Ils ont été moins heureux dans l'Est, malgré tous leurs efforts. L'Alsace et Metz ont gardé leurs temples.

Il est vrai que les protestants jouissaient d'un statut particulier en Alsace, depuis la paix d'Augsbourg : luthériens à 80 pour 100, ils avaient, selon le principe allemand, la religion de leur prince *(cujus regio, ejus religio)*. Les villes, les possessions des princes protestants étaient à l'abri, en théorie, de toute agression catholique puisqu'elles bénéficiaient d'un accord signé par l'empereur, au même titre que les autres communautés allemandes. Quand l'Alsace était devenue française, les traités de Westphalie avaient reconnu ce privilège. Nul ne pouvait inquiéter les Alsaciens pour leurs cultes. Le roi de France, après Charles Quint, s'en portait garant.

D'autres villes que Strasbourg étaient passées à la Réforme, notamment Wissembourg et Mulhouse, mais Strasbourg avait toujours été la métropole rayonnante de la Réforme en Alsace, grâce à l'action de Sturm, Bucer et Zell. La foi protestante avait survécu à l'exil de Bucer, en 1549, quand Charles Quint vainqueur des protestants allemands avait tout fait pour rétablir le catholicisme en Alsace. De la paix d'Augsbourg (1555) au début de la guerre de Trente Ans, le protestantisme avait fait des progrès constants, plus d'un Alsacien sur trois suivait la foi de Bucer, sinon celle de Calvin.

Devant l'enchevêtrement des possessions, la carte religieuse était difficile à cerner : les catholiques gardaient leurs positions quand les abbayes et les évêchés avaient gardé leurs terres. Les possessions des Habsbourg et des ducs de Lorraine restaient de confession romaine... Mais la plupart des « chevaliers d'Empire » étaient gagnés à la Réforme, ainsi que leurs « vilains », et les villes métropoles, comme Strasbourg et Mulhouse, entraînaient dans leur sillage les nombreux villages des campagnes environnantes. D'autres villes se ralliaient, comme Colmar, Munster, Sainte-Marie-aux-Mines. Les églises, bien entretenues par les villes et les princes, n'avaient aucun problème de foi grâce à un corps de pasteurs très vigilant, appliquant sans faiblir l'orthodoxie luthérienne du *Livre de Concorde,* publié en 1580. Le dogme, la liturgie, la discipline étaient intouchables. La Contre-Réforme, qui profitait des malheurs de la guerre de Trente Ans pour partir à l'assaut des bastions alsaciens, se heurta contre un mur : une quinzaine de villages seulement furent récupérés à la foi romaine.

Contre le duc de Lorraine et l'empereur Habsbourg, les Alsaciens demandaient, pour garder leur foi, la protection du roi de France. L'Edit de Nantes leur semblait un modèle de législation tolérante. Aux traités de Westphalie, ils avaient obtenu, grâce à la France de Richelieu, la reconnaissance de leur liberté de culte. Ils n'en demandaient pas plus. Le *statu quo* de 1624 leur permettait de reconstituer leurs forces, après les épreuves qu'ils avaient subies : la guerre, la peste et la famine.

Par la victoire de Turenne sur les impériaux (Turckheim, 1675) la France s'installait définitivement en Alsace. La paix de Nimègue lui reconnaissait cette possession (sauf Strasbourg, acquis en 1681). Louis XIV confirma solennellement les privilèges de la province, et promit de respecter toutes les croyances. Pourtant, dès l'entrée de l'armée dans Strasbourg, la cathédrale était rendue au culte catholique. La Contre-Réforme avait échoué avec les Habsbourg, elle tentait de nouveau, avec les Français, la reconquête de l'Alsace.

Le régime du *simultaneum* instauré par Louis XIV, donnait lieu à toutes les contestations : il était décidé que dans les paroisses qui comptaient au moins sept familles catholiques, le culte catholique devait être célébré « simultanément » dans le chœur des églises protestantes, les fidèles de Luther ou Calvin devant se contenter de la nef. Les capucins et les jésuites, accourus en foule, se chargeaient d'installer sur le territoire des paroisses des familles de jardiniers ou de journaliers, pour obtenir le *simultaneum :* plus de cent soixante églises durent bientôt appliquer ce régime. Les Français respectaient la lettre des traités, mais les catholiques en violaient constamment l'esprit. Bientôt l'administration royale les soutiendrait dans leur tentative de reconquête des bastions luthériens.

A Metz, ville au statut particulier, bien que possession du roi de France elle n'était pas française, l'Edit de Nantes n'était pas applicable : les Messins, pour bénéficier de ses clauses de tolérance, avaient négocié avec Henri IV un « article secret » qui garantissait la pratique du culte réformé. Ils avaient la liberté de culte dans quatre temples (Metz, Saint-Privat, Courcelles, Burtoncourt). Des nobles, des notables bourgeois, des magistrats, des militaires envoyaient leurs enfants dans les écoles calvinistes et des représentants au consistoire, aux côtés des très nombreux artisans et commerçants : un tiers au moins de la ville tenait pour la Réforme.

Le pasteur Ferry, en fonction depuis 1612, veillait jalousement à la défense de la communauté et au respect des accords. Il avait fort à faire : après la prise de La Rochelle, en 1628, jésuites et prédicateurs se répandaient dans la ville, pour amorcer le mouvement des conversions ; non des moindres : le jeune chanoine Bossuet devait faire ses premières armes contre Ferry. L'action des catholiques avait vite interrompu la paix religieuse. Le gouverneur et l'évêque encourageaient les missionnaires et multipliaient les interdits : défense d'assister aux enterrements protestants, défense aux sages-femmes catholiques de faire baptiser les nouveau-nés au temple, défense aux maîtres d'école d'apprendre le catéchisme de Genève. Le parlement, installé à Metz en 1633, soutenait l'action catholique, les magistrats calvinistes n'y formant qu'une minorité. La religion réformée gardait pourtant des positions solides : la moitié des échevins et la moitié des maîtres de l'hôpital. Les médecins et chirurgiens, les avocats, les procureurs, les officiers des compagnies bourgeoises étaient partagés entre les deux religions, à égalité, aucun parti ne pouvait l'emporter sur l'autre. Le pasteur Ferry qui buvait du lait d'ânesse pour s'entretenir la voix (Tribout de Morembert) attendait les jésuites d'un pied ferme, ne manquant pas de protester auprès du gouverneur quand ses fidèles étaient injuriés dans la rue ou quand les murs de la ville se couvraient d'inscriptions offensantes ou séditieuses. Mais il ne pouvait empêcher le gouverneur d'apporter toute son aide à la Contre-Réforme : en 1644 il fut précisé qu'il était « défendu aux protestants de molester ceux d'entre eux qui voudraient embrasser la religion catholique » et que la ville serait désormais fermée à tous les étrangers qui ne pratiqueraient pas la religion du roi.

Quand Metz fut enfin de souveraineté française (traités de Westphalie, 1648) les catholiques ne tardèrent pas à se plaindre du prosélytisme huguenot : « les vielleurs et flûteurs, disaient-ils, chantaient publiquement dans les rues les psaumes de Marot », et « lâchaient des eaux puantes et autres immondices » sur le passage des processions. Les pasteurs instruisaient dans leur religion les enfants catholiques en cachette de leurs parents et n'hésitaient pas à prêcher en plein air dans les campagnes, violant ainsi la loi.

Les tracasseries des « procureurs » n'épargnèrent pas Metz. Tandis que Bossuet affrontait en chaire Ferry, attaquant sur tous les fronts la doctrine calviniste, les jésuites et les capucins regroupaient les catholiques, lançaient des campagnes de conversion. Les « procureurs » épluchaient les textes, recherchant les origines légales des temples. Les agents de la Compagnie du Saint-Sacrement multipliaient les « rapports » accusant les huguenots d'enlever les filles dans les couvents, ou de répandre dans la ville des chansons séditieuses. Bossuet ouvrait le couvent de la Propagation de la Foi pour les filles, les lazaristes considéraient la ville comme terre de mission. Les calvinistes protestaient en vain contre les vexations dont ils étaient l'objet : on les obligeait à saluer les processions à genoux, à enterrer leurs morts de nuit, à retirer des temples les tapis semés de fleurs de lys... Certes ils gardaient l'exercice de leur culte (ils avaient inauguré un nouveau temple en 1664) mais ils furent soumis, après 1679, à une persécution incessante qui provoquait de nombreuses conversions forcées : l'évêque et le gouverneur conjuguaient leurs efforts, plaçant les filles converties dans la maison de la Propagation, pour les soustraire à leurs familles, fermant beaucoup d'écoles protestantes, pourchassant les ministres : l'un d'eux fut poursuivi en justice et condamné, en 1669, pour avoir enterré une femme de jour. Cette politique portait ses fruits : plus de la moitié des calvinistes messins devaient abjurer. La Contre-Réforme ignorait les privilèges que concédait le roi de France. A Metz comme dans les autres villes du royaume, mais avec plus de force peut-être, elle gagnait son combat.

Tous les moyens étaient bons pour détacher les fidèles des églises calvinistes. L'Eglise, pourtant, s'assurait de la sincérité des conversions. Les filles qui avaient changé de religion pour pouvoir épouser leurs maris réformés étaient traduites en justice et jetées en prison. Certaines étaient placées comme domestiques dans de bonnes familles catholiques, qui s'assuraient quotidiennement de leurs progrès dans la religion. Les femmes se chargeaient de les marier. De nombreux cas d'enlèvement d'enfants sont signalés à Metz : ils étaient recueillis et instruits à la Propagation de la Foi. Un gosse puni par ses parents pour avoir refusé d'assister au prêche calviniste était arrêté à l'école par un huissier et deux records : pour avoir boudé la cène, il était contraint de se faire catholique... On saisissait les enfants d'une famille quand un prêtre affirmait qu'il avait reçu de la bouche du père mourant le vœu de les faire convertir.

Dans les années 1670, la France connaissait les pires difficultés économiques. Un des grands mobiles des conversions fut l'appât des primes. On avait chiffré, chez les catholiques, le coût de la conversion de tous les calvinistes du royaume. On estimait à 1 500 000 livres la somme nécessaire pour convertir les ministres du seul Languedoc. Le roi de France avait-il les moyens de racheter tous les réformés ?

Le clergé ne l'aidait guère : sa contribution était au début du siècle de 30 000 livres, elle devait doubler en 1680 et ne répondait pas aux besoins. Les finances royales étaient constamment obérées par la guerre. Seules des contributions privées pouvaient financer une « Caisse des conversions ». La Compagnie du Saint-Sacrement avait donné l'exemple. Les riches convertis, comme Turenne, léguaient des sommes importantes, mais le produit des donations et des aumônes ne suffisait pas pour entreprendre une action d'envergure.

Louis XIV eut en 1676 l'idée d'affecter aux conversions les revenus de deux grosses abbayes, Cluny et Saint-Germain-des-Prés, qui, par vacance, venaient de tomber entre ses mains. En ajoutant le revenu de quelques autres établissements religieux tombés en « régale » (c'est-à-dire, provisoirement, au pouvoir du roi du fait du décès de leurs bénéficiaires) on disposait d'une somme de 150 000 livres de revenus annuels. Un ancien huguenot devenu académicien, Paul Pellisson, fut choisi par le roi comme administrateur de la Caisse de conversions. Il fit merveille.

Cet apôtre des « méthodes douces » rêvait d'acheter tous les huguenots. Pellisson réunit autour de lui un véritable ministère, recevant très fréquemment les ordres directs du roi. Il tenait la comptabilité des recettes et des dons, correspondant sans cesse avec les agents du pouvoir chargés d'opérer sur place, les intendants, les évêques, les missionnaires. Les sermons s'accompagnaient, dans les villes et dans les campagnes affamées, de distributions gratuites de vivres. Des rabatteurs dressaient les listes de convertis, avec le détail des sommes employées. Naturellement ces listes étaient souvent fausses, et des fripons faisaient fortune aux dépens de la Caisse. Les courtiers recevaient un pourcentage sur chaque conversion : on enrôlait dans l'Eglise comme dans l'armée, au cabaret. Certains convertis, qui avaient bien analysé le système, changeaient de lieu pour se convertir de nouveau. D'autres abjuraient et retournaient au temple, pour bénéficier d'une nouvelle prime. Car les protestants aussi offraient des primes : la veuve du financier Herwarth consacrait sa fortune à la lutte contre Pellisson, rendant coup pour coup.

Les chiffres sont décevants : même exagérés par les chasseurs de primes, ils ne font état, pour 1676-1679, que de dix mille âmes environ. Les résultats obtenus dans les années 1680 sont bien plus importants. Mais on employait alors d'autres méthodes que celles de l'académicien Pellisson. On a calculé, d'après ses statistiques, qu'il aurait mis neuf cents ans pour convertir tous les huguenots français. Les dragons du roi n'attendirent pas. Ils étaient impatients de convaincre.

15.

Galères et dragonnades

Au début de 1680, l'intendant de Poitou, Marillac, parcourt sa circonscription avec un régiment de dragons qu'il loge chez l'habitant huguenot.

Les dragons sont des fantassins montés, employés comme éclaireurs ou pour escorter les convois. Ils ont brigandé et pillé dans toute l'Europe, sous Turenne et Condé. Depuis la paix de Nimègue, ils sont sans emploi. Pour les occuper, Louvois n'est pas fâché d'autoriser l'intendant à les utiliser pour la « pacification ».

Le procédé n'est pas nouveau. La terreur et la haine du soldat sont telles chez le paysan, que la simple approche d'une troupe met une région entière dans l'angoisse. Les villes font tout pour éviter les logements de troupes. La réputation des dragons n'est plus à faire : on les a vus à l'œuvre à Aubenas en 1627, à Montauban en 1660. Ces professionnels de la guerre sont cupides, brutaux, insatiables. Il faut les éviter comme la peste.

Marillac leur a donné tout pouvoir dans les maisons où ils sont logés. Ils se conduisent en maîtres, et, s'il le faut, en tortionnaires. Ils se font livrer tous les vivres disponibles, recherchent les économies des ménages. Ceux qui résistent sont battus. Des capucins accompagnent les soldats pour enregistrer les conversions spontanées. Les femmes récalcitrantes sont traînées par les cheveux ou par la corde qu'on leur fixe au cou. Les viols sont fréquents. On bat les enfants devant les vieillards attachés à des bancs. La « chauffe » des pieds devant l'âtre est un procédé des « enquêtes ».

Car les dragonnades ont un but religieux : il s'agit d'obtenir, de force, des conversions. Quand le détachement de dragons arrive, à cheval, dans une paroisse, il commence par cerner les maisons, qui sont fouillées, l'une après l'autre. Les soldats cherchent les armes ou les livres, ceux de Calvin, par exemple. S'ils trouvent un objet compromettant, l'habitant est aussitôt saisi, jugé, condamné à l'amende, qui le ruine, ou aux galères.

Les habitants sont comptés, un par un, sur une liste fournie par les agents du fisc. Ceux qui manquent à l'appel sont recherchés et cruellement punis. Les enfants, comme les parents, doivent se confesser et communier. Certains crachent l'hostie au moment de la communion. Ils sont alors fouettés. Ceux qui n'ont pas de billets de confession sont considérés comme des hors-la-loi. On oblige même les mourants à se confesser s'ils veulent être enterrés.

Beaucoup de villageois se déclarent aussitôt catholiques et acceptent la conversion. Ceux qui refusent sont traînés à l'église dans des linceuls. On les asperge d'eau bénite. Ils sont déclarés convertis. S'ils reviennent à leur religion, ils sont traités comme des relaps. Certains résistent. Une vieille femme rôde pendant deux ans dans les bois de son village, couche dans des grottes, dans des abris forestiers, plutôt que de rentrer chez elle, où les dragons l'attendent. Tous les soirs elle fait une réunion de prière, avec d'autres errants, dans un lieu secret. Un tisserand de Saintonge, surpris dans une de ces assemblées, est torturé. Il refuse d'abjurer. Les dragons le pendent, sans autre forme de procès. Les réfractaires reçoivent de quinze à cent coups de corde mouillée sur le torse nu. Ceux qui persistent sont bons pour les galères.

Les femmes sont enfermées, quelquefois à vie, dans des châteaux convertis en prisons. Celui de Niort a vu mourir beaucoup de victimes des dragonnades. Quelques-unes ont la chance d'être envoyées au couvent, celles que l'on espère convertir. La poitevine Anne de Chauffepié, que l'on veut ainsi rééduquer, résiste de toutes ses forces. Elle est envoyée en prison à Chartres. Beaucoup sont déportées aux Antilles. Il n'y a pas de galères pour les femmes, mais les convois pour les Amériques partent de La Rochelle et les protestantes vont y rejoindre les prostituées et les condamnées de droit commun.

La première apparition des dragons est un succès pour Marillac. Il se flatte de plus de trente mille conversions dans le Haut-Poitou seulement. Dans les régions voisines on prend peur. Les habitants des villages vont voir les curés, demandant à se convertir. L'évêque de Luçon signale plus de quatre cents conversions dans l'année. Tout est préférable aux dragons.

Louvois félicite Marillac : quel beau succès ! Il lui promet, en mars 1681, l'arrivée de tout un régiment. « L'intention du roi, lui dit-il, n'est pas que vous les logiez tous chez les protestants, mais supposez que d'une compagnie de vingt-six cavaliers, les religionnaires en devraient loger dix, mettez-leur-en vingt.

Mettez-les chez les plus riches en prenant pour prétexte que, quand il n'y a pas un assez grand nombre de troupes dans un pays pour que tous les habitants en aient, il est juste que les pauvres en soient exempts, et que les riches en demeurent chargés. » Il faut avoir à l'esprit que la seule crainte des soldats encourage les conversions. Louvois spécifie dans ses ordres qu'il convient de dispenser du logement tous ceux qui se sont convertis spontanément. Il recommande à Marillac de ne pas parler au nom du roi. Il dirigera ses hommes « de bouche » sans rien présenter d'écrit.

Le roi a-t-il approuvé les violences? Il se félicite des nombreuses conversions obtenues au début de la dragonnade, ainsi que Colbert, qui passe pour un défenseur des méthodes douces. Pourtant, les protestants l'informent. L'église de Châtellerault lui envoie des délégués. Il refuse de les croire. De l'étranger, les Poitevins émigrés provoquent des interventions : le Grand Electeur convoque l'ambassadeur de France. Les Anglais, les Hollandais sont, comme les Allemands, en émoi. Louvois adresse officiellement des réprimandes à Marillac, ordonne de punir les soldats coupables. La dragonnade prend fin en août. En novembre, ses dragons sont envoyés à Bayonne. Marillac est rappelé en février 1682. Le roi l'a-t-il désavoué?

L'évolution de Louis XIV explique sans doute le retournement de sa politique religieuse. Elle était jusqu'ici conforme à celle de Mazarin. Il désapprouvait les violences et réaffirmait publiquement sa fidélité à l'Edit de Nantes et à l'édit d'Alès. Pourtant, insensiblement, il lâchait la bride à tous ceux qui donnaient des édits l'interprétation la plus dure, la plus agressive : s'il désapprouvait la cabale des dévots, il laissait faire les commissaires et les intendants, il abandonnait les chambres de l'Edit, il prêtait une oreille attentive à ceux qui présentaient des bilans de conversions, même quand elles étaient obtenues à six livres la tête.

Les protestants n'étaient pas un danger politique. Ils payaient les impôts, et se comportaient bravement à la guerre. Colbert disait chaque jour au roi combien ils étaient utiles à la finance et à l'économie. Il avait d'autres ennemis plus menaçants, dans le domaine religieux : les jansénistes, qui recrutaient dans les parlements et menaçaient l'Eglise d'un schisme. En 1664, Port-Royal avait été fermé. Les Jansénistes acceptèrent, après de longues années de résistance, de signer, en 1668 « avec des restrictions mentales », un formulaire condamnant la doctrine de leur maître, l'illustre Jansenius.

Le roi avait surtout pour adversaire le pape, qui par ses

légats, ses jésuites et ses évêques ultramontains, essayait de récupérer dans le royaume son influence et ses revenus. En 1682 précisément, Louis XIV voulait obtenir de l'Assemblée du clergé le vote de la *Déclaration des Quatre Articles,* qui mettait l'Eglise de France véritablement sous sa coupe. Bossuet, qui répétait en toutes occasions que le « très chrétien » était le représentant de Dieu sur terre et qu'il ne tenait son pouvoir que de Dieu, l'avait beaucoup aidé dans cette reprise en main du clergé. Il tenait désormais à montrer aux évêques, aux jésuites et au pape qu'il n'était pas de souverain plus attaché que lui à la défense de l'orthodoxie. Les protestants risquaient de faire les frais de cette démonstration.

Le temps n'est plus où le roi courait de chasse en chasse et de maîtresse en maîtresse. Le libertin qui avait fait construire, dans son nouveau château de Versailles, un « appartement des bains » jouxtant celui de Mme de Montespan, venait de faire recouvrir d'un plancher sa magnifique piscine octogonale. Il se rendait, comme un collégien, confesser ses fautes à la nouvelle dame de son cœur, la Maintenon. « Le roi est plein de bons sentiments, disait-elle à l'époque. Il lit quelquefois l'Ecriture sainte et trouve que c'est le plus beau des livres. Il avoue ses faiblesses. Il reconnaît ses fautes. Il faut attendre que la Grâce agisse. Il pense sérieusement à la conversion des hérétiques, et, dans peu, il y travaillera pour tout de bon. »

Petite-fille du compagnon d'Henri IV, Agrippa d'Aubigné, fille d'un protestant jeté en prison par Richelieu, la Maintenon avait été convertie par les ursulines de la rue Saint-Jacques avant d'épouser, à dix-sept ans, le poète infirme Scarron, que fréquentaient les gens de Cour et les gens de lettres. Par son mari, elle avait été présentée à la Montespan qui lui avait confié l'éducation des enfants qu'elle avait eus de Louis XIV. Las de la maîtresse, le roi s'était insensiblement pris d'amour pour la gouvernante, qui lui parlait de Dieu et de l'Enfer. Son confesseur jésuite, le père de la Chaise, lui tenait le même langage. En 1680, leurs efforts conjugués conduisirent le roi à la Sainte Table.

La Cour en fut avertie : le roi avait communié ! Les pieux exercices se multipliaient autour de lui, à peine interrompus par une brève liaison avec la Fontanges. Comme Louis XIII son père, le roi devenait dévot, disait force chapelets, et participait aux processions de pénitents. A la mort de la reine Marie-Thérèse, en 1683, il épousait secrètement la Maintenon. Dès lors la Cour n'hésitait plus à afficher la plus vive émotion religieuse, entrant à corps perdu dans la dévotion. Le roi n'avait-il pas prévenu qu'il ne pouvait distribuer ses grâces aux « libertins et aux impies » ? Colbert lui-même croyait bon de

féliciter l'intendant de Poitiers pour ses succès dans la conversion des hérétiques. Louvois faisait du zèle et présentait à la
nouvelle reine le bilan de ses dragonnades. Le gouvernement,
les intendants, tous les agents du pouvoir avaient désormais les
yeux fixés sur les ennemis du nouveau parti dévot, dont le roi
avait manifestement pris la tête. Sans qu'il eût à donner des
instructions précises, il voyait le vent tourner.

Les curés, les marguilliers, paroisse par paroisse, informaient
le gouvernement, parfois même le confesseur du roi, de l'état
des conversions et de l'état d'esprit des protestants. La délation
devenait un devoir. On vérifiait la sincérité des nouveaux
catholiques, on envoyait des rapports sur leur attitude à l'église,
la fréquence des communions, l'éducation de leurs enfants. En
Poitou, l'intendant imaginait une sorte de prime fiscale à la
conversion : dans les paroisses, on exemptait complètement de
taille les convertis, partiellement les catholiques, et l'on triplait
ou quadruplait la part des protestants. Ainsi ceux qui résistaient
aux dragons étaient assurés d'être dépouillés par le fisc.

Réputés pour leur loyalisme et même pour leur patience, les
huguenots ne pouvaient pas, sans protester, assister à cette
nouvelle montée de la violence, d'autant qu'elle s'accompagnait
de mesures destinées à entraver par tous les moyens l'exercice
du culte et de toute vie religieuse. A l'Assemblée du clergé de
1682, les catholiques avaient rédigé, à l'intention de tous les
consistoires, un « avertissement pastoral » qui leur annonçait,
s'ils persistaient dans l'hérésie, « les malheurs incomparable-
ment plus épouvantables et plus funestes » que tous ceux qu'ils
avaient jusqu'ici éprouvés. Le roi avait fait parvenir le texte de
cet avertissement aux intendants, pour qu'ils le fassent connaître. En septembre 1682, tous les temples de France étaient
informés officiellement. Les ministres avaient répondu, dans la
dignité, qu'ils n'avaient aucune intention de se soumettre. Ils en
appelaient à la justice du roi, à son respect des édits.

Ils s'organisaient en même temps dans la clandestinité,
retrouvant les méthodes éprouvées des ancêtres. Les églises se
réunissaient pour désigner secrètement des « directeurs » qui
correspondaient par émissaires particuliers avec leurs voisins.
Le mouvement, issu du Vivarais, avait un but strictement
religieux : permettre au culte de se poursuivre partout où la
persécution prétendait l'empêcher. Isaac Homel, pasteur du
Vivarais, était l'un des chefs de cette résistance. Il avait pris
contact avec les églises proches du Dauphiné, du Languedoc,
de la Guyenne, et ce qui restait des églises du Poitou et de la
Saintonge.

Les pasteurs les plus écoutés s'étaient donné rendez-vous à
Montpellier, en 1682 précisément, parce que le culte venait d'y

être interdit par l'intendant. Claude Brousson, un avocat montpelliérain, avait fait rédiger un projet d'opposition juridique que toutes les églises devaient expédier au parlement de Toulouse. Dans cette ville très catholique, Brousson tint une réunion clandestine où assistèrent les envoyés de toutes les régions du Midi et des Alpes. Les ministres décidèrent en commun des modalités de la résistance : réunions sur les temples démolis, prêches organisés par surprise dans des lieux déserts, requête au roi pour le respect des édits. « Nous croyons, dirent-ils, que nul ne doit se retirer à part et se contenter de sa personne, mais tous ensemble doivent garder l'unité de l'Eglise, se soumettant à l'instruction commune et ce en quelque lieu que ce soit où Dieu aura établi un vrai ordre d'Eglise. » C'était, déjà formulée, l'exigence des églises du désert.

Le 11 juillet 1683, quatre mille huguenots se réunissaient à Saint-Hippolyte-du-Fort, dans les Cévennes, sans attendre les ordres des directeurs. Ils s'installaient autour des ruines d'un temple démoli par la persécution des procureurs. Le ministre Homel réussit à convaincre les églises du Vivarais : elles promirent de suivre le mouvement et de manifester le 18. Les bourgeois de Montpellier refusèrent de participer, ainsi que les églises du Sud-Ouest. Celles du Dauphiné, par contre, obéirent d'enthousiasme aux mots d'ordre.

A la fin de juillet, toutes les églises du Vivarais étaient réunies à Chalençon pour organiser la résistance armée, créer une sorte d'état-major permanent et assurer le culte dans les lieux interdits. Une province entière entrait en révolte, et l'intendant du Languedoc, d'Aguesseau, était débordé. Ses espions ne l'avaient averti de rien. Il était sans informations, sans troupes. Il demanda des secours à Versailles. Fallait-il assiéger le Vivarais, ou négocier avec les rebelles ?

Les protestants conformistes s'indignaient de la révolte : « Leur conduite, disait Ruvigny de ses coreligionnaires, me paraît d'autant plus criminelle qu'outre l'offense qu'ils ont commise envers Dieu en violant le respect qu'ils doivent au roi et à ses édits, ils ont, par leur désobéissance, fourni à Sa Majesté un légitime prétexte de les châtier sévèrement. » En négociant avec les tièdes et les raisonnables, l'intendant pouvait-il espérer désarmer les « furieux » ?

Tous furent débordés : à Chalençon trois mille partisans armés, la plupart du temps des paysans, affirmèrent leur détermination : ils ne voulaient pas négocier sans garanties. Mais les temps avaient changé depuis Rohan : les dragons du roi étaient arrivés dans la plaine. A Chalançon, en Vivarais, comme à Bourdeaux, en Dauphiné, les partisans attendaient l'attaque la rage au cœur : ils étaient abandonnés de leurs frères, il n'y aurait pas de soulèvement général des nuguenots. Déjà ils étaient encerclés, épiés, affamés.

Le commandant des dragons, Saint-Ruth, fut impitoyable. Il avait reçu de Louvois l'ordre de répandre en Vivarais « une telle désolation que l'exemple qui se fera contienne les autres religionnaires et leur apprenne combien il est dangereux de se soulever contre le roi ». Les paysans furent massacrés. Il n'y eut pas de prisonniers. Une poignée de pasteurs et de directeurs purent prendre la route de Genève. Les seuls épargnés furent les notables. Cent trente pasteurs furent arrêtés et jugés dans tout le Languedoc et les Cévennes. A Tournon, en octobre 1683, le vieil Isaac Homel subit le supplice de la roue.

La répression désormais s'abattait sur toute la France huguenote. Le gouvernement n'avait plus aucun scrupule à employer les dragons. Les protestants n'étaient-ils pas entrés en rébellion ? Ils avaient, de plus, fait la preuve de leur impuissance, il n'y avait plus de raison de les ménager, ils n'étaient plus à craindre.

En mai 1685 la dragonnade, appelée par l'intendant Foucault, terrorise le Béarn. En trois mois, les paysans de la province subissent tous les tourments d'une occupation impitoyable, puis la colonne remonte vers le Nord : une partie, avec Boufflers, gagne Montauban pendant que d'autres marchent sur Bergerac. Le Sud-Ouest, pourtant, ne s'était pas dressé à l'appel des ministres du Vivarais. Il n'importe : Boufflers a reçu de Louvois son ordre de route : « Sa Majesté a jugé à propos de se servir des troupes qui sont à vos ordres (Boufflers montait la garde sur la frontière espagnole, en prévision d'une guerre éventuelle) pour... diminuer le plus que faire se pourra, dans les généralités de Bordeaux et de Montauban, le grand nombre des religionnaires qui y sont, et essayer d'y procurer, si possible, un aussi grand nombre de conversions qu'ils s'en est fait en Béarn. »

Les résultats avaient été en effet surprenants, si l'on en croit la correspondance de l'intendant Foucault : 4 000 protestants s'étaient convertis en trois jours à Orthez, ceux de Salies, de Pau et d'Oloron avaient suivi. Ceux de Pau, dit l'intendant, s'étaient convertis « par délibération », en bloc. Le roi félicitait l'intendant pour « le bon exemple » qu'il donnait : à peine 1 000 huguenots sur 22 000 restaient irréductibles.

Boufflers, à Montauban, utilisa les mêmes procédés qu'en Béarn. Entré dans la ville sans coup férir, il réunit les notables et leur fit savoir que le roi voulait désormais qu'ils fussent tous catholiques. Sur leur refus, il lâcha ses dragons : tout fut pillé, les femmes violées, nul ne fut épargné. Qui pouvait résister ? Le bulletin de conversion de La Berchère n'était pas moins « glorieux » que celui de Foucault en Béarn : 20 000 nouveaux catholiques en quelques jours...

Dans la généralité de Bordeaux, Boufflers lui-même avançait le chiffre de 60 000. En une semaine, Louvois pouvait en dénombrer 130 000 dans le Sud-Ouest. Nîmes, Montpellier, terrorisées, se convertissaient « par délibération », pour empêcher l'entrée des dragons. Ils restaient aux portes, attendant que les huguenots se rendent en masse à la cathédrale, pour abjurer douze par douze, devant l'évêque, l'intendant, et le gouverneur Noailles. Ceux qui ne pouvaient exhiber la contremarque — signe de la conversion — donnée par les gens de l'évêque, étaient passibles des galères et de la confiscation de leurs biens. Un délai de vingt jours leur était accordé. Les convertis devaient entendre la messe à genoux, en signe de repentir.

Du Bas-Languedoc, les dragons de Boufflers remontèrent le Rhône et gagnèrent le pays de Gex en passant par la Provence, le Dauphiné, le Lyonnais. Les dragons de Guyenne ravageaient l'Aunis et la Saintonge, avant d'achever l'œuvre de Marillac en Poitou. Il y eut des massacres dans le diocèse de Valence et partout des violences.

La terreur obligeait les protestants qui n'avaient pu s'enfuir, à se convertir par familles, par quartiers, par villes entières. Les estimations sont impossibles : on parle de 400 000 conversions. Les nouvelles de « prises de villes » arrivaient à Versailles où la Cour s'extasiait. Comme si, d'un coup, grâce aux dragons de Boufflers, le protestantisme eût cessé d'exister. Les bulletins de Louvois résonnaient comme des victoires. Le parti dévot triomphait.

On ne trouvait pas assez de prêtres pour encadrer les convertis, pas assez d'églises pour les abriter. A Pau, Foucault demandait des missionnaires, sachant trop combien les conversions, les dragons partis, risquaient d'être peu durables. Les protestants eux-mêmes s'indignaient qu'on leur fît obligation d'assister aux prêches de curés indigents, de mauvaises mœurs, incapables de commenter l'Evangile. Le triomphe était trop rapide. L'Eglise n'avait pas d'armée pour occuper le terrain.

Le roi était sensible aux arguments de ceux qui demandaient l'abrogation de l'Edit de Nantes : pourquoi garantir désormais le culte réformé en France, puisqu'il n'y avait plus de réformés ?

Le texte de l'édit de Fontainebleau, qui révoquait l'Edit de Nantes, fut enfin signé de la main du roi le 18 octobre 1685. Il ne se présentait nullement comme une nouvelle orientation de la politique royale. Le roi rappelait que son « aïeul » avait voulu « réunir à l'Eglise ceux qui s'en étaient si facilement éloignés » et qu'il leur avait accordé la paix civile et religieuse, en attendant qu'ils rentrent dans la maison du Seigneur. Lui-même avait, comme son père, œuvré pour ce retour des enfants prodigues dans la commune famille : « Puisque la meilleure et la plus grande partie de nos sujets de ladite R.P.R. ont embrassé la catholique... l'exécution de l'Edit de Nantes... demeure inutile. » Comme l'écrit Léonard, « on faisait disparaître fictivement les protestants pour avoir le droit légalement de tuer leur église, et on tuait l'église pour faire disparaître effectivement les protestants ».

Rédigé par Le Tellier, un dévot, et par le secrétaire d'Etat Châteauneuf, l'édit de Fontainebleau comprenait douze articles qui supprimaient le culte protestant en France, tout en prétendant empêcher les huguenots d'émigrer. Les pasteurs étaient particulièrement visés : on voulait, en les contraignant à l'exil, dissuader les nouveaux convertis de revenir à la religion réformée : en supprimant les ministres (article 4), expulsés sans autre forme de procès, on croyait éliminer le culte.

Par les articles 2 et 3, le culte devenait interdit dans tous les lieux où il était préalablement autorisé, et particulièrement dans les fiefs de seigneurs réformés. Le baptême et le mariage catholique étaient obligatoires pour tous les Français : il n'y avait plus d'état civil protestant (articles 4 et 9). Ceux qui abandonneraient la religion catholique seraient considérés comme relaps et punis sévèrement (article 11). Les réformés ne pouvaient quitter le royaume (article 10) et transporter hors des frontières leurs « biens et effets ». Les biens des consistoires étaient confisqués. Les protestants non convertis semblaient tolérés par l'article 12, « en attendant qu'il plaise à Dieu de les éclairer comme les autres ». Ils pouvaient rester en France, mais ils ne devaient pas « faire d'exercice ni s'assembler » dans un but religieux.

D'autres mesures royales venaient, jusqu'en 1715, compléter l'édit, le préciser, sur certains points le durcir : par exemple on décréta, en 1686, que les « morts sans sacrements » devaient être « traînés sur la claie, jetés à la voirie et leurs biens confisqués ». C'était exposer à l'infamie et au déshonneur tous ceux qui n'avaient pas reçu l'extrême-onction. Cette décision fut rapportée : on s'avisa, en 1715, que tout sujet du roi devait être considéré comme catholique. Par contre la législation punissait de mort ceux qui voulaient quitter le royaume. Si la tête des ministres était mise à prix, au cas où ils auraient tenté de passer la frontière, les huguenots désireux de rejoindre l'émigration devaient braver la justice et la police du roi. Les protestations de l'étranger furent sans effet : nul ne devait quitter le royaume.

Il faut croire que les frontières étaient mal gardées, puisque 200 000 au moins y parvinrent : les départs sont parfois des exodes, comme en pays de Gex : les protestants chargent plus de 4 000 chariots avec les récoltes, gagnent Genève avec toute leur famille et le bétail. Entre 1685 et 1687, plus de 30 000 Français passent ainsi dans la ville suisse, qui ne compte pas plus de 16 000 habitants. Elle ne peut les accueillir tous. Ils repartent vers d'autres régions.

Beaucoup d'habitants du Vivarais, des Cévennes, du Dauphiné et du Languedoc choisissent ainsi l'émigration. Des passeurs leur font gagner l'étranger, car les frontières sont petit à petit mieux surveillées, ainsi que les ports : des « traversiers » croisent en mer et fouillent les navires suspects. Ils arraisonnent souvent des bateaux de commerce anglais chargés d'émigrants. Des primes sont offertes pour les captures : 10 pistoles par tête, plus la « dépouille ». Des centaines de protestants arrêtés ou dénoncés se retrouvent ainsi aux galères.

Les pasteurs, partis les premiers, organisent les points d'arrivée, ils écrivent en France, encouragent les départs : il faut quitter, disent-ils, la « nouvelle Babylone ». Les voyages collectifs, avec les unités de surveillance mises en place par Louvois, sont devenus difficiles. Jadis dans les Alpes, des convois de mulets conduisaient en Suisse les communautés du Dauphiné. Des flottilles de barques évacuaient celles de Saintonge jusqu'aux ports de la côte, d'où elles tentaient de gagner l'Angleterre. En 1687 les départs sont clandestins, individuels : on cherche des renseignements sur les itinéraires dans les hôtelleries spécialisées. Tous les ports de la côte ouest, de Bordeaux à Boulogne, ont leurs passeurs. Si les ponts du Rhône sont bien gardés, on fait de longs détours par le Morvan et la Haute-Saône pour gagner la Suisse. A Paris un « Bureau d'adresse » clandestin est à la disposition des voyageurs, qui peuvent s'y procurer guides et faux papiers. Les passeurs de frontière, qui demandent beaucoup d'argent, font fortune. Dans les ports de l'Ouest on embarque les émigrés sur les « barques de charité » qui viennent de Hollande. Bourrées de passagers clandestins, elles font des prodiges pour éviter les embarcations des chasseurs de primes et celles des pirates : même les barbaresques paraissent dans la Manche, alléchés par le butin. Un capitaine de Royan, Jean Thomas, pratique quotidiennement, pour son plus grand profit, ces transports d'hommes cachés dans des fûts de bordeaux vers la Hollande et l'Angleterre.

Colbert est mort : ses amis et disciples, Seignelay, Croissy, regrettent ces départs qui ruinent les manufactures et dépeuplent les régions industrielles. Seignelay déplore que les huguenots renforcent les flottes rivales de l'Angleterre et de la Hollande en s'engageant comme fabricants de voiles, constructeurs de navires, pilotes, marins, calfateurs, canonniers ou pêcheurs. L'intendant général de la marine Bonrepaux fait un rapport sévère, après une mission à Londres, sur ces volontaires français.

L'industrie étrangère bénéficie des apports en main-d'œuvre et en capitaux des protestants français : Manès, d'Angoulême, introduit en Angleterre l'industrie du papier. Les draperies anglaises accueillent à bras ouverts les chefs d'entreprise normands qui émigrent souvent avec leurs employés. Des drapiers, des soyeux, se rendent en Hollande, dans les manufactures d'Harlem et d'Amsterdam. Le Grand Electeur de Brandebourg, Frédéric Guillaume, fait savoir aux communautés du Languedoc et du Dauphiné qu'elles seront les bienvenues sur ses terres ; quarante colonies de drapiers de Nîmes, de Montauban, d'artisans des Cévennes et du Dauphiné s'installent sur le Rhin, à Magdebourg et jusqu'en Prusse. Sur 20 000 habitants, Berlin compte, en 1697, 4 292 Français. Ils ouvrent des ateliers pour fabriquer des bas, des gants, des tapis, des chapeaux, des draps. Les premiers colons écrivent à leur famille. « Le pays est beau, dit Jean Meffre, de Magdebourg, les vivres à bon marché, et l'on s'habitue facilement à la bière. » Certes il n'y a pas, comme à Uzès, « l'ombre des figuiers », mais les fileuses sont plus habiles qu'en France, et les eaux sont meilleures. D'ailleurs, la situation économique n'est-elle pas, dans le royaume, catastrophique ?

Les départs, mais surtout les guerres, ont ruiné les industries, provoqué des conflits entre maîtres et ouvriers. Les drapiers du Nord quittent Lille et vont chercher du travail dans les Flandres : ceux-là ne sont pas protestants, ils sont chômeurs. Les Van Robais d'Abbeville, Hollandais protestants protégés par Colbert, veulent rentrer chez eux. Plusieurs milliers de toiliers normands, catholiques, gagnent l'Angleterre pour causes économiques. Les soyeux lyonnais qui partent pour Turin ne sont pas davantage des huguenots. L'édit de Fontainebleau, en provoquant les grands départs, a gêné l'activité de certaines régions. Mais les mesures colbertistes et les guerres de Louis XIV avaient engendré une crise économique, une chute du commerce extérieur et de la production intérieure, qui rendait explicables les déplacements de main-d'œuvre et de capitaux :

les chefs d'entreprise huguenots qui passaient les frontières voulaient, certes, garder leur foi et leur culte ; mais ils avaient peut-être aussi la préoccupation de relancer leurs activités dans des conditions plus favorables, dans des pays plus accueillants.

Aussi cherchait-on, dans le royaume, à sanctionner leurs abandons. Dès qu'un protestant passait la frontière les soldats occupaient ses maisons et ses fermes, les pillant sans scrupule, avec les agents du fisc. Saisis par les domaines, les biens étaient vendus aux enchères. Mais les abus, les procès, les pots-de-vin, les transactions rendaient l'administration soupçonneuse : qu'adviendrait-il si les protestants rentraient en France, s'ils abjuraient ? Comment leur rendre leurs biens ? On décida, en 1688, de les mettre en régie, de les faire exploiter par des « régisseurs généraux des biens des religionnaires fugitifs ». Nouvelle source d'abus, d'agiotage, de spéculations. Le roi ordonne d'affecter les revenus de ces biens aux œuvres catholiques. Puis il trouve plus expédient de permettre à la famille des fugitifs de récupérer les biens de leurs parents : on pense éviter ainsi toute contestation dans le futur.

Peut-être le gouvernement royal souhaite-t-il d'enrayer la « désertion ». Certaines mesures le donnent à penser : l'intendant de Gourgues suggère de généraliser les enlèvements d'enfants. Enfermés comme otages dans les collèges et les couvents, ils « enlèveront leurs pères et mères à la passion et au dessein qu'ils auraient formé de quitter le royaume ». En 1698, plus de dix ans après la Révocation, le Conseil royal dresse le bilan des départs. Il est assez préoccupant pour que l'on propose l'amnistie aux émigrés qui rentreraient dans les six mois et la restitution de tous leurs biens, même ceux qui auraient été vendus à des membres de leurs familles.

Comment les émigrés profiteraient-ils de cette ouverture, alors que l'année suivante, la déclaration royale du 4 février 1699 leur interdit tout déplacement à l'intérieur du royaume, d'une ville à l'autre, sans autorisation signée des intendants ? Comment envisager un retour, alors que l'on aggrave les peines contre les fugitifs : les galères pour les hommes, la réclusion à perpétuité pour les femmes ?

Certes beaucoup d'émigrés avaient l'espoir de pouvoir rentrer au pays. Le pasteur Jurieu, le pasteur Claude voulaient regrouper les nations protestantes pour qu'elles imposent, par leur détermination, le retour des exilés au roi de France. Mais chaque pays voyait, dans ses rapports avec la France, exclusivement son intérêt. Les Suisses renouvelaient avec Louis XIV, en 1689, leur traité d'alliance et continuaient à lui fournir des soldats. Frédéric Guillaume n'avait aucune envie de renvoyer en France les excellents techniciens protestants qu'il avait accueillis en Brandebourg. Ni l'Angleterre ni la Hollande ne voulaient prendre le risque d'une guerre. Quand elles y furent contraintes, après la révolution d'Angleterre, en 1688, où la famille d'Orange, protestante, succédait aux rois catholiques, elles n'eurent qu'une idée : utiliser les émigrés français pour organiser, de La Haye, des services de renseignements dans les ports : Jurieu le mystique, qui voyait dans Louis XIV l'anté-christ persécuteur, était au centre de ce réseau d'espionnage, qui signalait à l'amirauté hollandaise les entrées et les sorties de navires à Dunkerque, Saint-Malo, Brest, Rochefort et même Toulon... Quant au nouveau roi d'Angleterre, George III, on lui prêtait l'idée d'installer, chez les vaudois des Alpes, une république protestante indépendante qui menacerait le Dau-phiné.

Ainsi ni Jurieu ni Brousson ne purent obtenir des ennemis de Louis XIV le moindre encouragement précis. Ils ne purent organiser la grande révolte intérieure dont ils rêvaient : leurs alliés ne leur fournissaient ni armes ni soldats. Exclus de la guerre, ils le furent aussi de la paix de Ryswick, signée par Louis XIV en 1697. En vain Jurieu et Brousson tentèrent-ils de présenter leurs revendications aux négociateurs anglais et hollandais. Quand ceux-ci abordèrent le sujet devant Louis XIV, il répondit avec hauteur qu'il « ne se mêlait pas de la conduite des autres rois quant à la religion, il n'entendait pas qu'on se mêlât de la sienne ».

Comment aurait-il toléré le retour des pasteurs et des agitateurs de La Haye, alors qu'en France la persécution se poursuivait de plus belle ? Certes, il n'y avait plus un seul réformé dans l'administration, la magistrature, la marine et l'armée. Le duc de la Force lui-même avait abjuré, en 1686. Mais quelle valeur avaient les « abjurations collectives », les serments hâtifs prêtés en groupes devant les évêques ? Un marin charentais, cité par Lavisse, décrivait ainsi sa singulière abjuration : « On me mène à l'église où le vicaire me fit mettre seulement la main sur le saint Evangile... et mit mon nom ainsi : Taré Chaillaud, pilote. »

Le roi multiplie les missions, dépêche 600 jésuites dans les régions les plus tièdes, donne aux évêques des instructions pour qu'ils organisent fermement l'apostolat, les plus grands prédica-teurs du règne, les Fénelon, les Bourdaloue voyagent en Languedoc, en Saintonge. Rien n'y fait. Les foules sont sourdes à leur éloquence. Certains missionnaires doivent prêcher à domicile chez l'habitant, faute de public dans les églises. Leur zèle n'est pas en cause : les nouveaux convertis, s'ils ne veulent pas toujours retourner à leur foi ancienne, acceptent mal le spectacle papiste. Sept ou huit générations de protestants, c'est une tradition. Il n'est pas si facile de la détruire.

D'autant que les prêches clandestins continuent de regrouper les fidèles dans de nombreuses régions, et pas seulement dans les Cévennes. A Paris, la police s'efforce de découvrir les lieux de réunions. On épie l'entrée des caves, les maisons désertes. On organise une surveillance accrue des cabarets et tripots. Un rassemblement de 800 réformés, en deux assemblées distinctes, est signalé dans la capitale par les indicateurs : c'est au jour de Pâques 1686.

En province, les huguenots sortent des villes pour se rendre aux lieux secrets de prières... En Brie, les pasteurs ont presque tous émigré. Il en est de même en Ile-de-France : après la fermeture et la destruction du temple de Paris-Charenton, le pasteur Abraham Gilbert, condamné au banissement, s'est retiré en Suisse. Un autre ministre du même lieu, Pierre Allix, part pour Londres avec toute sa famille. Deux autres Charentonnais sont en Hollande : Jean Claude et Jean Mesnard. Avant de quitter Meaux, Jean Jamet fait un dernier baptême, celui de la fille de Jean Leclercq, avocat au Parlement. Pierre Augier, de Château-Thierry, va jusqu'à Berlin. Antoine Guérin, de Fontainebleau, se retrouve pasteur à Leyde et à Delft. Les pasteurs apostats ne sont pas rares : 140 sur 850, mais la plupart de ceux qui sont restés fidèles à leur religion ont dû gagner l'étranger. Ont également émigré, en Brie, les artisans, négociants, tous ceux qui pouvaient exercer leur profession à l'étranger. On retrouve des familles briardes installées en Franconie, à Hambourg, à Brême, en basse Saxe, à Neu-Isembourg où soixante-dix familles reçurent des terres à cultiver, à Magdebourg. Mais les paysans réformés briards sont restés sur place, et les cultes clandestins se poursuivent, sans pasteurs, avec des prédicateurs improvisés, dans les bois et les creux des vallées.

C'est en Languedoc, cependant, que ces réunions clandestines sont les plus nombreuses. Une nouvelle église s'y constitue dans la persécution, très différente des églises « installées » de l'Edit de Nantes. Les pasteurs improvisés fanatisent leur public et leur annoncent la revanche.

Quelques pasteurs et notables huguenots réussissent à rentrer dans leur pays, pour reprendre l'apostolat. C'est le cas de Claude Brousson, réfugié à La Haye. De retour en Languedoc, il installe une presse, écrit lui-même les brochures de propagande qui circulent sous le manteau. Il reprend les méthodes des premiers réformés et parcourt toute la France, clandestinement car sa tête est mise a prix : on le signale dans le Nord, en

Normandie, dans le Poitou, sur la vallée de la Loire. D'autres pasteurs suivent son exemple, emportant dans leur besace des *Lettres pastorales* de Jurieu. La plupart sont capturés et exécutés après un jugement sommaire. « Il faut, disait Brousson, ou que l'Etat périsse, ou que la liberté de conscience soit rétablie. »

Le retour offensif de la propagande venue de l'étranger, et les agissements clandestins des réformés « inconvertissables » provoquent des sévérités accrues : le gouvernement royal persécute les irréconciliables, saisit leurs biens, exile les personnes. En février 1688, les intendants reçoivent une circulaire de Paris leur ordonnant de « faire conduire » les « opiniâtres au plus prochain lieu sur la frontière ». On vidait ainsi les prisons du Languedoc, pour conduire les détenus à Genève. Etrange contradiction : les exilés volontaires étaient légalement condamnés et passibles des galères. Mais on faisait des prisonniers du roi des exilés involontaires !

Le gouvernement était ainsi tiraillé entre deux tendances opposées : les uns, avec Louvois et les intendants « durs » comme Creil à Orléans, Gourgues à Caen, demandaient le renforcement des mesures de police et l'envoi de la troupe dans les régions les plus indisciplinées. Les autres, avec Daguesseau et Le Bret, penchaient pour l'indulgence, et contre les nouvelles proscriptions, si dommageables à l'économie du royaume. Tantôt le roi suivait Louvois, et « couvrait » les dragonnades : les officiers avaient alors toute licence d'opprimer les marchands de Dieppe ou les notables poitevins rebelles. On emprisonnait les femmes qui refusaient de « loger » la troupe, on permettait aux soldats, selon les instructions du ministre, « tout le désordre nécessaire ». En 1686 les « opiniâtres » furent de nouveau confrontés à la violence : les dragons « bastonnaient », « enfumaient », battaient le tambour pendant des semaines pour empêcher les gens de dormir, grillaient les chairs et brûlaient les yeux. Les femmes étaient publiquement fouettées nues, ou attachées « à la quenouille du lit » pendant des jours et des nuits, devant les nourrissons affamés. En 1687, ému par les violences, le gouvernement envoyait des instructions ordonnant la modération.

Dans les régions où le culte était célébré clandestinement, la tolérance était impossible, les peines sévères, la mort immédiate pour les pasteurs arrêtés, les galères à vie pour leurs complices. Les femmes devaient être rasées et emprisonnées. Les biens de tous les prévenus étaient confisqués. Les instructions de Louvois, en janvier 1687, étaient très dures contre les huguenots du Midi surpris au prêche : « Faire fort peu de prisonniers, disait-il, mais en mettre beaucoup sur le carreau, n'épargner pas plus les femmes que les hommes. » En 1686, à deux reprises, les soldats du roi avaient tué les fidèles, au cours d'opérations contre les assemblées clandestines.

La condamnation aux galères était la plus courante, dans les pays au Nord de la Loire. Elle était fréquemment pratiquée, pour des délits d'apparence mineure : deux paysans de Normandie y furent expédiés pour avoir été trouvés porteurs de « petits livres de la religion » et pour avoir hébergé Brousson.

Deux ou trois mille huguenots, à tout le moins, se retrouvent ainsi aux galères, de 1685 à 1715 : peine redoutable, qu'ils subissaient tous, quel que fût leur âge : il y avait des jeunes gens de quinze ans et des vieillards octogénaires. La « chaîne » qui se constituait dans les provinces les saisissait dans tous les dépôts. Ils rejoignaient la file des condamnés qui traversaient la France, les fers au pied ou au cou. Quand ils avaient la force d'arriver aux ports, ils étaient embarqués sur les vaisseaux du roi, jamais pour moins de six ans. Les journaux tenus par quelques-uns de ces galériens, l'avocat Le Fèvre, de Marolles, Jean Bion ou Marteilhe attestent de leurs souffrances. Certes les protestants n'étaient pas la majorité dans les bagnes ; ils avaient pour compagnons des condamnés de droit commun, coupables de vols, de désertion, d'assassinats. Mais ils y furent, à cette époque, très nombreux. Certains devaient y finir leurs jours. On en trouve une quarantaine encore, sur les registres du bagne, en 1748 (Zysberg).

L'aventure de Marteilhe est significative : il a quinze ans en 1699 quand les soldats du roi arrêtent son père et ses deux sœurs. Il est originaire de Bergerac et fait partie des « opiniâtres ». Quatorze ans après l'édit de Fontainebleau, on donne encore la chasse aux huguenots. Jean échappe par miracle et s'enfuit avec un camarade, cherchant à gagner l'Allemagne ou la Hollande par les filières d'évasion. Ils sont dénoncés, arrêtés à Marienburg, alors qu'ils allaient passer la frontière. Les voilà aussitôt condamnés aux galères.

A quinze ans, Jean Marteilhe est galérien à perpétuité. Il est attaché à la chaîne qui le conduit à Dunkerque. Il traverse tout le Nord de la France, les fers au pied. Beaucoup de ses camarades sont morts d'épuisement au cours du trajet. A Dunkerque, on l'examine. Le crâne rasé, le corps nu, il offre une bonne musculature. Il touche deux caleçons, deux chemises de toile bise, un pantalon de laine et un caban de bure. Sur la tête, un bonnet de laine rouge.

Le voilà à son banc, sur la galère royale. Il est enchaîné par un anneau de fer scellé à son pied. Le *comite,* ou chef de rang, le surveille de près. Il ne peut quitter son banc ; en cas de faute, il est bastonné ou frappé avec une corde humide : trente coups pour des peccadilles, cent coups pour les fautes graves. Pour empêcher la gangrène, les bourreaux mettent du sel et du vinaigre sur les plaies. Si le galérien blasphème, il a la langue percée au fer rouge. Marteilhe a pour capitaine un chevalier de Malte d'une implacable rigueur qui impose au navire un rythme insensé dans les batailles. Quand un galérien meurt sous l'effort, on le jette à la mer. La galère au port, les bagnards victorieux sont soumis à la pire humiliation : la parade. Les galériens crient hau ! deux fois pour saluer une personnalité, trois fois pour le roi de France. Pour la distraction des dames de qualité, ils exhibent, torse nu, leurs cicatrices, au coup de sifflet.

Les galériens au repos doivent tricoter des bonnets, comme des vieilles femmes. Certains pensent à s'évader, à limer la chaîne. Mais les chasseurs de primes les rejoignent vite. Ils touchent 20 écus par homme... Les évadés repris ont le nez et les oreilles coupés. Marteilhe, qui a supporté cette infernale condition, a la chance d'échapper à la rame : il est nommé écrivain public. Sa libération intervient en 1713, deux ans avant la mort du roi. Cette année-là, sur intercession de l'ambassade hollandaise, cent trente-cinq huguenots ont été libérés. Marteilhe passe à Genève, puis à Amsterdam. A trente-six ans, il est estropié pour la vie. Mais du moins s'est-il sauvé. Beaucoup de ses camarades sont morts. Les galères ne pardonnaient pas.

Les prisons, pas davantage : on « oubliait » à la Bastille des détenus pendant vingt ans. A la tour de Constance, d'Aigues-Mortes, les hommes et les femmes subissent les tortures, le fouet, le bâillon, la faim. André Chamson a décrit le supplice de ces malheureuses qui ont passé leur vie dans un bagne ignoré, dans des souffrances morales et physiques inimaginables. Nombre de couvents de femmes détenaient des prisonnières dans les mêmes conditions. Un millier d'hommes et de femmes sont déportés par la marine dans les îles d'Amérique, au Canada, au Cap, à Terre-Neuve ; très peu survivent. Les condamnés préfèrent encore le bagne à la déportation. On raconte dans les prisons que les capitaines, en haute mer, noient leur cargaison.

Les arrestations, les tortures, les galères et la déportation n'ont pas raison des irréductibles. En 1686 le gouverneur du Languedoc, Noailles, envisage de « dépeupler » la province et de raser tous les villages suspects : on doit y renoncer, il faudrait, dit l'intendant, déplacer au moins vingt-cinq mille personnes. Ces « opiniâtres », dument recensés par l'administration du grand roi, vont fournir des troupes à la dernière insurrection huguenote, celle des Camisards.

16.

La guerre des Camisards

Les centaines de ministres, d'avocats, de médecins qui arrivent à Londres et à Amsterdam après la Révocation de l'Edit de Nantes découvrent un monde. Laissant la France idolâtre, qui élève partout des statues à Louis XIV, ils ont la brusque révélation d'une Europe de la liberté. Jadis la France d'Henri IV était une terre d'asile privilégiée dans une Europe de la persécution. Désormais la France chasse ses minorités ; elles trouvent à quelques lieues des frontières des foyers intellectuels vivants, des institutions nouvelles, une société en plein mouvement. Les Languedociens et les Lyonnais, affectés par la crise économique, s'aperçoivent que le monde a changé : la richesse et le progrès sont en mer du Nord.

Et par conséquent la libre pensée : Genève s'étiole. Les protestants français ont dans leurs·rangs des « controversistes », des théologiens, des pamphlétaires. Ils n'ont pas de penseurs.

Ils sont confrontés, avec un demi-siècle de retard dans leurs méthodes de raisonnement, avec les esprits les plus libres, les plus hardis de ce temps : en Hollande, Spinoza, qui n'est pas un rêveur perdu dans ses thèses, mais le familier de Jean de Witt et des grands bourgeois d'entreprise. Quand il publie en 1670 son *Traité théologico-politique* il est assuré de soulever une « unanimité de haine ». Bossuet, qui ne le cite qu'une fois, le considère dans son *Discours sur l'Histoire universelle* comme son adversaire constant. N'a-t-il pas l'audace de considérer l'Ecriture comme une œuvre humaine, pleine d'erreurs et de contradictions ? Spinoza n'hésite pas à distinguer, contre toute la pensée chrétienne du Moyen Age, philosophie et théologie : « Le but de la philosophie, dit-il, est uniquement la vérité, celui de la foi uniquement l'obéissance et la piété. » Comment imaginer pour l'Etat un fondement divin ? C'est une rêverie métaphysique.

Les bons Etats sont ceux qui font entrer la raison, non seulement dans leur pratique, mais dans leur fondement. Les individus ont un « droit naturel » qu'ils peuvent transférer dans la personne d'un souverain, mais dont ils ne doivent pas se dépouiller. Ainsi sont-ils assurés de sauvegarder leur liberté, particulièrement en matière de foi : « Il faut laisser à chacun, dit Spinoza, la liberté de son jugement et les pouvoirs d'entendre les principes de la religion comme il lui plaira, et ne juger de la piété ou de l'impiété de chacun que selon ses œuvres. »

Voilà qui bouleverse hardiment les idées reçues : les têtes pensantes, en France comme en Angleterre, sont pour la soumission à l'ordre, pour l'obéissance sans mise en question. Hobbes, dans son *Léviathan,* après avoir exposé la théorie des « droits naturels » de l'homme, conclut qu'il faut donner le pouvoir absolu au prince, si l'on veut éviter l'état de guerre. Purs produits de l'élevage catholique, Descartes, élève des jésuites, et Pascal, ami des jansénistes, pensent l'un comme l'autre qu'il est vain de mettre en question l'ordre politique et social : « Il a quatre laquais », dit Pascal. Pourquoi ne passerait-il pas devant moi à l'Eglise ? Il pense, comme Racine, qu'« un sujet ne peut jamais avoir de justes raisons de s'élever contre son prince ». Il affirme que la justice « est ce qui est établi ». Et Descartes ? La « première règle », écrit-il, est « d'obéir aux lois et coutumes de mon pays, retenant constamment la religion en laquelle Dieu m'a fait la grâce d'être instruit dès mon enfance ». Ces révolutionnaires de la société des savants mettent entre parenthèses la société des hommes : s'ils substituent tranquillement, avec Kepler, Newton et Galilée, le monde vide et infini de la physique au vieux monde plein, hiérarchisé, ordonné, des théologiens du Moyen Age, ils laissent de côté la théorie du pouvoir politique et celui-ci ne manque pas de leur en faire reproche : Pascal, qui partage pour le monde installé le mépris des jansénistes, suscite la même hostilité que Descartes, dont la philosophie est constamment critiquée par les penseurs officiels du régime. Comme la nature dans Pascal, la monarchie louisquatorzienne a horreur du vide.

Plus que le mépris des savants, elle redoute les « mauvaises idées » qui viennent d'Angleterre. Car en 1688 on assiste à Londres à une révolution qui n'a rien de théorique : le héros de la guerre de Hollande, le stathouder calviniste Guillaume d'Orange, qui a chassé les Français de son pays, a épousé Mary, la fille de Jacques Stuart, héritier catholique du trône. Or ce Jacques II est chassé par le soulèvement de l'Irlande et le front uni des protestants d'Angleterre. Il trouve refuge en France et ses ennemis appellent Guillaume et Mary. La « glorious revolution » est suivie de l'instauration, par l'ancien stathouder devenu roi d'Angleterre, d'un régime constitutionnel. L'année suivante, l'illustre John Locke publie son *Traité sur le Gouvernement civil* qui « transforme un incident historique en un événement commandé par la raison humaine ». Revendiquant dans son livre « une liberté pour le bonheur par la raison » (Polin), il reconnaît aux citoyens le droit de s'insurger pour défendre la légalité, et de déléguer à un pouvoir législatif (le vieux Parlement d'Angleterre) le soin de défendre le « droit naturel » des sujets du roi. Ce pouvoir doit garantir la tolérance religieuse.

Liberté, tolérance, ces mots sont surtout compris, par les huguenots français du Refuge, dans leur vertu polémique. Ils signifient pour eux le retour à l'Edit de Nantes, et rien de plus. Les plus exaltés des pasteurs français de Hollande sont plus proches des « monarchomaques » du XVIe siècle que des libéraux anglais. Pourtant un réfugié d'Uzès, Coste, traduit Locke en français et fait connaître sa pensée en Europe. Un Beyle pourra mener de son côté, le combat de la tolérance. Mais les leaders du Refuge sont peu sensibles aux idées nouvelles. Pour Jurieu, le pouvoir résulte d'un contrat initial, qu'il se garde de définir, entre le roi et son peuple. Rien ne s'oppose à ce que le peuple délègue son pouvoir absolu au roi, si celui-ci ne gouverne pas en despote. « Quant à nous, écrit Jurieu dans ses *Lettres pastorales aux fidèles de France qui gémissent sous la captivité de Babylone,* en reconnaissant la puissance absolue comme légitime, nous soutenons que la puissance sans borne est contre toutes sortes de lois divines et humaines. » La polémique s'engage avec Bossuet sur la notion de « peuple qui fait les rois ». On ne lit rien dans l'Ecriture sainte, affirme Bossuet, sur le « prétendu pouvoir du peuple ». Comment le « séditieux ministre » peut-il affirmer que « le peuple rentre en possession de la souveraineté aussitôt que la personne ou les familles à qui il l'avait donnée viennent à manquer » ? Jurieu approuve pleinement la révolution anglaise. Souhaite-t-il mettre un calviniste sur le trône de France ?

Il n'y a pas, dans ses œuvres, la moindre critique de la notion d'absolutisme, mais seulement la mise en question de la politique d'intolérance et de la légitimité de la personne royale, qui développe une telle politique. Jurieu n'a nullement subi l'influence des idées anglaises. Il ignore Spinoza. Il utilise dans son combat polémique les événements d'Angleterre, sans mettre en question le fondement du pouvoir monarchique en France. Les autres pasteurs du Refuge sont plus timides encore : Jean Claude dans les *Plaintes des Protestants cruellement opprimés* (1686), Elie Merlat dans le *Traité du Pouvoir absolu des souverains* (1685) ne critiquent pas la notion d'absolutisme. Seul un pamphlet anonyme, publié en 1689, *Les Soupirs de la France esclave*, dénonce le « despotisme » de Louis XIV qui a violé les règles coutumières, porté atteinte au droit de propriété de ses sujets : « A la place des nobles, il vient de nouveaux nobles qui tiennent leur origine de la faveur de la Cour et des finances. Ces gens achètent et possèdent toutes les plus belles terres du royaume et exercent sur les anciens gentilshommes une espèce de pouvoir despotique. » Si les attaques contre la personne du roi sont nombreuses, le doute sur les fondements de son pouvoir est inexistant. Les huguenots français veulent combattre Louis XIV, mais non supprimer la monarchie. Ils ne sont touchés que superficiellement par la vague profonde de la pensée critique.

Si Louis XIV n'est plus le roi justicier de la tradition, et pas davantage le roi chevalier des guerres d'Italie, s'il est également méprisé par les docteurs jansénistes qui ne respectent de pouvoir que celui de Dieu, et par les ministres en exil qui le tiennent pour un despote, il ne peut manquer de rechercher, contre l'agression des minorités, la définition de son pouvoir dans l'affirmation sans cesse plus précise des pouvoirs de l'Etat. La lutte engagée contre les protestants n'est certes pas le résultat de sa conversion miraculeuse au parti dévot, elle s'inscrit dans une lente et patiente reprise en main, par les gouvernements successifs, de l'administration du royaume, dans une volonté incessante de nivellement dont le pamphlet *Les Soupirs de la France esclave* se fait judicieusement l'écho. Si le grand roi apparaît, dans l'Europe de l'Ouest, comme le nouveau défenseur de l'idée catholique, c'est qu'il a d'abord restauré le catholicisme chez lui, dans la tradition la plus gallicane. Nullement prisonnier du pape, des dévots et des jésuites, il s'est par contre senti menacé par l'évolution libérale des Etats de l'Europe du Nord-Ouest, et c'est très largement dans sa volonté d'affirmation d'une monarchie sans partage qu'il a engagé, dans son royaume, la lutte contre les divisions religieuses. S'il a vu dans le jansénisme une faction dangereuse, il a sans doute considéré les protestants comme des ennemis possibles de l'intérieur, en raison de leur différence, même s'ils affirmaient, parfois avec outrance, leur loyalisme. Mais n'y avait-il pas beaucoup d'étrangeté dans ces affirmations ? Les délégués des églises, en 1657, lui disaient : « Nous avons dans la politique la même pensée que dans la religion : nous croyons qu'un sujet ne peut jamais rien mériter de son souverain. » Ainsi le roi n'avait pas à récompenser des services. Mais les serviteurs avaient-ils à considérer le roi comme autre chose que l'incarnation d'un principe abstrait ? Si la pensée de Louis XIV à l'égard des protestants n'était pas clairement formulée, elle se révélait avec une force singulière dans les discours de ses intendants : celui du Languedoc, Lamoignon de Basville, fils d'un premier président du Parlement de Paris, développait sans fard la thèse de la religion unique : « Lorsque les sujets, disait-il, ont une religion différente de celle du prince, la domination de l'un ne peut être entière, ni la dépendance des autres. Comme ils ont des principes différents, il est difficile qu'ils concourent toujours unanimement à la même fin... il ne peut y avoir entre eux d'union parfaite, le nœud est toujours prêt à se relâcher ou à se rompre, qui fait que la diversité d'opinion et de créance est une source de dissension et de discorde ; que les schismes spirituels produisent d'ordinaire des schismes civils et que toute la puissance du souverain doit s'appliquer à réduire toutes les divisions à l'unité. »

Renforcer l'unité du royaume par celle de la foi, se poser à l'extérieur comme le rival de l'empereur qui vient de battre les Turcs, s'affirmer en face du pape comme le restaurateur de l'Eglise romaine, la politique de Louis XIV n'avait pas à faire de concession aux opposants de l'intérieur. Elle ne soulevait aucune critique dans l'opinion, très sensible au contraire à la gloire du grand roi. Une sorte de culte se développait, autour des vertus de l'« Apollon français ». Une brochure de ce titre, écrite par un certain Bauderon, petit seigneur de province, circulait dans le royaume : « Les édits de ce souverain, écrivait Bauderon, attachent les peuples avec des chaînes d'airain et des clous de diamant. » Et de conclure ce manuel d'adoration : « On ne reconnaît rien de plus admirable que vous, divin monarque de France... Vous communiquez vos grâces à tout le monde et vous chassez les misères et les chagrins par votre présence. »

Apollon, Hercule, le roi détruit ses ennemis à la massue, inspiré par les dieux. Qu'il soit représenté en costume d'époque dans la statuaire, ou nu dans la toge et couronné de fleurs, le roi est l'exterminateur, le vainqueur de l'Hydre. On lui dresse à Paris des arcs de triomphe. L'art officiel le célèbre comme jadis celui de Rome célébrait les empereurs. En mars 1686 le maréchal de la Feuillade, un original au demeurant fort riche, inaugure la statue de Louis XIV de la place des Victoires. Haute de quatre mètres, elle porte comme inscription, sur le piédestal de marbre : *Viro Immortali* (à l'homme immortel). Quatre immenses fanaux éclairaient la statue toute la nuit. La cérémonie d'inauguration, avec défilé militaire et procession, surprit les contemporains : « J'y étais, écrit Saint-Simon, et je conclus, par les bassesses dont je fus témoin, que s'il (le roi) avait voulu se faire adorer, il aurait trouvé des adorateurs. » En 1717 on détruisit ce monument d'idolâtrie. Il symbolisait parfaitement 'ᵉ culte développé autour de la personne du roi par les maîtres de l'opinion publique de l'époque : haut clergé, grands seigneurs courtisans, municipalités : celle de Nîmes vota des subsides pour couler une statue de 450 quintaux. Partout les inaugurations de statues donnent lieu à des fêtes, avec tableaux vivants et théâtre religieux. *Le Triomphe de la Religion*, joué par les jésuites au collège Louis-le-Grand, est un modèle du genre. La population locale fournit en quantité des Jupiter pour foudroyer les hérétiques, des Vulcain s'éveillant d'un long sommeil pour apprendre que le grand roi a purgé le royaume des huguenots. Aux nouveaux convertis on fait don d'objets symboliques, des huîtres s'entrouvrant pour laisser voir les perles, grâce aux rayons du soleil... Les poètes, à leur manière, appportent leur contribution à la louange de la politique du roi. La Scudéry, La Fontaine, Quinault, le librettiste de Lulli célèbrent la Révocation. « L'hérésie est aux abois, chantent les bergers de Quinault, tout est calme en ce bocage »... Le peuple de Paris, qui s'est précipité pour participer à la démolition du temple de Charenton, fait la fortune des marionnettistes de la foire de Saint-Germain, où l'on montre la déconfiture des huguenots. Le culte du Roi-Soleil est populaire : dans les villes traditionnellement hostiles aux réformés, il manifeste avec éclat la volonté royale de paix civile et de force triomphante. Dans les cités nouvellement converties, il rappelle au peuple, dans un fastueux appareil, la présence de la monarchie à travers ses intermédiaires tout-puissants, l'intendant, le gouverneur, l'évêque ou l'archevêque, devenus ordonnateurs du spectacle.

Sans doute les paysans affamés se joignent-ils plus malaisément au chœur des thuriféraires. Les révoltes paysannes qui affectent les provinces ne laissent aucun doute sur l'ampleur et la profondeur du mécontentement. L'action anti-fiscale, anti-seigneuriale est cependant brisée depuis toujours au début des années 1690, en Languedoc comme ailleurs. Dans le Vivarais tout proche, les paysans, accablés par la disette, se sont soulevés en 1669. Même les figuiers avaient gelé pendant l'hiver. Les familles se nourrissaient d'herbes. A l'annonce d'un renforcement de la fiscalité, Aubenas s'était révoltée. Les paysans des environs avaient traqué les collecteurs de taille. Mais tout était rentré dans l'ordre. En 1690, les soulèvements fiscaux se relâchaient. La Bretagne, la Guyenne, le Boulonnais lui-même étaient au calme.

Jamais la crise n'avait été plus redoutable, pour les riches comme pour les pauvres : elle avait pour cause profonde la baisse continue des prix, qui valorisait les créances, tuait les débiteurs, anéantissait l'épargne. Les plus aisés devaient emprunter pour survivre. En cas de mauvaise récolte, ils étaient ruinés comme les autres. La crise du fermage, remarque Le Roy Ladurie, commence en Languedoc dès 1675. A partir de 1680, les années de sécheresse donnent des récoltes moins abondantes et limitent le profit. En 1683, les puits sont taris de mars à septembre. En 1685 et 1686 les sauterelles mangent les épis sur pied, sur les deux rives du Rhône. Après sept ans de sécheresse commence le cycle des étés pourris, où les graines ne peuvent germer faute de soleil. Les hivers très rudes accroissent la mortalité, dépeuplant les campagnes. Certaines années la vigne et l'olivier gèlent.

Les plus riches laboureurs ne résistent pas. Ils sont saisis. On vend leurs biens à l'encan. Dans les années 1690-1700 les exploitants manquent d'argent, ils ne peuvent faire face à l'écroulement des prix agricoles, ils ne peuvent plus payer leur main-d'œuvre. Ils disparaissent progressivement.

C'est le moment que choisit le roi pour accroître la pression fiscale : la taille flambe, de 1690 à 1715, à cause des besoins de la monarchie guerrière. Un impôt supplémentaire, la capitation, est levé à partir de 1695. A cette date, les taillables sont à bout. Selon Le Roy Ladurie, « 95 pour 100 des villages languedociens ont des collecteurs forcés ». Personne ne veut plus lever la taille. Les responsables désignés sont ceux qui n'ont pas les moyens de se dérober à cet insupportable devoir, « de pauvres laboureurs, ou journaliers sans ressources, gibiers de prison perpétuels ». Comment faire payer les taillables alors que les terres les plus riches sont devenues insolvables ?

Les paysans cévenols sont-ils mûrs pour une nouvelle révolte de « croquants » ? Sans doute sont-ils victimes de la crise, au même titre que leurs voisins du Vivarais. On mange des glands et des herbes sauvages dans la montagne, faute de châtaignes. Le blé a disparu des greniers depuis 1685. En Cévennes aussi, les riches sont affectés comme les pauvres par la hausse de la pression fiscale et la diminution du profit. La sécheresse est une catastrophe. Mais les temps sont durs pour tous, pour les hugenots mal convertis comme pour les catholiques de la plaine. La disette ignore les religions. Les impôts du roi frappent avec la même sévérité ses malheureux sujets. Si les notables catholiques lui dressent des statues équestres, ils supportent aussi malaisément que les anciens hugenots le renforcement de l'autorité de l'intendant, qui fait des états de Languedoc une simple chambre d'enregistrement des décisions royales. Longtemps tenue en marge du royaume par ses privilèges, les guerres et l'Edit de Nantes, la province est entrée dans la loi commune et souffre, à égalité avec les autres provinces, du despotisme ministériel. La crise n'est pas responsable de la nouvelle guerre de religion : elle n'apparaît pas, dans les campagnes, comme la cause de nouveaux soulèvements antifiscaux. Elle ne suscite pas, chez les notables, la passion de constituer un nouveau « parti ».

On n'est même pas sûr que le départ des notables huguenots ait pour cause la politique de persécution poursuivie par l'intendant Basville avec une implacable rigueur : c'est vrai, il a chassé les protestants de tous les lieux publics, assemblées régionales, municipalités, tribunaux. Mais les tisserands des montagnes, les soyeux et les drapiers, souffraient essentiellement des difficultés de la place de Lyon, où s'écoulaient leurs marchandises. Et la crise lyonnaise n'avait rien à voir avec la Révocation. Il est exact que les vingt-cinq mille émigrés du Languedoc comptaient beaucoup de marchands et « entrepreneurs ». Nombreux sont les Gardois qui se sont installés à Gênes ou à Genève, où ils ont prospéré et fait construire de superbes maisons. Beaucoup sont allés en Espagne, à Barcelone, à Cadix. A Genève et à Neuchâtel, les fils Pourtalès vont créer une puissante entreprise d'indiennage. Claparède, marchand de Nîmes, va faire passer en Suisse 80 000 livres et Salomon Négret, son collègue, 300 000. Deux marchands de Lunel, Gaussen et Bosanquet, vont devenir directeurs de la Compagnie anglaise des Indes et gouverneurs de la nouvelle Banque d'Angleterre... Mais si ces riches notables ont déguerpi, avec toute leur fortune disponible, c'est peut-être en raison de la crise, et non du simple fait de la révocation de l'Edit de Nantes. Il est vrai que le roi leur rendait la vie difficile. Il est vrai que leur exode était dramatique pour les artisans, leurs fournisseurs, et pour les ouvriers restés sur place. Mais leur départ n'est pas à l'origine de la révolte des Cévennes. Ils ont été peu suivis dans leur exil : 5 pour 100 seulement de la population cévenole dans les listes des partants. Seuls les marchands, les artisans riches avaient la possibilité de transférer des fonds à l'étranger, et d'y ouvrir de nouvelles entreprises. Ils n'étaient suivis que par les plus aisés, ou les plus capables. Ceux qui restaient se sentaient, à tous égards, abandonnés.

L'ancien modèle de la révolte était périmé. La noblesse, depuis Rohan, avait fait preuve de la plus grande indifférence, quand elle ne s'était pas ralliée spectaculairement à la politique royale. Elle n'avait opposé aucune résistance à l'armée de la répression. Le duc de Noailles avait pu donner en personne le premier coup de marteau dans la chaire du temple de Montpellier. Pas un seigneur languedocien n'avait protesté. Le départ des quatre-vingt-cinq pasteurs avait laissé les églises sans chefs, désorganisées. Certains s'étaient convertis scandaleusement, et ces « nouveaux catholiques » avaient accepté des postes d'Etat : le pasteur Cheiron portait le chaperon rouge des consuls et le pasteur Paulhan était conseiller honoraire au présidial. Toute une élite de professeurs, de médecins, d'avocats avait suivi les pasteurs en Suisse, puis en Angleterre et en Hollande. La révolte n'avait plus ses chefs, ses cadres traditionnels. Les notables qui n'avaient pas pris la fuite avaient affiché leur conversion. La peur panique des dragons avait permis à l'intendant de publier des bulletins de victoire : « Il n'y a pas de paroisse qui n'ait été nettoyée », disait Basville, et le maréchal de Noailles écrivait à Louvois : « Je ne sais plus que faire des troupes parce que les lieux auxquels je les destinais se convertissent tous généralement, et cela va si vite que tout ce qu'elles peuvent faire est de coucher une nuit dans les lieux où je les envoie. » Même Saint Jean du Gard et Auduze ces fiefs huguenots, avaient cédé. Aimargues, Marsillargues s'étaient converties.

Intoxication ? La dragonnade du Languedoc était la dernière des grandes opérations de ce genre. Le récit des exploits des soldats dans Montauban était de nature à faire réfléchir les plus déterminés. Personne n'avait défendu, sur le moment, la thèse de la résistance. La province s'était agenouillée.

Ces « nouveaux convertis » (N.C. dans les documents officiels) inspiraient beaucoup d'inquiétude aux évêques. L'instruction religieuse des adultes était négligée. Les prêches étaient épisodiques, même si l'on faisait appel à de grandes vedettes de la chaire, les compétences du clergé local étaient insuffisantes. Les vieux protestants assistaient à la messe, où leur présence était chaque dimanche contrôlée, la mine sombre, le dos voûté, et récitaient les prières catholiques du bout des lèvres. « Un même roi, une même loi, une même foi », telles étaient les consignes de l'intendant et des évêques. Même si les « nouveaux convertis » enrageaient de voir les traîtres récompensés par le nouveau pouvoir, même s'ils criaient « au loup ! au loup ! » au passage des Cheiron et des Paulhan, ils se taisaient et s'abstenaient de toute manifestation violente. Dans les églises, les gosses se moquaient des bénitiers et des habits du curé. Les parents évitaient de s'agenouiller devant la sainte Vierge. Mais l'occupation militaire rendait les familles prudentes. Elles ne voulaient pas partir aux galères.

En Languedoc comme ailleurs, les catholiques avaient

échoué dans leur tentative de récupération des nouveaux convertis. Même les jeunes leur échappaient : les protestants envoyaient leurs enfants, quand ils le pouvaient, à l'étranger, ou bien ils engageaient à domicile des précepteurs dont ils étaient sûrs. Les écoles catholiques manquaient pour les enfants pauvres. Quand l'évêque réussissait à trouver et à payer des maîtres compétents, les parents faisaient partir leurs enfants dans les villes ou villages voisins pour qu'ils échappent à la férule du nouveau régent. La première tâche des évêques était de tenter un recensement de la population scolaire de leur ville. Les menaces et les amendes étaient sans effet devant la défense passive organisée par les familles. Les fonds manquaient pour organiser l'hébergement et l'instruction de ces enfants que l'on enlevait dès l'âge de trois ans dans certaines régions (comme la Normandie de Gourgues) pour les soustraire à l'influence de leurs parents.

La foi catholique des nouveaux convertis, souvent contraints *manu militari* d'assister aux offices, était nécessairement suspecte. Selon Lavisse, à l'église, le nouveau converti « reste dans le bas de la nef, la figure cachée dans le chapeau. Au besoin même il tient un livre, un volume où figurent l'*Ave Maria,* les Sept Psaumes, le Calendrier avec les saints de l'Eglise romaine, mais qui est en réalité un recueil de prières calvinistes ». Pour éviter la communion, il se fait porter malade, ou se dit en voyage. Les jeunes qui se marient acceptent la confession comme une épreuve indispensable, mais refusent de pratiquer, une fois mariés. Des curés peu scrupuleux acceptent de les unir contre honnête rétribution. On vend de faux certificats de mariage. Dans les Cévennes, on pratique le mariage libre, sans prêtre et sans témoins, par simple consentement mutuel. Les notaires aussi sont complices.

On triche sur les autres sacrements. Le baptême des enfants, imposé par l'Eglise, est suivi souvent d'un autre baptême protestant. Le malade refuse dans les limites du possible l'extrême-onction. La famille dissimule la mort, ferme les portes et les volets, refuse l'assistance du médecin. Le malade risque gros s'il survit, et s'il est dénoncé, les galères pour les hommes, la prison pour les femmes. S'il meurt, on peut faire un procès à sa dépouille. Elle est traînée sur une claie la face contre terre, on la jette à la voirie. La justice peut même exiger, sur dénonciation, que l'on déterre un cadavre. On voit ainsi, en 1686, la tête d'une bourgeoise de Montpellier, la demoiselle Carquet, rouler dans le ruisseau. Mais ces vengeances posthumes sont impopulaires, elles sèment le trouble. Les autorités les évitent. Les protestants, de plus en plus, peuvent mourir clandestinement.

Après la paix de Ryswick, qui n'avait donné aucune satisfaction aux protestants du Refuge, Louis XIV, sous la pression de quelques intendants et d'évêques libéraux, avait consenti à rouvrir le dossier des « nouveaux convertis ». On craignait un nouvel exode des religionnaires : dans certaines provinces, les pertes économiques étaient lourdes : trente-cinq mille réformés de la région parisienne avaient gagné l'étranger, 40 pour 100 des huguenots normands et dauphinois. Soixante-dix mille personnes, toutes venues de France, habitaient les Provinces Unies fondant, avec leurs pasteurs, trente-cinq églises nouvelles. Vingt-cinq lieux de culte avaient été créés à Londres. Il y avait des huguenots dans le monde entier, en Russie, en Scandinavie, mais aussi dans la colonie du Cap de Bonne-Espérance. Une église française s'était installée à New York, dans le Massachusetts, une autre dans la Caroline du Sud. Dans l'ensemble, les réfugiés avaient bien réussi, les paysans français défrichaient les terres du Brandebourg, des entrepreneurs créaient dans l'Europe du Nord-Ouest des maisons concurrentes ; les officiers huguenots avaient aidé Guillaume à débarquer en Angleterre. Ils étaient sept cents, commandés par le maréchal de Schomberg, qui avait reçu l'autorisation d'émigrer. En 1698, de nouveaux départs étaient à redouter. Les « refuges » ne risquaient-ils pas de devenir une menace aux frontières ?

On consulta les intendants et les évêques : la plupart étaient partisans de la modération, même Bossuet, même l'archevêque de Noailles. Seuls ceux du Midi demandaient, avec Basville et Fléchier, l'intensification de la politique d'assimilation forcée. « Si tous les sujets du roi, disait Fléchier, ne sont pas maintenus dans l'uniformité du culte extérieur comme de l'unité intérieure de la foi, ce seront toujours deux peuples différents qui se combattront l'un l'autre dans le sein de l'Eglise. » En décembre 1698, une déclaration royale donnait raison aux indulgents : il fallait traiter tous les catholiques à égalité et ne pas isoler les nouveaux convertis dans la répression. Les intendants n'étaient plus tenus de réprimer les délits religieux, ils devaient en laisser le soin aux juridictions spécialisées. C'était la promesse d'un régime de tolérance. Seul l'intendant de Languedoc s'obstinait à le juger indésirable. Il avait de bonnes raisons : le feu couvait dans les Cévennes.

Pourtant Basville tient le pays en main. Il a levé des régiments supplémentaires de milice bourgeoise pour le quadriller. A Florac, de Miral dispose d'une importante garnison. L'intendant a fait ouvrir sur les crêtes vingt-huit chemins royaux et de nombreux chemins de traverse pour acheminer rapidement sa cavalerie aux points signalés de rassemblements des huguenots. Il a pu surprendre, grâce à ses espions et aux dénonciateurs, plusieurs assemblées interdites, à Saint-Germain-de-Calberte, à Roquedur près du Vigan. Il a rempli de prisonniers le château de Sommières, la tour de Constance et les principaux forts de la région : Nimes, Alès, Saint-Hippolyte. Il a dispersé avec la plus grande vigueur le début d'insurrection organisé en 1689 dans le Vivarais et les Cévennes par le maître d'école Vivent. Il a réussi à surprendre et à tuer ce dernier.

L'église de Montpellier a soutenu ses efforts. Les curés ont enregistré de nombreuses conversions. Un couvent a été construit à Anduze pour accueillir les enfants arrachés aux « opiniâtres ». La surveillance des offices, la dénonciation des mauvais convertis, l'envoi de dragons au village où sont annoncés des assemblées suspectes, tout a été mis en œuvre pour obtenir, par la force, le ralliement à la religion de l'Etat.

Mais l'intendant ne se berce pas d'illusions sur les résultats de son action. Il sait combien les huguenots des Cévennes sont intraitables. La « religion » est devenue pour eux une seconde nature. Ils bercent leurs enfants aux chants de psaumes. Ils ont oublié les vieilles traditions populaires de leur région pour créer une culture nouvelle, avec les textes et les chants de la religion réformée. En les contraignant à réintégrer l'Eglise catholique, l'intendant les prive de leurs racines, de leur identité. Ils sont farouchement décidés à préserver leurs communautés.

Le culte se reconstitue d'abord dans les familles. Comme l'écrit Philippe Joutard, « la résistance du petit peuple cévenol n'a pas commencé en 1702 ». Dès avant la Révocation, les religionnaires des Cévennes, qui constituent dans la montagne 90 pour 100 de la population, se sont organisés pour résister à la pression de l'Eglise de la plaine. Ils savaient, depuis l'affaire de Saint-Hippolyte-du-Fort de 1683, qu'ils ne devaient pas compter sur les ministres du Languedoc, ni sur l'appareil des églises, prêtes à l'agenouillement. Ils ne pouvaient compter que sur eux-mêmes.

Les pères de famille envoyaient, au plus fort de la persécution, leurs enfants à l'école ou à la messe, quand les dragons faisaient le compte, à la porte, des assistants. Mais ils lisaient la Bible le soir chez eux et chantaient les psaumes, expliquant aux enfants la différence des religions et les causes de l'oppression dont ils étaient l'objet. Elie Marion, l'un des futurs chefs de la révolte, avait sept ans l'année de la Révocation. « Je n'avais jamais fait, écrit-il, aucune abjuration ni acte de la religion romaine, que d'aller quelquefois à la messe, étant forcé comme tous les autres enfants par les maîtres d'écoles que le roi avait envoyés dans tous les endroits protestants pour instruire la jeunesse. Les instructions secrètes que je recevais tous les jours par mon père et ma mère augmentaient si fort mon aversion pour l'idolâtrie et pour les erreurs du papisme qu'étant parvenu en âge de connaissance, je ne pratiquais plus que les assemblées des protestants qui se faisaient dans les déserts, dans les lieux cachés. » D'autres pères de famille recopient, à l'intention de leurs enfants, des « abrégés » de la foi, de véritables catéchismes. « Si les pères envoient par force leurs enfants aux écoles pendant le jour, écrit l'intendant Basville, ils détruisent le soir tout le bien que les maîtres ont pu faire. » Seule la menace remplit les églises. Dès que les dragons abandonnent un village, elles sont de nouveau désertées.

Les familles, peu à peu, organisent entre elles des prêches. Les amis prient ensemble. Les voisins se réunissent à la veillée. Quoi de plus innocent ? Les catholiques n'ont-ils pas aussi leurs veillées ? Comment sévir ? Dès qu'un espion ou un représentant de l'ordre se présente, les bibles disparaissent, les chants cessent. Les Cévenols s'enhardissent. Dès l'époque des destructions de temples, ils se donnent le mot, et vont prier sur les ruines. Ceux du Vigan en 1685 croient au miracle : réunis la nuit sur les décombres de leur temple, ils entendent des psaumes chantés dans le ciel. Dans une ferme, près d'Anduze, des huguenots irréconciliables se rassemblent pour chanter, dix jours après la Révocation. Les cultes clandestins sont parfois dénoncés à l'intendant. Ils sont si nombreux qu'ils découragent la répression. Basville cependant soupçonne l'amorce d'une nouvelle organisation. Et si les résistants recevaient un appui de l'étranger ?

De fait, ils ont été rejoints par des gens de la plaine, et par des prédicants ou ministres rentrés des Provinces-Unies. Ils ont reçu de ce pays une littérature religieuse, destinée à permettre à tous de remplir le rôle de pasteur. *La Véritable liturgie pour les chrétiens privés de pasteurs* provient bien de Hollande. L'intendant en a saisi des exemplaires, recopiés de la main des fidèles. Les meilleurs, ceux qui savent lire et parler, utilisent ces écrits pour apprendre à prêcher : ces « prédicants » ne ressemblent guère aux anciens pasteurs. Ils savent quelquefois à peine lire. Ils improvisent très vite leurs prêches. Ils ont le pouvoir, reçu de leurs fidèles, de distribuer les sacrements : ils baptisent et célèbrent la cène. Dès 1686 ils ont ouvert cinq assemblées régulières dans la région de Saint-Jean-du-Gard-Lassalle. En 1700, Charles Bost en compte déjà soixante. Ils sont paysans, serruriers, cordonniers mais surtout cardeurs de laine, tisserands. Les plus instruits sont chantres ou régents d'écoles, comme Vivent. L'avocat Brousson, qui les rejoint, établit le contact avec le Refuge. Il fait espérer aux communautés un débarquement des alliés protestants pendant la guerre de la Ligue d'Augsbourg. Les deux tentatives de 1689 et 1690 échouent, mais Brousson garde en pays cévenol tout son prestige. Il compose les sermons recopiés par les prédicants et appris par cœur. Il leur apprend à soigneusement distinguer, pour leur public, leur religion de celle de l'Antéchrist et des nouveaux gentils, les « Romains antichrétiens ». Nourri à la controverse de Jurieu, Brousson est avant tout pédagogue, il veut maintenir la religion du désert dans la tradition théologique.

Mais au milieu des prédicants, il devient favorable aux inspirés. Cette tendance au prophétisme existait déjà dans le Refuge. Jurieu lui-même prophétisait : il voyait dans le livre de Daniel la prédiction de la chute de Babylone ; il la chiffrait, en se référant aux calculs de savants spécialistes du Moyen Age. C'est lui qui avait annoncé pour 1689 la « grande espérance ». Il estimait que le papisme disparaîtrait définitivement entre 1710 et 1720. « Mille ans de paix et de sainteté » régneraient alors sur la terre. Publiées en 1686, ces prophéties étaient lues avec passion dans les Cévennes et dans tout le Languedoc. Fanatisés par la lecture de l'Apocalypse selon Jurieu, les prédicants répandaient à leur tour les prophéties, en faisant constamment référence au langage de la Bible. L'Eglise romaine était, pour Vivent, la « tanière des démons, le repaire des oiseaux répugnants ». Même Brousson, le sage avocat rationaliste, prophétisait à son tour : son sermon sur la « colombe mystique » annonçait le retour du printemps : « Les fleurs naissent et voici le temps des chansons. N'entends-tu pas la tourterelle ? »

Le prophétisme reste sage : il est un discours rassurant. Les paroles de la Bible enchâssent des données extravagantes, alignées dans une apparence de logique. Mais les prophètes tranquilles comme Jurieu et Brousson sont rapidement débordés par des prophètes inspirés, pas encore convulsionnaires qui ont déjà sur le public populaire une influence décisive. Dès l'époque de la Révocation, la chronique rapporte des prodiges auxquels les Cévenols croyaient profondément : les psaumes tombés du Ciel, les battements de tambour, les trompettes mystérieuses. Partout les communautés vivaient dans l'attente du miracle.

La petite Isabeau Vincent, du Dauphiné, une bergère de quinze ans, fit entrer le prophétisme dans une voie nouvelle. Ce qu'elle annonçait ne provenait pas de savants calculs ni d'une lecture attentive des Ecritures : elle était directement inspirée par Dieu. « Elle parle, dit l'avocat Gerlan, les yeux fermés, sort les bras l'un après les autres, après quoi elle chante *Lève le cœur* ou quelque autre psaume jusqu'à la fin, ensuite elle expose des passages de l'Ecriture sainte d'une voix forte, elle parle en bon français... elle traite des matières de controverse dont elle expose un point avec une évidence admirable... s'étant éveillée (elle) ne se souvient pas d'avoir parlé et ne sait (pas) parler français. » En 1688 toute une légion de petits prophètes « dormants » imite Isabeau. Tous jeunes, et illettrés. L'un d'eux, Gabriel d'Astier, petit paysan de Loriol, passe le Rhône et vient initier les Languedociens. Il a beaucoup d'émules en Vivarais et le puplic grossit dans les assemblées clandestines où il se produit, annonçant dans de véritables convulsions que le temps du repentir est venu. D'Astier et d'autres prophètes promettent à leurs publics l'arrivée du Messie, le prince Guillaume d'Orange, qui vient les délivrer, tiré par les cheveux par des anges dans le ciel. Comment les fidèles fanatisés ne se croiraient-ils pas invulnérables ? A l'assemblée de Serre de la Palle, ils sont des milliers à crier aux soldats, ouvrant leurs habits pour dénuder leurs poitrines : « Arrière, Satan ! » Les soldats finissent par tirer : quatre cents morts...

De 1689, date du massacre, jusqu'à 1700, le prophétisme disparaît, avec les grandes assemblées. Il renaît alors près de Vals, avec les prédictions de la « pleureuse de sang », Marie la Boiteuse, qui fanatise son public en annonçant que le jour de la délivrance est arrivé. Elle est pendue, mais de nouveau les prophètes se manifestent en Vivarais. Le mouvement gagne toutes les Cévennes. Les paysans dressent en plein champ des « théâtres » pour que tout le monde puisse voir les convulsionnaires. L'un d'eux, Durand Fage, a minutieusement décrit son expérience, publiée avec beaucoup d'autres dans le *Théâtre sacré*, à Londres. On demande à Fage, à l'assemblée, de faire une « lecture de piété ». Au bout d'un instant, il sent « un fardeau sur sa poitrine », ses yeux sont pleins de larmes. Une jeune fille lui dit que s'il pleure, c'est sur ses péchés. « Je fus soudain saisi d'un frissonnement, dit-il, qui s'étendit par toutes les parties de mon corps. Ma langue et mes lèvres furent subitement forcées de prononcer avec véhémence des paroles que je fus tout étonné d'entendre, n'ayant pensé à rien et ne m'étant pas proposé de parler... Cela dura trois ou quatre minutes. Je tombai incontinent dans une espèce d'évanouissement. Mais cela passa aussitôt et fut suivi d'un nouveau frissonnement... après quoi je me trouvai parfaitement libre et dans l'état ordinaire. » Tous les récits de prophètes évoquent les mêmes troubles physiques, parfois accentués ; certains s'écroulent dans les convulsions et les contorsions. D'autres présentent des symtômes d'hystérie, insensibilité aux pincements, pertes de mémoire. Un inspiré pousse le cri du coq, un autre aboie. Les participants reprennent les paroles en les scandant, sanglotent, s'agitent, se frappent la poitrine, roulent par terre. Quelques-uns sont de véritables faibles d'esprit.

La participation du public crée un phénomène impressionnant de masochisme collectif. Les femmes s'arrachent les cheveux, se reprochant leurs péchés. Des fous, disent les autorités catholiques..., des fous dangereux, disent les pasteurs du Refuge. Ils condamnent ce mouvement convulsionnaire avec horreur. Les pasteurs Merlat et Basnage n'ont pas de mots trop durs pour ces dérèglements, où ils voient les effets du péché et de la débauche. Le ministre Lachau écrit à Brousson pour lui exprimer sa vive hostilité au prophétisme. Pierre Bayle le condamne.

Des fous, les prophètes ? Certains d'entre eux sont les futurs chefs de la révolte. Ils sont nombreux, une centaine sans doute, hommes et femmes. Parmi eux Cavalier, Mazel, Rolland. Le jeune Cavalier a lui aussi des extases. Il se dit, comme ses camarades, le « libérateur de ses frères ». Ils n'ont pas de mots assez forts, ces jeunes exaltés lyriques, pour dénoncer la trahison et la lâcheté des pères. Ils sont dressés pour la vengeance, et leur résistance a des accents de revanche. Cavalier est là pour « défendre la cause de la loi que nos pères avaient malheureusement délaissée par lâcheté ». Rolland, châtreur de cochons, accuse lui aussi ses parents, comme Mazel l'illuminé. « Repentez-vous ! » hurlent-ils aux assemblées. Mais bientôt ils tiennent un autre langage : il est temps, disent-ils, de « détruire l'empire du diable, de la Bête et du Faux prophète ».

Le songe de Mazel est célèbre : il rêve de deux bœufs noirs et gras qui viennent manger, tranquillement, les choux de son jardin. Songe symbolique : ces animaux du diable sont des prêtres et le jardin celui de Dieu. Mazel et le cardeur Esprit Séguier, prophète comme lui, lancent leur cri de guerre : « Abattez les églises, tuez tous les catholiques. » La dernière guerre de Religion est déclarée.

Dans un climat d'exaltation mystique, les prophètes se mettent en route, avec une petite troupe. Ils veulent délivrer leurs frères emprisonnés au pied du mont Lozère, dans la maison de l'abbé du Chayla, au Pont-de-Montvert. Le récit de Mazel décrit l'expédition comme entièrement « inspirée ». Ils

ont, dit-il, « reçu l'ordre » de faire une assemblée dans un bois.
Ils ont rallié les frères des villages proches, qui se sont armés de
fusils, de pistolets, mais surtout de haches, de faux, de sabres et
de hallebardes. Ils leur ont expliqué que l'abbé était un
pourvoyeur de galères et de potences et que le temps de la
vengeance était venu.

Même l'ordonnance de la troupe est « inspirée ». Les
conjurés marchent quatre par quatre, ils trouvent chacun leur
place. Ils entrent dans le village en chantant des psaumes.
Quand ils demandent à l'abbé de libérer les prisonniers, c'est
« de la part de Dieu ». Mazel lui-même défonce, selon les
ordres, la porte du prêtre à la hache. Quand ils sont à
l'intérieur, ils se réunissent pour prier Dieu et demander de
nouveaux ordres. Ils reçoivent un « commandement » formel :
« Que tes frères mettent le feu au pied de l'escalier, et que la
maison et ceux qui y sont soient mis à l'interdit. »

Qui peut douter que le « commandement » soit d'origine
divine ? Les signes ne trompent pas Mazel : « Jamais on n'a vu
de flamme si prompte », c'est évidemment celle de la vengeance divine. « Ce qu'il y eut encore d'admirable, c'est que les
maisons voisines... n'eurent pas la moindre offense. » Miracle
de Dieu. Les occupants s'enfuient, comme ils peuvent, par les
fenêtres, avec des draps noués. Mazel leur fait tirer dessus. Les
prisonniers vont-ils griller ? Non, car Dieu les sauve. Toute la
maison est embrasée, « ce seul endroit de la prison excepté, ce
qui nous parut remarquable ». L'abbé du Chayla est à terre,
blessé, en chemise. Faut-il le sauver ? Non, car il refuse de prier
Dieu. Il tombe, non pas frappé de « cinquante-quatre coups de
poignard » comme le prétendent les catholiques, mais, dit
Mazel, de coups de sabre. Nouveau prodige : « Pierre Séquier
tira son sabre, duquel il frappa sur la tête de toute sa force.
Cette partie du sabre qui avait pénétré dans la tête de l'abbé de
toute sa pointe sauta en l'air. Nicolas Joani l'ayant frappé d'un
coup semblable, son sabre eut aussi le même sort. » Qui
frappe ? A l'évidence, c'est la main de Dieu.

Les obsèques de l'abbé du Chayla, à Saint-Germain-de-Calberte, sont célébrées dans la hâte. On craint de nouvelles
agressions. Les douze pauvres habillés de neuf qui entourent la
dépouille ont à peine le temps de porter l'abbé au cimetière,
son calice dans les mains. On redoute les « fanatiques », les
« attroupés », les « barbets ». Les curés qui assistent à la
cérémonie prennent des habits civils et gagnent les châteaux
forts, protégés par des soldats.

Cependant les fanatiques poursuivent leur course inspirée. Ils
tuent un « mauvais curé » à Frutgères et brûlent son église. Ils
jettent du haut du clocher le « mauvais curé » Boisonnade,

assomment le maître d'école catholique du village de Saint-André-de-Lancize et lui coupent le sexe d'un coup de sabre. Le prophète Séguier guide les pas de sa troupe vers la « mauvaise famille » du seigneur de la Devèze, Louis d'Arnal. Nouveau massacre rituel. Puis les conjurés faiblissent. Ils se savent poursuivis par un ancien partisan des vallées vaudoises, célèbre pour sa dureté : le capitaine Poul, couvert de cicatrices, inspire la terreur par son cheval espagnol et son grand sabre d'Arménie. Devant lui, les « attroupés » s'envolent. Il tombe cependant sur Séguier, caché dans les genêts. Celui-ci est transporté à Florac, condamné à avoir le poing tranché avant d'être brûlé vif dans le village de Pont-de-Montvert. Il meurt courageusement, en chantant des psaumes.

Est-ce la fin de la révolte ? Mazel rassemble le peuple cévenol. Des groupes de partisans s'organisent, confiant le commandement à des jeunes chefs connus pour leur prophétisme inspiré. Un ancien garçon boulanger, Jean Cavalier, commande une de ces bandes. Il livre son premier combat le 11 septembre 1702 du côté de Collet-de-Dèze. C'est une victoire. Il était temps : la mort du forgeron Laporte, un des principaux chefs, survenue peu de jours après, risquait de décourager les partisans. Sa tête avait été exposée, avec celle de ses compagnons, sur le pont d'Anduze. On avait ensuite transporté ces sanglants trophées à Montpellier pour les présenter, dans des corbeilles, à l'intendant Basville...

C'est devant la tête de Gédéon Laporte que le jeune Cavalier avait prononcé, devant ses compagnons, son vœu de vengeance. Le 15 décembre, le « capitaine » Cavalier faisait parvenir au gouverneur et à l'intendant sa déclaration de guerre : « Nous, généraux de l'armée des fidèles, avons bien voulu faire savoir ce que nous demandons, c'est nos précieuses libertés que nos pères ont achetées au prix de notre sang. » De Broglie, le chef militaire, reçoit ce texte le 15 décembre. Quinze jours plus tard, le bilan de la « vengeance » est lourd : quarante églises brûlées ou pillées, deux à trois cents abandonnées, près de deux cents personnes massacrées. Le but de Cavalier est de tuer, de tuer sans cesse, jusqu'à ce que les catholiques reconnaissent ses droits. A la veille de Noël, il bat à plate couture les sept cents soldats de la garnison d'Alès, avec une poignée d'hommes. La « frayeur de l'Eternel » inspire la déroute des soldats du roi, surpris par la fougue des agresseurs.

Cette fois, le pouvoir provincial doit imaginer des mesures plus énergiques. L'insécurité se répand dans les campagnes. On brûle les granges des maîtres catholiques, on prend les chevaux et les troupeaux. On égorge les porcs et les moutons pour saler la chair et constituer des réserves de vivres. La guerre s'organise. Contre Cavalier, le comte de Broglie lance le capitaine Poul. La poursuite est organisée et le 12 janvier, les Royaux aperçoivent les rebelles. Ceux-ci sont plus nombreux. Le capitaine Poul est jeté à bas de son cheval, tué à coups de pierres, de fourches et de bâtons. On lui coupe la tête avec son sabre d'Arménie. Fléchier lui-même assistera aux funérailles du malheureux décapité.

A cette date, il n'y a plus de sécurité dans les Cévennes. Les paysans terrorisés apportent toute leur aide à ceux que l'on commence à appeler les Camisards, en raison peut-être de la chemise blanche qu'ils portaient, pour se reconnaître à la bataille, au-dessus de leurs vêtements. (A moins qu'ils n'aient ainsi été baptisés du nom des *camisades* : attaques de nuit.) Etrange armée, qui a dans ses rangs des femmes, des enfants (les « salomonets »), des officiants vêtus de robes blanches ou noires, comme des moines, avec des chapeaux immenses de jésuites ou des bonnets en forme de mitres. La plupart ont des sobriquets : la Bonté, Fléau des Prêtres, Porte-effroi, Sans Quartier. Pour eux le feu est le signe de la vengeance divine, l'indication permanente de la présence de Dieu. Ils n'hésitent pas, pour démasquer parmi eux les traîtres et les indicateurs, à recourir à la coutume médiévale, féroce, de l'épreuve du feu, grimpant sans crainte sur des bûchers. Ils ont appris à braver la mort en chantant des psaumes, et à disparaître sans bruit dans la nuit quand leur chef commande la dispersion. Ils savent que les châtiments qui les menacent, s'ils sont capturés, sont pires que la mort. Les chefs qui les mènent au combat prient et prophétisent avant chaque engagement. Ils chargent dans des costumes de théâtre. Nicolas Joani se drape dans un manteau rouge et monte un cheval blanc. Cavalier prend aux capitaines nobles, ses adversaires, leurs costumes étincelants. Ils sont les « fous de Dieu », les soldats de lumière. Contre les dragons du roi, ils incarnent la vengeance du ciel.

Le roi dirige sur les Cévennes quatre régiments, et remplace de Broglie par Montrevel. Les troupes sont commandées au combat par le brigadier Julien qui est avantageusement substitué, dans les terreurs populaires, au capitaine Poul. « Julien l'Apostat », disent les Camisards, petit-fils de pasteur, ancien soldat de Guillaume d'Orange, a été fait chevalier du Saint-Esprit par Louis XIV, et nommé maréchal de camp pour la circonstance. Il déclare qu'il va prendre « un cœur de tigre » pour tuer les Camisards et commence par « casser la tête » d'une poignée de prisonniers pour manifester sa détermination.

Il est temps de réagir, les chefs camisards tiennent la

montagne : Nicolas Joani règne sans partage à Genholac, bourgade fortifiée qu'il a enlevée aux royaux. André Castanet domine les ravins du Tarnon sur les pentes du mont Aigoual. Ce cardeur de laine connaît sa montagne dans les moindres recoins : il a été garde forestier. Il doit venger sa mère et sa sœur, tuées par les dragons. Il a exterminé toute la population d'un village papiste, Fraissinet-de-Fourques, y compris les femmes et les nourrissons. Il prêche dans les églises, portant robe de minime et perruque blonde, interdisant à tous les paysans de payer la taille, la dîme et la capitation. Rolland s'est taillé un fief dans la vallée de la Salindre, affluent du Gardon. Il attaque les convois sur les chemins du roi, entre Lasalle, Anduze et Saint-Jean-du-Gard. Il emplit les caches de souliers, de charges de sel, de vivres. Il joue dans les campagnes les redresseurs de torts, protège les bergers et les paysans contre leurs seigneurs, qu'il terrorise, et s'intitule « comte Rolland, généralissime des protestants de France ». Il fait acquitter un péage aux voyageurs qui circulent dans son fief et interdit de messe les ecclésiastiques de la région « sous peine d'être brûlés vifs ». Entre l'Aigoual, le mont Lozère, le cours supérieur de l'Hérault, l'Ardèche et le Rhône, les Camisards sont les maîtres. Ils ont leurs réduits fortifiés dans les vallées du Vidourle et du Gardon.

Les huguenots du Vivarais, en janvier 1703, les contactent. Ils ont décidé de se soulever. Jean Cavalier doit franchir l'Ardèche. Cinq cents montagnards l'attendent pour le conduire dans les Boutières. La révolte va-t-elle gagner tout le Midi ?

Cavalier hésite, se décide enfin, mais échoue. Les passages de l'Ardèche sont bien défendus. A Vagnas, le 9 février, il détruit la petite troupe du baron de Lagorce, descendant du capitaine Merle. Mais il s'attarde. Il a perdu au combat son meilleur capitaine, Esperandieu. Le brigadier Julien accourt, avec une troupe expérimentée. Les Camisards sont enfoncés. Cavalier s'échappe par miracle, en fuyant dans la neige.

Julien dispose maintenant de régiments réguliers, des dragons du nouveau Languedoc, de Firmaçon, des régiments de La Fare, de Marcilly, de Tournon. Ils viennent d'Allemagne, d'Italie, de Catalogne et de Provence. Pour exterminer les Camisards, on a prélevé des contingents sur l'armée en guerre. Douze mille hommes vont traquer les deux mille partisans de Cavalier.

Ils se fondent dans la nature, disparaissent dans les bois, se ravitaillant de nuit dans les villages complices. Ils sont introuvables, insaisissables. Montrevel constitue contre eux des compagnies d'irréguliers, les « miquelets », chaussés d'espadrilles et coiffés de bonnets pointus. La dague à la ceinture, la carabine à l'épaule, ils courent comme les Camisards dans la montagne, précédant les lourds dragons du roi. Ils cherchent dans les grottes et les villages abandonnés les partisans évaporés de Jean Cavalier.

Dans la montagne, les représailles vont bon train. Castanet continue à brûler, à incendier, à terroriser les populations, ainsi que le « comte Rolland ». Celui-ci massacre à Ganges de jeunes recrues d'un régiment de la marine royale. On jette leurs corps dans l'Hérault. Pour dépister les partisans, tous les moyens sont bons au maréchal de Montrevel qui juge expédient d'utiliser contre eux une « baguette divinatrice », le fameux « bâton de Jacob » qui désignait les corps des suspects. Il songe à prendre des otages et à fusiller les innocents habitants des villages. Versailles refuse de l'y autoriser. Il décide alors de déporter des villages entiers, avec enfants et vieillards, pour faire le vide devant les rebelles. On les conduit en prison. Quand ils ne meurent pas de faim et de fatigue sur le trajet, ils périssent dans les cellules où ils sont entassés, ou sur les « tartanes » qui les portent, en mer, jusqu'au Roussillon. Près de Nîmes, un artisan devenu prophète prêchait dans un moulin. Le maréchal ordonne qu'on y mette le feu. Tous les assistants sont massacrés : soixante-dix morts. De la cathédrale, où Fléchier officiait, on pouvait entendre les cris des victimes. Le maréchal poursuit sa politique de rigueur. Cherchant, dans la noblesse, un bouc émissaire, il fait condamner aux galères le vieux baron de Salgas, accusé de connivence avec les Camisards.

Les soldats du roi travaillent sans relâche dans la montagne à la démolition des trente et un villages abandonnés entre l'Aigoual, le mont Lozère et Alès. Une centaine de hameaux sont détruits par « brûlement », avec l'accord de Versailles. Les habitants sont regroupés dans des « bourgs murés » dont ils n'ont pas le droit de sortir. Parfois, pourtant, ils s'échappent, retournent dans leurs granges calcinées. Les soldats les poursuivent, pour les fusiller. Les dragons du brigadier Planque exécutent ainsi d'un coup trente personnes, en janvier 1704. Les victimes sont jetées dans le Gardon.

Les Camisards se terrent dans la montagne, pour se dérober à l'assaut des dragons. Mais dans la plaine, Jean Cavalier attaque. Il s'élance avec ses partisans dans le pays de Nîmes, assiège Sommières en octobre. Les hôtelleries sont brûlées, les papistes massacrés. Systématiquement, Cavalier met le feu aux granges et aux greniers, pour enlever aux villes toutes ressources. De Beaucaire à Saint-Gilles, d'Aigues-Mortes à Lunel, tout est détruit, moulins, étables, bergeries. Les bœufs meurent asphyxiés, les chevaux sont enlevés. On attaque les abbayes et la commanderie de l'ordre de Malte. Le commandeur, Castellane, est massacré ; Jean Cavalier le dépouille et lui prend son costume. Ce que les Camisards épargnent, les « camisards blancs » (Florentins ou Cadets de la Croix) le pillent. Ils ravagent les vignobles, rançonnent les fermiers, torturent les notables pour obtenir d'eux des vivres et des subsides. En quelques semaines les villes et villages de la plaine sont aux abois.

Le 14 mars 1704, les rebelles sont signalés au maréchal sur les bords du Gardon : un fort parti, commandé par Cavalier. Ils sont localisés au Devois de Martinargues, près d'Alès. Les dragons de Saint-Sernin et le bataillon d'élite de la marine s'élancent à leur poursuite. Cavalier a caché des tireurs derrière chaque arbuste, chaque muret. « Mes frères, dit-il, doublons nos prières et nous serons vainqueurs. » Vingt-deux officiers et trois cents soldats sont exterminés en un clin d'œil. Les morts sont dépouillés, les Camisards portent leurs chapeaux à plumes, leurs justaucorps brodés. Cavalier prend le cheval du chef des Royaux, M. de la Jonquières, et son épée à poignée d'argent. Puis il marche sur le temple de Vézenobres pour y célébrer des actions de grâces au Seigneur. « Mon cousin, écrit Louis XIV au maréchal de Montrevel, j'ai jugé à propos d'envoyer le maréchal de Villars pour commander en votre place en Languedoc. »

Le bruit des victoires de Cavalier finit par gagner Londres et Amsterdam. A l'étranger, ces succès sont inexplicables. Ceux qui ont vu et parlé aux Camisards (en juin 1703, un réfugié du Vigan, David Flotard, a effectué une mission d'information) savent qu'ils sont incultes, presque illettrés. Le marquis d'Arzeliers, agent de l'Angleterre, dit des partisans qu'il a rencontrés : « Je les ai vus tous, excepté Cavalier. Ce sont des gens sans lettres, sans expérience, de peu de mine pour la plupart, de sorte que j'ai de la peine à concevoir comment ils ont pu résister et se maintenir si longtemps. » Mépris d'aristocrate pour ces croquants ? Les pasteurs et les notables du Refuge, qui les connaissent bien, ne sont pas plus favorables. Ils ont cependant des amis en Hollande, que l'on appelle les « zélateurs ». Ils publient des brochures, écrivent dans les journaux, tentent des démarches pour obtenir de l'aide. Les Alliés envoient quelques espions, quelques intermédiaires, mais ne font pas de promesse précise. Ils ne verront l'intérêt de la révolte qu'au moment où Cavalier et ses amis sont contraints à traiter.

Car ils connaissent bientôt leurs premiers revers : en avril la troupe de Cavalier est signalée dans la Vaunage par un curé de Montpezat qui court en informer le maréchal de Montrevel. Celui-ci faisait ses bagages. Son successeur, Villars, était attendu à Beaucaire, il descendait le Rhône. Montrevel en disgrâce saisit l'occasion de refaire sa fortune. Le 16 avril, il surprend Cavalier à Nages. Tous les régiments disponibles forment autour des partisans un cercle fermé. « Enfants, nous sommes pris et roués vifs si nous manquons de cœur, lance Cavalier. Nous n'avons plus qu'un moyen, il faut se faire jour et passer sur le ventre de ces gens-là. Suivez-moi et serrez-vous ! » Il perd un tiers de sa bande, mais passe. Parmi les morts, trois prophétesses en robes longues : « Pas un de ces scélérats n'a demandé quartier, note Basville, ils se sont laissé tuer avec une férocité extraordinaire. » Quant à Montrevel, il écrivait au roi, le 17 avril 1704 : « Je pars pour m'acheminer en Guyenne, ayant été assez heureux pour défaire entièrement la troupe de Jean Cavalier. » Le bruit courait alors que le jeune chef avait trouvé la mort à Nages.

Qu'un maréchal de France pût se flatter d'une telle victoire montrait l'inquiétude des esprits, en Languedoc comme à la cour de Versailles. On croyait ne jamais venir à bout des Camisards. L'envoi du maréchal de Villars, le vainqueur de Friedlingen, marque bien que l'on veut en finir : « Des guerres plus considérables à conduire vous conviendraient mieux, lui a écrit Louis XIV, mais vous me rendrez un service bien important si vous pouvez arrêter une révolte qui peut devenir très dangereuse dans une conjoncture où, faisant la guerre à toute l'Europe, il est assez embarrassant d'en avoir une dans le cœur du royaume. »

Villars s'est informé. Un « nouveau converti » d'Uzès, le baron d'Aigaliers, lui a tout dit à Versailles sur les Camisards. Il lui a confirmé qu'ils ne comptaient pratiquement pas de gentils-hommes dans leurs bandes. Les contacts des Camisards avec l'étranger existaient, mais ils n'avaient pas eu d'effets. La contagion du mouvement dans les autres provinces était peu probable : Cavalier n'avait pas réussi à franchir l'Ardèche. Il n'avait pas pu davantage secourir Antoine de Bourlie, qui avait tenté, en 1703, de soulever le Rouergue. Les Camisards étaient isolés. S'ils surprenaient les soldats du roi, et prolongeaient leur résistance, c'est qu'ils s'appuyaient sur un pays d'accès difficile, et qu'ils obtenaient le soutien des paysans par la terreur. Le baron dit encore qu'ils obéissaient à un général vaniteux, qui aimait à se parer des dépouilles de ses ennemis. Il ne put évoquer, n'ayant pas lui-même participé aux engagements, la mobilité des groupes partisans, l'autonomie des cammandements, la fluidité des mouvements. Le maréchal en retira l'impression qu'il fallait battre Cavalier ou traiter avec lui : le jeune prophète tenait les Cévennes.

A cinquante et un ans, couvert de gloire et d'argent, le maréchal de Villars n'attendait pas en Languedoc de nouveaux lauriers. Pourtant, la chance est avec lui. A peine débarqué sur la rive du Languedoc, il apprend que les dragons du maréchal de camp La Lande ont mis la main sur un des trésors de guerre des partisans : Une vieille femme gagnait les bois avec une corbeille pleine de vivres, sortant du village d'Euzet (entre Alès et Uzès). Elle est arrêtée, promise à la corde. Elle parle enfin, elle indique l'entrée de la grotte où Cavalier et ses hommes entreposaient leurs provisions. Les dragons se précipitent. Ils découvrent un magasin géant, entièrement souterrain, avec quartiers de bœuf salés, jambons suspendus, tonneaux d'eau-de-vie et de vin, légumes secs, farine, châtaignes blanches... La réserve d'armes était impressionnante : on pouvait y reconnaî-tre, parmi les vêtements pris aux royaux, des fusils et des hallebardes réglementaires. Quinze quintaux de soufre et autant de poudre, des drogues enlevées chez les apothicaires pour soigner les blessés. Une trentaine d'entre eux étaient allongés dans la grotte ; les dragons les exterminent, massacrent la population d'Euzet, et regagnent Alès avec des oreilles coupées sur leurs baïonnettes.

Le 19 avril, Jean Cavalier est de nouveau surpris dans une escarmouche : son arrière-garde est décimée. Quand Villars prend son poste, il a devant lui un ennemi très affaibli. Il peut se permettre de se donner le rôle du pacificateur. Dès son entrée, il fait disparaître les roues et les échafauds qui étaient dressés en permanence sur la place des villes. Il annonce la tolérance religieuse, la fin de la persécution. Même aux rebelles, il tient le langage de la conciliation : « Dans les crimes les plus noirs, dit-il, il faut, s'il est possible, démêler les semences de vertu et ne rien oublier pour lui rendre sa pureté. » Il parcourt les villages en annonçant l'amnistie du roi : que les braves sortent des bois et descendent de la montagne, ils seront pardonnés.

« Pour vrai, je n'abandonnerai jamais mes armes, répond Jean Cavalier, qu'on ne m'ait accordé cette demande qui est la liberté de tout le royaume. » Villars prend la tête d'une expédition qui mène « une course très dure dans des pays horribles ». Cavalier n'a plus que trois cents compagnons affamés et une quarantaine de montures. « Laissez-moi seul avec mes armes, leur dit-il, je me défendrai jusqu'à la mort. » Mais lui-même se décourage. Le chasseur et le chassé en viennent à la même conclusion : il faut se rencontrer pour négocier.

On présente à Villars Lacombe, l'oncle de Cavalier, un paysan de Vézenobres. Le vieil homme parvient à persuader Cavalier qu'il doit rencontrer le maréchal de camp de La Lande, un « honnête homme incapable de trahison ». Cavalier accepte, avertit ses compagnons au dernier moment : « C'est l'Eternel qui m'inspire... »

Il est à l'abri de toute surprise : ses quatre cents hommes sont formés en bataille quand se présente La Lande, avec vingt dragons seulement. L'entrevue a lieu le 12 mai, à dix heures du matin, sur un pont, près d'Alès. La conversation dure trois heures. Cavalier, longuement, se justifie. La Lande lui promet de lui faire rencontrer le maréchal de Villars. Cavalier a plus tard prétendu qu'il avait exigé la reconnaissance de la liberté de conscience, l'élargissement des prisonniers et des galériens, l'autorisation de quitter le royaume si la liberté de conscience n'était pas accordée. Pourtant il a signé, en présence de La Lande, une lettre très humble de ton, où il supplie le roi de lui accorder pardon et amnistie, et de permettre à ses partisans de quitter le royaume.

Le lendemain, Cavalier rencontre un autre négociateur, envoyé par le maréchal. C'est le baron d'Aigaliers. Celui-ci obtient de lui une reddition sans condition, sous la forme d'une lettre adressée au maréchal de Villars, où il s'en remet entièrement à la grâce du roi. « Nous nous estimerons très heureux, Monseigneur, si Sa Majesté, touchée de notre repentir à l'exemple de la divinité dont il est l'image vivante sur la terre, veut nous faire la grâce de nous pardonner et de nous recevoir à son service. » Cavalier signe ce texte, comme jadis son père a signé son abjuration. Il est entièrement dans la main du maréchal.

Celui-ci le reçoit lui-même à Nîmes le 17 mai. Avec faste. Derrière le maréchal, l'intendant Basville, le maître de camp La Lande, le gouverneur de Nîmes, Sandricourt. Le livre de raison du notaire Borelly indique que les Nîmois sont venus en foule. Ils sont six mille derrière la porte de la Madeleine.

A onze heures, Cavalier entre, suivi de quarante compagnons à cheval. Chapeau à plume, habit de gentilhomme, montre en or et cravate de mousseline. « On n'aurait jamais dit qu'il pût être capable des crimes qu'il a commis », dit une bonne sœur. Fléchier, scandalisé, reste dans son palais épiscopal. Il n'approuve pas cette mascarade. Jean Cavalier remet ses pistolets au maréchal de Villars, qui les lui rend. Ils ont une conférence de deux heures au couvent des Récollets. Cavalier signe une demande d'amnistie et se retire à Calvisson. « Adieu, seigneur Cavalier », lui dit Villars.

Il a reçu de Versailles les pleins pouvoirs pour négocier. On accepte d'enrôler les Camisards dans l'armée, à condition de les disperser. Il n'est pas question de constituer un régiment pour Cavalier, avec ses partisans. Le chef cévenol est déçu. Il a négocié seul, sans consulter les autres capitaines. Quand il était dans Nîmes, Rolland montait une embuscade dans la montagne, tuant deux officiers supérieurs. Il n'a plus désormais de recours. La capitulation est signée.

Au bon moment pour Louis XIV. Dans la guerre de Succession d'Espagne, les Français viennent d'être rossés par Malborough et le prince Eugène. Les protestants du Refuge s'agitent. Un de leurs chefs, le marquis de Miremont, dit qu'il faut s'opposer à la capitulation et envoyer tout de suite des secours aux Camisards, qui leur permettent de généraliser l'insurrection. Des émissaires descendent le Rhône, traversent Avignon. Ils promettent le renfort de trois mille vaudois venus du Dauphiné et les secours d'une flotte armée par les huguenots. Un envoyé spécial, Tobie Rocayrol, gagne Calvisson, où les rebelles sont rassemblés. Il a ordre de les dresser contre Cavalier. Il entre en contact avec Rolland, qui tient encore sa montagne. Il lui promet l'aide des alliés.

Douze mille personnes se pressent maintenant dans Calvisson, soldats, pèlerins, prophètes. « La folie outrée des paysans est au-dessus de tout ce qu'on peut imaginer », note Villars. Car cette foule attend des miracles. Des jeunes filles subissent sur des fagots l'épreuve du feu. Un charron annonce la venue de l'Esprit saint. Même les dragons sont fanatisés. Pendant dix jours l'exaltation se maintient. Cavalier est le seul à savoir que la fête finira dans l'amertume : le roi consent tout juste à enrôler ses soldats dans « une exacte discipline ». On réduit la pension de 12 000 livres promise à Cavalier à 2 000.

Il apprend, à la fin de mai, que Rolland a décidé de poursuivre le combat. A Calvisson, ses partisans l'insultent. Ses lieutenants, Ravanel et Catinat, le menacent. Le compagnon des jours amers, Jacques Bonbonnoux, lui tourne le dos. C'est avec une centaine d'hommes seulement qu'il quitte la province. Le roi, qu'il prétend avoir vu à Versailles, voulait diriger sa petite troupe vers l'Alsace. Cavalier s'enfuit et gagne la Suisse. Rolland, dans la montagne, poursuit sa résistance. Les dragons de Villars doivent repartir en campagne, pour saisir le « Rolland furieux ». Il attend les renforts que lui ont promis les Alliés. Chez le duc de Savoie, l'abbé de Bourlie monte l'opération. Le 15 juin deux frégates anglaises et trois tartanes quittent le port de Villefranche, avec cinq cents hommes, pour aborder près d'Aigues-Mortes. Mais la tempête les disperse.

Rolland isolé, découragé, refuse néanmoins de se rendre et de quitter son pays. Trahi par un jeune cousin, il est pris dans le château de Castelnau et tué par un dragon. Son cadavre est promené dans Nîmes et longtemps exposé place des Casernes. « Tout le monde allait le voir », note le notaire Borelly.

Restent Ravanel, les prophètes Marion et Mazel, et le garde forestier Castanet, dont André Chamson a écrit l'épopée. En 1705, quand le duc de Berwick remplace Villars comme gouverneur militaire du Languedoc, ils tiennent encore la Cévenne.

Mais leur résistance ne peut se prolonger longtemps. Elle ne dure pas au-delà de l'élimination des principaux chefs : Castanet, capturé en 1705, est roué devant dix mille personnes, sur la terrasse du Peyrou à Montpellier. Catinat et Ravanel périssent à l'issue tragique du « complot des enfants de Dieu », monté par l'abbé de la Bourlie, et qui avait pour but de prendre en otage l'évêque, le gouverneur, le lieutenant général et l'intendant. Revêtus d'une chemise enduite de soufre, ils furent attachés à l'anneau de fer du bûcher, à Nîmes. Quatre ans plus tard, le prophète Abraham Mazel tenta de soulever les paysans du Vivarais. Il périt à son tour, tué par surprise en 1710. Seuls Marion et Cavalier survivaient : Le premier prophétisait en Angleterre. Quant au chef camisard, il louait son épée au duc de Savoie, à la reine Anne, à tous les ennemis du grand roi et restait en Languedoc le fantôme attendu de la grande révolte des Enfants de Dieu. Périodiquement, des prophètes annonçaient son retour. Mais il ne devait jamais revenir.

Cette dernière guerre de Religion fut l'une des plus courtes (deux ans) et certainement la plus localisée : elle ne déborda jamais de la province du Languedoc. C'est elle, assurément, qui fit le plus de bruit en France et en Europe. Il n'y avait pas de mérite à faire une prise d'armes, quand la monarchie était faible. Mais le soulèvement de pauvres paysans contre le roi le plus puissant du monde avait un aspect héroïque et bouffon : le « mitron » Cavalier contre le maréchal de Villars.

La longévité du mythe des Camisards tient probablement à la nouveauté absolue de leur combat. Ces inspirés faisaient l'expérience directe de la liberté. Ils étaient plus proches, dans leurs motivations sauvages, des premiers « philosophes » que des pasteurs ratiocinants de Genève ou d'Amsterdam. Plus prophètes que huguenots, ivres de liberté plus encore que « fous de Dieu », leur vie était un combat contre la nature, les dragons du roi, les éléments, la solitude, l'abandon, mais ils trouvaient dans leur libre contact avec Dieu une sorte d'allégresse active, qui leur donnait la force d'imaginer une autre vie, sans conventions, sans mariage et sans baptême, sans bulletins de confession, sans prêche organisé, avec leurs compagnes, leurs enfants échevelés qui les suivaient dans leur course, faisant dans leurs pas le dur apprentissage de la liberté.

Rares étaient les pasteurs capables de les comprendre, de les suivre et de les aider. Les intrigants, comme l'abbé de la Bourlie ou le marquis de Miremont, les utilisaient sans les aimer. Un Brousson les trouvait admirables. Mais quel dialogue pouvaient-ils avoir avec les représentants en exil des églises installées, eux qui n'avaient jamais vu Dieu que dans les nuages orageux de l'Aigoual? Quand Castanet, en fuite, gagne Genève, avec Blondine, sa fidèle compagne, le synode lui interdit de prêcher, comme s'il craignait une inconvenance. L'ancien forestier est traité par ces austères pasteurs comme un charlatan devant l'ordre des médecins. Non certes, les Camisards n'étaient pas « convenables ». Ils avaient appris dans les bois autre chose que les subtilités de la controverse, et la rigidité de la morale bourgeoise. Ils étouffaient dans Genève. Au reste, on les en chassait.

Que faire, quand tout vient à manquer, sinon retourner à la guerre? Ils se font prendre ainsi, les uns après les autres. Ils rentrent au pays, préparent de nouveaux soulèvements. Ils meurent tous sur la roue, ou les armes à la main. Ils n'ont jamais connu que la violence. Peut-on imaginer une révolte plus désespérée? Elle est à la mesure de l'impasse où la Révocation plaçait les religionnaires pauvres mais convaincus. Ils avaient souffert pendant des lustres de la chicane et des brimades. On voulait leur prendre leurs enfants pour en faire des papistes, et les obliger à rentrer dans les églises. En avaient-ils vu défiler, des jésuites et des dragons? En avaient-ils vu mourir, des frères injustement frappés, roués au bord des routes ou enfumés dans le brûlement de leurs masures? On s'interroge encore sur le sens de leur révolte. Non, ils ne sont pas des croquants, ils n'ont pas pris la fourche pour ne pas payer la taille. S'ils échappent à l'impôt, c'est de surcroît. S'ils refusent la dîme, c'est très naturellement que les curés ont disparu de leurs contrées, pris de panique. Non, ils ne sont pas les dociles exécutants d'un plan de révolte machiné à Londres, à Turin ou à Amsterdam. S'ils se lancent dans la chasse aux hommes en noir, c'est qu'ils ont trop souffert dans leur corps et dans leur cœur. A-t-on jamais pensé que ces étranges convulsionnaires étaient d'abord des affamés?

Cette guerre sans princes, sans notables et sans pasteurs devait recentrer durablement la religion réformée en lui faisant prendre conscience d'une nouvelle foi huguenote, primitive et sauvage comme aux premiers jours : de ce point de vue la guerre atroce des Camisards était une régénération. Les meurtres rituels, les fœtus arrachés du ventre de leurs mères, répondaient aux déportations et aux brûlements des dragons. Jamais, depuis longtemps, on n'avait vu pareil déchaînement de violence. Mais aussi, quelle leçon pour les hommes de Genève ! Les chefs camisards mouraient comme des martyrs, et s'ils lisaient mal Calvin dans le texte, ils avaient les paroles sublimes que l'on n'avait entendues depuis deux siècles, quand ils montaient sur le bûcher : « Retirez de moi ces sauterelles du puits de l'abîme », dit Castanet au bourreau, quand les curés de Montpellier lui demandent de se repentir. Les organisateurs de l'Eglise du désert, après la mort du grand roi, auront tous les yeux fixés sur l'extravagant sacrifice des Camisards.

Les dernières épreuves

Si la guerre des Camisards était la dernière guerre de Religion, les protestants devaient attendre longtemps encore avant de pouvoir échapper à la persécution. Pendant la monarchie absolue, jamais la Révocation de l'Edit de Nantes ne fut abolie.

Louis XIV, jusqu'en 1715, reprit, après l'extermination des Camisards, sa politique de répression : dans tout le royaume, le protestantisme regagnait du terrain. Les prophètes avaient appris à lire, reconstitué des églises clandestines. Jean-Paul Ebruy en Vivarais, Pierre Corteiz dans les Cévennes, Jacques Roger en Dauphiné étaient les artisans silencieux du redressement. Recrutement populaire : à Paris une église se constitue sous la conduite de trois « chefs », un ébéniste, un ciseleur, un marchand de dentelles. On célèbre le culte dans les faubourgs : à Charonne, à la Chapelle. Les nouveaux convertis ne se croient plus obligés de suivre les offices catholiques. Ils assistent aux « repentances », cérémonies où l'on se rétracte par écrit, ils reviennent solennellement à la religion de leur enfance. Paris devient « ville de tolérance ». Dans Orange, qu'il a récupérée, le roi de France faire dire aux évêques « que l'on n'inquiète jamais personne sur la religion ». Mais, en 1711, il ne supporte plus la présence des religionnaires dans cette ville. Il ne tolère plus les lieux de culte dans la périphérie de Paris.

Le grand roi n'a pas tort : le protestantisme redevient dangereux. Paysan de Villeneuve-de-Berg, prédicateur à dix-sept ans, Antoine Court traverse le Midi et constate, même aux galères, la recrudescence de la foi populaire. Le 21 août 1715, il réunit près de Saint-Hippolyte-du-Fort, dans les Basses-Cévennes, une sorte de synode clandestin avec les représentants des églises qui viennent de se dresser. Il jette les bases d'une nouvelle organisation, répudiant le prophétisme et l'illuminisme, refusant la révolte et la rébellion, mais affirmant qu'un croyant ne devait plus désormais jouer le double jeu. Il fallait brûler la dépouille des « nouveaux convertis ». L'Eglise du désert, raisonnable, mais courageuse, était comme aux premiers temps fréquentée par les cardeurs de laine et les lointains descendants des Vaudois. Elle n'était pas davantage tolérée.

Après 1732, la persécution avait recommencé : les textes toujours en vigueur permettaient la répression. On envoyait encore les hommes aux galères et les femmes en prison quand ils étaient surpris aux assemblées. On ne reconnaissait toujours pas comme Français les enfants d'une union qui n'avait pas été bénite par un prêtre. On enlevait encore les jeunes filles aux familles pour les enfermer dans les couvents.

Les pasteurs étaient punis de mort. Antoine Court avait fondé à Lausanne en 1730 l'Ecole des pasteurs du désert dont bien des élèves devaient être des martyrs ; le pasteur Durand, qui prêchait en Vivarais, fut pendu en 1732. Morel-Duvernet fut tué à Tournon, d'un coup de fusil, lors d'une tentative d'évasion. En 1745, le pasteur Roger fut pendu à Grenoble et Louis Ranc, l'année d'après, à Die. D'autres victimes suivirent, mais la plus célèbre fut le pasteur Rochette, condamné en 1762 à l'amende honorable devant Saint-Etienne, à Toulouse, avant d'être pendu sur la place des Salins. Son crime ? Il allait baptiser un enfant de Caussade...

1762, c'est l'année où Rousseau publie l'*Emile* et le *Contrat social*. Il se trouve à Toulouse des juges pour pendre les pasteurs quand les philosophes de la tolérance sont les vedettes de l'actualité littéraire. Contre cette barbarie, les protestants se dressent dans tout le royaume, en Normandie, en Dauphiné, en Guyenne, à Paris même. Les philosophes, peu suspects de tendresse pour les huguenots fanatiques, les défendent. Voltaire mène un combat fracassant pour réhabiliter la mémoire du protestant toulousain Jean Calas, roué à soixante-quatre ans parce qu'il était accusé d'avoir tué son fils pour l'empêcher de se convertir... Il sauve le malheureux Sirven, accusé lui aussi d'avoir tué sa fille en la noyant dans un puits. « Des Busiris en robe font périr dans les plus horribles supplices, des enfants de seize ans », lance-t-il, en 1766, quand il apprend que le jeune chevalier de la Barre, à Abbeville, vient d'être condamné comme « impie », pour avoir lu ses œuvres et quelques ouvrages légers, à avoir la langue coupée avant d'être décapité et brûlé... « La bête féroce a trempé sa langue dans le sang humain », écrit Diderot.

L'Eglise et la magistrature, ces défenseurs attardés de l'intolérance, réunissent contre elles toutes les forces de l'opinion éclairée. Sous cette pression, le gouvernement libère enfin, en 1769, les dernières prisonnières de la tour de Constance, puis les survivants des galères. Il relâche le pasteur Broca qui tenait des assemblées près de Meaux. Son collègue de Nanteuil-lès-Meaux, Charmuzy, venait de mourir en prison ! En 1771 il était la dernière victime de la répression.

L'édit de tolérance, en 1787, rendait l'état civil aux protestants, sans leur accorder la liberté du culte. On admettait que les réformés pussent vivre, naître, se marier, travailler et mourir en France. Ils n'avaient toujours pas le droit d'exercer les fonctions de magistrats ou d'enseignants. Ils devaient enterrer leurs morts en silence, dans des cimetières réservés. Ils n'étaient pas vraiment Français.

La Révolution seule pouvait considérer les réformés comme des citoyens à part entière et leur accorder la liberté de culte, parce qu'elle considérait le pouvoir comme une émanation du peuple rassemblé, et non de Dieu. Depuis le début de la Réforme, les Huguenots s'étaient heurtés au formidable barrage du privilège de l'Eglise, premier Ordre de l'Etat, qui n'entendait pas renoncer à son pouvoir, ni à sa richesse. C'est au nom de l'Etat qu'avaient commencé les premières persécutions, sous les Valois. Pour préserver les principes de l'Etat, Henri IV avait signé le compromis de l'Edit de Nantes, cote mal taillée destinée à ramener la paix civile. C'est pour réaffirmer la puissance absolue de l'Etat que Louis XIII, puis Louis XIV avaient vidé l'Edit de sa substance, avant de le révoquer : périssent les protestants plutôt que les principes de la monarchie de droit divin. Les portes de l'Etat leur sont fermées. Même sous la pression de l'opinion éclairée, la monarchie déclinante ne peut se renier elle-même.

Le vieux rêve des huguenots, princes, bourgeois, parlementaires, d'entrer la Bible en main dans l'Etat monarchique pour investir — ou partager — le pouvoir, s'est toujours heurté à la résistance opiniâtre de cet Etat, soucieux d'assurer au roi un pouvoir absolu. Puisque les protestants avaient choisi une religion différente, ils ne pouvaient moindrement prétendre à entrer dans l'Etat, même s'ils affirmaient leur docilité aux lois. Les « sécurités » qu'ils demandaient, les tribunaux mixtes qu'ils exigeaient, étaient des abandons de souveraineté, et, comme tels, intolérables. Sans être fondamentalement intégrés, au xviiie siècle, au combat des Lumières contre l'institution monarchique, les huguenots se trouvaient au centre de contestation des deux principes du pouvoir. Ils ne pouvaient s'attendre qu'à la violence.

Ils l'ont à la fois éprouvée et provoquée, au cours de deux siècles et demi de résistance. Les « luthériens » et évangélistes du début du XVIe siècle étaient des intellectuels, des artisans évolués ou des descendants d'anciennes victimes de l'intolérance, comme les Vaudois, qui voulaient, selon la belle expression de Fernand Braudel, « déchirer la robe sans couture de l'Eglise ». Ils étaient une proie soumise pour les persécuteurs, Sorbonne et Parlement, ces chiens de garde de la monarchie. Ils subissaient sans protester les bûchers du roi. Quand ils tentent de se grouper, avec Calvin, pour affirmer leur différence, ils suscitent une répression accrue. Les violences qui s'exercent contre eux sont les mêmes qu'au Moyen Age. On les frappe comme les sorciers, ou les anciens hérétiques. Les bûchers exorcisent les démons de la foule, les amendes honorables attirent la bienveillance des Cieux, le sacrifice de ces huguenots, comme celui des juifs dans les pogroms, écarte la peste et la sécheresse. La foule, restée fidèle aux vieilles pratiques superstitieuses, n'entend pas en être frustrée.

La vraie menace, pour l'Etat, n'est pas dans la sédition genevoise. Le roi a les moyens de traquer les pasteurs et de pulvériser les églises. Tous les Etats d'Europe pratiquent alors avec efficacité la chasse aux sorcières. La violence change de ton quand les privilégiés eux-mêmes deviennent partie prenante dans l'affrontement des passions religieuses. Les nobles et les parlementaires qui changent de religion mettent en question la monarchie. En rendant la guerre civile inéluctable, ils assurent au pays quarante ans de violences ininterrompues, qui touchent toutes les classes de la société et presque toutes les régions. Le drame s'apaise quand les privilégiés cessent de faire de la religion le mobile de leur course au pouvoir. Mais alors, ils perdent la foi au point d'abjurer pour recevoir des pensions.

Les religionnaires sécrètent dans la paix relative de l'Edit de Nantes une Eglise installée, traditionaliste, conventionnelle. Elle subit sans réaction le nouveau train de violences légales sous Louis XIV. Quand les communautés n'ont plus lieu d'exister, le sursaut inattendu de la guerre des Camisards rend à la religion prétendue réformée ses assises perdues, comme si le sacrifice des « enfants de Dieu » avait donné l'espoir à tous ceux que les dragonnades avaient transformés en catholiques honteux. La situation constamment illégale des protestants au XVIIIe siècle expliquait la persistance de supplices d'un autre âge comme la roue et le bûcher, et contribuait puissamment à la mobilisation de l'opinion par les philosophes, contre le régime monarchique. S'il est vrai que la foi contrariée pousse au fanatisme, les institutions menacées réagissent toujours par la terreur légale et l'enchaînement des violences n'a pas de limite.

Les protestants français, dans leur longue marche, ont connu, en raccourci, toutes les épreuves de l'humanité : les holocaustes, la persécution, la déportation et jusqu'au génocide. Il n'est pas surprenant qu'après deux siècles de paix, cette histoire ait laissé des traces profondes dans les mentalités des Français d'aujourd'hui.

CHRONOLOGIE

1515 Avènement de François 1er.
1516 Concordat de Bologne.
    19 mars : Entrée de Briçonnet dans Meaux.
    Le *Nouveau Testament* d'Erasme.
    L'*Epître aux Romains* de Martin Luther.
1517 Luther affiche ses 95 thèses (Toussaint).
    Révolte des Bundschuher (paysans d'Alsace et de Bade).
1518 Les thèses de Luther sont affichées à la cathédrale de Strasbourg.
    Début des prédications de Matthäus Zell à Strasbourg.
    Enregistrement du Concordat par le Parlement de Paris.
    Edits interdisant aux universitaires de s'assembler et de s'occuper de choses publiques.
    Lefèvre d'Etaples : dissertation sur Marie Madeleine et sainte Anne.
1519 Charles Quint empereur (28-6).
    Les premiers ouvrages de Luther sont imprimés à Strasbourg.
1519-1520 Visite de Briçonnet dans son diocèse.
    Premier voyage autour du monde.
1520 Luther : *La Liberté chrétienne.*
    Luther : *Lettre à la noblesse chrétienne.*
    2 mai : Création d'une commission à la Sorbonne chargée d'examiner les thèses de Luther.
    Défection de Clichtove, qui abandonne le groupe de Meaux.
    Luther : *La Captivité de Babylone.*
1521 Luther excommunié, mis au ban de l'Empire.
    Alliance de Henry VIII et de Charles Quint.
    Condamnation des doctrines luthériennes par la Sorbonne.
    Condamnation par la Sorbonne du livre de Lefèvre d'Etaples.
    Lefèvre d'Etaples nommé administrateur de la léproserie de Meaux. Diète de Worms.
1522 Lefèvre d'Etaples : *Commentarii initiatori in quatuor Evangelia.*
1523 Lefèvre d'Etaples : traduction du Nouveau Testament.

8 août : Jean Vallière condamné au bûcher, exécuté à Paris. Première victime de la répression.

Trahison du connétable de Bourbon.

Calvin à Paris.

Luthe *De l'Autorité séculière.*

Zwing.. : *De la Justice divine et humaine.*

Matthäus Zell excommunié.

15 octobre : Affichage des décrets synodaux de Briçonnet interdisant d'acheter les livres de Luther.

Simon de Collines, à Meaux, publie l'Evangile, les Epîtres et les Actes des Apôtres.

Le magistrat de Strasbourg passe à la Réforme.

Prêche de Sibiville à Grenoble, pour le carême.

1524 Début des prêches en Normandie et en Bourgogne.

Rabelais ordonné prêtre.

Erasme : *De Libero Arbitrio.*

Luther : Lettre au prince de Saxe sur l'esprit séditieux.

Prêche de Maigret à Lyon.

Sébiville brûlé vif à Grenoble.

Publication des Psaumes par Simon de Collines à Meaux.

Placards affichés à Meaux dénonçant Briçonnet comme luthérien.

Briçonnet fait afficher la bulle de Clément VII demandant trois jours de jeûne.

1525 *25 février* Défaite de l'armée à Pavie : le roi François Ier est prisonnier de Charles Quint.

Lefèvre d'Etaples : traduction de l'Ancien testament.

Bulle du pape promulguée par la régente, nommant des responsables chargés de rechercher les hérétiques.

Luther : *De Servo Arbitrio.*

Révolte des paysans en Allemagne et des rustauds en Alsace.

A Strasbourg, le magistrat condamne la messe et le latin.

Meaux. Publication des Epîtres et Evangiles pour les 52 semaines de l'an.

Briçonnet mis en accusation devant le Parlement de Paris.

1526 Le roi ordonne la suspension des poursuites contre le groupe de Meaux.

Traité de Madrid.

Prêches en Saintonge, Aunis et Guyenne.

Guillaume Joubert, fils de l'avocat du roi à La Rochelle, brûlé vif à Paris.

Loyola : *Exercices spirituels.*

1527 Arrestation du financier Semblançay.

Calvin reçoit la cure de Morteville.

François Ier déclare la guerre à Charles Quint.

Sac de Rome par Bourbon.

Concile de Sens.

1528 Fausse bulle à la gloire de Luther affichée à Meaux.

Actes d'iconoclastie dans Paris : répression.

Calvin à Orléans.

1529 Paix de Cambrai.

Calvin, curé de Pont-Lévêque.

Arrêt royal condamnant les « luthériens » qui ne paient pas les dîmes à Lyon.

avril : Grande Rebeyne de Lyon.

1530 Création du Collège de France.

Lefèvre d'Etaples : la Sainte Bible.

Confession d'Augsbourg.

Calvin à l'université de Bourges.

Rabelais étudiant à Montpellier.

1531 Zwingli tué à Cappel.

Ligue de Smalkade.

1532 François Ier traite avec les protestants allemands pour lever des mercenaires.

Synode de Chanforau, ralliement des Vaudois à la Réforme.

Rabelais : *Pantagruel.*

Le Prince, les *Discours* de Machiavel.

1533 Conquête du Pérou par l'Espagne.

1534 Calvin se démet de ses bénéfices ecclésiastiques.

17-18 octobre : Des placards contre la messe sont affichés à Paris et en province.

Fuite de Calvin à Bâle.

Mort de Briçonnet.

Ignace de Loyola fonde la Compagnie de Jésus, à Paris.

Paul III, pape (1534-1549).

1535 *23 janvier :* Edit contre l'imprimerie et les librairies.

29 janvier : Procession expiatoire dans Paris. Edit contre ceux qui protègent ou cachent des protestants.

23 février : Commission de parlementaires chargée de surveiller l'imprimerie.

16 juillet : Edit de Coucy : amnistie.

Fuite de Marot en Italie, retour après Coucy.

1536 Guerre en Savoie et en Piémont.

Montmorency nommé lieutenant général.

Charles Quint prend Aix-en-Provence.

Edit de saisie des biens des hérétiques en Provence.

Calvin : *Institutio Religionis christianae.*

Arrivée de Calvin à Genève.

1537 Rabelais docteur.

Dolet gracié.

1538 Montmorency connétable de France.

Trêve de Nice entre Charles Quint et François Ier.

1539 Ordonnance de Villers-Cotterêts (état-civil et justice).

Grève des imprimeurs à Paris et Lyon.

Edit supprimant les confréries de gens de métiers et artisans.

1540 Ordonnance contre les luthériens. Le droit d'inquisition est remis aux agents de justice contre quiconque.

Approbation par le pape de la Compagnie de Jésus.

1541 Disgrâce de Montmorency.

Calvin à Genève : ordonnances ecclésiastiques.

Calvin : *Institution chrétienne,* texte français.

1542 *1er juillet :* Ordonnance du Parlement contre la propagation de la réforme par les libraires et imprimeurs.

Création de l'Inquisition romaine.

Reprise de la guerre entre François Ier et Charles Quint.

30 août : Edit contre les luthériens.

Soulèvement de la Guyenne contre la gabelle.

Etienne Dolet condamné comme hérétique.

Exil de Marot traducteur des Psaumes.

Rédaction d'un Index des ouvrages condamnés.

1543 Rédaction par la Sorbonne d'un formulaire des croyances énumérant les 25 articles de la doctrine catholique. Le formulaire est publié dans tout le royaume, sur ordre du roi.

1er juin : Le roi gracie Dolet.

10 septembre : Le roi défend l'affichage des libelles séditieux.

Création de la Seconde chambre de la Tournelle.

Inscription à l'Index de soixante-cinq livres condamnés.

1544 *mars :* Invasion de la Champagne et de la Picardie par Charles Quint.

septembre : Traité de Crépy.

1545 Première session du concile de Trente.

Le roi autorise l'exécution d'un arrêt du parlement d'Aix pris en 1540 contre les vaudois de Mérindol et de Cabrières.

avril : Massacre des vaudois.

août : François Ier approuve le massacre.

Bûchers à Toulouse, Bordeaux, Grenoble et Rouen.

Mise en exploitation des mines d'argent du Potosi.

Rabelais : Tiers Livre de *Pantagruel.*

1546 Arrestation des « soixante et un » de Meaux. Quatorze condamnations.

Etienne Dolet est brûlé vif.

Une église réformée à Rouen.

Mort de Luther.

1547 *31 mars :* Mort de François Ier. Avènement d'Henri II.

5 avril : Edit contre les blasphémateurs.

Création de la Chambre ardente au Parlement.

Une église réformée à Nîmes.

1548 Soulèvements dans l'Ouest et le Sud-Ouest.

Vote de l'intérieur de la diète d'Augsbourg.

août : Révolte de Bordeaux.

20 octobre : Jeanne d'Albret épouse Antoine de Bourbon.

1549 Le Parlement laisse aux évêques une part de juridiction dans les procès d'hérétiques.

Jacobins et cordeliers de Paris suspects de recel de livres interdits.

Du Bellay : *Défense et Illustration de la Langue française.*

1550 Une église réformée à Castres.

Robert et Henri Etienne se réfugient à Genève.

Le roi nomme une commission pour faire passer en jugement le président d'Oppède du parlement d'Aix-en-Provence.

Jean Goujon et Pierre Lescot : *La Fontaine des Innocents.*

1551 Bref de Jules III (1550-1555) exhortant Henri II à poursuivre les hérétiques.

Ambassade des princes luthériens d'Allemagne qui demande à Paris l'aide d'Henri II contre Charles Quint.

27 juin : Edit de Châteaubriant contre les hérétiques.

Claude Monier, maître d'école, est brûlé vif à Lyon.

1552 Metz, Toul et Verdun occupés par Henri II qui promet son appui aux protestants d'Allemagne.

Premiers martyrs à La Rochelle.

1552-1553 Ronsard : *Livre des Amours.*

1553 Michel Servet brûlé vif à Genève.

Cinq étudiants sont brûlés vifs à Lyon.

Antoine Magne brûlé vif à Paris.

Avènement de Marie Tudor en Angleterre.

1554 De Bèze : *De Haereticis a civili magistratu puniendis.*

Philippe II épouse Marie Tudor.

Interdiction par le Parlement de Paris des écoles clandestines.

Ambroise Paré docteur.

Supplice de Dalençon à Montpellier.

Montaigne conseiller à la Cour des Aides de Périgueux.

1555 Paix d'Augsbourg (*cujus regio, ejus religio*).

Paul IV élu pape.

Antoine de Bourbon converti à la Réforme.

Actions d'iconoclastes à Toulouse.

1556 Trêve de cinq ans avec Charles Quint.

Organisation d'églises calvinistes à Paris, Tours, La Rochelle.

François d'Andelot devient réformé.

1557 Henri II déclare la guerre à Philippe II, nouveau roi d'Espagne.

Le cordelier Rabec est brûlé à Angers.

Trois cardinaux membres du Conseil royal, Bourbon, Châtillon et Lorraine, sont nommés Grands Inquisiteurs par un bref du pape.

Marie Tudor déclare la guerre à Henri II.

Edit de Compiègne : la mort aux hérétiques.

Attaque de Saint-Quentin, défendue par Coligny.

4 septembre : Arrestation des réformés de la rue Saint-Jacques.

octobre : François de Guise est nommé lieutenant général.

novembre : Confession de Calvin au roi de France, pour la communiquer à son Conseil.

décembre : Guise attaque Calais.

Les Bordelais demandent un ministre à Calvin.

1558 *janvier :* Guise prend Calais.

3 avril : Traité du Cateau-Cambrésis.

13 mai : Affaire du Pré-aux-Clercs.

Mort de Charles Quint.

septembre et octobre : Exécution des condamnés de la rue Saint-Jacques.

Conversion à la Réforme de Coligny.

Avènement d'Elizabeth Ire en Angleterre.

1559 *25 mai :* Premier synode protestant en France à Paris.

2 juin : Edit d'Ecouen. Déclaration de guerre aux réformés.

10 juin : Anne du Bourg au Parlement.

29 juin : Blessure d'Henri II.

10 juillet : Avènement de François II.

Bûchers dans toute la France en août.

4 septembre : Villers-Cotterêts. Le roi fait raser les maisons où se tiennent les assemblées.

23 décembre : Supplice d'Anne du Bourg.

1560 *8 mars :* Edit d'Amboise. Suspension des poursuites pour cause de religion.

17 mars : Conjuration d'Amboise.

19 mars : Exécution de La Renaudie et des conjurés.

Mai : Edit de Romorantin. Le jugement des hérétiques est confié aux évêques.

Août : A Fontainebleau, Coligny, devant les notables, réclame la liberté du culte.

Octobre : Condé arrêté à Orléans.

5 décembre : Mort de François II. Avènement de Charles IX.

10 décembre : Convocation des Etats généraux (ouverture le 13 à Orléans).

21 décembre : Catherine de Médicis régente.

25 décembre : Jeanne d'Albret fait publiquement confession de calvinisme.

1561 *7 avril :* Triumvirat Montmorency-Guise-Saint-André.

19 avril : Edit accordant la liberté du culte dans les maisons.

24 avril : Bataille au Pré-aux-Clercs entre étudiants et réformés.

19 juin : Arrêt du Parlement interdisant les assemblées.

1ᵉʳ août : Réunion de Pontoise.

9 septembre : Les protestants sont invités à l'Assemblée du clergé à Poissy.

21 octobre : Colloque de Poissy.

1562 *17 janvier :* Edit de Saint-Germain : réglementation du culte protestant.

1ᵉʳ mars : Massacre de Vassy.

16 mars : Entrée triomphale de Guise dans Paris.

27 mars : Catherine de Médicis et Charles IX sont prisonniers des Triumvirs.

8 avril : Manifeste de Condé. Prise d'armes. Première guerre de Religion.

12 avril : Massacre de huguenots à Sens.

6 mai : Les catholiques enlèvent Orange.

Juillet : Les Huguenots prennent les villes de la Loire.

13 juillet : Le Parlement met les protestants hors la loi.

Août : L'armée royale reprend les villes de la Loire.

20 septembre : Traité de Hampton Court entre Elizabeth et les protestants français.

6 octobre : Les catholiques assiègent Rouen.

17 novembre : Mort d'Antoine de Bourbon.

19 décembre : Bataille de Dreux.

1563 Clôture du concile de Trente.

Février : Jeanne d'Albret proclame dans ses Etats la liberté de conscience.

24 février : Guise assassiné par Poltrot de Méré.

19 mars : Edit d'Amboise. Réglementation du culte protestant.

17 août : Majorité de Charles IX proclamée par le Parlement de Rouen.

1564 *13 mars :* Début du voyage de Charles IX autour de la France.

27 mai : Mort de Calvin.

14 juin : Edit de Vincennes : il est interdit aux huguenots de travailler et d'ouvrir boutique les jours de fête catholiques.

14 juin-2 juillet : Rencontre de Catherine de Médicis et des Espagnols.

20 juin : Déclaration de Lyon. Interdiction de célébrer le culte réformé dans les lieux où se trouve la Cour.

Ouverture du collège de Clermont.

1565 *Juin :* Catherine et Charles IX à Bayonne.

1566 Election de Pie V.

1567 *11 février :* La Rochelle ouvre ses portes aux Huguenots.

Septembre : Prise d'armes de Condé. Début de la deuxième guerre de Religion.

10 novembre : Assaut de Saint-Denis. Condé fait retraite vers la Lorraine.

12 novembre : Mort de Montmorency.

Le duc d'Albe aux Pays-Bas.

Début de la révolte.

1568 *23 mars :* Paix de Longjumeau. Renouvelle l'édit d'Amboise. Fin de la deuxième guerre.

24 mai : Départ de Michel de L'Hospital.

25 juillet : Constitution de la Sainte Ligue chrétienne et royale.

23 août : Début de la troisième guerre de Religion. Condé à La Rochelle.

Jean Bodin : *Réponse à Monsieur de Malestroit.*

Marie Stuart prisonnière en Angleterre.

1569 *Mars :* Levée des mercenaires allemands.

13 mars : Bataille de Jarnac.

7 septembre : Coligny abandonne le siège de Poitiers.

3 octobre : Bataille de Moncontour.

1570 *Mars :* Coligny dévaste le Toulousain.

27 juin : Bataille d'Arnay-le-Duc.

8 août : Edit de Saint-Germain. Fin de la troisième guerre de Religion.

Les protestants obtiennent des places de sûreté.

27 novembre : Charles IX épouse Elizabeth d'Autriche.

1571 *Février :* Massacre de protestants à Orange.

14 février : Mort du cardinal de Châtillon.

12 septembre : Coligny à Blois.

Confession de foi de La Rochelle.

Bataille de Lépante. Les catholiques mettent la flotte turque en déroute.

1572 *24 mai :* Nassau prend Mons avec l'aide des huguenots français.

5 juin : Coligny à Paris.

9 juin : Mort de Jeanne d'Albret.

19 juin : Coligny propose la guerre dans les Flandres, refus du Conseil.

7 juillet : Navarre et Condé dans Paris.

18 août : Mariage à Notre-Dame de Henri de Navarre et de Marguerite de France.

22 août : Attentat contre Coligny.

24 août-3 octobre : les Saint-Barthélemy.

28 août : Déclaration du roi ; suppression du culte réformé. Prise d'armes dans les Cévennes : début de la quatrième guerre de Religion.

Ronsard : *La Franciade.*

1573   Anjou à La Rochelle.

11 mai : Anjou roi de Pologne.

26 mai : Assaut de La Rochelle.

Juin-juillet : Siège de Nîmes.

6 juillet : Levée du siège de La Rochelle. Edit de Boulogne.

16 décembre : Union des protestants du Midi à Millau.

Hotman : *Franco-Gallia.*

1574   *Mars :* Montgomery débarque dans le Cotentin.

Mai : Montgomery arrêté. Damville révoqué.

30 mai : Mort de Charles IX. Avènement d'Henri III.

26 juin : Exécution de Montgomery.

19 août : Prise d'armes dans l'Ouest. Début de la cinquième guerre de Religion. Le *Réveille-matin des Français.*

1575   *12 février :* Prise d'Alès par les huguenots.

13 février : Sacre de Henri III.

12 août : Exécution de Montbrun.

15 septembre : Fuite du duc d'Alençon, prisonnier au Louvre.

21 novembre : Trêve de Champigny entre Catherine de Médicis et Alençon.

1576   *25 février :* Fuite de Navarre. Il prend la tête des huguenots.

7 mai : Edit de Beaulieu. Fin de la cinquième guerre de Religion. Condamnation de la Saint-Barthélemy.

Mai : Constitution de la Ligue catholique.

Novembre : Etats généraux à Blois.

Jean Bodin : *La République.*

La Boétie : *Le Contr'Un.*

1577   Sixième guerre de Religion.

Avril : Châtillon prend Montpellier.

Août : Capitulation de Brouage devant Mayenne.

17 septembre : Paix de Bergerac. Fin de la sixième guerre de Religion.

Edit de Poitiers. Réduit les libertés accordées par l'édit de Beaulieu.

1578   *Juillet :* Anjou passe aux Pays-Bas et s'installe dans Mons avec une armée. Union d'Utrecht.

21 juillet : Assassinat de Saint-Mégrin, mignon du roi.

1579   *28 février :* Traité secret de Nérac.

29 avril : Catherine de Médicis aux états du Languedoc.

Septième guerre de Religion.

29 novembre : Condé prend La Fère.

Vindiciae contre tyrannos.

République des Provinces-Unies.

1580   *Mai :* Prise de Cahors par Henri de Navarre.

Septembre : Capitulation de La Fère.

19 septembre : Le duc d'Anjou roi des Pays-Bas.

6 novembre : Mayenne prend La Mure à Lesdiguières.

Traité de Fleix. Confirme celui de Nérac et donne des places de sûreté aux réformés.

Les *Essais,* de Montaigne.

1581 Proclamation d'indépendance des Provinces-Unies.

Montaigne maire de Bordeaux.

1582 Les Anglais débarquent le duc d'Anjou à Anvers.

1583 Révolte d'Anvers contre les Français. Anjou licencie son armée.

1584 *31 décembre :* Traité de Joinville. Philippe II s'engage à soutenir la Sainte Ligue et les prétentions au trône du cardinal de Bourbon.

Assassinat de Guillaume d'Orange.

1585 *31 mars :* Déclaration de Péronne. Début de la huitième guerre de Religion.

Avril : Exécution de ligueurs provençaux.

18 juillet : Edit royal annulant les édits antérieurs, contre les protestants. Plus de places de sûreté, délai de six mois pour l'exil.

Bulle déclarant Condé et Navarre hérétiques et relaps. Leurs sujets sont déliés du serment de fidélité.

Septembre : Mercœur, gouverneur de Bretagne, envahit le Poitou.

Condé à Guernesey.

1586 *Janvier :* Condé à La Rochelle.

Entrevue de Saint-Brice entre Navarre et Catherine de Médicis.

1587 *Mai :* Entrée triomphale de Guise dans Paris.

Juillet : Henri III chef de la Ligue.

2 septembre : Journée de Saint-Séverin. Trois prédicateurs emprisonnés sur ordre du roi.

20 octobre : Défaite des catholiques à Coutras.

26 octobre : Victoire de Guise à Vimory.

24 novembre : Victoire de Guise sur les Suisses à Auneau.

Exécution de Marie Stuart.

1588 Siège de Metz par Guise.

Mars : Mort de Condé.

Mai : Occupation de Paris par les milices guisardes.

12 mai : Journée des barricades à Paris. Fuite du roi.

Juillet : Edit de Rouen. Le roi cède. Guise nommé lieutenant général.

Octobre : Etats généraux à Blois.

23 décembre : Assassinat de Guise.

Echec de l'Invincible Armada.

1589 *5 janvier :* Mort de Catherine de Médicis.

7 janvier : La Sorbonne déclare le peuple délié du serment de fidélité au roi.

12 février : Mayenne entre dans Paris.

16 février : Mayenne à l'hôtel de ville.

13 mars : Mayenne lieutenant général.

3 avril : Traité « des deux Henri ».

5 mai : Mercœur soulève la Bretagne pour la Ligue.

18 mai : Combat de Bonneval. L'armée royale de Châtillon extermine les ligueurs.

3 juillet : Henri III et Navarre prennent Etampes.

26 juillet : Henri III et Navarre à Pontoise.

1er août : Clément assassine Henri III.

4 août : Déclaration de Navarre à Saint-Cloud.

20 septembre : Mayenne battu à Arques, par Henri IV.

1er novembre : Navarre attaque Paris.

1590 *28 janvier :* Prise d'Honfleur.

27 février : Prise de Meulan.

28 février : Siège de Dreux.

8 mars : Déclaration de Philippe II en faveur de Charles de Bourbon.

14 mars : Henri IV vainqueur à Ivry. Prise d'Issoire.

8 mai : Mort de Charles de Bourbon.

9 septembre : Henri IV prend Saint-Denis.

Septembre : Au Blavet, Mercœur reçoit les renforts espagnols.

7 octobre : Le duc de Parme dans Paris.

9 octobre : Attaque du faubourg Saint-Antoine.

Novembre : Alexandre Farnèse ouvre la vallée de la Seine. Lesdiguières devant Grenoble. Nommé gouverneur le 22 décembre.

1591 *20 janvier :* Echec de la porte Saint-Honoré.

Février : Les Seize demandent des mesures contre les suspects.

9 février : Début du siège de Chartres par Henri IV.

12 février : Arrivée des renforts espagnols et napolitains dans Paris.

Avril : le président Jeannin à Madrid.

5 avril : Adresse du pape à la noblesse contre Henri IV.

19 avril : Entrée de Henri IV dans Chartres.

Mai : Les Etats généraux et la nomination d'un roi.

6 juin : Prise de Louviers par Henri IV.

Edit de Mantes. Henri IV révoque les édits antérieurs et rétablit l'édit de tolérance.

Août : Evasion du jeune duc de Guise.

Septembre : Réunion d'évêques royalistes à Chartres. Lesdiguières vainqueur à Pontcharra.

Novembre : Les Seize attaquent Mayenne.

15 novembre : Le président Brisson pendu à une poutre.

4 décembre : Mayenne arrête les Seize.

Henri IV assiège Rouen.

1592 A La Fère, les Espagnols présentent à Jeannin la candidature de l'infante d'Espagne au trône de France.

Janvier : Bataille de Folleville. Henri IV vainqueur du duc de Parme.

Mars : Négociations Henri IV-Mayenne.

Mai : Déroute des royalistes en Bretagne.

Août : Lesdiguières en Provence.

Septembre : Le duc de Joyeuse en Languedoc.

Octobre : Une assemblée générale à l'Hôtel de Ville demande à Henri IV d'abjurer.

1593 *Janvier :* Etats généraux réunis au Louvre pour élire un roi.

Mars : Le comte de Mansfeld marche sur Paris avec une armée espagnole.

29 avril : Les délégués des Etats discutent à Suresnes avec les royaux.

6 mai : Manifestation à Notre-Dame-des-Vertus.

11 juin : Conférence de la Villette.

15 juillet : Les curés de Paris convoqués par Henri IV à Mantes.

25 juillet : Abjuration d'Henri IV.

31 juillet : Trêve de la Villette.

Août : Assemblée générale des réformés à Mantes.

23 décembre : Ralliement de Vitry, à Henri IV.

1594 *Janvier :* le parlement ligueur d'Aix reconnaît Henri IV.

Février : Insurrection à Lyon contre la Ligue.

27 février : Sacre d'Henri IV à Chartres.

Mars : Villars-Brancas livre Rouen et la Normandie.

22 mars : Entrée d'Henri IV dans Paris.

14 août : Henri IV entre dans Amiens.

6 septembre : Arrêt du Parlement de Paris bannissant les jésuites.

29 novembre : Guise livre Reims au roi.

Satire Ménippée.

1595 *Février :* Assemblée des protestants à Saumur. Révolte des croquants du Périgord.

5 juin : Victoire d'Henri IV à Fontaine-Française.

Août : Soumission de Bois-Dauphin nommé maréchal.

30 août : Absolution conditionnelle du pape Clément VIII.

22 septembre : Traité de Lyon entre Henri IV et Mayenne suivi de l'édit de Folembray.

1596 *17 février :* Echec des Espagnols devant Marseille.

Avril : Assemblée des protestants à Loudun.

24 juin : Traité de Greenwich entre Elizabeth et Henri IV.

1597 *25 septembre :* Le roi prend Amiens aux Espagnols.

1598 *15 avril :* Edit de Nantes.

Soumission de Mercœur.

2 mai : Paix de Vervins, avec les Espagnols.

1599 *2 janvier :* Ratification de l'Edit de Nantes par le Parlement de Paris (enregistré le 25 février à Paris, le 23 septembre à Rouen, le 27 septembre à Bordeaux, le 12 janvier 1600 à Dijon, le 11 août 1600 à Aix, le 23 août 1600 à Rennes).

1600 *17 décembre :* Mariage d'Henri IV avec Marie de Médicis.

1601 Paix de Lyon avec la Savoie.

1602 *29 juillet :* Exécution de Biron.

1603 Mort d'Elizabeth. Jacques Ier Stuart roi d'Angleterre.

Henri IV rétablit partout les jésuites.

1604 Expulsion du clergé anglais.

1605 Henri IV marche sur Sedan contre Turenne-Bouillon.

1606 Richelieu évêque de Luçon.

1607 Richelieu sacré évêque à vingt-deux ans à Rome.

1608 François de Salle : *Introduction à la vie dévote.*
1609 Début de la réforme de Port-Royal.
1610 *14 mai :* Assassinat d'Henri IV.
22 mai : Marie de Médicis confirme l'Edit de Nantes.
27 mai : Exécution de Ravaillac à Paris.
1611 Réunion des protestants à Saumur.
26 janvier : Retraite de Sully.
1612 *18 Octobre :* Fiançailles de Louis XIII avec Anne d'Autriche.
1613 *21 février :* Manifeste de Condé, qui reproche au gouvernement de s'allier aux puissances catholiques.
1614 *20 octobre :* Louis XIII majeur.
27 octobre : Ouverture des Etats généraux.
1615 *10 septembre :* Louis XIII déclare, à Poitiers, Condé et ses complices coupables de lèse-majesté.
La cour à Bordeaux.
15 octobre : L'Assemblée générale des protestants donne l'ordre d'insurrection aux provinces.
2 novembre : Alliance entre les princes et les protestants.
28 novembre : Mariage du roi à Bordeaux avec l'infante espagnole.
1616 Traité de Loudun. Paix avec Condé.
1ᵉʳ septembre : Arrestation de Condé.
Richelieu secrétaire d'Etat.
1617 *24 avril :* Concini assassiné. Chute de la régente.
Décembre : Assemblée des notables à Rouen.
1618 Défenestration de Prague. Début de la guerre de Trente Ans.
1619 *Février :* Guerre de la mère et du fils.
Octobre : Libération de Condé.
1620 *Juillet :* deuxième guerre de la mère et du fils.
Août : Traité d'Angers.
Septembre : Rétablissement du culte catholique en Béarn.
Réunion du Béarn et de la Navarre à la Couronne.
8 novembre : Victoire des impériaux à la Montagne-Blanche.
Défaite des Tchèques protestants.
Décembre : Assemblée générale du parti protestant à La Rochelle.
1621 *Avril-novembre :* Guerre contre les protestants dans le Midi.
Septembre-octobre : Echec des Royaux devant Montauban.
Décembre : Mort de Luynes.
1622 *16 avril :* Le roi prend Oléron, Royan et Les Sables.
11 mai : Le roi prend Royan.
Début juin : Le roi prend Nègrepelisse.
25 juillet : Conversion de Lesdiguières.
1ᵉʳ août : Condé investit Montpellier.
5 septembre : Richelieu cardinal.
6 septembre : Louis XIII à Lyon.
18 octobre : Paix de Montpellier qui confirme l'Edit de Nantes.
Vincent de Paul est nommé aumônier des galères.
1623 Paix de Paris entre le roi, Venise et la Savoie.
1624 *29 avril :* Richelieu entre au Conseil royal.
Novembre : Révolte des croquants du Quercy.

1625 *6 février* : Soubise prend Oléron.

Mai : Lettre de Richelieu condamnant le parti protestant.

Novembre : Assemblée générale des églises protestantes à Millau. Prise d'armes de Rohan.

1626 *Février* : Edit contre le duel.

5 février : Traité de paix de La Rochelle avec la R.P.R.

1627 *27 juin* : Buckingham assiège Saint-Martin-de-Ré.

Septembre : Début de la guerre de La Rochelle contre les royaux.

5 novembre : Début des travaux du siège.

8 novembre : L'armée Schomberg évacue Oléron.

Création de la Compagnie du Saint-Sacrement.

1628 *28 février* : Richelieu lieutenant général.

11 mai : Arrivée de la flotte anglaise devant La Rochelle.

Juin : Condé échoue devant Sainte-Affrique.

28 octobre : Capitulation de La Rochelle.

1er novembre : Entrée du roi dans La Rochelle.

1629 *Avril* : Louis XIII dans les Cévennes.

Mai : Prise et châtiment de Privas.

28 juin : Edit de grâce d'Alès. Fin de la guerre contre les huguenots.

1630 *Novembre* : Journée des Dupes.

Arrestation de Marillac. Défaite du parti dévot.

1631 Victoire du roi de Suède Gustave-Adolphe contre les impériaux.

1632 Rébellion de Montmorency.

1633 Fondation des Filles de la Charité.

1634 Défaite des Suédois à Nordlingen. Paix de Paris entre la Suède, les confédérés et la France.

1635 Louis XIII déclare la guerre à l'Espagne.

1636 L'empereur déclare la guerre à la France.

Révoltes de paysans en Poitou et Limousin.

1637 Début de la société des solitaires de Port-Royal.

1638 Mort du père Joseph.

Louis XIII prononce un vœu : la France est consacrée à la Vierge.

1639 Révolte des « va-nu-pieds » en Normandie.

1640 *9 octobre* : Prise d'Arras par les Français.

1641 Descartes : *Méditations.*

16 décembre : Mazarin cardinal.

1642 Exécution de Saint-Mars et de Thou. Mort de Richelieu.

1643 Mort de Louis XIII. Avènement de Louis XIV. Victoire de Rocroi.

1648 Arrestation de Broussel. Fronde parlementaire.

1650 Majorité de Louis XIV.

1652 Fin de la guerre civile. Rentrée de Louis XIV dans Paris.

1653 Condamnation par le pape du jansénisme.

Protectorat de Cromwell.

1654 Sacre de Louis XIV.

1655 Jean de Witt, grand pensionnaire de Hollande.

1656 Spinoza exclu de la Synagogue.

1657 Début de la construction de la place Saint-Pierre par le Bernin à Rome.
Pascal : *Les Provinciales.*
1658 Révoltes fiscales en Poitou, Aunis, Saintonge.
Mort de Cromwell.
1659-1660 Dernier synode de l'Eglise réformée en France, à Loudun.
1660 Charles II restauré en Angleterre.
Condamnation des *Provinciales.*
1661 Mort de Mazarin.
1662 Puritains persécutés en Angleterre.
1663 Les Turcs attaquent la Hongrie chrétienne.
1664 Dispersion des religieuses de Port-Royal. *Tartuffe* de Molière.
1665 Grands Jours d'Auvergne.
1666 Grands Jours du Forez.
1667 *Avril :* Les registres paroissiaux en double exemplaire.
1668 Conversion de Turenne. Louvois ministre de la Guerre.
1669 Déclaration limitant la portée de l'Edit de Nantes.
1670 Spinoza : *Traité théologico-politique.*
Pascal : *Pensées.*
Révolte du Vivarais.
1671 Première mesure précise du méridien.
1672 Louis XIV s'installe à Versailles.
1673 Campagne d'Alsace.
1674 Malebranche : *Recherche de la Vérité.*
1675 Mort de Turenne.
1676 La caisse des conversions en France.
1677 Mort de Spinoza.
1678 Alliance anglo-hollandaise contre la France.
Controverse Bossuet-pasteur Claude.
1679 Bossuet : *La Politique tirée de l'Ecriture sainte.*
Suppression des chambres de l'Edit. Fin des protections des protestants en France.
1681 Dragonnades de Marillac en Poitou. Dragonnades en Guyenne.
Occupation de Strasbourg par les Français.
Assemblée du clergé en France. Enlèvements d'enfants protestants.
Fermeture des académies de Sedan et Saumur.
1682 *19 mars :* Déclaration des Quatre articles. Avertissement pastoral du clergé aux huguenots.
1683 Mort de Colbert. Mariage de Louis XIV et de la Maintenon.
Manifestation des huguenots au temple de Saint-Hippolyte-du-Fort.
1684 *Décembre :* Edit interdisant à des particuliers d'abriter des malades protestants.
Simultaneum en Alsace.
1685 Avènement de Jacques II, roi catholique, en Angleterre.
1685 *18 octobre :* Edit de Fontainebleau, révoquant l'Edit de Nantes.
1686 Constitution de la Ligue d'Augsbourg.
1686-1689 Jurieu : *Lettres pastorales.*
1688 « Glorious revolution » en Angleterre.
Locke : *Lettres sur la tolérance.*

1689 Guillaume III et Marie II sur le trône d'Angleterre.
Jurieu : *Les Soupirs de la France esclave.*
1690 Jacques II perd l'Irlande.
1691 Reprise du grand commerce colonial.
1692 Bataille de la Hougue. La France est battue.
1693-1694 Crise aiguë de l'économie française.
1694 Création de la Banque d'Angleterre.
1695 La capitation.
1696 Panique financière à Londres.
1697 Paix de Ryswick.
1698 Relâchement de l'étreinte contre les huguenots.
1699 Condamnation du quiétisme.
1700 Philippe d'Anjou, roi d'Espagne.
1700 Prophétisme dans les Cévennes et le Bas-Languedoc.
1702-1713 Guerre de Succession d'Espagne.
1702 *24 juillet :* Meurtre de l'abbé du Chaila.
Août : Exécution d'Esprit Séquier.
25 octobre : Tête de Gédéon Laporte exposée au pont d'Anduze.
24 décembre : Cavalier met en déroute la garnison d'Alès.
1703 *12 janvier :* Le capitaine Poul battu et tué par les Camisards.
Fin janvier : Cavalier veut passer en Vivarais.
Février : Le maréchal de Montrevel en Languedoc.
26 février : Massacre de Fraissinet de Fourques.
1ᵉʳ avril : Massacre des Nîmois par Montrevel (moulin de l'Agau).
Avril : Déportations.
septembre : Tentative de La Bourlie en Rouergue.
1704 *15 mars :* Victoire de Cavalier au Devois de Martignargues.
Avril : Villars en Languedoc.
16 avril : Victoire de Montrevel à Nages sur Cavalier.
19 avril : Découverte de la caverne d'Euzet.
12 mai : Entrevue Cavalier-La Lande.
13 mai : Entrevue Cavalier-baron d'Aigaliers.
16 mai : Entrevue Cavalier-Villars, Basville.
19-27 mai : Les Camisards à Calvisson.
21 juin : Départ de Cavalier.
13 août : Mort de Rolland.
1705 *Mars :* Exécution de Castanet. Berwick en Languedoc.
Avril : Exécution des chefs du « complot des enfants de Dieu ».
Juillet : Exil de Marion et Mazel.
1706 Défaites françaises dans la guerre de Succession.
1707 Vauban. La dîme royale.
Le théâtre sacré des Cévennes, publié à Londres.
1708 Condamnation de Quesnel.
1709 Soulèvement du Vivarais, par Mazel.
1710 Destruction de Port-Royal-des-Champs.
Mazel arrêté en Languedoc.
1711 Exil de Marion. Prédications en Europe.
1712 Victoire de Denain.
1713 Premières prédications d'Antoine Court.

11 avril : Utrecht.
1714 Rastadt.
1715 *25 août :* Premier synode réuni par Court dans les Cévennes.
1ᵉʳ septembre : Mort de Louis XIV.
1716 Débuts de l'expérience de Law.
1717 Triple Alliance.
1718 Exécution du prédicant Arnaud.
1719 Guerre franco-espagnole.
1721 Premier synode du Vivarais.
1721 Première loge maçonnique en France.
1724 Renouvellement des mesures de répression contre les huguenots.
1726 Premier synode national en Vivarais.
1729 Court se réfugie à Lausanne.
1750-1752 Dernières persécutions systématiques.
1752 Troubles en Languedoc pour la rebaptisation.
1762 Dernière exécution d'un pasteur et dernières condamnations aux galères. Calas roué vif.
1765 Calas réhabilité.
1768 Libération des prisonnières de la tour de Constance.
1775 Libération des deux derniers galériens protestants.
1787 *Novembre :* Edit de tolérance.
1789 *22 août :* Vote de l'article X de la Déclaration des Droits sur la liberté religieuse.

Bibliographie

I. — GÉNÉRALITÉS

HISTOIRES GÉNÉRALES

FLICHE et MARTIN : *Histoire de l'Eglise.* Tome XVI : « La crise religieuse au XVIᵉ siècle », par Moreau, Jourda et Janelle, 1950 ; tome XVII : « L'Eglise à l'époque du concile de Trente », par Cristiani, 1948 ; tome XVIII (1) : « La restauration catholique, 1563-1648 », par Willaert, 1960 ; tome XIX (1 et 2) : « Les luttes politiques et doctrinales aux XVIᵉ et XVIIIᵉ siècles », par Préclin et Jarry, 1955-1956.

LATREILLE : *Histoire du catholicisme en France,* tome II, Paris, 1960.

Revue d'Histoire de l'Eglise de France.

TACHLE, BOUMAN et LEBRUN : *La Nouvelle Histoire de l'Eglise.* Tome III : « Réforme et Contre-Réforme », par Tachle, Bouman et Lebrun ; tome IV : « Siècle des Lumières, révolutions, restaurations », par Rogier, Bertier de Sauvigny et Hajjar, Paris, 1966-1968.

THOMAS : *Sources de l'Histoire du protestantisme aux Archives nationales.*

Bulletin de la Société d'histoire du protestantisme français, 1949 (recensement de toutes les sources d'archives possibles).

HAAG (Eugène et Emile) : *La France protestante ou Vies des protestants français qui se sont fait un nom dans l'Histoire.* Réédité à Genève, 1966, 10 volumes.

LICHTENBERGER : *Encyclopédie des Sciences religieuses,* 1877-1891, 13 volumes.

LÉONARD (Emile G.) : *Histoire générale du Protestantisme,* tome 1. *La Réformation ;* tome 2. *L'Etablissement ;* tome 3. *Déclin et Renouveau. XVIIᵉ-XXᵉ siècles,* Paris, 1955-1961-1964.

LÉONARD (Emile G.) : *Bibliographie du Protestantisme français.*

Revue historique, 1954, tomes CCX, CCXI, CCXII.

LÉONARD (Emile G.) : *Problèmes et expériences du protestantisme français*, Paris, 1940.

JOUTARD : « Historiographie de la Réforme », *Actes du Colloque d'Aix-en-Provence de 1972*, publiés en 1976 (2 volumes).

MOURS : *Les Eglises réformées en France, tableaux et cartes*, Paris, 1958.

GROSHENS (J.-Cl.) : *Les Institutions et le Régime juridique des cultes protestants en France*, Paris, 1957.

MANDROU, ESTÈBE, LIGOU, VOGLER, JOUTARD, ROBERT, ENCRÈVE, BAUBEROT, BOLLE : *Histoire des Protestants en France*, Toulouse, 1977.

Bulletin de la Société d'histoire du protestantisme français, publications régulières depuis 1852.

VIENOT (J.) : *Histoire de la Réforme française, des origines à l'Edit de Nantes*, Paris, 1926, 2 vol.

AYMON (A.) : *Tous les Synodes nationaux des Eglises réformées de France*, 2 vol., La Haye, 1710.

BÈZE (Th. de) : *Histoire ecclésiastique des Eglises réformées*, Ed. Paris, 1883-1889.

HERMINJARD (A. L.) : *Correspondance des réformateurs dans les pays de langue française*, Genève, Paris, 9 volumes, 1866-1897.

PILATTE (L.) : *Edits, déclarations et arrêts concernant la religion protestante réformée*, Paris, 1885.

HAUSER : *Les Sources de l'Histoire de France. Le XVIe siècle, 1494-1610*, 4 volumes, Paris, 1906-1905.

DELUMEAU : *Naissance et affirmation de la Réforme*, Paris, Nouvelle Clio, n° 30, 1968.

DELUMEAU : *Le Catholicisme entre Luther et Voltaire*, Paris, Nouvelle Clio, n° 30 bis, 1971.

MOUSNIER : *Les XVIe et XVIIe siècles*, dans *Histoire générale des Civilisations*, tome IV, Paris, 1967.

HAUSER et RENAUDET : *Les Débuts de l'âge moderne.* Collection Peuples et Civilisations, Paris, 1956, 4e éd.

HAUSER : *La Prépondérance espagnole. 1559-1660.* Introduction de Chaunu, Paris, Mouton, La Haye, 1973.

SAGNAC et SAINT-LÉGER : *Louis XIV.* Collection Peuples et Civilisations, 3e éd. 1949, Paris.

DELUMEAU : *La Civilisation de la Renaissance.* Paris, 1967, collection Les grandes civilisations.

CHAUNU : *La Civilisation de l'Europe classique.* Paris, collection Les grandes civilisations, 1970.

CHAUNU : *La Réforme*, Paris.

BRAUDEL : *La Méditerranée et le monde méditerranéen à l'époque de Philippe II*, Paris, 2 vol., réédition 1966, 2 vol.

LAPEYRE (H.) : *Les Monarchies européennes du XVIe siècle*, Nouvelle Clio, Paris, 1967.

MANDRAU (R.) : *Louis XIV en son temps*, Paris, 1973.

LAVISSE : *Histoire de France*, tome V. Première Partie : *Les guerres d'Italie*, par H. Lemonnier, Paris, 1911 ; tome V. Deuxième Partie : *La lutte contre la Maison d'Autriche. La France sous Henri II*, par H. Lemonnier, Paris, 1911 ; tome VI. Première Partie : *La Réforme*

et la Ligue. L'Edit de Nantes, par J. H. Mariéjol, Paris, 1911 ;
tome VI. Deuxième Partie : *Henri IV et Louis XIII,* par J. H. Mariéjol, Paris, 1911 ; tome VII. Première Partie : *Louis XIV,* par
Lavisse, Paris, 1911 ; tome VII. Deuxième Partie : *Louis XIV,* par
Lavisse, 1911 ; tome VIII. Première Partie, par Lavisse, Paris,
1911 ; tome VIII. Deuxième Partie : *Louis XV,* par H. Carré, Paris,
1911 ; tome IX : *Le règne de Louis XVI,* par Carré, Sagnac et
Lavisse, Paris, 1911.

MICHELET (Jules) : *Histoire de France au XVIe siècle. Réforme,* Paris,
1861.

MICHELET (Jules) : *Histoire de France au XVIe siècle, guerres de
Religion,* Paris, 1858.

MICHELET (Jules) : *Histoire de France au XVIIe siècle. Henri IV et
Richelieu,* Paris, 1861.

MANDROU : *Introduction à la France Moderne (1500-1640), essai de
Psychologie historique,* Paris, 1961.

RICHET (D.) : *La France moderne : l'Esprit des institutions,* Paris,
1973.

HISTOIRES ÉCONOMIQUES ET SOCIALES

BRAUDEL et LABROUSSE : *Histoire économique et sociale de la France,*
tome I. *De 1450 à 1660.* Premier volume : *L'Etat et la Ville,* par
Chaunu et Gascon, Paris, 1977 ; Second volume : *Paysannerie et
croissance,* par Le Roy Ladurie et Morineau.

MAURO : *Le XVIe siècle européen. Aspects économiques,* Paris, Nouvelle Clio, 1966.

RAMSEY : *The Price Revolution in the 16th Century,* Londres, 1971.

NORTH et THOMAS : *The Rise of the Western World,* Cambridge, 1973.

HAUSER : « Les caractères généraux de l'histoire économique de la
France, du milieu du XVIe siècle à la fin du XVIIIe », *Revue
historique,* Paris, 1934.

SEE : *Histoire économique de la France,* Paris, 1939.

SPOONER (F. C.) : *L'Economie mondiale et les frappes monétaires en
France,* Paris, 1956.

LIVET (Georges) : « La route royale et la civilisation française de la fin
du XVe siècle au milieu du XVIIIe », *Actes du Colloque sur les routes
de France,* Paris, 1959.

HAUSER : *Ouvriers du temps passé (XVe et XVIe siècles),* Paris, 1899.

HAUSER : *Travailleurs et marchands dans l'ancienne France,* Paris,
1920.

HAUSER : *Les Débuts du capitalisme,* Paris, 1927.

HAUSER : *La Vie chère au XVIe siècle,* Paris, 1932 (réponse de Jean
Bodin à M. de Malestroit).

MOUSNIER : *Les Hiérarchies sociales de 1450 à nos jours,* Paris, 1969.

MOUSNIER : « Recherches sur les soulèvements populaires en France
avant la Fronde », *Revue d'Histoire moderne,* Paris, 1968.

PORCHNEV : *Les Soulèvements populaires en France de 1623 à 1648,*
Paris, 1963.

BERCÉ : *Histoire des Croquants : étude sur les soulèvements populaires au XVII*e *siècle dans le Sud-Ouest de la France,*2 vol., Genève, 1974.

HISTOIRE DES IDÉES

MEUVRET : « Les Idées économiques de la France au XVII*e* siècle », *Le XVII*e *siècle,* Paris, 1966, n*os* 70 et 71.
HARSIN : *Histoire des doctrines monétaires et financières en France du XVI*e *au XVIII*e *siècle,* Paris, 1928.
TOUCHARD : *Histoire des idées politiques,* tome I : *Des origines au XVIII*e *siècle,* Paris, 1959.
ALLEN (John William) : *A History of Political Thought in the sixteenth Century,* Londres, 1928.
MESNARD : *L'Essor de la philosophie politique au XVI*e *siècle,* Paris, 1936.
MOUSNIER : *Réflexions critiques sur la notion d'absolutisme,* Société d'Histoire moderne, 1955.
STROHL (Henri) : *La Pensée de la Réforme,* Neufchatel-Paris, 1951.
FÈBVRE (Lucien) : *Un Destin, Martin Luther,* Paris, 1928.
FÈBVRE (Lucien) : *Le Problème de l'incroyance au XVI*e *siècle. La religion de Rabelais,* Paris, 1943.
FÈBVRE (Lucien) : *Au cœur religieux du XVI*e *siècle,* Paris, 1957.
WENDEL (François) : *Calvin, sources et évolution de sa pensée religieuse,* Paris, 1950.
BIELER : *La Pensée économique et sociale de Calvin,* Genève, 1959.
MERCIER (Charles) : « Les théories politiques des calvinistes en France pendant les guerres de Religion », *B.S.H.P.F.,* 1934.
TAWNEY (R. H.) : *La Religion et l'essor du capitalisme,* Paris, 1951.
TAPIÉ (V.-L.) : *Baroque et classicisme,* Paris, 1957.
ANDRÉ (Louis) : *Edition du Testament politique de Richelieu,* Paris, 1947.
YARDENI (Myriam) : *La conscience nationale en France pendant les guerres de Religion. 1559-1598,* Paris, Louvain, 1971.
BLOCH (Marc) : *Les Rois thaumaturges,* Paris, 1961.
BONTEMS, RAYBAUD, BRANCOURT : *Le Prince dans la France des XVI*e *et XVII*e *siècles,* Paris, 1965.
HAZARD (Paul) : *La Crise de la conscience européenne à la fin du XVII*e *siècle,* Paris, 1935.

II. — LES DÉBUTS DE LA RÉFORME

L'ÉTAT DE L'ÉGLISE ET LA CRISE DE LA CHRÉTIENTÉ

CHAUNU : *Le Temps des réformes. La crise de la chrétienté,* Paris, 1975.
IMBART DE LA TOUR : *Les Origines de la Réforme,* 2 volumes, Paris,

1948 : tome I : *La France moderne ;* tome 2 : *L'Eglise catholique, la crise et la Renaissance.*

RENAUDET : « Les Origines de la Réforme d'après un ouvrage récent », *Revue d'Histoire moderne et contemporaine,* t. XII, 1909.

THOMAS (Jules) : *Le Concordat de 1516, ses origines, son histoire au xvie siècle,* Paris, 1910, 3 vol.

RENAUDET : *Préréforme et humanisme à Paris,* Paris, 1916.

GILSON (Etienne) : « Michel Menot et la technique du sermon médiéval », *Revue d'Histoire franciscaine,* t. II, 1925.

HUIZINGA (J.) : *Le Déclin du Moyen Age,* Paris, 1932.

WEISS (N.) : « La Réforme au xvie siècle, son caractère, ses origines et ses premières manifestations jusqu'en 1523 », *B.S.H.P.F.,* 1917.

LESNE (Emile) : *Histoire de la propriété ecclésiastique en France,* 6 vol. Paris, 1910-1943.

MAURIAC (abbé R. M.) : « Un réformateur catholique : Thomas illyricus, frère mineur de l'Observance, *Revue d'Histoire de Bordeaux,* 1935.

FÈBVRE (Lucien) : « Les Origines de la Réforme française et le problème général des causes de la Réforme », *Revue historique,* 1929.

TOUSSAERT : *Le Sentiment religieux en Flandre à la fin du Moyen Age,* Paris, 1960.

LES DÉBUTS DE LA RÉFORME À MEAUX

BÉDOUELLE (Guy) : *Lefèvre d'Etaples et l'intelligence des Ecritures,* Genève, 1976.

L'Humanisme français au début de la Renaissance. Colloque de Tours, Paris, 1973.

MASSAUT (J. P.) : *Critique et tradition à la veille de la Réforme en France,* Paris, 1974.

RENAUDET (A. J.) : « Un problème historique : la pensée religieuse de J. Lefèvre d'Etaples », dans *Humanisme et Renaissance,* Genève, 1948.

CARRIÈRE (V.) : *La Sorbonne et l'évangélisme au xvie siècle,* Paris, 1949.

TRICARD (A.) : *La Propagande évangélique en France. L'imprimeur Simon du Bois,* Genève, 1957.

BECKER (P. A.) : « Marguerite, duchesse d'Alençon, et Guillaume Briçonnet, évêque de Meaux », *B.S.H.P.F.,* 1900.

BECKER (P. A.) : « Les idées religieuses de Guillaume Briçonnet », *Revue de Théologie et des Questions religieuses,* Montauban, 1900.

BERGER (S.) : « Le procès de Guillaume Briçonnet au Parlement de Paris », *B.S.H.P.F.,* 1895.

RENAUDET : « Paris de 1494 à 1517. Eglise et Université. Réformes religieuses. Culture et critique humaniste », dans *Coll. de Strasbourg,* Paris, 1959.

MOORE (G.) : *La Réforme et la littérature française. Recherche sur la notoriété de Luther en France*, Strasbourg, 1930.

VEISSIÈRE (M.) : « Guillaume Briçonnet, abbé rénovateur de Saint-Germain-des-Prés, 1507-1534 », *Revue d'Histoire de l'Eglise de France*, 1974.

VIENOT (J.) : « Y a-t-il une Réforme française antérieure à Luther ? » *B.S.H.P.F.*, 1913.

WEISS (N.) : « Guillaume Farel, ses premiers travaux », *B.S.H.P.F.*, 1919.

FÈBVRE (Lucien) : « Le cas Briçonnet », *Annuaire de l'Ecole des Hautes Études*, Paris, 1946.

MOUSSEAUX (M.) : *Aux sources françaises de la Réforme*, Paris, 1967.

BOURQUELOT : *Histoire de Provins*, Paris, 1857.

BRIET : *Le Protestantisme en Brie*, Paris, 1885.

GAL-LADEVÈZE : Histoire de la Réforme à Meaux, *S.H.P.F.*, 1860.

MOUSSEAUX (M.) : *G. Briçonnet et le Mouvement de Meaux*, Paris, 1923.

TAVERNEY (P.) : *Doctrines réformatrices et influences luthériennes à Paris et à Meaux*, Lausanne, 1934.

TOUSSAINT DU PLESSIS : *Histoire de l'Eglise de Meaux*, 1731.

JANVIER : *Mémoires manuscrits de la Bibliothèque de Meaux.*

PRANGE (Ch.), Chanoine de Saint-Saintin : *Mémoires manuscrits à la Bibliothèque de Meaux.*

LOUY (René-Jacques) : *Les Origines de la Réforme française. Meaux 1518-1546*, Paris, 1959.

LONGPÉRIER (Adrien de) : *Notice sur Meaux.*

CHAMPION (Pierre) : *Paris au temps de la Renaissance*, Paris, 1936.

WEISS : « Notes et documents sur la Réforme en Brie », *B.S.H.P.F.*, 1897.

LEROY (G.) : *Le Protestantisme à Melun.*

TRIQUETI (H. de) : *Les Premiers Jours du Protestantisme en France*, Paris, 1859.

LA RÉFORME À METZ ET À STRASBOURG

TRIBOUT DE MOREMBERT (Henri) : *La Réforme à Metz*, 2 volumes : 1) *Le Luthéranisme. 1519-1552* ; 2) *Le Calvinisme. 1553-1685*, Nancy, 1969 et 1971.

MEURISSE (Martin) : *Histoire de la naissance, du progrès et de la décadence de l'hérésie dans la ville de Metz et le pays messin*, Metz, 1670.

DOLLINGER (Philippe) : *Histoire de l'Alsace*, Toulouse, 1970.

ROSENKRANZ : *Der Bundshuh*, 2 vol., Heidelberg, 1927.

RITTER (F.) : *Histoire de l'imprimerie alsacienne aux XVe et XVIe siècles*, Strasbourg, Paris, 1955.

STROHL : *Le Protestantisme en Alsace*, Strasbourg, 1950.

BAUM (A.) : *Magistrat und Reformation in Strassburg*, Strasbourg, 1887.

WENDEL (F.) : *Bucer*, Strasbourg, 1951.

PETER (R.) : *Le Maraîcher Ziegler*. Thèse soutenue en 1954, Strasbourg.

REUSS (R.) : « Les débuts de la Réforme à Strasbourg », *B.S.H.F.P.*, 1917.

ERICKSON : *Matthaeus Zell*, Strasbourg, 1978.

WENDEL (F.) : *Le Mariage à Strasbourg à l'époque de la Réforme*, Strasbourg, 1928.

MIEG (Ph.) : *La Réforme à Mulhouse*, Strasbourg, 1948.

RAPP : *Réforme et réformation à Strasbourg*, Paris, 1979.

LA RÉFORME A LYON SOUS FRANÇOIS Ier

MOUTARDE (Eugène) : *Etude historique sur la réforme à Lyon*, Genève, 1881.

HAUSER : « Etude critique sur la Rebeine de Lyon », *Revue historique*, 1896.

GEISENDORF : « Lyon et Genève du XVIe au XVIIIe siècle. Les foires et l'imprimerie », Colloque international de juillet 1958, Lyon, *Cahier d'Histoire*, 1960.

WEISS : « Notes sur la Réforme à Lyon et à Paris », *B.S.H.F.P.*, 1890.

GASCON (Richard) : *Grand commerce et vie urbaine au XVIe siècle*, 2 vol. I : *Lyon et ses marchands*, Paris, 1971 ; IIe partie, voir chapitre I : *Le poids de l'événement ; le temps des troubles et des calamités*.

SACONAY (G. de) : *Discours des premiers troubles advenus à Lyon*, Lyon, 1569.

AESCHLMANN : *La Réforme à Lyon*, Lyon, 1916.

BAUX et BOURILLY : « François Ier à Lyon en 1516 », *Revue d'Histoire de Lyon*, 1913-1914.

GUÉRAUD (J.) : *La Chronique lyonnaise, 1536-1562, publiée par Jean Trocou*, Lyon, 1929.

HOURS (H.) : *Procès d'hérésie contre Aimé Maigret. Lyon-Grenoble. 1524*, Bibliothèque Humanisme et Renaissance, 1957.

ISAAC (J.) : « Le cardinal de Tournon, lieutenant général du roi, octobre 1536-octobre 1537 », *R.H.L.*, 1913.

KLEINCLAUSCZ (A.) : *Lyon des origines à nos jours*, t. I : *Des origines à 1595*, Lyon, 1939.

MARTIN (H.) : *Les cinq étudiants de Lausanne brûlés vifs à Lyon*, Lausanne, 1863.

MEYLAN (H.) : « Un financier protestant à Lyon, ami de Calvin et de Bèze : Georges Obrecht, 1500-1569 », *Bull. phil. et hist.*,1964.

MONTFACLCON (G. B.) : *Histoire de la ville de Lyon*, 9 vol., 1868.

SUR GRENOBLE ET LE DAUPHINÉ

CHOMEL (V.) : *Histoire de Grenoble*, Toulouse, 1976.

BLIGNY (B.) : *Histoire du Dauphiné*, Toulouse, 1974.

PRUDHOMME (A.) : *Histoire de Grenoble*, Grenoble, 1888.

FRANCE (P.) : *La Réforme et les guerres de Religion à Grenoble*, D.E.S. Grenoble, 1959.

HÉMARDINQUER : « Les protestants à Grenoble d'après les travaux récents », *B.S.H.P.F.*, 1965.

WEISS : « Les origines de la Réforme en Dauphiné, *B.S.H.P.F.*, 1907.

GUY (H.) : « Le sermon d'Aimé Maigret, 1524 », *Annales de l'Université de Grenoble*, 1928.

SUR BOURGOGNE ET FRANCHE-COMTÉ

FÈBVRE (Lucien) : *Philippe II et la Franche-Comté*, Paris, 1912.

CHENOT (Ch.) : *Notice historique sur l'introduction de la Réforme religieuse dans les trois seigneuries souveraines d'Hericourt, du Chatelot, de Clémont*, M. Soc Montbéliard, 1881.

VIENOT (J.) : *Histoire de la Réforme dans les pays de Montbéliard*, M. Soc, t. 27 et 28, Paris, 1901.

Notes et documents sur la Réforme et l'Inquisition en Franche-Comté. Extraits des archives du Parlement de Dôle, Paris, 1911.

CADIX (M.) : *Essai historique sur la Réforme à Besançon*, Montauban, 1905.

FROMENTAL (J.) : *La Réforme en Bourgogne aux XVIᵉ et XVIIᵉ siècles*, Paris, 1968.

CLÉMENT JEANNIN (M. H.) : *Les Hôtelleries dijonaises*, Dijon, 1878.

BELLE (Edmond) : *La Réforme à Dijon, des origines à la fin de la lieutenance générale de Sauls-Tavannes. 1530-1570*, Dijon, 1911.

BELLE (Edmond) : « L'enseignement et les débuts de la Réforme à Dijon », *S.H.F.P.*, 1911.

PRUDHON : *La Religion prétendue réformée à Beaune*, Manuscrit de la Bibliothèque municipale de Dijon.

SUR LES PREMIÈRES RÉACTIONS DE FRANÇOIS Iᵉʳ ET LES DÉBUTS DE LA PERSÉCUTION

CHANDIEU : *Histoire des persécutions de l'Eglise de Paris.*

Journal d'un bourgeois de Paris sous le règne de François Iᵉʳ, Paris, 1854.

L'ESTOILE (Pierre de) : *Journal*, publié par Levèfre, 3 vol., Paris, 1948.

BOURILLY : « François Iᵉʳ et les Protestants. Les essais de concorde de 1535 », *B.S.H.P.F.*, 1900.

BOURILLY et WEISS : *Jean Du Bellay, les protestants et la Sorbonne. 1525-1535*, Paris, 1904.

DOUCET (R.) : *Etudes sur le gouvernement de François Iᵉʳ, dans ses rapports avec le Parlement de Paris*, 2 vol., Paris, 1921.

WEISS (M.) : « Louis de Berquin. Son premier procès d'après quelques documents inédits », *B.S.H.P.F.*, 1918.

Sur la diffusion de la Réforme par l'imprimerie

BAUDRIER (J.) : *Bibliographie lyonnaise. Recherche sur les imprimeurs, libraires et fondeurs de lettres à Lyon au XVIᵉ siècle*, Lyon et Paris, 12 vol., 1896-1921.

CLAUDIN (A.) : *Histoire de l'imprimerie en France aux XVᵉ et XVIᵉ siècles*, 4 vol., Paris, 1900-1922.

MARTIN (J. H.) : *L'Apparition du livre*, Paris, 1958.

LABARRE (Albert) : *Le Livre de la vie amiénoise au XVIᵉ siècle*, Paris, Louvain, 1971.

MARTIN (H. J.) : « Ce qu'on lisait à Paris au XVIᵉ siècle », dans *Bibliothèque d'Humanisme et de Renaissance*, 1959.

RENOUARD (Ph.) : *Imprimeurs parisiens, libraires, cartiers de 1450 à 1600*, Paris, 1898.

RAVRY (A.) : « Les origines de la presse et de l'imprimerie », *Bulletin de l'Union syndicale des maîtres imprimeurs de France*, 1937.

CHAIX : *Recherches sur l'imprimerie à Genève de 1550 à 1564*, Paris, 1954.

BESSON : *L'Eglise et l'imprimerie.*

HEYER (Théophile) : « Notes sur Laurent de Normandie », *M.D.G.* 16, 1867.

CHAUNU : « Niveaux de culture et réforme », *B.S.H.F.P.*, 1972.

Sur le développement de l'Église calviniste de Genève

PIAGET et BERTHOUD : *Note sur le livre des martyrs de Jean Crespin*, Neuchâtel, 1930.

DE CRUE DE STOUTZ : *L'Action politique de Calvin hors de Genève.*

NAEF (H.) : *Origines de la Réforme à Genève*, Genève, 1968.

GUICHONNET (Paul) : *Histoire de Genève*, Toulouse, 1974.

MONTER (E. W.) : *Calvin's Geneva*, New York, 1967.

Registres de la Compagnie des Pasteurs de Genève, 1962.

KINGDON (R.M.) : *Geneva and the Coming of Wars of Religion. 1555-1563*, Genève, 1956.

KINGDON : *Geneva ant the consolidation of the French Protestant Movement. 1564-1572*, Genève, 1968.

BORGEAUD (Ch.) : *Histoire de l'Université de Genève*, Genève, 1900.

GEISENDORF (P.) : *Théodore de Bèze*, Genève, 1949.

CHOISY (E.) : *L'Etat chrétien calviniste à Genève au temps de Th. de Bèze*, Genève, Paris, 1902.

MANDROU (R.) : « Les Français hors de France aux XVIᵉ et XVIIᵉ siècles. I. A. Genève, le premier refuge protestant. 1549-1560 », *Annales E.S.C.*, 1959.

Sur le massacre de Mérindol

GAFFAREL : « Les massacres de Cabrières et de Mérindol en 1545 », *Revue historique*, 1911.

PEYRE (R.) : *Histoire de Mérindol, en Provence*, Paris, 1939.

544   BIBLIOGRAPHIE

LAMBERT (Gustave) : *Histoire des guerres de Religion en Provence, 1530-1598*, 2 vol., Nyons, 1972.
AUBERY (Jacques) : *Histoire de l'exécution de Cabrières et de Mérindol, et d'autres lieux de Provence, particulièrement déduite dans le plaidoyé qu'en fit l'an 1551 par le commandement du roi Henri II Jacques Aubery*, Paris, 1645.
BOUCHE : *Essai sur l'Histoire de Provence*, Paris, 1785.
ANONYME : *Histoire mémorable de la persécution et saccagement du peuple de Mérindol, Cabrières et autres circumvoisins*, 1559.
ARNAUD : *Histoire des Protestants de Provence*, Paris, 1884.

SUR LE LANGUEDOC

Félix et Thomas Platter à Montpellier, 1552-1559, 1595-1599, notes de voyage de deux étudiants balois, Montpellier, 1892.
SANTI (de) : « La réaction universitaire à Toulouse à l'époque de la Renaissance Blaise d'Auriol », *Mémoires de l'Académie des Sciences de Toulouse*, 1906.
RIVALS (G.) : « La Réforme en Bas-Languedoc », dans *Cahiers d'Histoire et d'Archéologie*, Nîmes, 1938.
GUIRAUD (Louise) : « Etude sur la Réforme à Montpellier », dans *Mémoires de la Société archéologique de Montpellier*, 1918-1919.
PUECH (A.) : *La Renaissance et la Réforme à Nîmes*, Nîmes, 1893.
LOIRETTE : « Catholiques et Protestants en Languedoc à la veille des guerres civiles, 1560 », dans *Revue d'Histoire de l'Eglise de France*, 1937.
MOURS (S.) : *Le Protestantisme en Vivarais et en Velay des origines à nos jours*, Valence, 1949.
LESTRADE (J.) : *Les Huguenots en Comminges*, Auch, 1900.
LESTRADE (J.) : « Les Huguenots dans les paroisses rurales du diocèse de Toulouse », *Revue d'Histoire de Toulouse*, 1938.
CANTALOUBE (C.) : « Les origines de la Réforme dans les Cévennes », *B.S.H.P.F.*, 1959.
CANTALOUBE (C.) : *La Réforme vue d'un village cévenol*, Paris, 1951.
HUGUES (J.-P.) : *Histoire de l'église réformée d'Anduze*, Montpellier, 1864.
SIEGFRIED (A.) : « Le groupe protestant cévenol », dans *Protestantisme français*, Paris, 1945.
LE ROY LADURIE (E.) *in Histoire du Languedoc*, Toulouse, 1967.
LE ROY LADURIE (E.) : *Les Paysans de Languedoc*, Paris, 1966.
HAUSER : « Nîmes, les Consulats et la Réforme, 1532-1537 », *B.S.H.P.F.*
WOLFF (Ph.) : *Histoire de Toulouse*, Toulouse.
DELTEIL : « Humanisme et réforme en Rouergue ». *Colloque de l'université de Montpellier*, 1975.
PORTAL (Ch.) : *La Réforme en Albigeois. Enquête de 1536*, Albi, 1904.
DARTIGUE, PEYROU : *Le Pays albigeois et les origines de la Réforme*, Paris, 1937.
SERR : *Documents et souvenirs sur les protestants montalbanais au XVIe siècle*, Toulouse, 1941.

Vic (dom de) et Vaissette (dom) : *Histoire générale du Languedoc,* Toulouse, 1730-1754 ; t. V.

Estèbe (J.) : *Commerce et mentalités à Toulouse au xvie siècle. 1519-1560,* Toulouse, 1962.

Imberdis (André) : *Histoire des guerres de Religion en Auvergne pendant les xvie et xviie siècles,* Riom, 1846.

Sur Bordeaux et la Guyenne

Gaullieur (E.) : *Histoire de la Réforme à Bordeaux et dans le ressort du parlement de Guyenne,* Paris, 1884.

Higounet (Ch.) : *Histoire de l'Aquitaine,* Toulouse, 1971.

Boutruche : *Histoire de Bordeaux,* tome IV, Bordeaux, 1966.

Patry (H.) : *Les Débuts de la Réforme protestante en Guyenne, 1523-1559. Arrêts du Parlement,* Bordeaux, 1912.

Boscheron des Portes : *Histoire du Parlement de Bordeaux,* t. I Bordeaux, 1877.

Métivier (Jean de) : *Chronique du Parlement de Bordeaux,* Bordeaux, 1886.

Crespin : *Histoire des Martyrs persécutés et mis à mort pour la vérité de l'Evangile,* Genève, 1619 (pour les exécutions).

Cordier (Cl.) : *Sainte-Foy-la-Grande au temps des guerres de Religion, 1534-1622,* Thèse de l'Ecole des chartes, 1950.

Hauser : « Auger et le massacre de Bordeaux », *B.S.H.P.F.,* 1911.

Forissier : *Le Protestantisme en Bigorre,* Paris, 1946.

Patry : « Réforme et théâtre en Guyenne au xvie siècle », *B.S.H.P.F.,* 1901.

Sur Poitou, Charentes et Limousin

Dez (G.) : *Histoire des protestants du Poitou,* Paris, 1936.

Lièvre (A.) : *Histoire des protestants et des Eglises réformées du Poitou,* 1856-1859.

Labande (E. R.) : *Histoire du Poitou, du Limousin et des pays charentais,* Toulouse, 1976.

Trocmé (E.) : *Le Commerce rochelais de la fin du xve siècle au début du xviie,* Paris 1952.

Raveau (Paul) : *L'Agriculture et les classes paysannes. La Transformation de la propriété dans le Haut-Poitou au xvie siècle,* Paris, 1926.

Leroux (A.) : *Histoire de la Réforme dans la Marche et le Limousin,* Limoges, 1888.

Barbot, Amos : *Histoire de La Rochelle,* Paris, Saintes, 1890, 3 vol.

Vaux de Foletier (F. de) : *Histoire d'Aunis et de Saintonge,* Paris, 1929.

Arcère (père Louis-Etienne) : *Histoire de la Ville de La Rochelle,* 1756-1757, 2 vol.

PARIS, LA COUR, LA RÉGION PARISIENNE ET SA PÉRIPHÉRIE

Ambassadeurs vénitiens. Les relations des ambassadeurs vénitiens au xvie siècle, dites collection du Chevalier Eugène Albéri, 1857.

Ambassadeurs vénitiens. Les relations des ambassadeurs vénitiens sur les affaires de France. C.D.I.H.F., 2 vol.

BELLEFOREST (F. de) : *L'Ancienne et Grande Cité de Paris*, Paris, 1882.

DECRUE DE STOUTZ (abbé Victor) : *La Cour de France et la Société au xvie siècle*, Paris, 1888.

FELICE (Ph. de) : « Le synode national de 1559 tenu à Paris », *B.S.H.P.F.*, 1958.

BÈZE (Th. de) : *Correspondance*, Genève, 1960.

MARGUERITE DE NAVARRE : *Lettres et nouvelles lettres*, Paris, 1861-1862, 2 vol.

TOURNON (cardinal de) : *Correspondance*, Paris, 1946.

SICOTIÈRE (L. de la) : *La Cour de la reine de Navarre à Alençon*, Caen, 1844.

SCHMIDT (Ch.) : *Gérard Roussel prédicateur de la reine de Navarre*, Strasbourg, 1845.

JOURDA (P.) : *Marguerite d'Angoulême duchesse d'Alençon, reine de Navarre*, Paris, 1930.

LA FERRIÈRE (H. de) : *Marguerite d'Angoulême, son livre de dépenses*, Paris, 1872.

LEFRANC (A.) : *Les Idées religieuses de Marguerite de Navarre*, Paris, 1898.

MARIÉJOLS (J.-H.) : *La Vie de Marguerite de Valois*, Paris, 1928.

MAYER (C. A.) : *Clément Marot*, Paris, 1972.

ROMIER (Lucien) : *Jacques d'Albon de Saint-André, maréchal de France*, Paris.

DECRUE DE STOUTZ (F.) : *Anne, duc de Montmorency*, Paris, 1889, 2 vol.

BÈZE (Th. de) : *Histoire ecclésiastique des Eglises réformées du royaume de France. 1521-1564*, Paris, 1883-1889, 3 vol.

JACQUART (J.) : *La Crise rurale en Ile-de-France*, Paris, 1974.

HATON (Claude) : *Mémoires du curé*, Paris, 1857, 2 vol.

LEHR (H.) : « La Réforme aux environs d'Etampes vers 1560 », *B.S.H.P.F.*, 1895.

PANNIER (J.) : « Etudes historiques sur la Réforme à Corbeil et aux environs au xvie siècle », *Mém. Soc. Corbeil*, 1900, t. II.

VAISSIÈRE (P.) : *Les Curés de campagne de l'ancienne France*, Paris, 1933.

WEISS (N.) : « Les lieux d'assemblées des Huguenots à Paris de 1524 à 1585 », *Bull. société d'histoire de Paris*, 1924.

PICOT (G.) : « Recherche sur les quarteniers, cinquanteniers et dizainiers de la ville de Paris », *Mémoires de la Soc. Hist. de Paris*, 1875.

LEHR : « La Réforme à Chartres », *B.H.S.P.F.*, 1898.

BERTON : *Le Protestantisme dans le Blésois*, Blois, 1886.

CHARDON : *Recueil de pièces inédites pour servir à l'histoire de la Réforme dans le Maine*, Le Mans, 1867.

RENDU (abbé A.) : *Notes sur la Réforme dans le Maine. 1560-1572*, Mamers, 1883.

ROBERT (B.) : « Les débuts du protestantisme à Alençon », *B.S.H.P.F.*, 1936.

ROBERT (B.) : « Alençon protestant en 1562 », *B.S.H.P.F.*, 1937.

LEBRUN (F.) : *Histoire des pays de la Loire*, Toulouse, 1972.

BERRANGER (H. de) : *Le Maine durant les guerres de Religion*, La Province du Maine, 1968.

DUPIN DE SAINT-ANDRÉ : *Histoire du protestantisme en Touraine*, Paris, 1885.

MOURIN (E.) : *La Réforme et la Ligue en Anjou*, Paris, Angers, 1856.

PRENTOUT (H.) : « La Réforme en Normandie », *Rev. hist.*1913.

BOUARD (M. de) : *Histoire de la Normandie*, Toulouse, 1970.

GALLAND (J. A.) : *Essai sur l'histoire du protestantisme à Caen et en Basse-Normandie*, Caen, 1898.

DU MOULIN (G.) : *Histoire générale de la Normandie*, Rouen, 1631.

WEISS (N.) : « La Réforme à Bourges au XVIe siècle »,*B.S.H.P.F.*, 1904.

GODET (M.) : « Les protestants à Abbeville au début des guerres de Religion », *B.S.H.P.F.*, 1917.

PANNIER (J.) : « La Réforme dans le Vermandois », *B.S.H.P.F.*,1895.

DOUEN : « Essai historique sur les églises du département de l'Aisne », *B.S.H.P.F.*, 1860.

PAILLARD (Ch.) : « Les grands prêches calvinistes à Valenciennes », *B.S.H.P.F.*, 1877.

III. LES GUERRES DE RELIGION

SUR CALVIN ET LA FRANCE

BENOIT (J. D.) : *Jean Calvin, la vie, l'homme, la pensée*, Strasbourg, 1948.

Calvin et la Réforme en France. Catalogue pour une exposition de la B.N., Paris, 1935.

CHOISY (E.) : *La Théocratie à Genève au temps de Calvin*, Genève, 1897.

DOUMERGUE (E.) : *Jean Calvin, les hommes et les choses de son temps*, 7 vol. Lausanne, 1899-1917, Neuilly 1926-1927.

MACKINNON (J.) : *Calvin and the Reformation*, Londres, 1936.

PANNIER (J.) : *Jean Calvin : Epître au roi*, Paris, 1927.

PANNIER (J.) : *Calvin écrivain*, Paris, 1930.

CRUE (de) : *L'Action politique de J. Calvin hors de Genève*, Paris, 1909.

SCHORER (J.) : *Jean Calvin et sa dictature, d'après les historiens anciens et modernes*, Genève, 1948.

LÉONARD (E. G.) : *Calvin et la Réforme en France*, Aix, 1959.

ROBERT (D.) : *Les Eglises réformées de France,* Paris, 1961.

HOLLARD (A.) : « Michel Servet et Jean Calvin », *Bibl. d'Humanisme et Renaissance,* Paris, 1945.

Guillaume Farel, 1489-1565, Œuvre collective, Neuchâtel, Paris, 1930.

EISENSTEIN (E.) : « L'avènement de l'imprimerie et la Réforme. » *Annales E.S.C.,* 1971.

Troisième Colloque du Centre d'Histoire de la Réforme et du Protestantisme de Montpellier. La Réforme et l'éducation. Toulouse 1974.

PINEAUX (J.) : *La Poésie des protestants de langue française. 1559-1598.* Paris 1971.

LENIENT : *La Satire en France au XVIe siècle.* Paris, 2 vol., 1877.

MEYLAU : *D'Erasme à Bèze. L'Eglise et l'école chez les réformés.* Collèges et académies protestantes. Le recrutement et la formation des pasteurs dans les Eglises réformées. Paris, 1968-1970.

ARENILLA (L.) : « Le calvinisme et le droit de résistance à l'Etat. » *Annales E.S.C.,* 1967.

Sur l'influence de Genève, voir les ouvrages déjà cités de Geisendorf et de R. M. Kingdon.

MÉMOIRES ET CHRONIQUES D'ÉPOQUE

AUBIGNÉ (Agrippa d') : *Histoire universelle.* A Maillé, 3 parties, 1616-1618.

AUBIGNÉ (Agrippa d') : *Mémoires. 1560-1562,* Paris, 1839.

ANONYME : *Journal du siège de Navarrenx, 1569,* Pau, 1925-1926.

BELLEFOREST (F. de) : *Histoire des neuf rois Charles de France,* Paris, 1558.

CASTELNAU (Michel de) : *Mémoires 1559-1572,* Bruxelles, 1731.

Compagnie des Pasteurs de Genève. Registre tome III, 1565-1574, Genève, 1969.

CONDÉ : *Les Mémoires de Condé servant d'éclaircissement et de preuve à l'histoire de Mr de Thou,* Londres, 1743-1745, 6 vol.

DU BELLAY (Guillaume et Martin) : *Mémoires de...,* 4 vol., Paris, 1908-1919.

GOULART (Simon, dit Samuel du Lys) : *Mémoires de l'Estat de France sous le roi Charles IX. 1578,* 3 vol., Meidelbourg.

GRIN (François) : *Journal de...,* Paris, 1874.

LA FOSSE (J. de) : *Journal d'un curé ligueur de Paris,* Paris, 1865.

LA NOUE (François de) : *Les Discours politiques et militaires.* Basel, 1587.

LA PLANCHE (Louis Regnier, seigneur de) : *Histoire de l'Estat de la France sous le règne de François II,* Paris, 1576 et 1876.

Le Frère JEAN : *La vraye et entière histoire des troubles et guerres civiles advenues de nostre temps,* 1575 B.N. 8 L a21 16D.

MATTHIEU (P.) : *Histoire des derniers troubles de France,*1604.

MONLUC (Blaise de) : *Les Commentaires,* Paris, 1964.

MORNAY (Ph. de, seigneur du Plessis) : *Les Œuvres,* Paris, 1824-1825, 12 vol.

NEUFVILLE (Nicolas de, seigneur de Villeroy) : *Mémoires d'Etat,* Paris, 1625-1626, 4 vol.

PASCHAL (Pierre de) : *Journal,* Paris, 1950.

RABUTIN (François de) : *Commentaire des guerres en la Gaule-Belgique,* Paris, 1932-1944, 2 vol.

SERRES (Jean de) : *Mémoires de la Troisième guerre civile,* B.N. Res. 80 L b33 247.

THOU (Jacques Auguste de) : *Histoire universelle. 1544-1607,* Londres, 1734, 16 vol.

BOURDEILLE (Pierre de, abbé de Brantôme) : *Œuvres complètes,* Paris, 1864-1882.

SAULX-TAVANNES (Gaspard de) : *Mémoires,* Paris, 1866.

VALOIS (Marguerite de) : *Mémoires,* 1628.

LORRAINE (François de, duc de Guise) : *Mémoires, journaux, 1519-1561.*

PARTHENAY-LARCHEVÊQUE (Jean de, seigneur de Soubise) : *Mémoires,* Paris, 1879.

GASSOT (Jules) : *Sommaire mémorial,* Paris, 1934 (Gassot était secrétaire du roi de 1552 à 1623).

POULAIN (Nicolas) : *Le Procès-Verbal de Nicolas Poulain, lieutenant de la prévôté de l'Ile-de-France, 2 janvier 1585-12 mai 1588.*

CRESPIN (Jean) : *Le Livre des Martyrs, 1554 et...*

CHANDIEU (Antoine de) : *Histoire des persécutions de l'Eglise de Paris,* Lyon, 1563.

LA PLACE (Pierre de) : *Commentaires de l'Etat de la Religion et République sous les rois Henri et François second et Charles neuvième, 1565.*

BORDENASSE (Nicolas) : *Histoire de Béarn et de Navarre,* Paris, 1873.

TORTOREL (Jacques) et PERISSIN (Jean) : *Quarante tableaux... touchant les guerres, massacres et troubles advenus en France : 1559-1570,* 1569-1570.

DAVILA (Henrico Caterino) : *Historia delle guerre civili di Francia. 1559-1598,* Venise, 1630.

CATHERINE DE MÉDICIS ; « Correspondance », *Documents inédits de l'Histoire de France.* Paris 1880-1909, 10 vol.

HENRI III : *Lettres.* 1959 : premier tome. 1965 : deuxième tome. 1972 : troisième tome (publiés par Champion et François).

POITIERS (Diane de) : *Lettres inédites. 1515-1564,* Paris, 1866.

COSSÉ (Charles de) : *Lettres,* 1889.

BÈZE (Th. de) : *Correspondance,* 9 vol., Genève, 1960-1978.

COLIGNY (G. de) : *Lettres,* éditées par Delavorde, 3 vol., Paris, 1879-1882.

ARMAGNAC (G. d') : *Lettres,* publiées par Rey et Samaran, Paris, 1898.

JEAN CASIMIR : *Correspondance,* éditée par F. von Bezold, Munich, 1882-1903.

La *Correspondance des Nonces* fait l'objet de publications régulières. La liste se trouve dans le livre de CLOULAS : *Catherine de Médicis,* bibliographie.

HENRI IV : La liste des lettres est publiée dans l'ouvrage d'Yves CAZAUX : *Henri IV,* Paris, 1977.

OUVRAGES SUR LES GUERRES

LIVET (G.) : *Les Guerres de Religion*, Paris, 1962 (seule synthèse utile, mais rapide, avec l'ouvrage de DAVILA, déjà cité, le livre de J. W. THOMPSON : *The Wars of Religion in France 1559-1576*. Chicago, 1909, et celui du duc de LEVIS-MIREPOIX : *Les Guerres de Religion*, Paris, 1950.)

ROMIER (L.) : *Les Origines politiques des guerres de Religion*, Paris, 2 vol., 1913-1914.

ROMIER (L.) : *Le Royaume de Catherine de Médicis. La France à la veille des guerres de Religion*, Paris, 2 vol., 1922.

ROMIER (L.) : *La Conjuration d'Amboise*, Paris, 1923.

ROMIER (L.) : *Catholiques et huguenots à la cour de Charles IX*, Paris, 1924.

FELICE (Ph. de) : « Le massacre de Wassy », *B.S.H.P.F.*, 1873.

CHARTROU-CHARBONNEL : *La Réforme et les guerres de Religion*, Paris, 1936.

KINGDON (R. M.) : *Geneva and the coming of the wars of Religion in France, 1555-1563*, Genève, 1956.

LOT (Ferdinand) : *Recherches sur les effectifs des armées françaises des guerres d'Italie aux guerres de Religion, 1494-1562*, Paris, 1962.

FELICE (Ph. de) : « Le colloque de Poissy, 1561 », *B.S.H.P.F.*, 1907.

CLOULAS (Y.) : « L'aide pontificale au Parti catholique et royal pendant la première guerre de Religion d'après les dépêches du nonce Santa Croce, *Bibl. de l'Ecole des Chartes*, Paris, 1962.

DELABORDE (G.) : *Les Protestants à la Cour de Saint-Germain lors du Colloque de Poissy*, Paris, 1874.

ROBIQUET : *Histoire municipale de Paris depuis les origines jusqu'à l'avènement de Henri III*, Paris, 1880.

CLOULAS (Y.) : *Les aliénations du temporel ecclésiastique ordonnées par les rois Charles IX et Henri III de 1563 à 1588*, thèse de l'Ecole des chartes, 1957.

CHAMPION (P.) : *Catherine de Médicis présente à Charles IX son royaume*, Paris, 1937 (sur le tour de France du roi).

LA FERRIÈRE (H. de la) : « L'entrevue de Bayonne », *Revue des questions hist.*, 1883.

GIGON (S.) : *La Troisième Guerre de Religion*, Paris, 1911.

DELAGE (F.) : *La Troisième Guerre de Religion en Limousin. Combat de la Roche-l'Abeille, 25 juin 1569*, Limoges.

VOGLER (B.) : « Le rôle des Electeurs palatins dans les guerres de Religion, 1559-1592 », *Cahiers d'Histoire*, Lyon, 1965.

VAISSIÈRE (P. de) : *De quelques assassins*, Paris, 1912.

PABLO (Jean de) : « Gaspard de Coligny, chef de guerre », *Actes du Colloque Gaspard de Coligny, Paris, 1972*, publié en 1974.

STUVERAS-SHIMIZU (J.) : « Coligny et l'Angleterre 1545-1572, *Actes du Colloque Coligny, op. cit.*

VENARD (Marc) : « Les protestants du Comtat venaissin au temps des premières guerres de Religion », *ibid.*

SUTHERLAND (N. M.) : « The role of Coligny in the French Civil Wars », *ibid.*

PABLO (Jean de) : « La troisième guerre de Religion », *B.S.H.F.P.*, 1956.

VAISSIÈRE (P. de) : *Gentilshommes campagnards de l'ancienne France*, Paris, 1925.

THOISON (E.) : « Les gens de guerre en Gatinais aux XVIe et XVIIe siècles, *Ann. Soc. gat.*, t. XIV, 1896.

ARNAUD : *Histoire des protestants du Dauphiné aux XVIe, XVIIe et XVIIIe siècles*, t. I. 1522-1598, Paris, 1875.

ROMAN (J.) : « La guerre des paysans en Dauphiné, 1579-1580 », *Bull. soc. dép. d'arch. et de stat. de la Drôme*, 1877.

LAMBERT (G.) : *Histoire des guerres de Religion en Provence, 1530-1598.*

DOUAIS : « Les guerres de Religion en Languedoc », *Annales du Midi*, 1892-1893.

CONNAC (E.) : « Troubles de mai 1562 à Toulouse », *Annales du Midi*, 1891.

FAURIN : *Journal de... sur les guerres de Castres*, Montpellier, 1878.

ROSSINGOL (Elie) : *Guerres civiles et religieuses au diocèse d'Albi.*

ROSSINGOL et LUTHARD (M.) : « Catholiques et protestants à Béziers 1567-1568 », *Rev. d'Hist. du diocèse de Montpellier*, 1911-1912.

COURTEAULT : *Blaise de Monluc historien*, Paris, 1908.

VAUX DE FOLETIER (F. de) : *Histoire d'Aunis et de Saintonge*, Paris, 1929.

Documents inédits pour servir à l'histoire de la Réforme et de la Ligue, Narbonne, 1900 (Jean Tissier).

GACHES : *Mémoires*, Albi, 1894 (publiés par Pradel).

GAMON : « Mémoires », dans *Collection complète des Mémoires relatifs à l'Histoire de France*, t. 34, Paris, 1823.

LOUTCHITZKY (J.) : *Matériaux pour l'histoire de la réaction féodale en France aux XVIe et XVIIe siècles*, tome 2, Kiev, 1875.

SERR : *Documents et souvenirs sur les protestants montalbanais au XVIe siècle*, Toulouse, 1941.

BIOGRAPHIES

CAZAUX (Yves) : *Jeanne d'Albret*, Paris, 1973.

RUBLE (A. de) : *Antoine de Bourbon et Jeanne d'Albret*, Paris, 1881-1885, 4 vol.

REUMONT (A. de) : *La Jeunesse de Catherine de Médicis*, Paris, 1886.

LE PAULMIER (Dr) : *Ambroise Paré*, Paris, 1887.

CHAMPION (P.) : *Catherine de Médicis présente à Charles IX son royaume, 1564-1566*, Paris, 1937.

ALBERI : *La Vie de Catherine de Médicis*, Paris, 1884.

CLOULAS (Y.) : *Catherine de Médicis*, Paris, 1979.

HÉRITIER (J.) : *Catherine de Médicis*, Paris, rééd. 1959.

MARIÉJOL (H.) : *Catherine de Médicis, 1519-1589*, Paris, 1920.

VAN DYKE (P.) : *Catherine de Medici*, New York, 1922.

IMBERT DE SAINT-AMAND : *Les Femmes de la cour des derniers Valois*, Paris, 1885.

NEALE (J. E.) : *The Age of Catherine de Medici*, Londres, 1957.

SUTHERLAND (N. M.) : *The French Secretaries of State il the Age of Catherine de Medici*, Londres, 1976.

SICHEL (C. E.) : *Catherine de Medici and the French Reformation*, Londres, 1969.

REMY (J. Ch) : *Catherine de Médicis ou la mère de trois rois*, Lausanne, 1965.

STRAGE (M.) : *Women of Power : the Life and Times of Catherine de Medici*, New York, 1976.

DOUEN (O.) : *Clément Marot et le psautier huguenot*, 1878, Paris.

DECRUE (F.) : *La Cour de François Ier*, Paris, 1888.

DECRUE (F.) : *Anne de Montmorency, grand maître et connétable de France à la cour de François Ier*, Paris, 1885.

ERLANGER (Ph.) : *Diane de Poitiers*, Paris, 1955.

MADELIN (L.) : *François Ier*, Paris, 1937.

TERRASSE (Cl.) : *François Ier*, 2 vol., Paris, 1942-1949.

FRANÇOIS (M.) *Le Cardinal de Tournon, homme d'Etat, diplomate, mécène et humaniste, 1489-1562*, Paris, 1951.

BUISSON (A.) : *Michel de l'Hôpital*, Paris, 1950.

CHAMPION (P.) : *La Jeunesse de Henri III*, Paris, 1941.

CROZE (J. de) : *Les Guise, les Valois et Philippe II*, 2 vol., Paris, 1866.

DELABORDE (G.) : *Vie de l'amiral de Coligny*, 2 vol., Paris, 1878-1882.

DUFAYARD (Ch.) : *Le Connétable de Lesdiguières*, Paris, 1892.

ENGEL (C. E.) : *L'Amiral de Coligny*, Genève, 1967.

ESCALIER (E.) : *Lesdiguières, dernier connétable de France*, Lyon, 1946.

FORNERON (H.) : *Les Ducs de Guise et leur époque*, 2 vol., Paris, 1877.

HAUSER (H.) : *François de la Noue*, Paris, 1892.

KUPISCH : *Coligny, Eine Historische Studie*, Berlin, 1951.

PATRY (R.) : *Philippe du Plessis-Mornay*, Paris, 1933.

POMMEROL (J. de) : *Albert de Gondi, maréchal de Retz*, Lyon, 1953.

ERLANGER (Ph.) : *Henri III*, Paris, 1946.

GARNIER (A.) : *Agrippa d'Aubigné et le parti protestant*, Paris, 1928, 3 vol.

COURTEAULT (P.) : *Un cadet de Gascogne au XVIe siècle. Blaise de Monluc*, Paris, 1909.

AMIRAULT (Moïse) : *La Vie de François de la Noue dit Bras de Fer.*, Leyden, 1661.

AUMALE (duc d') : *Histoire des princes de Condé pendant les XVIe et XVIIe siècles*, Paris, 1863, 8 vol.

CHAMPION (P.) : *Charles IX, la France et le contrôle de l'Espagne*, 2 vol., Paris, 1939.

LEVIS-MIREPOIX (duc de) : *Henri IV*, Paris, 1971.

CAZAUX (Y.) : *Henri IV ou la grande victoire*, Paris, 1977.

CASTRIES (duc de) : *Henri IV, roi de cœur, roi de France*, Paris, 1970.

DELUMEAU (Jean) : « Henri IV », dans *Hommes d'Etat célèbres*, Paris, 1971.

DUCASSE (P. F.) : *Les rois de Navarre à Nérac. Marguerite de Valois, Jeanne d'Albret, Henri IV*, Nérac, 1862.

Duhourceau (F.) : *Henri IV, libérateur et restaurateur de la France*, Paris, 1941.

Erlanger (Ph.) : *L'Etrange Mort d'Henri IV*, Paris, 1957.

Mousnier (R.) : *L'Assassinat d'Henri IV*, Paris, 1964.

Andieux (M.) : *Henri IV*, Paris, 1955.

Reinhard (Marcel) : *Henri IV*, Paris, 1943.

Vaissière (P. de) : *Henri IV*, Paris, 1928.

Girard (G.) : *Histoire de la vie du duc d'Epernon*, Rouen-Paris, 1663, 3 vol.

Gontaud-Biron (R. de) : *Armand de Gontaud, premier maréchal de Biron, 1524-1592*, Paris, 1950.

Joubert (A.) : *Louis de Clermont, sieur de Bussy-d'Amboise*, Angers, Paris, 1885.

Joüon des Longrais : *Mercœur, d'après des documents inédits*, Saint-Brieuc, 1895.

La Force (duc de) : *Le Maréchal de la Force, 1558-1652*, Paris, 1950.

Mariéjol (Jean H.) : *Charles Emmanuel de Savoie, duc de Nemours, gouverneur du Lyonnais, Beaujolais et Forez, 1567-1595*, Paris.

Martin (M. M.) : *Sully le grand*, Paris, 1959.

Mesnard (Pierre) : « François Hotman », *B.S.H.P.F.*, 1955.

Mouton (Léo) : *Un demi-roi, le duc d'Epernon*, Paris, 1922.

Nouaillac (J.). *Villeroy, secrétaire d'Etat et ministre de Charles IX, Henri III, Henri IV, 1543-1610*, Paris, 1909.

Vaissière (P. de) : *Messieurs de Joyeuse, 1560-1615*, Paris, 1926.

Sur les grands événements

La Saint-Barthélemy.

Coligny, protestants et catholiques en France au XVIe siècle. Catalogue de l'Exposition des Archives nationales, Paris, 1974.

Sutherland (N. M.) : *The Massacre of St Bartholomew and the European Conflict. 1559-1572*, Londres, 1973.

Erlanger (Ph.) : *La Saint-Barthélemy*, Paris, 1960.

England (S.) : *The Massacre of St Bartholomew*, Londres, 1938.

Joutard, Estebe, Labrousse, Lecuir : *La Saint-Barthélemy ou les résonances d'un massacre*, Paris, 1976.

Girard (R.) : *La Violence et le Sacré*, Paris, 1972.

Mircea (Eliade) : *La Nostalgie des origines, méthodologie de l'histoire des religions*, Paris, 1971.

Colloque l'Amiral de Coligny et son temps, Paris, 1974.

Vogler (B.) : *Huguenots et protestants allemands vers 1572.*

Kingdon (R. M.) : *Quelques réactions à la Saint-Barthélemy à l'extérieur de la France.*

Dubief (H.) : *L'Historiographie de la Saint-Barthélemy.*

Molnar (A.) : *Réactions à la Saint-Barthélemy en Bohême.*

Tazbir (Janusz) : *La Nuit de la Saint-Barthélemy, ses échos en Pologne.*

Margolin (J. Cl.) : *Rasse des Nœux et la Saint-Barthélemy.*

Babelon (J. P.) : *Le Paris de Coligny.*

REULOS (M.) : *Le Synode national de La Rochelle et la constitution d'un parti protestant.*

ESTEBE (J.) : *Les Saint-Barthélemy des villes du Midi.*

LOUTCHITZKY : « Documents inédits sur l'histoire du Languedoc après la Saint-Barthélemy », *B.S.H.P.F.*, 1873.

LA FERRIÈRE (H. de) : *La Saint-Barthélemy. La veille, le jour et le lendemain*, Paris, 1892.

PUYROCHE (pasteur A.) : « La Saint-Barthélemy à Lyon et le gouvernement de Mandelot », *B.S.H.P.F.*, 1869.

CRUE (de) : *Le Parti politique au lendemain de la Saint-Barthélemy*, Paris, 1892.

Sur la crise économique et financière

MONNIER (L.) : « A propos de Paul Raveau. La crise économique en France à la fin du XVIe siècle, *Ann. E.S.C.*, 1948.

MEUVRET (J.) : « Circulation monétaire et utilisation économique de la monnaie en France aux XVIe et XVIIe siècles », *Etudes d'Hist. mod. et contemp.*, 1947.

SPOONER : *L'Economie mondiale et les frappes monétaires en France, 1493-1680*, Paris, 1956.

HARSIN (P.) : *Crédit public et banques d'Etat en France du XVIe au XVIIIe siècle*, Paris, 1933.

SCHNAPPER (B.) : *Les Rentes au XVIe siècle. Histoire d'un instrument de crédit*, Paris, 1957.

ROOVER (R. de) : *L'Evolution de la lettre de change*, Paris, 1953.

BAULANT et MEUVRET : *Prix des céréales extraits de la mercuriale de Paris, 1520-1698*, t. I, Paris, 1960.

HAUSER (H.) : *La Vie chère au XVIe siècle. La réponse de Jean Bodin à M. de Malestroit, 1568*, Paris, 1932.

LE ROY LADURIE : *Histoire du climat depuis l'an mil*, Paris, 1967.

LE ROY LADURIE : « Dîmes et produit net agricole. XVe XVIIIe siècles », *Ann. E.S.C.*, 1969.

Sur la Ligue.

LABITTE (Ch.) : *De la démocratie chez les prédicateurs de la Ligue*, Paris, 1866.

PASQUIER (Emile) : *Un curé de Paris pendant les guerres de Religion. René Benoist, le pape des Halles, 1521-1608*, Paris, 1913.

RADOUANT (R.) : *Guillaume du Vair, l'homme et l'orateur jusqu'à la fin des troubles de la Ligue, 1556-1596*, Paris, 1907.

SAULNIER (E.) : *Le Rôle politique du cardinal de Bourbon, 1523-1580*, Bibl. de l'Ecole des Hautes Etudes, 1912.

FAYET (P.) : *Journal de... sur les troubles de la Ligue*, Tours, 1852.

LA FOSSE (J. de) : *Journal d'un curé ligueur de Paris*, Paris, 1865.

ANONYME : « Histoire de la Ligue », *S.H.P.*, Paris, 1914.

Recueil tiré des Registres du Parlement concernant ce qui s'est passé pendant les troubles, 1588-1593, Paris, 1652 B.N. 40 Lb 37 3042.

L'EPINOIS (H. Ch.) : *De la Ligue et des Papes*, Paris, 1886.

LEZAT (A.) : *De la prédication sous Henri IV*, Paris, 1871.

POULLAIN (Nicolas) : *Le procès verbal d'un nommé... lieutenant de la Prévoté de l'Ile-de-France qui contient l'histoire de la Ligue depuis le 2 janvier 1585 jusqu'au jour des barricades le 12 mai 1589.* Cimber et Danjou XI, 290 et suivantes.

DROUOT (H.) : *Mayenne et la Bourgogne,* 2 vol., Paris, 1937.

FREMY (E.) : *Diplomates du temps de la Ligue,* Paris, 1881.

LÉGER (F.) : *La Fin de la Ligue,* Paris, 1944.

PERICAUD (A.) : *Notes et documents pour servir à l'histoire de Lyon pendant la Ligue,* Lyon, 1844.

THOMAS : « Mémoires pour servir à l'histoire de Lyon pendant la Ligue », *Revue du Lyonnais,* 1835.

WILKINSON (M. A.) : *History of the League or Saint Union, 1576-1595,* Glasgow, 1929.

ROBIQUET (Paul) : *Histoire municipale de Paris,* Paris, 1886 (tome 2).

TÖRNE (P. O. de) : « Philippe II et Henri de Guise », *Rev. hist., 1931.*

PASTOR (L. von) : *Histoire des Papes,* Rome, 1955.

ANQUETIL (L. P.) : *L'Esprit de la Ligue,* Paris, 3 vol., 1767.

RICHARD : *La Papauté et la Ligue française. Pierre de l'Epinac archevêque de Lyon,* Paris et Lyon, 1901.

PAILLER (D.) : *Recherche sur l'imprimerie à Paris pendant la Ligue, 1585-1594,* Genève, 1976. Contient une importante liste de publications.

BAUMGARTNER (F. J.) : *Radical Reactionaries; the political Thought of the French Catholic League,* Genève, 1976.

BREMOND (H.) : *Histoire littéraire du sentiment religieux en France,* t. I, Paris, 1932.

LINDSAY (R.) et NEU (J.) : *French political Pamphlets, 1547-1648,* Londres, 1969.

YARDENI (Myriam) : *La Conscience nationale en France pendant les guerres de Religion.* Ce volume, déjà cité, contient une liste importante des publications.

CAZAUX (Y.) : *Henri IV.* Déjà cité. Contient la liste des livrets et pamphlets de la collection Bongars (Bibliothèque de la bourgeoisie de Berne).

AUBIGNÉ (Agrippa d') : *Les Tragiques,* Paris, 1966.

L'ESTOILE (Pierre de) : *Journal pour le règne d'Henri III,* Paris, 1943.

L'ESTOILE (Pierre de) : *Journal pour le règne d'Henri IV,* Paris, 1948-1960.

ABORD (H.) : *La Réforme et la Ligue à Autun.* Paris, 3 vol., 1855-1886.

CABIE (E.) : *Les Guerres de Religion dans le Sud-Ouest de la France,* Paris, 1906.

CHALEMBERT (V. de) : *Histoire de la Ligue,* Paris, 2 vol. 1854.

DROUOT (H.) : *La Première Ligue en Bretagne,* s. l., 1937.

DROUOT (H.) : « Les conseils provinciaux de la Sainte Union, 1589-1595. Notes et questions », *Annales du Midi,* 1953.

DUFOUR (A.) : « Nobles savoyards et dauphinois pendant les guerres de la Ligue », *Cahiers d'histoire,* 1959.

GÉRARD (A.) : *La Révolte et le Siège de Paris,* Mémoire de la Société d'Histoire de Paris, 1906.

GRÉGOIRE (L.) : *La Ligue en Bretagne,* Paris, 1856.

HAUSER (H.) : « Le P. Edmond Zauger et le massacre de Bordeaux », *B.S.H.P.F.*, 1911.

HENRY (E.) : *La Réforme et la Ligue en Champagne*, Saint-Nicolas, 1867.

RICHET (D.) : « Aspects socio-culturels des conflits religieux à Paris dans la seconde moitié du XVIᵉ siècle », *Annales E.S.C.*, 1977.

BARNAVI (E.) : *Les seize*, Paris, thèse dactylogr.

LÉGER (L.) : *La Ligue en Provence*, Paris, 1876.

MATHOREZ : « Note sur les Espagnols en France depuis le XVIᵉ siècle jusqu'au règne de Louis XIII », *Bull. hispanique*, 1914.

MATHOREZ : « Les Espagnols et la crise nationale française à la fin du XVIᵉ siècle », *Bull. hispanique*, 1916.

MOREAU-REIBEL (J.) : *Bodin et la Ligue d'après des lettres inédites*, 1935.

POUY (F.) : *La Chambre du Conseil des Etats de Picardie pendant la Ligue*, Amiens, 1882.

VAISSIÈRE (P. de) : « Marguerite de Valois et la Ligue en Auvergne », *Rev. Quest. historiques*, 1938.

WILKINSON : *The last phase of The League in Provence, 1588-1598*, Londres, 1909.

ZELLER : « Le mouvement guisard en 1588 », *Revue historique*, 1889.

BARDIER (H. L.) : *Le Chansonnier huguenot du XVIᵉ siècle*, Paris, Lyon, 1870-1871.

BRANTÔME (P. de) : *Les Œuvres*, Paris, 1874-1882.

Satire Ménippée. Collectif, Tours, 1593. Ed. parisienne de 1924.

BODIN : *La République*, Paris, 1577.

LENIENT (C.) : *La Satire en France ou la littérature militante du XVIᵉ siècle*, Paris, 1877.

SEGUIN (J. P.) : *L'Information en France de Louis XII à Henri II*, Genève, 1961.

FOUQUERAY (P. H.) : *Histoire de la Compagnie de Jésus en France*, Paris, 1910.

BAIRD (H. M.) : « Hotman and the Franco Gallia », *American Hist. Rev.*, 1896.

BLUM (A.) : *L'Estampe satirique en France pendant les guerres de Religion*, Paris, 1916.

CHARBONNIER (F.) : *La Poésie française et les guerres de Religion*, Paris, 1919.

DARESTE (R.) : « Essai sur François Hotman », *Revue historique*, 1877.

FEBVRE (L.) : *Rabelais et le problème de l'incroyance au XVIᵉ siècle. La religion de Rabelais*, Paris, 1962.

SAYOUS (E.) : *Etudes littéraires sur les écrivains de la réformation*, 2 vol., Paris, 1854.

WEILL (G.) : *Les Théories sur le pouvoir royal en France pendant les guerres de Religion*, Paris, 1891.

Sur la conversion d'Henri IV et l'Edit de Nantes

PANNIER (J.) : *L'Eglise réformée de Paris sous Henri IV*, Paris, 1911.

LA BRIÈRE (Yves) : *La Conversion d'Henri IV*, Paris, 1905.

Vaïssière (P. de) : « La conversion d'Henri IV », *Rev. Hist. de l'Eglise de France*, 1928.

Willert (P. F.) : *Henri de Navarre and the Huguenots in France*, New York, 1971 réed.

Pagès (G.) : « Les Paix de religion et l'Edit de Nantes », *R.H.M.C.*, 1936.

Benoist (Elie) : *Histoire de l'Edit de Nantes*, Delft, 1693-1695, 5 vol.

Benoist (Charles) : *La Condition juridique des protestants sous le régime de l'Edit de Nantes*, Nancy, 1900.

Mours (Samuel) : *Les Eglises réformées en France*, Paris, 1958.

Faurey (J.) : *L'Edit de Nantes et la Question de la tolérance*, Paris, 1929.

IV. LES PROTESTANTS AU XVIIᵉ SIÈCLE

Généralités

Numéro spécial de la *Revue du xviiᵉ siècle*, consacré au protestantisme. Fondamental pour le Refuge et la révocation, 1967 n° 76.

Léonard (E. G.) : « Le Protestantisme français au xviiᵉ siècle », *Revue historique*, 1948.

Vienot (J.) : *Histoire de la Réforme française. De l'Edit de Nantes à sa Révocation*, Paris, 1934.

Orcibal (Jean) : *Louis XIV et les protestants. « La cabale des accommodeurs de religion ». La Caisse des conversions, la révocation de l'Edit de Nantes*, Paris, 1951.

Ligou (D.) : *Le Protestantisme en France de 1598 à 1715*, Paris, 1968.

Sur l'Etat et les protestants

Stankiewicz (W. J.) : *Politics and Religion in Seventeenth century France. A study of Political Ideals from the Monarchomachs to Bayle as reflected in the toleration Controversy*. Berkeley, Los Angeles, 1960.

Garrisson (F.) : *Essai sur les commissions d'application de l'Edit de Nantes, t. I : Le règne d'Henri IV*, Paris, Montpellier, 1950.

Patry (R.) : *Philippe du Plessis-Mornay. Un huguenot homme d'Etat, 1549-1623*, Paris, 1933.

Serr (G.) : « Henri de Rohan », *Revue de Théologie et d'Action évangélique*, Aix, 1946.

Peyriat (A.) : « En Cévennes, avec M. de Rohan », *Etudes évangéliques*, Aix, 1949.

Latreille (A.) : *La Révocation de l'Edit de Nantes à Paris*, Paris, 1894.

Serr (G.) : *Henri de Rohan ; son rôle dans le parti protestant / 1610-1617-1621*, Paris, 2 vol, 1946-1975.

Sur l'émigration

Dedieu (abbé J.) : *Le Rôle politique des protestants français, 1685-1715*, Paris, 1920.

Weiss (Ch.) : *Histoire des réfugiés protestants de France*, Paris, 2 vol, 1853.

Mours (S.) : « Essai d'évaluation de la population réformée aux XVIIe et XVIIIe siècles », *B.S.H.P.F.*, 1958.

Mandrou (R.) : « Les Français hors de France aux XVIe et XVIIe siècles », *Annales E.S.C.*, 1959.

Joutard (Ph.) : « La diaspora des Huguenots », *Le Monde* du 28 octobre 1979.

Colloque de Montpellier 1969 : « Le Refuge », *B.S.H.P.F.*, 1970.

Dubief (H.) : *Les Souffrances du Refuge*, Paris, 1966.

Sur les problèmes économiques

Scoville (W. C.) : *The persecution of Huguenots and french economic development, 1680-1720*, Berkeley, Los Angeles, 1960.

Weber : *L'Ethique protestante et l'Esprit du capitalisme*, Paris, 1964.

Luthy (H.) : *La Banque protestante en France de la révocation de l'Edit de Nantes à la Révolution*, t. 1, Paris, 1959 ; t. 2, 1961.

Dulong (B.) : *Banquier du roi, Barthélemy Herwarth (1606-1676)*, Paris, 1953.

Van Deursen (A. Th.) : *Professions et métiers interdits. Un aspect de l'histoire de la Révocation de l'Edit de Nantes*, Groningue, 1960.

Tawney (R. H.) : *La Religion et l'Essor du capitalisme*, Paris, 1951.

Sur les églises

Mours (S.) : *Les Eglises protestantes au XVIIe siècle*, Paris, 1967.

Orcibal (J.) : *Etat présent des recherches sur la répartition géographique des nouveaux catholiques à la fin du XVIIe siècle*, Paris, 1948.

Mehl (R.) : *La Théologie protestante*, Paris, 1966.

Rimbault (L.) : *Pierre du Moulin. Un pasteur classique à l'âge classique*, Paris, 1966.

Labrousse (E.) : *Pierre Bayle, t. 1 : Du pays de Foix à la cité d'Erasme*, La Haye, 1963.

Mazauric (R.) : *Le pasteur Ferry, messin, interlocuteur de Bossuet et historien*, Metz, 1964.

Stauffer (R.) : *Moïse Amyrault*, Paris, 1952.

Voeltzel (R.) : *Vraie et fausse église selon les théologiens protestants français du XVIIe siècle*, Paris, Strasbourg, 1955.

Haase (E.) : *Einführung in die Literatur des Refuge*, Berlin, 1953.

Chaunu (P.) : « Réforme et Eglise au XVIe siècle », *Revue historique*, 1968.

CHAUNU (P.) : « Les crises au XVIIᵉ siècle de l'Europe réformée », *Revue historique*, 1965.

CHAUNU (P.) : « Une histoire religieuse sérielle. A propos du diocèse de La Rochelle, 1648-1724, et de quelques exemples normands », *R.H.M.C.*, 1965.

ESTEBE et VOGLER (B.) : « La genèse d'une société protestante. Etude comparée de quelques registres consistoriaux méridionaux et palatins vers 1600 », *Annales E.S.C.*, Paris, 1976.

BELS (P.) : *Le Mariage des protestants français jusqu'en 1685*, Paris, 1968.

ROELKER (Nancy.) : « Le rôle des femmes de la noblesse dans la Réforme française au XVIᵉ siècle », *Colloque Coligny et son temps*. Déjà cité.

DAVIS (N. Z.) : *City Women and Religious Change. Society and Culture in Early Modern France*, Stanford, Calif., 1975.

PEROUAS (L.) : « Sur la démographie rochelaise », *Annales E.S.C.*, 1961.

PANNIER (J.) : *L'Eglise réformée de Paris sous Louis XIII, 1610-1621*, Paris, Strasbourg, 1922.

PANNIER (J.) : *L'Eglise réformée de Paris sous Louis XIII, 1621-1629*, Paris, 1931-1932, 2 vol.

GONIN : *Essai sur la population protestante dans l'Oise*, 1963.

CAUVIN (M.) : *Documents concernant l'église protestante du Chefresne en Cotentin*, 1965.

BOLLE (P.) : *Une Paroisse réformée en Dauphiné à la veille de la Révocation de l'Edit de Nantes : Mens-en-Trivières, 1650-1685*, Paris, 1965.

BOST (L.) : *Pierre Durand régent d'école en Cévennes. Pierre Faïsses et autres régents cévenols*, 1964.

FROMENTAL (J.) : *La Réforme en Bourgogne aux XVIᵉ et XVIIᵉ siècles*, Paris, 1968.

GOGUEL-LABROUSSE (E.) : « L'église réformée du Carla en 1672-1673, d'après le registre de délibérations de son consistoire », *B.H.S.P.F.*, 1961.

FALGUEROLLES (G. E. de) : « Les paroissiens de l'église réformée à Puylaurens, 1630-1650 », *B.H.S.P.F.*, 1965.

GARRISSON (R.) : « Quelques notes sur l'église réformée de Bruniquel, 1562-1685 », *B.H.S.P.F.*, 1965.

FERMAUD (J. Cl.) : « Documents sur l'église réformée de Solliès-Pont (Var) et son procès devant les commissaires de l'édit en 1662 », *B.S.H.P.F.*, 1965.

FERMAUD (J. Cl.) : *Le Protestantisme dans l'arrondissement de Draguignan*, Draguignan, 1962.

FALGUEROLLES (M. de) : « Livre d'imposition de ceux de la religion de Bruniquel », *B.S.H.P.F.*, 1965.

CAILLARD, DUVAL, GULLOT, GRICOURT : « A travers la Normandie des XVIIᵉ et XVIIIᵉ siècles », *Annales de Normandie*, cahier n° 3, Caen, 1953.

WEMYSS (A.) : *Les Protestants du Mas-d'Azil. Histoire d'une résistance*, Toulouse, 1961.

BIBLIOGRAPHIE

TRROCME (E.) : « L'église réformée de La Rochelle jusqu'en 1628 »,
B.S.H.P.F., 1952.

PEROUAS (R.P. Louis) : *Le diocèse de La Rochelle de 1648 à 1724*,
Paris, 1964.

MOURS (S.) : « La vie synodale en Vivarais au XVIIᵉ siècle »,
B.S.H.P.F., 1946.

SUR L'ALSACE

STROHL (H.) : *Le Protestantisme en Alsace*, Strasbourg, 1950.
LIVET (G.) : *L'Intendance d'Alsace sous Louis XIV, 1648-1715*, Strasbourg, 1956.
MEYER (O.) : *Le Simultaneum en Alsace*, Saverne, 1961.
VOGLER (B.) : *Le Presbytère protestant en Alsace.*

SUR LA CONTRE-RÉFORME, LES JÉSUITES ET LES DÉVOTS

ALLIER (R.) : *La Compagnie du Très-Saint-Sacrement de l'Autel*, Paris, 1902.
MARTIMORT (A. G.) : *Le Gallicanisme de Bossuet*, Paris, 1953.
TAPIÉ (V.-L.) : *La France de Louis XIII et de Richelieu*, Paris, 1967.
DAINVILLE (F. de) : *L'Education des Jésuites, XVIᵉ-XVIIIᵉ siècles*, Paris, 1978.
DUPRONT (A.) : *Le Concile de Trente*, Paris, Chevetogne, 1960.
CRETINEAU JOLY : *Histoire de la Compagnie de Jésus*, 6 vol., Bruxelles, 1845.
BRODRICK : *Origine et Expansion des Jésuites*, Paris, 2 vol. 1950.
BLET (P.) : *Le Clergé de France et la monarchie. Etude sur les assemblées générales du clergé de 1615 à 1666*, Rome, 1959.
BROUTIN (P.) : *La Réforme pastorale en France au XVIIᵉ siècle*, 2 vol., Paris, 1956.
GRANDET (J.) : *Les Saints prêtres français du XVIIᵉ siècle*, 3 vol. Angers, 1897.
MOISY (P.) : *Les Eglises des Jésuites de l'ancienne Assistance de France au XVIIᵉ siècle*, Paris, 1911.
PRUNEL (L.) : *La Renaissance catholique en France au XVIIᵉ siècle*, Paris, 1911.
CALVET (J.) : *La Littérature religieuse de saint François de Sales à Fenelon*, Paris, 1938.
CALVET (J.) : *Saint Vincent de Paul*, Paris, 1949.
CALVET (J.) : *Louise de Marillac par elle-même*, Paris, 1958.
COCHOIS : *Bérulle et l'école française*, Paris, 1963.
DAGENS (J.) : *Bérulle et les origines de la restauration catholique*, Bruges, Paris, 1952.
HAMON (A.) : *Histoire de la dévotion au Sacré-Cœur*, Paris, 5 vol., 1923-1940.
LAFUE (P.) : *Le Père Joseph*, Paris, 1946.
LAJEUNIE (E. M.) : *Saint François de Sales et l'esprit salésien*, Paris, 1962.

MONIER (F.) : *La Vie de J. J. Olier*, Paris, 1914.
TRUCHET (J.) : *La Prédication de Bossuet*, Paris, 2 vol., 1960.
VILLARET (E.) : *Les Congrégations mariales*, Paris, 1947.
CHAUNU (P.) : « Réflexions sur le tournant des années 1630-1650 », *Cahiers d'Histoire*, Lyon, 1967.

SUR LA GUERRE DES CAMISARDS

MOURS (S.) et ROBERT (D.) : *Le Protestantisme en France du XVIIIe siècle à nos jours*, Paris, 1972.
BOST (Ch.) : *Les Prédicants protestants des Cévennes et du Bas-Languedoc, 1684-1700*, Paris, 1912.
Le Théâtre des Cévennes, Londres, 1707. Publié par A. BOST sous le titre *Les Prophètes protestants*, Paris, 1847.
CHABROL (J.-P.) : *Les Fous de Dieu*, Paris, 1961.
CHAMSON (A.) : *Castanet, le camisard de l'Aigoual*, Paris, 1978.
CHAMSON (A.) : *La Superbe*, Paris, 1967.
CHAMSON (A.) : *La Tour de Constance*, Paris, 1970.
PIN (M.) : *Jean Cavalier*, Nîmes, 1946.
Inédits d'Abraham Mazel et Elie Marion, Paris, 1931.
CAVALIER (J.) : *Mémoires sur la guerre des Camisards*, Paris, 1973.
MAZOYER (I. L.) : « Les origines du prophétisme cévenol », *Revue historique*, 1947.
LE ROY LADURIE : *Les Paysans de Languedoc*, déjà cité.
DEYON (S.) : « La résistance protestante et la symbolique du Désert », *R.H.M.C.*, 1971.
MOURS (S.) : « Les galériens protestants, 1683-1775 », *B.S.H.P.F.*, 1971.
BOSC (H.) : *La Guerre des Cévennes, 1705-1710*, Lille III, thèse d'Etat, 1973 dactylo-Sorbonne.
DESANTI (J. T.) : *Introduction à l'Histoire de la Philosophie*, t. 1, 1956.
VAUBAN : *Pour le Rappel des Huguenots*, mémoire adressé à Louvois, 1689.
VERRIÈRE (P.) : *Spinoza et la Pensée française avant la Révolution*, Paris, 2 vol, 1954.
POLIN (R.) : *La Politique morale de J. Locke*, Paris, 1960.
LUREAU (R.) : *Les Doctrines politiques de Jurieu*, Bordeaux, 1904.
HOWARD DODGE (G.) : *The political Theory of The Huguenots of the Dispersion with special reference to the Thought of Pierre Jurieu*, New York, Columbia, 1947.
JOUTARD (Ph.) : *Les Camisards*, Paris, 1976.
MANEN (H.) et JOUTARD (Ph.) : *Une Foi enracinée, la Pervenche*, Valence, 1972.
RIBARD (S.) : *Notes d'Histoire cévenole*, Cazilhac, 1899.
LA BAUME : *Relation historique de la révolte des Fanatiques ou des Camisards*, Nîmes, 1874.
PIN (M.) : *A côté des Camisards*, Uzès, 1943.
COURT (A.) : *Histoire des Troubles des Cévennes*, Villefranche, 1760.
TOURNIER (G.) : *Le baron de Salgas, gentilhomme cévenol et forçat pour la Foi*, Musée du Désert, 1941.

GORCE (A. de la) : *Camisards et Dragons du roi,* Paris, 1950.

JOUTARD (Ph.) : *La Légende des Camisards. Une sensibilité du passé,* Paris, 1977.

VILLARS : *Mémoires* édités par De Voguë, Paris, 1889.

PUAUX (F.) : « Louis XIV et Cavalier », *B.S.H.P.F.,* 1910.

PUAUX (F.) : « Origines, causes et conséquences de la guerre des Camisards », *Revue historique,* 1918.

BLACHÈRE (L.) : *Les Cinq grandes batailles de la guerre des Camisards : Vagnas, Pompignan, la Tour de Billot, Martignargues, Nages,* Alès, 1962.

Actes du 86ᵉ Congrès des Sociétés savantes, Montpellier, 1961 :

DEVOS (J.) : *Villars et la pacification des Cévennes.*

DEVOS (Mᵐᵉ) : *L'Insurrection en Vivarais.*

BOSC (H.) : « Le maréchal de Montrevel et la défense du littoral », *B.S.H.P.F.,* 1966.

LIGOU : « Forêts, garrigues et maquis dans la guerre des Camisards », *Actes du Colloque sur la Forêt de Besançon,* 1966.

LE ROY LADURIE : « Les Maquisards de Dieu », *Le Nouvel Observateur* du 14 février 1972.

ARMOGATHE et JOUTARD : « Bâville et les Camisards », *R.H.M.C.,* 1972.

BOSC (H.) : « La guerre des Camisards, son caractère, ses conséquences », *B.S.H.P.F.,* 1973.

DUCASSE (A.) : *Histoire de la guerre des Camisards,* Paris, 1946.

V. — LE XVIIIᵉ SIÈCLE

BIEN (David D.) : *The Calas affair. Persecution, Toleration and Heresy in 18th Century,* Toulouse, Princeton, 1961.

WOODBRIDGE (J. D.) : *L'Influence des philosophes français sur les pasteurs réformés du Languedoc pendant la seconde moitié du XVIIIᵉ siècle,* Toulouse, 1969, thèse dactylogr.

POLAND (B. C.) : *French Protestantism and the French Revolution,* Princeton, 1957.

LIGOU : « A propos du protestantisme révolutionnaire », *B.S.H.P.F.,* 1958.

LIGOU : *Montauban à la fin de l'Ancien Régime et aux débuts de la Révolution,* Paris, 1958.

MAZOYER (L.) : « La question protestante dans les Cahiers des Etats généraux », *B.S.H.P.F.,* 1931.

LÉONARD (E. G.) : *Mon village sous Louis XV,* Paris, 1941.

TOURNIER (G.) : *Les galères de France et les galériens protestants des XVIIᵉ et XVIIIᵉ siècles,* 3 vol., Musée du Désert, 1943-1949.

LATREILLE (A.) et SIEGFRIED (A.) : *Les Forces religieuses et la Vie politique : le catholicisme et le protestantisme,* Paris, 1951.

Généalogies des grandes familles princières du XVIᵉ siècle

La Maison de Valois-Angoulême

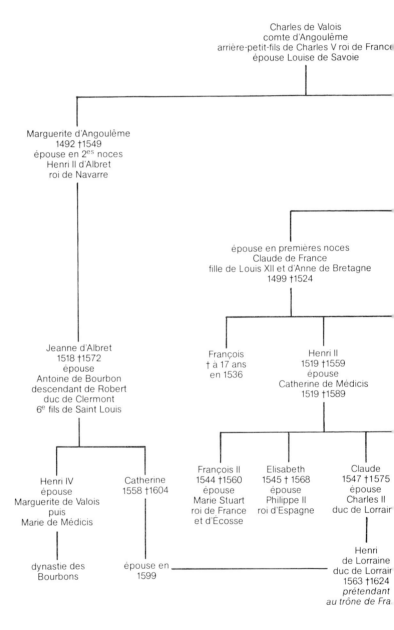

Charles de Valois
comte d'Angoulême
arrière-petit-fils de Charles V roi de France
épouse Louise de Savoie

Marguerite d'Angoulême
1492 †1549
épouse en 2es noces
Henri II d'Albret
roi de Navarre

épouse en premières noces
Claude de France
fille de Louis XII et d'Anne de Bretagne
1499 †1524

Jeanne d'Albret
1518 †1572
épouse
Antoine de Bourbon
descendant de Robert
duc de Clermont
6e fils de Saint Louis

François
† à 17 ans
en 1536

Henri II
1519 †1559
épouse
Catherine de Médicis
1519 †1589

Henri IV
épouse
Marguerite de Valois
puis
Marie de Médicis

Catherine
1558 †1604

François II
1544 †1560
épouse
Marie Stuart
roi de France
et d'Écosse

Elisabeth
1545 † 1568
épouse
Philippe II
roi d'Espagne

Claude
1547 †1575
épouse
Charles II
duc de Lorrair

dynastie des
Bourbons

épouse en
1599

Henri
de Lorraine
duc de Lorrair
1563 †1624
*prétendant
au trône de Fra*

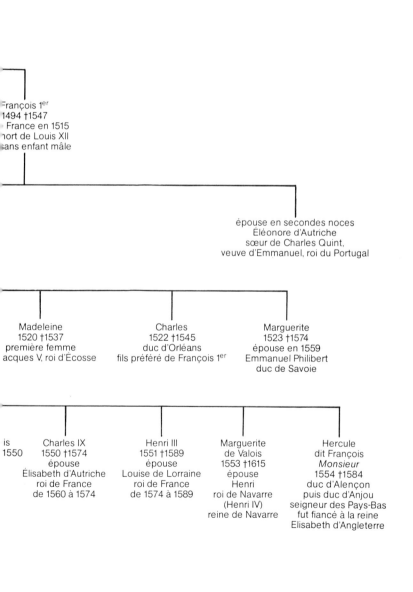

François 1er
1494 †1547
...France en 1515
...mort de Louis XII
...sans enfant mâle

épouse en secondes noces
Eléonore d'Autriche
sœur de Charles Quint,
veuve d'Emmanuel, roi du Portugal

Madeleine
1520 †1537
première femme
...acques V, roi d'Écosse

Charles
1522 †1545
duc d'Orléans
fils préféré de François 1er

Marguerite
1523 †1574
épouse en 1559
Emmanuel Philibert
duc de Savoie

...is
...1550

Charles IX
1550 †1574
épouse
Élisabeth d'Autriche
roi de France
de 1560 à 1574

Henri III
1551 †1589
épouse
Louise de Lorraine
roi de France
de 1574 à 1589

Marguerite
de Valois
1553 †1615
épouse
Henri
roi de Navarre
(Henri IV)
reine de Navarre

Hercule
dit François
Monsieur
1554 †1584
duc d'Alençon
puis duc d'Anjou
seigneur des Pays-Bas
fut fiancé à la reine
Elisabeth d'Angleterre

La Maison de Bourbon

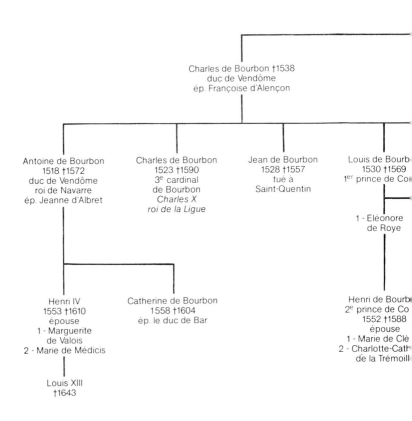

Charles de Bourbon †1538
duc de Vendôme
ép. Françoise d'Alençon

Antoine de Bourbon
1518 †1572
duc de Vendôme
roi de Navarre
ép. Jeanne d'Albret

Charles de Bourbon
1523 †1590
3e cardinal
de Bourbon
*Charles X
roi de la Ligue*

Jean de Bourbon
1528 †1557
tué à
Saint-Quentin

Louis de Bourb
1530 †1569
1er prince de Co

1 - Eléonore
de Roye

Henri IV
1553 †1610
épouse
1 - Marguerite
de Valois
2 - Marie de Médicis

Catherine de Bourbon
1558 †1604
ép. le duc de Bar

Henri de Bourb
2e prince de Co
1552 †1588
épouse
1 - Marie de Clè
2 - Charlotte-Cath
de la Trémoill

Louis XIII
†1643

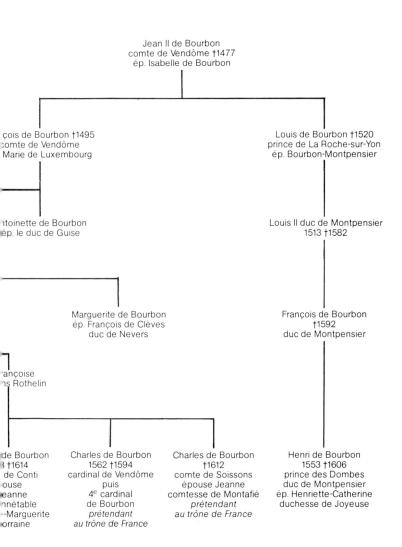

Jean II de Bourbon
comte de Vendôme †1477
ép. Isabelle de Bourbon

çois de Bourbon †1495
comte de Vendôme
Marie de Luxembourg

Louis de Bourbon †1520
prince de La Roche-sur-Yon
ép. Bourbon-Montpensier

ntoinette de Bourbon
ép. le duc de Guise

Louis II duc de Montpensier
1513 †1582

Marguerite de Bourbon
ép. François de Clèves
duc de Nevers

François de Bourbon
†1592
duc de Montpensier

rançoise
ns Rothelin

de Bourbon
3 †1614
de Conti
ouse
eanne
nnétable
-Marguerite
orraine

Charles de Bourbon
1562 †1594
cardinal de Vendôme
puis
4e cardinal
de Bourbon
prétendant
au trône de France

Charles de Bourbon
†1612
comte de Soissons
épouse Jeanne
comtesse de Montafié
prétendant
au trône de France

Henri de Bourbon
1553 †1606
prince des Dombes
duc de Montpensier
ép. Henriette-Catherine
duchesse de Joyeuse

La Maison de Guise
(branche cadette de la Maison de Lorraine)

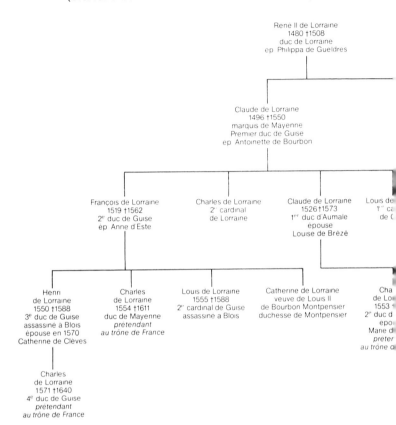

Rene II de Lorraine
1480 †1508
duc de Lorraine
ep. Philippa de Gueldres

Claude de Lorraine
1496 †1550
marquis de Mayenne
Premier duc de Guise
ep. Antoinette de Bourbon

François de Lorraine
1519 †1562
2ᵉ duc de Guise
ep. Anne d'Este

Charles de Lorraine
2ᵉ cardinal
de Lorraine

Claude de Lorraine
1526 †1573
1ᵉʳ duc d'Aumale
épouse
Louise de Brézé

Louis de
1ᵉʳ ca
de (

Henri
de Lorraine
1550 †1588
3ᵉ duc de Guise
assassiné à Blois
épouse en 1570
Catherine de Clèves

Charles
de Lorraine
1554 †1611
duc de Mayenne
prétendant
au trône de France

Louis de Lorraine
1555 †1588
2ᵉ cardinal de Guise
assassiné à Blois

Catherine de Lorraine
veuve de Louis II
de Bourbon Montpensier
duchesse de Montpensier

Cha
de Lo
1553 †
2ᵉ duc d
epo
Marie d
preter
au trône d

Charles
de Lorraine
1571 †1640
4ᵉ duc de Guise
prétendant
au trône de France

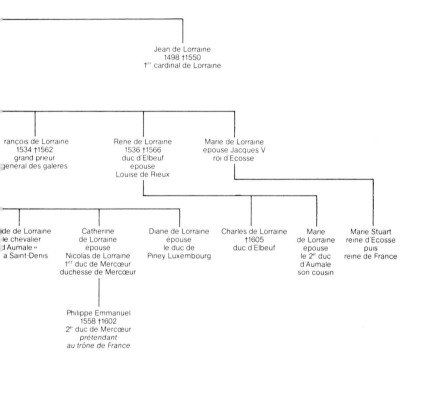

Jean de Lorraine
1498 †1550
1ᵉʳ cardinal de Lorraine

rançois de Lorraine
1534 †1562
grand prieur
général des galères

René de Lorraine
1536 †1566
duc d'Elbeuf
épouse
Louise de Rieux

Marie de Lorraine
épouse Jacques V
roi d'Écosse

de de Lorraine
le chevalier
d'Aumale »
a Saint-Denis

Catherine
de Lorraine
épouse
Nicolas de Lorraine
1ᵉʳ duc de Mercœur
duchesse de Mercœur

Diane de Lorraine
épouse
le duc de
Piney Luxembourg

Charles de Lorraine
†1605
duc d'Elbeuf

Marie
de Lorraine
épouse
le 2ᵉ duc
d'Aumale
son cousin

Marie Stuart
reine d'Écosse
puis
reine de France

Philippe Emmanuel
1558 †1602
2ᵉ duc de Mercœur
*prétendant
au trône de France*

La maison de Montmorency

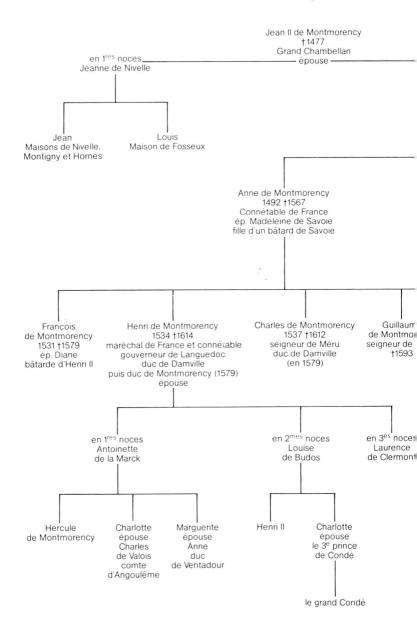

Jean II de Montmorency
†1477
Grand Chambellan
— épouse —

en 1res noces
Jeanne de Nivelle

Jean
Maisons de Nivelle,
Montigny et Hornes

Louis
Maison de Fosseux

Anne de Montmorency
1492 †1567
Connétable de France
ép. Madeleine de Savoie
fille d'un bâtard de Savoie

François
de Montmorency
1531 †1579
ép. Diane
bâtarde d'Henri II

Henri de Montmorency
1534 †1614
maréchal de France et connétable
gouverneur de Languedoc
duc de Damville
puis duc de Montmorency (1579)
épouse

Charles de Montmorency
1537 †1612
seigneur de Méru
duc de Damville
(en 1579)

Guillaum
de Montmo
seigneur de
†1593

en 1res noces
Antoinette
de la Marck

en 2mes noces
Louise
de Budos

en 3es noces
Laurence
de Clermont

Hercule
de Montmorency

Charlotte
épouse
Charles
de Valois
comte
d'Angoulême

Marguerite
épouse
Anne
duc
de Ventadour

Henri II

Charlotte
épouse
le 3e prince
de Condé

le grand Condé

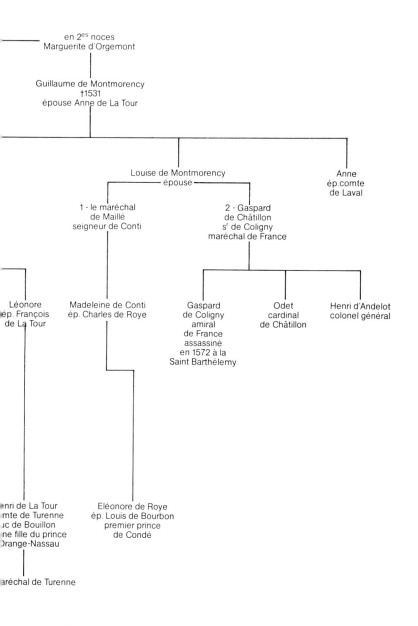

en 2es noces
Marguerite d'Orgemont

Guillaume de Montmorency
†1531
épouse Anne de La Tour

Louise de Montmorency
— épouse —

Anne
ép. comte
de Laval

1 - le maréchal
de Maillé
seigneur de Conti

2 - Gaspard
de Châtillon
s^r de Coligny
maréchal de France

Léonore
ép. François
de La Tour

Madeleine de Conti
ép. Charles de Roye

Gaspard
de Coligny
amiral
de France
assassiné
en 1572 à la
Saint Barthélemy

Odet
cardinal
de Châtillon

Henri d'Andelot
colonel général

Henri de La Tour
comte de Turenne
duc de Bouillon
une fille du prince
d'Orange-Nassau

Eléonore de Roye
ép. Louis de Bourbon
premier prince
de Condé

maréchal de Turenne

INDEX

H

M

Table des matières

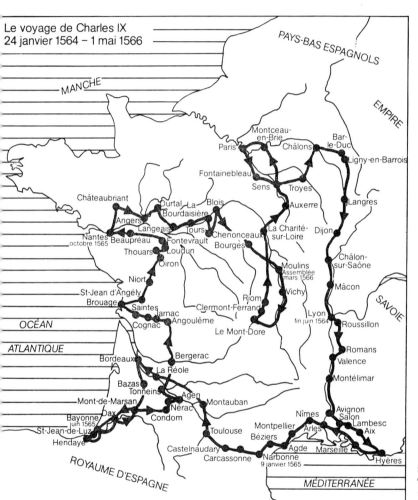

Le voyage de Charles IX
24 janvier 1564 – 1 mai 1566

MANCHE

PAYS-BAS ESPAGNOLS

EMPIRE

Montceau-en-Brie
Paris
Châlons
Bar-le-Duc
Ligny-en-Barrois

Fontainebleau
Sens
Troyes
Langres

Châteaubriant
Durtal
La Bourdaisière
Blois
Auxerre
Dijon

Angers
Langeais
Tours
Chenonceaux
La Charité-sur-Loire
Châlon-sur-Saône

Nantes
octobre 1565
Beaupréau
Fontevrault
Bourges
Mâcon

Thouars
Loudun
Moulins
Assemblée
mars 1566

Oiron
SAVOIE

Niort
Vichy

St-Jean d'Angély
Riom

Brouage
Saintes
Clermont-Ferrand
Lyon
fin juin 1564
Roussillon

Jarnac
Angoulême

OCÉAN
Cognac
Le Mont-Dore
Romans

ATLANTIQUE
Valence

Bergerac
Montélimar

Bordeaux
La Réole

Bazas
Avignon
Salon

Tonneins
Agen
Nîmes
Lambesc

Mont-de-Marsan
Nérac
Montauban
Montpellier
Arles
Aix

Bayonne
juin 1565
Dax
Condom
Toulouse
Béziers
Marseille

St-Jean-de-Luz
Agde
Hyères

Hendaye
Castelnaudary
Carcassonne
Narbonne
9 janvier 1565

ROYAUME D'ESPAGNE

MÉDITERRANÉE

D'après S. Mours

Cet ouvrage a été réalisé par la
SOCIÉTÉ NOUVELLE FIRMIN-DIDOT
Mesnil-sur-l'Estrée
pour le compte des Éditions Fayard
en janvier 1997

Imprimé en France
Dépôt légal : février 1997
N° d'édition : 0305 - N° d'impression : 37352
ISBN : 2-213-00826-4
35-65-6597-07/5

doesn't feel harder the
this
to go

still don't